John Cornwell

# Forschen für den Führer

John Cornwell

# Forschen für den Führer

## Deutsche Naturwissenschaftler und der Zweite Weltkrieg

Aus dem Englischen von
Andrea Kamphuis

Gustav Lübbe Verlag

Gustav Lübbe Verlag ist ein Imprint der
Verlagsgruppe Lübbe
Übersetzung aus dem Englischen von Andrea Kamphuis
Titel der Originalausgabe: *Hitler's Scientists: Science, War and the Devil's Pact*
Für die Originalausgabe:

Published by arrangement with Viking,
an imprint of Penguin Books Ltd, 80 Strand,
London WC2R 0RL, United Kingdom
Für die deutschsprachige Ausgabe:

Textredaktion: Arnd Kösling, Köln
Recherche: Inge Hüsgen, Grevenbroich
Register: Werner Wahls, Köln
Satz: Dörlemann Satz, Lemförde
Gesetzt aus der Caslon
Druck und Einband: Friedrich Pustet, Regensburg



Printed in Germany
ISBN 3-7857-2165-X

5 4 3 2 1

Sie finden die Verlagsgruppe Lübbe im Internet unter
www.luebbe.de

Im Gedenken an Max Perutz

# Inhalt

»Wissen ohne Gewissen ist der Seele Verderb.«
(François Rabelais, *Gargantua und Pantagruel*)

# Einleitung
# Die Deutschen verstehen

In einer frühen Erinnerung hält mich mein Vater hoch, damit ich einen schwarzen, grollenden Engel sehen kann, der im mondhellen Himmel über London eine Feuerschleppe hinter sich herzieht: eine V1, eine unbemannte »Pulsstrahltriebwerk«-Flugbombe – heute würden wir Marschflugkörper sagen. Im Frühsommer 1944 tauchten die V1-Raketen – von den Londonern »Doodlebug« (etwa: Brummkäfer), »Dröhnbombe« oder »fliegende Bomben« genannt – erstmals über der Hauptstadt auf. Sie durchschlugen Gebäude und ließen die Fenster in einem Umkreis von Hunderten von Metern zerplatzen. Im Flug machten sie scheußlichen Lärm, nicht unähnlich einem riesigen, stotternden Motorrad mit kaputtem Auspuff, der dringend entrußt werden musste; sobald der Motor ausging, machten sich die Leute auf die Explosion gefasst, die innerhalb der nächsten zwölf Sekunden erfolgte. Später kamen die V2-Raketen, ballistische Flugkörper, die noch bedrohlicher waren, da sie lautlos durch die Luft sausten und größere Sprengköpfe trugen. Das Zischen und den Donner ihres überschallschnellen Eintritts in die Atmosphäre hörte man oft erst nach ihrer Explosion am Boden. Als ich mit meiner Mutter im Bus von der Schule heimfuhr, sah ich die Verheerungen, die eine V2 am Rande von Wanstead und Woodford, zwei östlichen Vororten Londons, angerichtet hatte. Die Rakete hatte mehrere Morgen Wald vernichtet und einen riesigen Krater gerissen. Eine Frau war mit ihrem Baby spazieren gegangen, und der Kinderwagen hing immer noch an einem Ast, hoch oben in einem Baum. Mutter und Kind sowie etliche weitere glücklose Fußgänger waren sofort tot.

Einem Jungen, der im Mai 1940 in London geboren und folglich im Monat der Kriegserklärung Großbritanniens gegen Deutschland empfangen worden war, musste es so vorkommen, als sei der Krieg schon immer da gewesen und als werde es ihn immer geben. Für ein Kind war der Krieg eine verwirrende Dauerkrise, gelegentlich aber auch ein Abenteuer: die Wettläufe zu den Wellblechunterständen, sobald die Sirenen ihren bedrückenden Chor anstimmten – die Suche nach den silbrigen Granatsplittern am Morgen nach einem Luftangriff – der Anblick der glitzernden Fesselballons, die wie fliegende Wale am Himmel auftauchten und die Sonne verdeckten. Für unsere Eltern und großen Geschwister zählten eher der Blitzkrieg, dem 43 000 britische Zivilisten zum Opfer fielen, die Nachrichten mit den neuesten Verlusten an Land, zur See und in der Luft, die Nächte im Bunker. Während wir aufwuchsen, assoziierten wir diese Schrecken und dieses Elend zunehmend mit Deutschland und den Deutschen, und begreiflicherweise betrachteten wir den Krieg gegen Hitler als *unseren* Krieg.

Im Sommer 1945 nahm meine Mutter mich mit zu einem Durchgangslager auf den Wanstead Flats, einer ausgedehnten Parklandschaft in der Nähe unseres Wohnorts. Dort waren hinter Stacheldraht deutsche Kriegsgefangene zu besichtigen. Sonnengebräunt und entspannt lagen und saßen sie herum; manche trugen fesche Halstücher und dunkle Sonnenbrillen und hatten ihre grauen Feldmützen keck zur Seite geschoben. Einer zwinkerte mir zu und zog eine witzige Grimasse. Wenn man sie erst einmal als Menschen aus Fleisch und Blut erlebt hatte, fiel es einem schwer, Hitlers Kämpfer weiterhin so zu dämonisieren wie zuvor. Dennoch: Als der Krieg vorüber und der Festschmuck der Siegesfeiern aus den Straßen verschwunden war, blieb der Eindruck zurück, dass dem deutschen Volk etwas genuin Bösartiges innewohnte – ein Bild, das durch zahlreiche Gespräche mit der älteren Generation, die im Ersten Weltkrieg gekämpft hatte, noch verstärkt wurde. Mein Großvater bewahrte Messinghülsen von Granaten aus jenen Tagen über dem Kamin auf und nahm sie an jedem Tag seines Lebens in die Hand, um sie zu polieren. Er erzählte mir von der Zeit vor dem Ersten Weltkrieg, als die deutsche Marine Kriegsschiffe baute, um es mit der Royal Navy aufzunehmen. Er sprach voller Furcht von den riesigen Stapeln billiger Konsumgüter aus deutscher Industriefertigung, die in den Frachthäfen Londons abgeladen wurden und von dort aus das Land überschwemmten. Es gab, wie er mir erklärte, eine Verbindung zwischen jenen Kriegsschiffen, den Stapeln billiger deutscher Waren – Spielzeuge, Werkzeuge, Stifte, Küchengeräte, Lampen, Scheren, Nähmaschinen, Schreibmaschinen – und den Stapeln von Leichen, die sich hinter den Schützengräben bildeten. »Die Deutschen«, so pflegte er zu sagen, »waren zu schlau und zugleich zu böse.« Diese Bemerkung leitete stets einen anderen Aphorismus ein, der sich durch meine Kindheit und Jugend zog: »Nur ein toter Deutscher ist ein guter Deutscher.«

## Deutsche Wissenschaft

Lassen sich aus einer Untersuchung der Wissenschaftsentwicklung in Deutschland während der ersten Hälfte des letzten Jahrhunderts allgemein gültige Schlüsse über das Verhältnis zwischen Wissenschaft und Gesellschaft ableiten? Werden Menschen durch wissenschaftliche Betätigung rationaler, skeptischer, internationalistischer, objektiver? Und können wir davon ausgehen, dass die Wissenschaften in einer Demokratie produktiver sind und ihre Erkenntnisse verantwortungsvoller und umsichtiger umgesetzt werden als in einer Diktatur?

Wer das Wesen der Naturwissenschaften und das Verhalten von Naturwissenschaftlern im 20. und zu Beginn des 21. Jahrhunderts verstehen will, kommt nicht darum herum, sich mit den Geschehnissen in den wissenschaftlichen Kreisen Deutschlands während jener Zeitspanne auseinander zu setzen, die die beiden Weltkriege umfasst. Die Rekapitulation der Ideenentwicklung und Entdeckungsgeschichte, die Untersuchung der Einstellung deutscher Forscher zu ihren Fachgebieten, zu ihren Regierungen beziehungsweise Regimes und zu ihren Mitmenschen lässt sich nicht von der Aufgabe trennen, die Naturwissenschaft und Technologie und die Auswirkungen zu verstehen, die diese seit dem Zweiten Weltkrieg auf uns alle haben.

Diese Chronik der deutschen »Naturwissenschaft« – ein Wort, das im Rahmen dieses Buches oft auch die Medizin und die Technikwissenschaften einschließt, wenn im jeweiligen Zusammenhang das ganze Spektrum gemeint ist – ist vor dem Hintergrund des gegenwärtigen Krieges gegen den Terror, der Erweiterung der Europäischen Union und der ständig anwachsenden Bedeutung Deutschlands verfasst worden. Heute, nach fast einem halben Jahrhundert der Spaltung, wächst Deutschland allmählich in eine immer mächtigere Rolle im Herzen eines Europas hinein, das sich vom Atlantik bis an die Grenzen Russlands und von der Nordsee bis in die Ägäis erstreckt.

Auf dem Weg zu einem Verständnis der deutschen Wissenschaft verbergen sich jedoch viele Fallstricke, denn die Siegermächte des letzten Krieges neigen verständlicherweise dazu, sich allem Deutschen moralisch überlegen zu fühlen. Dabei verdankten Europa und Nordamerika der deutschen Wissenschaft – bevor Hitler, Goebbels und Himmler die Bühne betraten – sehr viel; die Einflüsse sind vielfältig, komplex und oft ambivalent. Der deutsche Ausdruck »Wissenschaft« umfasst – anders als das englische *science* – traditionell eine ganze Reihe intellektueller Disziplinen, in denen deutschsprachige Akademiker (Österreich ist dabei nicht zu vernachlässigen!) Großes geleistet und oftmals Pionierrollen übernommen haben –, so in den Geschichtswissenschaften, den Literaturwissenschaften, der Philosophie, Theologie und Psychologie, mit weit reichenden Auswirkungen auf das westliche Denken. In die Fußstapfen erhabener Geistesgrößen wie Bach, Goethe, Beethoven und Kant traten nach Hegel, Fichte, Schelling und Frege auch Marx und Nietzsche, Denker, deren proteische Werke sich die Begründer des Sowjet-Kommunismus und des Faschismus auf fatale Weise aneigneten. Zu Beginn des 20. Jahrhunderts beflügelte Max Weber die Sozialwissenschaften, Wittgenstein belebte die Philosophie, Freud, Adler und Jung trieben die Psychologie voran, in Martin Heideggers bedeutendem, wenn auch unheilschwangerem Sinnen klangen bereits der Existenzialismus und der Dekonstruktivismus an, die nach dem Krieg in Frankreich das kritische Denken Sartres, Ricœurs und Derridas prägen sollten.

Währenddessen feierten auch die Naturwissenschaften und die Medizin, von der Philosophie und der Politik weitgehend unbemerkt, in Deutschland vor 1933 große Erfolge; sie trugen zur Entstehung neuer Technologien bei, die das Potenzial hatten, die Welt umzugestalten: Wilhelm Conrad Röntgen entdeckte die Röntgenstrahlung; Fritz Haber fixierte Stickstoff aus der Luft; David Hilbert stellte den Mathematikern der Welt eine Aufgabe, die sie für den Rest des Jahrhunderts beschäftigen sollte; Max Planck war einer der Gründerväter der Quantentheorie; Albert Einstein stellte seine epochalen Relativitätstheorien auf; Werner Heisenberg entwickelte die Quantenmechanik. Nach mehr als einem halben Jahrhundert, in dem Deutschland sich in der anorganischen, organischen und industriellen Chemie als konkurrenzloses Machtzentrum etabliert hatte, räumten Deutsche in den ersten beiden Jahrzehnten des 20. Jahrhunderts in allen naturwissenschaftlichen und medizinischen Disziplinen mehr als die Hälfte der Nobelpreise ab. Zur selben Zeit stellten gewisse biologische und anthropologische Kreise die Behauptung auf, dass sich die Bevölkerungsentwicklung, die Gesellschaft und ihre Geschichte durch eine historisch-biologische Rassentheorie erklären ließen, die ebenso falsch wie gefährlich war. Darwins und Mendels Erklärungsmodelle wurden von Leuten wie Ernst Haeckel und H. F. K. Günther umfunktioniert, deren Gedankengut wiederum später zur Rechtfertigung von Hitlers Antisemitismus und der so genannten »Rassenhygiene« herhalten musste.

Um einige der Leitgedanken nachvollziehen zu können, mit denen die Menschen sich selbst und das Wesen der Welt im Lauf des 20. Jahrhunderts zu begreifen versuchten, müssen wir auch das wiederentdecken, was die Welt trotz alledem den Deutschen zu verdanken und mit den Deutschen gemein hat. Deutschlands maßgebliche Beiträge zu den Naturwissenschaften lassen sich aus diesem Prozess nicht ausblenden.

Meine Generation hat sich jedoch, während sie unmittelbar nach dem Krieg in Großbritannien aufwuchs, angewöhnt, die deutsche Wissenschaft mit Nazi-Wissenschaft gleichzusetzen: bestenfalls brutal effizient und militarisiert – die Blitzkrieg-Kombination aus Stuka-Sturzflügen, Panzern und motorisierter Infanterie, die V1- und V2-Raketen, die U-Boote –, ansonsten, wie bei den Menschenversuchen in den Konzentrationslagern, monströs sadistisch. Noch in den frühen 1960er-Jahren wurde in der Unterhaltungsfilmbranche dieses Klischee des deutschen Wissenschaftlers gepflegt; man denke nur an Peter Sellers in der Rolle des Dr. Seltsam.

Im Gegensatz dazu wurden britische Wissenschaftler, die bis zum Kriegseintritt Amerikas 1942 den wissenschaftlichen Kampf gegen Hitler angeführt hatten, in einer Vielzahl von Spielfilmen, Dokumentarfilmen und populärgeschichtlichen Büchern als hochbegabte Eierköpfe dargestellt, ihren Gegnern mühelos überlegen und dabei doch bescheiden: exzentrische Zivilisten in abgewetzten Tweedjacken, die in Englands Gartenschuppen aus schierer, angeborener Genialität heraus Wunderdinge wie Radar erschufen. Wir waren Feuer und Flamme, als die Rollbomben, Barnes Wallis' Erfindung, die Kraftwerksstaudämme im Ruhrtal zerstörten. »Bomber Harris'« Flächenbombardement wurde als strategische Notwendigkeit dargestellt. Die britische Beteiligung an der Erschaffung der Atombombe, die Deutschland nicht zustande gebracht hatte, wurde nicht so gerne erwähnt – abgesehen von dem immer wieder hervorgehobenen Aspekt des deutschen Scheiterns. Natürlich hätten die Deutschen, wie wir annahmen, eine Atombombe auf uns geworfen, wenn es ihnen nur gelungen wäre, sie zu bauen.

Während der 1950er-Jahre wurden zunehmend Fragen über die politischen und moralischen Dimensionen der Atombombenabwürfe über Japan laut. Diese Debatte hält bis heute an.

Irgendwann begann meine Generation, die Ende der 1950er-, Anfang der 1960er-Jahre studierte, auch die britischen Nachtangriffe auf die Zivilbevölkerung von Dresden, Hamburg, Lübeck und anderen deutschen Städten von verschiedenen Seiten zu beleuchten und ihre Notwendigkeit infrage zu stellen. Um die deutsche Kampfmoral zu brechen und industrielle Ziele zu vernichten, hatte man mit Akribie und viel technologischem Sachverstand die ideale Kombination aus Druck- und Phosphorbomben zusammengestellt und so eine Feuerhölle entfacht, in der Hunderttausende unschuldiger Männer, Frauen und Kinder verbrannt waren. Ebenso akribisch hatten die Bombardierungsexperten der Royal Air Force Spezialisten wie den Architekturhistoriker Nikolaus Pevsner über die Baudenkmäler befragt – nicht um sie zu schützen, sondern um zu erfahren, wie gut sie brennen würden. Die Luftangriffe der Royal

Air Force auf Hamburg, die in der Nacht des 24. Juli 1943 begannen und als Operation Gomorrha bezeichnet wurden, erreichten ihren Höhepunkt vier Nächte später in einem Feuerball, der zwei Kilometer in den Himmel hinaufwallte, jeden Sauerstoff vernichtete und Stürme entfachte, die stark genug waren, um Bäume zu entwurzeln. In den Vorratskellern kochte der Zucker, Glas zerfloss, und Menschen wurden in den Asphalt der Straßen hineingesaugt. Das Körperfett der Leichen schmolz. In dieser einen Nacht starben schätzungsweise 45 000 Deutsche – ungefähr so viele Zivilisten wie in Großbritannien während des ganzen Krieges. Die deutschen Schätzungen der zivilen Opfer der alliierten Luftangriffe auf die Städte des Reiches belaufen sich auf 450 000 Tote und 600 000 Verwundete. Erst eine Generation später wagten es die Deutschen, laut und deutlich über das Grauen zu sprechen, das damals über ihre Eltern hereingebrochen war.[1]

1962 hatte meine Generation anhand der Kuba-Krise erlebt, was es hieß, haarscharf an einer Katastrophe vorbeizuschrammen; wir hatten uns eine Meinung über das nukleare Wettrüsten gebildet und wussten, was wir von der Doktrin des taktischen Nuklearwaffeneinsatzes als Antwort auf eine konventionelle Sowjet-Invasion in Westeuropa zu halten hatten. Wir hatten erfahren, dass die radioaktive Kontamination durch Atomwaffentests in Ost und West globale Schäden anrichtete. In den 1970er-Jahren wurden die langfristigen Auswirkungen des Einsatzes von Entlaubungsmitteln und Napalm in Vietnam nicht nur auf die Zivilbevölkerung, sondern auch auf die Umwelt sichtbar. Schätzungen zufolge waren die Vereinigten Staaten, auf ein Jahrzehnt gerechnet, für die Vernichtung von etwa dreißig Prozent der vietnamesischen Nahrungsmittelproduktion verantwortlich.[2]

Indessen hatten die Historiker längst zu einer distanzierteren und ausgewogeneren Beurteilung der imperialen Rivalitäten gefunden, die zum Ersten Weltkrieg geführt hatten, und sahen auch den Versailler Vertrag mit anderen Augen, der in der Weimarer Republik zu politischen Umwälzungen geführt und somit letztlich den Aufstieg des Nationalsozialismus begünstigt hatte. Als in den 1980er-Jahren amerikanische Marschflugkörper in Westeuropa stationiert wurden und Ronald Reagan seine Star-Wars-Pläne verfolgte, verschwamm für so manchen der bis dahin so scharfe Kontrast zwischen der militärischen Wissenschaft der Nazis oder Sowjets und der militärischen Wissenschaft in den Demokratien. Ohne die einzigartigen Gräuel des Nationalsozialismus zu vergessen – wie könnte man auch? –, ist es nun möglich geworden, eine politische Geschichte der Wissenschaftler unter Hitler zu schreiben, in der diese nicht nur Nazis oder Deutsche sind, sondern in erster Linie Wissenschaftler.

## Wissenschaft unter Hitler

Keine Abhandlung über Wissenschaftler unter Hitler kommt ohne die Vorgeschichte aus, die den ersten Teil dieses Buches einnimmt: das Wachstum und der Erfolg der Naturwissenschaften, Medizin, Mathematik und Technikwissenschaften in Deutschland während der zweiten Hälfte des 19. und der ersten Jahrzehnte des 20. Jahrhunderts. Um 1910 herum war Deutschland das internationale Mekka der Naturwissenschaften. Sowohl grundlagen- als auch anwendungsorientierte Forscher aus aller Welt drängten an die deutschen Universitäten und lernten Deutsch, um die wichtigsten Fachzeitschriften lesen und an Konferenzen und Seminaren teilnehmen zu können. Deutschland schien prädestiniert, die Führungsrolle in der Entwicklung einer neuen Physik zu übernehmen, die das Jahrhundert technologisch transformieren sollte und deren Fundament – neben Wissenschaftlern aus Dänemark, den Niederlanden, Frankreich und Großbritannien – Max Planck, Albert Einstein, Max Born, Werner Heisenberg und Erwin Schrödinger geschaffen hatten, die allesamt Deutsch sprachen. Diese neue Physik führte ihrerseits zur Quantenphysik, zur Atomwissenschaft und zur Wasserstoffbombe.

Doch zu Beginn des Ersten Weltkrieges hatte das Ansehen der deutschen Wissenschaftler in den Augen der westlichen Kriegsgegner Schaden genommen. Deutschland war das erste Land, das einen zivilen Ozeandampfer torpedierte (sogar der große deutsche Schriftsteller Thomas Mann begeisterte sich für die außerordentliche technische Leistung, die der Angriff auf die *Lusitania* darstellte). Ein Jahr nach Kriegsbeginn erklärte eine große Gruppe deutscher Naturwissenschaftler, anderer Akademiker und Intellektueller ihre bedingungslose Einsatzbereitschaft für Staat und Militär. Darüber hinaus ermutigte einer von Deutschlands hervorragendsten Wissenschaftlern, Fritz Haber, das Militär im April 1915 zum Einsatz von Giftgas gegen die Alliierten und schuf die Voraussetzungen für die Realisierung dieses Plans. Deutsche Wissenschaftler richteten ihre zivilen Forschungseinrichtungen, die Kaiser-Wilhelm-Institute (KWI), bereitwillig auf die Giftgas-Forschung aus. Waren sie nun eher Deutsche, die sich typisch deutsch verhielten, oder Wissenschaftler in Deutschland, die sich wie typische Wissenschaftler verhielten?

In der Nachkriegsära gedieh die deutsche Wissenschaft trotz fehlender Mittel, Boykottierung durch die Siegermächte und politischer sowie wirtschaftlicher Unruhen weiter. In die Weimarer Zeit fielen bemerkenswerte Entwicklungen in der neuen Physik sowie Kooperationen mit Wissenschaftlern aus anderen Nationen. Im wissenschaftlichen Milieu taten sich aber auch andere, unheilvolle Dinge: Die Widerstände gegen die Arbeit jüdischer Kollegen nahmen zu, und verzerrte Spielarten der Medizin, Anthropologie und Evolutionstheorie förderten das Aufkommen der so genannten Rassenhygiene. Aber ähnliche Schuldzuweisungen an die Juden gab es auch in den wissenschaftlichen Kreisen Frankreichs, Großbritanniens und der Vereinigten Staaten.

Als Hitler 1933 an die Macht kam, wurden die Naturwissenschaften, die Medizin und die Technikwissenschaften in den Dienst des neuen Regimes gepresst. Das Dritte Reich verlangte nach Gleichschaltung: Alle gesellschaftlichen Kräfte mussten sich in das neue System einpassen. Die Erziehung, die Presse, die Psychologie und das Nachrichtenwesen wurden der Nazi-Ideologie unterworfen, um die öffentliche Meinung zu kanalisieren und im Sinne der nationalsozialistischen »Revolution« umzuformen. Die Wissenschaftler gaben diesem Druck – mit bemerkenswert wenigen Ausnahmen – rasch nach. Die wissenschaftlichen Wortführer übten sich, wie der Historiker Joseph Haberer es ausdrückt, in »Eigennutz und Willfährigkeit« und machten sich mit der »Diskriminierung von Mitgliedern ihrer Gemeinschaft« gemein.[3] Doch einige Gruppen – vor allem Mediziner und Anthropologen – gingen über die bloße Anpassung hinaus und propagierten lauthals ein rassistisches Programm. In einigen Fällen diffamierten und bedrängten Teile der wissenschaftlichen Gemeinschaft andere Fachgebiete; so war die experimentelle Physik nach Ansicht einiger einflussreicher Nazi-Wissenschaftler authentischer als die theoretische Physik, die als »jüdisch« verschrien war.

In ihrem Werk *Eichmann in Jerusalem* vertritt Hannah Arendt ihre berühmte These von der »Banalität des Bösen«: die Behauptung, dass das Böse im Dritten Reich aus der Klasse der banalen, amoralischen Bürokraten erwachsen sei. Arendts Perspektive ist durch jüngere Forschungsergebnisse und Erkenntnisse, die Licht auf das Verhalten von Naturwissenschaftlern, Ärzten und Ingenieuren im Dritten Reich warfen, teils bestätigt, teils infrage gestellt worden. Eine Forschungsmeinung besagt, dass die – trotz der allgegenwärtigen Konformitätsrhetorik der Gleichschaltung – unausgereiften Umstrukturierungsprogramme der Nazis eine Art »Selbstgleichschaltung« förderten. Dieses Phänomen wurde durch ständig am Rande des Bewusstseins jedes Einzelnen lauernde Ängste verstärkt, durch die Befürchtung, »im Zweifelsfall dieser mitreißenden Bewegung der Volksgenossen nicht anzugehören«.[4] Zugleich (und keineswegs im Widerspruch zu dieser These) weist uns Michael Wildts Untersuchung der »Generation des Unbedingten«, wie er sie nennt, auf die Laufbahnen jener Personen hin, die nach Hitlers Machtergreifung plötzlich Karriere machten und denen beim Ausbruch des Krieges schier grenzenlose Entfaltungsmöglichkeiten offen standen.[5] Diese Diagnose mag einen Wernher von Braun und die Skrupellosigkeit, mit der er sich der Zwangsarbeit bediente, besser erklären als Arendts Analyse.

Die Nazi-Propaganda feierte das Bild von einer technokratischen Modernität, die mit einem wiedererstarkten und stärkenden Naturalismus Hand in Hand gehen sollte: Körperertüchtigung, gesundes Leben und Freiluftaktivitäten. Die Produktion des Volkswagens und der Bau der Reichsautobahnen, die als »Straßen des Führers« bekannt wurden, waren Symbole einer nationalstaatlichen Modernisierung, die in den Zeiten der Propaganda als Vereinigung des motorisierten Individualverkehrs für alle und der Schönheit und

Freiheit der vaterländischen Landschaft gefeiert wurden. Fritz Todt, der für das Projekt verantwortlich zeichnete, sah in dem Ruf nach landschaftsarchitektonisch gestalteten Schnellstraßen den Auftrag an die neue Deutsche Technik, die alten selbstsüchtigen, konsum- und profitorientierten kapitalistischen Motive zu überwinden. Die Bekenntnisse zur Moderne waren jedoch oberflächlich; die Nazi-Technokratie war selten frei von sentimentalen Rückbezügen auf die ländliche Idylle.

Die Massenkundgebungen mit ihren Scheinwerfer-Lichtskulpturen, die klaren Linien des neuen Berliner Stadions für die Olympiade von 1936, der von Albert Speer entworfene neoklassizistische deutsche Pavillon, der 1937 bei der Pariser Weltausstellung den Sowjet-Pavillon ausstach, der Stellenwert der Freiübungen und Gesundheitsprogramme – darunter die nationalsozialistischen Kampagnen gegen Tabak und Alkohol – unterstrichen allesamt das kraftstrotzende, scharfsichtige Image der Deutschen Technik im Rest der Welt. Neue Medien und Kommunikationsmittel gediehen, allen voran die ersten Magnetbänder, auf denen Hitlers Stimme für die Nachwelt konserviert wurde, und das Fernsehen, das die Olympischen Spiele aus Berlin ausstrahlte.

Hinter der modernistischen Fassade steckte jedoch weder eine aufblühende Technokratie noch ein ideales Milieu für intellektuelle Unterfangen aller Art, wie die Entlassungen jüdischer Forscher und die Bücherverbrennung vom 12. Mai 1934 nachdrücklich zeigten. Die Grundlagenforschung, die vieler ihrer wichtigsten Köpfe beraubt war und von innen wie außen ideologisch unter Druck geriet, brach nicht völlig zusammen, konnte jedoch auch nicht gedeihen.[6] In den angewandten Wissenschaften, der Technik und der Medizin kennzeichneten die Versuche verschiedener Interessengruppen, die Wissenschaft zu politisieren und Bewegungen wie eine »Deutsche Physik«, eine »Deutsche Biologie«, sogar eine »Deutsche Mathematik« zu begründen, eine Ära der Spaltung und des Niedergangs, während die Konkurrenz zwischen den Machtzentren von Industrie, SS, Armee und Zivilverwaltung, deren Kompetenzen sich zum Teil überschnitten, zu ungeheuerlichen Verschwendungen und Fehlentscheidungen führte. Im Dritten Reich wurden Innovationen missbraucht und falsch verwendet; mit der Freiheit ging die

Vielfalt verloren; einige Zweige der Naturwissenschaften, vor allem der Physik, wurden vernachlässigt und verdorrten; andere traten zumindest auf der Stelle.

Die stärkste wissenschaftlich inspirierte Metaphorik innerhalb der Nazi-»Weltanschauung« kreiste um ein aus der Anatomie entlehntes Zerrbild, bei dem die Übergänge zwischen symbolischem und realem Gehalt verschwammen: um den Volkskörper, der unerwünschte Krankheitserreger ausstieß. In der pseudowissenschaftlichen nationalsozialistischen Sicht war das künftige Deutschland so etwas wie ein rassisch reiner »Körper«: eine Vision, die durch eine zunehmende Zahl von Medizinern, Anthropologen und Eugenikern und ihre Forschungsergebnisse unterstützt wurde. In der ersten Welle der antisemitischen Maßnahmen waren Hunderte von Wissenschaftlern entlassen worden – ausgestoßen, als wären sie Keime, die das Immunsystem des Körpers abgewehrt hatte. Eine Generation von Forschern stand vor der Wahl, die Rassengesetze stillschweigend zu dulden oder Deutschland zu verlassen: Sie fügten sich. Nicht mehr lange, und die Ideologen der Rassenhygiene propagierten Sterilisationen und Euthanasie – die Auslöschung »lebensunwerten Lebens«.

Als Deutschland die Auflagen aus dem Versailler Vertrag eine nach der anderen brach und sich wieder bewaffnete, verschafften die großen Traditionen des deutschen Maschinenbaus und Erfindungsreichtums dem neuen Reich auf dem Gebiet der militärischen Anwendungen viele offensichtliche Vorteile; das alte Schreckgespenst aus Kriegstagen, das Bild der Wissenschaft und Technologie als Büchse der Pandora und Faustischer Pakt, war wiederauferstanden. In den 1930er-Jahren und während des Krieges brachten deutsche Wissenschaftler eine beeindruckende Liste von Neuerungen hervor: Annäherungszünder, Infrarot-Nachtsichtgeräte, Strahltriebwerke, Radar, mechanische Verschlüsselung, synthetische Kraftstoffe, Kunstgummi, ballistische Raketen, den Schnorchel und den Wasserstoffperoxid-Antrieb für U-Boote. Von 1939 an bis zum Ende des Krieges erforschten Wissenschaftler unter militärischer Aufsicht nukleare Kettenreaktionen mit dem Ziel, Hitler eine Atombombe zu bauen. Auf den meisten dieser Gebiete, vor allem in der Raketenforschung, -entwicklung und -produktion, wurden rationale Hightech-Methoden mithilfe exorbitanter Mittel für irrationale Ziele eingesetzt. 1943 jedoch, nach Jahren der selektiven Aufhebung von Recht und Gesetz, gab es nur noch wenige naturwissenschaftliche, medizinische und industrielle Fachbereiche, die nicht durch Brutalitäten, Zwangsarbeit, Menschenversuche ohne Einwilligung und willkürliche Morde in Mitleidenschaft gezogen worden waren.

War die Wissenschaft des Dritten Reichs, die unter Totalitarismus, Geheimniskrämerei, verschwenderischen Kompetenzüberschneidungen und rassistischen Personalentscheidungen zu leiden hatte, also zum Scheitern verurteilt? Konnte dieser vergiftete Baum nicht hier und da doch eine gute Frucht tragen? In den letzten Jahren haben Historiker – ohne ihre Verurteilung der grauenhaften nationalsozialistischen Experimente dadurch zu relativieren – eingeräumt, dass einzelne Forschungsgebiete unter den Nazis durchaus florierten; zum Beispiel wurde im Rahmen der Krebsbekämpfung epidemiologische Pionierarbeit ersten Ranges geleistet.

Gibt es eine klare Demarkationslinie, eine Diskontinuität, an der Nazi-Wissenschaft anfängt oder endet? Die Historiker revidieren hier gerade ihre Meinung. Nach dem Ende des Zweiten Weltkrieges nahm man an, dass der dunkle Schatten, der während des Dritten Reichs über der deutschen Wissenschaft hing, sich verzogen hatte; man glaubte, dass die westdeutschen Naturwissenschaftler nach der Verurteilung der schuldigen Individuen bei den Nürnberger Prozessen und der Wiederherstellung der demokratischen Ordnung einen unbelasteten Neuanfang gemacht hätten. In jüngerer Zeit haben jedoch einige Wissenschaftshistoriker unser Augenmerk auf das bis dahin in deutschen Wissenschaftskreisen tabuisierte Thema der wissenschaftlichen Mitläufer gelenkt und sogar die Behauptung zur Diskussion gestellt, dass diese Trittbrettfahrer mehr Schaden angerichtet hätten als ausgewiesene Nazi-Wissenschaftler, da sie es versäumt hätten, an das Gewissen der Unentschiedenen und der Zaungäste zu appellieren. Diesem Argument zufolge hat sich die Mehrheit der deutschen Wissenschaftler auch nach dem Kriegsende ihrer Verantwortung nie gestellt. Manche Kritiker treiben das Argument noch weiter und behaupten, dass diese Schuld aufgrund der wissenschaftlichen Plünderungen nach dem Krieg auch die alliierten Länder – die westlichen Siegermächte ebenso wie die Sowjetunion – infiziert habe; vor allem denken sie dabei an den Abzug des Raketenforscherteams um Wernher von Braun aus Peenemünde, das Zwangsarbeiter ausgebeutet hatte. In demselben Sinne ist auch die Geschichte des westdeutschen Wirtschaftswunders, der industriellen Wiedergeburt zur Stunde null der neuen Demokratie, einer Revision unterworfen worden, insbesondere mit Blick auf Firmen wie Mercedes Benz, die fast geräuschlos von der Kriegsproduktion auf die zivile Produktion umgeschaltet hatten. Um es mit Chris Kellers Worten in Arthur Millers *Alle meine Söhne* zu sagen: »Sonst ist alles, was du hast, Plunder, es klebt Blut daran.«[7]

## Wissenschaft und das Gewissen des Einzelnen

Neben allen kollektiven politischen und moralischen Betrachtungen gibt es noch die ebenso aufschlussreiche Ebene des individuellen Gewissens und Verhaltens. Ein interessanter derartiger Fall ist der Kopf des deutschen Atomforschungsprojekts, Werner Heisenberg. Hat er den Forschungsfortschritt in Richtung einer deutschen Atombombe mutwillig verzögert? Oder hat er einfach aufgrund eines falschen physikalischen Ansatzes versagt und seinen Misserfolg nach dem Krieg zum Resultat seiner moralischen Integrität umgedeutet? Ob seine Motivation nun ehrlich oder heuchlerisch war, Tatsache ist, dass das Scheitern des deutschen Atombombenprogramms zumindest teilweise auf Heisenbergs Unwillen zurückging, die Verantwortung dafür zu übernehmen, dass einem derart spekulativen Unterfangen eine noch höhere Priorität eingeräumt und zugleich der finanzielle Spielraum für andere Projekte noch stärker beschnitten wurde. Das war jedoch, wie einige Historiker festgestellt haben, eher eine pragmatische als eine moralische Entscheidung.

Die Bedeutung von Heisenbergs Geschichte liegt weniger in den Implikationen für sein individuelles Gewissen als vielmehr in der Frage, wie sich ein (beliebiger) Wissenschaftler verhalten *sollte*, wenn er in die Entwicklung von Massenvernichtungswaffen hineingezogen wird. Die öffentliche Debatte dieser Frage lässt sich mindestens bis zum Erscheinen von Robert Jungks Bestseller *Heller als tausend Sonnen* zurückverfolgen, dessen Erstauflage von 1949 stammt. Darin suggerierte Jungk, dass Heisenberg und seine Kollegen sich womöglich moralischer verhalten hätten als jene Wissenschaftler – viele unter ihnen jüdische Emigranten –, die an den Bomben der Alliierten mitarbeiteten, die über Hiroshima und Nagasaki abgeworfen wurden. »Es scheint paradox, dass die in einer säbelrasselnden Diktatur lebenden deutschen Kernphysiker, der Stimme ihres Gewissens folgend, den Bau von Atombomben verhindern wollten«, schrieb Jungk, »während ihre Berufskollegen in den Demokratien, die keinen Zwang zu befürchten hatten, mit ganz wenigen Ausnahmen sich mit aller Energie für die neue Waffe einsetzten.«[8] Dieser Standpunkt, der mehr als vierzig Jahre lang Irritationen und Entrüstung hervorrief (obwohl Jungk sein Urteil später revidierte), erhielt 1993 durch Thomas Powers' *Heisenbergs Krieg* neue Nahrung. Powers kam am Ende seines 500-Seiten-Werks zu folgendem Schluss:

»Heisenberg war seit den ersten Wochen des Krieges die führende Persönlichkeit des Uranvereins; ihm stand es frei, nach seinem Belieben zu warnen, zu fordern, zu mahnen. Aber alle Papiere, die er unterschrieb, sind merkwürdig unverbindlich und formal abgefasst. Nie hat er die Behörden warnend darauf hingewiesen, dass die Alliierten eine Atombombe bauen würden, nie hat er um Unterstützung für ein deutsches Großprojekt nachgesucht, nie hat er sich schriftlich auf etwas festgelegt, was über die bloße Erkenntnis hinausging, dass eine Atombombe theoretisch möglich sei. Jeder, der bei der Beschäftigung mit der Geschichte des Manhattan-Projekts erstmals mit den Bemühungen der Deutschen konfrontiert wird, erkennt sofort: Es gab kein deutsches Atombombenprojekt, die Wissenschaftler standen nicht dahinter.«[9]

Es war genau diese offenkundige Unergründlichkeit von Heisenbergs wahren Absichten, die Michael Frayn dazu bewogen hat, in seinem Stück *Kopenhagen* einen Vergleich zwischen der Heisenberg'schen Unschärferelation der Quantenphysik und den immanenten Ungewissheiten von Geschichte und Lebenslauf anzustellen. Den Historikern zeigt Heisenbergs Leben jedoch, wie wichtig Belege sind, wenn sie das Verhalten von Wissenschaftlern nachvollziehen wollen, die mitten im Krieg mit außergewöhnlichen Dilemmata konfrontiert werden und sich entscheiden müssen. In den letzten Jahren hat die Veröffentlichung der Farm-Hall-Bänder – Aufzeichnungen der Gespräche zwischen inhaftierten deutschen Physikern, darunter Heisenberg, am Ende des Krieges – viel dazu beigetragen, die »Unschärfe« zu zerstreuen, die früher die Wahrheit über Heisenbergs Gesinnung und das deutsche Atombombenprogramm verhüllte. Um diese neue Beweislage sowie um einige kürzlich freigegebene Briefentwürfe des dänischen Physikers Niels Bohr, mit dem sich Heisenberg während des Krieges in Kopenhagen traf, wird es in einem der letzten Kapitel dieses Buches gehen.

## Ethik und Wissenschaft

Eine der schärfsten Kritiken, die Michael Frayn im Gefolge seines Theaterstücks zu hören bekam, war der Vorwurf, einen modischen moralischen Relativismus zu vertreten. Manche Kritiker unterstellten Frayn, dass er, indem er den Zuschauern mehrere Versionen von Heisenbergs mutmaßlichen Gedanken und Motiven darbietet, suggeriere, ein endgültiges Urteil über Heisenbergs Absichten und Verhalten sei gar nicht möglich. Frayn streitet dies ab.

Vordergründig betrachtet unterscheiden sich Naturwissenschaftler nicht von allen anderen Menschen, die in einem komplexen moralischen Dilemma gefangen sind. Aber die Sache hat einen Haken: Naturwissenschaftler selbst behaupten gerne, dass Grundlagenforschung moralisch und kulturell neutral sei. Auf der Ebene der Moleküle und Elementarteilchen, so erklären sie, gibt es keine Ethik, Politik oder Kultur: Wasser kocht in Peking bei derselben Temperatur wie in Berlin. Echte Forscher, Grundlagenforscher, so sagen sie, bringen Wissen hervor; angewandt wird dieses von Technikern, von der Industrie und von Regierungen. Die Grundlagenforschung unter Hitler unterscheidet sich demnach in nichts von der entsprechenden Forschung unter einer anderen Regierung oder in einem anderen System.

So schreibt zum Beispiel der einstige Vorsitzende des Committee for Public Understanding of Science (etwa: Komitee für die öffentliche Vermittlung von Naturwissenschaft) in Großbritannien, Professor Lewis Wolpert: »Es ist nicht an den Wissenschaftlern, eigenständig moralische oder ethische Entscheidungen zu treffen: Sie haben weder das Recht dazu noch irgendwelche besonderen Fähigkeiten auf diesem Feld. Es ist sogar sehr riskant, Wissenschaftlern eine größere gesellschaftliche Verantwortung aufzubürden.«[10]

Wie bewährt sich dieser Standpunkt, wenn man ihn zum Beispiel auf jene deutschen Universitätsangehörigen anwendet, die während des Krieges an der Auswertung der Daten aus den Menschenversuchen in den Konzentrationslagern beteiligt waren? Joseph Rotblat stellt klar: »Ein Wissenschaftler ist in erster Linie ein Mensch und erst danach Wissenschaftler.« Ein markantes Beispiel für die verkommenen Wertvorstellungen in Wernher von Brauns Version der neutralen Wissenschaft liefert eine Bemerkung, die er nach dem Krieg machte: Er sagte, es sei ihm egal gewesen, ob er für Uncle Joe (also die Briten) oder Uncle Sam (also die USA) arbeiten musste, denn »alles, was ich wirklich wollte, war ein *reicher* Onkel«.[11]

In einer Geschichte des Verhaltens von Naturwissenschaftlern in Kriegszeiten sind moralische Urteile unumgänglich. Im Allgemeinen neige ich in diesem Bericht einem utilitaristischen Ansatz zu, beurteile also das Handeln der Wissenschaftler auf der Grundlage der bekannten – oder zumindest wahrscheinlichen – Konsequenzen ihrer Entdeckungen und veröffentlichten Erkenntnisse. Eine ausschließliche Fixierung auf die Konsequenzen wird jedoch gelegentlich der Komplexität der Entscheidungen, die Wissenschaftler tagtäglich treffen müssen, nicht gerecht. Integrität beschränkt sich für einen Forscher nicht auf Entscheidungen, die er in sozialer und zeitlicher Abgeschiedenheit trifft, sondern bezieht sich auch auf Entscheidungen, die sich um seinen gesamten Lebensentwurf drehen. Ein moralisches Leben besteht in einem engagierten Zusammenspiel von Verhaltensweisen, Überzeugungen und Prinzipien, aus dem ein Selbstwertgefühl, ein Selbstbild resultiert. Mit anderen Worten: Wie gut kann der Wissenschaftler oder die Wissenschaftlerin jeden Morgen seinem oder ihrem Spiegelbild in die Augen sehen?

Und wie verhalten sich Wissenschaftler als Angehörige einer Spezialistengemeinschaft? Im Lauf dieses Buches werden wir ständig den Belastungen und Ansprüchen begegnen, die für wissenschaftliche Disziplinen typisch sind und den Kontext bilden, in dem Wissenschaftler ihre Integrität zu wahren versuchen. Das Wissenschaftlerdasein geht mit einem ungewöhnlich hohen Maß an *Konkurrenz* einher: um Gelder, um akademische oder berufliche Anerkennung, um Stellen, Förderung, Veröffentlichungen. Ein Wissenschaftler hat stets das Ziel vor Augen, im Wettlauf um eine Entdeckung oder Publikation Erster zu werden.

Die *Loyalitäten* von Wissenschaftlern sind vielschichtig und geraten häufig miteinander in Konflikt: Sie fühlen sich ihrer Familie, ihrer Institution, ihrem Fachgebiet und ihrer Nation verpflichtet. Wissenschaftler sind – verglichen zum Beispiel mit bildenden Künstlern, Schriftstellern oder Komponisten – ungewöhnlich stark *abhängig*: von Vorgesetzten, Mäzenen, Stiftungen, von Geldgebern aller Art.

Wissenschaftler sind darüber hinaus durch hohe Standards der intellektuellen Integrität gebunden, durch strenge Codices über die Durchführung von Experimenten, das Sammeln von Daten und die Präsentation der Ergebnisse. Sie agieren in einem sozialen Rahmen, der sie verpflichtet, die Arbeit von Kollegen zu zitieren, anzuerkennen, zu bewerten und zu schätzen.

Im Dritten Reich waren der Konkurrenzdruck, die Abhängigkeiten und der Aufwand, um Standards einzuhalten, erhöht und oft ins Unerträgliche überzogen, da das Regime mit Nachdruck jeden Aspekt der Wissenschaft und der Erziehung für seine Zwecke auszubeuten versuchte. Gleichzeitig wurde die akademische und berufliche Integrität in Mitleidenschaft gezogen – durch Überlebenszwänge und in einigen Fällen durch Begehrlichkeiten: durch den Wunsch, unter einem verkommenen Regime Karriere zu machen, das viele gesetzliche Normen (den Schutz jedes menschlichen Lebens zum Beispiel) außer Kraft gesetzt hatte. Immer wieder werden wir in diesem Bericht mit der Allgegenwart von Belastungen, Versuchungen und der Bereitschaft zu weitgehenden Kompromissen konfrontiert, die durch Lebensgefährten, Familien oder den drohenden Verlust der Möglichkeit der wissenschaftlichen Betätigung zustande kamen. Immer wieder werden wir dem Verlangen nach Ehre, Anerkennung und Fördermitteln begegnen sowie den Loyalitätskonflikten bezüglich des akademischen Fachs, der Kollegen, der Institutionen, der Studenten und dem Vaterland. Die Entscheidungen, die Wissenschaftler getroffen haben, wirkten sich nicht nur auf ihre momentanen Arbeits- und Lebensumstände aus, sondern auch auf ihre Selbstentwürfe als Menschen und Mitmenschen sowie auf die Moral ihres Umfelds. Dies sind die *intrinsischen* moralischen Dilemmata der wissenschaftlichen Praxis. Aber wie ist es um die *extrinsischen*, die äußerlich bedingten moralischen Dilemmata bestellt?

## Wissenschaft und Demokratie

Viele Leute sind der Meinung, dass die Wissenschaft und die Werte der westlichen liberalen Demokratie einander bekräftigen – ein Standpunkt, den erstmals die West-Alliierten während der Frühphase des Zweiten Weltkrieges vertraten. Auf den ersten Blick stellt die Vorstellung einer Symbiose zwischen Wissenschaft und Demokratie eine sympathische Alternative zur »verantwortungslosen Reinheit« (Herbert Mehrtens) dar, der viele Forscher im Dritten Reich anhingen. Es besteht jedoch die Gefahr, dass sich Wissenschaftler, die in mehr oder weniger demokratischen Gesellschaften arbeiten, mit dem Argument, ihre demokratisch gewählten politischen Führer wüssten am besten, was richtig ist, ihrer Verantwortung entziehen.

Die Annahme, dass mehr oder weniger demokratische Regierungen bei der Finanzierung, Verwaltung und Anwendung von Wissenschaften und Technologien zu Integrität geneigt hätten, ist – wie ich in den letzten Kapiteln dieses Buches aufzuzeigen versuche – naiv. Die freie Wissenschaft hat in der wiederhergestellten Ordnung nach dem Krieg keineswegs zu den Idealen von Freiheit und Vielfalt zurückgefunden, obwohl sie in einer Demokratie agierte. Vielmehr herrschte im Ost-West-Konflikt ein Klima der Geheimnistuerei, der Verdächtigungen und des nuklearen Wettrüstens, in dem die Naturwissenschaften – mit Billigung und Unterstützung sowohl der Universitäten als auch der Industrie – im großen Stil militarisiert wurden. Auch erleben wir seit 1989 keineswegs den Anbruch eines goldenen Zeitalters der Wissenschaften, einer Art Friedensdividende nach dem Ende des Kalten Krieges. Heute, vierzehn Jahre nach dem Fall der Berliner Mauer, sehen wir uns auf dem Gebiet der Biotechnologie und Genetik alarmierenden Entwicklungen gegenüber, die globale Umweltverschmutzung wächst, die neue Generation von Nuklearwaffen hat eher Präventiv- als Abschreckungscharakter, für zig Milliarden Dollar entsteht ein »Schild« aus strategischen Flugkörpern, und im Zuge des globalen Krieges gegen den Terror werden die Bürgerrechte immer weiter eingeschränkt.

Zu den Herausforderungen, denen sich eine wohl geordnete, verantwortungsbewusste, ihrer demokratischen Umgebung verpflichtete Wissenschaft stellen muss, gehören der Zusammenbruch des freien Zugangs zu Informationen, die Ausbreitung von profitorientierten Schutzmechanismen für geistiges Eigentum zulasten der Freiheit des Wissens, die aggressive Patentierung der Natur, die Versuche, moralisch allgemein akzeptierte Richtlinien zum Umgang mit menschlichen Embryonen und zum Klonen zu unterhöhlen, der chronische Missbrauch der globalen Umwelt und der Ökosysteme, die weitere Verarmung der Entwicklungsländer und die fortgesetzte Bio- und Chemiewaffenforschung.

Forscher dürfen weder das System ignorieren, unter dem sie arbeiten und das sie finanziert, noch in ihrer moralischen und politischen Wachsamkeit nachlassen, selbst wenn sie glauben, dass eine Demokratie für die Ausübung der Wissenschaft die beste aller möglichen Welten darstellt. Ein Vergleich, wie ich ihn am Ende dieses Buches anstelle, nämlich eine rigoros historizistische Betrachtung der moralischen und politischen Sachzwänge in der heutigen Wissenschaft vor dem Hintergrund der Prostitution der deutschen Wissenschaften in der ersten Hälfte des 20. Jahrhunderts, lässt einem nicht nur Kontraste und Parallelen mit der Vergangenheit ins Auge springen, sondern schärft auch das Bewusstsein für gegenwärtige und künftige Gefahren.

# Teil I
# Das wissenschaftliche Erbe der Weimarer Republik

# 1. Hitler als Wissenschaftler

An seinem 27. Geburtstag, am 23. März 1939, begegnete Wernher von Braun, Deutschlands genialer junger Raketeningenieur, Adolf Hitler zum ersten Mal. Der Führer wollte sich in Kummersdorf West, einer Forschungseinrichtung südlich von Berlin, über den Stand des hoch entwickelten ballistischen Flugkörperprogramms der Armee unterrichten lassen.

Walter Dornberger, von Brauns Vorgesetzter, hat einen Augenzeugenbericht über Hitlers Reaktion auf eine der wichtigsten hochtechnologischen Erfindungen des Jahrhunderts verfasst.[1] An diesem, wie er schrieb, »nasskalten, regenverhangenen Tag, während noch das Wasser aus den regenverhangenen Kiefern tropfte«, schienen Hitlers Gedanken anderswo zu sein. »Sein erstaunlich gebräuntes Gesicht mit der unschön breiten Nase, dem schwarzen Schnurrbärtchen und den sehr schmalen Lippen verriet keinerlei Anteilnahme an dem, was wir ihm vorführen sollten.« Dornberger hatte eine Reihe effektstarker Demonstrationen mit donnernden Raketen und Lenksystemen vorbereitet, um seinen Führer zu beeindrucken: Er führte ihm zunächst die Stärke eines Raketenmotors mit 650 Pfund Schubkraft vor und ließ dann zum Vergleich einen mit 2200 Pfund Schubkraft zünden. Aber Hitler hielt während seines Vortrages »seine Augen unverwandt auf mich gerichtet«, schrieb Dornberger. »Ich weiß heute noch nicht, ob ich von ihm verstanden wurde.«

Als Nächstes stellte von Braun, ein füllig wirkender junger Mann aus Junkerkreisen, anhand eines Querschnitt-Modells das Innenleben einer A3-Rakete vor. Hitler hörte offenbar zunächst aufmerksam zu, wandte sich dann aber kopfschüttelnd ab, als begreife er das alles nicht. Es schloss sich eine weitere statische Darbietung an, diesmal mit einer A5, die der Entwicklung eines viel größeren und raffinierteren Flugkörpers vorangehen sollte: der A4, welche die Armee künftig als Langstreckenrakete einsetzen wollte.

Beim Mittagessen saß Dornberger Hitler schräg gegenüber. »Er unterhielt sich, während er sein gemischtes Gemüse zu sich nahm und sein übliches Glas Fachinger trank, mit Becker über das Gesehene«, schrieb Dornberger. »Viel war aus dem Gespräch nicht zu entnehmen. Sein Interesse schien doch um einiges mehr geweckt worden zu sein, als er während der Vorführungen selbst oder unmittelbar danach bekundet hatte.« Später bemerkte Hitler lakonisch: »Es war doch gewaltig!« Dornberger wurde aus ihm nicht schlau. Die Inspektion war ihm »merkwürdig unwahrscheinlich« vorgekommen, »ja, überhaupt unmöglich«. Dornberger sah sich zum ersten Mal mit einem Besucher konfrontiert, der nicht »begeistert … [,] gepackt oder mitgerissen worden« war – ganz anders als Hermann Göring, der Oberbefehlshaber der Luftwaffe, der bei einer Vorführung der Raketentriebwerke vor lauter Entzücken lachend und schenkelklopfend herumgesprungen war.[2]

Als er nach dem Krieg über dieses Ereignis nachdachte, kam Dornberger zu dem Schluss, dass Hitler die Zukunftsbedeutung der Raketentechnik verkannt habe. »Er konnte die Rakete nicht in seine Pläne einbeziehen, und, was für uns damals schlimmer war, er glaubte ihre Zeit noch nicht gekommen. Ihm fehlte doch das Gefühl für den Fortschritt der Technik, der die Voraussetzungen für unsere Arbeiten lieferte.«[3]

Dieses Ereignis ist charakteristisch für Hitlers Einstellung gegenüber neuen Technologien: für seine Neigung, die Dinge mit sich selbst auszumachen und sich dabei einzig auf seine persönliche Intuition und Inspiration zu verlassen, anstatt sich sorgfältig zu informieren und auf die Empfehlungen von Expertenkomitees zu hören. Wie sich zeigte, war Hitlers Skepsis bezüglich der Effektivität ballistischer Flugkörper 1939 durchaus noch berechtigt; außerdem signalisierte sein offenkundiger Mangel an Enthusiasmus keineswegs, wie Dornberger vermutete, einen Unwillen, die Raketenforschung – zunächst mit einer mittleren Prioritätsstufe – weiterhin zu finanzieren. Im Lauf der Zeit jedoch enthüllten die Entscheidungen und Ambitionen des Führers bezüglich des nationalsozialistischen Raketenprogramms – einer Technologie, in der Deutschland dem Rest der Welt eine Generation voraus war – immer deutlicher die Grenzen seiner Fähigkeit, die Geschicke einer der ersten Wissenschaftsnationen der Welt zu lenken. Hitler fing erst an, sich wirklich für Raketen zu interessieren, als die Niederlage bereits unvermeidlich erschien: Die Entwicklung der V2 war eher ein ritueller Racheakt, eine Geste des »hochtechnisierten Romantizismus«, den Thomas Mann den Nazis 1945 in *Deutschland und die Deutschen* attestierte, als eine rationale Strategie, die noch dazu hätte beitragen können, den Krieg zu gewinnen.

## Hitlers biopolitische Rhetorik

Hitlers Wissenschaftsverständnis und seine Einschätzung der Technologie waren verzerrt, unterentwickelt und zutiefst rassistisch. Beim Nürnberger Hauptkriegsverbrecherprozess bezeichnete Albert Speer, Hitlers Architekt und seit Februar 1942 sein Reichsminister für Bewaffnung und Munition, sich selbst als den wichtigsten Repräsentanten einer Technokratie, die keine Skrupel gezeigt hatte, ihr ganzes Können gegen die Menschheit einzusetzen. In einer Erklärung vor dem Gerichtshof erläuterte Speer, dass Diktaturen im technischen Zeitalter einen Typus von Individuen erfordert und auch hervorgebracht hätten, die Befehle unkritisch befolgten. »Der Albtraum vieler Menschen, dass einmal die Völker durch die Technik beherrscht werden könnten, er war im autoritären System Hitlers nahezu verwirklicht«, erklärte er. »In der Gefahr, von der Technik terrorisiert zu werden, steht heute jeder Staat der Welt. In einer modernen Diktatur scheint mir dies aber unvermeidlich zu sein. Daher: Je technischer die Welt wird, umso notwendiger ist als Gegengewicht die Förderung der individuellen Freiheit und des Selbstbewusstseins des einzelnen Menschen.«[4] Während seiner Amtszeit im Dritten Reich waren solche scharfsichtigen Analysen aus dem Mund des damaligen Nazi-Ministers nie zu hören gewesen, aber mit der Schlinge des Henkers vor Augen räumte er ein, dass Wissenschaft und Technik in Hitlers totalitärem Staat heimtückisch funktionalisiert worden waren, und er deutete an, dass dieselbe Gefahr künftig auch den Siegermächten des Zweiten Weltkrieges zu schaffen machen würde.

Was in seinem »Geständnis«, das sich ganz allgemein um Waffentechnologie, Nachrichtentechnik und Medien drehte, aber fehlte, war die Einsicht, dass Adolf Hitlers Wissenschaftsbild, das zu Beginn seiner Herrschaft noch am folgenreichsten war, krude Entlehnungen aus dem Bereich der pathologischen und rassistischen »Genetik« enthielt, mit deren Hilfe der Diktator seine Vorstellungen vom deutschen Nationalstaat und dessen Schicksal artikulierte. Hitlers bevorzugte rhetorische Metaphorik während seines Aufstiegs zur Macht ist als »biopolitisch« charakterisiert worden. Hitler hing der Idee an, der deutsche Nationalstaat sei ein anatomisches Wesen, etwas, das erkranken und gesunden könne wie der menschliche Körper.

Hitlers Äußerungen lassen eine weitgehende Unkenntnis der Mendel'schen Vererbungsgesetze erkennen. Sein »biologisches« Rassenkonzept hat seine Ursprünge offenbar bei Arthur Comte de Gobineau, einem französischen Gelehrten, der sich im 19. Jahrhundert mit einer frühen Rassentheorie hervortat, sowie einer Reihe späterer rassistischer »Philosophen«: Houston Stewart Chamberlain, Erwin Baur, Eugen Fischer und Fritz Lenz. Hitler glaubte, dass die Reinheit der germanisch-arischen Rasse durch »Bastardierung« geschädigt worden sei.[5] Die Aufgabe bestand für ihn darin, die noch nicht verunreinigten Zuchtbestände arischen Blutes zu stärken und zu bewahren.

Als er 1925 sein politisches Manifest, *Mein Kampf*, fertig gestellt hatte, wichen die rassistischen Beschwörungen einer teutonischen Überlegenheit, die er aus den Pamphleten seiner mageren Jahre in Wien zusammengeschrieben hatte, allmählich einer Vulgärform der Geopolitik, dem Lebensraum. Diese Lebensraum-Rhetorik verquickte er mit seiner pseudowissenschaftlichen, quasimedizinischen Bildsprache. Er ritt auf der Verseuchung des gesunden nordischen Volkskörpers mit unerwünschten erblichen Zügen herum, auf seiner Schwächung durch Fremdkörper, die wie Krankheitskeime wirkten. Die Juden waren für ihn Eindringlinge, die die Reinheit des deutschen Organismus unterminierten: Bazillen,

Krebsgeschwüre, Schwären, Tumoren, Abszesse. Sein politisches Programm beschrieb er als Heilbehandlung, Operation, Reinigung oder Gegengift. 1925 klagte er darüber, dass der Staat nicht die Kraft habe, der »Krankheit Herr zu werden«, die »ungehindert in den Blutlauf unseres Volkes« habe eindringen können.[6] Solche aus der vermeintlich wissenschaftlichen Rassenhygiene entliehenen Vorstellungen, deren Haltlosigkeit ihrer Schädlichkeit keinen Abbruch tat, deuteten bereits unverkennbar Lösungsansätze an, bei denen das deutsche Volk die Rolle des Patienten, das Judentum die der Krankheit und Hitler die des wohltätigen Arztes spielte.

Die Versinnbildlichung der Juden als Krankheit hatte sich Mitte der Dreißigerjahre, als die biopolitische Ideologie mit den nationalsozialistischen Medizinwissenschaften verschmolz, flächendeckend durchgesetzt. Kurt Klare, Mitbegründer des Nationalsozialistischen Ärztebundes, sprach vom zersetzenden Einfluss des Judentums.[7] Der völkische Körper bedurfte, wie der Mediziner und Reichsärzteführer Dr. Gerhard Wagner meinte, der »Säuberung«.[8] Die Rassengesetze von 1935 wurden folgerichtig von Immunisierungsmetaphern und Aufrufen zu einer radikalen Therapie begleitet, zur »Ausbrennung des jüdischen Geschwürs«.[9] 1940 wurde Hitler als der große »Heiler«[10] gesehen. In einem Kinderbuch erklärte der Nazi-Publizist Ernst Hiemer die Notwendigkeit des Einmarschs in Polen damit, dass »die jüdischen Bazillen« aus Polen über die Grenze nach Deutschland gekommen seien und »die jüdische Krankheit ins Land gebracht« hätten. »Das deutsche Volk sei fast an dieser Krankheit gestorben, doch Adolf Hitler habe es in kürzester Zeit gerettet.«[11] Im weiteren Kriegsverlauf konvergierten die verschiedenen Bilder dieser Biorhetorik zunehmend zu einem Kontinuum – von der medizinischen Metaphorik bis zum prophylaktischen Realismus. Die Folgerungen daraus erschienen unausweichlich: Die Juden waren nicht nur parasitische Invasoren im Wirtskörper des Deutschtums, sondern waren, so wurde behauptet, tatsächlich für die virulenten Epidemien im Osten verantwortlich und mussten sofort isoliert und in Quarantäne gehalten werden – abartige Euphemismen für die Ghettos und Lager. Dieses irrsinnige Paradox findet sich häufig, wenn die Wissenschaft als Erlösungskraft herhalten muss: Die todbringenden Mächte lassen sich als

Retter feiern, die das menschliche Leben wahrhaft respektieren. Genau wie ein Arzt gehalten sei, seinem Patienten den entzündeten Blinddarm herauszuschneiden, so sei »der Jude«, wie der Auschwitz-Arzt Fritz Klein erklärte, »ein entzündeter Blinddarm im Körper der Menschheit«.[12]

## Hitler und die Bombe

Als sich Hitlers Gedanken der Eroberung Europas zuwandten, sah er sich gezwungen, ein besseres Verständnis der Möglichkeiten und Grenzen von Wissenschaft und Technik für die Kriegführung zu entwickeln. Er interessierte sich brennend für Waffen und begriff schnell, wie ein bestimmtes System funktionierte. Viele Leute bemerkten, dass er langwierige technische Beschreibungen knapp und sehr präzise zusammenfassen konnte. Speer schrieb, dass Hitler »in seinen Rüstungsentscheidungen antimodern« war.[13] Hitler war laut Speer gegen das Maschinengewehr, weil es die Soldaten feige mache und den Nahkampf verhindere. Er war gegen den Düsenantrieb, weil er die extrem hohe Geschwindigkeit im Luftkampf für ein Hindernis hielt, und er misstraute den deutschen Versuchen zum Bau einer Atombombe, ein Projekt, das er Speer zufolge als Ausläufer jüdischer Pseudowissenschaft abtat.

Am 23. Juni 1942 diskutierte Albert Speer mit Hitler über die Atombombe. Speer schrieb in seinen Memoiren, dass dieses Konzept das intellektuelle Fassungsvermögen des Führers offenbar überstrapazierte und er nicht imstande gewesen sei, das Revolutionäre der Kernphysik zu begreifen. Speer bemerkte, dass bei den 2200 Themen, die bei seinen Treffen mit Hitler zur Sprache kamen, die Kernspaltung nur ein einziges Mal – und zwar flüchtig – angerissen wurde. Hitler hatte seine verworrenen Vorstellungen von Atomphysik offenbar von seinem Fotografen Heinrich Hoffmann übernommen, der sie seinerseits bei einem Minister aufgeschnappt hatte, der ein Atomforschungsprojekt für die Postbehörde unterstützte. Speer berichtete unterdessen, dass der Leiter des offiziellen Kernforschungsprogramms, Werner Heisenberg, sich außerstande sah, »mit absoluter Sicherheit«[14] zu bestätigen, dass sich die Kettenreaktion kontrollieren ließe. Damals hegten einige Wissenschaftler die Befürchtung, dass eine einmal in Gang gesetzte Kettenreaktion, also die Freisetzung riesiger Energien durch den schlagartigen Zerfall von Atomen in spaltbarem Material, sich über die Materie des ganzen Planeten ausbreiten könnte. Speer schrieb, dass Hitler »von der Möglichkeit, dass die Erde sich unter seiner Herrschaft in einen glühenden Stern verwandeln könne, offensichtlich nicht entzückt« war. Hitler beliebte laut Speer auch zu scherzen, dass die Wissenschaftler »in ihrem weltfremden Drang nach Enthüllung aller irdischen Geheimnisse eines Tages den Erdball in Brand setzen könnten«.[15]

Dennoch: Als Hitler im September 1939 Polen besetzen ließ, gab es in Deutschland Physiker, die mindestens ebenso viel über Atomkraft wussten wie die Angloamerikaner und die Forschungsvorhaben zu ihrer militärischen Nutzung verfolgten. Tatsächlich war es ein Deutscher gewesen, der im Dezember des vorangegangenen Jahres als Erster die Kernspaltung entdeckt hatte: Otto Hahn in Berlin, und zwar mithilfe von Fritz Straßmann und auf der Basis von Erkenntnissen Lise Meitners und ihres Neffen Otto Frisch. (Enrico Fermi in Italien hatte zwar wahrscheinlich schon früher Atome gespalten, dies aber unwissentlich getan.)

Zur selben Zeit, 1939, hatte das deutsche Heer bei Peenemünde an der Ostsee (etwa 200 Kilometer nördlich von Berlin) Hunderte von Wissenschaftlern und Ingenieuren in einer beispiellosen Versuchsanstalt versammelt, in der Überschallraketen entwickelt und in großem Stil produziert werden sollten, mit denen Hitler seine Feinde über Hunderte von Kilometern Entfernung angreifen konnte. Im letzten Kriegsjahr arbeiteten die Raketenforscher an Trägerraketen, die ihre Lasten mehr als 600 Kilometer weit transportieren sollten. Hätte das Dritte Reich als erster Staat einen atomaren Sprengkörper oder gar eine »schmutzige Bombe« aus konventionellem Sprengstoff und radioaktivem Material entwickelt,[16] so wäre an ihrem ersten Einsatz gegen die Feinde wahrscheinlich ein Langstrecken-Lenkflugkörper beteiligt gewesen, und die Geschichte wäre völlig anders verlaufen. Dass Hitler eine Atombombe eingesetzt hätte, wäre eine verfügbar gewesen, kann kaum bezweifelt werden. Albert Speer erinnert sich an Hitlers Reaktion auf den letzten Beitrag einer Wochenschau im Herbst 1939: In einer Filmmontage raste ein Flugzeug auf die Britischen Inseln zu, »ein Feuerschlag folgte, und die Insel flog zerfetzt in Stücke«.[17] Speer schrieb, dass Hitlers Begeisterung keine Grenzen kannte. Und als Walter Dornberger, der Leiter des deutschen Raketenentwicklungsprojekts, im Sommer 1943 mit Hitler über das Potenzial ballistischer Flugkörper sprach, trat ein »seltsames, fanatisches Licht« in des Führers Augen. Hitler erklärte: »Aber ich will vernichtende, ich will vernichtende Wirkung!«[18]

Die Wissenschaftshistoriker sind sich heute uneins über die Machbarkeit einer Nazi-Atombombe. Es ist klar, dass Hitlers Wissenschaftler die wichtigsten technischen Probleme bis zum Kriegsende nicht überwunden hatten; ebenfalls ist offensichtlich, dass es Deutschland während des Krieges an den Gütern, Arbeitskräften und Geldern mangelte, die zur Entwicklung einer solchen Waffe nötig sind. Hitlers Rassenpolitik hatte zudem zur Entlassung Hunderter unersetzlicher jüdischer Wissenschaftler geführt, die auf theoretische und Kernphysik spezialisiert waren. Hitlers wissenschaftliche und technische Ahnungslosigkeit und seine Ignoranz gegenüber Naturwissenschaftlern und Ingenieuren sowie die grotesk ineffizienten und »polykratischen« Machtstrukturen des Dritten Reiches unterminierten Deutschlands Fähigkeit, einen langen Krieg mit anspruchsvollen wissenschaftlichen und technischen Mitteln zu gewinnen, die einen massiven Ressourceneinsatz erfordert hätten. Das Manhattan-Projekt, das amerikanische Atombombenprogramm, bestand aus zwei separaten Teilprojekten – einer Uranbombe und einer Plutoniumbombe –, beschäftigte etwa 150 000 Menschen und verbrauchte einen Forschungs- und Entwicklungsetat von zwei Milliarden Dollar. Amerika konnte diese immensen Ressourcen mühelos aufbringen. In Deutschland, wo die Kapazitäten zur Waffenproduktion äußerst beschränkt waren, hätte die Sache anders ausgesehen.

Aber Deutschlands Versagen in der Wissenschaft und Technologie ging weit darüber hinaus; es war systematisch. Als Hitler 1939 in den Krieg zog, lag Deutschlands Erziehungssystem, einst von aller Welt beneidet, in Scherben, ebenso die nationalen Programme zur Förderung und Nutzung von Wissenschaft und Technik. Einige Mitglieder der Reichsregierung sprachen sogar davon, die Universitäten zu schließen, bis der Krieg vorüber sei. Tausende hoch qualifizierter Techniker, Ingenieure und Studenten der Naturwissenschaften wurden – unabhängig vom Stand und der Kriegsrelevanz ihrer Ausbildung – zur Armee eingezogen; es dauerte drei Jahre, bis das Regime diesem Automatismus Einhalt gebot. Die Verbindungen zwischen der akademischen Welt und dem Militär – und damit die Ausrichtung der Forschungsvorhaben – waren seitens der akademischen Einrichtungen eher von Eigennutz denn von Rationalität geprägt, und die konkurrierenden Waffengattungen der Armee warben einander aus Prestigegründen und Rivalität akademisches Personal ab und wetteiferten um die Aneignung von Laboratorien und Institutionen. In Ermangelung einer rationalisierten, zentralisierten Exekutive waren Wissenschaft und Technik im Dritten Reich Spielbälle zerstrittener Kriegsherren, zerrieben zwischen kommerziellen und bürokratischen Machtinteressen. Hitler förderte die Rivalität zwischen den regulären Streitkräften und der SS mutwillig, und zugleich versäumte er es, die nötigen politischen Prioritäten zu setzen, um einen technisch fortgeschrittenen Nationalstaat zu mobilisieren und wiederzubewaffnen.

## Hitlers wissenschaftliche Bildung

Hitler wuchs um die Jahrhundertwende auf, also in einer Zeit bemerkenswerter naturwissenschaftlicher und technischer Fortschritte in Deutschland und Österreich. Deutschlands Forschungszentren, Industrien, Universitätsinstitute, seine Technischen Hochschulen und später seine Kaiser-Wilhelm-Institute zählten zu den besten der Welt.

Hitler war, wie es der Historiker Ian Kershaw ausdrückte, »nicht unintelligent« und hatte ein formidables Gedächtnis. Er hatte nur einen Volksschulabschluss und war dem Wesen nach entscheidungsscheu und lethargisch. Zur Zeit seiner Machtergreifung hatte er sich offenkundig nur oberflächliche und lückenhafte naturwissenschaftliche, technische und mathematische Kenntnisse angeeignet. Keineswegs geneigt, sich seines Mangels an höherer Bildung zu schämen, erklärte Hitler den Lesern in *Mein Kampf*, dass er in der

Schule jene Teile des Lehrplans »sabotierte«, die er als unwichtig und unattraktiv empfand. Dennoch behauptete er in seinem Größenwahn, seine besten Fächer an der Realschule im österreichischen Linz seien Geografie und Geschichte gewesen. Aber das war eine Lüge: Seine Noten in diesen Fächern gehörten zu den schlechtesten; allerdings war er in Mathematik noch schwächer.[19] Er behauptete, seine Lehrer in der Schule provoziert zu haben, indem er sie auf den Widerspruch zwischen Religion und Naturwissenschaft im Curriculum hinwies: »Heute wird um zehn Uhr in der Religionsstunde die Schöpfungsgeschichte mit den Worten der Bibel erzählt, während in der Naturkundestunde um elf Uhr die Evolutionstheorie vertreten wird.« In diesen klar empfundenen Widerspruch habe er sich, wie er meinte, regelrecht »verbohrt«. Oft, so schrieb er, habe er dem »Professor der zweiten Stunde vorgehalten, was der in der ersten Stunde gesagt hat, sodass die Lehrer in Verzweiflung gerieten«.[20] Durch eine seltsame Laune des Schicksals ging er zur selben Zeit auf dieselbe Schule wie Ludwig Wittgenstein, der ein bedeutender Philosoph werden sollte; aber da dieser seinem Alter ein Jahr voraus war, während Hitler seiner Altersgruppe ein Jahr hinterherhinkte, war Wittgenstein trotz eines Altersunterschieds von nur wenigen Tagen zwei Klassen weiter.[21]

Glaubt man dem gebildeten Speer, einem Architekten und – wie Sebastian Haffner einmal bemerkte – einem »reinen Techniker«, an dem ein Mathematiker verloren gegangen war, so wählte Hitler nie den direkten Weg zu den Verantwortlichen, um sich über Wissenschaft und Technologie zu informieren, sondern verließ sich stets auf unzuverlässige, inkompetente Informanten, die ihm extrem vereinfachte Darstellungen servierten. Darin zeigte sich, fügte Speer hinzu, Hitlers Sympathie für alles Amateurhafte und sein Mangel an Verständnis für die Grundlagenforschung. Trotz der Dürftigkeit seiner Kenntnisse in allen wissenschaftlichen Disziplinen ließ sich Hitler gerne über Naturwissenschaften, Technologie und Medizin aus, als habe er sich diese Wissensgebiete dank irgendeiner intuitiven Genialität angeeignet. Er hatte die Naturwissenschaft in seine großspurige Weltsicht integriert und belehrte seine Besucher gerne über Wissenschaftsgeschichte, die physikalischen Naturgesetze und ihre Anwendung.

Im Jahr 1942 lag er einem seiner Admiräle über die Beziehung zwischen der Gestalt der Fische und der Konstruktion von Schiffen in den Ohren. Der apodiktische Tonfall und das dogmatische Insistieren auf Grundprinzipien vermitteln einen Eindruck von Hitlers unschlagbarer Selbstüberschätzung. Er behauptete, »wenn die Natur die heutige Schiffsform als richtig akzeptiert hätte, hätte sie den Fischen zur Vorwärtsbewegung eine Treibruder-Vorrichtung am Körperende gegeben und nicht die Flossen an der Seite. Sie hätte die Fische auch vorn spitz gemacht, anstatt ihnen einen Kopf von mehr oder weniger ausgeprägter Tropfenform zu geben... Gerade beim Schiffbau habe es so nahe gelegen, die Form des fallenden Tropfens als die natürlichste nachzuahmen und durch eine ähnliche Verdichtung des Schiffsbugs den Druck vorn gegenüber einem spitzen Bug um soundso viel Prozent zu vermindern. Auch beim Spaten habe man ja heute erst erkannt, dass die Spitze vorn nicht die ideale Lösung sei«.[22]

Mitte 1944, als hochrangige Offiziere der Luftwaffe auf den Einsatz des Düsenjägers Me-262 als Kampfflugzeug drängten, belehrte Hitler, der Düsenflugzeuge nur als Bomber verwendet sehen wollte, sie über die physiologischen Auswirkungen des Hochgeschwindigkeitsflugs:

»Düsenjäger, Düsenjäger – der spukt Ihnen in den Köpfen herum –, ich will das nicht mehr hören! Das ist kein Jagdflugzeug, und Sie werden damit nicht jagen können. Mein Arzt hat mir gesagt, dass in den engen Kurven, die Sie ja im Luftkampf fliegen müssen, Teile des Gehirns einfach aussetzen.«[23]

Auch wenn er sich stets in eine Aura des gesunden Lebens und der kraftstrotzenden Führernatur hüllte, wurde Hitler von Perioden der Trägheit heimgesucht, in denen er sich die halbe Nacht lang triviale Spielfilme ansah und erst gegen Mittag aufstand. Er hing einer eklektischen Mischung medizinischer Modeerscheinungen an, oberflächlichen und widersprüchlichen Einflüssen, die – wie seine Vorstellungen von Politik und Verwaltung – lediglich durch Schwärmerei zusammengehalten wurden und aus denen er wie zufällig etwas auswählte, als wolle er keiner bestimmten wissenschaftlichen oder medizinischen Schule ein Monopol zugestehen.[24] Er unterwarf sich (mit gelegentlichen Unterbrechungen) einer strikten Diät aus rohem Obst, Getreide und Gemüse, die auf anekdotischer »Wissenschaft« basierte. Gleichzeitig schluckte er Bromide und eine hochgiftige Flüssigkeit, die eigentlich zur Reinigung von Schusswaffen diente, eine »Medizin«, von der er glaubte, sie habe in den Schützengräben des Ersten Weltkrieges seinem Magen gut getan. Kein Arzt durfte je seinen nackten Körper untersuchen, als habe er gefürchtet, eine professionelle Begutachtung könne seine Autorität untergraben. Kurz nachdem er Kanzler geworden war, suchte er eine alte Frau auf, die ihn wegen seiner vegetarischen Ernährung beraten sollte. Als sein Gestapo-Chef versuchte, mit ihm eine administrative Frage zu erörtern, fuhr Hitler ihn an, »es gebe viel dringendere Probleme als Politik – zum Beispiel die Lebensgewohnheiten der Menschen zu verändern«. Weiter meinte er, was ihm diese alte Frau am Morgen erzählt habe, sei von größerer Bedeutung als alles, was er in seinem Leben noch tun könne.[25] Der Vegetarismus, den Hitler seit 1931 praktizierte, soll auf den Einfluss des Komponisten Richard Wagner zurückgehen, der behauptet hatte, die Menschen seien durch die Rassenmischung und das Fleischessen verdorben worden. Hitler glaubte, dass die menschliche Lebensspanne aufgrund der Sterilisation der Nahrung durch das Kochen geschrumpft sei, die »Kulturkrankheiten« wie Krebs nach sich ziehe. Er war überzeugt, dass die Menschen erst bei Anbruch der Eiszeit gezwungenermaßen zu Fleischessern geworden seien. Die Förderung des Rohkostverzehrs sollte diesen Prozess des Niedergangs rückgängig machen. Er fürchtete sich davor, an Krebs zu erkranken, und glaubte sich im Kanzleramt durch »Erdstrahlen« gefährdet. Der Arzt Gustav Freiherr von Pohl suchte dort in seinem Auftrag mithilfe einer Wünschelrute nach »Emanationen«.

Zu dem Ballast aus Aberglauben und Halbwissen, den er sein Leben lang mit sich herumtrug, gehörte auch sein Vertrauen in die Astrologie. Sogar noch in den letzten Tagen des Reiches, Anfang April 1945, war er bereit, einem kruden astrologischen Gutachten Glauben zu schenken, das in seinem persönlichen Horoskop günstige Umstände ausgemacht haben wollte; Propagandaminister Goebbels hatte es ihm in die Hände gespielt. Als er von Roosevelts Tod am 12. April erfuhr, war Hitler außer sich vor Entzücken. »Hier haben wir das große Wunder, das ich immer vorhergesagt habe«, erklärte er seinen Vertrauten. »Wer hat nun Recht? Der Krieg ist nicht verloren. Lesen Sie! Roosevelt ist tot!«[26]

In seiner Vision des Tausendjährigen Reiches stellte er den Willen als treibende Kraft des Nationalstaates über die Erziehung: Die Wissenschaft an den Schulen war seiner Meinung nach für die Zersplitterung und das Chaos in der Weimarer Republik verantwortlich. In einem Abschnitt über Bildungspolitik schrieb er in *Mein Kampf*, die naturwissenschaftliche und technische Erziehung sei ein Grund für die »Seuche der heutigen feigen Willens- und Entschlusslosigkeit«.[27] Aber sein Verständnis dessen, was Wissenschaft ist und was Wissenschaftler tun, war unterentwickelt und fehlerbehaftet. Er hatte aufgeschnappt, dass Erkenntnisse in den Naturwissenschaften, anders als in der Metaphysik, stets vorläufig bleiben und dass die wissenschaftliche Forschung ungehemmt von jedwedem Zwang zur Lehre voranschreiten sollte, aber das Wesen der experimentellen und empirischen Methode hatte er nicht wirklich durchdrungen, und er neigte dazu, die wissenschaftliche Ausbildung auf eine Anhäufung von Faktenwissen zu verkürzen, wobei es ihn kaum interessierte, wie man zu diesen Tatsachen gelangte.

Sobald er an der Macht sei, werde er – wie er schrieb – die Lehrpläne ändern: »Die wissenschaftliche Schulbildung, die heutzutage ja eigentlich das Um und Auf der gesamten staatlichen Erziehungsarbeit ist, wird mit nur geringen Veränderungen vom völkischen Staat übernommen werden können.«[28] Der völkische Staat werde, so betonte er, »den allgemeinen wissenschaftlichen Unterricht auf eine gekürzte, das Wesentliche umschließende Form zu bringen haben«. Er war überzeugt, dass Deutschland in einer »materialisierten Zeit« verharre, was für ihn hieß, »dass unsere wissenschaftliche Ausbildung sich immer mehr den nur realen Fächern zuwendet, also der Mathematik, Physik, Chemie usw.«. Diesen Schwerpunkt verdammte er als gefährlich, da er eine Vernachlässigung der ideellen Erziehung und einen Verzicht auf Kräfte mit sich bringe, »welche für die Erhaltung der Nation immer noch wichtiger sind als alles technische und sonstige Können«.[29]

Zwar sollte sich seine Einstellung zu technischen Innovationen während des Krieges ändern, aber während der Zwanzigerjahre glaubte er noch, die beste Verteidigung des Vaterlandes werde

»nicht in seinen Waffen liegen, sondern in seinen Bürgern; ... die lebendige Mauer von Männern und Frauen, erfüllt von höchster Vaterlandsliebe und fanatischer Nationalbegeisterung«. Die Wissenschaftserziehung erfülle dabei eine wichtige Funktion:

»Auch in der Wissenschaft hat der völkische Staat ein Hilfsmittel zu erblicken zur Förderung des Nationalstolzes. Nicht nur die Weltgeschichte, sondern die gesamte Kulturgeschichte muss von diesem Gesichtspunkte aus gelehrt werden. Es darf ein Erfinder nicht nur groß erscheinen als Erfinder, sondern muss größer noch erscheinen als Volksgenosse.«[30]

Diese Überlegungen waren nicht bloß reaktionäres Geschwafel eines Ahnungslosen, denn sie spiegeln genau den »Aufruf an die Kulturwelt« wider, den 1914, zu Beginn des Ersten Weltkrieges, 93 deutsche Intellektuelle und Wissenschaftler unterzeichnet hatten. Sie hatten sich zusammengeschlossen, um zu erklären, dass die Naturwissenschaften und alle Gelehrsamkeit bedingungslos dem kriegsbereiten Nationalstaat zu dienen hätten. Die Unterzeichner hatten diese Ansicht zu einem Zeitpunkt artikuliert, da Physiker in Großbritannien, Frankreich, Deutschland und Dänemark viele der in ihrer Disziplin gepflegten Strukturen und Vorstellungen überdachten und infrage stellten, ob die Wissenschaft in Zeiten des Krieges überhaupt kooperativ und internationalistisch sein könne. Hitler, der behauptete, während des gesamten Ersten Weltkrieges fünf Bände Schopenhauer in seinem Tornister mitgeführt zu haben, nur um ihn später zugunsten Nietzsches zu verwerfen,[31] hatte sich ein zutiefst nationalistisches Bild von den Wissenschaften gemacht, und er war bei weitem nicht der Einzige, der die Abhängigkeit der neuen Physik von pluralistischer, internationaler Zusammenarbeit verkannte. Aber Hitler war in seinem Denken, wie es scheint, nicht weit über eine Laienfassung der Astronomie des 17. Jahrhunderts und eine groteske Karikatur des Darwinismus hinausgekommen.

An den langen Abenden während des Krieges kam Hitler, wenn er im Führerhauptquartier bei Kuchen und Tee saß, oft auf die bemerkenswerte Transformation zu sprechen, die durch die Erfindung des Mikroskops und des Teleskops bewirkt worden war. Sein Geschenk an die Nation, so sagte er gerne, würde die Errichtung von Sternwarten in den Städten und Ortschaften Großdeutschlands sein, die ebenso prominent wie Stadtbüchereien platziert sein sollten. Auf diese Weise werde er, wie er behauptete, »den Aberglauben beseitigen«.[32] Zu seinen »astronomischen« Interessen zählte auch der Glaube an Hanns Hörbigers Welteislehre oder Glacial-Kosmogonie, eine bizarre theosophische Theorie, in der sich Mythen, Phantasien und Pseudowissenschaft vermischten. Dieser Theorie zufolge, für die sich Reichsführer-SS Heinrich Himmler begeistert stark machte, ist das Universum aus der Wechselwirkung von Eis mit einer Ursonne entstanden, die 30 Millionen Mal größer war als unsere heutige Sonne. Hitler gab bei dem Architekten Professor Hermann Giesler einen Entwurf für ein Planetarium und Observatorium in seiner Heimatstadt Linz in Auftrag, in deren Galerie auch Hörbiger (übrigens der Vater von Paul und Attila Hörbiger) vertreten sein sollte – Seite an Seite mit Kopernikus, Galilei, Newton und Kepler.[33] Ironischerweise wurden im berühmten »Einstein-Turm«, jenem spektakulär futuristischen Observatorium zur Erforschung der Implikationen von Einsteins Relativitätstheorie, das der Astronom Erwin Finlay Freundlich und der Architekt Erich Mendelsohn in Potsdam errichtet hatten, unter Hitler keine wichtigen Beiträge zur Astrophysik geleistet. Freundlich wurde als Direktor abgesetzt, da er den Befehl, innerhalb des Gebäudes den Hitlergruß zu entrichten, infrage gestellt hatte. Der neue Direktor, der Nazi Hans Ludendorff, tilgte den Namen Einstein und benannte die Einrichtung in »Institut für Sonnenphysik« um. Forschungsvorhaben, die auf Einsteins Relativitätstheorie beruhten, wurden eingestellt, und das Observatorium wurde während des Krieges zu einem Zentrum für ein militärisch wichtiges Forschungsgebiet: den Zusammenhang zwischen Turbulenzen in der Sonnenatmosphäre und Radiostörungen auf der Erde.[34]

Hitler mischte sich unmittelbar und persönlich in wissenschaftliche und technische Angelegenheiten ein, indem er Befehle ausgab, die sich auf die Ressourcenverteilung auswirkten; Entscheidungen aufgrund einer systematischen und sorgfältigen Auseinandersetzung mit neuen Entwicklungen konnte er hingegen nicht treffen. Zu seinen frühen Entscheidungen, kurz nach der Machtergreifung gefällt, gehörte die Entlassung der Juden aus dem öffentlichen Dienst. Da in Deutschland die meisten Wissenschaftler und

Akademiker Beamte waren, verlor das Land durch diese Maßnahme Hunderte herausragender Physiker, Chemiker, Biologen und Mathematiker.

Der bedeutende Physiker Max Planck ging zu Hitler und plädierte dafür, die jüdischen Spitzenwissenschaftler trotz ihrer nichtarischen Abstammung weiter zu beschäftigen. Insbesondere dachte Planck dabei an Fritz Haber: Jude, Patriot, Doyen der deutschen Wissenschaftlergemeinschaft und Direktor des weltberühmten Kaiser-Wilhelm-Instituts für Physikalische Chemie in Berlin. Haber hatte die chemischen Reaktionen der Luftstickstoff-Fixierung entdeckt und dadurch Deutschland während der Blockade im Ersten Weltkrieg einen nahezu unbegrenzten und billigen Rohstoff für Kunstdünger und Sprengstoffe erschlossen. Ohne Haber, der als junger Mann aufgrund weit verbreiteter Vorurteile zum Christentum übergetreten war, hätte Deutschland den Krieg nicht länger als ein Jahr durchgehalten. Hitler war sich des epochalen Einflusses Habers auf die industriellen und militärischen Geschicke Deutschlands durchaus bewusst, aber er ließ sich dadurch in seinen Vorurteilen nicht beirren. Seine berühmt-berüchtigte Antwort auf Max Plancks Plädoyer lautete: »Wenn die Entlassung jüdischer Wissenschaftler die Vernichtung der gegenwärtigen deutschen Wissenschaft bedeutet, dann müssen wir für einige Jahre eben ohne Wissenschaft auskommen.« Mitte der Dreißigerjahre wanderten folglich einige der besten Wissenschaftler Deutschlands und Österreichs nach Großbritannien und in die Vereinigten Staaten aus, mit unvermeidlichen Konsequenzen für beide Parteien des bevorstehenden weltweiten Konflikts. Aber die rassistischen Vorstellungen, die dieser Maßnahme zugrunde lagen, hatten auch Auswirkungen auf den Krieg gegen Russland. Aufgrund seiner rassistischen Verblendung meinte Hitler, die Russen wären nicht imstande, einen modernen, also technologischen Krieg zu führen.

Hitler glaubte, bestimmte Rassen – wie die Russen und Slawen – seien nicht fähig, Dinge herzustellen: »Erfindungen hat der Russe nicht gehabt«, pflegte er zu sagen. »Wenn ich ihm ein Kommandogerät für Flak gebe, kann er das nachbauen, aber er findet es von sich aus nicht.«[35] Ebenso wenig waren sie in seinen Augen zu systematischem Denken, Arbeiten und Organisieren in der Lage. Kurz nach dem Einfall in die Sowjetunion, im Sommer 1941, äußerte er sich bei Tisch: »Der Russe wird arbeiten, wenn er unter einer eisernen Organisation steht; aber er ist nicht in der Lage, sich selbst zu organisieren …« Er fügte hinzu: »… der Tropfen arischen Blutes in einzelnen Adern« sei es, »was dem russischen Volke Erfindungen und Staatsorganisation gegeben« habe.[36] Wenn man ihre Fabriken zerstöre, so erklärte er, könnten sie sie nicht wieder aufbauen. Die Japaner andererseits seien ausreichend begabt, um »aus einer vorhandenen Sache noch etwas Besseres zu machen, indem sie allen Völkern das abschauen, was sie haben«. Dann warf er die Slawen, Russen, Chinesen und Japaner in einen Topf und verkündete: »Diese Völker sind früher in ihrer Kultur weit unter der unsrigen gestanden … Auf dem Gebiet der Chemie zum Beispiel hat sich doch herausgestellt, dass das, was sie haben, von uns gekommen ist.«[37]

Als er auf dem Gipfel seiner Macht angelangt war, hatte sich Hitler autodidaktisch eine selbstherrliche »Philosophie« zusammengestrickt, in der er die Wissenschaft, die Gesetze des Universums, die Rasse und die Religion jeweils auf ihren angemessenen Platz verwiesen und entsprechend eingestuft hatte. Während seiner abendlichen Monologe im Führerhauptquartier pflegte er sich über die Wissenschaft und ihre Beziehung zu Politik und Religion zu verbreiten. Er fand es töricht, »den Menschen glauben zu machen, er sei ein Dirigent, wie das eine aufdringliche liberale Wissenschaft des vorigen Jahrhunderts gemacht hat«,[38] plädierte für einen ganzheitlichen, intuitiven Zugang zu den Gesetzen der Natur und riet der Wissenschaft von der fruchtlosen Beschäftigung mit den letzten Fragen ab, denn sie »kann nicht erklären, warum die Dinge der Natur so sind, wie sie dem forschenden Auge sich so offenbaren«.[39] Und doch, so erklärte er in Vollendung seiner unlogischen Coda, könne auch die Religion diese letzten Fragen nicht beantworten.

Die Religion sah er dank ihrer Gegenspielerin, der Wissenschaft, dem Untergang geweiht. »Am besten, man lässt das Christentum langsam verklingen«, erklärte er Himmler zu Beginn des Krieges. »Das Dogma des Christentums zerbricht vor der Wissenschaft. Die Kirche muss schon jetzt mehr und mehr Konzessionen machen. Tausend Dinge werden allmählich hinfällig. Es braucht nur noch der Nachweis geführt zu werden, dass das Anorganische und das Organische in der Natur ohne Grenze ineinander überfließen! Wenn erst einmal das Wissen um das Universum sich verbreitet, wenn der Großteil der Menschen sich klar darüber wird, dass die Sterne nicht Leuchtkörper sind, sondern Welten, vielleicht belebte Welten wie die unsere, dann wird die Lehre des Christentums völlig ad absurdum geführt.«[40]

Inmitten solcher Schimpfkanonaden präsentierte er seiner unfreiwilligen Zuhörerschaft für gewöhnlich stumpfsinnige Patentlösungen. »Die Wissenschaft ist nichts weiter wie eine Leiter, die man erklimmt«, pflegte er zu sagen. »Mit jeder Stufe sieht man ein bisschen weiter. Aber an das Ende der Dinge sieht auch die Wissenschaft nicht.«[41] Er hatte begriffen, dass die Wissenschaft metaphysische Fragen nicht zu beantworten vermag, fand aber, dass sie der Welt etwas viel Wertvolleres geben konnte: die Fähigkeit, das sehr Kleine und das sehr Große zu erblicken. »Im Unterbewusstsein ist in jedem das Gefühl der Begrenztheit menschlicher Macht vorhanden«, erklärte er. »Das Mikroskop zeigt uns, dass die Größenordnung nicht nur nach außen, sondern auch nach innen geht: Mikrokosmos – Makrokosmos!«[42]

Die Alliierten hingegen kultivierten, obwohl Roosevelt, Churchill und später Truman ebenfalls keine wissenschaftliche Ausbildung genossen hatten, eine zweckdienliche Hochachtung vor Fachleuten. Sie hörten ihnen zu, nahmen ihren Rat an, lernten – teils schmerzlich – aus ihren Fehlern und befragten und bildeten Expertengremien. Stalin, der aus ideologischen Gründen der Lamarck'schen Theorie der Vererbung erworbener Eigenschaften anhing, unterstützte zwar die trügerische Pflanzenkunde des Trofim Denissowitsch Lyssenko, bewies aber genügend geistige Klarheit, um auch solide Maschinenbauprojekte wie die Entwicklung des kriegsentscheidenden Panzers T-4 für die Rote Armee zu fördern, und nach dem Krieg konnten seine Wissenschaftler beim Wettlauf um die Wasserstoffbombe durchaus mit den Amerikanern Schritt halten.

Roosevelt hatte zwar in der Frühphase des Krieges im Pazifik einen kapitalen Bock geschossen (unter anderem sah sein Plan vor, über Tokio Tausende von Fledermäusen abzuwerfen – in der Hoffnung, die Japaner so in Panik zu versetzen; die Tiere starben bereits beim Transport), war aber offen für ausführliche Empfehlungen von wissenschaftlichen Beraterkomitees und hörte auch auf relativ späte Immigranten wie Albert Einstein und den aus Ungarn stammenden Physiker Leo Szilard. Churchill verschwendete zwar in den ersten Monaten des Zweiten Weltkrieges als Erster Seelord immense Summen für sinnlose Maschinen zum Ausheben von Schützengräben, die einen Stellungskrieg wie im Ersten Weltkrieg verhindern sollten, war aber dennoch von Wissenschaft und Technologie fasziniert und stellte seinen Experten bohrende Fragen. Einer seiner engsten Freunde während der 1930er-Jahre und des Krieges war der Physikprofessor Frederick Lindemann.

Hitler hingegen stellte sich selbst als Kriegsherrn dar, der bereits alles wusste, was es über die Bedeutung der Erfindungsgabe und der Technologie zu wissen gab. Es fiel ihm schwer, die Kluft zwischen seinen Absichtserklärungen, seinen Beschlüssen und deren technischer Realisierbarkeit zu überbrücken. »Auf dem entscheidenden Punkt«, teilte er einer Gruppe von Tischgenossen Anfang 1942 mit, »muss man die technische Überlegenheit haben. Ich bin, ich sage es ganz offen, ein Narr der Technik. Immer ist der in der Vorhand, welcher mit verblüffenden technischen Neuerungen kommt.«[43] Sein Krieg gegen die Alliierten sei, wie er erklärte, ein »Krieg der Technik«. Er redete, als könnten technische Innovationen aus der bloßen Luft herbeigezaubert werden, als könne er allein durch die Anwendung unwiderlegbarer Logik Wunderwaffen produzieren. »Zehntausend Bomben auf eine Stadt haben nicht die Bedeutung als eine auf das Kraftwerk einer Großanlage.«[44] Zugleich erklärte er Dornberger, dem Leiter der Raketenfabrik in Peenemünde, Deutschland müsse auf der Stelle Zehntausende von Raketen bauen, und das in einer Phase, in der die Wissenschaftler schon Schwierigkeiten hatten, auch nur einen erfolgreichen Prototyp zu konstruieren.

Von jenem Tag im Januar 1933 an, an dem Hitler in Deutschland an die Macht kam, deutete nichts, was er sagte oder tat, darauf hin, dass er begriffen hatte, wie wertvoll das üppige wissenschaftliche und technische Erbe Deutschlands war, wie es strukturiert war und verwaltet werden musste, wie man es sich dienstbar machen konnte oder wie man in den laufenden Forschungsprogrammen Prioritäten setzen sollte. Es gibt keinerlei Anhaltspunkte dafür, dass er die Geschichte der Wissenschaften, das Wesen ihrer Entwicklung und die Quellen, aus denen sie sich speist, auch nur ansatzweise zu verstehen und zu schätzen wusste.

# 2. Deutschland – das Mekka der Wissenschaften

In den ersten drei Jahrzehnten des 20. Jahrhunderts hatte Deutschland trotz des ruinösen Krieges in vielen naturwissenschaftlichen, mathematischen und technischen Disziplinen eine herausragende Stellung inne. Für die Ausrichtung der Weltausstellung von 1900 hatte Berlin zwar nicht den Zuschlag bekommen – diese Auszeichnung ging an Paris –, aber dafür stellten die deutschen Exponate, die an 15 Stellen von den Tuilerien bis zum Eiffelturm platziert waren, mit ihrem Erfindungsreichtum die Präsentationen anderer Länder in den Schatten.[1] Millionen Deutsche reisten nach Paris und schwollen dort vor Stolz auf die wissenschaftlichen und technischen Errungenschaften ihres Vaterlandes. Am Quai des Nations hatten die Deutschen einen Pavillon in der Gestalt eines Rathauses aus dem 16. Jahrhundert errichtet, dessen Turmspitze alle Rivalen überragte. Die Teilnehmerländer waren aufgefordert worden, außer den Länderpavillons auch Technologie vorzustellen, dies aber Seite an Seite thematisch angeordnet: Damit sollte die Nützlichkeit der Produkte für alle Nationen hervorgehoben werden. Die Deutschen hatten sich jedoch gegen die Einsortierung ihrer Erzeugnisse nach Produkttypen entschieden und betonten so den nationalen Ursprung ihrer weit entwickelten Technologie anstelle der bloßen Handelsnamen.

Die Deutschen hatten zum Beispiel Errungenschaften auf den Gebieten der Gasverflüssigung, der Stromerzeugung und der Elektrochemie vorzuweisen.[2] Ein Ausstellungsstück demonstrierte die Unentbehrlichkeit der seltenen Erden für die »Beleuchtungsindustrie«, ein Thema, das im Elektrizitätspalast auf großes Interesse stieß, wo die Strahlkraft der von Walther Nernst patentierten Lampen sichtbar wurde. Das reinste Thorium, äußerst wichtig für die aufblühende elektrische Lampen- und Leuchtenindustrie, wurde – glaubt man der begleitenden Werbung – in Deutschland gewonnen, und der deutsche Preis war im Lauf von nur sechs Jahren von 2000 Mark auf 50 Mark pro Kilo gesunken. In der Wissenschafts- und Technikausstellung auf dem Champs de Mars bestaunten die Besucher den größten und stärksten Dynamo der Welt, den die deutsche Firma Helios konstruiert hatte. In der Instrumentenabteilung war, wie die britische Wissenschaftszeitschrift *Nature* fand, die überaus stattliche Reihe der deutschen Präzisionsinstrumente nicht gerade »dazu angetan, einen Engländer besonders fröhlich zu stimmen, und wenn er voranschreitet, um die englischen Exponate zu betrachten, müssen sich unvermeidlich sehr ernste Bedenken einstellen«.[3] Der deutsche Ausstellungskatalog war eine bedeutende Neuerscheinung, 250 Seiten voll überschäumenden Hochmuts über die unaufhaltsame deutsche Wissenschaft und Technik. Das Werk erschien in drei Ausgaben – auf Deutsch, Englisch und Französisch –, war üppig mit Farbfotografien und Jugendstil-Illustrationen ausgestattet und in beigefarbenen Musselin gebunden. Die Publikation behandelte die Geschichte, Entwicklung und Anwendung der deutschen Ausstellungsstücke. Die Einleitung enthielt eine Studie über Deutschlands Bevölkerungsentwicklung, mit Fakten und Zahlen über die Erwerbstätigkeit der Frauen, Scheidungen, ethnische und religiöse Gruppierungen und Emigration. Zwischen 1895 und 1899 war die Bevölkerung von 52 auf 55 Millionen angewachsen, zwischen 1816 und 1900 hatte sie sich verdoppelt. Deutschland war ein junges Land, 61 Prozent der Menschen waren unter 30 Jahre alt. Es gab 4,7 Kinder pro Familie, und nur eine von 80 Ehen wurde geschieden.[4]

Und als wären die greifbaren Ergebnisse von Deutschlands Überlegenheit auf so vielen Gebieten bei der Ausstellung nicht schon unübersehbar gewesen, wurde Paris in diesem Sommer auch auf einem anderen, abstrakteren Feld auf die deutsche Vorherrschaft aufmerksam gemacht, nämlich in der Mathematik. Die Organisatoren des 2. Internationalen Mathematiker-Kongresses hatten den deutschen Mathematiker David Hilbert eingeladen, in einem Vorlesungssaal an der Sorbonne die Hauptrede zu halten. Hilbert, der an jenem Tag als »drahtig, schnell, mit einer bemerkenswert hohen Stirn, kahl bis auf einige Büschel immer noch roten Haars« beschrieben wurde, strahlte »eine faszinierende Aura der Intensität und Intelligenz« aus.[5] Er entschied sich, die Jahrhundertfeier zu nutzen, um die Mathematiker der Welt mit einer Reihe ungelöster Probleme herauszufordern – und dies waren keine bloßen Kopfnüsse, sondern grundlegende unerledigte Aufgaben der Mathematik.

Hilbert erklärte seinen Zuhörern, diese Probleme genügten, »um uns vor Augen zu führen, wie reich, wie mannigfach und wie ausgedehnt die mathematische Wissenschaft schon heute ist... Der einheitliche Charakter der Mathematik liegt im inneren Wesen dieser Wissenschaft begründet; denn die Mathematik ist die Grundlage alles exakten naturwissenschaftlichen Erkennens. Damit sie diese hohe Bestimmung vollkommen erfülle, mögen ihr im neuen Jahrhundert geniale Meister erstehen und zahlreiche in edlem Eifer erglühende Jünger!«[6] Das war eine prophetische Äußerung, und es wirkte nur natürlich, dass ein führender deutscher Vertreter der Disziplin sie wagte.

Zwei Jahrzehnte später erschien die Verheißung der Pariser Ausstellung – dass nämlich das 20. Jahrhundert das Jahrhundert Deutschlands werden würde – trotz des verlorenen Krieges, der den Wohlstand und die Zuversicht der Nation untergraben hatte, immer noch im Bereich des Möglichen. 1921, zwanzig Jahre nach der Einrichtung der Nobelpreise, hatten Deutsche oder zumindest Deutschsprachige die Hälfte aller Auszeichnungen für Naturwissenschaften und Medizin gewonnen. Einer der ersten Nachkriegspreise ging an Albert Einstein, für den photoelektrischen Effekt. Einstein war gebürtiger Deutscher, hatte aber die deutsche Staatsangehörigkeit abgelegt und war eine Zeit lang staatenlos geblieben, bevor er die schweizerische Nationalität annahm. Dennoch betrachteten viele Deutsche (aber nicht nur diese) ihn immer noch als einen der ihren.

Obwohl der verheerende Krieg dem Land eine Reputation als Paria-Nation eingehandelt hatte, obwohl die Teilnahme deutscher Forscher an Konferenzen boykottiert und deutsche Zeitschriften vielfach nicht länger abonniert wurden, sah man Deutschland nach wie vor als Mekka der Wissenschaft und Technik an, und die deutsche Sprache galt in der wissenschaftlichen Ausbildung und Forschung als unentbehrlich. Die Namensliste der Nobelpreisträger zwischen 1901 und 1921 vermittelt einen Eindruck vom Spektrum der deutschen Geniestreiche in den ersten beiden Jahrzehnten des Jahrhunderts: Wilhelm Conrad Röntgen für die Entdeckung der Röntgenstrahlung, Emil Adolf von Behring für die Serumtherapie, Adolf von Baeyer für seine Arbeiten über organische Farbstoffe, Wilhelm Ostwald für Untersuchungen über chemische Gleichgewichte und Reaktionsraten, Philipp Lenard für Kathodenstrahlen, Max von Laue für die Beugung von Röntgenstrahlen durch Kristalle, Max Planck für die Entdeckung der Energiequanten, Fritz Haber für die Synthese von Ammoniak aus seinen Elementen, Walther Nernst für seine thermodynamischen Arbeiten. Und außerdem war da noch Einstein.

Was an diesem Land, seinem Bildungssystem, seiner Geschichte und vielleicht seinen nationalen Charakteristika verschaffte Deutschland vom späten 19. bis in die ersten Jahrzehnte des 20. Jahrhunderts hinein seine überragende Bedeutung auf einer ganzen Reihe innovativer Forschungsfelder?

## Deutschlands Farbstoff-Offensive

Der imposante Vormarsch der deutschen Wissenschaft bis in die zweite Dekade des 20. Jahrhunderts war in den chemischen Disziplinen begründet, insbesondere in der Begabung der Deutschen, das Potenzial neuer chemischer Reaktionen zur Herstellung von Farbstoffen zu nutzen. Diese chemische Technologie befreite Deutschland aus der Abhängigkeit von Rohstoffen und Produkten des britischen Weltreichs. Diese neue Freiheit wiederum hatte Deutschland, im Verbund mit der expandierenden Eisen-, Stahl- und Kohleindustrie, über den Status eines Agrikulturlandes hinauswachsen und mit Frankreich, Großbritannien und den Vereinigten Staaten in Konkurrenz treten lassen. Der so aufkeimende Wettstreit zwischen Großbritannien und Deutschland, das im ersten Jahrzehnt des neuen Jahrhunderts eine aufstrebende europäische Großmacht war, sollte seinen Teil zu den Spannungen beisteuern, die sich im Ersten Weltkrieg entluden.

Der Grundstein für Deutschlands Geschick in der Ausbeutung chemischer Prozesse war am Anfang des 19. Jahrhunderts gelegt worden, und zwar von Justus von Liebig, der 1824 in Gießen ein großes Laboratorium gegründet hatte, in dem er eine Vielzahl von Chemikern ausbildete. Bis heute verbindet sich sein Name mit Stickstoffzyklen und dem nach ihm benannten Gesetz, dem zufolge das Pflanzenwachstum stets durch jenes Element begrenzt wird, das im Boden am wenigsten verfügbar ist. Die Wissenschaft von den Stickstoffkreisläufen sollte überragende Bedeutung erlangen, als sich Deutschlands junge Bevölkerung stark vermehrte. Liebigs Genius ging der großen Entdeckung Fritz Habers voraus, die Deutschland schließlich aus der Abhängigkeit von Stickstoffimporten befreite.

Im Jahr 1828 gelang Friedrich Wöhler die Umwandlung von Ammoniumcyanat in Harnstoff, das Produkt der Nieren. Bis dahin hatte man geglaubt, Verbindungen aus Lebewesen könnten auch nur durch Lebewesen synthetisiert werden. Nun erkannten die Chemiker, dass sie an der Schwelle zur Herstellung einer Vielzahl von Verbindungen standen, die in der Natur nicht vorkommen. 1841 schließlich promovierte ein Student aus Justus von Liebigs Laboratorium, August Wilhelm von Hofmann, über die Derivate des Steinkohlenteers, eines Abfallprodukts der Kohleverkokung, das in der neuen Welt der chemischen Umwandlungen eine Schlüsselrolle einnehmen sollte. Hofmann hatte herausgefunden, dass man aus Steinkohlenteer Anilin gewinnen konnte, das früher bei der Destillation von Indigo gefunden worden war. Er fragte sich, ob man aus Steinkohlenteer womöglich künstliche Farben synthetisieren konnte.

Vier Jahre später besuchten Königin Viktoria und ihr Prinzgemahl Albert bei ihrem Bonn-Besuch anlässlich Beethovens 75. Geburtstag von Hofmann in seinem Labor, in dessen Räumlichkeiten Prinz Albert einst als Student einquartiert gewesen war. Das königliche Paar war beeindruckt; in der Folge wurde von Hofmann die Leitung des neuen prinzlichen Royal College for Chemistry in Londons Oxford Street angetragen. In London stellte von Hofmann eine Gruppe deutscher und englischer Chemiker zusammen, teilte ihnen Forschungsvorhaben zu und überwachte diese. 1856 wurde in von Hofmanns Laboratorium eine ganz neue Industrie aus der Taufe gehoben, als ein 17-jähriger Chemiestudent namens William Perkin bei der Suche nach einer Möglichkeit der Chiningewinnung aus Steinkohlenteer auf eine Reaktion zur Synthese eines intensiven künstlichen Farbstoffs stieß: jener Farbe, die im Allgemeinen lila (engl.: *mauve*) genannt wird. Perkins Vater erkannte das kommerzielle Potenzial einer solchen künstlichen Farbe und überredete seinen Sohn – gegen von Hofmanns Rat –, dem Labor seines Lehrers den Rücken zu kehren und mit ihm selbst eine Firma zu gründen. Vater und Sohn erzielten rasch Erfolge, die aber hinter dem Potenzial der Entdeckung zurückblieben. Lila stieg in den Straßen und Salons Europas zur Modefarbe auf. Die französische Kaiserin fand, dieser Ton schmeichle der Farbe ihrer Augen, und Königin Viktoria trug bei einer Hochzeit ein Kleid in Mauve.[7]

Unterdessen hatte von Hofmann weitere gute künstliche Farbstoffe entwickelt, insbesondere eine Reihe von Violetts. Es folgte ein ganzer Regenbogen aus Rot-, Blau- und Grüntönen, aber zur industriellen Reife und zum Handelserfolg gelangte diese Technologie nicht in Großbritannien, sondern in Deutschland, das beträchtliche Summen in die Weiterentwicklung neuer Techniken zur Marktreife investierte und zugleich eine umsichtige Patentierungspolitik und Vermarktungsstrategie betrieb, um sich eine Monopolstellung zu sichern. Viele deutsche Chemieabsolventen gingen nach England, um in der dortigen Industrie Praxiserfahrung zu sammeln, aber die meisten kehrten dann ins Vaterland zurück, um hier am industriellen Aufschwung teilzuhaben.[8]

Perkin selbst, der sich grämte, dass der Erfolg seiner Erfindung nicht Großbritannien zugute kam, klagte sein ganzes weiteres Leben lang über die britische Neigung, bei Investitionen nur auf kurzfristige Rendite zu schielen. Ebenso entscheidend war die frühe Symbiose zwischen dem wissenschaftlichen Ausbildungssystem und der Industrie in Deutschland. Bereits 1853 hatte eine von Prinz Albert nach Deutschland entsandte Untersuchungskommission festgestellt, dass Großbritannien eine vergleichsweise »übermäßige Hochachtung vor der Praxis und Verachtung für die Wissenschaft« pflegte.

Deutschland konnte die neuen Entwicklungen durch akademische Forschung unterstützen. In der zweiten Hälfte des 19. Jahrhunderts war ungefähr ein Dutzend Technische Hochschulen mit ebenfalls technisch orientierten Realschulen verknüpft. Anders als in Großbritannien, wo es mit der Ausweitung des Erziehungssystems haperte, war das deutsche Schulsystem rechtzeitig zur Industrialisierung reformiert worden. Unterdessen gediehen an den Universitäten in Gießen, Göttingen, Heidelberg und Bonn bereits chemische Institute. In Bonn zum Beispiel hatte der aus Böhmen stammende Chemiker August Kekulé die Struktur des Benzolrings aufgeklärt: eine Offenbarung, die ihm im Traum gekommen war. Er hatte eine Kette miteinander verbundener Kohlenstoffatome als Schlange gesehen, die schließlich ihren eigenen Schwanz ins Maul nahm. Diese Erkenntnis war der Durchbruch für das Verständnis der chemischen Struktur organischer Kohlenstoffverbindungen.

Aus den deutschen Laboratorien, deren größtes Bayers Labor für organische Chemie in München war, ergoss sich ein wahrer Strom von Entdeckungen, Techniken und Verfahren. Manche der Entwicklungen waren direkte Folgen der Farbstofftechnologie. F. W. Beneke gelang es in den 1860er-Jahren, Pflanzen- und Tierzellen mit Anilinfarben anzufärben. Im folgenden Jahrzehnt erkannte Paul Ehrlich in Frankfurt, dass man durch die Steinkohlenteer-Färbung innerzelluläre Strukturen spezifisch hervorheben konnte. Methylgrün zum Beispiel ließ den Zellkern grün leuchten, während das Zytoplasma rot wurde. Diese Färbemethoden revolutionierten die Biologie und läuteten die Wissenschaft der Biochemie ein. Ehrlichs Cousin Carl Weigert wies nach, dass Methylviolett bestimmte Bakterien sichtbar machte, wodurch Robert Kochs Erforschung der Milzbrandbazillen und Tuberkelerreger in Berlin einen Schub erhielt.

Unterdessen hatte Carl Zeiss in Jena eine Werkstatt für optische Instrumente eingerichtet, die aufgrund der verbesserten Mikroskope die Zellbiologie, Anatomie, Histologie, Embryologie und Pathologie beflügelte. Prototypisch für den Zusammenhang zwischen der Perfektionierung optischer Instrumente und der Geburt der Biochemie war die Arbeit von Hermann von Helmholtz, jenes Physiologen und – wie es hieß – »Reichskanzlers der Physik«, der als Erster die Ausbreitungsgeschwindigkeit von Nervenimpulsen in Fröschen maß (20 Meter pro Sekunde) und mit dem von ihm eingeführten Augenspiegel einen lebenden menschlichen Sehnerv beobachtete. Ende des 19. Jahrhunderts war die deutsche optische Instrumentenindustrie, angeführt durch die Firmen Zeiss und Leitz, Weltspitze. Deutsche Studenten der Naturwissenschaften hielten es für selbstverständlich, sich ein Mikroskop zuzulegen; das heizte die Produktion an und machte die deutschen Instrumente unvergleichlich günstiger als die der Handelskonkurrenz.

Das deutsche System der Universitäten und Technischen Hochschulen, frei von ökonomischen Verpflichtungen, schmiedete immer engere Bande zwischen den Hochschulen und der industriellen Produktion.[9] Im Lauf des 19. Jahrhunderts verstärkten drei Arten von Beziehungen diese Verbindung: berufliche Kontakte zwischen Industrie- und Universitätschemikern, gefördert durch die chemischen Forschungsorganisationen, der Austausch von Forschungsergebnissen aufgrund persönlicher Bekanntschaften sowie schließlich der Strom frisch ausgebildeter Chemiker von den Hochschulen in die Industrie. Im ersten Jahrzehnt des neuen Jahrhunderts hatten solche Ad-hoc-Arrangements zwischen individuellen Forschern und einzelnen Firmen den Charakter eines kollektiven Beziehungsgeflechts zwischen den Laboratorien einerseits sowie innerhalb der gesamten Berufssparte andererseits angenommen. Finanziell gut ausgestattete Forschungszentren entstanden, diplomierte und promovierte Chemiker wurden ermuntert, wie Wandergelehrte durch die Teilnahme an Kursen und Forschungsvorhaben an einer Vielzahl von Universitäten und Industrielabors Erfahrungen zu sammeln. Diese Studienjahre waren intensive Lehrjahre voller harter Arbeit, häufiger Saufgelage, Duelle und streng reglementierter Kontakte zu Frauen. Die Ferien verbrachte man bergsteigend in Deutschland, Österreich und in der Schweiz.

Mechanistisch, mathematisch und empirisch schien die deutsche Forschung die überkommenen Verknüpfungen zwischen den Naturwissenschaften und der Philosophie abgeschüttelt zu haben, indem sie ihr wissenschaftliches Themenspektrum eingeengt hatte. Die Grundlegung des reduktionistischen Forschungsansatzes in der Biologie wird Justus von Liebig zugeschrieben: Die sorgfältige

Analyse der kleinsten Teile sollte den ganzen Mechanismus begreiflich machen. Sein Ansatz zur Untersuchung lebender Organismen gab dem naturwissenschaftlichen Materialismus Auftrieb und drängte so die metaphysischen Kapriolen der Naturphilosophie zurück.[10] Die Brigaden von Studenten, welche die Liebig'sche Schule durchlaufen hatten, übernahmen später Lehr- und Forschungsaufträge und beeinflussten mit ihrer Ablehnung des Vitalismus und jedweder Spekulation über den Sinn und Zweck von Lebewesen ihrerseits die nächsten Generationen deutscher Studenten dahingehend, dass man sich strikt auf die physikalisch-chemischen Komponenten der biologischen Prozesse konzentrieren sollte. Der Geist der Reduktion des Lebendigen auf das Unbelebte ist in Thomas Manns *Doktor Faustus* eingefangen, wo der Erzähler Zeitblom über die Forschungen von Adrian Leverkühns Vater nachsinnt, in denen die Grenzen zwischen dem Organischen und dem Anorganischen zu verschwimmen scheinen:

»Verstand ich unseren Gastfreund recht, so war, was ihn beschäftigte, die Einheit der belebten und so genannten unbelebten Natur, es war der Gedanke, dass wir uns an dieser versündigen, wenn wir die Grenze zwischen beiden Gebieten allzu scharf ziehen, da sie doch in Wirklichkeit durchlässig ist und es eigentlich keine elementare Fähigkeit gibt, die durchaus den Lebewesen vorbehalten wäre und die nicht der Biologe auch am unbelebten Modell studieren könnte.«[11]

Die Möglichkeiten wirkten schier unbegrenzt, als Deutschland in der biomedizinischen Laborforschung und der Pharmakologie voranpreschte und so den Grundstein für die weltweite pharmazeutische Industrie legte: In den 1890er-Jahren brachte die riesige Firma Bayer das Aspirin auf den Markt und hob so die Schmerz- und Fieberbekämpfung auf eine neue Ebene, während Hoechst am Main durch die Entwicklung des Novocains die Lokalanästhesie revolutionierte und den schlimmsten Torturen in den Zahnarztstühlen ein Ende bereitete. Ehrlich gelangte mit Salvarsan, einem synthetischen Pharmazeutikum zur Behandlung von Syphilis, zu internationaler Berühmtheit und erhielt dafür später den Nobelpreis. Zwischen 1870 und 1900 sank der Preis für synthetische Farbstoffe, die in Deutschland produziert wurden, von 60 Mark auf eine

Mark pro Kilo. In den Jahren vor dem Ersten Weltkrieg sollten deutsche Produkte den Weltmarkt überschwemmen: Seifen, Waschmittel, Lacke, Druckfarben, Lasuren, Labor-Färbemittel, Pharmazeutika, chemische Verfahrensweisen für die Eisen- und Stahlproduktion, Fotochemikalien, Sprengstoffe und vor allem Düngemittel. Während derselben Periode überrundete Deutschland Großbritannien in der Eisen- und Stahlproduktion und stieg damit hinter den USA auf Platz zwei auf.

# 3. Fritz Haber

Fritz Haber, der einer der größten Chemiker des frühen 20. Jahrhunderts werden sollte, war ein Produkt des deutschen Systems, typisch für die Sorte Wissenschaftler, die das 20. zu »Deutschlands Jahrhundert« machen würden.[1] Fritz Habers Geschichte bringt auf faszinierende Weise die janusköpfige Befähigung der Wissenschaft zum Ausdruck, Gutes wie Schlechtes zu bewirken: jenes Potenzial sowohl für die segensreiche friedliche Nutzung als auch für Gewalt und Gräueltaten, das oft in ein und derselben Formel oder Gleichung steckt.[2] Die Entdeckung, die seinen Namen – und den Carl Boschs – trägt, war ein Verfahren, das zur schier unbegrenzten Verfügbarkeit von künstlichem Stickstoffdünger führte und letzten Endes dafür verantwortlich ist, dass im Jahr 2000 sechs Milliarden Menschen auf der Erde leben konnten anstelle der geschätzten Obergrenze von 3,6 Milliarden in einer Welt ohne Kunstdünger. Doch dieselbe Entdeckung, dieselbe Formel eröffnete Deutschland die Möglichkeit, trotz Handelsblockade zwischen 1914 und 1918 hochexplosive Sprengstoffe zu produzieren, und zog so den entsetzlichen Stellungskrieg in die Länge. Habers Entdeckung war ein Paradebeispiel für die Behauptung, die Wissenschaft sei wertfrei, neutral und apolitisch: Der Naturwissenschaftler entdeckte Naturgesetze und erfand für sie Anwendungsmöglichkeiten; das Gute und das Böse, das aus diesen Anwendungen erwuchs, brauchte sein Gewissen nicht zu belasten. Und doch sollte Fritz Haber selbst eines Tages unter Beweis stellen, dass Wissenschaftler in der Kriegführung durchaus eine Schlüsselrolle übernehmen können und dabei die Unterscheidung zwischen grundlegender und angewandter Wissenschaft in Luft auflösen. Er stieß nicht nur die technischen

Entwicklungen an, die den Einsatz von Giftgas im Ersten Weltkrieg ermöglichten und damit – einigen Schätzungen zufolge – etwa 1,3 Millionen Soldaten das Leben kosteten, sondern leitete selbst voller Begeisterung die ersten Angriffe an der Front.

Fritz Haber kam in einer Familie zur Welt, die von dem Erfolg der chemischen Farbstoffe profitiert hatte; sein Vater Siegfried Haber war ein wohlhabender jüdischer Geschäftsmann in Breslau, der mit jenen chemischen Verfahren und Produkten Handel trieb, die Deutschland zur führenden Nation Europas gemacht hatten. Fritz wurde an einem der besten Gymnasien Breslaus erzogen und genoss die für jene Ära typische Allround-Ausbildung, die das Studium der Literatur und der klassischen Philologie umfasste. Obwohl Deutschlands höhere Schulbildung in der Mathematik und den Naturwissenschaften weltweite Spitze war, beharrten die Pädagogen des neuen Deutschland auf einem ausgeglichenen Lehrplan. In der Schule entwickelte Fritz eine Liebe zur Poesie.

Seinem Vater lag zwar viel daran, dass sein Sohn in den Farbstoffhandel einsteigen würde, aber er ermutigte ihn dennoch, sich eine solide akademische Basis in den Naturwissenschaften zu verschaffen. Fritz Haber studierte an der Berliner Universität bei ebenjenem August Wilhelm von Hofmann Chemie, der William Perkin in den chemischen Laboratorien an der Oxford Street in London vorgestanden hatte und 1865 nach Deutschland zurückgekehrt war. Haber ging dann nach Heidelberg und arbeitete bei Robert Wilhelm Bunsen, einem der großen Pioniere der Spektroskopie, bevor er nach Berlin zurückging und sich in der Technischen Hochschule in Charlottenburg einschrieb.

Nach einem Jahr Militärdienst verbrachte er eine kurze Zeit im Unternehmen des Vaters, wo es ihm gelang, durch unüberlegte Transaktionen erhebliche Verluste zu erwirtschaften. Nach zwei weiteren Universitätswechseln, nach Zürich und Jena, richtete sich Haber schließlich an der Technischen Hochschule in Karlsruhe ein, wo er 17 Jahre bleiben und etwa 50 Aufsätze in einem breiten Themenspektrum veröffentlichen sollte, das organische und anorganische Chemie, die Chemie der Verbrennung, Elektrochemie und Verfahrenstechnik umfasste.

Im Alter von 24 Jahren konvertierte er 1892 vom Judentum zum

Protestantismus und gab auch seinen zweiten Vornamen Jacob auf, um Assoziationen zu vermeiden, die damals in Deutschland einer Wissenschaftlerkarriere oder jeder anderen höheren Berufslaufbahn abträglich sein konnten. Fotografien zeigen ihn als regelrechte Karikatur eines Preußen: In seiner Armeejacke posiert er seitwärts zur Kamera, den quadratischen Schädel rasiert, eine tiefe Narbe (offenbar aus einem Duell)[3] von den Lippen bis zum Kiefer, strenger Kneifer, vorgeschobenes Kinn – übermenschlich, wie seine Bewunderer ihn nannten. Und doch verraten seine dunklen, klugen Augen und der große, sinnliche Mund mit den vollen Lippen einen leidenschaftlichen, träumerischen Aspekt. Er erscheint als Inbegriff deutscher Gründlichkeit, unnachgiebiger Energie und Wissenschaftlichkeit, aber er hatte auch die Fähigkeit, Freundschaften zu schließen, eine unheilvolle Schwäche fürs andere Geschlecht (seine erste Frau nahm sich das Leben, seine zweite ließ sich scheiden) und einen Hang zu poetischen Stimmungen.

1901 heiratete er Clara Immerwahr, ein Mädchen aus seiner Heimatstadt Breslau. Sie war Chemikerin und die erste Frau, die an der Universität von Breslau ihren Doktor gemacht hatte. Auch sie war vom Judentum zum Protestantismus konvertiert, um ihre wissenschaftliche Laufbahn voranzubringen. Sie hatte die Hoffnung gehegt, mit ihrem genialen Mann ein reichhaltiges intellektuelles Leben pflegen zu können, musste aber rasch erkennen, dass seine Arbeitswut kaum Zeit für Gespräche und gemeinsame Projekte ließ. 1902, ein Jahr nach ihrer Hochzeit und kurz nach der Geburt ihres Sohnes Hermann, bereiste Haber für vier Monate die Vereinigten Staaten, um das dortige Bildungssystem für Wissenschaftler und Ingenieure zu studieren. Nach seiner Rückkehr hielt er in ganz Deutschland Vorträge über das, was er gesehen hatte. 1909 beklagte sich Clara in einem Brief an ihren Freund Richard Abegg über Habers Verhalten:

»Es war stets meine Auffassung vom Leben, dass es nur dann wert gewesen sei, gelebt worden zu sein, wenn man alle seine Fähigkeiten zur Höhe entwickelt und möglichst alles durchlebt habe, was ein Menschenleben an Erlebnissen bieten kann. Und so habe ich damals schließlich auch mit unter dem Impuls mich zur Ehe entschlossen, dass sonst eine entscheidende Seite im Buch meines

Lebens und eine Seite meiner Seele brachliegen bleiben würde. Der Aufschwung, den ich davon gehabt, ist aber sehr kurz gewesen, und ... so ist der Hauptteil zweifellos auf Fritzens erdrückende Stellungnahme für seine Person im Haus und in der Ehe zu schieben, neben der einfach jede Natur, die nicht noch rücksichtsloser sich auf seine Kosten durchsetzt, zugrunde geht.«[4]

Ihren Kollegen zufolge wurde Clara Haber zum »Hausmütterchen«, das nie aus seiner Schürze herauskam. Während Clara verkümmerte, blühte Fritz Haber auf.

Im ersten Jahrzehnt des Jahrhunderts hatte sich die weit verbreitete Begeisterung für Wissenschaft und Technologie in Deutschland in einer preußischen Richtungsentscheidung niedergeschlagen, Grundlagenforscher zu fördern, indem man sie von Verwertbarkeitszwängen und Lehrverpflichtungen freistellte. Deutschland war bislang gut damit gefahren, die Anwendungen von Wissenschaft und Technik direkt von der Industrie entwickeln zu lassen: Es hatte die Notwendigkeit reiner Grundlagenforschung zur Wahrung seiner Vormachtstellung nicht vernachlässigt, hatte dadurch aber auch keine hochschulunabhängigen Forschungsinstitute hervorgebracht, die dem Institute Pasteur in Paris oder den amerikanischen Stiftungen vergleichbar waren – dem Rockefeller Medical Institute in New York, der Carnegie Institution und Cold Spring Harbor. In den letzten Jahren des 19. Jahrhunderts hatte Friedrich Althoff, der für universitäre Angelegenheiten zuständige preußische Ministerialdirektor, eine Reaktion auf diese amerikanische Konkurrenz in die Wege geleitet, da er zu der Überzeugung gelangt war, dass die Hochschulforschung in Deutschland durch die Lehrverpflichtungen gehemmt wurde und dass ohnehin nicht alle Forscher zugleich begnadete Dozenten waren.

Und so hatte der deutsche Kaiser 1910 die Schirmherrschaft über eine Forschungsgesellschaft mit spezialisierten Wissenschaftszentren angenommen, die nach ihm benannt wurde: die Kaiser-Wilhelm-Gesellschaft (KWG; nach dem Zweiten Weltkrieg in Max-Planck-Gesellschaft umbenannt). Die Institute, die aus Büros, Laboratorien und auch Wohnungen bestanden, wurden größtenteils in einer grünen Vorstadt im südwestlichen Berlin angesiedelt – in der Hoffnung, das Viertel könne eines Tages ein »deutsches Oxford« werden. 1908 waren in Dahlem (für Berlin das, was Hampstead für London war) für die Errichtung von sechs Instituten etwa 50 Hektar Land angekauft worden. Die Gegend, unweit der Seen und Wälder von Wannsee und Potsdam, sollte später durch die eindrucksvollen Villen bekannter deutscher Architekten von sich reden machen: Peter Behrens, Hermann Muthesius und Walter Gropius. 1895 hatten nur 153 Menschen in Dahlem gelebt, 1914 waren es bereits 5500. Die erste Gruppe von Instituten war der Chemie, der physikalischen Chemie und der Biologie gewidmet.[5]

Der Geist der Kaiser-Wilhelm-Gesellschaft und ihrer Institute kommt hervorragend in einer Denkschrift über den Zustand der deutschen Wissenschaft zum Ausdruck, die Adolf von Harnack 1909 verfasst hat. Trotz der weit verbreiteten Hochachtung für die deutsche Forschung nannte von Harnack viele Gründe, sich um ihre Zukunft zu sorgen.[6] Er beschwor das gemeinhin Wilhelm von Humboldt zugeschriebene Ideal der Einheit von Forschung und Lehre und plädierte für unabhängige Institute, die nicht nur durch den Staat, sondern auch durch private Philanthropie finanziert werden sollten. Zugleich betonte er, dass Deutschlands Größe von zwei Pfeilern, zwei deutschen Wesenszügen, getragen werde: »Wehrkraft und Wissenschaft«, Letztere im weitesten Sinne, also als Gelehrsamkeit, verstanden.

An der Gestaltung der einzelnen Institute waren, wie sich zeigte, bedeutende Wissenschaftler ebenso beteiligt wie einflussreiche Industrielle. Einer der großzügigsten Unterstützer der Gesellschaft war Leopold Koppel, ein jüdischer Bankier, der das Kaiser-Wilhelm-Institut für Physikalische Chemie in Berlin mit 700 000 Mark ausstattete – unter der Bedingung, dass Fritz Haber es leiten sollte. Haber akzeptierte das Angebot und fand sich bald in Gesellschaft von Max Planck, Walther Nernst und Albert Einstein, die an benachbarte Institute berufen wurden. (Die meisten KWI-Bauten in Dahlem stehen noch heute und sind in die Freie Universität Berlin integriert; die Gesellschaft hatte ihren Hauptsitz im Berliner Stadtschloss, das 1945 ausbrannte und 1950 auf Geheiß Ulbrichts abgerissen wurde.) In Vorbereitung auf eine mögliche Audienz beim Kaiser anlässlich seiner Einstellung übte Haber in der Wohnung seines Kollegen Richard Willstätter das gleichzeitige Rückwärtsgehen und Verbeugen und schaffte es dabei, eine Vase seines Gastgebers zu zertrümmern.[7]

Nun trat in Habers Charakter seine außergewöhnliche Beharrlichkeit in den Vordergrund, mit der er ein altes Problem der Chemie endlich einer Lösung zuzuführen gedachte. Ende des 18. Jahrhunderts hatte man entdeckt, dass Ammoniak, ohne den kein Dünger oder Sprengstoff auskam, aus je einem Atom Stickstoff und drei Atomen Wasserstoff aufgebaut war. Seit jener Zeit hatten sich Chemiker immer wieder vergebens bemüht, Ammoniak aus diesen beiden in der Natur reichlich vorhandenen Gasen zu synthetisieren. Es gab beträchtliche technische Probleme, da für die Synthese ein Druck von 200 Atmosphären und eine Temperatur von 200 Grad Celsius erforderlich waren. Als Haber und sein englischer Assistent Robert Le Rossignol diese schwierigen Laborbedingungen erstmals in den Griff bekamen, erbrachte die Reaktion auch über lange Zeiträume nur eine derart winzige Ammoniakausbeute, dass jede Hoffnung auf eine industrielle Produktion illusorisch war. Haber erkannte, dass sie einen Katalysator brauchten, um die Reaktion zu beschleunigen. Nachdem er zahllose Metalle durchprobiert hatte, entdeckte er, dass das Pulver des seltenen Metalls Osmium (von dem weltweit nur 220 Pfund existierten) den gewünschten Effekt hatte. An einem der glorreichsten Tage der Chemie, am 2. Juli 1909, führte Haber zwei technischen Leitern des großen deutschen Chemiekonzerns BASF (Badische Anilin- und Soda-Fabrik), Alwin Mittasch und Carl Bosch, seine Ammoniakproduktion mit einer Ausbeute von siebzig Tropfen pro Minute vor. Während der Demonstration zersprang einer der Bolzen des Druckgefäßes und verzögerte die Sache um mehrere Stunden. Zwanzig Jahre später erinnerte sich einer von Habers Studenten an die Anspannung während dieses Ereignisses; er sprach von der »Tücke des Objekts«.[8] Die BASF setzte Carl Bosch und Alwin Mittasch nun darauf an, das Haber-Verfahren zu verbessern und zur industriellen Anwendungsreife zu bringen. Obwohl die Firma vorsorglich den gesamten Weltvorrat an Osmium aufgekauft hatte, war das Team entschlossen, einen Katalysator zu finden, der sowohl billiger als auch reichlicher vorhanden war. Nach 4000 Versuchen hatten sie einen idealen Mischkatalysator aus Eisen, Aluminiumoxiden, Calcium und

Kalium gefunden. Dieses Rezept ist bis heute kaum verändert worden.

## Die Geburt des Riesen IG Farben

Der Wettstreit um den ersten Platz bei der Produktion und Nutzung künstlichen Ammoniaks spielte sich vor dem Hintergrund einer großen Umwälzung in der chemischen Industrie Deutschlands ab. In der ersten Dekade des Jahrhunderts war der Erfolg von Deutschlands bedeutendem Farbstoffhandel zur Profitbremse im Außen- wie Binnenhandel geworden. Die Industrie war in Preiskämpfe, Patentgerangel, Bestechungen von Großkunden und Wirtschaftsspionage verstrickt. Die konkurrierenden Firmen steckten in ihrem feindseligen Wettbewerb fest, und als einzige Lösung bot sich die Bildung eines Syndikats oder Kartells an. Den Anstoß dazu gab Carl Duisberg, der Generaldirektor von Bayer, ein eifriger Pangermane, unerbittlicher Preuße und Befürworter des Führerprinzips, lange bevor Hitler diesem Begriff seine gewalttätige, diktatorische Bedeutung aufprägte. Duisberg, ein enger Freund und Mitarbeiter von Fritz Haber, sollte sich über Jahrzehnte an der Macht halten und diese noch ausbauen: Im Kaiserreich, während der Weimarer Republik und noch bis in die Zeit des Hitler-Regimes hinein leitete und formte er die zunehmend finsteren und schuldbeladenen Geschicke der IG Farben, eines Firmenkolosses, der während des Dritten Reiches zu einem der wichtigsten multinationalen Konzerne der Welt aufsteigen sollte – und zweifellos zum unmoralischsten.

Duisbergs Eingebung, die führenden Chemiekonzerne in einem Kartell zusammenzuführen, war während seiner Reise in die Vereinigten Staaten im Jahr 1903 aufgekeimt. Sein Ziel war es, in Rensselaer, New York, für Bayer eine Fabrik einzurichten, um die amerikanischen Schutzzollbestimmungen zu umgehen. Während er in Amerika war, informierte er sich über die Trust-Bewegung – Kooperation statt Konkurrenz –, die trotz des 1890 erlassenen Sherman-Antikartellgesetzes florierte. Duisberg nahm die Organisation und die Vorteile des Standard-Oil-Trusts genau unter die Lupe, dem es in den Vereinigten Staaten gelungen war, viele der Probleme zu überwinden, mit denen die chemische Industrie in Deutschland konfrontiert war. Infolgedessen handelte Duisberg einen Modus aus, nach dem sich die »großen Sechs« der deutschen chemischen Industrie – Bayer, BASF, Agfa, Hoechst, Cassella und Kalle – zur Interessengemeinschaft (IG) Farben zusammenschlossen. Das Ziel war die Verminderung der Konkurrenz zwischen den Mitgliedern und die Etablierung eines Mechanismus zur Gewinnbeteiligung. Jede Firma behielt jedoch ihre unabhängige Identität bei, jede war frei, außerhalb des Kerngeschäftsfeldes Farbstoffe weitere Produkte zu erforschen und zu entwickeln. Agfa zum Beispiel spezialisierte sich auf Fotochemie, Bayer und Hoechst konzentrierten sich auf Pharmazeutika.

Im Herbst 1913 produzierte die BASF, die viel in die Verfahren zur Stickstoffbindung investiert hatte, bis zu fünf Tonnen synthetischen Ammoniaks täglich. Im Juli des folgenden Jahres, an der Schwelle des Krieges, war die Fabrik imstande, 40 Tonnen am Tag zu produzieren, größtenteils für Düngemittel. Die Ammoniakproduktionsstätte in Oppau am Rhein mit ihren Reihen von hohen Schornsteinen sollte bald als eines der industriellen Weltwunder gelten, und die Produktion wurde auf sechs Ammoniaksynthese-Fabriken in Deutschland ausgeweitet.

Obwohl die britische Marine bereits seit der Kriegserklärung den Import von chilenischem Salpeter nach Deutschland blockierte, dauerte es einige Monate, bis das Kriegsministerium in Berlin der Kriegswichtigkeit des Ammoniakverfahrens für die Sprengstoffproduktion gewahr wurde. In der zweiten Septemberwoche des Jahres 1914 wurde der Vormarsch der Wehrmacht auf Paris durch einen französischen Gegenangriff abrupt gestoppt, der den deutschen Mangel an Schießpulver offensichtlich machte. Bosch wurde nach Berlin beordert, und man traf ein Abkommen, dem zufolge die bestehenden Ammoniakfirmen gegen beträchtliche finanzielle Zuwendungen aus Ammoniak zunächst Salpetersäure und aus dieser Sprengstoff herstellen sollten. Im Mai 1915 kündigte Bosch an, dass Oppau für die Massenproduktion von Salpetersäure umgerüstet worden sei. Deutschland war jetzt von den chilenischen Importen unabhängig und in der Lage, die Blockade der Royal

Navy auszuhebeln. Bosch überzeugte die Regierung bald von der Nützlichkeit, eine beträchtliche Ausweitung der Nitratproduktion der BASF zu subventionieren, was zur Errichtung einer neuen Hochdruckfabrik in Leuna führte.

Unterdessen nahm das Kaiser-Wilhelm-Institut für Physikalische Chemie unter der Leitung von Fritz Haber seine Zusammenarbeit mit der Industrie, dem Militär und der Regierung auf und nahm damit sowohl die Entstehung des militärisch-industriellen Komplexes als auch die Big Science vorweg: Fritz Stern nannte dies »eine Art Manhattan-Projekt vor seiner Zeit«.[9] Das Phänomen Big Science, womit gewaltige Etats und Investitionen seitens der Industrie, des Staates und des Militärs, große, komplexe Anlagen und Apparaturen sowie riesige Wissenschaftler- und Technikerteams gemeint sind, sollte später in diesem Jahrhundert zu einem Schlüsselelement werden. Forscher im Einzugsbereich von Big Science würden Kompetenzen einbüßen, was zu einer reduzierten individuellen Verantwortlichkeit für ihre Produkte führen sollte.

Haber berichtete dem Kaiserlichen Zivilkabinett 1916, dass die Produktion von Chemikalien, die für Düngemittel und Sprengstoffe verwendbar waren, 2400 Tonnen im Monat erreicht hatte, wodurch eine Fortführung des Krieges erst möglich wurde.

## Grossbritanniens Dreadnought-Projekt

War Deutschland also der Initiator des militärisch-industriellen Komplexes und der Big Science, welche die westliche Naturwissenschaft und Technologie im Zweiten Weltkrieg und im Kalten Krieg kennzeichnen sollten? Deutschland stand mit diesen Neigungen nicht allein da. Als es in den letzten Jahren des 19. Jahrhunderts in den Status eines Industriegiganten und einer europäischen Großmacht aufgestiegen war und damit das alte kontinentale Kräftegleichgewicht aus dem Lot gebracht hatte, hatten die Spannungen mit Großbritannien zugenommen, wo man es traditionell nicht gerne sah, wenn ein einzelner Nationalstaat Europa dominierte. Deutschlands Einflusssphäre war auf Europa beschränkt, während das British Empire ein Drittel der Weltbevölkerung umfasste und eine gewaltige Handelsunternehmung darstellte, die von der allmächtigen Royal Navy gesichert wurde. Die auf den neuen Technologien basierende Produktion dampfbetriebener, schwer bewaffneter Kriegsschiffe im späten 19. Jahrhundert sollte, sobald Deutschland Supermachtambitionen entwickelte, die englisch-deutsche Rivalität verschärfen. Die Bedrohung wurde offenkundig, als Deutschland 1898 sein erstes Marinegesetz erließ und die Vorrangstellung der Briten unmittelbar vor deren eigener Haustür infrage stellte, indem es die Konstruktion einer Flotte von Kriegsschiffen beschloss, die in der Nordsee stationiert sein sollte.[10] Großbritannien reagierte. Die Kiellegung des ersten Royal Navy Dreadnought am 2. Oktober 1905 in der Werft von Portsmouth läutete das anspruchsvollste Schiffsbauprojekt ein, das je irgendeine Nation in der Geschichte auf die Beine gestellt hatte. Admiral Sir John Fisher, zu dieser Zeit Großbritanniens Erster Seelord, war somit für die Entfachung eines Wettrüstens verantwortlich, das Großbritanniens Kräfte und die Ressourcen des Empire aufs Äußerste strapazieren sollte. Da die Dreadnoughts allen früheren Kriegsschiffen überlegen waren, einschließlich aller Schiffe der Royal Navy, und da es jetzt nicht mehr auf die Gesamtflottengröße ankam, sondern nur auf die Anzahl der Schiffe vom Dreadnought-Typ, konnten Großbritanniens Rivalen nur mithalten, indem sie dem Dreadnought-Standard nacheiferten. Flottenadmiral Sir Frederick Richards gab vor dem Parlament zu: »…die ganze britische Flotte ist auf dem Höhepunkt ihrer Effizienz ausrangiert und für obsolet erklärt worden, in einem Augenblick, da sie es nicht nur mit zwei anderen Marinen, sondern praktisch mit allen Flotten der Welt zugleich hätte aufnehmen können.«[11] Über einen Zeitraum von 15 Jahren hinweg sollten Großbritanniens Schiffswerften 35 moderne Schlachtschiffe und 13 Kreuzer bauen.[12] Zu Beginn des Ersten Weltkrieges war ein Schlachtschiff der Royal Navy wohl das komplexeste Artefakt auf Erden, vergleichbar mit einer großen, bemannten Raumstation – und mit sieben Millionen Pfund Sterling Baukosten pro Schiff mit Abstand das teuerste. Um ihre Ziele zu erreichen, bestellte die Marine nicht nur bei den Royal Dockyards Schiffe, sondern holte auch Angebote von privatwirtschaftlichen Werften ein.

Die Ausgaben für den Aufbau einer Flotte, die in Größe und

Feuerkraft die zweit- und drittgrößte Flotte der Welt übertrumpfte (der so genannte »Zwei-Mächte-Standard«), zehrten gewaltig am Wohlstand der Nation und zogen finanzielle Ressourcen aus anderen Gebieten ab – vor allem aus den kostenlosen staatlichen Schulen. Für die populäre *naval vote* (die Zustimmung zu diesem Marineprojekt) war den Menschen jedes Opfer recht. Dennoch litt Großbritannien bei der Ausbeutung seines wissenschaftlichen und technischen Sachverstands, verglichen mit Deutschland, unter inhärenten Schwächen – selbst bei einem so bedeutenden nationalen Ziel.[13]

Arthur Pollen, ein hochbegabter britischer Ingenieur, hatte an dem Problem gearbeitet, wie sich beim Anpeilen eines bewegten Ziels Korrekturen in der Ausrichtung des Visiers vornehmen lassen. Denn die Berechnung der Flugbahn eines Geschosses muss bei starkem Seegang nicht nur den Wind einbeziehen, sondern auch den ständig wechselnden Abstand zwischen schießendem und beschossenem Schiff, die beide rollen und krängen. Pollen setzte auf synchrone, gyrostabilisierte Entfernungsmessungen und Peilungen, die auf den Kurs und die Geschwindigkeit des feuernden Schiffes abgestimmt waren. Die rasch wechselnden Daten liefen auf einem zentralen »Uhrwerk«-Computer – einem Rechner auf analoger anstatt digitaler Basis – zusammen, der sie miteinander verrechnete und die nötigen Korrekturen an die Geschütze übermittelte. Der 1909 gebaute Prototyp von Pollens Geschützfeuer-Reichweitenkorrektor, ein massiver Schrank von der Größe eines Kathedralenaltars, war für seine Zeit ein Instrument von ungeheurer Komplexität und Raffinesse. Aber das Misstrauen gegenüber komplizierter Technik und eine Präferenz für marineeigenes Personal mit Schießerfahrung führte dazu, dass Pollens System zugunsten eines viel anspruchsloseren Kompromisses verworfen wurde, was für die Seeschlachten des Ersten Weltkrieges weit reichende Konsequenzen haben sollte.

## Krieg, Wissenschaft und deutscher Chauvinismus

Beim Ausbruch des Ersten Weltkrieges war Fritz Haber mit 46 Jahren zu alt für den aktiven Dienst und wegen seiner jüdischen Herkunft auch untauglich als Reserveoffizier. Dennoch stellte er sich und sein Institut voller Eifer in den Dienst des Militärs. In den ersten Wochen des Krieges befasste er sich auf Wunsch der Armee mit der Entwicklung eines Frostschutzmittels, das ohne das rare und für die TNT-Produktion benötigte Toluol auskam. Rasch entdeckte er Ausweichsubstanzen, zum Beispiel Xylol und andere Petroleum-Derivate. Unterdessen suchte das Militär nach Alternativen zur konventionellen Feuerkraft, um einen Durchbruch an der Westfront zu erreichen, da es zeitweise an Schießpulver mangelte. Major Max Bauer, der Verbindungsmann der Obersten Heeresleitung zur Industrie, war fasziniert von der Möglichkeit, Giftgase als Waffen anzuwenden. Nach einem gescheiterten Versuch, von Bayer produziertes Brom gegen die Russen einzusetzen, machte Fritz Haber, der auch in der Kriegsrohstoffabteilung in Berlin ein Büro unterhielt, auf die Vorteile von Chlorgas aufmerksam, einer Substanz, die in den Farbstofffabriken reichlich zur Verfügung stand. Chlorgas wurde bei der BASF bereits in Metallzylindern gelagert, die – anders als die traditionellen Glasbehälter – für das Schlachtfeld geeignet waren. Haber initiierte die Zusammenarbeit zwischen seinem Kaiser-Wilhelm-Institut und den Firmen der IG Farben, um die Chlorgasproduktion unauffällig zu steigern. Die Entwicklung zur Waffentauglichkeit war nicht ungefährlich. Einer seiner jungen Chemiker, Otto Sackur, ein Freund von Habers Frau Clara aus Breslau, kam bei einer Laborexplosion im Institut ums Leben. Clara hörte die Explosion von ihrem Haus aus, das auf dem Grundstück des Kaiser-Wilhelm-Instituts lag. Ein weiterer Wissenschaftler, Gerhard Just, verlor seine rechte Hand. Haber und Willstätter weinten bei Sackurs Begräbnis bitterlich. Clara, die den Einsatz der Wissenschaft für Kriegszwecke rigoros ablehnte, war verzweifelt.

Für Haber jedoch waren deutsche Wissenschaftler ebenso sehr am Kriegsgeschehen beteiligt wie jeder Frontsoldat. Seinen begeisterten Chauvinismus teilte er fraglos mit einem eindrucksvollen Kreis von Kollegen; er führte zu einem pompösen Ritual, das Deutschland – bei allem Respekt vor seinen wissenschaftlichen Großtaten – schon zu Beginn des Ersten Weltkrieges den Ruf eines Parias unter den zivilisierten Nationen einbrachte. Haber unterzeichnete gemeinsam mit 92 Kollegen aus akademischen und kulturellen Kreisen ein Manifest, das der populäre jüdische Schriftsteller Ludwig Fulda verfasst hatte und das den Titel »Aufruf an die Kulturwelt« trug (es wurde auch als »Manifest der 93« bekannt). Der Text wies die deutsche Verantwortung für den Krieg strikt zurück, verteidigte die Besetzung Belgiens, bestritt, dass es Gräueltaten gegeben habe, und beharrte auf der Identität der deutschen Kultur mit dem Militarismus. »Ohne den deutschen Militarismus«, so heißt es dort, »wäre die deutsche Kultur längst vom Erdboden getilgt... Deutsches Heer und deutsches Volk sind eins.«[14] Das Manifest wurde am 4. Oktober 1914 in einer Reihe deutscher Tageszeitungen veröffentlicht und verbreitete sich um die ganze Welt. Zu seinen Unterzeichnern zählten viele Große der deutschen Wissenschaft: Max Planck, Emil Fischer, Paul Ehrlich, Richard Willstätter, Wilhelm Ostwald, Walther Nernst, die allesamt früher oder später den Nobelpreis erhielten. Albert Einstein, Habers langjähriger Freund, weigerte sich wohlgemerkt, die Erklärung zu unterschreiben. Stattdessen signierte Einstein ein Gegenmanifest, »Aufruf an die Europäer«, das im selben Monat von dem Berliner Physiologen Georg Friedrich Nicolai in Umlauf gebracht wurde und Intellektuelle aufforderte, den Internationalismus und den Frieden zu fördern und »aus Europa eine organische Einheit zu schaffen«.[15]

Doch Deutschland war weder das einzige noch das erste Land, in dem Wissenschaft und Chauvinismus verquickt wurden. Die Behauptung, es habe in der Wissenschaft einst ein goldenes Zeitalter des Universalismus gegeben, der in den ersten beiden Jahrzehnten des 20. Jahrhunderts von Deutschland zerstört worden sei, wird von den Tatsachen kaum gestützt. Chauvinismus war bereits im 19. Jahrhundert weit verbreitet, vor allem im Verhältnis zwischen Frankreich und Deutschland.[16] Ein französischer Bildungsminister erklärte 1852:

»Erscheint unsere Sprache nicht besonders geeignet für die Kultur der Wissenschaften? Ihre Klarheit, ihre Ernsthaftigkeit, ihr lebendiger und zugleich logischer Ausdruck, der so mühelos zwischen den Reichen des Denkens und des Fühlens hin- und herzuwandern vermag – ist sie nicht dazu bestimmt, nicht nur das natürlichste Instrument [der Wissenschaftler] zu sein, sondern auch ihr wertvollster Führer?«[17]

Nach der Niederlage Frankreichs im Deutsch-Französischen Krieg von 1870 gewann die Rivalität zwischen diesen beiden Ländern weiter an Sprengkraft. Louis Pasteur verzichtete brieflich auf die ihm von der Universität Bonn verliehene Ehrendoktorwürde, worauf der Dekan der Bonner Medizinischen Fakultät mit dem Hinweis antwortete, im Lichte dieser Beleidigung, die er der deutschen Nation in Gestalt der heiligen Person des erhabenen Kaisers zuzufügen gewagt habe, schicke man ihm seinen durch und durch verächtlichen Brief zurück, um die eigenen Archive vor der Verschmutzung zu bewahren.[18]

Die deutsche Vormachtstellung in der chemischen Industrie war den Franzosen zufolge weiter nichts als eine Folge der germanischen Neigung, alle Organisationen zu militarisieren und die Ideen anderer auszubeuten. Darauf reagierte der bekannte deutsche Chemiker Hermann Kolbe, ein äußerst unbeherrschter Mensch, mit öffentlichen Ausbrüchen frankophober Bitterkeit, so zum Beispiel mit dem Ausspruch, er hege einen tiefen Hass und Verachtung für die Franzosen, habe sie aber bislang nicht für so unzivilisiert, bösartig und garstig gehalten, wie sie sich jetzt zu erkennen gäben.[19]

Inmitten der deutsch-französischen Schlammschlacht zu Beginn des Ersten Weltkrieges versteinerten die Meinungen leicht zu stereotypen antiteutonischen Vorurteilen, die sich das ganze Jahrhundert hindurch halten sollten. Der französische Mediziner Pierre Duhem gab mit seiner Karikatur der deutschen Wissenschaft als typischer Ausgeburt eines gedankenlosen, reglementierten Volkes, die sich stark an Pascal anlehnte, den Ton vor. Er gefiel sich in Vergleichen zwischen dem französischen und dem deutschen Geist, wobei er dem französischen *esprit de finesse* den deutschen *esprit géométrique* gegenüberstellte. Die deutsche Gelehrsamkeit sei autoritär; die Labore seien wie Fabriken; die Wissenschaftler seien im geometrischen Denken verhaftet und hätten keinen gesunden Menschenverstand. Der »mathematische Geist der Deutschen, so begabt zur Ableitung aller Folgerungen aus einem gegebenen Prinzip, ist perfekt angepasst, um aus unseren Maschinen, unserer Physik und unserer Chemie eine Industrie von außergewöhnlicher Kraft zu extrahieren, sobald diese ein deduktives und mathematisches Stadium erreicht haben«. In dem Bemühen, auch wirklich kein gutes Haar an der deutschen Wissenschaft zu lassen, verunglimpfte Duhem sogar Einstein mit ganz ähnlichen Worten, wie sie später die »arischen« Physiker Deutschlands im Munde führen sollten, um die theoretische Physik – die sie als »jüdische Physik« bezeichneten – als Hokuspokus zu verdammen. Duhem schrieb: »Für einen Befürworter der Relativitätstheorie ist es ausgemachter Unsinn, von einer Geschwindigkeit oberhalb der Lichtgeschwindigkeit zu sprechen.«[20]

Im weiteren Verlauf des Ersten Weltkrieges gewann die Verunglimpfung Deutschlands und alles Deutschen in Großbritannien und Frankreich an Schwung. Die Koryphäen der deutschen akademischen Kreise reagierten darauf mit weiteren Manifesten; eines wurde von 3000 deutschen Akademikern unterzeichnet, ein zweites von den Rektoren von 22 deutschen Universitäten. Der amerikanische Physiker Michael Pupin schrieb an einen Kollegen, den Astronomen George Hale: »Die Wissenschaft ist der höchste Ausdruck einer Zivilisation. Die Wissenschaft der Alliierten ist daher völlig anders geartet als die teutonische Wissenschaft.« In einer Reihe von Artikeln in *Le Figaro* wurde die deutsche Wissenschaft als willige Sklavin des deutschen Staates charakterisiert, »reduziert auf den Gewinn, die Nützlichkeit für Deutschland, seine Vormachtstellung, seine Dominanz«. Die amerikanische Zeitschrift *Science* hatte am 1. August 1914 erklärt: »Deutsch ist zweifellos eine barbarische Sprache, die sich kaum über das Stadium des primitiven gotischen Charakters erhebt, und … es dürfte der Wissenschaft zum Vorteil gereichen, wenn sie das Deutsche entsprechend behandelt.«[21]

In Großbritannien griff der Chemiker und Nobelpreisträger Sir William Ramsay vom University College, London, die deutsche Wissenschaft in der Zeitschrift *Nature* mit einer interessanten Anmerkung über die deutsch-jüdischen Wissenschaftler an: »Viel von der Reputation [der deutschen Wissenschaft] ist den Hebräern zu verdanken, die unter ihnen weilen, und wir dürfen wohl sicher annehmen, dass sich diese Rasse ihre Vitalität und intellektuelle Aktivität bewahren wird.«[22] Jüdische Wissenschaftler haben ihrem Vaterland während des Ersten Weltkrieges nichtsdestoweniger begeistert gedient.

Unterdessen gipfelte Habers Chemiewaffen-Forschungsprogramm in der ersten Entwicklung einer Massenvernichtungswaffe, die am 22. April 1915 gegen französische Algerier zum Einsatz kam. Der daraus resultierende Ansehensverlust für die deutsche Armee und Wissenschaft sollte sich über weite Teile des 20. Jahrhunderts halten.

# 4. Die Giftgas-Wissenschaftler

Unter seinen Wissenschaftskollegen als »der Geheimrat« bekannt, war Haber, als er 1915 daranging, die Armee der Alliierten zu vergiften, in den deutschen Schützengräben eine unverwechselbare Erscheinung. Ein Gelehrter in Uniform, den Zwicker auf der Nase, die Taschen ausgebeult von Papieren, permanent eine Zigarre zwischen die Zähne geklemmt, ließ er sich von einem Team junger, exzentrisch aufgeputzter Forscher begleiten, darunter der raubeinige Rheinländer Otto Hahn (der eines Tages die Kernspaltung mitentdecken und dafür den Nobelpreis erhalten sollte) und die künftigen Nobelpreisträger James Franck und Gustav Hertz, ebenso Erwin Madelung und Wilhelm Westphal. Das waren die neuen deutschen Kämpfer: Naturwissenschaftler, die mit ihren Formeln und Graphen Verletzten- und Gefallenenzahlen berechneten und Giftgase, die nach ihren chemischen Verfahren produziert worden waren, als Waffen einsetzten. Der deutsch-jüdische Schriftsteller Alfred Döblin sollte gegen Ende des Krieges schreiben, die schlimmsten Angriffe auf die Menschheit würden mittlerweile von den Reißbrettern und Laboratorien aus geführt. Die Gaskriegführung hatte zivile Wissenschaftler und Militärs in einer neuen Partnerschaft vereint. Giftgas wurde als eine Wunderwaffe angesehen.[1]

Um fünf Uhr nachmittags am 22. April 1915 waren Haber und seine Gastruppe, das so genannte »Pionierkommando 36«, entlang eines sechs Kilometer breiten Frontabschnitts in den deutschen Linien bei Ypern eingegraben, denen die französischen Territorialsoldaten und eine algerische Division der französischen Armee gegenüberlagen. Seine Wissenschaftler trugen die Verantwortung für etwa 5730 Zylinder von je 200 Pfund Gewicht, die mit verflüssigtem

Chlorgas gefüllt waren. Als der Angriffsbefehl kam, öffneten die Zuständigen, die Atemschutzmasken trugen, die Ventile und ließen den gesamten Inhalt binnen zehn Minuten ausströmen. Ein gespenstischer Teppich aus dichtem gelbgrünem Gas, etwa anderthalb Meter dick, wurde vom Wind westwärts getragen, über das Niemandsland zu den Gräben der Alliierten. Jene Soldaten, die nicht erstickten, hasteten aus den Gräben und flohen, wobei sie 50 Geschütze zurückließen. Dann überquerte die deutsche Infanterie das Niemandsland und bezog in den französischen Gräben Stellung.

Fritz Haber, nun Professor an der Berliner Universität und Direktor des Kaiser-Wilhelm-Instituts für Physikalische Chemie, hatte dem Giftgas Bahn gebrochen, er hatte die zu Anfang des 20. Jahrhunderts akzeptierten Normen der Kriegführung grausam zerschlagen. Er behauptete – ganz wie andere Giftgas-Forscher, zum Beispiel der britische Physiker J. B. S. Haldane, der Habers Beispiel rasch folgte –, die neue Technologie könne sogar Leben retten, da sie einen baldigen Sieg ermögliche. Wie Haldane glaubte Haber (oder behauptete es zumindest), Giftgas sei »eine höhere Form des Tötens«: Verletzungen durch Gas seien allemal angenehmer, als von einer konventionellen Granate in die Luft gejagt zu werden.

Chlorgas greift die Schleimhäute der Nase, des Mundes und der Kehle an und verursacht Blindheit und Erstickung. In seinem Tagebuch hielt Captain J. W. Barnett vom Indian Medical Service fest: »Sah vergaste Männer: blaue Gesichter, hustend und nach Luft ringend.« Er fügte hinzu: »Wie wir die Deutschen hassen.«[2] Ein Soldat, der in einem benachbarten Frontabschnitt bei einer kanadischen Division diente, schilderte seine Eindrücke aus einem weniger stark betroffenen Gebiet:

»Uns hat das Gas nicht mit voller Wucht getroffen, aber was wir abbekamen, reichte mir; es lässt die Augen brennen und tränen, mir wurde heftig übel, aber das ging ziemlich rasch vorüber. Zu dieser Zeit herrschte in unserer Stellung ein Höllenlärm, wir lagen im Kreuzfeuer von Gewehren und Granaten, wir mussten uns flach in die Gräben drücken. Das Nächste, was ich bemerkte, war eine Horde Turcos (der britische Spitzname für die Algerier), die auf unsere Gräben zustürmten; manche waren bewaffnet, manche nicht. Die armen Teufel waren völlig paralysiert vor Angst.«[3]

Der britische Oberbefehlshaber, Sir John French, telegrafierte an jenem Tag nach London. Er schrieb, dass Hunderte von Männern im Koma oder im Sterben lagen und dass die ganze Stellung mitsamt 50 Geschützen in weniger als einer Stunde aufgegeben worden war. Als die Nacht anbrach, hatten nach Angaben der Alliierten etwa 5000 Soldaten ihr Leben verloren, 10 000 waren verwundet worden. (Die Debatte über die Verluste hat sich viele Jahre lang hingezogen, bis die Opferzahlen – aufgrund deutscher Quellen – auf ein Drittel der ursprünglichen Angaben reduziert worden waren.)[4]

Der Angriff verstieß gegen die Haager Konventionen von 1899 und 1907 und wurde als massiver Akt der Inhumanität mit der zwei Wochen später erfolgten Versenkung des zivilen Ozeandampfers *Lusitania* durch ein deutsches U-Boot in eine Reihe gestellt. Trotz der hohen Toten- und Verletztenquote war Haber an jenem Abend mächtig niedergeschlagen. Seinen Kollegen zufolge hatte der »Geheimrat« gehofft, den Krieg »wissenschaftlich« zu gewinnen. Er hatte für einen Angriff mit einer viel größeren Gasmenge plädiert, um statt eines bloßen »Experimentes« einen K.-o.-Schlag zu erzielen. Später meinte er, wäre das Militär seinem Rat gefolgt und hätte statt des Versuchs in Ypern einen Großangriff durchgeführt, hätten die Deutschen den Krieg gewonnen.

Am 12. Juni setzten die Deutschen Gas gegen die Russen in Galizien ein, und zwar eine tödliche Mischung aus Phosgen und Chlorgas. Phosgen ist hochgiftig, stärker noch als Cyanwasserstoff, dessen wässrige Lösung als Blausäure bekannt ist: Sein Erfinder war gestorben, als er einmal daran geschnüffelt hatte. Soldaten bemerkten die Freisetzung von Phosgen daran, dass die Vögel von den Bäumen fielen und sogar Ratten mitten im Lauf tot zusammensackten. Otto Hahn, der die deutsche Infanterie persönlich durch das Niemandsland führte, beschrieb in späteren Jahren, wie »tief beschämt und innerlich sehr erregt« er sich fühlte, als er die Folgen des Angriffs zu Gesicht bekam, und dass seine Begleiter und er versucht hatten, russische Soldaten mithilfe ihrer Rettungsgeräte wiederzubeleben – vergebens.[5]

Verständlicherweise hatte der erstmalige Einsatz von Gas als Waffe den Zorn und die Aggressivität der Feinde Deutschlands nur noch gesteigert und gleichermaßen grausame Vergeltungsmaßnahmen und weitere Verstöße gegen humanere Formen der Kriegführung ausgelöst. Der Historiker des britischen Imperial War Museum schrieb dazu:

»Es ist nicht weiter verwunderlich, dass in den Tagen und Wochen nach der Einführung des Gases – einer zutiefst erschreckenden Neuerung in der Kriegskultur – die Vorschriften der Haager Konvention über die Behandlung von Kriegsgefangenen kaum noch die nötige Autorität hatten und überhaupt nicht beachtet wurden … Nicht nur die Heftigkeit der Gefechte selbst nahm zu: Die Entschlossenheit, mit der feindliche Gräben anschließend eingenommen wurden, konnte – gerade wenn während des Gefechts der Verlust zahlreicher Kameraden nach sofortiger und ebenso grausamer Rache schrie – das Schicksal der gemachten Gefangenen besiegeln; sie waren leichte Beute, nahe liegende Ziele für Vergeltungsmaßnahmen.«[6]

Am 23. April forderte Sir John French, dass »sofort Maßnahmen ergriffen werden, um unsere Truppen mit gleichartigen Einsatzmitteln von höchster Effektivität zu versorgen«. Er fügte hinzu: »Es ist auch zwingend erforderlich, unsere Truppen umgehend mit den nötigen Mitteln auszustatten, um feindliche Gasangriffe abzuwehren.«[7] Am Ende des Krieges waren auf beiden Seiten wohl 22 unterschiedliche Substanzen eingesetzt worden, von Lungen- und Hautreizgasen bis zu Blut vergiftenden Chemikalien, die durch Granaten, Mörser, Gaspatronen und Luftbomben ans Ziel gebracht wurden. Erich Maria Remarque liefert in *Im Westen nichts Neues* eine beklemmende Schilderung deutscher Opfer, denen genau jene Waffe zum Verhängnis geworden war, die Haber eingeführt hatte:

»Einen Unterstand voll finden wir mit blauen Köpfen und schwarzen Lippen. In einem Trichter haben sie die Masken zu früh losgemacht; sie wussten nicht, dass sich das Gas auf dem Grunde am längsten hält; als sie andere ohne Maske oben sahen, rissen sie sie auch ab und schluckten noch genug, um sich die Lungen zu verbrennen. Ihr Zustand ist hoffnungslos, sie würgen sich mit Blutstürzen und Erstickungsanfällen zu Tode.«[8]

In der deutschen Zivilbevölkerung scheint es keinen massenhaften Protest gegen den Ersteinsatz von Giftgas durch die deutsche Armee gegeben zu haben, aber die Soldaten selbst beschwerten sich, weil der Wind in Flandern vorwiegend aus Westen wehte.[9] Private Eingeständnisse der Abscheu findet man übrigens sogar noch auf der Ebene der Generäle. So schrieb der deutsche General Carl von Einem, Oberbefehlshaber der 3. Armee, 1917 an seine Frau: »Aber ich bin wütend über das Gas und seine Verwendung, die mir widerlich gewesen ist von Anfang an.« Anschließend bezeichnet er Giftgas als unritterliches Mittel, das sonst nur von »Schuften und Verbrechern« gebraucht werde.[10] Der Kommandant der 6. Armee, Kronprinz Rupprecht von Bayern, hielt 1915 in seinem Tagebuch fest:

»Als Dr. Haber mit General v. Falkenhayn vor der ersten Anwendung bei mir weilte, verhehlte ich nicht, dass mir das neue Kampfmittel des Gases nicht nur unsympathisch erschiene, sondern auch verfehlt, denn es sei sicher anzunehmen, dass, wenn es sich als wirksam erweise, der Feind zum gleichen Mittel greifen würde und bei der vorherrschenden westöstlichen Windrichtung zehnmal öfter gegen uns Gas abblasen könnte als wir gegen ihn.«[11]

Von Ypern kehrte Haber ein paar Tage später nach Berlin zurück, um seine Familie zu besuchen. Am 1. Mai gab er in seinem Haus nahe dem Institut eine Feier für seine Freunde, um die Beförderung zum Hauptmann zu begehen, eine noch nie da gewesene Auszeichnung für einen Wissenschaftler. In derselben Nacht ging seine Frau, selbst eine hervorragende Naturwissenschaftlerin und eine der wenigen promovierten Frauen in Deutschland, mit seinem Armeerevolver in den Garten, schoss einmal in die Luft und feuerte die nächste Kugel in ihre Brust. Zwei Stunden später starb sie in den Armen ihres Sohnes, der später ebenfalls Selbstmord begehen sollte. Bis heute wird darüber spekuliert, ob sie sich aus Protest gegen Habers Rolle bei der Eröffnung des Gaskrieges das Leben nahm: Anscheinend hatte sie in den vorangegangenen Monaten, als er seine Chlorgasmethode entwickelte, heftig dagegen opponiert. Noch am Morgen ihres Todes verließ Haber das Haus und reiste an die Ostfront, um einen Gasangriff gegen die Russen vorzubereiten.[12]

Während des weiteren Kriegsverlaufs leitete Haber eine Reihe von Forschungs- und Entwicklungsprojekten zur Optimierung des Einsatzes von Giftgasen. Das Rennen machte schließlich eine Mischung namens »Buntkreuz«, die ein phosgenähnliches Gas und einen Reizstoff kombinierte, der Atemschutzmasken durchdringen konnte. Otto Hahn, Habers jüngerer Kollege, der 1916 in Berlin mit diesen Substanzen experimentierte, berichtete: »Bei gleichzeitiger Verwendung beider Stoffe, dann Buntkreuz genannt, wurde der Angegriffene zunächst gezwungen, seine Gasmaske abzureißen, danach war er dem Giftgas schutzlos preisgegeben.«[13]

Hahn grübelte noch lange nach Kriegsende über seine Beteiligung an der Giftgas-Entwicklung nach. Ein halbes Jahrhundert später bemerkte er:

»Der ständige Umgang mit diesen Giftstoffen hatte uns so weit abgestumpft, dass wir beim Einsatz an der Front keinerlei Skrupel hatten. Die Gegenseite hatte sich zudem inzwischen auch angepasst; wir waren bei dieser Art der Kriegführung durchaus nicht mehr nur die Gebenden, sondern auch mit wachsendem Erfolg der Gegner die Nehmenden. Auch sahen gerade wir Frontbeobachter nur selten die unmittelbare Wirkung unserer Waffe…«[14]

In einem Interview erklärte Hahn 1960: »Haber sagte mir, dass auch die Franzosen Giftpatronen besäßen…«[15] Er fügte hinzu: »Haber hat mich beruhigt, wenn man so will. Ich war damals noch gegen Giftgas, aber nachdem mir Geheimrat Haber auseinander gesetzt hatte, worum es ging, habe ich mich bekehren lassen und später durchaus mit Überzeugung mitgemacht. Wie Sie wissen, haben sich auch viele andere berühmte Wissenschaftler… zur Verfügung gestellt.«[16]

Auch über die ethischen Aspekte des Gaseinsatzes äußerte sich Hahn: »Anfangs waren die Engländer sehr überrascht, dass wir die Haager Konvention nicht beachteten. Von 1916 an setzten sie aber mindestens genauso viel Giftgas ein wie wir.«[17]

In einer derartigen moralischen Zwickmühle hatten Wissenschaftler nie zuvor gesteckt, und es ist sicherlich ungerecht und anachronistisch, Hahn aufgrund seiner späteren Reflexionen zu verdammen, aber auf jeden Fall erinnern seine Entschuldigungen stark an die Argumente, die Vertragsbrüchige und Vollbringer von Gräueltaten im Lauf der Geschichte immer wieder angeführt haben. Sogar die Physikerin Lise Meitner, die sich selbst nie verzeihen sollte, dass sie noch bis 1938 mit Hahn in Berlin zusammengearbeitet hatte, hegte Verständnis für Hahns Rationalisierung des Giftgas-Einsatzes im Ersten Weltkrieg. »[Ich] kann Ihre Gedanken sehr wohl begreifen«, schrieb sie an Hahn. »Und doch haben Sie diesmal sicher Recht, ›Opportunist‹ zu sein. Erstens werden Sie nicht gefragt, zweitens, wenn Sie es nicht täten, würde es ein anderer tun, und vor allem ist jedes Mittel barmherzig, das diesen schrecklichen Krieg abkürzen hilft.«[18]

Als Deutschland den Ersten Weltkrieg verloren hatte, versuchten die Alliierten, Haber als Kriegsverbrecher zur Rechenschaft zu ziehen. Hahn zufolge trug Haber eine Zeit lang »einen Vollbart, sodass man ihn nicht gleich erkennen konnte«.[19] Haber setzte sich in die Schweiz ab, durfte aber schließlich nach Deutschland zurückkehren und sich am Wiederaufbau seines geschlagenen Landes beteiligen. Zum Entsetzen der westlichen Wissenschaftlergemeinschaft erhielt er 1918 für seine Methode der Ammoniakgewinnung den Nobelpreis und genoss noch über ein Jahrzehnt große Bekanntheit und hohes Ansehen als einer der führenden Wissenschaftler Deutschlands. Otto Hahn sollte die Auszeichnung 1944 erhalten, und James Franck, der Hahn bei seinen Phosgen-Versuchen assistiert hatte, gewann den Preis 1925 für den Nachweis, dass kollidierende Atome Energie quantenweise aufnehmen oder abgeben.

Haber widmete sich weiterhin der Erforschung chemischer Waffen. Noch nach dem Krieg versuchte er, Koppel, den Wohltäter des Instituts, zur Stiftung eines Labors für Waffentechnologie und eines Kaiser-Wilhelm-Instituts für chemische Kriegführung zu überreden, das er selbst leiten wollte. Sechs Millionen Mark wurden für das Projekt bereitgestellt, und Fritz Haber, der Chemiker Walther Nernst (ein alter Rivale Habers und begeisterter Giftgas-Forscher) und Emil Fischer sollten ins künftige Kuratorium berufen werden.

Das Institut für chemische Kriegführung wurde nie verwirklicht, aber nach seiner Rückkehr aus der Schweiz setzte Haber seine Arbeit an Giftgasen trotz der Restriktionen durch den Versailler Vertrag fort. Über einen Mittelsmann, Dr. Hugo Stoltzenberg, war

Haber an etlichen bedeutenden Operationen der chemischen Kriegführung beteiligt: am Einsatz von Giftgas zur Niederschlagung des Aufstands unter Abd el Krim in Marokko durch die spanische Armee, an einem geheimen Abkommen mit den Sowjets zur Produktion von Giftgas, an der Einrichtung einer Giftgas-Fabrik nahe Madrid und an der Konstruktion einer Fabrik für chemische Kampfstoffe nahe Wittenberg. Haber befürwortete auch die Entwicklung von Cyanwasserstoff (Blausäure), der als Pestizid einsetzbar, aber auch zur Vergiftung von Menschen in geschlossenen Räumen geeignet war. Die Substanz sollte später als Zyklon B bekannt werden und zur wichtigsten Methode zur Ermordung der Juden in den Konzentrationslagern avancieren.

Selbst als Haber nicht mehr zu den führenden Experten der Giftgas-Forschung gehörte, holte der Kaiser, der in Holland im Exil lebte, noch seinen Rat ein, was einen künftigen Vergeltungskrieg gegen die Alliierten anging. Im Juni 1927 schrieb der Kaiser, dass er sich insbesondere für Möglichkeiten zur »Totalvergasung großer Städte« interessiere.[20]

Ein Briefwechsel zwischen Haber und dem pazifistischen Chemiker Hermann Staudinger (eine Generation jünger als Haber) ermöglicht Einblicke in Habers ethische Einstellung zum Gaskrieg. Staudinger hatte zur Zeit des Versailler Vertrags auf Französisch einen Artikel geschrieben, den er an Haber schickte, um einen Dialog über das Thema in Gang zu setzen. Haber beschuldigte den jungen Chemiker in seiner Antwort, »Deutschland in der Zeit seiner größten Not und Hilflosigkeit in den Rücken gefallen« zu sein und Propaganda zu betreiben, die nur zu noch härteren Strafmaßnahmen führen könne. Ein Patriot, so führte Haber aus, sollte sich darauf konzentrieren, fremdländische Verleumdungen zu bekämpfen, anstatt sie noch zu verschärfen.[21]

Staudinger gab zurück, dass Haber seinen Gedankengang nicht verstanden habe. Ihm ging es, wie er dem Älteren erklärte, weniger um eine Schuldzuweisung als vielmehr um die Schaffung eines Bewusstseins dafür, dass eine hoch entwickelte Wissenschaft – in Gestalt der Chemie – verheerende Auswirkungen auf die Kriegführung gezeitigt habe. Haber erwiderte, solche ethischen Bedenken seien Sache der politischen und militärischen Autoritäten, nicht aber der Naturwissenschaftler, aber er sei überhaupt strikt gegen jede internationale Vereinbarung zur Ächtung von Giftgas-Einsätzen: Moral sei nur etwas für Individuen. Das veranlasste Staudinger, ihm erneut zu schreiben. Er wies darauf hin, dass die Kriege der Zukunft, wenn alles einfach so weitergehe, in totaler Vernichtung enden würden.[22]

Wie einflussreich Haber war, zeigt auch der Umstand, dass man ihn bat, der Leitung des Reichswehrministeriums am 11. November 1920 – dem zweiten Jahrestag des Waffenstillstands – eine Schrift vorzulegen. Diese war eine Entgegnung auf die Giftgas-Resolution der Liga der Nationen, die am 28. Oktober nochmals festgestellt hatte, dass ein Gaskrieg gegen die Haager Konvention verstoße und damit internationales Recht breche. Haber erklärte, dass Giftgas-Waffen nicht grausamer seien als konventionelle Waffen und eine internationale Ächtung des Gaskrieges unlogisch sei. Darüber hinaus betonte er, dass andere Länder nach Kriegsende die Entwicklung von Gaswaffen fortgesetzt hätten, und forderte die deutschen Offiziere dazu auf, sich mit den technischen Aspekten und dem Potenzial der Gaskriegführung vertraut zu machen.[23] In seiner Korrespondenz mit Staudinger hatte Haber dazu ein Bild aus dem häuslichen Bereich bemüht: »Von der technischen Seite her lässt sich der ewige Friede nicht sichern. Die Verträglichkeit von Mann und Frau in der Ehe muss aus ihrer Gesinnung und Selbstzucht, nicht aus dem Wegsperren von Kloppstock und Schürhaken fließen.«[24]

Aber ebenso unbeirrbar, wie der inbrünstige Patriot Haber nach wie vor seine einflussreiche Stimme erhob, um die Segnungen der Gaskriegführung zu preisen, machte sich eine andere Stimme in Deutschland für Internationalismus, Frieden und Antimilitarismus stark: jene Persönlichkeit, die Fritz Stern als Habers »brüderlichen Gegenpart«[25] bezeichnet hat. Nicht lange nach dem Ende des Ersten Weltkrieges stattete Albert Einstein in Begleitung des philosophisch interessierten rumänisch-jüdischen Physikers Maurice Solovine und des bekannten französischen Physikers Paul Langevin den Schlachtfeldern Frankreichs einen Besuch ab. Sie durchstreiften die verwüsteten Wälder und kraterübersäten Felder und standen an den Gräbern französischer und deutscher Soldaten, die hier Seite an Seite begraben lagen. Einstein fand, man sollte alle Studenten Deutschlands dorthin bringen, ja, alle Studenten der Welt, um ihnen zu zeigen, wie hässlich Krieg sei.[26] Einsteins Begleiter waren sich etwas unsicher, wie die Einheimischen die Gegenwart eines »deutschen« Wissenschaftlers aufnehmen würden. Beim Mittagessen erkannten eine Gruppe französischer Offiziere und eine Frau Einstein. Als sich dessen Gesellschaft von der Tafel erhob, standen auch diese Franzosen allesamt wortlos auf und verneigten sich tief und ehrerbietig vor ihm. Es ist durchaus anzunehmen, dass sich diese Bürger Frankreichs daran erinnerten, dass Einstein einer der Köpfe jener wenigen Akademiker war, die sich geweigert hatten, den »Aufruf an die Kulturwelt« zu unterzeichnen, dem zufolge die »deutsche« Wissenschaft rückhaltlos dem Vaterland und dessen Militär zu dienen hatte.

## Haber nach dem Krieg

Seine zweite Frau, Charlotte Nathan, hatte Haber 1914 in der »Deutschen Gesellschaft« kennen gelernt, der die Großen und Berühmten des Landes angehörten. Sie war die Sekretärin dieser Organisation, Jüdin und 20 Jahre jünger als er. Die an sie gerichteten Gedichte, in denen er seine Verliebtheit zum Ausdruck brachte, scheinen ihr gefallen zu haben. Sie trat zum Christentum über, sodass sie im Herbst 1917 kirchlich heiraten konnten.

Diese Ehe und die beiden 1920 geborenen Kinder vermochten die tiefe Depression, die Haber nach dem Krieg befiel, jedoch nicht zu vertreiben. Sogar die Verleihung des Nobelpreises für sein Verfahren zur Stickstoffbindung konnte seine Stimmung nicht heben, aber seine Dankesrede war bemerkenswert. Unter anderem sagte er: »Es mag sein, dass diese Lösung nicht die endgültige ist. Die Stickstoffbakterien lehren uns, dass die Natur mit ihren erlesenen Formen der Chemie lebender Materie schon lange Methoden entwickelt und benutzt hat, von denen wir bisher noch nicht wissen, wie man sie nachahmen kann.«[27]

Einer seiner Freunde bemerkte, dass er zu drei Vierteln tot wirkte. In diesem melancholischen Zustand stürzte er sich nun in eine seltsame Mission, um seinem Vaterland in der Zeit der Nachkriegsnot zu helfen. Die im Versailler Vertrag festgesetzten Reparationszahlungen sollten bis Mai 1921 20 Milliarden Goldmark und in weiteren Raten noch einmal etwa 132 Milliarden betragen. Diese gewaltige Summe entsprach zwei Drittel der Goldreserven der ganzen Welt. Was die Sache noch schlimmer machte: Die Alliierten hatten Deutschlands wohl gehütete Patente für null und nichtig erklärt, einschließlich des berühmten Haber-Bosch-Verfahrens, und das Land so einer wichtigen Einnahmequelle beraubt, aus der es die Reparationen hätte aufbringen können. Konnte die Wissenschaft die Situation retten und die Nation vor einem lähmenden wirtschaftlichen und politischen Chaos bewahren?

Auf der Basis der Annahme, dass eine Tonne Seewasser einige Milligramm Gold enthalte, rechnete Haber sich aus, dass man den Weltmeeren zahllose Millionen Tonnen Gold müsste entreißen können. Mit einem vierzehnköpfigen Forscherteam stach er im Juli 1923 von Hamburg aus Richtung New York in See, und zwar an Bord des Ozeandampfers *Hansa*, in den er ein Labor eingebaut hatte, um das Wasser auf seinen Goldgehalt zu untersuchen. Im Oktober brach er nach Süden auf, um die Gewässer der Karibik zu überprüfen. Im folgenden Jahr reiste er von San Francisco nach Honolulu und Yokohama, ins Chinesische Meer, in den Indischen Ozean und durch den Suezkanal ins Mittelmeer. Außerdem bat er Freunde um geeignete Seewasserproben aus allen Teilen der Welt. Unterdessen analysierte seine Forschergruppe in Berlin unter strengster Geheimhaltung 5000 Proben und gelangte schließlich zu dem Ergebnis, dass die ursprüngliche Schätzung von mehreren Milligramm Gold pro Tonne Seewasser weit überzogen gewesen war. Die tatsächliche Goldkonzentration lag bei 0,008 Milligramm pro Tonne, einem Tausendstel des anfänglichen Ansatzes, womit sich die Hoffnung auf eine kommerzielle Ausbeutung zerschlug.

Während der Zwanzigerjahre verschlimmerte sich Habers Depression, aber er hörte nie auf, sich für die Wissenschaft stark zu machen, und war ständig auf Reisen. 1927 ging seine zweite Ehe in die Brüche. Später schrieb er an Willstätter: »Ich kämpfe mit sinkender Kraft gegen meine vier Feinde, die Schlaflosigkeit, die wirtschaftlichen Ansprüche der geschiedenen Frau, die mangelnde Ruhe gegenüber der Zukunft und das Gefühl der schweren Fehler in meinem Leben.«[28] Der schwerste Schlag seines Lebens sollte ihn allerdings erst 1933 ereilen, als Hitler an die Macht kam.

# 5. Die »Wissenschaft« der Rassenhygiene

Während seines ganzen Lebens hatte sich Haber mit dem weiten Feld der Chemie beschäftigt. Er hatte sich als Patriot gesehen, der für sein Vaterland Wissenschaft betrieb. Er hatte, wie wir erfahren haben, das Christentum angenommen und sein jüdisches Erbe abgeschüttelt. Er gehörte einer gut ausgebildeten Generation deutscher Juden an, die das Judentum primär als religiöse oder kulturelle Zugehörigkeit ansahen, die man ebenso leicht fallen lassen oder zurückweisen konnte, wie man die christliche Taufe vollziehen konnte. Aber während seiner Lebensspanne waren in der Wissenschaft – oder zumindest am Rande der Wissenschaft – Strömungen aufgekommen, die seine jüdische Herkunft und die vieler seiner Kollegen zu einer schwerwiegenden, gefährlichen Angelegenheit machten.

Während Deutschland in der zweiten Hälfte des 19. Jahrhunderts vor allem als treibende Kraft der Chemie hervortrat, hatte es auch in der Biologie, Anthropologie und Rassenkunde wichtige Entwicklungen gegeben, die für die Deutschen weit reichende Konsequenzen haben sollten. Im Jahr 1900 wurde das neue Jahrhundert in Deutschland mit der Ausrufung eines umstrittenen Aufsatzwettbewerbs zu biologischen Themen zelebriert. Die Organisatoren wollten die Evolutionstheorie zur Unterminierung des revolutionären Sozialismus und zur Stärkung nationalistischer, konservativer Standpunkte in der Öffentlichkeit einspannen. Es ging ihnen darum, Biologen zu fördern und zu belohnen, die eine klare Entsprechung zwischen der sozialen und politischen Geschichte einerseits und dem biologischen Erbgang andererseits plausibel machten. Die Initiative wurde im Geheimen von einer der

Hauptfiguren der deutschen Industrie gelenkt, dem Stahl- und Rüstungsmagnaten Friedrich »Fritz« Krupp, Enkel und Alleinerbe des Gründers dieser mächtigen Firma. 1900 war er 46 Jahre alt. Die Umstände des Preisausschreibens offenbaren, in welchem Ausmaß die Evolutionstheorie manipuliert wurde, um aus ihr politische und soziale Folgerungen abzuleiten. Die Rolle, die Krupp dabei spielte, lässt die Anfälligkeit des Darwinismus für pseudowissenschaftliche Verformungen erkennen. Krupp hatte bereits ein klares Bild vom Gewinner-Essay im Kopf, bevor er überhaupt geschrieben war; dass er sich bei der Ausschreibung des Wettbewerbs und der Siegerkür hinter namhaften Wissenschaftlern verbarg, zeigt schon, wie zweifelhaft die ganze Veranstaltung angelegt war.

Fritz Krupp stand Wilhelm II. nahe und profitierte 1900 gewaltig von des Kaisers leidenschaftlicher Entschlossenheit, eine Marine aufzubauen. Krupp hatte 1896 die Germania-Werft in Kiel erworben, um die nötige Kapazität zu schaffen, die zum Bau einer Flotte von Schlachtschiffen in Deutschland nötig war. Aber seine Gießereien in Essen mit ihrer eifersüchtig bewachten Patenttechnik zur Produktion modernster Panzerplatten lieferte ihre Schusswaffen, Granaten und Panzer auch in alle Welt, so nach Großbritannien, ja sogar nach China und Japan, die miteinander im Krieg lagen.

Im Verbund mit anderen Industriefirmen, den Zeiss-Werken und Siemens, hatte Krupp Partnerschaften zwischen Industrie und Wissenschaft aufzubauen versucht. 1898 hatte er ein chemisch-physikalisches Institut gestiftet, dessen experimentelle Forschung eindeutig der Verbesserung von Stahl und Rüstungsgütern diente. Seine Leidenschaft für die Biologie ging hingegen eher auf den Einfluss seiner Frau zurück, die ihm das Buch *Die natürliche Schöpfungsgeschichte* des deutschen darwinistischen Biologen Ernst Haeckel hatte zukommen lassen, der eine Hierarchie der Entwicklungsstände der einzelnen menschlichen Populationen behauptete. Krupp entwickelte ein Interesse an Wohlfahrtsprogrammen unter der strikten Aufsicht des Firmenmanagements und propagierte die Vorzüge eines graduellen »Fortschritts« gegenüber den Katastrophen einer Revolution: ein sozialpolitischer Kurs, der natürlich auch seinen Zielen als Industrieller entgegenkam. An diesem Punkt nun verschmolz sein soziales Engagement mit seiner laienhaften Faszination für die Evolutionsbiologie.

Er stürzte sich ernsthaft in die Meeresbiologie und ließ zwei seiner Privatjachten für die Meeresforschung umrüsten. Während seiner Aufenthalte in seiner Villa auf Capri freundete er sich mit Anton Dohrn an, dem Direktor der Zoologischen Station Neapel, die bis heute ein renommiertes Meeresforschungslabor ist. Krupp spendete Dohrns Institut 100 000 Mark und überließ ihm eines seiner Forschungsschiffe. Er finanzierte auch ein limnologisches Labor in Plön, wo er viel Zeit damit verbrachte, die von Plankton gebildeten Muster zu beobachten.

Es gab 66 Bewerbungen um den Krupp-Preis für Biologie und Gesellschaft, der mit insgesamt 30 000 Mark dotiert war: 44 aus Deutschland, der Rest aus Österreich, der Schweiz, Russland und den Vereinigten Staaten. Krupp selbst hatte anonym die Urfassung der Ausschreibung verfasst und darin deutlich gemacht, dass er nach einer Formel suche, um die konservative Politik in der Staatsregierung wiederzubeleben.[1] Die akademischen Mitglieder des Wettbewerbskomitees und der Jury versuchten Krupps Vorgaben zu entschärfen und ihn davon zu überzeugen, dass Naturwissenschaft nicht mit Geschichte vermengt werden sollte. In dieser Hinsicht scheiterten sie, aber zumindest wurde in der Ausschreibung nun doch empfohlen, zwischen »natürlicher Vererbung« und »Anpassung durch … Tradition« zu unterscheiden.[2] Die Organisatoren und Juroren des Wettbewerbs wurden von Krupp handverlesen: allesamt Konservative, darunter der Darwinist Haeckel.

Das Preisgeld wurde in vier größere und zahlreiche kleinere Preise aufgeteilt. Der ausgewiesene arische Rassist Ludwig Woltmann erhielt nicht den ersten Preis (die Jury bemängelte die biologischen Fehler in seiner Schrift); er wurde Vierter, zog daraufhin seinen Essay zurück und verzichtete auf das Geld. Der erste Preis ging stattdessen an Friedrich Wilhelm Schallmayer, dessen Werdegang für die eugenische Ausrichtung der Medizin um die Jahrhundertwende typisch ist.

Der Psychiater Schallmayer war vom französischen Psychologen Théodule Ribot beeinflusst, der überzeugt war, dass sowohl Geisteskrankheiten als auch Persönlichkeitsstörungen erblich seien.

Nach Ansicht des Historikers Paul Weindling markierten Ribots Vorstellungen »den Übergang vom Liberalismus zum akademischen Elitismus, da die Ärzteschaft nun für sich in Anspruch nahm zu definieren, wer degeneriert war«.[3] Schallmayer empfahl, wie er in seinem Preisaufsatz und anderswo ausführte, eine Abkehr vom deregulierenden Liberalismus, der die Psychiatrie seit Mitte des 19. Jahrhunderts in Deutschland gekennzeichnet und zur Entlassung vieler Insassen aus ihren Heimen geführt hatte, und die Förderung offensiver Maßnahmen zur Bekämpfung nicht nur von Geisteskrankheiten, sondern auch von sozial abweichendem Verhalten. Er plädierte für Begutachtungsgremien für geistige Gesundheit, in denen Mediziner sitzen müssten, die als Staatsbeamte über den Status von Patienten und Normabweichlern aller Art richten sollten. Alle Bürger sollten mit Gesundheitspässen versehen werden, damit man jederzeit und überall die Normalen von den Abartigen unterscheiden könne. Er fand, man dürfe die geistig Kranken nicht wieder in die Gesellschaft eingliedern, wo sie Nachwuchs in die Welt setzen konnten. Hier zeichnete sich die eugenische Politik der kommenden Zeit bereits deutlich ab. In seinem Preisessay befürwortete Schallmayer auch einen starken Nationalstaat, der auf biologischen Prinzipien und weit greifenden staatlichen Interventionsbefugnissen beruhen sollte. So würde Deutschland im Konkurrenzkampf ums Dasein gegenüber den anderen Nationen im Vorteil sein.

Fritz Krupp lebte nicht lange genug, um zu sehen, wie seine Initiative jener Strömung Auftrieb verlieh, die im Nationalsozialismus münden sollte. Sein Ende war tragisch: 1902 bezichtigten ihn Zeitungen in Deutschland und Italien homosexueller und pädophiler Straftaten, die er bei seinem Aufenthalt auf Capri verübt haben sollte. Seine Frau erbat den Rat des Kaisers, der mit vollendeter Ironie empfahl, ihren Gemahl in ein Irrenhaus einzuweisen. Krupps enger Freund Admiral Friedrich von Hollemann machte diesen Plan jedoch zunichte, indem er Zweifel an der geistigen Gesundheit von Frau Krupp säte. Mit der Unterstützung von vier berühmten Psychiatern ließ Krupp seine Gemahlin in einer Anstalt in Jena einsperren. Diese groteske Situation löste sich schließlich auf, als Fritz Krupp im November 1902 plötzlich verstarb. Im Totenschein war von einem Schlaganfall die Rede, aber die meisten Leute hielten einen Selbstmord für wahrscheinlicher.

Fritz Krupp blieb der Nachwelt vor allem wegen seiner Sozialprogramme in Erinnerung, die aus seinem Unternehmen – wie Jérôme Bonaparte schrieb – »einen Staat im Staate« gemacht hatten, wegen des Skandals um seine Homosexualität und wegen der äußerst profitablen Firma, die er hinterließ: Zu Beginn seiner Zeit hatte sie 21000 Beschäftigte gehabt, bei seinem Tod 43000. Weniger bekannt war, da er seinen Namen aus der Sache herausgehalten hatte, sein kleiner, aber entscheidender Anteil am Aufschwung der Rassenhygiene und Eugenik in Deutschland, einem Trend, der während der zweiten Hälfte des 19. Jahrhunderts in Europa und Nordamerika an Stärke gewonnen hatte.

## Darwin und die Folgen

Zu Beginn des 16. Jahrhunderts fanden sich spanische Philosophen und Theologen zusammen, um vor dem Hintergrund der spanischen Eroberung der Neuen Welt und der Auseinandersetzungen über die Rechtmäßigkeit der Versklavung der Ureinwohner den natürlichen Status der Indianer zu erörtern. Waren das menschliche Wesen oder nicht? In der einen Streitfront versammelten sich jene, die unter Berufung auf Aristoteles an die Existenz von »Barbarenvölkern« glaubten, an Wilde, die von Natur aus Sklaven seien, zum Kannibalismus neigten und keine vollwertigen Seelen besäßen. Diesem Standpunkt widersprachen Theologen, die auf den jüdisch-christlichen Glauben an die Einheit der menschlichen Art als Abkömmlinge Adams und Evas verwiesen. Menschen hatten dieser Doktrin zufolge ausnahmslos unsterbliche Seelen und waren somit der Bekehrung und Erlösung zugänglich. Francisco de Vitoria zum Beispiel berief sich in seinem Werk *De Indis* (1539) auf andere Textstellen bei Aristoteles, um zu belegen, dass die Indianer »wahre Menschen« waren, deren Vernunftbegabung zwar nicht entfaltet, aber als Potenzial angelegt sei.[4] Der spanische Disput zog sich, wie die meisten Auseinandersetzungen um Rasse in Europa und Nordamerika, bis ins 19. Jahrhundert hinein, wobei man sich eher auf philosophische und religiöse Annahmen denn auf biologische Tatsachen stützte.

Den frühesten Versuch, die Rasse als primäre Wirkkraft des menschlichen Schicksals zu charakterisieren, unternahm der französische Schriftgelehrte Arthur Comte de Gobineau, der in seinem Werk *Über die Ungleichheit der menschlichen Rassen* (1855) darlegte, dass »rassische Vitalität« die großen Umschwünge in der Geschichte der Menschheit bewirkt habe, einschließlich des Übergangs von der Steinzeit zur Bronzezeit und des Falls von Rom. Gobineau bestand auf einer natürlichen Ungleichheit der Rassen; an der Spitze der hierarchischen Rassenpyramide stünden die weißen Rassen, insbesondere die arischen. Durch die Kreuzung der weißen mit den anderen Rassen, ja sogar der höheren mit den niederen weißen Rassen, kam es seines Erachtens zu »Verunreinigungen«. Tocqueville lehnte Gobineaus These mit dem Hinweis ab, solche Ideen würden wohl nur bei den Plantagenbesitzern Südamerikas eine freundliche Aufnahme finden. Den Schwerpunkt von Gobineaus Essay bildete aber die Unterscheidbarkeit der menschlichen Populationen mit den Mitteln der Wissenschaft.

Die Naturwissenschaft lieferte damals sowohl universelle Erklärungsangebote als auch – zunehmend – Munition für die soziale Kontrolle. Typisch für solche Argumentationen waren die Theorien des Italieners Cesare Lombroso, der es für möglich hielt, Verbrecher anhand ihrer Kopfformen zu identifizieren. Und der Amerikaner George Morton glaubte anhand von Schädelvermessungen belegen zu können, dass Indianer, Schwarze und Frauen von minderer Intelligenz seien. »Der wissenschaftliche Rassismus«, so behauptet der Wissenschaftshistoriker Robert Proctor, »wollte Erklärungen finden, war aber zugleich ein politisches Programm, das darauf ausgerichtet war, gewisse Machtverhältnisse als naturgegeben und unausweichlich zu rechtfertigen.«[5]

Unterdessen schwächte Charles Darwins Werk *Über die Entstehung der Arten* (1859) die biblische Grundlage der bisherigen Auffassungen über die verschiedenen Menschengruppen, denn es verkündete, dass die Menschen sich nicht allein in den nur 4000 Jahren seit Adam weiterentwickelt hatten, sondern über Jahrhunderttausende, und legte nahe, dass sich die Rassen durch einen Anpassungsprozess an die örtlichen Gegebenheiten ausdifferenziert hatten. Darwins Arbeiten eröffneten die Aussicht, die Menschheit biologisch verstehen zu können, und für Teile seiner Anhängerschaft war es nur ein kleiner Schritt, die natürliche Auslese und das Überleben des Bestangepassten als Basis des menschlichen Verhaltens und der Rassencharakteristika zu interpretieren. In den Vereinigten Staaten beriefen sich frühe Darwinisten auf diese Theorie, um die Überlegenheit der weißen Rasse zu begründen, die sich im kapitalistischen Konkurrenzkampf ganz von selbst durchsetze. In Deutschland nahm der Darwinismus hingegen eine andere Richtung: Rufe nach sozialer Intervention wurden laut; die Auslese müsse gesteuert werden, um die Degeneration menschlicher Populationen zu vermeiden.

Im Oktober 1866 hieß Charles Darwin in Down House, seinem Haus in Kent, jenen Mann willkommen, der sich als sein enthusiastischster deutscher Unterstützer hervorgetan hatte: den Zoologen Ernst Haeckel. Die Begegnung war nicht unkompliziert, denn Haeckel redete dermaßen aufgeregt und überschwänglich, dass Darwin ihn kaum verstand. Darwin erhielt kurze Zeit später Haeckels *Generelle Morphologie*, zwei Bände von je 500 Seiten. Im Verlauf seiner mühseligen Lektüre, einer Wort-für-Wort-Übersetzung mithilfe von Wörterbüchern, ging Darwin allmählich auf, was sich der deutsche Professor von der Evolutionstheorie alles versprach. Die beiden Bände waren, wie sich zeigte, nur ein Teil einer allumfassenden Theorie, eines bombastischen Entwurfs über die universelle Bedeutung des Darwinismus, der von den Feinheiten der Embryologie bis zu Exkursen über die Entstehung des liberalen Nationalstaats reichte. Dahinter verbargen sich die Vorstellung von der Überlegenheit des deutschen Volkes (erst recht, sobald es in einem einzigen Staat vereint war) und die Überzeugung, das Christentum, der Klerus und sein »gasförmiger« Gott müssten bekämpft werden.[6] Haeckel nannte diese Evolutionsphilosophie »Monismus«, da sie in seinen Augen das einzige zulässige Erklärungsprinzip in den Naturwissenschaften war. Der Nationalstaat war Haeckel zufolge einem biologischen Organismus in einem Evolutionsprozess vergleichbar, der nach Fortschritt strebte und den Naturgesetzen gehorchen musste. Nur die bestangepassten Rassentypen würden überleben und gedeihen, und die bestangepasste Rasse musste sich vor Krankheiten und Verfall schützen.

Haeckel, ein Goethe-Anhänger, vermengte die Evolution auf eigentümliche Weise mit deutscher »Naturphilosophie«, sodass seine Interpretation von Darwins Theorie stark teleologische – also zweck- und zielgerichtete – Züge aufwies. Die Evolution wird nach dieser Auffassung fortwährend von einer unermüdlichen Kraft voran- und aufwärtsgetrieben, hin zur Komplexität und Genialität des Menschen, der Krone der Schöpfung. Zum Vermächtnis des Haeckel'schen Gemisches aus Naturphilosophie und Evolutionslehre gehört die heute noch – sogar unter gewissen Biologen – verbreitete Überzeugung, dass die Natur in ihrer Weisheit die Entwicklung der Arten genau auf ein höchstes Ziel – nämlich die Menschheit – hin dirigiert habe.

Die Meinungen zum Darwinismus gingen in Deutschland sogar innerhalb des Befürworterlagers weit auseinander. Haeckel hatte an der Universität Würzburg bei Rudolf Virchow Medizin studiert, der auf der Grundlage der Farbstofftechnologie Färbemethoden entwickelt und die moderne Pathologie begründet hatte, wobei er das Prinzip etablierte, dass Zellen nur aus Zellen entstehen *(omnis cellula e cellula)*. Haeckel war bereits als Schüler in den Bann der Evolutionstheorie gezogen worden, als er Darwins *The Voyage of the Beagle* (deutsch: *Reise eines Naturforschers um die Welt*) gelesen hatte. Virchow war in einigen grundlegenden Punkten der Theorie anderer Meinung als Darwin. Die Mutationen von Individuen, die den Evolutionsprozess verursachen, waren seiner Überzeugung nach keine reinen Zufallsereignisse, sondern zelluläre Veränderungen, die Vorstufen von Krankheiten darstellten. Zu der Zeit, als Haeckel an einen Lehrstuhl der Universität von Jena berufen worden war, wo er eine Vielzahl begeisterter Studenten um sich scharte, trugen Virchow und er einen öffentlichen Streit über die politischen Weiterungen des Sozialdarwinismus aus. Virchow war fest davon überzeugt, dass die vom Sozialdarwinismus beeinflusste Linke die Gesellschaft in Gewalt und Blutvergießen stürzen würde, ähnlich der Französischen Revolution. Der Disput machte die Angelegenheit einer breiten Öffentlichkeit zugänglich, und Haeckel ging in den Augen vieler Deutscher als Sieger aus der Auseinandersetzung hervor. Zur selben Zeit setzte eine Verschmelzung von Haeckels Standpunkt mit den Vorstellungen Gobineaus ein, dessen Essay in Deutschland viel Widerhall gefunden hatte. Das Thema der teutonischen Überlegenheit war auch von dem Engländer Houston Stewart Chamberlain weiterentwickelt worden. Chamberlain hatte sich mit Wagner angefreundet, war ein glühender Anhänger des mystischen Pangermanismus und sollte einen starken Einfluss auf Hitler ausüben. Er war 1855 als Sohn eines britischen Admirals und einer deutschen Mutter zur Welt gekommen. In seinem Buch *Die Grundlagen des 19. Jahrhunderts* vertrat er den Standpunkt, die Deutschen seien den anderen Rassen überlegen und müssten als das wahre Fundament der entwickelten Gesellschaften angesehen werden, da sie die Industrialisierung in Gang gesetzt hätten. Mit Blick auf Darwins Mutmaßung, die Evolution des Menschen sei eine Folge der Vergrößerung des menschlichen Gehirns, kreisten Chamberlains Gedanken schließlich unaufhörlich um die Gehirngröße als Indikator des Entwicklungsstandes einer Menschenrasse. Folglich baute er die Phrenologie in seine Theorie ein, die Vorstellung also, die Ausbuchtungen und Proportionen des menschlichen Schädels sagten etwas über die moralischen und intellektuellen Qualitäten des Individuums aus.

Hier liegen die Ursprünge des Konzepts der »Rassenhygiene«, ein Begriff, den Alfred Ploetz einführte, ein praktischer Arzt, der 1936 im Alter von 76 Jahren von Hitler mit einer Professur an der Münchner Universität ausgestattet werden sollte. Zu Ploetz' Hauptideen, die auf einem Durcheinander evolutionstheoretischer Annahmen beruhten, gehörte die Vorstellung von einer Gegenselektion, die zur Degeneration führe. Er behauptete zum Beispiel, die Fortschritte in der Medizin würden nur den Anteil degenerierter Familien anheben, da sie diese künstlich am Leben erhielten. Er sprach sich dafür aus, im Krieg nur rassisch Minderwertige als Kanonenfutter an die Front zu schicken und die besten Exemplare zu verschonen. Ploetz' Rassenhygiene speiste sich aus der Furcht, dass sich die nutzlosen Teile der Bevölkerung schneller vermehren könnten als die hochwertigen und begabten. Er drängte auch auf den Schutz des menschlichen Keimplasmas (das man damals für den Träger der biologischen Vererbung hielt) vor schädlichen Einflüssen wie Alkohol und Geschlechtskrankheiten. Auf diese Weise, so hoffte er, könne der Prozess der natürlichen Auslese der Besten auch durch Eingriffe in die menschliche Fortpflanzung befördert werden und nicht nur durch Kriege und Kämpfe.

In seinem Verständnis musste die Rassenhygiene vor allem das Wohl der Rasse im Auge behalten und nicht so sehr das des Individuums. Zur Förderung der Rassenhygiene empfahl er eine konzertierte Aktion dreier Disziplinen: der Anthropologie, der Sozialpolitik und der Medizin. 1895 veröffentlichte er sein Hauptwerk, *Die Tüchtigkeit unserer Rasse und der Schutz der Schwachen*,[7] und ab 1904 erschien seine berüchtigte Zeitschrift für völkische Enthusiasten, *Archiv für Rassen- und Gesellschaftsbiologie*. 1905 gründete er die Gesellschaft für Rassenhygiene mit Sektionen in Berlin, München und Freiburg. Sein erklärtes Ziel war die Begründung einer »Lehre von den optimalen Erhaltungs- und Entwicklungsbedingungen der Rasse«.[8] 1909 beschloss die Gesellschaft, dass dic Mitgliedschaft nur Angehörigen der »nordischen Rasse« offen stehe. Ploetz gehörte auch einem Geheimbund an, der die Überlegenheit des nordischen Typs propagierte, und war bei der Gründung des so genannten »Ringes der Norda«[9] behilflich, eines Vereins, der die germanische Rasse durch Körperertüchtigung und Selbstdisziplin stärken sollte.

Ploetz war zu diesem frühen Zeitpunkt kein radikaler Antisemit; tatsächlich ordnete er die Juden nur knapp unterhalb der Arier ein und verwies auf Jesus, Spinoza und Marx als Musterexemplare des jüdischen Talents. Er war jedoch überzeugt, dass die jüdischen Begabungen eher arischen als authentisch semitischen Ursprungs waren. Außerdem vertrat er die Ansicht, dass die Weißen besser an Klimaschwankungen angepasst seien als Schwarze, und behauptete, die Tatsache, dass Neger langsamer lernten als Weiße, sei jedem amerikanischen Schulkind bekannt.[10] Die Intelligenz eines Weißen verhalte sich zu der eines Negers, so erklärte er, wie die eines Negers zu der eines Gorillas.

Bis in die Mitte der 1920er-Jahre fand man rassistische und eugenische Tendenzen sowohl in der politischen Linken als auch in der Rechten. Es gab Sozialisten, die die Eugenik als Mittel zur Rationalisierung der Reproduktion ansahen und für staatliche Eugenikprogramme eintraten. Es gab Sozialisten, die behaupteten, die meisten Helden ihrer Bewegung seien nordischen Geblüts gewesen. Karl Valentin Müller, ein Mitglied der Sozialdemokratischen Partei Deutschlands (SPD), legte dar, dass die Ziele der Arbeiterbewegung sich nur auf *weiße* Arbeiter erstreckten: Sozialismus könne für einen Chinesen und einen Inder, für einen »alpinen« Franzosen oder einen nordischen Schweden einfach nicht dasselbe bedeuten.[11]

Während der Zwanzigerjahre wurden nordische Überlegenheit, rechte Politik und Rassenhygiene dann jedoch enger miteinander verwoben, insbesondere unter dem Einfluss des Verlegers Julius Friedrich Lehmann. Lehmann, der sich für die Ideen von Ploetz begeisterte, gehörte zu den erfolgreichsten Verlegern medizinischer Lehrbücher und Zeitschriften in Deutschland und übte großen Einfluss auf den medizinischen Berufsstand aus.

Ein weiterer einflussreicher Rassist, der von Ploetz begeistert war, war der autodidaktische Anthropologe H. F. K. Günther, »Rassen-Günther« genannt, der in den frühen Zwanzigerjahren seine *Rassenkunde des deutschen Volkes* veröffentlichte – ein Buch, aus dem Hitler sich bediente. Mit Unterstützung der Nazis gelang es Ploetz und Lehmann, Günther in Jena einen Lehrstuhl für Anthropologie zu verschaffen. Gegen den erbitterten Widerstand der Mehrheit der Senatsmitglieder der Universität erhielt er 1932 schließlich den Ruf. Hitler kam zu Günthers Antrittsvorlesung.

Ploetz selbst wurde für seine rassenhygienische Arbeit – vergeblich – für den Friedensnobelpreis nominiert. Seine Antikriegsrhetorik war zutiefst rassistisch, denn er behauptete, die nordische Rasse sei vom Krieg besonders betroffen, da die Männer aufgrund ihrer Stärke und Größe bevorzugt an der Front eingesetzt würden; auch waren nordische Menschen ihm zufolge »bereitwilliger…, für eine Idee kriegerisch einzutreten… Am wenigsten betroffen durch den

Krieg werden die Juden, teils wegen ihrer durchschnittlich geringeren Körpergröße und schwächeren Körperkonstitution, teils wegen ihrer Abneigung gegen das Soldatentum, teils auch wegen ihrer öfteren mangelhaften Begeisterungsfähigkeit für ihr Wirtsvolk und dessen Staat«.[12] Unter dem Einfluss solcher Vorstellungen verkündete Hitler am 21. Mai 1935 vor dem Deutschen Reichstag: »Jeder Krieg verzehrt zunächst die Auslese der Besten«, und daher wolle das »nationalsozialistische Deutschland ... den Frieden aus tiefinnersten weltanschaulichen Überzeugungen«.[13]

Zwei weitere Figuren, die zur frühen Prägung des Nationalsozialismus als politisch angewandter Biologie beigetragen haben, sind Eugen Fischer und Otmar Freiherr von Verschuer. Fischer, 1874 geboren, stammte aus einer wohlhabenden Familie und hatte ursprünglich Medizin studiert, da sich sein Vater seinem Wunsch, Zoologe zu werden, in den Weg gestellt hatte. Aber als Teil seines medizinischen Abschlusses verfasste er eine Doktorarbeit über einen berühmten Orang-Utan, der im Stuttgarter Zoo gestorben war, vor allem über dessen Harntrakt und Geschlechtsorgane. Während er sich auf dem Grenzfeld zwischen Zoologie und Medizin die akademische Leiter hinaufarbeitete, machte er sich allmählich einen Namen, indem er der Anthropologie durch den Vergleich weicher Organe und Gewebe in unterschiedlichen Menschenrassen neue Ansätze eröffnete. Zum Beispiel »bewies« er, dass die Gesichtsmuskulatur der Europäer viel feiner sei als die der Papua, während die Papua größere Ähnlichkeit mit den Menschenaffen hätten.[14] Später untersuchte Fischer die Folgen der Kreuzungen in den deutschen Kolonien und die Bastardkinder, die afrikanische Angehörige der französischen Armee nach dem Ersten Weltkrieg im besetzten Rheinland gezeugt hatten; er kam zu dem Schluss, dass solche »minderwertigen« Mischlinge die Erbmasse schwächen.

Der führende Prophet, der aus dieser Denkschule hervorgehen sollte, war Erwin Liek, ein Arzt aus Danzig, der den Standpunkt vertrat, Schmerz sei eine gutartige Begleiterscheinung von Gesundheitsstörungen und ein essenzieller Bestandteil des Heilungsvorgangs: Ihn zu unterdrücken behindere die Genesung. Die Fähigkeit, Schmerz zu ertragen, sei eine Primärtugend, die außerdem bei den höheren Rassen stärker ausgebildet sei. Liek glaubte, dass Krankheit eine Folge mangelnden Rückgrats sei, eine Überzeugung, die beizeiten jener Strömung innerhalb des medizinischen Berufsstandes Auftrieb geben sollte, die eine Auslöschung der Kranken für geboten hielt.

Während die akademische Biologie in Deutschland zur Pseudowissenschaft der Rassenhygiene wenig beitrug (geforscht wurde auf diesem Feld vornehmlich von Anthropologen und Juristen), gab es doch einige bedeutende Biologen, die versuchten, ihre »Disziplin« mit dem politischen Programm und der Ideologie der Nazis in Einklang zu bringen. Ludwig von Bertalanffy stellte Vergleiche zwischen biologischen Organismen und Staaten an, was er für statthaft hielt, da die Hoffnung, »dass der atomisierenden Staats- und Gesellschaftsauffassung eine biologische, die Ganzheit des Lebens und des Volkes erkennende folgen möge«, sich jetzt erfüllt habe.[15]

Dann war da noch Ernst Lehmann, Professor für Botanik in Tübingen, der Hitler dafür preisen sollte, dass er die Gefahren einer rassischen Degeneration erkannt habe, und postulierte: »Die Aufgabe der Biologie wird es sein, die Klarstellung nach Möglichkeit zu fördern und den Kämpfen neue Waffen zu schmieden.«[16] In seiner Aufgabenproklamation verlangte Lehmann die Unterordnung des Einzelnen unter die völkische Gemeinschaft. Individualismus war in seinen Augen eine Krebsgeschwulst, die herausgeschnitten werden musste. Lehmann gründete eine neue Monatszeitschrift, *Die Biologie*, und den »Deutschen Biologenverband«.[17] Einer der führenden Autoren der Zeitschrift war der Österreicher Konrad Lorenz, ein Verhaltensbiologe, der sich über die Verweichlichung der Rasse empörte, einen Vorgang, den er mit der Domestikation von Tieren verglich. Lorenz sollte später dem Rassenpolitischen Amt der NSDAP angehören und die Eliminierung genetisch minderwertiger Menschen verlangen.

Lorenz war auch für die Bemühungen verantwortlich, einem Standpunkt akademisches Ansehen zu verleihen, der direkte Verbindungen zur eugenischen Politik der Nazis ausbilden sollte: Es sei die Pflicht der Rassenhygiene, moralisch minderwertige Menschen zu eliminieren. In der Vorgeschichte, so sein Argument, habe die Auslese durch Umweltfaktoren Ausdauer, Heldentum und soziale

Nützlichkeit gefördert. Dieser Prozess müsse nun von menschlichen Organisationen gepflegt werden, um die Degenerationserscheinungen zu verhindern, die mit Domestikation einhergingen. Diese Sichtweise verschaffte dem Vorhaben der Nazis zur Zwangssterilisation von Menschen mit erblich angelegten Krankheiten wie Schizophrenie, Blindheit und anderen Behinderungen eine »wissenschaftliche« Rechtfertigung. Mit diesem Thema werden wir uns im nächsten Kapitel beschäftigen.

## Lamarckismus und Weismannismus

Ernst Haeckel, Darwins Freund, hatte bei der Verbreitung des Darwinismus in Deutschland eng mit dem deutschen Zoologen August Weismann aus Freiburg zusammengearbeitet. Es war Weismann, der die Theorie des Keimplasmas aufstellte. Diescs erbliche Material in den Keimzellen der Eltern sollte für jeden Persönlichkeitsaspekt des potenziellen Nachwuchses verantwortlich sein: für Moral, Ästhetik und Intellekt ebenso wie für den Körperbau. Seine Theorie, mit der er die damaligen Streitfragen über biologisches Erbe und Erziehung beizulegen gedachte, barg wichtige soziale und politische Implikationen.

Während des ganzen 19. Jahrhunderts war die Vorstellung einer Vererbung erworbener Eigenschaften, wie sie der französische Biologe Jean-Baptiste Lamarck entwickelt hatte, in weiten Kreisen akzeptiert, und die biologischen Disziplinen konnten sich den Vorgang der Vererbung noch nicht richtig erklären. Eine Theorie, die das leisten sollte, hatte der österreichische Mönch und Botaniker Gregor Mendel aufgestellt, der zurückgezogen in einem Kloster in Brünn (in der heutigen Tschechischen Republik) vor sich hin forschte. Seine Beobachtungen der Farbe und Form mehrerer Generationen von Erbsen ergaben, dass zwei voneinander unabhängige Eigenschaften – Farbe (Gelb/Grün) und Form (rund/verschrumpelt) – gemäß bestimmter Regeln von einer Generation auf die nächste übertragen wurden. Seine Versuche umfassten den Anbau von etwa 28000 Pflanzen, die per Hand bestäubt werden mussten, und die Kultivierung einer Reihe von Varietäten als Kontrollgruppen. Anders als seine Vorgänger und die meisten seiner Zeitgenossen demonstrierte Mendel die Wichtigkeit der Quantifizierung, des Zählens. Aber seine Forschung, deren Ergebnisse 1865 in einer unbedeutenden Zeitschrift erschienen, geriet in Vergessenheit – bis im Jahr 1900 drei Wissenschaftler, Carl Correns, Hugo de Vries und Erich von Tschermak, unabhängig voneinander seine Theorie auferstehen ließen.

Unterdessen hatte Weismann versucht, das Problem mit einem Modell zu lösen, das zwei Arten von Zellen in einem Organismus unterschied: Körper- und Geschlechtszellen. Körperzellen bauen den Organismus auf, werden aber nicht an die Nachkommen weitergegeben. Geschlechts- oder Keimzellen hingegen durchlaufen keine Embryonalentwicklung, sondern bewahren einfach das genetische Erbgut. Auf diese Weise wollte er das erklären, was an den Organismen trotz aller Erziehungs- und Umwelteinflüsse unveränderlich blieb.

Im frühen 20. Jahrhundert hatten die Auseinandersetzungen um Natur und Erziehung, um Erblichkeit und Umwelteinflüsse eine stark politische Färbung angenommen. Die Befürworter der Rassenhygiene wiesen Lamarck zurück und unterstützten die Lehre Weismanns, der zufolge das Keimplasma, unbeeinflusst durch die Wechselfälle der Körperzellen in den Organismen, kontinuierlich durch die Generationen floss. Für die Rassenhygieniker waren die Keimzellen für die menschlichen Eigenschaften verantwortlich. Das hieß für sie zugleich, dass soziale Einflüsse nicht die Macht hatten, den Charakter oder die Lebensumstände eines Menschen zu verändern. Die Polarität dieses Streits – Mendelismus oder Weismannismus gegen Lamarckismus – wurde von den Nazi-Ideologen später auf den Kontrast zwischen der Rassenzugehörigkeit einerseits und der Klassenzugehörigkeit beziehungsweise den ökonomischen Einflüssen andererseits übertragen.

In der Sowjetunion gab man Lamarcks Theorie den Vorzug, da sie die Machbarkeit eines radikalen gesellschaftlichen Wandels verhieß, und interpretierte die Keimbahntheorie als unbewiesene, reaktionäre, pseudowissenschaftliche Mutmaßung, mit der Ansätze zu radikal sozialistischen und kommunistischen Reformen bekämpft werden sollten. Diese fatale Vermischung ideologischer

Vorgaben und biologischer Wissenschaft entfaltete vor allem in der Landwirtschaft dramatische Wirkung und führte zu einer Katastrophe. In der Folge des Aufstiegs Stalins nach Lenins Tod und der Kollektivierung der sowjetischen Landwirtschaft in den späten 1920er-Jahren machte ein obskurer autodidaktischer Landwirtschaftsexperte namens Trofim Denissowitsch Lyssenko von sich reden, der in der *Prawda* einen Aufsehen erregenden Artikel veröffentlicht hatte. Als Prophet der Erziehbarkeit aller Lebewesen griff Lyssenko die »bürgerliche Genetik« an, wie sie in Deutschland als faschistische Wissenschaft betrieben werde, um die sozialistisch-lamarckistischen Prinzipien zu untergraben. Stalin sollte Lyssenkos marxistischer Biologie selbst dann noch den Vorzug geben, als dessen Versuch, durch die »Jarowisation« von Winterweizen (also die Kältebehandlung des angekeimten Saatguts, um es abzuhärten und früher ausbringen zu können) Rekordernten einzufahren, in einem Desaster endete. (Nach dem Zweiten Weltkrieg gelang es Lyssenko, Stalin davon zu überzeugen, dass nicht etwa seine Theorie falsch war, sondern reaktionäre Biologen das Projekt sabotiert hatten. In der Folge wurden 3000 Biologen entlassen.)

Der Historiker Robert Proctor schreibt, eine Lehre aus dem Streit zwischen den Nazi- und Sowjet-Ideologen – Lamarck gegen Mendel – sei, »dass politische Motive zur Untermauerung richtiger Standpunkte in der Wissenschaft ebenso gut taugen wie zur Begründung falscher Standpunkte«.[18] Wie sich zeigte, verknüpften sich die Biologisierung des Rassebegriffs und die Überbetonung erblicher Eigenschaften in Deutschland mit einer Begeisterung für Eugenik, die in ähnlicher Form und mit anderen Schwerpunkten auch in den Vereinigten Staaten und anderen europäischen Ländern ausgebrochen war. In Deutschland aber sollte die Symbiose zwischen Rassenhygiene und Eugenik zu einem Hauptmerkmal der nationalsozialistischen Ideologie werden.

# 6. Eugenik und Psychiatrie

Parallel zum Erfolg der Rassenhygiene stieg in Deutschland auch die Eugenik auf, die Wissenschaft von der Förderung »guten« Nachwuchses. Das Aufkommen der Eugenik ist mit Charles Darwins Cousin Francis Galton verknüpft, dessen große Leidenschaft das Messen war. Er maß einfach alles: von der Intelligenz bis zur körperlichen Schönheit. Sein Buch *Hereditary Genius*, 1869 erstmals aufgelegt, drehte sich um die Erblichkeit der Intelligenz, wobei er den Umweltfaktoren kaum Beachtung schenkte, sondern sich auf die Reproduktions- und damit Selektionsvorteile hochintelligenter Angehöriger einer Population konzentrierte. Galton war von der Gauß'schen Normalverteilung fasziniert, die heute eher als »Glockenkurve« bekannt ist. Da die Beschreibung der Verteilung physischer Normal- und Extremmaße wie Körpergröße, Gewicht und so weiter in einer Population durchaus sinnvoll war, meinte Galton, auch die Intelligenz könne quantifiziert werden, und die Unterschiede im Intelligenzniveau der Individuen könnten auf die unterschiedliche Intelligenz der Eltern zurückgeführt werden. In der zweiten Hälfte des 19. Jahrhunderts, in einer Zeit also, da in Großstädten wie London und New York Kriminalität und Armut zunahmen, glaubte Galton, die Regierungen könnten durch entsprechende Planungen auf eine gesündere, klügere, besser geratene Bevölkerung hinwirken. Dieses Unterfangen nannte er »Eugenik«. Unter anderem schlug er vor, Paare, die bestimmte »eugenische« Kriterien erfüllten, sollten kostenlos in Westminster Abbey getraut werden.

Einer von Galtons eifrigsten Anhängern in England war Karl Pearson, ein ernster, hohlwangiger Mann, ein Quäker mit sozialistischen Neigungen, der in Cambridge Mathematik studiert und dann in London ein Jurastudium angeschlossen hatte, um sich schließlich in Deutschland den biologischen Wissenschaften zuzuwenden. Er wurde zum Begründer der modernen Statistik, zu der er unter anderem die Einführung des Chi-Quadrat-Tests für statistische Signifikanz und das Konzept der Standardabweichung beitrug.

Er widmete sich der Aufgabe, biologische Information mathematisch zu quantifizieren, und ließ sich schließlich am University College in London nieder, der Wiege der utilitaristischen Philosophie. Er warb Geldmittel für die Biometrik an, jene Disziplin, die sich mit den quantifizierbaren Aspekten des Lebens befasste. So konnte er ein biometrisches Labor einrichten und die Fachzeitschrift *Biometrika* gründen. Nach Galtons Tod im Jahr 1911 wurde Pearson erster Professor auf dem Galton-Lehrstuhl für Eugenik und Leiter des Galton-Labors für Nationale Eugenik, in dem Zahlen und Fakten über eine ganze Reihe von Eigenschaften zusammengetragen wurden, die man für erblich hielt. Dazu gehörten verschiedene Krankheiten, Alkoholismus und auch Intelligenz, obwohl man Letztere vor der Einführung von Intelligenztests nur anhand der Einschätzungen der Kinder durch ihre Klassenlehrer beziffern konnte.

Aus den beobachteten Zusammenhängen zwischen der »Intelligenz« der Eltern und der Familiengröße leitete Pearson ab, dass die britische Bevölkerung zur allmählichen Degeneration verdammt sei. Er vertrat die Idee, dass Krieg aufgrund der Selektionsprozesse beim Kampfgeschehen positive eugenische Auswirkungen habe. »Gerade die Abhängigkeit des Fortschritts vom Überleben der bestangepassten Rasse«, schrieb er, »so grauenhaft zynisch es einigen von Ihnen erscheinen mag, verleiht dem Kampf ums Dasein einen versöhnlichen Zug; dies ist der glühende Tiegel, aus dem das edlere Metall hervorgeht.«[1]

Die Begeisterung für die Eugenik und die Wohltaten des Krieges war nicht auf Großbritannien beschränkt. In den Vereinigten Staaten verkündete Roland Campbell Macfie, dass Krieg einen Mangel an Männern und in der Folge eine »sorgfältigere Auslese der Frauen« bewirke. Krieg bedeute nicht einfach eine zufällige »Kampfselektion« der Männer, sondern auch eine »bewusste, harte eheliche Selektion der Frauen durch die kritischen Augen der Männer«. Krieg gehe mit einer Verbesserung der »Gesundheit und Schönheit der einander bekämpfenden Völker« einher. Wie Stefan Kühl anmerkt, passte diese Sichtweise »gut in das militaristische, imperialistische Denken jener Zeit und verband die Eugeniker mit den nationalistischen Bewegungen in den verschiedenen Ländern«.[2]

Karl Pearsons Pendant auf dem Feld der amerikanischen Eugenik war Charles Davenport, der ebenfalls Biologie und Mathematik kombiniert hatte und so zu eugenischen Schlussfolgerungen über sittliches Verhalten und Intelligenz gelangt war. Er war überzeugt, dass gewisse ethnische Gruppen typischen moralischen Verfehlungen unterworfen waren und dass Kriminalität und Prostitution erblich waren. Er gründete ein Büro für eugenische Aufzeichnungen, in dem er ein Melde- und Datenverarbeitungssystem für die Eigenschaften der US-amerikanischen Bevölkerung einrichtete. Davenport arbeitete eng mit Henry Goddard zusammen, der gemeinsam mit dem Psychologen Lewis Terman den französischen »Binet«-Intelligenztest in den Vereinigten Staaten einführte, wo er als »Stanford-Binet«-Test bekannt wurde. In der Überzeugung, es gebe ein einzelnes Gen für Intelligenz, etablierten sie auch den Begriff »Intelligenzquotient«, kurz: IQ. Die Anwendung des Tests bei Immigranten führte zur Zurückweisung bestimmter ethnischer Gruppen. Goddard vertrat eine simple Mendel'sche Sichtweise auf Erblichkeit und Intelligenz: Zwei heterozygote Elternteile mit je einem »intelligenten« und einem »schwachsinnigen« Gen brachten demnach, wenn keines dieser Gene dominant war, statistisch ein schwachsinniges, ein kluges und zwei mäßig intelligente Kinder hervor. Solche Standpunkte führten zu eugenischen Programmen, die Menschen mit »Erbkrankheiten«, darunter Syphilis, und »antisozialem Verhalten« wie gewohnheitsmäßiger Masturbation, die Zeugung von Nachwuchs untersagten. Manche Bundesstaaten wie Indiana erließen Gesetze zur Zwangssterilisation durch Kastration und Bestrahlung.

Unterdessen war die Entwicklung der Eugenik in Deutschland, wie die der Rassenhygiene, zunehmend durch Pseudodarwinismus und arische Überlegenheitsphantasien beeinflusst worden: Ihre Stoßrichtung war eher rassistisch als elitär. Zu ihren führenden

Köpfen zählten Philalethes Kuhn, der seit 1920 an der Technischen Hochschule Dresden den Lehrstuhl für klinische Hygiene innehatte, Hans Reiter, der in Rostock seit 1919 eine rassistisch eingefärbte Hygienelehre vertrat, und Fritz Lenz. Lenz war 1923 auf den ersten Lehrstuhl für Rassenhygiene an der Münchner Universität berufen worden; Hitler las und bewunderte seine Arbeiten über Rasse und Medizin, als er 1924 in Landsberg im Gefängnis saß. Lenz erwiderte das Kompliment, indem er voller Begeisterung der NSDAP beitrat.

Mit der Illusion von den positiven Wirkungen des Krieges, der die Eugeniker im ersten Jahrzehnt des Jahrhunderts erlegen waren, räumte der Erste Weltkrieg gründlich auf. Edward Poulton und Leonard Darwin stimmten in den Seiten der britischen *Eugenics Review* darin überein, dass der »Krieg zweifellos die besseren Varianten tötet und deswegen höchst dysgenisch« sei.[3] Nach dem Ersten Weltkrieg schlossen sich deshalb Mitglieder der Internationalen Gesellschaft für Rassenhygiene zusammen, um den Krieg zu ächten. Ploetz als Führer der deutschen Eugeniker plädierte für eine »eugenische Friedenspolitik«, und die NS-Rassenpolitiker übernahmen seine Argumente. Walter Groß, Leiter des Rassenpolitischen Amtes der Partei, erklärte unter dem Motto »Rassenpolitik ist Friedenspolitik«: »Der Rassenstandpunkt des Nationalsozialismus« sei der »beste Garant der Achtung vor der Selbstständigkeit der Völker und Rassen«.[4]

Während in Skandinavien und Deutschland in der Zeit zwischen den Kriegen Gesetze zur Unterstützung einer positiven Eugenik erlassen wurden, fanden solche Maßnahmen in Großbritannien keine Mehrheit, obwohl eine kleine »Elite« hartnäckig dafür warb. Als Professor E. W. MacBride 1936 in einer Mitteilung an die naturwissenschaftliche Wochenzeitschrift *Nature* auf ein regierungsunterstütztes Eugenikprogramm drängte, konterte der angesehene Biochemiker und China-Experte Joseph Needham kämpferisch: »Es fällt schwer, der Bestürzung darüber angemessenen Ausdruck zu verleihen, dass diese für die Menschheit so gefährlichen Doktrinen durch den Abdruck in der wohl berühmtesten wissenschaftlichen Wochenschrift der Welt geadelt werden.«[5] Ein anderer einflussreicher britischer Antieugeniker der Dreißigerjahre war Lionel Penrose, der Vater des Mathematikers Roger Penrose. Er hatte Pearsons Lehrstuhl am Londoner University College übernommen und ließ »Eugenik« aus dessen Namen streichen. Er ließ sich nicht von seiner Überzeugung abbringen, dass Intelligenz von einer Vielzahl genetischer Faktoren wie auch Umweltparametern beeinflusst wird.

## Psychiatrie und Euthanasie

Zu den weit reichenden Nachwirkungen des Ersten Weltkrieges zählte auch der allgemeine Niedergang der Praxis und des Ansehens der Psychiatrie als ernst zu nehmende wissenschaftliche Disziplin. In vielen psychiatrischen Einrichtungen wurden die Patienten skandalös vernachlässigt und misshandelt. Die Kluft zwischen Friedrich Schallmayers forschen Empfehlungen für offensive Maßnahmen und der Realität hätte größer nicht sein können. In Deutschlands Nervenheilanstalten herrschten Unterernährung, Krankheiten und Verwahrlosung, was in einer dreißigprozentigen Sterberate der Insassen während der Kriegsjahre gipfelte.[6] Zur selben Zeit wurden Soldaten, die aufgrund des Grabenkrieges unter Kriegsneurosen litten, brutalen psychiatrischen »Behandlungen« unterzogen, zum Beispiel Anwendungen einer rigorosen Elektroschock-»Therapie«. Nach dem Krieg wurde die Lage in Deutschlands Nervenheilanstalten auch nicht besser, da diese Einrichtungen in den wirtschaftlichen und politischen Krisen nicht einmal mit den allernötigsten Geldmitteln ausgestattet wurden.

Der Historiker Michael Burleigh stellt fest, dass damals trotz des kurzfristigen Aufflackerns einer Psychiatrie-Reformbewegung, die Patientenrechte einforderte und nach einer Überprüfung der Einlieferungsprozedur rief, schon Stimmen vernehmbar waren, die über die Verschwendung von Ressourcen an Geisteskranke klagten. Die bedeutendsten Fürsprecher einer Reduzierung der anschwellenden Heere von »Geistesgestörten« waren der Anwalt Karl Binding und der Psychiater Alfred Hoche, die den erschreckenden Ausdruck »lebensunwertes Leben« populär machten, und zwar im Titel ihres 1920 in Leipzig veröffentlichten, wegweisenden Traktats

*Die Freigabe der Vernichtung lebensunwerten Lebens.* Binding empfahl, Ärzte sollten aus eigenem Antrieb einem schmerzvollen Dasein ein Ende bereiten dürfen; ebenso drängte er darauf, dass die Gesellschaft ein Leben, das ihr nur zur Last falle, beenden solle. Hoche, der das Problem strikt unter dem Nützlichkeitsaspekt betrachtete, führte die Beträge an, die für den Erhalt minderwertigen Lebens verschwendet würden. Schwachsinnige hatten in seinen Augen kein Lebensrecht, da ihnen grundlegende Qualitäten fehlten, die das Leben erst unantastbar machten. Einen Schwachsinnigen umzubringen war – wie er erklärte – eigentlich kein Tötungsakt im Sinne des allgemeinen Rechtsverständnisses.[7] Diese Schrift verschaffte den Nazis zweifellos stärker als jede andere eine »ethische« Rechtfertigung für die Euthanasie. Zwar kreiste die öffentliche Debatte in den ersten Jahren des Regimes vor allem um die Verhinderung der Zeugung erbkranken Nachwuchses, also um Sterilisation, aber auch die Vernichtung lebensunwerten Lebens sollte unausgesprochen um sich greifen, oftmals im stillen Einvernehmen mit den Verwandten.

Mittlerweile neigten viele der führenden akademischen Psychiater in Deutschlands Forschungseinrichtungen dem Nationalsozialismus zu. Das angesehenste psychiatrische Forschungszentrum war das Kaiser-Wilhelm-Institut für Psychiatrie in München, das 1917 mit Geldern der Rockefeller Foundation und den privaten Zuwendungen James Loebs gegründet worden war, eines aus Amerika stammenden jüdischen Philanthropen. Der Direktor, Professor Emil Kraepelin, hatte eine hervorragende Gruppe von Klinikern und Forschern zusammengebracht, zu denen der Neurologe Alois Alzheimer zählte, der jene Krankheit entdeckte, die heute seinen Namen trägt. Ernst Rüdin leitete während der 1920er-Jahre ein genealogisches und demografisches Projekt, das auf dem Feld der Genetik und Schizophrenieforschung zum Klassiker avancierte.

Als Hitlers Partei nach der Macht griff, wurde Rüdin zum leidenschaftlichen Befürworter eugenischer und rassenhygienischer Maßnahmen. Sein guter Ruf verlieh den Nazi-Programmen zur eugenischen Zwangssterilisation Respektabilität. Unter seiner Ägide wurden die Diagnosen Schizophrenie und Depression zu akzeptierten Indikationen für eine Sterilisation. Als diese Maßnahmen um sich griffen, wurde das Kaiser-Wilhelm-Institut für Psychiatrie zur Quelle für Expertenmeinungen zu eugenischen Fragen und für Gutachten über einzelne Fälle.

Die »medizinische« und »wissenschaftliche« Basis für die Vorstellung, dass Geisteskranke eliminiert werden sollten, wurde also in den Jahren nach dem Ersten Weltkrieg gelegt. Schon da wurde in Deutschland der Boden für jene Propaganda bereitet, der zufolge die Kosten für den Erhalt von »Ballastexistenzen« wie psychisch Kranken oder Erbkranken unvertretbar hoch waren.

# Teil II
# Die neue Physik
# (1918–1933)

# 7. Physik nach dem Ersten Weltkrieg

Der Erste Weltkrieg wurde von nachfolgenden Wissenschaftlergenerationen als »Krieg der Chemiker« bezeichnet, eine Zuspitzung, die angesichts des Wirkens Fritz Habers und seiner Giftgas-Kollegen vollauf berechtigt war. Dennoch hatte auch die Physik ihr Scherflein zu diesem Krieg beigetragen, denn Schusswaffen spielten an Land und zur See immer noch die Hauptrolle, und die größte Schwierigkeit bestand darin, die Projektile auch bei widrigem Wetter, Rauch, großen Entfernungen, Dunkelheit und beim Rollen der Schiffe auf rauer See genau ins Ziel zu bringen. Um die Position eines feindlichen Geschützes oder anderer Ziele zu bestimmen, die wahrnehmbare Signale abgaben, hatte man sich im Ersten Weltkrieg physikalischer Disziplinen bedient: Akustik, Optik, Elektromagnetismus und Seismometrie.[1] Auf beiden Seiten, bei den Alliierten wie im Dienst der Zentralmacht, hatten sich Naturwissenschaftler der Militärtechnologie zugewandt und damit bewiesen, wie flüchtig und brüchig die Unterscheidung zwischen reiner und angewandter Wissenschaft in Zeiten des Krieges ist. Max Born hatte in Göttingen den Einfluss des Windes und der Höhe auf Schallwellen untersucht. Max Wien in Jena hatte an Radioapparaten für Flugzeuge gearbeitet. Arnold Sommerfeld in München war zwar ein angesehener theoretischer Physiker, hatte sich aber dem Abfangen feindlicher Telefonate gewidmet; sein mit einem Elektronenröhrenverstärker ausgestattetes Abhörgerät konnte Signale noch mehr als 800 Meter von der Telefonleitung entfernt empfangen.

Auch britische Wissenschaftler, die zum Kämpfen zu alt waren, wurden in den Krieg hineingezogen, während etliche ihrer jüngeren Kollegen begeistert an die Front gingen, in deren Gräben allzu viele starben. So wurde etwa Henry G. J. Moseley, der brillante Protegé Rutherfords, bei den Dardanellen von einem Heckenschützen erschossen.

Britische Physiker hatten sich, wie wir am Beispiel von Arthur Pollen gesehen haben, bereits lange mit dem Problem der Geschützsteuerung durch Entfernungsmesser auf Kriegsschiffen herumgeschlagen, wobei ihnen zusätzlich Vorurteile seitens der Admiralität zu schaffen machten. William Henry Bragg – der Vater von Lawrence Bragg, mit dem gemeinsam er die Röntgenkristallografie begründete – arbeitete an einem Schallentfernungsmesser, mit dem feindliche Geschütze lokalisiert werden konnten; Ralph Fowler (der Rutherfords Schwiegersohn wurde) untersuchte am British Munitions Inventions Department den Einsatz optischer Instrumente zur Verbesserung der Zielsteuerung von Flugabwehrgeschützen. Frederick Lindemann (der künftige Lord Cherwell, wissenschaftlicher Berater Winston Churchills) versuchte in Farnborough herauszufinden, ob ein Infrarot-Wärmemesser zum Frühwarnsystem für anfliegende Flugzeuge taugte. Unterdessen erforschte Ernest Rutherford in Manchester Methoden zur U-Boot-Ortung.

Britische Wissenschaftler hatten die Wichtigkeit der Natur- und Technikwissenschaften für die Kriegführung schon früh während des Ersten Weltkrieges bemerkt, und der Herausgeber von *Nature* drängte die Regierung in der Ausgabe vom 17. Juni 1915, sich der »Hundertschaften von Männern der Wissenschaft in diesem Land« zu entsinnen, »deren Energien und Fachkenntnisse nicht effektiv genutzt werden... Die Organisation des naturwissenschaftlichen Intellekts des Landes ist unverzichtbar, doch zu diesem Behufe ist bislang so gut wie nichts geschehen.« Wie ihre deutschen Gegenspieler hatten sich manche großen britischen Wissenschaftler Kriegsprojekten verschrieben, die nicht unbedingt ihren Fähigkeiten und Fachkenntnissen entsprachen. Rutherford, der damals für seine Bemühungen berühmt war, das Atom zu verstehen, hielt die Akustik für die einzige Möglichkeit, Unterseeboote zu orten. Er und sein Team konzentrierten sich auf die Entwicklung von »Hydrophonen« und anderen Lauschgeräten, einschließlich des Einsatzes von piezoelektrischen Quartzkristallen, die elektrische Impulse abgeben, wenn sie durch Schallwellen belastet oder komprimiert werden, zur Ortung von Hochfrequenz-Schallquellen. Aus dieser Technologie ging später die als »Sonar« bezeichnete Ortungstechnik hervor.

Rutherford entwickelte im letzten Kriegsjahr zumindest eine Vorahnung bezüglich der künftigen Möglichkeiten der Atomphysik. Einer Anekdote zufolge antwortete dieser für seine sehr laute Stimme bekannte Mann, als man ihn wegen seines Fehlens bei einem Expertentreffen über Anti-U-Boot-Techniken rügte: »Talk softly, please, sachte bitte! Ich war gerade an Experimenten, die vermuten lassen, dass das Atom durch menschlichen Eingriff zertrümmert werden kann. Sollte sich das als richtig herausstellen, dann ist diese Entdeckung viel wichtiger als euer ganzer Krieg.«[2] Immer wieder versicherte er jedoch interessanterweise, dass die Atomwissenschaft niemals zur Freisetzung großer Energiemengen führen werde. Rutherford, Bragg und J. J. Thomson (JJ genannt – jener Physiker aus Cambridge, der das Elektron entdeckt hatte) gehörten einem Admiralitätsausschuss für Erfindungen und Forschung an, aber die Marine zierte sich, Taktik- und Strategiefragen mit Zivilisten zu erörtern, sodass viele Möglichkeiten ungenutzt verstrichen.

Am Ende des großen Krieges mussten nur wenige in der Regierung und beim Militär noch überzeugt werden, dass die Physik für die Waffen- und Verteidigungstechnologie unentbehrlich war und erhebliche Regierungsgelder benötigt würden, wenn die Wissenschaft bei künftigen Vorhaben eine wichtige Rolle spielen sollte. 1918 hatte sich die Militärphysik gut etabliert, aber nur wenige dürften geahnt haben, in welchem Maß diese Disziplin die Entwicklung neuer Angriffs- und Verteidigungssysteme im Zweiten Weltkrieg dominieren sollte, insbesondere auf dem Gebiet der nächtlichen Flugzeugerkennung. Der Schriftsteller Russell McCormmach hat die Lage in seinem Roman *Nachtgedanken eines klassischen Physikers* gut eingefangen: Mitten im Ersten Weltkrieg denkt Professor Victor Jacob, der Protagonist der Handlung, über diese Fragen nach und kommt zu dem Schluss: »Wenn die Welt, Gott bewahre, wieder in den Krieg ziehen sollte, wird sie moderne Physik einsetzen. Aber *dieser* Krieg wurde mit *klassischer* Physik ausgefochten, mit jedem erdenklichen Zweig derselben.«[3]

Was aber war »moderne« Physik?

## Moderne Physik

Im ersten Jahr des neuen Jahrhunderts feierten, wie die eindrucksvollen Exponate auf der Pariser Weltausstellung offenbarten, die Errungenschaften der deutschen Wissenschaft Triumphe. Die Ausstellungsstücke verkörperten die weit verbreitete Zuversicht, dass die Zukunft der vaterländischen Technologie auf sicheren Fundamenten ruhte. Aber während die Menschen nach Paris strömten, um die beeindruckenden Geräte und neuen chemischen und industriellen Verfahrenstechniken zu bewundern, waren in den Laboratorien und Seminarräumen Europas bereits Entwicklungen im Gange, die schon bald das Verständnis der physikalischen Welt transformieren und die Perspektive auf eine bis dato unvorstellbare Technologie eröffnen sollten.

Bis zur Jahrhundertwende hatten die Wissenschaftler die Natur und das Weltall mehr oder weniger deterministisch und mechanistisch aufgefasst, als einen Ort, in dem materielle Ursachen vorhersagbare materielle Folgen haben. Vielversprechenden jungen Physikern riet man, sich andere Betätigungsfelder zu suchen, da die Physik – wie man glaubte – ihre Aufgabe nahezu vollendet habe. Es herrschte die selbstzufriedene Überzeugung vor, dass das Wissen über Energie, Bewegung, Strahlung und Elektromagnetismus mehr oder weniger vollständig war. Die Wissenschaftler verließen sich in ihrer Arbeit darauf, dass die allgemeine Struktur der Naturgesetze bekannt sei und sie dieses Gerüst nur noch mit den konkreten Einzelheiten auszufüllen hätten; Materie und Energie wurden gemäß mechanischer Modelle aufgefasst, die dem gesunden Menschenverstand zusagten. Der britische Naturwissenschaftler William Thomson, Lord Kelvin, hatte erklärt, er sei stets erst dann zufrieden, wenn er von einem Ding ein mechanisches Modell konstruieren könne. All das sollte sich nun ändern, und Deutschland sollte bei diesen Umwälzungen eine Hauptrolle spielen.

»Es gibt Perioden«, schreibt Eric Hobsbawm in *Das imperiale Zeitalter. 1875–1914*, »in denen die gesamte Art und Weise, wie der Mensch sich sein Bild vom Universum macht und dieses zu begreifen sucht, innerhalb einer ziemlich kurzen Zeitspanne verworfen und radikal verändert wird, und zu ihnen zählen auch die Jahrzehnte vor dem Ersten Weltkrieg.«[4] Hobsbawm bezieht sich hier auf Wendepunkte, die Ende des 19. und Anfang des 20. Jahrhunderts in verschiedenen wissenschaftlichen Fächern erreicht waren: in der Psychologie, der Biologie und der Physik. Es handelte sich um Innovationen, die zunächst nur von einer kleinen Minderheit der naturwissenschaftlichen und intellektuellen Eliten der Vereinigten Staaten und Europas wahrgenommen und gewürdigt werden konnten. Zu diesen Neuerungen gehörten die Veröffentlichung von Freuds *Traumdeutung*, die Wiederentdeckung der Mendel'schen Regeln in der Genetik und die Arbeiten des deutschen Physikers Max Planck, der an der Berliner Universität den Lehrstuhl für theoretische Physik innehatte.

Planck, ein notorisch scheuer und wortkarger Mensch (einer seiner Studenten beschrieb ihn als eine »schmale Erscheinung im dunklen Anzug«, der das gestärkte weiße Hemd und die schwarze Fliege »das Aussehen eines typischen preußischen Beamten«[5] gaben), hatte sich mit der Natur der elektromagnetischen Strahlung beschäftigt. Im Jahr 1900 brach er grundlegend mit den bisherigen physikalischen Vorstellungen, als er vorschlug, dass Strahlung nur in ganzzahligen Vielfachen winziger Energiebeträge namens »Quanten« existiere. Mit anderen Worten: Seine Berechnungen hatten nur dann sinnvolle Ergebnisse, wenn er annahm, dass Licht nicht in Form von Wellen mit beliebigem Energiegehalt ausgestrahlt wird, wie man allgemein annahm, sondern in Form winziger Energiepakete. Als er dieses »Quantenmodell« auf einer Tagung der Berliner Akademie der Wissenschaften vorstellte, realisierte er ebenso wenig wie seine Zuhörerschaft, wie weit die Implikationen der Quantenrevolution, die bald über sie hereinbrechen sollte, reichen würden.

Plancks Hypothese war im Grunde nur ein Schritt in einer ganzen Reihe außergewöhnlicher Entwicklungen in der Physik des ausgehenden 19. Jahrhunderts. Fünf Jahre zuvor hatte ein anderer Deutscher, Wilhelm Röntgen, eine neue Art von Strahlung entdeckt, die bis dahin allgemein akzeptierte Annahmen über das elektromagnetische Spektrum und über experimentelle Methoden untergrub. Zwei Jahre später zeigte der Cambridge-Physiker J. J. Thomson, dass Kathodenstrahlen aus diskreten Partikeln aufgebaut sind, die je nur ein Zweitausendstel eines Wasserstoffatoms wiegen. Unterdessen entdeckte der Physiker Antoine Henri Becquerel in Frankreich, dass Uran auf unbelichteten fotografischen Platten Wolken entstehen lässt. Es war Marie Curie, die französisch-polnische Forscherin, die zuerst den Begriff Radioaktivität verwendete und bei einer Reihe von Experimenten herausfand, dass manche Schwermetalle unterschiedliche Arten von Strahlung aussenden. Zu Beginn des neuen Jahrhunderts hatten die Wissenschaftler das Phänomen des radioaktiven Zerfalls von Uran entdeckt. Röntgenstrahlen, Radioaktivität, Betazerfall und Spektren ließen nun die bislang unangefochtene Vorrangstellung der klassischen Physik fraglich erscheinen und zerschlugen die komfortable Verbindung zwischen wissenschaftlichen Erklärungen und dem Begriffsvermögen des gesunden Menschenverstandes. So wie Darwins Theorie der Evolution der Arten mit der Vorstellung einer unveränderlichen Schöpfung aufgeräumt hatte, so sollte die Atomphysik das Verständnis der physikalischen Welt revolutionieren.

In den nächsten Monaten und Jahren bestätigten zwar viele Messungen Plancks Formel für das Spektrum der emittierten Strahlung, die auf seiner Quantenhypothese beruhte, aber er und viele Kollegen wunderten sich immer noch, was das bedeutete. Ein Wissenschaftler schrieb, Planck habe eine unbegreifliche Tatsache durch die noch weniger fassbare Annahme erklärt, dass Licht stoßweise auftrete.

1905, im Jahr der Veröffentlichung seiner epochalen Speziellen Relativitätstheorie, schrieb Einstein einen Artikel, aus dem hervorging, dass Plancks Quanten auch für die Ergebnisse der Experimente verantwortlich waren, die der deutsche (und später als Nazi-Wissenschaftler par excellence hervorgetretene) Physiker Philipp Lenard durchgeführt hatte. Einstein bemühte Plancks Quantenkonzept, um den photoelektrischen Effekt zu deuten. Die maximale Energie eines emittierten Elektrons hing danach nur von der Wellenlänge des Lichts, nicht aber von seiner Intensität ab, wie es gemäß der klassischen Physik zu erwarten war. Licht, so seine Offenbarung, verhielt sich wie ein Schwarm von Partikeln oder *Photonen.*

Das war ein bemerkenswertes Paradoxon. Die wichtigste Errungenschaft der Physik des 19. Jahrhunderts war der von James Clerk

Maxwell geführte Nachweis, dass sich Licht wie eine Welle eines elektromagnetischen Feldes verhält; er hatte mathematische Gleichungen aufgestellt, die dieses Phänomen beschrieben. Aber wie konnte Licht zugleich Partikel- und Wellennatur haben? Die Quantentheorie widerspricht der Intuition und bemüht Wahrscheinlichkeiten, nicht-lokale Eigenschaften und eine komplizierte Mathematik; sie sprengt die deterministischen Bahnen der Newton'schen Physik und rückt eine kaum fassbare Unstetigkeit ins Zentrum unseres Naturkonzepts. Bis heute sind viele Probleme, die sie aufwirft, nicht gelöst, nicht zuletzt das des fehlenden Zusammenhangs zwischen ihr und der klassischen Physik. Trotz ihrer erschreckenden konzeptuellen Schwierigkeiten und obwohl sie nur einer kleinen Elite von Physikern und Mathematikern zugänglich war, sollte die Quantentheorie zu einer erstaunlich erfolgreichen Beschreibung der atomaren und subatomaren Struktur der Welt führen, zu einem intellektuellen Durchbruch von großer Schönheit und Phantasie. Sie sollte vielen Teilgebieten der Physik und Chemie kraftvolle neue Impulse verleihen und bemerkenswert gute Übereinstimmungen zwischen Beobachtungen, Experimenten und theoretischen Vorhersagen hervorbringen. Sie sollte zur Kernspaltung und Kettenreaktion führen; sie sollte neue Technologien verfügbar machen, vom Transistor bis zur Nuklearenergie, sollte die weltverändernde Computertechnik anstoßen und zugleich die pilzförmige Wolke der Atombombe ermöglichen.

Wem gebührt der Ruhm – oder die Schmach – für die Entdeckungen, die sich nach und nach aus Plancks und Einsteins Arbeiten im ersten Jahrzehnt des neuen Jahrhunderts ergaben? Eines ist sicher: Zwar trugen deutsche Geistesgrößen Entscheidendes zur Quantentheorie bei, zwar waren Göttingen, München und Berlin wichtige Zentren dieses Unterfangens, aus denen es viel Nahrung und Anregungen bezog, aber ihre intellektuelle Stärke und ihre Genialität entsprangen so unterschiedlichen Städten wie Cambridge, Manchester, Kopenhagen, Wien, Moskau, Paris und Zürich. Die Quantenphysik gedieh aufgrund freigebig geteilter Informationen und weit reichender Kooperationen zwischen Wissenschaftlern verschiedener Nationalitäten und Kulturen.

Ein Schlüsselereignis, das die internationale Zusammenarbeit im Frühstadium der Quantentheorie deutlich macht, war der erste Internationale Solvay-Kongress für Physik, der Ende Oktober 1911 im Hotel Metropole in Brüssel stattfand. Ernest Solvay war ein wohlhabender belgischer Chemiker, der sein Vermögen einem Verfahren zur industriellen Produktion von Natriumkarbonat (Soda) verdankte. Sein Firmenimperium reichte von den Vereinigten Staaten über Europa bis nach Russland. Als Denker und Philanthrop lag ihm die Förderung der Wissenschaftssoziologie und -politik am Herzen. Es war wohl die erste internationale Versammlung, die einem speziellen Teilgebiet der zeitgenössischen Physik gewidmet war. Im Lauf der Jahrzehnte sollten unter Solvays Schirmherrschaft noch viele weitere folgen. Den Medien entging die Bedeutung des Ereignisses, obwohl in wissenschaftlichen Kreisen ausgiebig über zwei Teilnehmer geklatscht wurde, die angeblich gemeinsam von der Veranstaltung verschwunden waren: Madame Curie und Paul Langevin.

Ernest Rutherfords Beiträge zur Solvay-Konferenz regten einen jungen Dänen namens Niels Bohr in Kopenhagen zu seinen frühen Quantenarbeiten an. Henri Poincaré, der mathematische Physiker aus Frankreich, beeinflusste einen weiteren Teilnehmer, den Engländer James Jeans; nach seiner Rückkehr nach Paris schrieb Poincaré dann eine Reihe von Fachartikeln, die seine französischen Kollegen über die Neuigkeiten informierten.

Der Einladung des physikalischen Chemikers Walther Nernst zur Teilnahme an der Solvay-Tagung folgten unter anderem Planck, Einstein, Sommerfeld, Kamerlingh Onnes, Rutherford, Langevin und Curie. Zu den jungen Sekretären des Treffens zählte der 25-jährige Frederick Lindemann, von dem uns seine persönlichen Eindrücke überliefert sind. Die Diskussionen waren »interessant«, schrieb er seinem Vater, »aber das Ergebnis ist, dass wir offenbar tiefer in der Patsche sitzen als je zuvor. Auf allen Seiten scheinen sich Widersprüche aufzutun.« Einstein gefiel ihm, und ihm war aufgefallen, dass er »eine jüdische Nase« hatte. Einstein lud den jungen Lindemann offenbar ein, zu ihm zu kommen, »und ich hätte ihn beinahe gebeten, uns [in Devon] zu besuchen … Er schert sich jedoch nicht sonderlich um sein Äußeres und erscheint im Gehrock zum Dinner. Er behauptet, wenig von Mathematik zu verstehen und nur allgemeine Erwägungen anstellen zu können, aber mit diesen hat er, scheint's, großen Erfolg«.[6]

In der Abschlusssitzung der Konferenz erklärte Einstein: »Wir alle sind uns einig, dass die so genannte Quantentheorie bislang zwar ein nützliches Hilfsmittel, aber keine Theorie im üblichen Sinne des Wortes ist, zumindest keine Theorie, die man gegenwärtig kohärent entwickeln könnte. Andererseits hat sich gezeigt, dass die klassische Mechanik ... nicht als universell einsetzbares Programm zur theoretischen Repräsentation aller physikalischen Probleme angesehen werden kann.«[7]

Bei all seinen Bedenken hatte der Kongress Einstein doch fest im Zentrum einer neuen Physikergemeinschaft verankert. Er zollte dem Vorsitzenden des Kongresses, H. A. Lorentz, stets höchste Anerkennung, und anschließend versuchte Lorentz, ihn zur Nachfolge auf seinen Lehrstuhl für Physik in Leiden zu überreden. Einstein schlug das Angebot aus, aber sein Brief ist voll von Bedauern und tiefem Respekt.

## Relativität und die Antirelativisten

Albert Einstein, 1879 in Ulm geboren, hatte seine deutsche Herkunft und Prägung schon so früh und so gründlich hinter sich gelassen, dass Deutschland kaum Versuche unternahm, Ansprüche auf ihn zu erheben. Als Junge hatte er das Luitpold-Gymnasium in München besucht, eine äußerst strenge, militärische Institution, der er nichts abgewinnen konnte. Sein Lehrer legte ihm nahe, mit 16 abzugehen, da seine Trägheit angeblich den Lerneifer seiner Mitschüler beeinträchtige und er niemals irgendwelche Erfolge erzielen werde. Er war ein geborener Außenseiter und sträubte sich gegen Reglementierung; heute vermutet man, dass er womöglich Legastheniker war. Aber er hatte früh eine Neigung zur Musik entwickelt und fing an, Geige zu lernen. Als er die zugrunde liegenden mathematischen Strukturen erkannte, vertieften sich seine musikalische Begabung und Leidenschaft noch. In späteren Jahren schrieb er über seinen Mangel an praktischen Fähigkeiten und Vorstellungskraft, seine Einsichten seien für Worte zu tief gewesen.

Nach einem kurzen Intermezzo in Mailand, wo sein Vater, ein Geschäftsmann, das schwindende Vermögen der Familie wieder zu mehren versucht hatte, ließ sich Albert in Zürich nieder, um an der Eidgenössischen Polytechnischen Hochschule eine vierjährige Ausbildung in Mathematik und Physik zu absolvieren. Er hatte seinem Vater mitgeteilt, dass er die deutsche Staatsangehörigkeit und den jüdischen Glauben abzulegen gedachte.[8] Die Autoren Michael White und John Gribbin schreiben dazu, dass diese Entscheidungen »natürlich Teil und Folge seiner erklärten Absicht waren, sich von der Welt fern zu halten und Herr seines Schicksals zu bleiben«.[9] Im Januar 1896 wurde er gegen Zahlung von drei Mark von seiner deutschen Staatsangehörigkeit erlöst. Fünf Jahre blieb er staatenlos, dann nahm er die schweizerische Staatsbürgerschaft an. Als er 1911 eine Stelle an der Deutschen Universität in Prag antrat, war er gezwungen, auch österreichisch-ungarischer Staatsangehöriger zu werden, aber er behielt seine schweizerischen Papiere.[10] Zürich, zur Jahrhundertwende eine Stadt mit 153 000 Einwohnern, war für freie und revolutionäre Geister eine einladende Metropole. Das »Athen des Limmat«, wie Zürich auch genannt wurde, wies niemanden an seinen Grenzen oder Schultoren ab. In seinen übervollen kosmopolitischen Cafés konnte man den Analytikern Adler, Jung und Freud ebenso begegnen wie Lenin. Da er aber keine Arbeit als Schullehrer fand, ging Einstein nach Bern, wo er eine Stelle als Prüfer beim Schweizerischen Patentamt ergattert hatte. 1901 bekam seine serbische Geliebte, Mileva Maric, eine außereheliche Tochter. Das Kind wurde zur Adoption freigegeben und starb mit zwei Jahren. 1903 heiratete er Mileva und zog mit ihr in ein Apartment. Er setzte sein Studium fort und promovierte 1905 an der Universität von Zürich in Physik; im selben Jahr gebar Mileva einen Sohn, Hans Albert.

Ebenfalls 1905 veröffentlichte Einstein seine Spezielle Relativitätstheorie, die zur Grundlage für das Verständnis der atomaren und subatomaren Partikel wurde. In vieler Hinsicht läuft sie unseren Vorstellungen von Raum und Zeit zuwider. Einstein baute seine Theorie auf der Beobachtung auf, dass die Lichtgeschwindigkeit weder durch die Schnelligkeit der Lichtquelle noch durch die des Beobachters beeinflusst wird. Das führte ihn zu der grundlegenden Annahme, dass die Gesetze der Physik in allen Bezugssystemen, die sich mit konstanter Geschwindigkeit relativ zueinander bewegen, dieselben sein müssen. Folglich werden Beobachter in unterschiedlichen, gleichmäßig bewegten Systemen feststellen, dass die Zeit unterschiedlich schnell abläuft. Einstein zufolge gibt es also in der Speziellen Relativität keinen absoluten Raum und keine absolute Zeit. Alle Beobachtungen – der Zeitpunkt eines Ereignisses, die Länge eines Schnurstücks oder das Gewicht eines Objekts – sind relativ, sie hängen vom Tempo des Beobachters ab. Zugleich postulierte er die Formel $E = mc^2$, die zwei in der klassischen Physik grundverschiedene Größen, nämlich Masse (m) und Energie (E), über eine der Lichtgeschwindigkeit entsprechende Proportionalitätskonstante einfach gleichsetzt. Später verallgemeinerte Einstein diesen Ansatz zur 1915 veröffentlichten Allgemeinen Relativitätstheorie, der zufolge beschleunigte Bezugssysteme und Gravitationssysteme äquivalent sind. Er zeigte, dass die Anwesenheit einer Masse die Struktur von Raum und Zeit so verändert, dass eine Scheinkraft entsteht, die zur beschleunigten Bewegung von Körpern im Raum führt. Darin zeichneten sich bereits Erklärungen für wichtige kosmologische Phänomene und Theorien ab.

Obwohl die Allgemeine Relativität in ihren Grundzügen schon früh bekannt wurde, entfaltete die Theorie erst nach dem Ersten Weltkrieg größere Wirkung. Das Ereignis, das ihr zu Publizität verhalf, war eine Sonnenfinsternis-Expedition. Nach Einsteins Allgemeiner Relativitätstheorie sollte das Licht eines sonnennahen Sterns durch die Masse der Sonne merklich abgelenkt werden. Er hatte auch das Ausmaß der Krümmung berechnet. 1919 brachen unter der Schirmherrschaft Arthur Eddingtons, des Astrophysikers aus Cambridge, Expeditionen nach Brasilien und zu den Principe-Inseln vor der Westküste Afrikas auf. In der Folge wurde Einstein weltberühmt. *The Times* in London titelte: »Revolution in der Naturwissenschaft: neue Theorie des Universums, Newton'sches Weltbild gestürzt«.[11]

Paul Dirac, der mathematische Physiker in Cambridge, dem es schon früh gelungen war, Aspekte der Quantentheorie mit Einsteins Spezieller Relativitätstheorie in Verbindung zu bringen, schrieb nach dem Ersten Weltkrieg: »Die Relativität tauchte als wunderbare Eingebung auf, die ganz neue Denkmöglichkeiten eröffnete. Es war eine Flucht vor dem Krieg ... Relativität war ein Thema, bei dem sich jeder berufen fühlte, allgemein philosophisch darüber zu schreiben.«[12] Einstein selbst lehnte die Bezeichnung »revolutionär« für seine Theorien ab und bevorzugte den Begriff »evolutionär«, um zu betonen, dass seine Arbeit das Resultat von Vorarbeiten war, die Newton und James Clerk Maxwell geleistet hatten, deren Gesetze der Elektrodynamik Elektrizität und Magnetismus zu einem einzigen messbaren Phänomen vereint hatten.

Die Relativität fand in der Literatur, Ästhetik, Ökonomie und Philosophie rasch modischen Niederschlag, der mit dem wissenschaftlichen Original nicht viel zu tun hatte. José Ortega y Gasset zum Beispiel sah die Relativität als »einen wundervollen Beleg für die harmonische Vielstimmigkeit aller möglichen Sichtweisen«.[13]

Die Aufnahme unter Wissenschaftlern variierte von Land zu Land. In Frankreich wurde die »deutsche« Theorie mit Skepsis beäugt; in den Vereinigten Staaten gab es eine Tendenz, sie wegen ihrer Verstöße gegen den gesunden Menschenverstand abzulehnen. Ein Physikprofessor in Princeton verdammte sie, da grundlegende physikalische Theorien »für jeden verständlich sein müssen, für den Mann von der Straße ebenso wie für den geschulten Gelehrten«.[14] In Großbritannien, wo man immer noch an der irrigen Äthertheorie hing, akzeptierten die Wissenschaftler Einsteins Vorstellungen erst peu à peu. Gemäß der Wellentheorie des Lichts war man von der Existenz eines »Äthers« überzeugt, eines alldurchdringenden kosmischen Mediums, das die Entstehung und Ausbreitung von Lichtwellen erst möglich machte. Wellen, so nahm man an, brauchten zu ihrer Fortpflanzung irgendeine materielle Basis, wie zum Beispiel die Wellen auf der Wasseroberfläche. Eine Welle im Vakuum erschien sinnlos.

In Deutschland hingegen löste die Relativität sofort lebhafte und niveauvolle Debatten aus. Und hier formierten sich auch die Antirelativisten, eine Gruppe von Physikern, die sowohl politisch rechts standen als auch wissenschaftlich konservativ waren. Die Führungsgestalten des Antirelativismus, Philipp Lenard und Johannes Stark, beide Nobelpreisträger, lassen direkte Zusammenhänge zwischen dem Widerstand gegen die theoretische Physik und die Quantenphysik, dem Antisemitismus und dem mehr als ein

Jahrzehnt später unter Hitler virulent gewordenen Phänomen der »arischen Physik« erkennen. Sie verdammten Einsteins Theorie als lächerlich, degeneriert und unbewiesen. Vierdimensionale Raumzeit, gekrümmter Raum und Zwillingsparadoxon, so erklärten sie, entbehrten jeder physikalischen Bedeutung. Relativität habe mit Wissenschaft nichts zu tun; die Theorie sei »ideologisch« und hänge mit den internen Machtkämpfen in der deutschen Wissenschaftspolitik zusammen. Einstein wies schon bald darauf hin, dass hinter der antirelativistischen Kampagne im Grunde Antisemitismus steckte.

## Philipp Lenard

Eine bemerkenswerte Eigenheit des Nationalsozialismus, der in den 1920er-Jahren parallel zum Wachstum der neuen Physik aufkam, war die zunehmende Überzeugung, dass es zwischen deutscher Reinrassigkeit und »wahrer« Wissenschaft einen Zusammenhang gebe, ebenso eine Kopplung zwischen jüdischer Abstammung und »Scheinwissenschaft«. Was diese rassistische Einfärbung der Wissenschaft im Deutschland der Zwanzigerjahre so bemerkenswert macht, ist der Umstand, dass ihre beiden wichtigsten Befürworter, Philipp Lenard und Johannes Stark, begabte Forscher waren, die, lange bevor sie mit ihren ideologischen Äußerungen von sich reden machten, Bedeutendes zur Wissenschaft beigetragen hatten. Großes Talent und frühe persönliche Erfolge in der Wissenschaft sind offenbar kein Garant für jene rationale, sachliche, universalistische Herangehensweise, die angeblich mit wahrhaft wissenschaftlichem Denken einhergeht. Persönlichkeit und Emotionen fließen, wie es scheint, zwangsläufig immer in die Art und Weise ein, wie Wissenschaftler sich selbst und ihr Fachgebiet darstellen. Die Existenz einer finanziell gut ausgestatteten, unabhängigen und für revolutionäre Entdeckungen ideal vorbereiteten Wissenschaftsszene bietet keine Garantie für die Ausbildung eines reifen politischen Bewusstseins.

Philipp Lenard, ein Mann mit tief liegenden Augen, buschigen Brauen, wirrem Haar und einem wilden Bart, war ein bitterer, fanatischer Eiferer, der für seinen überschäumenden Neid viele Ziele fand. Er litt viele Jahre lang an einer Lymphknotenkrankheit, die ihn zwang, den Kopf so schräg zu halten, dass sein Ohr auf seine Schulter drückte. Eine Radikaloperation verschaffte ihm schließlich Erleichterung. Er war in der ungarischen Stadt Pressburg (dem späteren Bratislava) als Sohn eines Weinhändlers zur Welt gekommen und später nach Deutschland gezogen, wo er für Heinrich Hertz arbeitete, der 1888 eine Versuchsreihe zur Erzeugung elektromagnetischer Wellen durchführte (nach ihm wurde ein Maß für Frequenzen benannt: das »Hertz«). Lenard wurde dann Hertz' Assistent an der Universität von Bonn und folgte schließlich dem Ruf auf einen physikalischen Lehrstuhl an der Universität von Heidelberg. 1905, im Alter von 43 Jahren, erhielt Lenard für seine Arbeiten über die Kathodenstrahlung den Nobelpreis. Das »Lenard-Fenster«, eine seiner Entdeckungen, machte es möglich, die Elektronen aus einer Kathodenröhre austreten zu lassen und auf ein äußeres Ziel zu lenken. Er zeigte, dass Kathodenstrahlen Atome durchqueren können, und klärte auf, wie viel von einem Atom leerer Raum ist, der die positive Ladung von der negativen trennt.

Trotz seiner Begabung und seines Erfolgs als experimenteller Physiker waren ihm einige wissenschaftliche Kollegen zutiefst verhasst, ein Zug, der schon lange vor seinen xenophoben und rassistischen Ausfällen in den ersten Jahren des Dritten Reichs zutage trat. Er verabscheute Wilhelm Conrad Röntgen, den Entdecker der Röntgenstrahlung – ein Verdienst, das seines Erachtens eher ihm selbst gebührte. Lenard hatte Röntgen geholfen, die hoch empfindliche Röhre zu konstruieren, die zur Erzeugung der Röntgenstrahlen nötig war, und sein Seniorpartner hatte diesen Beitrag in seinen Augen nicht genügend gewürdigt. Er konnte auch seinen früheren Mitarbeiter J. J. Thomson nicht ausstehen. Ihn beschuldigte er, sich seine Forschungen über den photoelektrischen Effekt zunutze gemacht zu haben, ohne ihm dafür Anerkennung zu zollen, und von da an verachtete er die ganze englische Naturwissenschaft, die er für schlampig hielt. Er prangerte Thomson auch in seiner Nobelpreis-Dankesrede an. Da sein Talent eindeutig praktisch ausgerichtet war, war es mit seinem mathematischen Sachverstand und Theorieverständnis nicht weit her. Er entwickelte gerade zu dem Zeitpunkt eine Abneigung gegen Mathematik und mathematische Physik, als diese Disziplinen wirklich wichtig wurden. Es hieß, seine Antipathie gegen J. J. Thomson in Cambridge sei im Grunde eine Folge von Thomsons Liebe zur Mathematik gewesen.[15]

Zu Beginn des Ersten Weltkrieges hatte sich sein Groll gegen die Engländer zu der Überzeugung gesteigert, dieses Inselvolk sei ein Haufen selbstsüchtiger, doppelzüngiger Krämer, während die Deutschen eine Heldennation bildeten. Das kontinentale Europa sollte, wenn es nach ihm ging, eine intellektuelle Blockade gegen England verhängen. Seine Meinung, dass die Engländer intellektuell von allen guten Geistern verlassen waren, fand er in den rassistischen Ergüssen Houston Chamberlains bestätigt, jenes Engländers, der sich – wie wir gesehen haben – bei der Wagner-Familie eingeschmeichelt, Deutschland zu seiner Heimat erklärt und den Mythos von der Überlegenheit der teutonischen Rasse gepredigt hatte.

Lenard hatte Einstein früher Respekt gezollt und noch 1913 überlegt, ob er ihn für einen Lehrstuhl für theoretische Physik in Heidelberg vorschlagen sollte. Aber während des Krieges scheint er seine Einstellung zu ihm revidiert zu haben, während Einstein Lenard mehr und mehr mit der Kampagne assoziierte, die sich in Deutschland nach dem Krieg gegen die Relativitätstheorie entwickelte: In den Zwanzigerjahren wurde in Berlin eine Reihe populärer Vorträge gehalten, in denen die Theorie attackiert wurde. Einstein reagierte darauf mit einem Beitrag im *Berliner Tageblatt*, der zeigte, dass auch er zu forscher Polemik imstande war:[16] Unter dem prätentiösen Namen »Arbeitsgemeinschaft deutscher Naturforscher zur Erhaltung reiner Wissenschaft« habe sich ein bunter Haufen zusammengetan, der offenbar keinem anderen Zweck diene, als die Relativitätstheorie und ihren Schöpfer in den Augen der Nichtphysiker unmöglich zu machen. Einer der Hauptsprecher, ein Herr Weyland, schien »gar kein Fachmann zu sein«, wie Einstein feststellte: »Arzt? Ingenieur? Politiker? Ich konnt's nicht erfahren.« Dieser Mensch habe nichts Bedeutendes zu sagen gehabt und nur wüste Beschimpfungen und niederträchtige Unterstellungen von sich gegeben. Im weiteren Verlauf seines Artikels erläuterte Einstein, er habe Lenards Vorbehalte gegen die Relativität bereits durch seinen allgemeinen Beweis entkräftet, dass die Aussagen der

Allgemeinen Relativitätstheorie in erster Näherung mit denen der klassischen Mechanik übereinstimmen.

Dieser Angriff reichte aus, um Lenards unsterblichen Zorn zu wecken. Aber auch andere Faktoren dürften seiner Wut Nahrung gegeben haben. Sein einziger Sohn Werner starb im Februar 1922 an den Folgen der während des Krieges erlittenen Unterernährung. Auch gehörte Lenard zu jenen Investoren, die ihr Gold gegen Wertpapiere eingetauscht hatten, die durch die Inflation der Weimarer Jahre wertlos wurden. Er war sich sicher, dass jüdische Politiker ihn um sein Vermögen betrogen hatten. Zu alledem wurde er im Juni 1922 in Heidelberg zum Ziel einer Demonstration, als er sich weigerte, anlässlich des Todes von Walther Rathenau (eines Politikers, Industriellen und Juden, der Deutschland nach Lenards Überzeugung irreparablen Schaden zugefügt hatte) die Fahne seines Instituts auf halbmast zu setzen. Eine Gruppe Studenten, die sich vor dem Gebäude versammelt hatten, wurde – zweifellos auf Lenards Veranlassung – aus einem der Obergeschosse mit Wasser durchnässt; daraufhin drangen die Attackierten in das Institut ein und schleppten Lenard zu einem Hörsaal, wo er einen Schwall politischer Beschimpfungen über sich ergehen lassen musste. Anschließend wurde er für seine Weigerung, dem Procedere für offizielle Trauertage zu folgen, auch noch von der Universitätsverwaltung gerügt. Danach trat er in die Reihen der Nationalsozialisten ein.

Von dieser Zeit an wurde Lenards Antisemitismus zum integralen Bestandteil seines Wissenschafts- und Wissenschaftlerbildes. Er war der erste deutsche Naturwissenschaftler von Rang, der die »jüdische« – nämlich die theoretische – Physik verdammen und auf eine Rückkehr zur »arischen« oder experimentellen Physik drängen sollte. 1922 klagte er seine Kollegen an, ihre Rasse verraten zu haben, und verkündete, die Juden seien wohl bekannt für ihre Neigung, sachliche Auseinandersetzungen zu persönlichen Konflikten zu verdrehen.[17]

Lenards erster einflussreicher Text war sein 1929 veröffentlichtes Werk *Große Naturforscher*, eine pseudoanthropologische, biografische Enzyklopädie über 65 Wissenschaftsheroen der Geschichte, die sich durch ihre arisch-germanische Abstammung auszeichneten: von Hipparch von Nizäa im ersten vorchristlichen Jahrhundert bis zu Heinrich Hertz, seinem ehemaligen Mentor. Hertz war ironischerweise Halbjude, aber Lenard schrieb die experimentelle Genialität seines Helden einfach gänzlich dem Erbe der arischen Mutter zu, die bedauerlichen Ausflüge in die theoretische Physik hingegen dem jüdischen Vater. Die Erklärung der Begabungen von Juden durch den Einfluss eingekreuzten arischen Blutes wurde zum Standardargument in seinen Tiraden. Eine weitere Eigenart von ihm war die Zuschreibung von Leistungen an andere Personen. Zum Beispiel behauptete Lenard, die unwiderlegbar richtige Gleichung $E = mc^2$, die Äquivalenz von Energie und Masse, sei eigentlich von einem kaum bekannten Österreicher, nämlich dem rein arischen Physiker Hasenöhrl, entdeckt und dann von Einstein gestohlen worden.[18]

Der Historiker Alan D. Beyerchen meint, dass Lenards Werdegang für die frühen Nazi-Aktivisten ziemlich typisch verlaufen sei. »Seine Erziehung in einem deutschen Grenzland, seine romantische Sehnsucht nach großen, wegweisenden Persönlichkeiten und sein enttäuschtes Bedürfnis nach echtem menschlichen Kontakt und nach einem Gefühl der Zugehörigkeit waren die drei häufigsten Kennzeichen der Anhänger der Hitlerbewegung.«[19] Beyerchen fügt hinzu, dass Lenards Neid und Frustration über die Loblieder auf Einstein das Anschwellen seines Antisemitismus erklären könnten und dass seine Entfremdung von der Physikergemeinschaft ein Hauptgrund für seine Hinwendung zum Extremismus gewesen sei.

## Der Nazi-Physiker Johannes Stark

Johannes Stark, Sohn eines Grundbesitzers und gebürtiger Bayer, war Lenards Partner im Feldzug für eine arische Physik. Er genoss schon früh in seiner Laufbahn große Erfolge: Mit Anfang 30 entdeckte er den Dopplereffekt bei Kanalstrahlen (einer Strahlung, die von den Löchern in positiven Elektroden ausgeht) und den Einfluss elektrischer Felder auf Spektrallinien, den »Stark-Effekt«, für den er 1919 den Nobelpreis erhielt. In diesen frühen Jahren war auch er von Einstein beeindruckt und bat ihn, für eine von ihm gegründete und geleitete Wissenschaftszeitschrift einen Übersichtsartikel zu verfassen. Etwa zwei Jahre lang standen Einstein und Stark in Korrespondenz. Stark war einer der ersten Physiker, die das Konzept der Lichtquanten in ihre Arbeit einbezogen, und später beschrieb er in einem Artikel ein Experiment, das Einsteins Lichtquantentheorie bestätigte.

Stark war ein produktiver Autor wissenschaftlicher Beiträge, aber er war auch, wie der Nobelpreisträger James Franck schrieb, »eine Nervensäge«, wenn es um Priorität und geistiges Eigentum ging. Franck räumte ein, dass Stark gute Ideen produzierte und dass er sie »frühzeitig« hatte: »Er hatte die Idee, dass die Fotochemie ein Quantenprozess sei. Nicht so klar wie Einstein, aber immerhin, er hatte sie.«[20]

Vor dem Ersten Weltkrieg jedoch war Stark bei einem Zusammenstoß mit Arnold Sommerfeld über eine Anstellung an der Universität verärgert und gedemütigt worden. Er hatte sich große Hoffnungen gemacht, auf einen Lehrstuhl in Göttingen berufen zu werden, der stattdessen an Peter Debye ging, einen von Sommerfelds Lieblingsschülern. Nach dieser Enttäuschung legte sich Stark eine Erklärung zurecht, die schon Züge der späteren rassistischen Hetze trug: Die Stellenvergabe sei das Werk eines jüdischen und prosemitischen Zirkels samt seines umtriebigen Geschäftsleiters Sommerfeld gewesen.[21] Nach dem Krieg arbeitete Stark, ein Mann mit strengem Blick und prächtigem Walross-Schnauzbart, in Greifswald, einer kleinen Universitätsstadt, wo er sich gegen die drohende kommunistische Revolution in der nationalistisch-konservativen Politik engagierte. Von dort ging er an die Universität Würzburg, wo er sich in die Wissenschaftspolitik stürzte. Als Gegenpol zu der allgemein eher liberalen Deutschen Physikalischen Gesellschaft gründete Stark eine reaktionäre Standesorganisation, die »Fachgemeinschaft deutscher Hochschullehrer der Physik«, mit der er Einstellungen und Mittelvergaben zu beeinflussen hoffte. Da seinen Bemühungen um die Kontrolle über die Physikergemeinschaft auf keiner Ebene Erfolg beschieden war, wurde Stark immer verbissener und unbeherrschter. Als Kollegen die Doktorarbeit eines seiner Protegés, Ludwig Glaser, als übermäßig anwendungsorientiert verspotteten (sie drehte sich um die optischen Eigenschaften von Porzellan), schloss Stark daraus, dass er von Einstein-Bewunderern umgeben war, und gab seinen Lehrstuhl auf. Er hatte sich um die Präsidentschaft der Physikalisch-Technischen Reichsanstalt beworben, die ihm wieder einen angesehenen Platz in der Physikergemeinschaft verschafft hätte, aber er wurde übergangen und verbitterte noch mehr. Eine akademische Anstellung sollte er erst wieder finden, als 1933 Hitler an die Macht kam. Doch zunächst kam der Nobelpreis für Einstein, der ihm 1922 (für 1921) verliehen wurde.

Nun verspritzte Stark sein Gift gegen Einstein und die Relativität in einem Buch mit dem Titel *Die gegenwärtige Krisis in der deutschen Physik*. Er enthielt sich des direkten Antisemitismus, charakterisierte die Grundlagen der Theorie und die Methode ihrer Veröffentlichung jedoch als antideutsch. Stark beschuldigte Einstein und seine Anhänger, das »revolutionäre« Wesen der Theorie in aller Welt beworben und Parallelen zu den sozialen und politischen Umwälzungen im damaligen Deutschland gezogen zu haben. Einsteins Methode der Selbstvermarktung stellte in Starks Augen einen Verrat an Deutschland und der deutschen Wissenschaft dar.

Starks Buch wurde von dem angesehenen Physiker Max von Laue verrissen, der 1914 für seine Entdeckung der Beugung von Röntgenstrahlen durch Kristalle den Nobelpreis erhalten hatte. Damit war, wie der Historiker Mark Walker es ausgedrückt hat, »der Frontverlauf für die folgende Schlacht um Einsteins Wissenschaft vorgezeichnet: auf der einen Seite wissenschaftliche Unterstützung für die Relativitätstheorie und Abwehr rassistischer, politischer und ideologischer Attacken gegen ihren Schöpfer, auf der anderen Seite eskalierende persönliche Angriffe auf Einstein und seine Arbeit, die immer weniger mit Wissenschaft und immer mehr mit der nationalsozialistischen Bewegung zu tun hatten«.[22]

Laue schloss seine Rezension mit der Bemerkung, alles in allem wäre es besser gewesen, dieses Buch wäre nie geschrieben worden – im Interesse der Wissenschaft im Allgemeinen, der deutschen Wissenschaft im Besonderen und nicht zuletzt auch im Interesse seines Verfassers.[23]

Zwei Jahre später, am 8. Mai 1924 – sechs Monate nachdem Hitler vom Münchner Bürgerbräukeller aus seinen Putschversuch unternommen hatte –, veröffentlichten Lenard und Stark gemeinsam in der *Großdeutschen Zeitung* einen Artikel mit dem Titel »Hitlergeist und Wissenschaft«. Die Autoren verglichen Hitler mit den Riesen der Wissenschaft, feierten den arischen Genius und verurteilten den verderbenden Einfluss des Judaismus in allen Epochen. In ihrer Lobrede auf den »Geist restloser Klarheit, der Ehrlichkeit der Außenwelt gegenüber« sprachen sie diese wissenschaftlichen Tugenden vielen großen Wissenschaftlern der Geschichte zu: »Galilei, Kepler, Newton und Faraday«. Denselben Geist, so fuhren sie fort, bewunderten und verehrten sie »in gleicher Weise bei Hitler, Ludendorff, Pöhner und ihren Genossen … Man bedenke, was es bedeutet, dass wir solcherart Geister verkörpert unter uns leben haben dürfen.«[24] Doch ihre Leser sollten sich nicht täuschen lassen: »Diese Geister finden sich erfahrungsmäßig nur im arisch-germanischen Blut verkörpert«, das im Niedergang begriffen sei, während ein »gefährlicher fremdrassiger Geist« gedeihe, derselbe, der »Christus ans Kreuz, Jordanus Brunus auf den Scheiterhaufen brachte«. Und dann wurde zum Sammeln geblasen: »Wir legen jetzt höchsten Nachdruck darauf, das in unserem Blut Geerbte zu verteidigen, weil wir es als den Segen der Menschheit überhaupt erkennen gelernt haben. Nicht nur verteidigen, sondern sogar erst wieder ausgraben aus fremdgeistiger Verschüttung in uns müssen wir unseres Geistes Eigen – um vor allem uns selbst wieder gefunden zu haben. Nicht nur als Naturforscher brauchen wir klare Geister; nein, man trenne nur den Menschen von seinen Leistungen nicht (ein viel geübter semitischer Betrug!) …«[25]

Von nun an machte sich in Deutschland das Phänomen der »Deutschen Physik« bemerkbar, zunächst vereinzelt, aber die Reihen schlossen sich rasch. Da waren zum einen die intellektuell konservativen Wissenschaftler, die sich gegen die Relativitätstheorie und die Quantenphysik sträubten, da diese Ansätze ihr intuitives, mechanisches Weltbild zum Einsturz zu bringen drohten. Dann gab es jene, die Einstein beargwöhnten und verachteten, weil sie glaubten, er führe eine zerstörerische jüdische Verschwörung in der Welt der Physik an. Und schließlich die konservativen Nationalisten, denen Einsteins internationalistische, pazifistische Einstellung während des Ersten Weltkrieges ebenso zuwider war wie seine Unterstützung des demokratischen Geistes der Weimarer Republik.

Lenard und Stark verkörperten all diese Überzeugungen und gaben, bereits zehn Jahre bevor Hitler an die Macht kam, einen Vorgeschmack auf die Vermischung von Physik und nationalsozialistischer Gesinnung und auf das Potenzial einer Nazi-Wissenschaft.

# 8. Die deutsche Wissenschaft überlebt

Die Quantenrevolution – oder -evolution, wie Einstein sie lieber bezeichnete – spielte sich kurz nach der Niederlage Deutschlands im Krieg vor einem Hintergrund von Armut, politischer Unruhe und Zersplitterung ab. Unmittelbar nach dem Ersten Weltkrieg war Deutschland in eine Krise gestürzt, die Wirtschaft drohte zusammenzubrechen, die alten Bündnisse waren zerbrochen, die Militärmacht geschlagen, die Gesellschaft empfänglich für Umsturz und Bürgerkrieg. Beschämt, durch die harten Bedingungen des Versailler Vertrags unterdrückt, verarmt und unterfinanziert, war die deutsche Wissenschaftlergemeinschaft in arger Bedrängnis. Dem 1919 von den Siegermächten gegründeten International Research Council durften Deutschland und Österreich sowie die Länder, die während des Krieges neutral geblieben waren, nicht beitreten. Erst nach dem Locarno-Pakt von 1925 wehte zwischen Deutschland und seinen ehemaligen Kriegsgegnern wieder ein freundlicherer Wind, und Deutschland sollte in den Forschungsrat aufgenommen werden. Aber als die offizielle Einladung zum Beitritt dann endlich kam, schlugen die deutschen und österreichischen Wissenschaftler sie aus.

Deutsche Wissenschaftler wurden außerdem von vielen ihrer ausländischen Fachkollegen boykottiert, ihre Anträge auf Gastprofessuren wurden abgelehnt, zu Symposien im Ausland verwehrte man ihnen den Zugang. Zwischen 1919 und 1928 waren deutsche Forscher von vielen internationalen wissenschaftlichen Konferenzen ausgeschlossen. Von 275 internationalen Tagungen zwischen 1919 und 1926 fanden 165 ohne deutsche Repräsentanten statt – insbesondere auch die Solvay-Kongresse von 1921 und 1922, bei denen es um Atome, Elektronen und die elektrische Leitfähigkeit von Metallen ging. Die Qualität dieser Veranstaltungen litt begreiflicherweise unter der Abwesenheit der Deutschen.

Einstein hieß solche Maßnahmen nicht gut. Als er schließlich als Einziger eingeladen wurde, als Nichtdeutscher ehrenhalber an der nächsten Solvay-Tagung teilzunehmen, sagte er aus Solidarität mit seinen deutschen Kollegen ab: Durch seine Teilnahme an diesem Kongress würde er – wie er schrieb – eine Maßnahme stillschweigend billigen, die er als äußerst ungerecht zutiefst ablehne.[1]

Einstein war in diesen schweren Zeiten trotz der Anfeindungen durch Lenard und Stark für viele Wissenschaftler ein wichtiger Ansprechpartner geblieben, und etliche befürchteten, er könne Deutschland verloren gehen. Ein Diplomat an der deutschen Botschaft in London schrieb dem Außenminister in Berlin 1920, Professor Einstein müsse für Deutschland als kultureller Faktor ersten Ranges erachtet werden, da sein Name überall bekannt sei. Man solle einen solchen Mann nicht aus Deutschland vertreiben, sondern vielmehr in der Kulturpropaganda intensiven Gebrauch von ihm machen.[2]

Die Sorge um Einstein verdeutlicht den hohen Stellenwert der Wissenschaft in einem Land, in dem die meisten Objekte nationalen Stolzes zusammengebrochen waren. Eines habe noch kein äußerer oder innerer Feind den Deutschen nehmen können, erklärte Max Planck der Preußischen Akademie der Wissenschaften im November 1918, nämlich die weltweite Vorrangstellung der deutschen Wissenschaft.[3] Die Wissenschaft verdiene die Unterstützung des deutschen Volkes, meinte Planck, und zwar nicht nur, weil sie zur wirtschaftlichen Erholung beitragen könne, sondern auch, weil sie Deutschlands wichtigste kulturelle Ressource sei.

Trotz der Entbehrungen und Umwälzungen der Zwanzigerjahre erhielt das öffentliche Verständnis für die Naturwissenschaften in Deutschland durch ein Planetarium neuen Auftrieb, das die Firma Carl Zeiss in Jena herstellen ließ.[4] Das Interesse der deutschen Bevölkerung an Astronomie war durch Presseberichte angeheizt worden, die eine neue Theorie zum Ursprung des Universums vorstellten: die Urknall-Theorie, die auf Einsteins Überlegungen basierte (obwohl er selbst der Idee skeptisch gegenüberstand). Auch die Beobachtungen des amerikanischen Astronomen Edwin Hubble, denen zufolge die Galaxien auseinander streben, waren in den Medien verbreitet worden. Trotz der Wirtschaftskrise blühten die Planetarien auf – unterstützt von der Öffentlichkeit und gesponsert von Zeitungen. Der ursprüngliche Entwurf des modernen Zeiss-Planetariums stammte von Walther Bauersfeld, der von den früher üblichen Modellen – großen, drehbaren Hohlkugeln – abwich und sich stattdessen für eine Reihe von Projektoren entschied, die leuchtende Bilder der Sterne auf eine stationäre, halbkugelförmige Kuppel warfen, die als Projektionsfläche diente. Die von Elektromotoren bewegten Projektoren bildeten die Bewegungen der Himmelskörper sehr realistisch, wenn auch natürlich stark beschleunigt nach. Das erste dieser Planetarien wurde im März 1923 von einem Team aus Naturwissenschaftlern, Ingenieuren und Mechanikern in den Zeiss-Werken fertig gestellt. Im Oktober wurde es nach München transportiert und im Deutschen Museum von Tausenden von Menschen bewundert. Im Mai 1925 wurde es durch ein größeres, weiterentwickeltes Planetarium ersetzt, das auch den nächsten Krieg überstand. Der Entwurf des ersten Planetariums ermöglichte nur Projektionen von einer einzigen geografischen Breite aus. Dieses Modell wurde im Verlauf der Zwanzigerjahre weiterentwickelt, bis der Astronom Walter Villiger ein Instrument entwarf, das die Bewegungen von jedem beliebigen Breitengrad aus simulieren konnte. Zwischen 1923 und 1930 wurden in größeren deutschen Städten, darunter München, Jena, Düsseldorf, Berlin, Mannheim und Nürnberg, nicht weniger als 17 dieser hochmodernen Planetarien errichtet. (Sieben von ihnen wurden im Krieg zerstört.) In Anbetracht von Hitlers Begeisterung für Himmelskunde ist es seltsam, dass während der Jahre des Dritten Reiches kein einziges Planetarium mehr gebaut wurde, obwohl die Zeiss-Werke weiterhin derartige Aufträge aus dem Ausland erhielten, darunter fünf aus den Vereinigten Staaten.

## Physik und Weimar

Mitte der 1920er-Jahre nahmen die deutschen Physiker die Zusammenarbeit mit ausländischen Kollegen allmählich wieder auf. Die bis 1923 in Deutschland und Österreich sehr mageren Fördermittel flossen dank eines neuen Systems wieder etwas reichlicher, da die knappen öffentlichen Gelder um Zuschüsse aus der Industrie und ein paar bedeutende ausländische Quellen ergänzt wurden. In Weimar wurde eine neue Organisation gegründet, die Notgemeinschaft der Deutschen Wissenschaft. Die Notgemeinschaft repräsentierte die Kaiser-Wilhelm-Gesellschaft und ihre Institute, die Hochschulen, Fachhochschulen und Wissenschaftsakademien. Sie stellte nicht nur für Einrichtungen, sondern auch für Wissenschaftler und einzelne Forschungsvorhaben Geld zur Verfügung. Ihre Mittel kamen von der Reichsregierung in Berlin, aber sie gewann auch die Unterstützung von General Electric und der Rockefeller Foundation in Amerika. Die deutsche Industrie griff lieber der konkurrierenden Helmholtz-Gesellschaft unter die Arme und förderte Projekte der angewandten Wissenschaften.

In den schwierigen Nachkriegsjahren waren die deutschen Physiker zwar politisch und intellektuell zerstritten, geeint jedoch in ihrer Verachtung der Weimarer Republik. Die Ultrarechten, vertreten durch die faschistisch gesinnten Physiker Lenard und Stark, lehnten – wie wir gesehen haben – die theoretische Physik ab. Doch es gab auch brillante Köpfe unter den Rechten, so Pascual Jordan, der – später ebenfalls Nazi – wichtige Beiträge zur Quantenmechanik und -theorie leistete. Daneben gab es eine Reihe allgemein konservativer Physiker, die wie alle Wissenschaftler in Deutschland traditionell Staatsbeamte waren und daher politische Vorbehalte gegen die Weimarer Republik hatten, in der sie Ansehens- und Einkommensverluste erlitten. Sogar kultivierte Physiker wie Planck und Sommerfeld waren keine Freunde Weimars und der – wie sie meinten – dieser Republik zuzuschreibenden Auflösung der Kultur und der öffentlichen Ordnung. Unter den Konservativen blühte der Antisemitismus; allerdings war das in den Wissenschaftlergemeinschaften anderer Länder, einschließlich der Vereinigten Staaten, nicht anders.

Bezeichnend für den Antisemitismus, der in den Zwanzigerjahren in vielen Universitäten und Forschungseinrichtungen herrschte, sind die Erlebnisse des Chemikers und Nobelpreisträgers Richard Willstätter (er erhielt den Preis 1920 für seine Arbeiten über Pflanzenpigmente, vor allem das Chlorophyll). Während des Krieges hatte Willstätter, dessen Mutter Jüdin war, eine dreischichtige Gasmaske erfunden, die ihm das Eiserne Kreuz einbrachte. Er war in der Vorkriegs- und Kriegszeit eng mit Haber befreundet gewesen und hatte 1916 einen Lehrstuhl in München erhalten. In seinen Memoiren berichtet er, dass Ludwig II., König von Bayern, bei der Unterzeichnung seiner Ernennung zum Professor dem Ministerpräsidenten zugemurmelt habe: »Das ist aber das letzte Mal, dass ich Ihnen einen Juden unterschreibe.«[5] Willstätter erlebte München als derart stark antisemitisch, dass er seine Stelle 1924 aufgab. Sein Groll richtete sich hauptsächlich gegen die Diskriminierung von Juden bei Ernennungen und Promotionen, wenn sie nicht gerade außergewöhnlich brillant waren.[6] Aber es gab weitere Risiken. Willstätter schrieb, dass München nach dem Hitler-Putsch nicht richtig zur Ruhe kam und dass zahllose patriotische Jugendliche durch die Inflation, die Ungerechtigkeit des Versailler Vertrags und den Hass Frankreichs auf Deutschland zur Verzweiflung getrieben wurden. Er sah buchstäblich die Zeichen an der Wand, als in der ganzen Stadt Nazi-Plakate auftauchten, auf denen es hieß: »Kein deutscher Jüngling darf künftig zu Füßen eines jüdischen Lehrers sitzen.«[7]

## Quantenmechanik

Der dänische Physiker Niels Bohr, einer der Jüngsten der frühen Quantenphysik der Vorkriegsära, brachte die Quantentheorie in den Zwanzigerjahren entscheidend voran; er überwand die ursprünglichen Vorstellungen von Planck und Einstein. Seine Vorliebe für wissenschaftliches Teamwork und seine Hoffnungen auf eine internationale Physikergemeinschaft, die als ideale Gesellschaft funktionieren sollte, war so etwas wie ein Gegenentwurf zu den Feindseligkeiten und Konflikten, die das von Stark und Lenard beherrschte Milieu prägten. Seine Beziehung zu Werner Heisenberg, einem seiner deutschen Protegés, sollte mitten im Krieg im besetzten Dänemark zu einem historischen Treffen führen.

Bohr, ein fülliger Mann mit großem Kopf, ist von vielen seiner Bekannten als exzentrisch beschrieben worden – was seine Redeweise ebenso wie sein Verhalten betraf. Die Erinnerung des Physikers James Franck ist insofern typisch: Bohr »saß da fast wie ein Idiot … mit leerem Gesicht und hängenden Gliedern«. Dann plötzlich »stieg ein Leuchten in ihm auf«, und er sagte: »Jetzt weiß ich es.«[8] Bohrs Biograf Abraham Pais hat versucht, Bohrs Eigenheiten als Folge des »tiefen Denkens während des Sprechens« zu erklären. Er erinnerte sich, wie Bohr eines Tages ein Argument abschloss und dann sagte: »Und … und …«, dann war er einen Moment still und fuhr fort: »Aber …« Zwischen dem Und und dem Aber, so erklärt Pais, »war ihm der nächste Schritt durch den Kopf gegangen … er hatte nur vergessen, ihn auszusprechen, und setzte irgendwo weiter hinten in der Gedankenkette wieder ein.«[9]

Als Sohn eines Physiologieprofessors 1885 in Kopenhagen geboren, hatte Bohr in der ersten Dekade des Jahrhunderts an einem Atommodell gearbeitet, das ursprünglich Ernest Rutherford in seinem Laboratorium im englischen Manchester vorgeschlagen hatte. Rutherford hatte erkannt, dass Atome viel kleiner waren als bis dahin angenommen. Er hatte entdeckt, dass sich die Hauptmasse eines Atoms (99,9 Prozent seines Gewichts) im zentralen Kern zusammenballt, während der Rest leerer Raum ist, in dem Elektronen herumschwirren wie Planeten um eine Sonne. Der Haken an Rutherfords Modell war, dass es die Stabilität des Atoms nicht erklären konnte, immerhin eine seiner wichtigsten Eigenschaften. Niels Bohr wandte Plancks Quantenhypothese auf das Wasserstoffatom an, das leichteste aller Atome, das nur ein Elektron enthält. Seinem Modell zufolge bleiben die Elektronen auf ihren Bahnen, weil ihr Drehimpuls nur diskrete Werte annehmen kann – mit anderen Worten: Sie sind »gequantelt«. Für seine Arbeiten über das Atom erhielt Bohr 1922 den Nobelpreis für Physik.

Aber sein Modell warf nur weitere Fragen auf. Otto Frisch, der als junger Physiker in den 1920er-Jahren in Deutschland an der Quantenrevolution teilhaben sollte, formulierte es so:

»Warum sollten die Elektronen auf bestimmte kreisförmige Bahnen um den Kern beschränkt sein, wie Bohr behauptete? War der Wasserstoffkern vielleicht von einer Reihe von konzentrisch angelegten Schienen umgeben, auf denen das Elektron fahren musste? Und wie bewerkstelligte es das Elektron beim Springen von einem größeren auf einen kleineren Kreis, seine überschüssige Energie in der Form eines Lichtquants abzugeben? Solche Konzepte waren der traditionellen Physik völlig fremd.«[10]

Sobald es um die Vorhersage der Strukturen ging, waren die Fragen nur noch dringlicher. Jagen die beiden Elektronen in einem Heliumatom einander auf derselben Kreisbahn, den Kern immer zwischen sich? Oder kreisen sie auf konzentrischen Bahnen? Oder schneiden sich die Kreise, wobei Kollisionen irgendwie vermieden werden? Welche Gesetze liegen dem zugrunde? In den frühen Zwanzigerjahren konnten Arnold Sommerfeld in München und Wolfgang Pauli in Wien einige dieser Fragen beantworten. Sommerfeld hatte die möglichen Umlaufbahnen der Elektronen einschließlich der elliptischen Orbits klassifiziert, während Pauli 1924 sein »Ausschließungsprinzip« formulierte, dem zufolge nicht mehr als ein Elektron in einem bestimmten Quantenzustand existieren kann. Pauli erhielt für diese Entdeckung den Nobelpreis.

Aufgrund der Schwierigkeiten, im subatomaren Bereich direkte Beobachtungen anzustellen, ging es in der Quantenmechanik zunehmend um die Vorgänge in Atomen unter bestimmten Einflüssen: Licht, Wärme, magnetische und elektrische Felder. Die neue Physik sollte sowohl durch Experimente als auch durch anspruchsvolle mathematische Modelle vorangetrieben werden, Theoriearbeit, wie sie auch Werner Heisenberg leistete, der künftige Kopf des Nazi-Atomprogramms.

Heisenberg stieß zu den Quantenphysikern, als er 1922 Sommerfeld zu den »Bohr-Festspielen« in Göttingen begleitete, wo der gefeierte dänische Physiker eine Reihe von Vorträgen über Quantenmechanik hielt. Heisenberg erlebte Göttingen bei bestem Sommerwetter voller prächtiger Gärten und Blumen, und die Aufregung der Studenten erschien ihm im Vorlesungssaal fast greifbar. Er genoss die Erfahrung in vollen Zügen, obwohl er oft einen leeren

Magen hatte – für einen Studenten im vierten Semester damals nichts Ungewöhnliches.

Heisenberg fällt unter seinen kosmopolitischen Physikerkollegen als prototyper junger Deutscher auf: blond, blauäugig, häufig in Lederhosen. Er gehörte den Pfadfindern an, die 1919 aus der 1913 gegründeten Freideutschen Jugend hervorgegangen waren, einer Organisation, die für Patriotismus und Naturnähe eintrat. Die Pfadfinder wanderten gerne im Gebirge und kampierten um Lagerfeuer. Sie versuchten, die steifen, überholten Sitten und Gebräuche der Alten Welt durch »innere Wahrhaftigkeit« zu ersetzen. In ihrem Gelöbnis erklärten sie: »Wir wollen mit Rat und Tat bereit sein, wo immer es gilt, eine gute und rechte Sache zu fördern. Wir wollen unseren Führern, denen wir Vertrauen schenken, Gefolgschaft leisten.«[11]

Heisenberg teilte mit vielen Kollegen die Liebe zur Musik, auch wenn es hieß, sein Spiel sei zwar technisch korrekt, aber emotionslos gewesen. Der Sohn eines Professors für Gräzistik war in Göttingen, einer der weltweit wichtigsten mathematischen Stätten, von Max Born unterrichtet worden. Es war auch Max Born, der 1924 als Erster den Begriff »Quantenmechanik« verwendete. 1921 war Born Direktor des Göttinger Instituts für Theoretische Physik geworden; im darauf folgenden Jahr rief er nach einem Besuch von Niels Bohr zu größerer formaler Strenge in diesem Fachgebiet auf:

»Die Zeit, wo es der Phantasie des Forschers freistand, Atom- und Molekülmodelle nach Willkür zu ersinnen, ist wohl vorüber; man ist vielmehr jetzt in der Lage, durch Anwendung der Quantenregeln mit einer gewissen, wenn auch noch keineswegs vollständigen Sicherheit die Modelle zu konstruieren.«[12]

Im nächsten Jahr stellte er Heisenberg als seinen Assistenten ein, und damit war das Dreieck der frühen Quantenforschung komplett.

In seinen Erinnerungen an jene frühen Jahre listet Werner Heisenberg die drei intellektuellen Säulen der neuen Disziplin auf: »Man kann im Rückblick die Sommerfeld'sche Schule in München der phänomenologischen Arbeitsweise, das Göttinger Zentrum der mathematischen und das Kopenhagener der philosophischen Richtung zuordnen, wenn auch die Übergänge natürlich fließend sind.«[13]

Das Gefühl der Unbeständigkeit, der Aufregung, der Eindruck, dass die Wissenschaftler nach jedem Seminar oder Symposium mit neuen Ideen davonstürmten, verlieh der neuen Physik gewisse Ähnlichkeiten mit einem Tummelplatz für Verrückte. Arnold Sommerfeld in München erzählte seinen Studenten, dass sie, bevor sie das Haus der Physik beträten, doch bitte das Schild am Eingang beachten sollten: »Achtung, Einsturzgefahr! Wegen radikalen Umbaus vorübergehend geschlossen!«[14]

Im Sommer 1925 erschuf Heisenberg auf Helgoland während eines Erholungsaufenthalts nach einem Asthmaanfall die »Matrizenmechanik«, einen Formalismus, mit dem man verschiedene Quantenzustände von Elektronen kombinieren konnte. Erst unter der Ägide von Bohr formulierte Heisenberg später in Kopenhagen sein berühmtes »Unschärfeprinzip«. Im Kern besagt dieses, dass sich die Geschwindigkeit und die Position eines Elementarteilchens nicht gleichzeitig exakt bestimmen lassen. Heisenberg veröffentlichte das Unschärfeprinzip 1927 in seinem Artikel »Über den anschaulichen Inhalt der quantenmechanischen Kinematik und Mechanik«.

Unterdessen stellte Erwin Schrödinger, ein in Österreich geborener Mathematiker und Physiker mit einem Hang zur Philosophie, einen mathematisch äquivalenten Formalismus vor, den er als »Wellengleichung« bezeichnete. Die Folgerungen aus Heisenbergs und Schrödingers Gleichungen bestätigten, was Bohr bereits festgestellt hatte und was nun allgemein akzeptiert wurde: dass Teilchen mit einem Durchmesser von weniger als einem Milliardstel Zentimeter nicht leicht zu beobachten sind und dass die Messung ihrer Eigenschaften die Grenzen der Vorstellungskraft und Wahrnehmung sprengt. Otto Frisch setzte sich über die Warnungen der Physiker hinweg und wagte dennoch ein Bild, das Borns Visualisierung des neuen Atommodells folgte: »Damit hatte man ein neues Modell für das Atom«, schrieb er, »obwohl es nicht mehr so anschaulich war wie das frühere; das Elektron sah nun eher aus wie eine pulsierende Wolke als wie ein kleiner Planet auf seiner Umlaufbahn. Doch für Leute, die Modelle als Denkstütze brauchen, ist es immer noch das Beste, was wir zu bieten haben.«[15]

1927 wies der mathematische Physiker Paul Dirac in Cambridge die Übereinstimmung von Schrödingers Gleichung mit Heisenbergs Matrizenmechanik nach und schuf dann in einer sensationellen intellektuellen Großtat die quantenmechanische Theorie, die – im Einklang mit der Speziellen Relativitätstheorie – das Verhalten des Elektrons beschreibt. Dirac war ein knochiger junger Mann, der einmal in einer Londoner Zeitung als »scheu wie eine Gazelle und bescheiden wie eine viktorianische Jungfrau« beschrieben wurde, und dennoch stahl er 1927 auf der fünften Solvay-Konferenz in Brüssel, die der neuen Physik gewidmet war, allen anderen die Schau. Seine Beiträge strapazierten die hoch qualifizierten Zuhörer dermaßen, dass Schrödinger zu Bohr sagte, Dirac habe ja keine Ahnung, wie schwierig seine Beiträge für normale Menschen seien. Der Kommentar belegt die Unzugänglichkeit der neuen Physik selbst für diejenigen, die sie praktizierten.

Während die Quantentheorie in den späten 1920er-Jahren bei der Beschreibung sich langsam bewegender Elektronen gut funktionierte, ging sie in die Knie, sobald es um Elektronenbewegungen bei oder nahe der Lichtgeschwindigkeit oder um Lichtstrahlen ging, die von Objekten zurückgeworfen werden. Dirac griff auf Einsteins Spezielle Relativitätstheorie zurück, um diese Probleme zu lösen. Als Nächstes machte er sich daran, das Bewegungsverhalten von Elektronen elegant und erschöpfend zu beschreiben – durch die später so genannte »Dirac-Gleichung«. Max Born hatte währenddessen die Vorstellung entwickelt, dass die »Wellen« in der Quantenmechanik Wahrscheinlichkeitsamplituden waren. Elektronen haben demnach keine spezifischen Aufenthaltsorte; ein Elektron, das um einen Wasserstoffkern kreist, ist vielmehr, wie der Physiker John Polkinghorne in einer populären Darstellung der Quantenmechanik ausführt, »mit einer gewissen Wahrscheinlichkeit hier zu finden und mit einer anderen Wahrscheinlichkeit dort«.[16]

## Die deutsche Physik vor dem Sturm

In den späten 1920er-Jahren hatte die deutsche Physik trotz der ernsten Wirtschaftsprobleme jener Zeit und der allgemeinen Unzufriedenheit mit der Weimarer Republik im internationalen Vergleich wieder eine führende Rolle inne. Vor dem Ansturm des Nazismus herrschte noch eine Weile angespannte Ruhe. Man gewinnt den Eindruck, dass es viele Open-End-Seminare gab, hitzige Debatten bei langen Wanderungen, und stets gehörte Musik dazu, Konzerte ebenso wie Hausmusik.

Da war Max Born, der zu seinen Studenten stets etwas Distanz hielt und einen recht formellen Zugang zur Physik hatte. Victor F. Weisskopf beklagt, dass Born, der einen Schlaganfall erlitten hatte und zurückgezogen lebte, dazu neigte, sich zu allem in komplexen mathematischen Ausdrücken zu äußern. Viele empfanden seine Gegenwart als Ehrfurcht gebietend. Weisskopf suchte Born einmal auf, um ihm seine Sorge mitzuteilen, dass ein der Wissenschaft geweihtes Leben ihn von den Belangen der Menschheit isolieren würde. Born empfahl ihm: »Bleiben Sie bei der Physik. Sie werden sehen, wie tief die neue Physik mit menschlichen Belangen verwoben ist.«[17] Natürlich konnte Born zu diesem Zeitpunkt die Entwicklung der Atombombe noch nicht vorhersehen.

Einer der führenden Hochschullehrer für experimentelle Physik war James Franck, der während des Krieges mit Haber und Hahn an der Giftgas-Entwicklung gearbeitet hatte. Franck umgab sich gern mit Studenten und lebhaften Assistenten. Er hatte ein intuitives Verständnis für die Naturwissenschaft und schien mit großer Genauigkeit das Ergebnis eines Experiments oder einer Berechnung vorhersagen zu können, selbst wenn er mit den mathematischen Methoden nicht vertraut war. Seine Studenten sagten, er habe einen direkten Draht zu Gott gehabt.[18] Der führende Mathematiker war Richard Courant, der in Göttingen das »mathematische Praktikum« einführte, bei dem Gruppen von zwei oder drei Studenten Aufgaben zur gemeinsamen Lösung zugewiesen bekamen. Courant lud seine Studenten, wie Weisskopf schreibt, zu sich nach Hause ein, um mit ihnen Musik zu spielen oder zu hören.

Ebenfalls in Göttingen wirkte die mathematische Legende David Hilbert. Hilbert war ein Mann von strenger Logik und zugleich manchmal recht kauzig. Einer seiner Studenten nahm sich das Leben, angeblich, weil es ihm nicht gelang, ein mathematisches Problem zu lösen. Als Hilbert gebeten wurde, bei der Beerdigung zu sprechen, erklärte er den am Grab versammelten Angehörigen des

Studenten, die mathematische Aufgabe, die diesen unglücklichen jungen Mann zur Verzweiflung getrieben hatte, sei im Grunde relativ trivial gewesen. Der Student, erläuterte er ihnen, habe die Sache einfach von der falschen Seite angepackt. Wenn er Vorlesungen hielt, schrieb sein Assistent für ihn an die Tafel. Verärgert über die unbefriedigenden Kommentare aus dem Hörsaal, pflegte er zu murmeln: »Hirnrissig, hirnrissig, hirnrissig.«[19]

In Berlin lebte und arbeitete während dieser Zeit Lise Meitner, eine der führenden Physikerinnen Deutschlands und damals in Wissenschaftlerkreisen bereits eine Legende. Sie sollte eine Schlüsselrolle bei der Entdeckung der Atomspaltung in Deutschland spielen. 1878 als Kind einer jüdischen Anwaltsfamilie geboren, hatte sie darum kämpfen müssen, durch Privatunterricht eine wissenschaftliche Ausbildung zu erhalten, da in Österreich die Schulpflicht für Mädchen im Alter von 14 Jahren endete. Ihr Mentor an der Universität Wien war der große Ludwig Boltzmann, der das Konzept der Entropie verfeinerte und statistische Beschreibungen für Energiezustände formulierte.

Meitner fing unter Boltzmann an, über Alphastrahlen zu forschen, die – neben der Beta- und Gammastrahlung – von Radium ausgehen. Es war bekannt, dass die Alphastrahlen mit mehr als 14000 Kilometer pro Sekunde (etwa fünf Prozent der Lichtgeschwindigkeit) aus den Radiumatomen herausschießen. Nach Boltzmanns Tod ging sie nach Berlin, wo sie Otto Hahn traf und mit ihm am Kaiser-Wilhelm-Institut für Chemie eine Forschungspartnerschaft zur Untersuchung der Radioaktivität einging. Meitner und Hahn ergänzten einander vollkommen: Er war Chemiker, sie Physikerin. Sie wahrten strikt die Etikette jener Tage, gingen nie zusammen aus und aßen nie gemeinsam. Sechzehn Jahre lang blieben sie bei der förmlichen Anrede »Fräulein« und »Herr«.

Lise Meitners Arbeitsbedingungen legen beredt Zeugnis von den Schwierigkeiten ab, die Frauen damals in Deutschland überwinden mussten, wenn sie ihr Leben der Wissenschaft weihen wollten. Hahn und Meitner beantragten bei Emil Fischer, dem Direktor des Instituts, zusätzlichen Laborplatz, aber der wollte nichts davon hören, dass eine Frau in seinem Laboratorium arbeitete. Schließlich gestattete er ihr, ihre Experimente in einem Wirtschaftsraum im Keller durchzuführen, solange sie sich im Rest des Gebäudes nicht blicken ließ. So war sie gezwungen, die Toiletten eines Cafés in der Nachbarschaft zu benutzen.

## Berlin

Otto Frisch, Meitners Neffe, beschreibt in seinen Memoiren die Persönlichkeiten und das Milieu im Berlin der Zwanzigerjahre: die dramatischen Entdeckungen, die Forschungsroutine, den unbefangenen Umgang der Wissenschaftler miteinander – viele von ihnen waren Juden, manche bereits berühmt, andere sollten es später werden.[20] Frisch kam als gerade Zwanzigjähriger nach Berlin, um in der optischen Abteilung der Physikalisch-Technischen Reichsanstalt (PTR) zu forschen, dem Gegenstück zum National Physical Laboratory in Großbritannien und dem Bureau of Standards in den Vereinigten Staaten. Meitner half Frisch, in Dahlem – nahe ihrem Institut, aber eine weite Busfahrt von seinen Laboratorien entfernt – ein möbliertes Zimmer zu finden. Schon bald machte sie ihn mit Otto Hahn bekannt, der laut Frisch gerne Leute neckte, indem er eine verballhornte Version von Beethovens Violinkonzert pfiff und sie dann fragte: »Geht es denn nicht etwa so?«

Frisch arbeitete an einem neuen Helligkeitsmaß, das die damals gebräuchliche Einheit Normalkerze ersetzen sollte. An der PTR wurde zu dieser Zeit unter anderem die Atomspektroskopie weiterentwickelt. »In der Regel arbeitete ich bis zum späten Abend und probierte alle möglichen Ideen aus … Die meisten waren unbrauchbare Schnapsideen«, räumt Frisch ein, »aber auf diese Weise kann man viel lernen.« Die Wissenschaftler trafen sich immer in der Laboratoriumskantine, und Frisch bedauerte, dass die so genannten »Fiebermädchen« – ein Dutzend Frauen, deren Arbeit im Kalibrieren Tausender klinischer Thermometer bestand – nie dort aßen. Wie Otto Hahn scheint der junge Frisch viel gepfiffen zu haben. Wenn er einen Flur in der Nähe von Walter Bothes Labor entlangging, gab er gerne seine Interpretation von Bachs *Brandenburgischen Konzerten* zum Besten. Bothe, ein weiterer künftiger Nobelpreisträger, der sich mit Radioaktivität befasste, ließ sich davon regelmäßig beim Auszählen von Alphateilchen ablenken, was ihn in jenen computerfreien Tagen viel Zeit kostete, sodass er dem jungen Mann ausrichten ließ, er möge sich das Pfeifen ein für alle Mal verkneifen.

Frischs Mutter war Konzertmusikerin und hatte ihm Klavierunterricht gegeben, seit er fünf war. In Berlin spielte er, wie er selbst einräumte, »mit mehr Brio als Können« Klavier und gab gerne mit Chopin-Scherzos an. Lise Meitner pflegte mit ihm im Duett zu spielen, vor allem eine vierhändige Bearbeitung von Beethovens *Septett für Streicher und Bläser*. Sie besuchten gemeinsam Konzerte; in Begleitung seiner Tante hörte er zum ersten Mal die Symphonien von Brahms und viel Kammermusik.

Jede Woche gab es an der Universität ein Kolloquium. Die erste Bank war größtenteils mit Nobelpreisträgern besetzt. Max Planck war immer zugegen, ebenso Haber, Einstein und Walther Nernst. Frisch beschreibt, wie Nernst, ein kleiner Mann von über 70 Jahren, nach einem Vortrag oft aufstand, in der Luft herumfuchtelte und laut ausrief: »Das ist genau, was ich schon vor 40 Jahren gesagt habe.«[21]

Manchmal lockerten Streiche und makabre Scherze den Forschungsalltag im Kaiser-Wilhelm-Institut auf. Frisch erinnert sich, wie Gustav Hertz einmal das Labor seiner Tante besuchte. Hertz lehnte die ihm angebotene Tasse Tee ab und verlangte nach etwas Stärkerem. Er wies einen Studenten an, eine Flasche mit reinem Alkohol aus dem Laborregal zu holen. Meitner war entsetzt und nahm ihn ins Gebet, aber er war nicht davon abzubringen, ein ganzes Glas von diesem Zeug zu trinken, und es schien keinerlei Wirkung auf ihn zu haben. Dann stellte sich heraus, dass er den Studenten vorher gebeten hatte, die Flasche mit Wasser zu füllen.

Andererseits stand die Arbeit ganz im Mittelpunkt. Frisch vermittelt uns einen Eindruck von seinen Arbeitsgewohnheiten: »Ich ging stets zur gleichen Zeit nach Hause, aß gegen sieben zu Abend, legte mich nach dem Essen eine Viertelstunde hin, und dann war ich zufrieden damit, mich mit einem Blatt Papier und einer Leselampe hinzusetzen und bis eins in der Frühe arbeiten zu können. Bis ich langsam Halluzinationen bekam und anfing, an den Wänden meines Zimmers seltsame Tiere zu sehen. Dann wusste ich, dass es Zeit war, ins Bett zu gehen.«

Frisch meint dazu, das sei für ihn ein herrliches Leben gewesen: »Ich fühlte mich so gut wie nie zuvor mit meinen fünf Stunden konzentrierter Arbeit jeden Abend.«[22]

Eines Tages, als sie die Eingangshalle der Universität durchquerten, stellte Meitner ihren Neffen Einstein vor. »Hastig lud ich einen Stoß von Büchern von meinem rechten Arm auf den linken und schälte meinen Handschuh ab, während Einstein mit ausgestreckter Hand geduldig wartete.« Frisch fügt hinzu, dass es trotz der friedlichen Alltagsstimmung jener Periode gefährliche Untertöne gab, die diese zufriedene Wissenschaftlergemeinschaft auseinander zu reißen drohten. »Millionen, die seine Theorie nicht verstanden, bewunderten ihn; er wurde aber aus genau demselben Grund von gewissen Kollegen heftig angegriffen, wobei in steigendem Maße antisemitische Untertöne wach wurden.«[23]

# Teil III
# Nazi-Fanatismus, Willfährigkeit und Unterdrückung (1933–1939)

# 9. Die Entlassungen

Als im Frühjahr 1933, nach dem Aufstieg Hitlers, reihenweise jüdische Wissenschaftler aus ihren Anstellungen entlassen wurden, nahmen ihre nichtjüdischen jüngeren Kollegen rasch ihre Plätze ein. Das irritierte den britischen Naturwissenschaftler George Barger, Chemieprofessor an der Universität von Edinburgh, derartig, dass er Karl Freudenberg, einen wohl bekannten nichtjüdischen Professor für organische Chemie in Heidelberg, brieflich fragte, wie Wissenschaftler in Deutschland diese Säuberung unterstützen konnten, indem sie die Stellen annahmen. Freudenberg antwortete wie folgt:

»Es handelt sich um Anordnungen, nach denen man sich einfach zu richten hat. Dass eine Kur am Leibe des deutschen Volkes nötig war, ist meine feste Überzeugung und wird auch nur von sehr wenigen bestritten. Über den Weg, wie sie ausgeführt wurde, kann man hier im Lande keine langen Betrachtungen anstellen, da es sich einfach um Verfügungen handelt und es gänzlich einerlei ist, wie der Einzelne dazu steht.«[1]

Die Entlassung jüdischer Forscher und Lehrer stellte eine der ersten staatlichen rassenhygienischen Maßnahmen in Hitlers Deutschland dar; es war, als sollte der Körper der Natur- und Technikwissenschaften von einem gefährlichen Virus befreit werden. Was das sonst in der Wissenschaft übliche Sozialverhalten und die Bedeutung des gegenseitigen Respekts in diesen Kreisen angeht, enthüllen die widerspruchslose Akzeptanz der Entlassungen und die Bereitschaft, von ihnen zu profitieren, erhebliche moralische Defizite in der deutschen Wissenschaftsgemeinschaft.

Hitler war am 30. Januar 1933 als Reichskanzler vereidigt worden, und im April hatte Hermann Göring sowohl den Posten des Luftfahrtministers als auch den des kommissarischen preußischen Innenministers übernommen. Göring kontrollierte nun die Polizei in Preußen und verfügte über weit reichende Zwangsmittel zur Ausschaltung von Parteifeinden. Zum neuen Reichswehrminister wurde General Werner von Blomberg ernannt, ein Nazi-Sympathisant, der Hitlers Charisma erlegen war. Alfred Hugenberg, der Vorsitzende der ultrakonservativen Deutschen Nationalen Volkspartei, erhielt die Ressorts Wirtschaft und Landwirtschaft.

Hitler, der nicht bereit war, sich die Herrschaft dauerhaft mit anderen zu teilen, rief bereits für den 5. März Neuwahlen aus und machte sich daran, durch seine Kanzlerschaft die Medien zu kontrollieren, die oppositionellen demokratischen Parteien zu unterdrücken und Angriffe auf die Juden und die Sozialisten zu führen. Bei den Märzwahlen gelang es Hitler dennoch nicht, den Nationalsozialisten die absolute Mehrheit zu sichern. Aber mit Hugenbergs Rechtsnationalisten, ihren zeitweiligen Verbündeten, kamen sie auf 52 Prozent und somit auf 340 von 647 Sitzen im Reichstag. Bei einer Wahlbeteiligung von 88,7 Prozent erhielten die Nazis mehr als 17 Millionen Stimmen. Die Sozialisten fielen auf 18,3 Prozent, und die Zentrumspartei, die angesichts der Einschüchterungsversuche seitens der Nazis einen mutigen Wahlkampf geführt hatte, blieb mit 13,9 Prozent beeindruckend stabil. Die Eröffnung des neu konstituierten Reichstages wurde am 21. März in Gegenwart Hitlers und Hindenburgs in der Potsdamer Alten Garnisonskirche zelebriert, in deren Gruft Friedrich der Große begraben lag. Zwar schlug Hitler in seiner Radioansprache an die Nation moderate Töne an, aber seine Braunhemden trieben bereits die »Feinde« des Regimes zusammen und verfrachteten sie in die Konzentrationslager bei Dachau und Oranienburg. Nach zwei Tagen war es vorbei mit der demokratischen Kontrolle, denn Hitler erhielt in der Kroll-Oper (das Reichstagsgebäude war einem Brandanschlag zum Opfer gefallen, den die Nazis wahrscheinlich selbst verübt hatten) eine Mehrheit für das Ermächtigungsgesetz, das ihm auf scheinbar legalem Wege zu einer diktatorischen Machtfülle verhalf.

In der letzten Märzwoche drangen 30 Braunhemden in einer kleinen Stadt im Südwesten Deutschlands in jüdische Häuser ein, trieben die Bewohner in die Stadthalle und schlugen sie zusammen. Der Angriff wiederholte sich in einer Nachbarstadt, wo zwei Menschen starben. Eine Woche später, am 1. April, riefen die Nazis den Judenboykott aus: Jüdische Geschäfte sollten im ganzen Land gemieden werden.

Frühe Indikatoren für die Umgestaltung auch des akademischen, intellektuellen und wissenschaftlichen Lebens in Deutschland waren die Schließung beziehungsweise ideologische Vereinnahmung von Verlagshäusern und die Einrichtung einer Reichskulturkammer, die der Gleichschaltung diente. Bernhard Rust, 50 Jahre alt, wurde im Februar 1933 zum preußischen Kultusminister ernannt. Unter seine Zuständigkeit fielen auch die Wissenschaften und das Bildungswesen. Sein erklärtes Ziel: Jeder müsse erkennen, dass man derzeit nicht bloß irgendeinen Richtungswechsel erlebe, sondern vielmehr das Erwachen des deutschen Volkes zu neuem Selbstbewusstsein. Diese Bewegung werde unablässig voranschreiten, bis eines Tages das gesamte Volk für die neue Sache gewonnen sei und sich selbst neue Organisationen politischer, wirtschaftlicher und kultureller Art erschaffen habe. »Unsere Gleichschaltung bedeutet, dass die neue deutsche Weltanschauung als schlechthin gültige die beherrschende Stellung gegenüber allen anderen einnehmen soll.«[2]

Rust war ein seit 1930 arbeitsloser Provinzschulleiter; in jenem Jahr war er wegen mutmaßlicher geistiger Verwirrtheit von den Behörden in Hannover vom Dienst suspendiert worden: Es wurde ihm vorgeworfen, eine Schülerin missbraucht zu haben. Im Ersten Weltkrieg hatte er sich eine Kopfverletzung zugezogen, die ihm ein Eisernes Kreuz eingebracht hatte und nach Ansicht einiger Leute für seine geistigen Aussetzer und Verhaltensauffälligkeiten verantwortlich war. Die Anschuldigung beeinträchtigte seine politische Karriere nicht. Im folgenden Jahr wurde er in den Reichstag gewählt, und in der SA stieg er rasch bis zum Rang eines Obergruppenführers auf. Seine erste Großtat war die sofortige Abschaffung der »Schule als Stätte geistiger Akrobatik«.[3] Im Jahr darauf wurde er zum Reichsminister für Wissenschaft, Erziehung und Volksbildung ernannt.

Thomas Mann, der bereits – schweren Herzens – emigriert war, hielt am 3. April 1933 in seinem Tagebuch fest, Deutschland sei nun jedes Gespür für das Böse abhanden gekommen: »Ein Rückfall in finsterste Barbarei. Nie werde ich mich ihr beugen, sondern lieber im Exil sterben, als mit ihr paktieren.«[4] Ein anderer, der ebenfalls nicht gewillt war, im Gleichschritt zu marschieren, war Albert Einstein, der während einer Vortragsreise in den Vereinigten Staaten am 10. März erklärt hatte, dass »politische Freiheit, Toleranz und Gleichheit aller Bürger vor dem Gesetz« in Deutschland keine Gültigkeit mehr hätten und dass die »polizeilichen Machtbefugnisse durch den wilden Pöbel der Nazi-Miliz« übernommen worden seien.[5] Am 28. März kündigte er seine Mitgliedschaft in der Preußischen Akademie der Wissenschaften und kam so Bernhard Rusts Entscheidung zuvor, ihn auszuschließen. Die Akademiemitglieder, darunter Max von Laue und Max Planck, unternahmen nichts, um gegen Einsteins Ausschluss zu protestieren. Einstein machte seinen Gefühlen Luft: »Die Haltung der deutschen Intellektuellen – als Klasse betrachtet – war nicht besser als die des Pöbels.«[6]

Am Ende der ersten Aprilwoche erließ das neue Regime das Gesetz zur Wiederherstellung des Berufsbeamtentums, das Sozialisten und Nichtarier ihre Arbeitsplätze im öffentlichen Dienst kostete. Als Nichtarier wurde definiert, wer mindestens ein nichtarisches Eltern- oder Großelternteil hatte – »Vierteljuden« also eingeschlossen. Da alle universitären Lehrkräfte und Mitglieder der Kaiser-Wilhelm-Institute Beamte waren, wurden etwa 1000 Dozenten, darunter 313 Professoren, entlassen – viele von ihnen Naturwissenschaftler. Hitler ließ sich durch den absehbaren Schaden, den die deutsche Wissenschaft dabei nehmen würde, nicht beirren. Er blieb unnachgiebig.

Zunächst war noch eine Möglichkeit für Ausnahmeanträge von Juden vorgesehen, die bereits vor dem Ersten Weltkrieg eingestellt worden waren, im Krieg gekämpft oder einen Vater oder Sohn im Krieg verloren hatten. Die Situation derer, die zu solchen Anträgen berechtigt waren, war nicht beneidenswert. Der Nobelpreisträger James Franck, ein Veteran des Ersten Weltkrieges (einer von Habers Giftgas-Pionieren), der das Zweite Physikalische Institut in Göttingen geleitet hatte, kam zu dem Schluss, dass man durch ein derartiges Bittgesuch das Regime indirekt gutgeheißen hätte: »Wir Deutsche jüdischer Abstammung werden als Fremde und Feinde des Vaterlandes behandelt«, schrieb er in seiner Amtsverzichtserklärung. »Wer im Kriege war, soll die Erlaubnis erhalten, weiter dem Staat zu dienen. Ich lehne es ab, von dieser Vergünstigung Gebrauch zu machen …«[7] Zweiundvierzig von Francks Kollegen prangerten ihn daraufhin an, mit seiner Kündigung antideutsche Propaganda betrieben zu haben.

Max Born, Direktor des Instituts für Theoretische Physik in Göttingen, weigerte sich ebenfalls, einen Antrag zu stellen. Einstein schrieb ihm im Mai: »Ich glaube, du weißt, dass ich nie besonders günstig über die Deutschen dachte (in moralischer und politischer Beziehung). Ich muss aber gestehen, dass sie mich einigermaßen überrascht haben durch den Grad ihrer Brutalität und – Feigheit.«[8]

Der junge Biochemiker Hans Krebs, der 1952 für seine Entdeckung des Citratsäure-Zyklus den Nobelpreis für Physiologie und Medizin erhalten sollte, arbeitete damals in den Laboren eines Freiburger Krankenhauses. Er vermittelt uns einen Eindruck von den unmittelbaren Auswirkungen der antisemitischen Kampagne: »Nach Hitlers Machtergreifung tauchten binnen weniger Tage überall Nazi-Uniformen auf. Auch solche Krankenhauskollegen, die wenig Sympathien für Hitler geäußert hatten, sah man auf einmal in den Uniformen der Nazi-Organisationen.«[9] Krebs schreibt, dass der Dekan der Fakultät, der Chirurgieprofessor Eduard Rehn, vier Monate zuvor ein Empfehlungsschreiben unterzeichnet hatte, in dem er seine, Krebs', Anstellung als Dozent an der Medizinischen Fakultät auf das Wärmste begrüßte. Am 12. April erhielt er von demselben Professor Rehn einen Brief, in dem ihm offiziell mitgeteilt wurde, dass er sich auf Veranlassung des Bildungsministers ab sofort als freigestellt betrachten dürfe: Im Auftrag des Büros des akademischen Rektors informiere er ihn hiermit darüber, dass er – mit Bezug auf den Erlass Nr. 7642 – bis auf weiteres beurlaubt sei. Der Kontrast zwischen den beiden Dokumenten, schreibt Krebs, »belegt den Zusammenbruch sozialer Grundsätze unter gnadenlosem politischem Druck: unter Drohungen, den Lebensunterhalt einzubüßen, öffentlich diffamiert zu werden, im Gefängnis oder Konzentrationslager zu landen oder ermordet zu werden«.[10]

Unterdessen wurden auch die deutschen Schulen nach nationalsozialistischen Kriterien durchleuchtet und gerieten unter den Einfluss der Rassendiskriminierung. Am 25. April 1933 verabschiedete die Nazi-Regierung mit großem Trara das Gesetz gegen die Überfüllung deutscher Schulen und Hochschulen, das auf eine Reduzierung der Zulassungszahlen für Juden zielte. Das Gesetz legte eine strikte Quote fest (anderthalb Prozent der Schul- und Studienplätze), die man für die nichtarischen und jüdischen Bevölkerungsteile als ausreichend erachtete.

Lehrbücher wurden umgeschrieben und neue Lehrpläne entwickelt, um die nationalsozialistische Ideologie, insbesondere die Rassenlehre, zu verankern. Lehrer mussten dem Nationalsozialistischen Lehrerbund beitreten und fielen als Beamte ebenfalls unter das Gesetz zur Wiederherstellung des Berufsbeamtentums. Wer der Partei kritisch gegenüberstand, wurde entlassen; wer blieb, musste sich mit den Prinzipien des Nationalsozialismus vertraut machen. War es einem Lehrer möglich, einen unabhängigen Geist zu wahren und gegen das Regime anzuarbeiten? War es richtig, einem solchen Regime weiter zu dienen? Es gab Lehrer, die – ebenso wie einige Wissenschaftler – mit solchen Fragen ihr Gewissen quälten.

Der Geografielehrer Dr. Schuster äußerte sich 1938 über die Umstände seines Berufes, wobei er in seinen Überlegungen auch die Argumente anderer aufgriff, darunter so angesehener Wissenschaftler wie Werner Heisenberg, der sich ebenfalls entschieden hatte, in Deutschland zu bleiben: Durch seinen Geografieunterricht versuche er alles in seiner Macht Stehende zu tun, um den Jungen Wissen und später vielleicht auch das nötige Urteilsvermögen zu vermitteln und sie so auf die Zeit vorzubereiten, in der das Nazi-Fieber abklingen werde und man wieder eine gewisse Opposition wagen könne. Nach Amerika zu gehen und diese Aufgabe anderen zu überlassen sei nicht redlich – wenn man nicht so weit gehen wolle, nur diejenigen redlich zu nennen, die im Gefängnis saßen.

Vor Hitlers Machtergreifung waren die Schulen von den Ländern verwaltet worden. Nun wurden sie alle Bernhard Rusts Reichsministerium zugeordnet. Sein Amt hatte auch die Verantwortung für die Bestellung von Hochschulrektoren und Dekanen an sich gerissen, für die einst die örtlichen Fakultäten zuständig gewesen waren. Rust kümmerte sich sogar um die Ernennung der

Vorsitzenden der Studentenvereinigungen, die als seine Wachhunde die Dozenten im Auge behalten sollten.

## Die Bücherverbrennung

Am 10. Mai leuchtete der Nachthimmel über Berlin, als sich Studenten und Lehrer auf dem Opernplatz an der Verbrennung von Büchern beteiligten. Die Liste der verfemten Bücher umfasste mehr als 10 000 Titel und enthielt Werke von Kafka, Marx, Heine, den Mann-Brüdern und natürlich Einstein. Die Aktion war vom Deutschen Studentenbund organisiert worden, mit voller Rückendeckung durch Goebbels und Rosenberg. Die schaulustige Menge jubelte, wenn die Flammen höher schossen. Dieser Bücher-Holocaust wiederholte sich in jenem Monat in weiteren Universitätsstädten in ganz Deutschland. Und als müsse der quasireligiöse Charakter solcher Rituale noch eigens betont werden, beschrieb ein Nazi-Kommentator die kulturelle Mission wie folgt: Man müsse in den Kulturberufen nun die Spreu vom Weizen trennen, das Taugliche vom Untauglichen scheiden, das nach Blut und Geist Deutsche vom Fremden. In den neuen Strukturen werde ein gewaltiges Führerkorps erschaffen, das aus der Masse all jener bestehe, die auf irgendeine Weise am Prozess der nationalen Willensbildung beteiligt seien: von der genialsten Geistesgröße bis zum unbedeutendsten Helfer, vom schöpferisch Tätigen bis zum letzten Bauchladenhändler, der auf Straßen und in Bahnhöfen Bücher und Zeitschriften verkaufe.[11]

Noch vor Ende des Monats hielt der Philosoph Martin Heidegger, der gerade zum Rektor der Universität Freiburg ernannt worden war, vor Studenten und Fakultätsangehörigen seine Antrittsrede, die den Titel »Die Selbstbehauptung der Deutschen Universität« trug. Er verkündete, dass der neue Wind, der in Deutschland wehe, die Wiederbelebung der echten philosophischen Tiefgründigkeit im ursprünglichen, vorsokratischen Geist bedeute. Der Nationalsozialismus enthalte demnach eine große Portion Risikobereitschaft, einen Vorstoß des Geistes ins Reich des Unbekannten. Angesichts seiner Reputation als einer der führenden Philosophen verlieh Heideggers Enthusiasmus dem Regime beträchtliche Vertrauenswürdigkeit. Manche Kommentatoren haben diese Kollaboration zu relativieren versucht, indem sie darauf hinwiesen, dass Heidegger weder Hitlers Namen genannt noch sich irgendwie explizit auf die NSDAP bezogen und sein Amt 1934 niedergelegt habe.

Man kann aber auch andersherum argumentieren: Der Mitläufer, der vom Regime profitierte (Heidegger trat der Partei im April bei), es nicht zu kritisieren wagte und sich scheinbar aus allem heraushielt, hat auf die Unentschlossenen, insbesondere auf viele Jüngere, großen Einfluss ausgeübt. Heideggers Fehler war es zu glauben, das neue Regime werde seiner Universität zu Selbstbestimmung und größerer Eigenständigkeit verhelfen. Bald musste er erkennen, dass der Nationalsozialismus von den Universitäten vielmehr verlangte, sich dem Nazi-Pöbel zu unterwerfen. Der Rektor der Frankfurter Universität, Ernst Krieck, hegte hingegen keine derartigen Illusionen und verkündete, er werde als Führer der Universität mit den Nationalsozialisten kooperieren. Die Universität werde künftig grundsätzlich ein Organ und Bestandteil des Staates sein, der seine Erziehungsaufgabe unter autoritärer Führung im Rahmen rassenpolitischer Grundlagen und Ziele erfüllen müsse.[12]

Der neue Geist, der angeblich in der Luft lag, wurde vor allem vom Ideologen Alfred Rosenberg artikuliert, der in seinen zahlreichen Artikeln, Büchern und Ansprachen für einen »neuen Glauben« an den »Mythus« warb, für Hingabe an die aufkeimende mystische Wahrheitssuche, eine komplette Selbstentfaltung auf der Basis des erlebten Mythus der nordischen Rassenseele. Dieser Mythus stand, so Rosenberg, dem »scholastisch-logisch-mechanischen Ringen« um Erkenntnis diametral gegenüber. Er weise mathematischen Schematismus und einen Hobbes'schen mechanischen Atomismus zugunsten eines Organizismus zurück, in dem die Verschmelzung des Einzelnen mit dem Gesamten sich in Gestalt der Individualität vollende. Eine derartige Weltanschauung ließ sich nicht eben geschmeidig mit dem Wesen der Naturwissenschaften und der Mathematik verbinden, ebenso wenig mit den Einstellungen, die in einem technologisch weit entwickelten Nationalstaat vorherrschten.

Währenddessen rollte die Entlassungswelle ohne Widerstand seitens der Mehrheit der Studenten und Kollegen weiter und offenbarte so, wie weit die Universitäten und Institute bereits der rechten Ideologie und dem Antisemitismus erlegen waren – von den Professoren bis hinunter zu den Erstsemestern. Sie nahmen Störaktionen in den Vorlesungen und Kollegenverrat einfach hin.

Selbst diejenigen, die sich in Einzelfällen für Ausnahmeregelungen stark machten, offenbarten dadurch ihr zumindest partielles Einverständnis. Heisenberg, der Max Born überreden wollte, einen Ausnahmeantrag zu stellen, schrieb ihm: »Da durch das Gesetz nur die allerwenigsten betroffen werden – Sie und Franck sicher nicht; auch Courant wohl nicht –, so könnte die politische Umstellung ohne irgendeine Schädigung der Göttinger Physik vor sich gehen … Es wird sich sicher im Lauf der Zeit das Hässliche vom Schönen scheiden.«[13]

Die Entlassung der Juden wurde teils mit Zustimmung, teils mit gefügigem Konformismus aufgenommen. Die Bereitwilligkeit, mit der man die Plätze der Entlassenen einnahm, enthüllte auch einen starken Opportunismus und eine Form von verkapptem Chauvinismus. Die Biologiehistorikerin Ute Deichmann führt im Zusammenhang mit den Entlassungen und den daraus resultierenden Karrierechancen den Fall von Paul Harteck an, einem jungen Professor für Physikalische Chemie, der auch der älteste Bruder des Theologen Dietrich Bonhoeffer war. Harteck, der 1932 in Cambridge studiert hatte, schrieb im April 1933 an Bonhoeffer und riet ihm, sich von den Beschwerden entlassener Juden nicht täuschen zu lassen. Im Mai schrieb er: »In London sammeln sich die Juden und ½ und ¼ Juden Deutschlands. Falls diese Leute jemals Sympathien für Deutschland gehabt haben sollten, es können diese nur ganz oberflächlich gewesen sein, denn jetzt merkt man wirklich gar nichts mehr davon.«[14] Im Juni konnte Bonhoeffer Harteck mitteilen, dass nun »also gleichzeitig viele Stellen frei« würden; »eigentlich müsstest du davon eine kriegen«.[15] Harteck, der uns als Mitglied des Teams, das an der Nazi-Atombombe arbeitete, später wieder begegnen wird, nahm schließlich auf jenem Lehrstuhl für Physikalische Chemie an der Hamburger Hochschule Platz, den der Jude Otto Stern 1934 hatte räumen müssen.

Bekundungen der Solidarität mit entlassenen Juden kamen so gut wie nie vor. Allerdings gab es an der Universität Düsseldorf das seltene Beispiel einer Weigerung, den Platz eines entlassenen Juden einzunehmen.[16] Der Biologe Otto Krayer lehnte das Angebot ab, den Lehrstuhl eines gefeuerten jüdischen Kollegen zu übernehmen, und beschwerte sich hartnäckig bei der Regierung über die Entlassungen. Krayer wurde seinerseits entlassen und emigrierte in die Vereinigten Staaten. Ein weiterer Aufrechter war Kurt Kosswig, ein Genetiker an der Technischen Hochschule Braunschweig. Kosswig weigerte sich, die rassistischen Doktrinen des Regimes umzusetzen, und beklagte die Behandlung der Juden. Es gelang ihm, das Land zu verlassen, bevor er festgenommen wurde.[17]

Diejenigen, die mit den Entlassungen zwar nicht einverstanden waren, aber auf ihren Posten blieben und stillhielten – zum Beispiel Planck, von Laue und Heisenberg –, argumentierten gerne mit der Notwendigkeit, die deutsche Wissenschaft in bessere Zeiten hinüberzuretten. Laue, der normalerweise für seinen Widerstand gegen die Nazis gelobt wird, ging sogar so weit, Einstein für seinen öffentlichen Austritt aus der Preußischen Akademie der Wissenschaften im Vorfeld des Wiederherstellungsgesetzes im März 1933 zu rügen. Einstein blieb standhaft bei seiner Meinung, dass Wissenschaftler das Dritte Reich nicht unterstützen sollten: Die Situation in Deutschland zeige ja, wohin eine derartige Selbstbeherrschung führe. Man überlasse die Führung den Blinden und Verantwortungslosen, und eine derartige Unverantwortlichkeit sollte man doch mittlerweile überwunden haben.[18]

Einige arische Wissenschaftler unternahmen zaghafte Versuche, Kollegen zur Unterzeichnung von Protestschreiben gegen die Entlassungen zu veranlassen. Aber Planck sagte laut Otto Hahn: »Wenn heute 30 Professoren aufstehen und sich gegen das Vorgehen der Regierung einsetzen, dann kommen morgen 150 Personen, die sich mit Hitler solidarisch erklären, weil sie die Stellen haben wollen.«[19]

## Die Beamten und der Hitlergruss

Als Max Planck ein Jahr nach Hitlers Machtergreifung in Stuttgart das neue Kaiser-Wilhelm-Institut für Metallforschung eröffnete, kam es zu einem an sich unbedeutenden Vorfall, der aber für die

Anpassungsbereitschaft der Großen und Berühmten in den deutschen Wissenschaften bezeichnend ist. Planck betrat die Tribüne, um eine Ansprache zu halten, und das Publikum hielt gespannt den Atem an, um mitzubekommen, ob er vorschriftsmäßig mit »Heil Hitler« beginnen würde. Wie ein Augenzeuge berichtet, hob Planck »die Hand hoch, ließ sie dann aber wieder sinken. Er tat es noch einmal. Dann schließlich ging seine Hand in die Höhe, und er sagte ›Heil Hitler‹«. Diese Beobachtung machte der bekannte Physiker Peter Paul Ewald, der dazu anmerkte: »Im Rückblick war es das Einzige, was er damals tun konnte, und man wollte ja schließlich nicht die gesamte Kaiser-Wilhelm-Gesellschaft in Gefahr bringen.«[20] Einer bis heute in Physikerkreisen kursierenden Anekdote zufolge gewöhnte sich von Laue an, ständig in beiden Händen Pakete mit sich herumzutragen, um nicht den Arm heben zu müssen, wenn er irgendwo Nazis begegnete.

Planck eröffnete die folgenden Sitzungen der Kaiser-Wilhelm-Gesellschaft ohne sichtbare Skrupel mit dem Hitlergruß und unterzeichnete seine offizielle Korrespondenz mit »Heil Hitler«. Er ermutigte Kollegen, in Deutschland zu bleiben und auf bessere Zeiten zu warten, statt zu emigrieren, und seine Reden waren von dem Wunsch geprägt, mit dem Regime auf gutem Fuß zu stehen.[21]

Um Plancks Hitlergruß und die Ergebenheit jener Wissenschaftler zu verstehen, die blieben und in die Fußstapfen der entlassenen Nichtarier traten, muss man nicht nur das Argumentationsschema nachvollziehen, dessen sich der oben zitierte Geografielehrer bediente, sondern auch die Stellung des Beamtentums im modernen Deutschland kennen. Ob sie nun an Hochschulen oder Kaiser-Wilhelm-Instituten wirkten, die Wissenschaftler waren ebenso Staatsdiener wie die Schullehrer, Postler und Zehntausende weiterer Menschen im öffentlichen Dienst. Traditionell neigte der typische Beamte einer Art unpolitischem Nationalismus zu. Jahrzehntelang hatten zumindest die ranghöheren Dozenten die Freiheit der Forschung und Lehre und ihre privilegierte Stellung genießen können und sich im Gegenzug in Loyalität gegenüber dem Staat und in politischer Enthaltsamkeit geübt.[22] Da sie in der Weimarer Republik unter der Inflation und den Soldkürzungen, insbesondere den Sparmaßnahmen des »Hungerkanzlers« Brüning im Juli 1930 gelitten hatten und zugleich demütigende Statusverluste hatten hinnehmen müssen, bedauerte das gebildete Beamtentum das Ende der Weimarer Republik kaum. Die Loyalität gegenüber dem Staat und dem Verwaltungsapparat der Machthaber war jedoch normalerweise eine lebenslange Verpflichtung, die durch Gehaltsfragen und dergleichen nicht beeinträchtigt wurde. Hitlers Verheißung einer Rückkehr zu Vaterlandsliebe und Klarheit der Verhältnisse stieß in der unzufriedenen Beamtenschaft auf ein großes Echo. Die Nazi-Propaganda versprach zudem Wiedergutmachung für die Einkommensverluste und die Wiederherstellung des alten Treuebundes, allerdings unter Ausschluss aller Juden und Subversiven. Die Illusion einer Wiederherstellung der alten Ordnung konnte den Antisemitismus allerdings nur notdürftig kaschieren.

Als Max Planck in seiner Funktion als Präsident der Kaiser-Wilhelm-Gesellschaft bei Hitler vorsprach, um ein gutes Wort für Haber einzulegen, dessen Kündigung als Direktor des KWI für Physikalische Chemie bereits angenommen worden war, unternahm er offenbar einen Versuch, sein Gegenüber davon zu überzeugen, dass der Staat bestimmte jüdische Wissenschaftler verschonen sollte, um von ihren zu erwartenden Forschungserfolgen zu profitieren. In seinem 1947 verfassten Bericht über diese Begegnung behauptet Planck, er habe Hitler gesagt, »dass es doch verschiedenartige Juden gäbe…, darunter alte Familien mit bester deutscher Kultur, und dass man doch Unterschiede machen müsse«.[23] Hitler habe geantwortet: »Das ist nicht richtig. Jud ist Jud; alle Juden hängen wie Kletten zusammen. Wo ein Jude ist, sammeln sich sofort andere Juden aller Art an.«[24]

Planck hielt ihm entgegen, dass es angesichts der Bedeutung der Arbeiten jüdischer Wissenschaftler für Deutschland eine regelrechte Selbstverstümmelung wäre, wertvolle Juden ins Exil zu zwingen, und dass anderenfalls das Ausland von ihren Erkenntnissen profitieren werde. Plancks Bericht schildert weiter, dass Hitler darauf gar nicht einging, sondern zu schwadronieren begann und dabei immer schneller sprach. Während er sich kräftig aufs Knie schlug, endete er schließlich: »Man sagt, ich leide gelegentlich an Nervenschwäche. Das ist eine Verleumdung. Ich habe Nerven wie Stahl.« Er war derart in Rage, dass Planck verstummte und sich verabschiedete.

Habers leidenschaftliche Arbeit für den Staat, sein Einfluss, aufgrund dessen sich viele Wissenschaftler ebenfalls in den Dienst der deutschen Kriegsmaschinerie gestellt hatten, sein öffentlicher Übertritt vom Glauben seiner Vorväter zum Christentum – nichts davon half ihm noch. In den Augen von Hitlers Regime war er einfach ein Jude und somit ein Feind. Als wollte man auch die geringste Geste der Ehrerbietung auslöschen, die man Haber für seinen lebenslangen Einsatz für die deutsche Wissenschaft gezollt hatte, wurde ein Baum, der zur Feier seines 60. Geburtstags auf dem Gelände seines Instituts gepflanzt worden war, ausgerissen.

Als er das Kaiser-Wilhelm-Institut verließ, verfasste er ein würdevolles Kündigungsschreiben, in dem er festhielt, dass er sich stets als guter Deutscher empfunden habe, auch wenn er Jude gewesen sei, und dass er dem Vaterland immer die höchste Priorität eingeräumt habe. Da er dies nun nicht länger tun könne, sehe er sich gezwungen, die Heimat zu verlassen. Haber schrieb an Willstätter: »Ich bin so bitter wie nie zuvor. Ich bin in einem Maße deutsch gewesen, dass ich es erst jetzt voll empfinde, und ich fühle eine unerhörte Widerwärtigkeit darin, dass ich nicht mehr genug arbeiten kann, um mich eines neuen Amtes in einem anderen Lande zu getrauen.«[25]

Einstein schrieb ihm aus den Vereinigten Staaten: »Ich kann mir Ihre inneren Konflikte denken. Es ist so ähnlich, wie wenn man eine Theorie aufgeben muss, an der man sein ganzes Leben gearbeitet hat. Bei mir ist es nicht so, weil ich nicht im Geringsten je an sie geglaubt habe.«[26]

Der herzkranke Haber machte sich daran, für seine jüdischen Mitarbeiter Stellen im Ausland zu finden. Anschließend reiste er nach Cambridge, England, wo ihn der Chemieprofessor William Pope, ebenfalls ein Giftgas-Experte, recht freundlich in Empfang nahm. Die britischen Labortechniker hingegen, die während des Krieges in den Schützengräben gelegen hatten, zeigten ihm verständlicherweise die kalte Schulter. Als man ihn dann fragte, ob er sich dem neuen Daniel-Sieff-Forschungsinstitut (heute: Weizmann-Institut) im damaligen Palästina anschließen wolle, willigte er ein. Einstein riet Haber brieflich davon ab, an der Hebräischen Universität zu arbeiten, schrieb aber auch: »Ich freue mich sehr… darüber, dass Ihre frühere Liebe zur blonden Bestie ein bisschen abgekühlt ist.«[27] Haber kam nie bis in den Nahen Osten. Er starb im Januar 1934 mit 65 Jahren in Basel, als er seine Familie in der Schweiz besuchte. Unter dem Protest der Nazis stellte Max Planck ein Jahr später eine Gedenkfeier auf die Beine. Sie wurde trotz eines expliziten Vetos der Nazis abgehalten. Max Planck und Otto Hahn hielten kurze Ansprachen. Dass Professor Max Bodenstein am 28. Juni 1934 an der Preußischen Akademie der Wissenschaften eine Gedenkrede über Haber hielt, wurde als tapfere Tat angesehen. Er sagte:

»Habers Bedeutung für die Wissenschaft und ihre Pflege ist mit seinen eigenen wissenschaftlichen Arbeiten und mit denen seiner Schule durchaus nicht erschöpft. Er war nicht nur Wissenschaftler und Techniker, er war ausgesprochenermaßen Organisator und Wirtschaftler… Haber war Jude, und die überwiegende Mehrzahl seiner Mitarbeiter war es auch. Der Konflikt mit dem nationalsozialistischen Staat war damit gegeben.«[28]

Habers Institut für Physikalische Chemie in Berlin trägt heute seinen Namen, ein Umstand, der nach wie vor Anstoß erregt. Fritz Stern drückt es in seinem eleganten Essay über Haber und Einstein so aus: »Die Erinnerung lebt weiter – undeutlich, in schiefen Kontroversen.«[29]

## Der Exodus

Die Massenabwanderung jüdischer Wissenschaftler hatte für Deutschland verheerende Konsequenzen.[30] Gegenüber der Zeit vor 1933 gingen dem Land etwa 25 Prozent seiner Physiker verloren, darunter Einstein, Franck, Gustav Hertz, Schrödinger, Hess und Debye: allesamt Nobelpreisträger. Weitere emigrierte Preisträger waren Stern, Bloch, Wigner, Bethe, Gabor, Hevesy und Herzberg, ebenso die Mathematiker Richard Courant, Hermann Weyl und Emmy Noether. Die meisten verjagten Physiker waren Wissenschaftler von großer Originalität und einzigartiger Erfahrung; sie waren unersetzlich. Fast die Hälfte von Deutschlands theoretischen Physikern wanderte aus, ebenso viele der Spitzenkräfte in der Quantenmechanik und der Kernphysik.

Der Verlust für Deutschland war zugleich ein Riesengewinn für Großbritannien und die Vereinigten Staaten. In Großbritannien gründeten William Beveridge (der später die London School of Economics leitete und die Einrichtung des Sozialstaats inspirierte), der Biochemiker A. V. Hill und der Nobelpreisträger Frederick Gowland Hopkins den Academic Assistance Council (dt.: Akademischer Unterstützungsrat), der den vertriebenen Akademikern Stellen besorgte. Diejenigen, die in Großbritannien blieben, beeinflussten die Kultur des Landes auf vielen Gebieten und auf vielfältige Weise tief und nachhaltig. Leo Szilard, der unermüdliche Physiker und Universalgelehrte, half Beveridge dabei, den in Deutschland entlassenen Wissenschaftlern in Großbritannien einen Neustart zu ermöglichen, bevor er 1938 in die Vereinigten Staaten ging, wo er sich – wie wir noch sehen werden – in der Kernspaltungsforschung und in der Atombombenpolitik engagierte.

Wenn man die absoluten Zahlen betrachtet, schrumpfte die deutsche Physikergemeinschaft in den Dreißigerjahren nicht merklich, da an den Universitäten vermehrt anwendungsorientierte Physiker eingestellt wurden; wohl aber ging die Qualität zurück, und die Grundlagenforschung wurde vernachlässigt. Von allen deutschen Universitäten traf es – neben Berlin – Göttingen, einst Hochburg der mathematischen Physik von Weltrang, am stärksten. Der Geburtsstätte der Quantenmechanik gingen Max Born, James Franck, Walter Heitler, Heinrich Kuhn, Lothar Nordheim, Eugen Rabinowitsch und Hertha Sponer verloren.

Zusätzlich zum Verlust vieler führender Forscher litt die deutsche Wissenschaft zunehmend unter ihrer Isolation, denn ausländische Wissenschaftler mieden Besuche in Deutschland, verweigerten die Zusammenarbeit in Forschungsprojekten und kündigten ihre Mitgliedschaften in deutschen Organisationen sowie ihre Zeitschriftenabonnements. Gleichzeitig erschwerte das Regime deutschen Hochschullehrern Reisen ins Ausland und belegte die Mitgliedschaft in Organisationen, die als dem Nationalsozialismus feindlich gesonnen eingestuft wurden, mit Restriktionen.

In der aufgeheizten Atmosphäre der nationalsozialistischen »Revolution« drohte – neben dem Wegbruch der internationalen Diskussion und Zusammenarbeit – auch noch das Gespenst der Geheimhaltung. Deutschland sollte in vielen Teilgebieten der angewandten Physik Fortschritte verzeichnen, insbesondere bei militärisch nutzbaren Verfahren und Techniken, aber akademisch sollte das Land allmählich zurückfallen. Der Forschungsleiter von AEG, einer der größten Firmen Deutschlands, stellte fest, dass der Anteil amerikanischer Artikel, die in Deutschlands wichtigster physikalischer Fachzeitschrift zitiert wurden, zwischen 1913 und 1938 von drei auf 15 Prozent gestiegen war, während bei den Beiträgen, die in der bedeutendsten internationalen Physikzeitschrift zitiert wurden, der deutsche Anteil im selben Zeitraum von 30 Prozent auf 16 Prozent sank.

Wie tief der Rassenhass in der Bildungsbürokratie der Regierung ging, wurde deutlich, als Rust am 15. April 1937 verfügte, dass Juden deutscher Nationalität nicht mehr zur Promotionsprüfung zugelassen seien und auch ihre alten Diplome ab sofort nicht mehr erneuert würden.[31] Ausgerechnet in der darauf folgenden Woche wurde in Dahlem, ganz in der Nähe der anderen Institute, das neue Kaiser-Wilhelm-Institut für Physik eröffnet. Der Grundstock für das Institut war bereits gegen Ende des Ersten Weltkrieges gelegt worden, in Form eines Wissenschaftsfonds. Die Räumlichkeiten für Laboratorien und Büros konnten 1937 aus Mitteln der Rockefeller Foundation sowie der Staatskasse errichtet werden. Wie sich damit zeigte, scheute sich manche große Institution in den Vereinigten Staaten nach Hitlers Aufstieg nicht, ein Regime zu unterstützen, das seine Wissenschaftler rassisch verfolgte.

# 10. Ingenieure und Raketenforscher

Nach dem Ersten Weltkrieg hatte Deutschland, eine der größten Waffenschmieden der Welt, aufgrund der Konditionen des Versailler Vertrags die Produktion von Schusswaffen, Panzerplatten und Geschützen einstellen müssen. Deutschlands Erfindungsreichtum in der Luft- und Seefahrttechnologie, der aus dem engen Zusammenspiel von Wissenschaft und Industrie erwachsen war, war drastisch beschnitten worden, was als Erniedrigung empfunden wurde. Dem Vertrag zufolge waren Militärflugzeuge verboten, und die deutsche Flotte, zuvor die drittgrößte der Welt, war im kalten grauen Wasser des britischen Flottenstützpunktes Scapa Flow schmachvoll versenkt worden. Alles, was Deutschland jetzt noch vorzuweisen hatte, war eine armselige Flottille veralteter Küstenpatrouillenschiffe von weniger als 10 000 Tonnen. Die Reichswehr, der Rest der deutschen Armee, durfte laut Vertrag nicht mehr als 100 000 Mann umfassen; Panzer waren nicht zugelassen, und die Geschützkaliber durften 105 Millimeter nicht überschreiten. Die Aufgaben der Armee beschränkten sich weitgehend auf die Grenzkontrolle und die innere Sicherheit. Aufgrund einer weiteren Klausel des Versailler Vertrags musste die Militärtechnische Akademie in Potsdam für immer ihre Pforten schließen.

Während der Weimarer Zeit gelang es der Regierung und den deutschen Industriellen dennoch, die Waffenentwicklung im Verborgenen fortzusetzen: Man förderte Mehrzwecktechnologien, bei denen man die zivile Nutzung in den Vordergrund stellen konnte; die militärische Forschung unterlag der Geheimhaltung, und manche Projekte wurden im Ausland realisiert.

In Artikel 191 des Versailler Vertrags war Deutschland der Bau von U-Booten ausdrücklich untersagt worden. Dennoch legte die Marine zwei Geheimfonds an, aus denen die Forschung und Entwicklung in 30 verschiedenen Firmen finanziert wurde, von denen einige im Ausland saßen – zum Beispiel eine Torpedofabrik in Cádiz – und andere sich eine zivile Fassade gaben, so eine Berliner »Speckfabrik«. Unterdessen gründeten drei deutsche Industrieunternehmen, Krupp, A. G. Weser und Vulkan-Werft, 1922 in Holland eine gemeinsame Aktiengesellschaft, um für die Kawasaki-Werft im japanischen Kobe mit deutscher Technologie acht U-Boote zu bauen. Sie bauten auch U-Boote für Finnland, Spanien, Schweden und die Türkei.[1] 1925 wurden außerdem große Summen aus dem 195-Millionen-Dollar-Notpaket des gewaltigen Dawes-Plans an die AEG, Krupp, Siemens-Schuckert und Thyssen ausgezahlt, die für neue Projekte wie etwa eine Sonderbehörde für Fragen der U-Boot-Abwehr gedacht waren, welche aber in Wirklichkeit an der U-Boot-Entwicklung arbeitete. Unter dem pensionierten U-Boot-Experten Admiral Arno Spindler verfolgte die Marine insgeheim einen ambitionierten und umfassenden Forschungs- und Entwicklungsplan, zu dem auch der Bau von U-Booten durch deutsche Unternehmen mit Firmensitz im Ausland gehörte. Durch Industriespionage sollten Informationen über ähnliche Programme anderer Länder eingeholt werden, und in den Medien wurden Propagandameldungen lanciert, die gegen das unfaire U-Boot-Verbot des Versailler Vertrags Stimmung machen sollten.[2]

Auch die Versailler Restriktionen in Bezug auf die Weiterentwicklung der deutschen Luftwaffe waren während der Weimarer Jahre ein ständiger Stein des Anstoßes und Quell gekränkten Stolzes. Die Deutschen hegten eine ungemeine Begeisterung fürs Fliegen, und Segelfliegen wurde zur nationalen Leidenschaft – mit eindeutig militärischen Untertönen. Um das auffällige, ringsum alles überragende Fliegerdenkmal auf der Wasserkuppe (Rhön) versammelten sich Tausende von Schaulustigen, um den Segelflugzeugen zuzusehen, die den Himmel durchkreuzten. Die Inschrift auf den Basaltsteinen lautete:

Wir toten Flieger
blieben Sieger
durch uns allein
Volk flieg du wieder
und du wirst Sieger
durch dich allein[3]

Die deutsche Luftfahrtforschung war trotz der Einschränkungen seit Versailles weitergekommen und gewachsen. Auf dem Gebiet der Grundlagenforschung hatte Ludwig Prandtl mit seiner Aerodynamischen Versuchsanstalt die Zukunft des deutschen Tragflächendesigns für Flugzeuge sichergestellt. Und indem man die Forschung und Entwicklung ins Ausland verlegte, nach Schweden und Spanien zum Beispiel, entging man der Überprüfung durch die Alliierten, die Flugzeugentwürfe mit offensichtlich militärischer Ausrichtung anderenfalls unterbunden hätten. Gleichzeitig stellten auch zivile Maschinen wie die Heinkel-Hochgeschwindigkeitsflugzeuge oder das Wasserflugzeug von Dornier höchste Ansprüche an die aeronautische Ingenieurkunst.[4]

## Nazi-Ingenieure

Als Hitler an die Macht kam, befand sich das deutsche Ingenieurwesen jedoch in einem ziemlich demoralisierten Zustand, und es herrschte allgemeine Verwirrung. Die Nazi-Ideologen hatten sich bezüglich des Stellenwerts der Technikwissenschaften im Dritten Reich unterschiedlich geäußert. In seiner Frühform präsentierte sich der Nationalsozialismus als ein inkonsistentes Gemisch aus Volkstümelei und Technokratie. Manche der älteren Nazis standen technischen Lösungen jedoch äußerst ablehnend gegenüber. Wilhelm Stapel, der Herausgeber der Zeitschrift *Deutsches Volkstum*, erklärte zum Beispiel, dass die Wörter »Ingenieur« und »Organisator« sich in Schimpfwörter der Nation verwandeln sollten. Alfred Rosenberg, ein fanatischer Antisemit und Chefredakteur des *Völkischen Beobachters*, unternahm in seinem Werk *Der Mythus des Zwanzigsten Jahrhunderts* den Versuch, die Verwirrung auszuräumen, indem er schrieb, dass derjenige, der die Technik verachte und beschimpfe, »vergisst, dass ihr Hervortreten auf einen ewigen germanischen Antrieb zurückgeht, der dann auch mit ihrem Untergang ebenfalls verschwinden müsste«.[5] Trotz seiner Neigung zu verschwommen mystischen Vorstellungen wie dem Blutmythos und seiner Ablehnung systematisch betriebener Naturwissenschaft beharrte Rosenberg darauf, dass die Einbuße der deutschen technologischen Überlegenheit »uns erst recht einer Barbarei ausliefern« würde, »jenem Zustande, an dem die Kulturen um das Mittelmeer herum einst untergegangen sind«. Es sei nämlich nicht die Technologie als solche, die alles Lebendige auslösche, »sondern der Mensch ist entartet«.[6]

Zugleich verhieß Hitlers Diktatur ein rasches Wachstum der Militärtechnologien und bis dahin unvorstellbare Erfolgsaussichten.[7] Nach Jahren der Inaktivität und Hoffnungslosigkeit, einer Zeit, in der etwa 5000 unzufriedene Ingenieure und Techniker in der Sowjetunion Arbeit angenommen hatten, bot Hitler ihnen nun die Gelegenheit, ihre Fähigkeiten im eigenen Land einzusetzen.[8]

Als Beamte waren die meisten deutschen Ingenieure unpolitisch und fühlten sich der nationalsozialistischen Partei anfangs nicht sonderlich verpflichtet. Im Frühsommer 1933 erlagen die größten Ingenieurvereinigungen jedoch der Nazi-Propaganda, die ihren Status im neuen Deutschland zu heben versprach, und schlossen sich der nationalsozialistisch kontrollierten »Reichsgemeinschaft technisch-wissenschaftlicher Arbeit« an. Die führende Fachzeitschrift *Deutsche Technik* rühmte Techniker und Ingenieure als eine für die neuen Ziele des Staates entscheidende Kraft, verunglimpfte zugleich die neue Physik und erinnerte die Leserschaft an die besondere technische Begabung des deutschen Volkes.

In diesen frühen Tagen hing der Ausgang des Kampfes um die Herzen und Köpfe der Ingenieure nach Ansicht der Nazi-Ideologen auch davon ab, ob es gelang, sie aus den Klauen des Kapitalismus zu befreien und in die nationale Gemeinschaft einzubinden. All das würde nur funktionieren, wenn die Ingenieure das Ideal des Führerprinzips akzeptierten und ihre technischen Fähigkeiten mit der Unterwerfung unter die richtige Ideologie verbanden. Fritz Todt, der Nazi-Rüstungsminister und Leiter des

Autobahnprojekts, drückte es 1936 in einem Artikel in *Deutsche Technik* so aus:

»Ich möchte es als selbstverständlich beinahe nicht erwähnen, dass, ebenso wenig wie technische Fachkenntnisse allein für den Ingenieur des Dritten Reiches ausreichen, auch nicht ehrgeiziger Führerwille eines nur politisch Eingestellten genügt. Diese Einseitigkeit nach der anderen Seite gibt allenfalls einen brauchbaren Redner oder politischen Amtswalter, aber noch keinen nationalsozialistischen Ingenieur.«[9]

## Die Raketeningenieure

Währenddessen hatte auf getarnten Versuchsgeländen nahe Berlin und an der Ostseeküste unter der Schirmherrschaft des Militärs unter strengster Geheimhaltung ein bemerkenswertes Projekt zur Raketenentwicklung allmählich Gestalt angenommen. Das ehrgeizige Vorhaben sollte sich mit der Zeit als Kombination aus fortschrittlicher Technologie und phallischen Schreckensphantasien entpuppen. Eines Tages, kurz vor dem Ende des Krieges, würde das Produkt der Arbeit und Findigkeit der Ingenieure mit Donnergetöse aus den abgeschiedenen Wäldern Norddeutschlands in den Himmel aufsteigen.

Wie andere Institutionen der Reichswehr auch, die trotz der Restriktionen des Waffenstillstandsabkommens ihre Projekte heimlich weiterverfolgten, hatte das Heereswaffenamt während der Weimarer Jahre die Hände nicht in den Schoß gelegt. Der Leiter der Forschungsstelle beim Heereswaffenamt, Oberstleutnant Karl Emil Becker, hatte 1929 ein kleines Team qualifizierter Ingenieure um sich geschart, zu denen auch Walter Dornberger und Leo Zanssen gehörten. Zu den Technologien, die im Versailler Vertrag nicht ausdrücklich erwähnt und somit auch von Verboten frei waren, gehörte die Raketentechnik, der Becker in den Zwanzigerjahren besondere Aufmerksamkeit schenkte. Dabei stieß er auf den jungen, raketenbegeisterten Wernher von Braun, ein Name, der sich später aufs Engste mit Hitlers V1 und V2 verknüpfen sollte, die gegen Ende des Krieges auf London herunterregneten.

Die Deutschen hatten Raketen in begrenztem Umfang schon in den Schützengräben des Ersten Weltkrieges eingesetzt, vor allem, um damit Haken zum Einreißen von Stacheldrahtzäunen zu verschießen. Die Franzosen andererseits setzten Raketen gegen Beobachtungsballons und Zeppeline ein. Aber unter den Testbedingungen des Stellungskrieges wurden die Schwachstellen der damaligen Raketentechnik deutlich. Das als Treibstoff verwendete Schwarzpulver erwies sich als extrem hygroskopisch, also feuchtigkeitsziehend, und brannte dann oft ungleichmäßig.

Bei ihren Nachkriegsforschungen lag ein Schwerpunkt der Raketenenthusiasten bei der aerodynamischen Form. Peter Wegener, ein berühmter Nazi-Raketeningenieur, brachte es auf den Punkt: »Eine Rakete muss einen niedrigen Luftwiderstand haben, sie muss stabil sein und einen vorherbestimmten, steuerbaren Kurs fliegen... Die Flugstabilität in den dichteren Schichten der Atmosphäre wird durch feste, flügelartige Finnen und bewegliche Steuerruder gewährleistet.«[10] Dann galt es, die Antriebsfrage zu klären. Sollte man Fest- oder Flüssigtreibstoff verwenden? Die Idee, statt des konventionelleren festen einen flüssigen Treibstoff einzusetzen, wurde von drei berühmten Fachleuten propagiert. Der Amerikaner Robert Goddard Clark von der Universität Massachusetts und der Russe Konstantin Ziolkowski hatten für die Flüssiglösung plädiert, weil man so pro Gewichtseinheit eine viel höhere Schubkraft erzielen konnte. Aber es war Hermann Oberth, ein deutschsprachiger Rumäne aus Transsilvanien, der mit seinem 1923 in Deutschland erschienenen Buch *Die Rakete zu den Planetenräumen* einen Einfluss auf die Raketenkunde ausübte, den Michael J. Neufeld als entscheidend bezeichnete. Oberth stellte darin Überlegungen an, ob man die Probleme der Raumfahrt durch den Einsatz von Alkohol-Flüssigsauerstoff- und Flüssigwasserstoff-Flüssigsauerstoff-Mehrstufensystemen lösen könnte. Sein Buch war der Auftakt einer wahren Flut von phantastischen Raketenszenarien im Deutschland der Zwanzigerjahre.

Begeistert von der Kampagne eines freien Schriftstellers namens Max Valier unterstützte der Motorenfabrikerbe Fritz von Opel eine Reihe von Raketenauto-Stunts, die eine regelrechte Manie für solche Spektakel mit allen erdenklichen Fahrzeugen auslösten, einschließlich Eisenbahnwagen und Schlitten. Im Oktober 1929 kam

Fritz Langs Stummfilm *Frau im Mond* in die Kinos, der mit seinen Weltraum-Bildmontagen ein breites Interesse an der Raumfahrt weckte. Um den Film zu fördern, hatte Oberth den autodidaktischen Maschinenbauer Rudolf Nebel mit der Konstruktion einer Flüssigtreibstoff-Rakete beauftragt. Der Plan misslang. Aber im selben Jahr führte Johannes Winkler, der erste Präsident des deutschen Vereins für Raumschifffahrt (VfR), einer gemischten Gruppe von Raketenfreunden, zum Teil privat und zum Teil in der Junkers-Flugzeugfabrik in Dessau ein Forschungsprojekt über den potenziellen Nutzen von Raketen-Flüssigtreibstoff für den Flugzeugantrieb vor. Weniger günstig verlief die »Forschung« von Max Valier, dem Schriftsteller, und seinen beiden Assistenten Walter Riedel und Arthur Rudolph, die einen Raketenautomotor zu bauen versuchten, der mit Paraffin lief. Am 17. Mai starb Valier bei einer Laborexplosion. Diese Tragödie und ein zweiter Raketenunfall, an dem ein Jugendlicher beteiligt war, veranlassten den Reichstag zu der Überlegung, ob man alle derartigen Experimente verbieten sollte. Das Verbot trat nie in Kraft, wahrscheinlich vor allem deshalb, weil Oberth rechtzeitig vor der Abstimmung in der Chemisch-Technischen Reichsanstalt ein unfallfreier 90-Sekunden-Test eines Raketenmotors gelang.

Im September 1930 stellte auch Rudolf Nebel, der für sich allein weiterhin auf einem Bauernhof in Sachsen an einem Projekt namens MIRAK (Minimum-Rakete) forschte, für den VfR ein Forschungsteam zusammen, das auf einem ehemaligen Militärgelände nördlich von Berlin arbeiten sollte. Sie nannten das Gelände den »Raketenflugplatz«. Zu diesen Raketenliebhabern gehörte auch Wernher von Braun, ein 18-jähriger Maschinenbaustudent der Technischen Hochschule in Berlin. Von Braun entstammte einer preußischen Junkerfamilie und war 1912 im deutschen Wirtsitz geboren worden; sein Vater war ein ehemaliger Landwirtschaftsminister. Er weigerte sich, von seinem Freiherrentitel Gebrauch zu machen, und machte mit 20 seinen Abschluss an der TH in Charlottenburg, einer Einrichtung, an der viel Wert auf die praktische Seite der Ingenieurausbildung gelegt wurde. Von Braun hatte in der Maschinenhalle der Borsig-Werke gearbeitet, außerdem in einer Gießerei und an einem Fließband.

Unter jenen frühen Enthusiasten war auch ein späterer Raketenforschungshistoriker, Willy Ley, der Autor von *Rockets, Missiles, and Space Travel*. Dieser unverhohlene Romantiker schildert uns einen Raketenflug, der am 10. Mai 1931 auf einem morastigen Ödlandstück nahe Berlin stattgefunden hat:

»Unser Raketentestgelände war mit dem frischen Grün von Kiefernschösslingen und neuen Birkenblättern bedeckt, die Niederungen zwischen den Hügeln standen voller junger Weiden. Heuschrecken zirpten im hohen Gras, und irgendwo in der Ferne quakten Frösche… Aber das Ungeheuer flog! Stieg wie ein Aufzug, sehr langsam, bis in zwanzig Meter hinauf. Dann stürzte es zu Boden und brach sich ein Bein.«[11]

## Wernher von Braun im Dienste des Militärs

Trotz seiner Jugend wurde von Braun im nächsten Jahr von Becker und Dornberger für das geheime Raketenforschungsprogramm des Heeres angeworben. Gleichzeitig arbeitete er an der Berliner Universität an seiner Promotion in angewandter Physik. Seine Doktorarbeit, die auf Betreiben der Armee geheim gehalten werden sollte, war eine Beschreibung des Raketenentwicklungsprogramms, das unter seiner Leitung in der Versuchsstelle des Heereswaffenamts in Kummersdorf durchgeführt wurde.

Als Hitler 1933 an die Macht kam, wurden die Aufzeichnungen des VfR vom Staat beschlagnahmt. Ein Mitglied des VfR hörte, wie ein Siemens-Manager einen Offiziellen in einem von Hitlers Ministerien informierte: »Ich habe nun alle Raketenleute hier sicher auf Eis und kann sehen, was sie treiben.«[12]

Von Brauns Aktivitäten wurden nun gänzlich von seinem Geldgeber, der Armee, gesteuert. In späteren Jahren versuchte er, den Eindruck zu vermitteln, nicht das Heer habe ihn, sondern vielmehr er das Heer ausgenutzt:

»Unsere Haltung gegenüber der Reichswehr ähnelte der der frühen Flugpioniere, die in den meisten Ländern versuchten, den militärischen Geldbeutel für ihre eigenen Zwecke anzuzapfen, und die angesichts des potenziellen zukünftigen Nutzens ihrer Erfindungen wenig moralische Skrupel hatten. Die Frage war in diesen Diskussionen lediglich, wie die goldene Kuh am erfolgreichsten gemolken werden konnte.«[13]

Diese Stellungnahme spiegelt das Element der Abhängigkeit in weiten Teilen der Wissenschaft und Technik wider, die Notwendigkeit, den Geldfluss zu sichern, die Versorgung mit Ausrüstung und Laborplatz: für Forscher eine alltägliche Realität. Der Kommentar von Brauns zu seinem Verhältnis zum Regime, eine Kombination aus Alibi und verständlichem Anpassungsdruck, sollte in ähnlicher Form von einer ganzen Generation deutscher Wissenschaftler wiederholt werden, die ihre Talente und Kenntnisse in den Dienst von Hitlers Kriegsplänen gestellt hatten.

Im Dezember 1934, nur zwei Jahre nachdem er sich der Raketenforschungsgruppe des Heeres angeschlossen hatte, zwei Jahre, in denen drei Exemplare eines vom Pech verfolgten frühen Typs namens A1 beim Startversuch in Kummersdorf in die Luft geflogen waren, nahmen Wernher von Braun und seine Techniker an einem Startplatz auf der einsamen, windgepeitschten Insel Borkum in der Nordsee eine Lieferung von zwei Raketen in Empfang. Die beiden Prototypen des Modells A2 wurden von ihnen – nach den Wilhelm-Busch-Figuren – »Max« und »Moritz« getauft. Für das jüngste Kind des geheimen Raketenprogramms der Deutschen war nun der Augenblick der Wahrheit gekommen.

Die A2 war ein revolutionärer Entwurf, der Vorläufer der Lenkflugkörper der Zukunft. Sie hatte getrennte Treibstoff- und Flüssigsauerstofftanks, um im Fall einer Undichtigkeit eine Explosion zu verhindern. Zwischen den Tanks war in der Nähe des Raketenschwerpunkts ein Gyroskop eingebaut, das in den ersten Flugphasen die Flugbahn stabilisierte. Die Brennkammer war verlängert worden, um dem Treibstoff mehr Zeit für die Verbrennung zu geben.

»Max« wurde am 19. Dezember abgeschossen. Der Flug verlief perfekt. Die Rakete erreichte eine Höhe von über zwei Kilometern, bevor sie an einem Fallschirm einen knappen Kilometer von der Startrampe entfernt zu Boden sank. Am nächsten Tag wiederholte »Moritz« das Kunststück.

Die anwesenden Offiziere fragten von Braun, ob er sich eine solche Rakete als Waffe vorstellen könne. Von Braun antwortete ausweichend. Ja, man könnte sie als Waffe einsetzen, räumte er ein – aber warum sollte man das tun? Ihre Reichweite war viel geringer als die herkömmlicher Artillerie, und sie konnte auch keine größere Bombenlast ans Ziel bringen. Von Brauns Reaktion in diesem frühen Stadium zeigt, dass der junge Ingenieur bei seinem Interesse an der Raketentechnologie, das aus romantischen Träumen über die Eroberung des Weltraums erwachsen war, die militärischen Zielsetzungen seiner Auftraggeber auszublenden versuchte.

Drei Monate später kündigte Hitler den Versailler Vertrag und die in ihm festgeschriebenen militärischen Restriktionen auf und gab grünes Licht für eine massive Wiederbewaffnung. In der Folge qualifizierte sich auch das Raketenentwicklungsprojekt in Kummersdorf, das als »Versuchsstelle West« bekannt werden sollte, für zusätzliche Gelder und einen Ausbau. Die Gestapo-Spionageabwehr untersagte – als ob das noch nötig gewesen wäre – jede internationale Zusammenarbeit und Informationsweitergabe. Auch wenn die letztendliche Gestalt des Programms noch ungewiss war: Die Gruppe hatte die Aufgabe, Deutschlands Vorrangstellung in der Raketentechnologie sicherzustellen. Der wichtigste Aspekt ihrer weiteren Arbeit würde, so Leo Zanssen vom Heereswaffenamt, das Überraschungselement sein.[14]

Das Raketenprogramm würde in jeder Phase ein »Betriebsgeheimnis« bleiben, aber man würde Beschaffungsaufträge mit Firmen abschließen müssen, die stark reglementiert werden mussten. Die maßgebliche Steuertechnik, zu der auch ausgefeilte Kreiselsysteme gehörten, wurde bei der Kreiselgeräte GmbH in Auftrag gegeben, einer Hightech-Firma, die insgeheim der deutschen Marine gehörte. Auch mit anderen Heeresteilen arbeitete man nun zusammen: 1935 ging die Luftwaffe unter Göring eine Kooperation mit dem Raketenprogramm ein, die eine enorme Finanzspritze und für beide Seiten neues technologisches Wissen mit sich brachte, zum Beispiel aus Projekten wie dem raketengestützten Flugzeugstart.

Angesichts der raschen Expansion und der immer höheren Ambitionen der Heeresraketenleute wurde nun ein permanenter Stützpunkt an der Ostsee nötig. Schließlich entschied man sich für Peenemünde, eine Gemeinde an einem abgelegenen Küstenabschnitt mit genügend Raum für Testgelände, Fabriken und Labore sowie für ein unüberwindliches Sicherheitssystem. Zu dieser Zeit war Becker bereits zum General und zum Leiter der Versuchsabteilung befördert worden, und er versuchte zielstrebig, nicht nur der Luftwaffe, sondern auch dem Heer immer mehr Gelder zu entlocken. Im April 1937 war der Großteil des Kummersdorfer Teams in die neue Anlage umgezogen.

Das deutsche Raketenprogramm wurde jetzt eines der ersten Beispiele für eine staatliche Mobilisierung erheblicher technischer und naturwissenschaftlicher Ressourcen zur beschleunigten Realisierung einer neuen Militärtechnologie. Mit diesem Vorhaben sollte sich erst wieder das amerikanische Manhattan-Projekt zum Bau der Atombombe messen können, das Peenemünde vom Umfang her schließlich sogar überflügelte.

## 11. Medizin unter Hitler

Der Chirurg und Schriftsteller Dr. Curt Emmrich hat nach Hitlers Aufstieg zur unangefochtenen diktatorischen Macht beobachtet, wie seine Kollegen einer nach dem anderen – »anfangs immer etwas verlegen« – in braunen oder schwarzen Uniformen in der Kantine seines Hamburger Krankenhauses erschienen. Einem anderen Arzt fiel auf, dass bei einem Kameradschaftstreffen von Marineärzten im selben Jahr diejenigen, die kein NSDAP-Parteiabzeichen hatten, in der Minderheit waren.

Die Ärzteschaft als Ganzes schlug hinsichtlich ihres Parteibeitrittseifers jede andere Berufsgruppe. In der Reichsärztekammer gehörten bis zu 44,8 Prozent der Nazi-Partei an; bei den Juristen, dem Berufsstand mit dem zweitgrößten NSDAP-Mitgliedschaftsanteil, waren es nie mehr als 25 Prozent.[1] Unter denjenigen Ärzten, die ihre Zulassung zwischen 1925 und 1932 erhielten, waren die NSDAP-Mitglieder mit 53,1 Prozent in der Mehrheit, während der Anteil bei den zwischen 1878 und 1918 zugelassenen mit 39,1 Prozent am geringsten ausfiel. Der Historiker Michael Kater leitet daraus ab, dass die eifrigsten Nazi-Mediziner jene waren, die beruflich unter der Weltwirtschaftskrise gelitten hatten. »Bis einschließlich 1933 hatten sie sich«, schreibt Kater, »aus Empörung über die widrigen Verhältnisse und weil sie sich von prädestinierten Führern eine glänzendere Zukunft versprachen, dem nationalsozialistischen Lager immer mehr angenähert.«[2] Der Mediziner Till Bastian stellt in seinem Buch über medizinische Verbrechen im Dritten Reich fest, dass sein Berufsstand bereits seit Ausbruch des Ersten Weltkrieges auffallend konservativ und chauvinistisch gewesen war.

Nach Hitlers Machtergreifung zu Beginn des Jahres 1933 begrüßten die meisten deutschen Ärzte das neue Regime, von dem sie sich eine Verwaltungsreform des Gesundheitssystems der Weimarer Republik und eine Verbesserung ihrer Honorare und Arbeitsbedingungen erhofften. Nachwuchsärzte hatten in der Weimarer Zeit wenige Chancen gehabt, sich niederzulassen, da das System nur einen Arzt pro 600 Patienten zuließ. Die Stundensätze deutscher Ärzte lagen in den Zwanziger- und Dreißigerjahren weit über denen vergleichbarer Berufsgruppen, Anwälte eingeschlossen. Doch in den Jahren vor Hitler war der Verdienst der Ärzte auf einen historischen Tiefststand gesunken. Die Sparmaßnahmen der Verwaltung unter Kanzler Heinrich Brüning und die grassierende Arbeitslosigkeit hatten die Patienten aus den Praxen vertrieben. Als die Krise 1934 abflaute und die Zahl der Ärzte aufgrund des Verschwindens der jüdischen Kollegen abnahm, zogen die Honorare gegenüber dem Negativrekord von 1932 wieder spürbar an. 1937 kam der Berufsstand wieder in den Genuss von Jahresverdiensten, die mit 1928 vergleichbar waren.

Rassenhygiene und Antisemitismus waren in der Ärzteschaft Anfang der Dreißigerjahre weit verbreitet. Der Verleger Julius Friedrich Lehmann hatte sich, wie wir bereits gesehen haben, während der 1920er-Jahre darum bemüht, die rassistischen Ideologien von Ploetz und Günther zu etablieren: Lehmann setzte die Multiplikatorwirkung seines Verlags und seinen privaten Wohlstand ein, um die nationalsozialistische Botschaft unter Medizinstudenten und praktizierenden Ärzten zu verbreiten. Seine üppig bunt bebilderten Lehrbücher waren in der Ärzteschaft Bestseller, und in München besaß er eine medizinische Wochenschrift. Unter Ausnutzung der Beliebtheit seiner medizinischen Titel veröffentlichte er viele völkische und rassistische Traktate. Unter anderem förderte er Ludwig Schemann, den Herausgeber der übersetzten Werke des Rassisten Arthur Comte de Gobineau; 1926 veröffentlichte er das höchst beliebte Buch *Der Arzt und seine Sendung* des Danziger Chirurgen Erwin Liek: Am Ende des Jahrzehnts waren bereits 30000 Exemplare verkauft worden. Durch sein Ansehen als Medizinverleger verlieh sein Eintreten für rassistisches Gedankengut der Nazi-Bewegung in der Ärzteschaft Renommee. Lehmann starb ein Jahr nach Hitlers Machtergreifung im Alter von 70 Jahren, doch da war es ihm bereits gelungen, Werke führender Nationalsozialisten wie Richard Walter Darré und des Nazi-Ideologen Alfred Rosenberg zu veröffentlichen. Hitler rühmte Lehmanns Beharrlichkeit im Kampf gegen die Welle der Anfeindungen gegen den Nationalsozialismus; erst die nachfolgenden Generationen würden, so erklärte Hitler, Lehmann für seine Verdienste um Deutschland ehren.[3]

Lehmanns medizinische Propaganda kritisierte die Spezialisierung in der Medizin und warb für die Allgemeinpraxis, eine Ausrichtung, die mit dem ganzheitlichen Medizin- und Gesundheitskonzept der Partei konform ging. »Im Prinzip«, schreibt Kater, »verstieß es gegen dieses ganzheitliche Konzept, nur ein bestimmtes Organ näher zu untersuchen. Doch aufgrund der biologistischen Tendenz dieses Konzepts wurde Fragen der Fortpflanzung eine besondere Bedeutung beigemessen, während den Funktionen des Gehirns wenig Beachtung geschenkt wurde. Diese Gewichtung entspricht der generellen Intellektfeindlichkeit der Nazis, die stets das Physische betonten.«[4]

Zur selben Zeit hoben die Ärzte unter dem Einfluss des nationalsozialistischen Gedankenguts zunehmend den Vorrang der Gesundheit des ganzen Volkes gegenüber dem Wohlergehen des Individuums hervor.[5] In den Lehrkrankenhäusern und an den Universitäten kritisierten Nazi-Ärzte die akademische Medizin allgemein wegen ihrer negativen Züge, worunter man »Liberalismus, Individualismus, mechanistisch-materialistisches Denken und jüdisch-kommunistische Menschheitsideologie, Abkehr vom Natürlich-Urtümlichen und Gottgewollten, Missachtung von Blut und Boden, Vernachlässigung von Rasse und Erbmasse, Überbewertung des Körpers und der Einzelorgane, Unterbewertung der Seele und Konstitution« verstand.[6]

## Jüdische Ärzte

Eine Woche nach Hitlers Machtübernahme im Januar 1933 schrieb Dr. Kurt Klare, Mitbegründer des Nationalsozialistischen Ärztebundes, einem Kollegen, »Juden und Philosemiten müssten sich der Tatsache bewusst werden, dass die Deutschen wieder Herr im eigenen Haus seien und über ihr Schicksal selbst bestimmten«.[7] Die Entlassung der jüdischen Ärzte, die etwa 16 Prozent der Ärzteschaft bildeten,[8] setzte im März mit der Entfernung der jüdischen Funktionäre aus den nationalen medizinischen Verbänden und deren Bezirksvertretungen ein. Es folgte der von Goebbels dirigierte Boykott gegen die Juden am 1. April, bei dem von Juden geführte Geschäfte und Dienstleistungseinrichtungen, darunter auch Praxen und Kliniken, gemieden oder verwüstet wurden. In Nürnberg wurde verkündet, dass von jüdischen Ärzten ausgestellte Krankenscheine nicht mehr anerkannt würden, und in Berlin verschleppte man einige Ärzte in einen Park neben dem Lehrter Bahnhof und schoss ihnen in die Beine. In München wurde ein jüdischer Arzt, dem man illegale Abtreibungen vorwarf, festgenommen und eine Woche eingesperrt. Ein Fürsorgearzt in Berlin wanderte für neun Monate ins Gefängnis. Während sich die jüdischen Mitglieder der Ärzteschaft auf die antisemitische Gesetzgebung einzustellen versuchten, wurden Verträge gebrochen; jüdischen Ärzten wurde untersagt, für nichtjüdische Kollegen einzuspringen; Honoraranweisungen wurden ausgesetzt, und in Bayern entließ man alle jüdischen Ärzte aus dem öffentlichen Schuldienst. In Baden wurde der Mitgliederanteil jüdischer Ärzte in anerkannten Berufsverbänden auf ihren Anteil in der Gesamtbevölkerung beschränkt, der mit anderthalb Prozent beziffert wurde.[9]

Mithilfe eines an alle Kassenärzte verschickten Fragebogens machte sich die Regierung ab April 1933 daran, alle nichtarischen Kassenärzte, die ihre Praxen nach dem 1. August 1914 eröffnet, nicht an der Front gedient und im Krieg keinen Vater oder Sohn verloren hatten, auszuschließen. Wer eins der Kriterien der Verordnung erfüllte, war berechtigt, einen Ausnahmeantrag zu stellen. Anfang 1934 hatten 2600 Ärzte ihre Arbeit verloren; ihre Stellen hatten arische Kollegen übernommen. Willkürliche Festnahmen, Folter und vereinzelte Morde gab es das ganze weitere Jahr über; die erfundenen Anschuldigungen lauteten unter anderem: Ausstellen ungültiger Rezepte, sexuelle Übergriffe auf Patientinnen, illegale Abtreibungen und Unterschlagung. Unter jüdischen Medizinern häuften sich die Selbstmorde.[10] Aber immer noch konnten jüdische Ärzte praktizieren: zum Teil aufgrund der Ausnahmeregelungen, zum

Teil weil die Patienten nicht auf ihre Dienste verzichten wollten. Die Nazi-Aktivisten richteten ihren Zorn gegen die Patienten jüdischer Ärzte und warfen ihnen Verrat vor.

## Die Geschichte einer jüdischen Ärztin

Das Tagebuch von Dr. Hertha Nathorff, einer Gynäkologin, die in einer angesehenen deutsch-jüdischen Familie aufgewachsen war, liefert uns ein bewegendes Bild von der prekären Lage, die jüdische Ärzte, die unter Hitler in Deutschland blieben, tagtäglich zu ertragen hatten.[11] Nathorff, deren Mädchenname Einstein lautete (sie war entfernt mit dem Physiker verwandt), stammte aus wohlhabenden jüdischen Verhältnissen. Sie studierte während des Ersten Weltkrieges in Heidelberg Medizin und arbeitete für das Rote Kreuz, wo sie zur Chefärztin einer Geburtsstation aufstieg. Mit 38 Jahren leitete sie 1933 in Berlin eine eigene gynäkologische Klinik für 150 Patientinnen. Sie hatte einen achtjährigen Sohn und war seit 1923 mit einem jüdischen Oberarzt verheiratet.

Im Januar 1933, nach Hitlers erstem Wahlerfolg, wollte Nathorff noch an ihn glauben, aber im nächsten Monat fielen ihr bereits die zunehmenden antisemitischen Äußerungen der Patientinnen in ihrer Klinik auf. Zwei Wochen nach dem Judenboykott im April 1933 vermerkte sie, dass man jüdische Chirurgen aus den Operationssälen verbannte und jüdischen Ärzten den Zugang zu ihren Krankenhäusern verwehrte. Ihr Mann wurde von seinem Krankenhaus entlassen und musste nun privat praktizieren. Man verfrachtete jüdische Ärzte auf die Ladeflächen von offenen Lastwagen und karrte sie unter dem Spott der Passanten durch die Straßen. Eine Woche darauf wurde sie aus ihrer Teilzeitstelle als Schwangerschaftsberaterin entlassen, konnte ihre Klinik aber weiterführen.

Im Mai brach eine Patientin während einer Konsultation weinend zusammen; die Frau hatte dicht davor gestanden, sich mit Gas das Leben zu nehmen, weil sie glaubte, wegen einer früheren Beziehung zu einem Juden kein rein arisches Kind gebären zu können. Eine Woche später brachte sich einer von Nathorffs jüdischen Arztkollegen um, weil er mit seinen veränderten Lebensumständen nicht zurechtkam. Nathorff besuchte eine jüdische Ärztin in einer Nervenheilanstalt, die verrückt geworden war, nachdem man sie entlassen und ihr arischer Liebhaber ihr den Laufpass gegeben hatte.

Eine von Nathorffs Patientinnen, die nicht wusste, dass ihre Ärztin ebenfalls jüdisch war, erklärte ihr: »Jetzt geht es uns bald gut, wenn die Drecksjuden alle aus Deutschland fortmüssen.«[12] Nathorff offenbarte der Patientin, dass sie Jüdin war. Die Patientin schickte Blumen und ein Entschuldigungsschreiben.

Nathorff durfte keine gesetzlich krankenversicherten Patienten mehr behandeln; viele brachten ihr zum letzten Besuch Blumen mit: Sie hatte das Gefühl, ihrer eigenen Beerdigung beizuwohnen. Ein Gynäkologie-Professor, dem sie regelmäßig Patienten überwiesen hatte, erzählte ihr, dass er der Partei beigetreten sei, um von innen heraus das Schlimmste zu verhindern. Nathorff entgegnete ihm wütend, dass man, um Dummheiten zu verhindern, diese bekämpfen müsse, anstatt sich ihnen anzuschließen.

Die Unterdrückung setzte sich im folgenden Jahr unvermindert fort. Eine jüdische Kollegin tauchte eines frühen Morgens bei den Nathorffs auf: Ihr Haus war in der Nacht von der Gestapo nach subversiver Literatur durchsucht worden. Ihre langjährige Klinik-Hebamme suchte sie auf und teilte ihr mit, dass man ihr nahe gelegt habe, sich der Reichsfachschaft Deutscher Hebammen anzuschließen, was hieß, dass sie nicht mehr für eine Jüdin arbeiten durfte. Eine Patientin kam vorbei, um zu sagen, dass sie sich nicht mehr von ihr behandeln lassen könne, weil ihre halbwüchsigen Söhne sie sonst denunzieren würden. Ehemalige Patientinnen grüßten sie auf der Straße nicht mehr, ebenso ihre frühere Sekretärin, der sie einmal in einer finanziellen Notlage geholfen hatte. Eine Patientin erschien, um sie um Gift zu bitten: Nachdem sich herausgestellt hatte, dass eine ihrer Großmütter Jüdin war, hatte sie ihre Arbeitsstelle und ihren Freund verloren.

Die alltäglichen Verfolgungsgeschichten, die sie in ihrem Tagebuch festhielt, setzten sich bis in die späten Dreißigerjahre fort. In der Reichspogromnacht vom 9. auf den 10. November 1938 eskalierte die Lage. In jener Nacht waren Hertha Nathorffs Ehemann und andere jüdische Ärzte ihrem Tagebuch zufolge ständig unterwegs, um die Verwundeten und Kranken zu versorgen; viele Juden erlitten Herzinfarkte. Sie selbst blieb zu Hause am Telefon, um die Visiten ihres Mannes zu koordinieren. Am nächsten Morgen tauchten Polizisten bei ihr auf und suchten nach ihrem Mann. Sie drohten ihr und ihrem Sohn Kopfschüsse an. Als ihr Mann – erschöpft von seinem Einsatz in dieser Nacht – nach Hause kam, wurde er sofort festgenommen und fortgebracht.

Am 12. November stand sie im amerikanischen Konsulat Schlange, um ein Visum zu ergattern, doch man vertröstete sie auf den nächsten Tag. Zwei Tage später erfuhr sie, dass ihr Mann noch lebte, aber wegen »Rassenschande« in Haft gehalten werde. Ein Mann besuchte sie und verlangte Geld, damit die Anklage fallen gelassen werde. Als er sie mit einer Waffe bedrohte, händigte sie ihm eine große Summe aus und brach dann zusammen. Kurz darauf wurde ihr Mann aus der Haft entlassen.

Im nächsten Frühjahr gelang es ihnen, ihren Sohn nach England zu schicken, wo sie ihn vor der gemeinsamen Weiterreise nach New York treffen wollten. Nachdem sie die Ausreisegenehmigung erhalten hatten, wurden sie gezwungen, ihr Tafelsilber und ihren Schmuck abzugeben. Sie durften nur das Allernötigste und eine begrenzte Menge Bargeld mitnehmen.

Nathorff, ihr Mann und ihr Sohn ließen sich schließlich in New York nieder, wo sie ein neues Leben begannen. Nach etlichen schweren Jahren, in denen sie als Putzfrau gearbeitet hatte, während ihr Mann Englisch lernte, um wieder praktizieren zu können, gelangten sie erneut zu Wohlstand. Ihr Mann starb 1954; Nathorff veröffentlichte 1987 ihr Tagebuch in Deutschland, kehrte aber nie mehr in ihre Heimat zurück.

## Das Schicksal der Psychoanalyse

Sigmund Freud und Albert Einstein, damals die zwei berühmtesten lebenden Juden der Welt – viele hätten die beiden auch als die wichtigsten lebenden Wissenschaftler bezeichnet –, kannten einander flüchtig. Beide hatten 1912 die Gründungserklärung einer neuen wissenschaftlichen Vereinigung unterzeichnet, die sich jeder metaphysischen Spekulation und transzendentalen Doktrin enthalten sollte – ein Vorhaben, das durch den Ausbruch des Ersten Weltkrieges zum Erliegen kam. In den 1920er-Jahren waren sie sich kurz in Berlin begegnet, wobei sie einander über eine erhebliche Kluft der Unwissenheit bezüglich des jeweils anderen Fachgebiets hinweg Respekt gezollt hatten. Einstein war damals nicht geneigt, Freuds Verdrängungstheorie anzuerkennen (anders als 1936, als er ihr anlässlich des 80. Geburtstags des Psychoanalytikers Gültigkeit zusprach), und von Freud ist überliefert, dass er über Einstein sagte: »Er ist heiter, sicher und liebenswürdig, versteht von Psychologie so viel wie ich von Physik« – eine Basis, auf der sie, wie Freud anmerkte, »sehr gut gesprochen« hätten.[13]

Als die Nazi-Partei im Sommer 1932 in Deutschland allmählich Oberwasser bekam, willigte Freud in einen öffentlichen Meinungsaustausch mit Einstein ein, der durch das 1926 vom Völkerbund gegründete Internationale Institut für geistige Zusammenarbeit publik gemacht werden sollte. Einstein hatte rhetorisch gefragt: »Gibt es einen Weg, die Menschen von dem Verhängnis des Krieges zu befreien?« Seine eigene Antwort war optimistisch ausgefallen. Er plädierte für eine internationale Autorität, die militärisch stark genug sein sollte, um Frieden zu erzwingen, und räumte zugleich ein, dass den Menschen ein »Drang nach Hass und Zerstörung« innewohne. Aber gerade deswegen kam, so Einstein, der Psychoanalyse im Leben der Individuen wie der Staaten eine wichtige friedenserhaltende Funktion zu.

Freud war hingegen nicht gewillt, die Wirksamkeit der Psychoanalyse als Allheilmittel gegen die menschliche Aggressivität derart optimistisch zu bewerten. Im September 1932 schrieb er an Einstein:

»Aus dem Vorstehenden entnehmen wir für unsere nächsten Zwecke so viel, dass es keine Aussicht hat, die aggressiven Neigungen der Menschen abschaffen zu wollen. Es soll in glücklichen Gegenden der Erde, wo die Natur alles, was der Mensch braucht, überreichlich zur Verfügung stellt, Völkerstämme geben, deren Leben in Sanftmut verläuft, bei denen Zwang und Aggression unbekannt sind. Ich kann es kaum glauben, möchte gern mehr über diese Glücklichen erfahren. Auch die Bolschewisten hoffen, dass sie die menschliche Aggression zum Verschwinden bringen können dadurch, dass sie die Befriedigung der materiellen Bedürfnisse verbürgen und sonst Gleichheit unter den Teilnehmern an der Gemeinschaft herstellen… Vorläufig sind sie auf das Sorgfältigste bewaffnet und halten ihre Anhänger nicht zum Mindesten durch den Hass gegen alle Außenstehenden zusammen.«[14]

Als Hitler im folgenden Jahr an die Macht kam, wurde der Einstein-Freud-Text, der unter dem Titel *Warum Krieg?* veröffentlicht worden war, im Dritten Reich verboten. Im Mai landeten Freuds Werke gemeinsam mit denen Einsteins auf den Berliner Scheiterhaufen. Freud merkte später an, dass er zumindest »in bester Gesellschaft«[15] brannte, ein Kommentar voller bitterer Ironie, da bis zum Kriegsende vier seiner fünf Schwestern in den Konzentrationslagern sterben sollten.

Freud scheint sich der Gefahren des in Wien grassierenden Hitlerismus bewusst gewesen zu sein, aber er hatte resigniert. »Wenn sie mich totschlagen, gut; es ist eine Todesart wie die andere.«[16] 1934 räumte er jedoch ein, dass er Österreich verlassen würde, sobald eine Marionette Hitlers das Land regierte. Er bemerkte, dass »die Welt ein großes Zuchthaus« werde, dessen »ärgste Zelle Deutschland« sei.[17]

Die Deutsche Psychoanalytische Gesellschaft in Berlin war bereits durch ähnliche Judenentlassungen geschwächt worden wie die gesamte medizinische Profession. Ihr Präsident Max Eitingon war ein russischer Jude: Er floh nach Palästina und wurde durch seinen Stellvertreter Felix Boehm ersetzt. Aber die deutsche Psychoanalyse sollte schon bald de facto von Professor Matthias Heinrich Göring kontrolliert werden, einem Vetter des Luftfahrtministers Hermann Göring. Professor Göring gab bekannt, dass Hitlers *Mein Kampf* künftig das grundlegende Lehrbuch der Psychoanalyse im Dritten Reich sein werde. 1936 wurde die Bibliothek des Instituts konfisziert, ebenso die Vermögenswerte des gesellschaftseigenen Internationalen Psychoanalytischen Verlags in Leipzig.

Unterdessen war die Deutsche Allgemeine Ärztliche Gesellschaft für Psychotherapie, eine Schwesterorganisation des Psychoanalytiker-Verbandes, unter strikter Nazi-Aufsicht reorganisiert und in Internationale Allgemeine Ärztliche Gesellschaft für Psychotherapie umbenannt worden. Der Präsident Ernst Kretschmer hatte sein Amt niedergelegt und war durch Freuds einstmaligen Kollegen und Rivalen Carl Gustav Jung ersetzt worden, der auch die Leitung des *Zentralblatts für Psychotherapie* übernahm. Jung sollte sich später gegen den Vorwurf der Kollaboration mit den Nazis verteidigen, indem er auf seine Interventionen zugunsten entlassener und verfolgter, häufig jüdischer Psychotherapeuten verwies. Freud war jedoch bereits seit 1912 der Auffassung gewesen, dass Jung Antisemit war, und als sich Jung 1934 über Freuds schädlichen Einfluss auf die Psychoanalyse verbreitet hatte, hatte sich der Angegriffene in seinem lang gehegten Verdacht bestätigt gesehen. Zweifellos stand Freud nun im Mittelpunkt von Jungs Kritik an der Psychoanalyse als einer durch und durch jüdischen Angelegenheit. Jung argumentierte, er habe sich lediglich gegen Freuds »seelenlosen Materialismus« gestellt, und warf Freud vor, er habe durch seine Bereitschaft, »überall Antisemitismus zu wittern«, diesen selbst geschürt. In einer typischen Abhandlung dieses Themas schrieb Jung 1934 in seiner Zeitschrift:

»Meines Erachtens ist es ein schwerer Fehler der bisherigen medizinischen Psychologie gewesen, dass sie jüdische Kategorien, die nicht einmal für alle Juden verbindlich sind, unbesehen auf den christlichen Germanen oder Slawen verwandte. Damit hat sie nämlich das kostbarste Geheimnis des germanischen Menschen, seinen schöpferisch ahnungsvollen Seelengrund als kindisch-banalen Sumpf erklärt, während meine warnende Stimme durch Jahrzehnte des Antisemitismus verdächtigt wurde. Diese Verdächtigung ist von Freud ausgegangen. Er kannte die germanische Seele nicht, so wenig wie alle seine germanischen Nachbeter sie kannten. Hat sie die gewaltige Erscheinung des Nationalsozialismus, auf den eine ganze Welt mit erstaunten Augen blickt, eines Besseren belehrt?«[18]

Glühende Lobeshymnen auf Deutschlands »Seelengrund« nach einem Jahr Hitler-Regime waren nicht gerade dazu angetan, bei den Psychoanalytikern, von denen viele Juden waren, den Eindruck zu erwecken, dass ihre Kunst und die Psychotherapie überhaupt in guten Händen waren. Kein Wunder, dass Wilhelm Stekel, einer von Freuds ersten und treuesten Anhängern, an Chaim Weizmann schrieb und darauf drängte, dass die Universität von Jerusalem zum neuen Zentrum für Deutschlands »verbotenen Zweig der Psychoanalyse«[19] werde.

In den Nervenheilanstalten wurden weiterhin heimlich Analysen durchgeführt, wozu man die Patienten geradezu in die Einrichtungen hineinschmuggeln musste. Auch in den Privatwohnungen von Analytikern fanden noch bis 1938 Sitzungen statt, aber dann machte Hitlers Polizeistaat dergleichen zu gefährlich. Die Freud'sche Begrifflichkeit der Analyse wurde mit alternativen Ausdrücken maskiert. Das Wort »Analyse« wurde zum Beispiel durch »wirklich tiefenpsychologische Behandlung von langer Dauer« ersetzt.[20]

Obwohl die Analyse in Deutschland nicht völlig ausstarb, hatte sich der Schwerpunkt der psychoanalytischen Praxis in der Zwischenzeit in die Vereinigten Staaten verlagert, deren einheimische Analytiker ihr Handwerk in Deutschland gelernt hatten.

Die Emigration deutscher Therapeuten, von denen viele einst die Mentoren ihrer amerikanischen Kollegen gewesen waren, fiel ausgerechnet mit den schlimmsten Jahren der Weltwirtschaftskrise zusammen. Der Analytiker und Freud-Biograf Ernest Jones schrieb im April 1933:

»Etwa 70 000 Juden verlassen Deutschland, nun, da das Schicksal zuschlägt. Unter ihnen ist die Mehrheit der Deutschen Psychoanalytischen Gesellschaft; ich weiß nur von vier oder fünf Mitgliedern, die noch in Berlin geblieben sind. Die Verfolgung war viel schlimmer, als man zu glauben geneigt war, und hat es wirklich verdient, mit mittelalterlichen Verhältnissen verglichen zu werden. Das ist eine äußerst barbarische Angelegenheit.«[21]

Jones sammelte fleißig Spenden, um die zugewanderten Psychoanalytiker unterzubringen.

Die amerikanische Analytikergemeinschaft nahm den Zustrom der deutschen Kollegen nicht gleichmütig hin. Deren Ankunft verschärfte die bereits bestehenden Spaltungstendenzen in der psychoanalytischen Szene Amerikas, die Ives Hendrick, damals ein junger Radikaler, als Streit der »Juden mit den Nichtjuden, Amerikaner gegen Europäer, ältere gegen jüngere Generation, Stadt gegen Stadt, persönliche Rivalitäten äußerst narzisstischer Persönlichkeiten« beschrieb.[22] Auf jeden Fall konnte die Psychoanalyse, wie der

1 Die Springbrunnen des Château d'Eau, dahinter der Palais d'Electricité auf der Pariser Weltausstellung von 1900

2 *(rechts)* Max Planck, einer der Begründer der Quantenphysik

3 *(unten)* Fritz Haber (zweiter von links, mit ausgestrecktem Arm) inspiziert im Ersten Weltkrieg Giftgas-Behälter

4 *(links)* Fritz Haber

5 *(unten)* Clara Immerwahr, Fritz Habers Frau, die vermutlich aus Protest gegen den von ihrem Mann befürworteten Einsatz von Giftgas im Ersten Weltkrieg Selbstmord verübte

6 Kaiser Wilhelm II. eröffnet am 23. Oktober 1912 in Berlin ein Kaiser-Wilhelm-Institut

7 *(oben links)* Philipp Lenard, Nazi-Physiker und Antisemit

8 *(oben rechts)* Lise Meitner (links) und Otto Hahn im Kaiser-Wilhelm-Institut für Chemie, 1913

9 *(unten links)* Johannes Stark, Lenards jüngerer Kollege und Einstein-Gegner

10 *(unten rechts)* Enrico Fermi, Werner Heisenberg und Wolfgang Pauli 1927 in Como (v.l.n.r.)

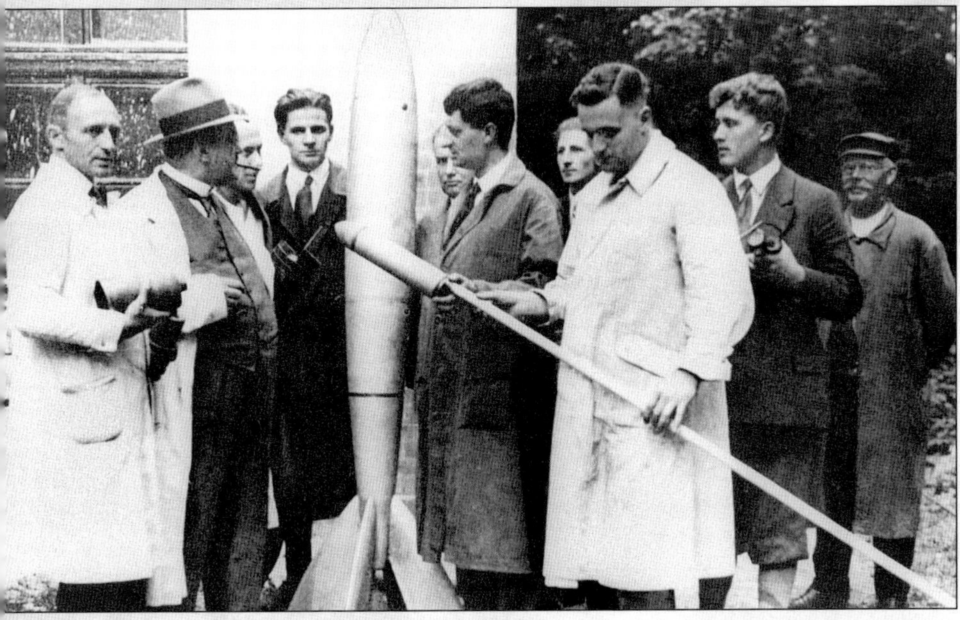

1 *(oben)* Die Physikertagung in Kopenhagen, uni 1936. Erste Reihe (v.l.n.r.): Pauli, Jordan, Ieisenberg, Born, Meitner, Stern, Franck; zweite Reihe: Weizsäcker und Hund (hinter Heisenberg), )tto Frisch (zweiter von rechts); dritte Reihe v.l.n.r.): Kopfermann, Euler, Fano; vierte und ünfte Reihe, zweite von links: Peierls und Veisskopf; an der Wand stehend: Bohr und Rosenfeld

12 *(unten)* Professor Oberth (Mitte, im Profil), der Erfinder der fliegenden Bombe, im Kreis von Mitarbeitern mit einer Bombe, die er 1931 gebaut hatte. Zweiter von rechts: Wernher von Braun

13 *(rechts)* Im August 1935 inspiziert Adolf Hitler die ersten deutschen U-Boote in Kiel

14 *(unten links)* Adolf Hitler und sein Stellvertreter Rudolf Heß beim NSDAP-Parteitag in Nürnberg 1933

15 *(unten rechts)* Der Sterilisationsbefürworter Bernhard Rust, Wissenschaftsminister der Nazis, in Uniform

16 *(oben)* Hitler bei der Berliner Automobilausstellung, 1935

17 *(links)* Albert Einstein und Leo Szilard warnten Präsident Roosevelt in einem Brief vom 2. August 1939 vor den Gefahren von Atomwaffen

18 *(oben)* Frédéric Joliot-Curie, hier mit seiner Frau Irène, veröffentlichte im März 1939 seine Erkenntnisse über sekundäre Neutronen und machte die Nazi-Wissenschaftler so auf die Möglichkeit einer Atombombe aufmerksam

19 *(unten)* Otto Frisch und Rudolph Peierls von der Universität Birmingham berechneten, dass die für eine Kettenreaktion nötige Menge Uran-235 erheblich kleiner war, als bis dahin angenommen

verstorbene Sozialanthropologe Ernst Gellner schrieb, in keiner ihrer vielen Erscheinungsformen unter autoritären Regimes wie den Nationalsozialisten gedeihen. In Amerika konnte sie für Beziehungen, die Quelle der meisten Ängste in der modernen Gesellschaft, eine Form der »Seelsorge« darstellen, und sie vermittelte in einer Ära der Gewalt ein angemessen realistisch-tragisches Menschenbild. In der Nachkriegszeit sollte die Psychoanalyse außerdem eine wichtige Keimzelle des rasch wachsenden Selbsterfahrungsmarktes bilden.

Der krebskranke Freud blieb bis zum Anschluss Österreichs, nach dem die deutschen Rassengesetze auch auf Österreicher angewandt wurden, in Wien. Nach vielen umständlichen Verhandlungen in Großbritannien, Berlin und Wien erlaubte man ihm schließlich, von Österreich nach England zu reisen, und er ließ sich in London nieder. Bevor er endgültig zum Bahnhof aufbrechen durfte, kam die Gestapo vorbei und verlangte, dass er ein Dokument unterzeichnete, aus dem hervorging, dass er korrekt behandelt worden war. Freud unterschrieb und fügte hinzu: »Ich kann die Gestapo jedermann aufs Beste empfehlen.«[23]

## Psychologie in Not

Das Schicksal der unterschiedlichen Schulen der akademischen oder wissenschaftlichen Psychologie in Deutschland folgt dem Muster der meisten anderen in Not geratenen deutschen Wissenschaftlergemeinschaften. Nachdem man sie aller jüdischen und linken Psychologen beraubt hatte (sechs der 15 ordentlichen Professoren, die an deutschen Universitäten Psychologie lehrten, verloren ihre Stellung), überlebte die Psychologie mehr schlecht als recht, von innen wie von außen unter Druck gesetzt.

Die Deutsche Gesellschaft für Psychologie wurde im April 1933 von ihren jüdischen Vorstandsmitgliedern gesäubert, während einzelne Mitglieder einander bei dem Nachweis zu übertrumpfen versuchten, dass ihre Theorien und Forschungsvorhaben hervorragend mit dem Nationalsozialismus konform gingen. Hitler wurde als ein großer Psychologe gerühmt und im Grundsatzreferat der 1933er-Versammlung der Deutschen Gesellschaft für Psychologie als ein mutiger und tief fühlender Kanzler charakterisiert. Die Themen der folgenden Konferenzen drehten sich zunehmend um Rassenfragen und Nazi-Kommunitarismus. Bestehende psychologische Theorien und Schulen wurden entstellt oder funktionalisiert, um der Nazi-Ideologie zu entsprechen. An der Universität Jena wurde die Gestaltpsychologie an die Vorstellungen von der »deutschen Seele« angepasst, während andere Schulen die rassische Basis der psychologischen Typen herauszustellen versuchten. Erich Rudolf Jaensch von der Universität Marburg und Felix Krueger aus Leipzig griffen die Gestaltschule der Berliner Universität unter Wolfgang Köhler als übermäßig materialistisch an. Köhler ging von einer strukturellen Entsprechung zwischen Außenwelt und Geist aus, während die Nazi-Perspektive einen ganzheitlichen Ansatz bevorzugte, der nach einer Rückkehr des großen Gefühls, der Männlichkeit und des Heldentums verlangte. Krueger führte seine vagen Vorstellungen von einem psychologischen Holismus vehement zur Begründung der Notwendigkeit ins Feld, die Individualität der Deutschen in ein Gruppenbewusstsein zu überführen, und unterstützte damit auch die Ausweitung des Lebensraums und den Rassismus.

Das Schicksal des Psychologischen Instituts in Berlin illustriert die Versuche einzelner Akademiker, sich mit dem Regime zu arrangieren, um eine hoch angesehene Forschungseinrichtung angesichts des Anpassungsdrucks von unten wie auch der Rachsucht der Nazi-Akademiker benachbarter Fakultäten zu erhalten. Das Psychologische Institut wurde von Köhler geleitet, der kein Jude war. Seine psychologische Schule (die weder mit der amerikanischen Gestalttherapie der 1950er-Jahre noch mit jener Gestalttheorie verwandt war, die später den Gegenpol zum Behaviorismus darstellte) versuchte eine Theorie der subjektiven Formeindrücke und ihrer Beziehung zu objektiven physikalischen Phänomenen zu entwickeln, die insbesondere auf Seh- und Hörvorgänge zutreffen sollte. Neben Jaenschs eigennütziger Kritik führten die Nazis gegen diese Schule bald auch ins Feld, dass einer der wichtigsten Begründer der Gestaltpsychologie, Max Wertheimer, Jude war.

Köhlers Reaktion auf die erste Entlassungswelle war offenbar ambivalent. Er setzte sich dafür ein, dass dem Institut sein hervorragender jüdischer Kollege Kurt Lewin erhalten blieb, während er in der Öffentlichkeit zugleich sein Einverständnis mit der konfessionellen Quotierung signalisierte. In einem Interview der *New York Times* vom 7. Juli 1933, das unter der Überschrift »Köhler sagt ein liberales Deutschland voraus« erschien, erklärte er, die nationalsozialistische Regierung sei für die Zuteilung hochrangiger Universitätsposten und Stellen im öffentlichen Dienst gemäß den Größen der Konfessionen zu loben. »Das«, so sagte er, »hätte eine äußerst beruhigende Wirkung auf die Außenwelt und würde unserer neuen Regierung die Gefolgschaft einer Vielzahl deutscher Bürger sichern, darunter einiger der wertvollsten.« Diese Überlegung ähnelt dem bereits zitierten Kommentar Max Plancks gegenüber Hitler, dem zufolge es unterschiedliche Sorten von Juden gab, wertvolle und wertlose, und dass man zwischen ihnen differenzieren müsse. Angesichts der damaligen Bedrohungen und Ungewissheiten mag es durchaus sein, dass Köhler mit diesem Schritt das Überleben seines Instituts zu sichern versuchte. Sein Gestaltkollege Kurt Koffka schrieb über diese Zeit, Köhler sei ein sehr mutiger Mann, viel mutiger, als man meinen sollte.[24] Aber wie viele Forscher und Lehrkräfte hat Köhler, um zu überleben, seine öffentliche Funktion als Wissenschaftsbeamter von seinem privaten Status als »freies« Individuum zu trennen versucht.

Am ersten Tag des neuen akademischen Jahres entbot er bei seiner Grußrede an die Studentenschaft und die Fakultät einen müden Hitlergruß und erklärte zugleich, dass er mit dem Nazi-Regime nicht konform gehe, sondern nur den Anordnungen der Universitätsverwaltung gehorche. In jenem Monat erschien in der Studentenzeitschrift der Philosophischen Fakultät, deren Dekan der renommierte und jüngst zum Nationalsozialismus übergelaufene Mathematiker Ludwig Bieberbach war, ein Artikel, in dem hinterfragt wurde, ob das Psychologische Institut wirklich die Gleichschaltung vollzogen habe. Der Autor war Hans Preuss, der Studentensprecher der Berliner Sektion des Nationalsozialistischen Deutschen Studentenbundes. Preuss behauptete, das Psychologische Institut sei eine Hochburg der Kommunisten und Juden, und deutsche Studenten fühlten sich dort an den Rand gedrängt. Köhlers Studenten scharten sich um ihren Professor und erklärten öffentlich, es könne nicht abgestritten werden, dass die Studenten am Institut handverlesen worden seien, aber dies sei strikt nach dem Kriterium ihrer wissenschaftlichen Fähigkeiten geschehen.

Im folgenden Monat drangen Nazis auf der Suche nach Beweisen für einen Verrat in Köhlers Büro ein. Man fand nichts Belastendes. Im April des folgenden Jahres, 1934, folgte eine zweite Durchsuchung, die direkt von Ludwig Bieberbach angezettelt worden war und wieder nichts erbrachte. Im Frühsommer riefen die Studenten des Instituts zu einem Fackelzug zu Ehren von Köhler auf. Wie eine seiner Studentinnen später anmerkte: »Wir waren so naiv zu glauben, wir könnten eine Mauer um uns hochziehen und in ihrem Schutz weiter Wissenschaft betreiben, während die Nazis sich mit ihrem Volk beschäftigten.«[25] Den Studenten wurde die Demonstration für ihren Professor untersagt, und Köhlers Schicksal war besiegelt: Er sollte seinen Kampf für eine Sonderstellung, von der aus er die Nazis in ihre Schranken weisen und als Wissenschaftler und Mensch integer bleiben konnte, verlieren.

Im Juni 1934 wurden die Studenten des Psychologischen Instituts von Mitgliedern des Nationalsozialistischen Deutschen Studentenbundes unter der Leitung des Berliner Studentenführers Richter einer Befragung unterzogen. Sie wurden zum Beispiel gefragt, wie sie einen Professor unterstützen konnten, der mit dem Juden Wertheimer in Verbindung stand. Im Verhör scheinen einige dieser Studenten Köhlers Position bezüglich der Quoten für Juden übernommen zu haben: Eine der Studentinnen antwortete, sie wisse, dass Professor Köhler das Judenproblem in keiner Weise abstreite.[26]

Köhler, der mittlerweile seinen Rücktritt angeboten hatte, ging auf die Nazi-Studenten so weit ein, dass er ein Treffen zwischen einem hochrangigen Beamten des Preußischen Ministeriums für Wissenschaft, Erziehung und Volksbildung und einem Psychologiestudenten sowie seiner Assistentin Hedwig von Restorff arrangierte, die das Institut vertrat. Zu den Forderungen der Studenten gehörte die ordnungsgemäße Umsetzung des Führerprinzips, das, wie sie sagten, durch das ungebührliche Benehmen von Studenten beeinträchtigt werde, die die Dinge von unten her zu regeln versuchten. In der Folge sprach das Ministerium dem Professor das Vertrauen aus und ordnete eine Disziplinierung der NS-Studenten an. Ein Jahr später wurde der Nationalsozialistische Deutsche Studentenbund neutralisiert, indem man ihn reorganisierte und als Gliederung in die NSDAP aufnahm.

Aber Köhlers Leidenszeit war noch lange nicht vorbei. Im Juni 1935 wies die Gestapo die Universität an, zwei seiner Assistenten wegen antifaschistischer Umtriebe zu entlassen: Karl Duncker und Otto von Lauenstein. Köhlers Lage war nun unerträglich geworden. Er reichte erneut seinen Rücktritt ein, der am 6. September akzeptiert wurde, und reiste in die Vereinigten Staaten, wo er mit einem Stipendium der Rockefeller Foundation eine Gastdozentur am Swarthmore College antrat.

Der Mathematiker Bieberbach und der Philosoph und Psychologe Johann Baptist Rieffert preschten nun vor, um die Psychologie an der Universität unter ihre Kontrolle zu bringen. Die beiden leidenschaftlichen Nationalsozialisten hatten mit studentischen Helfershelfern den Plan geschmiedet, die Assistenten des Instituts zu denunzieren, um anschließend auch Köhler zu entmachten. Rieffert, der im militärpsychologischen Dienst gearbeitet hatte, war 1931 an die Berliner Universität gekommen, wo er unter anderem einen Kursus für »Charakterstudien« anbot. Im März 1933 trat er der NSDAP und im Juli der SA bei. Im Juli 1935 drängte Bieberbach darauf, dass im Fall von Köhlers Weggang Rieffert der neue Direktor des Psychologischen Instituts werden sollte. Im September wiederholte er seinen Antrag und schlug vor, dass Rieffert den Arbeitsschwerpunkt des Instituts auf die »Rassenpsychologie« verlagern sollte. Nun wurde Rieffert zum Interimsdirektor bestellt, aber seine Herrschaft war nicht von Dauer. Im folgenden Jahr wurde bekannt, dass er Mitglied der Sozialdemokratischen Partei gewesen war. Er wurde aus seiner Universitätsanstellung entlassen und aus der NSDAP ausgeschlossen.

Ende der Dreißigerjahre stellten die Psychologiekurse an der Berliner Universität eine Mischung aus Experimental- und Entwicklungspsychologie sowie »Rassenpsychologie« dar, die von der philosophischen Fakultät unter Hans Günther beigesteuert wurde; es gab auch eine Lehrveranstaltung mit dem Titel »Rassenseelenkunde«. Eine amerikanische Besucherin, Barbara Burks, berichtete, dass das intellektuelle Klima an der ehemaligen Hochburg der Gestaltschule von »absoluter Öde« geprägt sei.[27]

# 12. Der Feldzug gegen den Krebs

Während manche Wissenschaftszweige unter dem Einfluss der Nazi-Ideologie in Deutschland verkümmerten, kam es in anderen wie der allgemeinen Biologie nur zu einer Stagnation, und manche Disziplinen blühten sogar auf.[1] Der Historiker Joseph Needham vertrat noch die Ansicht, dass der Baum eines bösen Regimes grundsätzlich keine guten wissenschaftlichen Früchte tragen könne. Aber die Gelehrten haben sich von der Schlechter-Baum-schlechte-Früchte-These mittlerweile verabschiedet – unter anderem aufgrund ihrer Erkenntnisse über die anscheinend fortschrittliche Nazi-Kampagne gegen den Krebs.

So fragt der Historiker Robert Proctor, inwieweit bekannt sei, »dass nationalsozialistische Gesundheitsaktivisten die erste große Nichtraucherkampagne der Welt starteten. Wer hat schon davon gehört, dass die Nationalsozialisten eine der weltweit ambitioniertesten Kampagnen gegen den Krebs führten, in deren Verlauf sie bereits damals Beschränkungen in der Verwendung von Asbest und Rauchverbote erließen sowie krebsauslösende Pestizide und Lebensmittelfarben verboten?«[2]

Das Phänomen ist von großem Interesse, da es drängende Fragen über die Wissenschaft als solche berührt: Warum hat sie sich so mühelos in die Nazi-Politik eingefügt? Selbst die wissenschaftlich recht solide und – zumindest aus der Perspektive des öffentlichen Gesundheitswesens – fortschrittliche Anti-Krebs-Kampagne war in Hitlers Deutschland untrennbar mit Rassismus und Antisemitismus verbunden.

Die Deutschen waren nicht nur in der Farbstofftechnologie und industriellen Chemie Weltspitze gewesen, sondern hatten gegen

Ende des 19. Jahrhunderts auch als Erste bemerkt, dass Kohlenteerderivate, Anilinfarben und Chromate eine Reihe von Krebserkrankungen förderten. 1902 entdeckten deutsche Wissenschaftler darüber hinaus einen Zusammenhang zwischen Krebs, vor allem Leukämie, und Röntgenstrahlung. Aufgrund der Beobachtung, dass die Zahl der Krebserkrankungen zunahm, wurde 1900 in Deutschland die erste staatlich unterstützte Gesellschaft zur Krebsbekämpfung gegründet.

Von Anfang an legte dieses »Zentralkomitee zur Erforschung und Bekämpfung der Krebskrankheit«[3] seinen Arbeitsschwerpunkt auf die Prävention, was auf die Überzeugung hindeutet, dass die Ursachen in der Umwelt zu suchen seien. Zu Beginn der Zwanzigerjahre wurden die Kampagnen auch auf Früherkennung und Gesundheits- und Sicherheitsmaßnahmen in Betrieben ausgedehnt. Unter den Nazis erreichten diese Initiativen nochmals erheblich größere Ausmaße.

Nach Hitlers Machtergreifung wurde die Bevölkerung in der Presse und im Radio zu regelmäßigen Untersuchungen aufgerufen. Auf Plakaten wurde dafür geworben, dass Männer ihren Dickdarm ebenso häufig auf Krebs untersuchen lassen sollten, wie sie ihre Autos überholen ließen, und Raucher wurden zum Aufhören ermutigt. An den Schulen, in der Armee, in Fabriken und Büros wurde massenhaft geröntgt. Da die Nazis ihren Krieg gegen den Krebs auf der Ebene der Vorbeugung und nicht der Heilung führten, verlagerte sich der wissenschaftliche Erkenntniseifer von der biomedizinischen Forschung auf öffentliche Gesundheitskampagnen, das Sammeln und Auswerten statistischer Daten, Epidemiologie und Methoden der Früherkennung.[4]

Der Kampf gegen die Asbestose war ein glänzendes Beispiel für eine vernünftige Maßnahme gegen eine Berufskrankheit. In den frühen Jahren des Regimes hatte eine Anti-Staub-Kampagne Asbestfasern als ernste Gesundheitsgefahr bekannt gemacht und zu gesetzlichen Vorschriften für die Konstruktion von Ventilatoren und Schritten zur Reduzierung der Belastung geführt. 1938 konnten deutsche und österreichische Forscher überzeugende Belege für einen Zusammenhang zwischen Asbest und zwölf verschiedenen Krebserkrankungen vorweisen; auf der Basis ihrer Befunde wurden weitere Untersuchungen angestellt, darunter auch Experimente, die den Einfluss der Fasern auf das Wachstum von Lungentumoren bei Mäusen demonstrierten. 1942 kam ein deutsches Gutachten zu dem Schluss, dass Asbest gefährlich ist, während die amerikanischen und britischen Experten das Material immer noch als harmlos einstuften. Im folgenden Jahr akzeptierte die Nazi-Regierung das Prinzip, dass Arbeiter, die unter Asbestose litten, Entschädigungszahlungen erhalten sollten.[5]

Der Antisemitismus tauchte im Feldzug gegen den Krebs in Gestalt einer von den Nazi-Ideologen exzessiv eingesetzten Krebsmetaphorik auf. Richard Doll, nach dem Zweiten Weltkrieg in Großbritannien ein renommierter Krebs-Epidemiologe, erinnert sich, dass er während seines Studiums in Deutschland ein Diapositiv zu sehen bekam, auf dem Krebszellen als Juden und die heilsame Röntgenbestrahlung dieser Tumoren als SA-Trupp abgebildet waren.[6]

Trotz ihrer Neigung, viele Verhaltensweisen und Krankheiten als erblich anzusehen, waren zahlreiche Nazis überzeugt, Krebs werde durch Umwelteinflüsse wie den Beruf, die Lebensweise und kulturelle Faktoren, also die »Zivilisation«, ausgelöst. Allerdings vermutete man, dass Menschen mit einer schwachen genetischen Konstitution anfälliger sein könnten als andere. Arthur Hintze, ein führender Radiologe und Chirurg in Berlin, glaubte an einen Zusammenhang zwischen Krebs und Ernährungsweise; er meinte auch, dass religiöse Praktiken einen Einfluss haben könnten. Otmar von Verschuer, der später an der Arbeit Josef Mengeles in Auschwitz beteiligt sein sollte, wagte die Schätzung, dass nur ein Prozent aller Krebsfälle genetisch bedingt sei. Die Juden waren jedoch in den Augen mancher »Fachleute« Krebsüberträger: Sie seien es nämlich gewesen, die den Tabak in Deutschland eingeführt hätten, und sie handelten weltweit mit dieser Droge. Aber aufgrund ihrer allgemeinen Schwächlichkeit seien Juden auch überproportional anfällig für Krebs.

Der hemmungslose Einsatz von Röntgenstrahlung in der Diagnose hatte auch Konsequenzen für die geplanten Massensterilisierungsmaßnahmen. Die Röntgenaufnahmen führten zu einer Zunahme bestimmter Krebserkrankungen, vor allem bei dem medizinischen Fachpersonal, das an den Röntgenapparaten arbeitete. Röntgenhelfer, die der Krankheit zum Opfer fielen, wurden als »Märtyrer der Wissenschaft« bezeichnet und als Helden gefeiert. Während man in einem Sektor der Medizin an verschärften Sicherheitsstandards für den diagnostischen Einsatz von Röntgenstrahlen arbeitete, erprobte man in einem anderen Sektor bereits die Einsatzmöglichkeiten dieser Technologie zur Sterilisation »Fortpflanzungsunwürdiger«.

Unter den Nazis brachten die Forschungen und gesetzlichen Regelungen zur Bekämpfung einer Vielzahl von Schadeinflüssen am Arbeitsplatz Deutschland weltweit an die Spitze der Arbeitsmedizin und Gesundheitsvorsorge, wenngleich dies im Krieg eher Propaganda als Wirklichkeit war. Firmen wie die IG Farben erlegten sich zwar weit reichende Gesundheits- und Sicherheitsprogramme auf, begrenzten im Krieg aber den Prozentsatz ihrer Arbeiter, die wegen Berufskrankheiten stationär behandelt wurden, strikt auf höchstens fünf Prozent. Zur selben Zeit grassierte auch die Vorstellung, Euthanasie sei eine angemessene Reaktion auf viele Krankheiten: Das Regime wollte vor allem Erkrankungen in der »Herrenrasse« vorbeugen, fand aber auch nichts dabei, diejenigen, bei denen die Vorsorge nicht verfangen hatte, einfach auszusortieren!

In ihrem Streben nach Krebsvorbeugung machten die Nazi-Ernährungswissenschaftler die Kost als einen Haupteinflussfaktor aus. Die Deutschen wurden ermahnt, nicht so viel Dosen- und Räucherfleisch, fettes Essen und Zucker zu sich zu nehmen und stattdessen mehr Getreide, frisches Obst und Gemüse. Immer wieder wurde hervorgehoben, dass Hitler Vegetarier, Antialkoholiker und Nichtraucher war.

Dass man zwischen Krebs und Ernährung einen engen Zusammenhang sah, lag vielleicht an den deutschen und schweizerischen Statistiken aus der Mitte des 19. Jahrhunderts, nach denen bösartige Geschwülste im Magen mehr als ein Drittel aller Krebserkrankungen ausgemacht hatten. Der allmähliche Rückgang der Magenkrebshäufigkeit nach dem Ersten Weltkrieg war höchstwahrscheinlich eine Folge der besseren Versorgung mit frischen Lebensmitteln und des geringeren Verzehrs verdorbener Nahrung aufgrund der

Modernisierung des Transportsystems. Viele Lebensmittel waren außerdem früher mit schädlichen Farbstoffen versetzt worden, um sie frischer erscheinen zu lassen.

Der Antrieb für die Verbesserung der Ernährungslage war eindeutig weniger die Sorge um das individuelle Wohl als vielmehr das Interesse an der Volksgesundheit. Einer von Hitlers Jugendführern erklärte: »Ernährung ist keine Privatsache!«[7] Und ein Propagandaplakat verkündete: »Dein Körper gehört dem Führer!« Die Nazi-Ideologen stellten ihre Vorstellung von der Gesundheit als Gemeinschaftspflicht der sozialistischen Idee entgegen, der Einzelne habe das Recht, mit seinem Körper nach Gutdünken zu verfahren. Ein weiterer Aspekt ihrer Ernährungslehre war die nationalsozialistische Rückbesinnung auf die Natur: Vollkornbrot war demnach weißem Brot überlegen, das als eine Erfindung der Französischen Revolution abgetan wurde. Aber es gab auch wirtschaftliche Erwägungen. Der hohe Fleischkonsum und die Vorliebe für weißes Brot drohten die Ökonomie überzustrapazieren. In seinem Vierjahresplan griff Hermann Göring die Praxis an, Tiere mit Getreide zu mästen, das besser zu Frühstücksflocken und Brotmehl verarbeitet werden sollte. Ökonomen hatten ausgerechnet, dass 90 000 Kalorien an Getreide eingesetzt wurden, um 9000 Kalorien Schweinefleisch zu erzeugen.

Der Verdacht, dass Alkohol Krebs auslösen könne, war im Deutschland der Dreißigerjahre weit verbreitet, und man nahm allgemein an, dass Alkohol das Erbgut schädige. Sowohl Hitler als auch Himmler, beide Antialkoholiker, räumten dem Kampf gegen die Trunksucht einen hohen Stellenwert ein. Himmler hielt Alkohol für ein heimtückisches Gift, und Hitler behauptete, dieser Droge fielen mehr Menschen zum Opfer, als auf dem Schlachtfeld starben. Obwohl sich Bier in Deutschland großer Beliebtheit erfreute, wurde der Alkoholmissbrauch nicht nur durch Massenpostkampagnen und Rationierung bekämpft, sondern auch durch die im Sterilisierungsgesetz von 1933 vorgesehenen Vasektomien bei Alkoholikern, die auch bereits ab 1934 in Konzentrationslagern eingesperrt wurden.[8]

Die Bemühungen, einen kausalen Zusammenhang zwischen Tabak und Krebs nachzuweisen und die Öffentlichkeit vor den Gefahren des Rauchens zu warnen, waren in Deutschland viel weiter gediehen als in der übrigen Welt. Proctor stellt fest: »Die erstaunliche Wahrheit ist, dass man diese Beziehung ursprünglich im nationalsozialistischen Deutschland erkannt hatte. Die deutsche Forschung über die Gefahren des Tabakkonsums war tatsächlich eine Zeit lang weltweit die fortschrittlichste ihrer Art.«[9] Der Feldzug gegen das Rauchen umfasste eine Reihe von Maßnahmen, wie sie erst in den letzten Jahren in den Vereinigten Staaten und Großbritannien eingeführt wurden, während die meisten europäischen Staaten noch hinterherhinken. Die Nazis verboten das Rauchen an vielen öffentlichen Orten, einschließlich Behörden und Wartesälen. Die Zigarettenwerbung wurde zum Teil verboten, vor allem solche, in denen Raucher als männlich, sportlich oder sexuell attraktiv dargestellt wurden. Vor allem Appelle an das Gesundheitsbewusstsein der Jugend waren allgegenwärtig. In den Zügen gab es Nichtraucherabteile, in denen Raucher hohe Geldstrafen riskierten. Der Präsident der Universität Jena, Karl Astel, der dort das Institut zur Erforschung der Tabakgefahren leitete, verbot das Rauchen auf dem Campus und war dafür bekannt, dass er Studenten die Zigaretten aus dem Mund riss. Es gab sogar Fälle, in denen Autofahrer festgenommen wurden, weil sie durch das Rauchen Unfälle verursacht haben sollen. Tabak dämpfte der Propaganda zufolge die berufliche Leistungsfähigkeit und machte Männer impotent; er war eine »Epidemie«, eine »Seuche«, eine Form der »Lungenmasturbation«.

Es war der deutsche Arzt Fritz Lickint, der 1929 mit seinen »Fallreihen« die ersten statistischen Belege für einen ursächlichen Zusammenhang zwischen Lungenkrebs und Zigaretten zusammentrug: Unter den Lungenkrebspatienten war der Prozentsatz der Raucher höher als in der Gesamtbevölkerung. Ein Jahrzehnt später sollte er sein Werk *Tabak und Organismus* veröffentlichen, ein 1000-Seiten-Kompendium, das die Krankheiten behandelte, die mit allen Formen des Tabakkonsums einhergehen, einschließlich Kauen und Schnupfen, darunter Krebserkrankungen der Lunge, der Lippen, des Mundes, des Rachens, der Speiseröhre und des Kehlkopfs. Unterdessen waren zwei weitere hervorragende Studien in Arbeit, die schließlich 1939 und 1943 publiziert wurden. Die erste, von Franz Herrmann Müller in Köln, erschien sieben Jahre vor den entsprechenden epidemiologischen Arbeiten aus Großbritannien und Amerika. Müller hatte eine »auf Umfragen beruhende, retrospektive Fallstudie« durchgeführt.[10] Um das Rauchverhalten einer Gruppe von Lungenkrebspatienten mit dem einer gesunden Kontrollgruppe mit ähnlicher Altersstruktur zu vergleichen, wurde ein Erhebungsbogen entwickelt. Außerdem stellte man den Hinterbliebenen zusätzliche Fragen über die Gewohnheiten und die Umgebung ihrer verstorbenen Angehörigen. Es zeigte sich, dass Lungenkrebsopfer mit sechsmal höherer Wahrscheinlichkeit starke Raucher (10 bis 15 Zigarren oder mehr als 35 Zigaretten am Tag) als schwache oder Nichtraucher waren. In der Kontrollgruppe gab es hingegen viel mehr Nichtraucher als Raucher. Müller, der bei der Veröffentlichung seiner Studie noch nicht 30 Jahre alt war, schloss daraus, dass Tabak nicht nur eine der wichtigsten Ursachen für Lungenkrebs ist, sondern der »riesenhafte Anstieg des Tabakverbrauches in den letzten Jahrzehnten … an erster Stelle für die Zunahme des primären Lungenkarzinoms verantwortlich zu machen« sei.[11] Diese Untersuchung enthält keine erkennbar nationalsozialistischen oder rassistischen Elemente, und der Autor zitierte drei jüdische Wissenschaftler. Vor Kriegsende verlieren sich Müllers Spuren; man geht davon aus, dass er von einem Kampfeinsatz nicht wiederkehrte.

Im Jahr 1943 veröffentlichten dann zwei medizinische Forscher vom Institut zur Erforschung der Tabakgefahren an der Universität Jena eine Studie, die Müllers Untersuchung an Komplexität sogar noch übertraf. Eberhard Schairer und sein junger Mitarbeiter Erich Schöniger hatten die Lungenkrebshäufigkeit bei Männern und Frauen und in ländlichen beziehungsweise städtischen Populationen verglichen. Ihre wichtigste Schlussfolgerung: Rauchen löst mit hoher Wahrscheinlichkeit Lungenkrebs aus, aber ein Zusammenhang mit anderen Krebsarten ist nicht nachzuweisen.

Eine Kampagne nach der anderen zu starten war eine Sache – die Leute wirklich vom Rauchen abzubringen jedoch eine andere. Von 1933 bis 1940, also in den ersten sieben Jahren von Hitlers Herrschaft, verdoppelte sich der Tabakverbrauch. 1944 war der Konsum um fast ein Drittel zurückgegangen, wahrscheinlich aufgrund von Rationierungen. War der massive Anstieg eine Form des »Widerstands« gegen die Nazi-Herrschaft? Oder ein Anzeichen für den Stress, den die Aussicht auf einen weiteren Krieg für die deutsche Bevölkerung darstellte? Tatsache ist, dass Deutschland auf diesem Gebiet der Epidemiologie der übrigen Welt zwar weit vorausgeschritten war, es dem allmächtigen Regime aber trotz aller Bemühungen nicht gelang, dem Volk das Rauchen abzugewöhnen.

Alles in allem, so stellt Robert Proctor fest, zeigt der Nazi-Feldzug gegen den Krebs, dass »gute« Wissenschaft auch »im Namen von antidemokratischen Idealen betrieben werden kann. Die Programme zur Verbesserung der öffentlichen Gesundheit wurden nicht nur *trotz* des Nationalsozialismus, sondern auch *infolge* des Nationalsozialismus betrieben.«[12]

# 13. Geopolitik und Lebensraum

Wie die medizinischen Berufe, deren Angehörige den Nazismus begeistert begrüßten und aktiv verbreiteten, leisteten auch einige Teildisziplinen der Geografie Beiträge zur nationalsozialistischen Ideologie. Aus der deutschen Geografie stammte zum Beispiel die Vorstellung, das deutsche Volk sei zu einer Ausdehnung seines Lebensraums berechtigt; damit erhielten Hitlers Eroberungspläne eine wissenschaftliche Legitimation.

Die »Wissenschaft« der Geopolitik geht ursprünglich auf Rudolf Kjellén zurück, einen schwedischen Staatsrechtler, der diesen Begriff 1905 prägte. Kjellén war seinerseits von dem britischen Geografen Sir Halford Mackinder angeregt worden. Mackinder, der im ersten Jahrzehnt des 20. Jahrhunderts Direktor der London School of Economics wurde, hatte die Vorstellung vom »Kernland« eines Volkes entwickelt und den Nationalstaat als ein organisches Gebilde aufgefasst, das sich im Grunde wie ein einziger Organismus verhalte. Er war davon überzeugt, dass es für ein Land manchmal unumgänglich war, sich über seine Grenzen auszudehnen.

Mackinder meinte, die unterschiedlichen Rassentypen seien durch eine Darwin'sche natürliche Auslese an ihre jeweilige geografische Umgebung angepasst. In seinen Augen hatte das milde Klima Großbritanniens den »John-Bull«-Typ hervorgebracht, der zu Freiheit und kultiviertem Verhalten veranlagt war, während der slawische Typ, von den weiten Steppen Russlands geprägt, besser an despotische Herrschaft angepasst und gewöhnt sei. Bis die Anpassung an das Klima und die Geografie vollständig abgeschlossen sei, sollten sich die Völker der Welt der Führung durch den angelsächsischen Typ unterwerfen, und falls sie nicht ohne weiteres einsähen, dass das am vernünftigsten wäre, sollte zum Wohle der Welt eine Pax Britannica installiert werden.[1]

Es war jedoch Friedrich Ratzel, der zur Beschreibung einer geografischen Region, innerhalb derer sich Lebewesen entwickeln, den Begriff Lebensraum wählte, und zwar in einer 1901 erschienenen Schrift mit dem Titel *Der Lebensraum*. In dieser Arbeit behandelte er in erster Linie Geobotanik und Geozoologie, aber er wandte sein soziobiologisches Lebensraum-Konzept auch auf den Krieg zwischen Staaten an.[2]

Ratzels Konzept wurde 1902 von Karl Haushofer übernommen, einem ehemaligen General der Königlich Bayerischen Armee, der damit die Vertreibung störender Minderheiten im Interesse des expandierenden Nationalstaats rechtfertigte: eine Frühform der ethnischen Säuberung. Haushofer begegnete Hitler 1924 mehrmals bei Besuchen im Gefängnis in Landsberg, wo der Nazi-Führer nach dem Münchner Putschversuch eine Haftstrafe verbüßte.

So ging die Vorstellung vom Lebensraum, in Verbindung mit der Sorge um das Überleben eines Volkes, in das Denken Hitlers ein. Die nationalsozialistische Bewegung sollte, wie Hitler in seinem während der Haft verfassten politischen Glaubensbekenntnis *Mein Kampf* schrieb, »den Mut finden, unser Volk und seine Kraft zu sammeln zum Vormarsch auf jener Straße, die aus der heutigen Beengtheit des Lebensraumes dieses Volk hinausführt zu neuem Grund und Boden und damit auch für immer von der Gefahr befreit, auf dieser Erde zu vergehen oder als Sklavenvolk die Dienste anderer besorgen zu müssen«.[3]

Aber hatte diese Version der Geopolitik noch irgendetwas mit Wissenschaft zu tun? Diese Disziplin hat mehr Bezüge zu Auslandsbeziehungen und Politikwissenschaften als zur eigentlichen Geografie. Ratzel und Kjellén glaubten, dass ein profundes Wissen über die Geografie eines Landes unverzichtbar sei, um der großen nationalen Politik die richtige Ausrichtung zu geben. Haushofer behauptete, Deutschlands Notlage nach dem Ersten Weltkrieg verlange nach geopolitischen Fachleuten, um mit der militärischen Niederlage, der Wirtschaftskrise und dem Gebietsverlust fertig zu werden. Ganz so, wie Max Planck und ähnliche Persönlichkeiten die Naturwissenschaften als das größte Pfund priesen, mit dem das

Vaterland in der Nachkriegszeit noch wuchern könne, gab es eben auch Leute, die in der »Wissenschaft« der Geopolitik das wichtigste Instrument zu Deutschlands Wiedererstarken erblickten.

Um die neue Lehre zu verbreiten, gab Haushofer ab 1924 die von ihm gegründete *Zeitschrift für Geopolitik* heraus. Dieses Periodikum war mit hochtrabenden Behauptungen angefüllt und ließ jene Objektivität, Rationalität und empirische Methodik vermissen, die man normalerweise von einer naturwissenschaftlichen Fachzeitschrift erwartet. Er beschrieb Geopolitik als »die Lehre von der Erdgebundenheit der politischen Vorgänge. Sie fußt auf der breiten Grundlage der Geografie, insbesondere der politischen Geografie als der Lehre von den politischen Raumorganismen und ihrer Struktur… Im Sinne dieser Erkenntnis will die Geopolitik Rüstzeug zum politischen Handeln liefern und Wegweiser im politischen Leben sein. Damit wird sie zur Kunstlehre, die die praktische Politik bis zu der notwendigen Stelle des Absprungs vom festen Boden zu leiten fähig ist… Die Geopolitik will und muss zum geografischen Gewissen des Staates werden.«[4]

Haushofer beharrte unermüdlich darauf, dass Deutschland die Niederlage im Ersten Weltkrieg der geografischen Ahnungslosigkeit einiger seiner Anführer verdanke.[5] Die Disziplin der Geopolitik sei aus einem elementaren Verlangen nach einer besseren wissenschaftlichen Absicherung des politischen Bereichs erwachsen.[6] Mit Oswald Spengler teilte er den Eindruck, dass der Westen im Niedergang begriffen sei, und auf den Seiten seiner Zeitschrift breitete er sich darüber aus, dass es Deutschlands Bestimmung sei, Europa bei der Verteidigung kultureller Werte wieder an die vorderste Front zu führen. Deutschland sei das Herz Europas, und Europa sei das Herz der zivilisierten Welt.

Nach den harten Auflagen des Versailler Vertrags, die seiner Ansicht nach zu einer dauerhaften Verschuldung Deutschlands, einer Entzweiung seines Volkes und einem Entzug des legitimen deutschen Territoriums zu führen drohten, verlangte Haushofer von den Geografen, politisch zu denken. Nicht alle Geografen wollten ihm darin folgen, und damit waren Spannungen zwischen den »klassischen« Erdkundlern, die an ihrem apolitischen Ansatz festhielten, und Haushofers wachsender geopolitischer Schule vorprogrammiert.

Während der Weimarer Republik passte nicht nur Hitler Haushofers Leitgedanken in die Nazi-Ideologie ein: Geopolitische Konzepte fanden auch Eingang in die Erziehung. Durch den Einfluss rechter politischer Kräfte auf die Geografie wurden in dieser zunehmend biologistisch-rassistische Töne laut. Gewisse Geografen-Kreise, die in Deutschland imperialistische Gelüste schürten, propagierten zwei mit dem Lebensraum verknüpfte Schlüsselkonzepte: den »Drang nach Osten« und den »Volks- und Kulturboden«. Dieser letztgenannte Begriff sollte drei Interpretationen von Volkszugehörigkeit miteinander verknüpfen: das Reich in seinen Staatsgrenzen, ethnische Gemeinschaften außerhalb dieser Grenzen und schließlich weitere kulturelle Verbundenheiten mit dem Deutschtum.[7]

Unter den Nazis wurde die Geopolitik ab 1933 an den Schulen und Universitäten zum Pflichtfach; in den dafür verfassten Lehrbüchern wurden Haushofer und Ratzel ausführlich zitiert, um Hitlers aggressive Lebensraum-Rhetorik zu untermauern. Die Schulkinder wurden darauf vorbereitet, die Entstehung eines »Germanischen Weltreiches« mitzuerleben, das sich aus Deutschlands gerechter Suche nach neuem Lebensraum zwingend ergeben werde.

Den Studenten erklärte man, dass die nationalsozialistische Staatskunst ganz darauf ausgerichtet sei, mit eisernem Willen Lebensraum zu sichern und einer sinnvollen Nutzung zuzuführen. Eine für Deutschland günstige Raumordnung zu schaffen heiße, die Schäden auszumerzen, die durch eine unnütze Bevölkerung angerichtet worden seien.[8]

Haushofer nahm als Vater der deutschen Geopolitik unter Hitler eine zentrale Rolle ein, und er wurde in den Dreißigerjahren nicht müde, die nationalsozialistische Außenpolitik als Umsetzung seiner Theorien zu loben, obwohl sein eigener geozentrischer Deutschland-Entwurf keine rassistischen Elemente enthielt. Er lebte noch lange genug, um Hitlers Einmarsch in die Sowjetunion als Verstoß gegen seine Überzeugung zu kritisieren, dass Deutschland, Japan und Russland gemeinsame Sache machen müssten.

Während Deutschlands rasanter Osterweiterung nach dem Überfall auf Polen und der Invasion der Sowjetunion sollte die Geopolitik weiter an Ansehen und Bedeutung gewinnen. In der Folge der Expansion nach Osten, der Gründung deutscher Siedlungen in Polen, der Vernichtung der Juden und der Verschleppung von Zwangsarbeitern nach Westen wurden die Geografen mit neuen Aufgaben betraut: Sie sollten demografische Instrumente entwickeln, um sicherzustellen, dass die »deutschen« Populationen in Russland und der Ukraine stets die optimale Bevölkerungsdichte hatten. Später, nach dem Wendepunkt Stalingrad, machte der Vormarsch des Molochs Rote Armee auf Berlin all diese nationalsozialistisch-geopolitischen Berechnungen zu Makulatur.

# 14. Nazi-Physik

Anders als die Medizin, Anthropologie und Geografie, die dem Regime verwertbare Ideen lieferten und dem Nationalsozialismus so etwas wie wissenschaftliche Respektabilität verliehen, gab es in der Physik weniger Ansatzpunkte für eine Einbindung in die Nazi-Ideologie. Das hielt die Nazi-Physiker Philipp Lenard und Johannes Stark jedoch nicht von ihren Bemühungen ab, die Gemeinschaft der Physiker zu dominieren. Die Geschichte der Nazi-Physik der Dreißigerjahre macht das Ausmaß deutlich, in dem nichtnationalsozialistische Physiker sich unterdrücken ließen beziehungsweise Widerstand leisteten. Mit den Zentrifugalkräften innerhalb ihrer Disziplin kamen sie insgesamt schlechter zurecht als mit den Einflüssen von außen.

Als Hitler 1933 an die Macht kam, war Lenard 71 und Stark 59 Jahre alt; Stark sollte von den beiden der Aktivere werden. Lenard hatte Hitler bereits 1928 getroffen und ihm mitgeteilt, dass die Wissenschaften und Universitäten in einem beklagenswerten Zustand seien und dringend einer Reform bedürften. Er bot ihm auch seine Unterstützung bei der Einrichtung angemessener Stellen für geeignete deutsche Physiker an. Hitlers Reaktion ist uns nicht überliefert.

Lenard hielt auch eine Reihe von Vorträgen, die er schließlich in einem Werk namens *Deutsche Physik* veröffentlichte, dessen vier Bände Mitte der Dreißigerjahre erschienen. Die einleitenden Zeilen lassen bereits den rassistischen Subtext des ganzen Unternehmens erahnen: »›Deutsche Physik?‹, wird man fragen. – Ich hätte auch arische Physik oder Physik der nordisch gearteten Menschen sagen können, Physik der Wirklichkeitsergründer, der Wahrheit-

Suchenden, Physik derjenigen, die Naturforschung begründet haben.«[1]

Während Lenard darauf hoffte, künftig hinter den Kulissen wirksam tätig werden zu können, hatte Stark sich vorgenommen, die Besetzung der Schlüsselpositionen im nationalsozialistischen deutschen Wissenschaftsmanagement zu lenken oder zumindest zu beeinflussen. Stark sah Lenard als künftigen Präsidenten der Kaiser-Wilhelm-Gesellschaft; für sich selbst hatte er den Vorsitz der Notgemeinschaft der Deutschen Wissenschaft ins Auge gefasst, die Finanzmittel zuteilte und Forschungsprogramme auswählte. Außerdem wollte er Präsident der Physikalisch-Technischen Reichsanstalt (PTR) werden, was ihm im Mai 1933 auch gelang. Anlässlich seiner Ernennung schrieb Lenard am 13. Mai im *Völkischen Beobachter*, er begrüße es, dass die Wahl auf Stark gefallen sei, denn dies bedeute eine Abkehr von der scheinbar bereits unausweichlichen Dominanz des Einstein'schen Denkens in der Physik. Mit diesem Schritt werde ein altes Gebot der Naturwissenschaften bekräftigt: dass man unabhängig denken und sich nur von der Natur leiten lassen solle.[2] Er fügte hinzu, Einsteins Theorien seien eine Kombination aus solidem Wissen und einigen willkürlichen Hinzufügungen, die auf mathematischem Wege zusammengeschustert worden seien. Diese Theorien zerfielen bereits wieder in ihre Bestandteile, wie es das unausweichliche Schicksal solcher unnatürlichen Konstrukte sei.

Sofort nach seiner Ernennung bemühte sich Stark um eine Anwendung des faschistischen Führerprinzips auf den Wissenschaftsbetrieb, wobei er selbst die Spitze der streng hierarchischen Autoritätspyramide bilden würde. Er entließ »Juden und Größen des alten Regimes« aus dem Kuratorium der PTR; bald darauf wurde dieses Kontrollgremium ganz abgeschafft.[3] Er strebte eine Erweiterung der PTR an, die nach seinen Vorstellungen 50 große Institute, 300 Laboratorien und Tausende von Mitarbeitern beherbergen sollte – Pläne, die am herrschenden Kompetenzgerangel scheiterten. Immerhin setzte er in enger Zusammenarbeit mit der Luftwaffe und dem Heer etliche Forschungsvorhaben mit militärischen Anwendungen in Gang.

Im Jahr darauf wurde er auch Präsident der Notgemeinschaft

und konnte Lenard melden, dass sie nun gemeinsam die Kontrolle über die Universitäten ausüben und Forschungsprogramme entwickeln könnten, die dem »deutschen« Geist entsprächen, was für ihn hieß, dass die Wissenschaft eher experimentell als theoretisch ausgerichtet war. Aber nachdem Bernhard Rust zum Reichsminister für Wissenschaft, Erziehung und Volksbildung ernannt worden war, fand sich Stark selbst zunehmend in Konflikte mit den machtbewussten Größen des Nazi-Kartells verwickelt.

Ein Vorgang, der die Zersplitterung des Regimes in Sachen Wissenschaftsorganisation, -förderung und -personalpolitik und das letztendliche Scheitern der Deutschen Physik illustriert, drehte sich um Werner Heisenberg und erstreckte sich über das ganze Jahrzehnt bis zum Vorabend des Zweiten Weltkrieges.

## Heisenbergs Lehrstuhl

Im August 1934, ein paar Tage nach dem Tod des deutschen Reichspräsidenten, Feldmarschall Hindenburg, erklärte Hitler seine Absicht, die Ämter des Präsidenten und des Kanzlers zusammenzulegen, und griff damit nach der uneingeschränkten Diktatur. Für den 19. August wurde ein Referendum anberaumt, das von einer Propagandakampagne vorbereitet wurde. In diesem Zusammenhang versuchte Johannes Stark die Unterstützung deutscher Nobelpreisträger zu gewinnen, die er bedrängte, ihre Namen unter ein Manifest zu setzen, in dem sie Hitler ihrer Loyalität versicherten. Heisenberg, von Laue, Planck und Nernst weigerten sich mit der Begründung, Wissenschaft und Politik hätten nichts miteinander zu tun.[4] Stark erwiderte verärgert, die Unterstützung für Hitler sei kein politischer Akt, sondern vielmehr ein Bekenntnis des deutschen Volkes zu seinem Führer. Aber Einstein zu preisen und zugleich dem Führer die Gefolgschaft zu verweigern, das sei, so fuhr er fort, tatsächlich politisch. Im selben Monat wurde allen Beamten und damit auch allen Wissenschaftlern, die an Universitäten und staatlich finanzierten Einrichtungen wie den Kaiser-Wilhelm-Instituten arbeiteten, ein Treuegelöbnis auf Hitler abverlangt. Heisenberg zögerte seinen Eid bis zum folgenden Jahr hinaus, was nicht unbemerkt blieb, und schadete sich außerdem durch die Teilnahme an einer Konferenz in Hannover im September 1934, die zu einem leidenschaftlichen Plädoyer für die theoretische Physik und Einsteins Theorien geriet. Heisenberg wollte offenbar wie so viele andere versuchen, Wissenschaft und Politik voneinander getrennt zu halten.

In einem Brief an seine Mutter erläuterte Heisenberg später, wie er sich seine Aufgabe als Wissenschaftler vorstellte, der in Deutschland blieb und sich für die Zukunft der Wissenschaft, nicht aber des Regimes einsetzte: »Aber ich muss zufrieden sein, auf dem kleinen Gebiet der Naturwissenschaft die Werte zu verwalten, die in der Zukunft wichtig werden müssen, das ist in dem allgemeinen Chaos das einzig Klare, was mir zu tun bleibt. Die Welt draußen ist wirklich abscheulich, aber die Arbeit ist schön.«[5] Der Gang der Ereignisse und die Abscheulichkeit der Welt draußen sollten ihm jedoch noch viel zu schaffen machen.

Aufgrund eines Nazi-Erlasses vom Januar 1935, der Professoren mit 65 Jahren in den Ruhestand schickte, musste sich der große Arnold Sommerfeld, der bereits 66 war, darauf vorbereiten, seinen Lehrstuhl an der Münchner Universität zu räumen. Sommerfeld hatte diese Stelle fast 30 Jahre innegehabt, seit er sie 1906 von Ludwig Boltzmann übernommen hatte, dem ersten Physiker, der die Wahrscheinlichkeitstheorie bei der Untersuchung von energetischen Zusammenhängen eingesetzt hatte. Die Universität und auch Sommerfeld selbst waren entschlossen, Werner Heisenberg zu seinem Nachfolger zu machen, der damals einen Lehrstuhl an der Leipziger Universität innehatte, wo er das Institut für Theoretische Physik leitete. Heisenberg galt damals mit seinen 37 Jahren als ziemlich jung, aber er war nun der führende theoretische Physiker Deutschlands, und der Münchner Lehrstuhl sollte – in Anbetracht von Sommerfelds herausragenden Beiträgen zu dieser Disziplin – wieder mit einem Theoretiker besetzt werden.

Die Nazi-Physiker Lenard und Stark aber, die sich eifrig um die Kaltstellung von Wissenschaftlern bemühten, die einen »jüdischen« Geist verbreiteten (also vor allem die Theorie gegenüber dem Experiment bevorzugten), opponierten heftig gegen Heisenberg. Im Dezember 1935 hielt Stark in Heidelberg eine giftsprühende Rede, in der er Einstein scharf angriff und hinzufügte: »Einstein ist heute aus Deutschland verschwunden, aber leider haben seine deutschen Freunde und Förderer noch die Möglichkeit, in seinem Geiste weiterzuwirken.«[6] Stark nannte zwei dieser Säulen der wissenschaftlichen Gemeinschaft namentlich – Planck und von Laue – und fügte empört hinzu, dass »der theoretische Formalist Heisenberg« sogar durch eine Berufung ausgezeichnet werden solle. Diesem Angriff folgten bissige Artikel in der Nazi-Zeitung *Völkischer Beobachter* und den *Nationalsozialistischen Monatsheften* des Nazi-Ideologen Alfred Rosenberg. In seiner moderaten Erwiderung, die im Februar 1936 im *Beobachter* erschien, verteidigte Heisenberg die Einstein'sche Relativitätstheorie, aber Stark erhielt die Möglichkeit, diesem Beitrag eine Entgegnung anzuhängen, in der er Heisenbergs Arbeit als »eine Entartung jüdischen Geistes«[7] abqualifizierte. Der Schlagabtausch dauerte mehr als ein Jahr an, bis Heisenberg am 15. Juli 1937 in einem Artikel in der SS-Zeitung *Das Schwarze Korps* (Ausgabe 28), der zum Teil aus Starks Feder stammte, als »ein weißer Jude« bezeichnet wurde. Die Bedeutung dieser Publikation lag in der offensichtlichen Billigung Heinrich Himmlers, der ein Jahr zuvor zum Reichsführer-SS ernannt und in Hitlers Kabinett berufen worden war, womit er auch für die geheimdienstliche Informationsbeschaffung auf dem sozialen und kulturellen Sektor des Nazi-Staates verantwortlich war. Der Artikel begann mit einer allgemeinen Auslassung:

»Der Sieg des rassischen Antisemitismus ist deshalb nur als Teilsieg zu werten… Denn nicht der Rassejude an sich ist uns gefährlich gewesen, sondern der Geist, den er verbreitete. Und ist der Träger dieses Geistes nicht Jude, sondern Deutscher, so muss er uns doppelt so bekämpfenswert sein als der Rassejude, der den Ursprung seines Geistes nicht verbergen kann. Der Volksmund hat für solche Bazillenträger die Bezeichnung ›weißer Jude‹ geprägt…«[8]

Im Weiteren wurden Einstein, Haber, Sommerfeld und Planck beschuldigt, wahren Deutschen den Zugang zu Stellen in der Physik zu verwehren, und der »weiße Jude« Heisenberg wurde als »Statthalter des Einstein'schen ›Geistes‹ im neuen Deutschland« bezeichnet.

Der Tonfall der Attacke erinnert, wie der Historiker David Cassidy meint, an McCarthys Hexenjagd in den 1950er-Jahren: »Bei

Ausnutzung der damals vorherrschenden, von Hass bestimmten Ideologie konnte ein Rufmord an einer Einzelperson in einer Schlüsselstellung den politischen Ambitionen derjenigen dienen, die bis dahin nicht zu dem Einfluss gelangt waren, den sie mit allen Mitteln für sich beanspruchten.«[9] Heisenberg wurde beschuldigt, einen Artikel, in dem die Relativitätstheorie verteidigt wurde, in eine Nazi-Zeitung eingeschmuggelt zu haben, den Reichserziehungsminister mit seinen trügerischen Ansichten zu beeinflussen versucht zu haben, Hitlers Präsidentschaft nicht unterstützt zu haben, seinen Leipziger Lehrstuhl durch Begünstigungen seitens etablierter »weißer Juden« ergattert zu haben und in seiner Abteilung Juden zu beherbergen. Es ging längst nicht mehr nur darum, ob Heisenberg Sommerfelds Lehrstuhl in München übernehmen würde; die Attacke ließ für die künftige Sicherheit des Physikers das Schlimmste befürchten. Der Artikel beschimpfte ihn als »Ossietzky der Physik«, eine Anspielung auf den Friedensnobelpreisträger von 1936, Carl von Ossietzky, der damals bereits in Dachau interniert war, wo er im folgenden Jahr an den Folgen von Folter und Hunger sterben sollte. Die Autoren der Schmähschrift empfahlen, die »weißen Juden« müssten »verschwinden«.

Damit war Heisenberg unmissverständlich klar gemacht worden, dass er sich nicht länger in der Arbeit verkriechen konnte, um von der Abscheulichkeit der »Welt draußen« verschont zu bleiben. Er entschied sich für Gegenwehr und hielt sich die Option offen, im schlimmsten Fall doch noch zurückzutreten.

Er hatte in Deutschland durchaus Unterstützer. Planck und viele von Heisenbergs Kollegen bombardierten die Universitätsdekane sowie die regionale und die zentrale Hochschulbürokratie mit Protestschreiben. Heisenbergs Fachkollegen stärkten ihm sogar den Rücken, indem sie ihn in alle möglichen Gremien wählten, zum Beispiel in die Sächsische Akademie und in die Göttinger Akademie der Wissenschaften.

Das Ausmaß von Heisenbergs persönlichem und öffentlichem Dilemma kommt in einem Brief zum Ausdruck, den er Sommerfeld schrieb: »Nun sehe ich eigentlich keine andere Möglichkeit, als um meine Entlassung zu bitten, wenn mir der Schutz meiner Ehre hier versagt wird. Ich möchte Sie aber vorher noch um Ihren Rat bitten.

Dass es mir sehr schmerzlich wäre, aus Deutschland fortzugehen, wissen Sie; ich möchte es nicht tun, wenn es nicht unbedingt sein muss. Aber ich habe auch keine Lust, hier als Mensch zweiter Klasse zu leben.«[10]

Der Artikel in *Das Schwarze Korps* erschien gerade, als Heisenberg mit seiner jungen Frau in München eintraf, die mit ihrem ersten Kind schwanger war. Sie waren auf dem Weg in die Alpen, um Urlaub zu machen. Heisenberg versuchte zunächst, sich gegen Stark und den Artikel zu wehren, indem er einen Beschwerdebrief ans Reichserziehungsministerium verfasste, in dem er deutlich machte, dass er um seine Entlassung bitten werde, falls das Ministerium diese Attacke gutheiße. Wenn man die Anschuldigungen andererseits missbillige, verlange er offizielle Rückendeckung und Unterstützung von seinem Staat, wie sie jeder Leutnant der Wehrmacht in vergleichbarer Lage erwarten dürfe. Zugleich ging Heisenberg ein großes Risiko ein, indem er sich in genau denselben Worten an den Reichsführer-SS Heinrich Himmler wandte, zu dem seine Familie einen dünnen persönlichen Draht hatte.

Heisenbergs Großvater, ein ehemaliger Gymnasialprofessor, hatte einst demselben Wanderverein angehört wie Himmlers Vater Joseph Gerhard Himmler, Konrektor eines Landshuter Gymnasiums. Daher kannten sich Heisenbergs und Himmlers Mutter. Folglich stattete Frau Heisenberg Frau Himmler irgendwann im Juli oder August 1937 in München einen Besuch ab, wo beide Frauen damals lebten. Heisenberg zufolge zögerte die Mutter des Reichsführers-SS zunächst, sich in die Angelegenheiten ihres Sohnes einzumischen, aber Frau Heisenberg brach das Eis, indem sie sagte: »Ach, wissen Sie, Frau Himmler, wir Mütter, wir verstehen ja nichts von der Politik, weder von Ihrem Sohn noch von meinem Sohn, aber wir wissen, dass wir für unsere Buben sorgen müssen. Und darum bin ich bei Ihnen.«[11] Frau Himmler erklärte sich schließlich bereit, Heisenbergs Schreiben an ihren Sohn zu übermitteln.

Erst im November griff Himmler den Fall auf und schrieb Heisenberg mit der Bitte, zu den einzelnen Vorwürfen Stellung zu nehmen. Der Wissenschaftler verteidigte sich Punkt für Punkt, und Himmler nahm sich daraufhin vor, die Sache genauer zu prüfen. Er setzte eine Untersuchung in Gang, die sich acht Monate hinziehen sollte. Zeitgleich und unabhängig davon ließ auch das Reichserziehungsministerium Heisenbergs Reputation unter die Lupe nehmen. Unterdessen setzten Lenard und Stark ihre Schmutzkampagne gegen »jüdische Physiker« fort, wobei sie vom Nationalsozialistischen Lehrerbund und Rudolf Heß, Hitlers Stellvertreter in der Partei, unterstützt wurden. Bei einem Treffen von Hochschulrektoren im Dezember 1937 wurde die Forderung laut, dass politische Zuverlässigkeit Bedingung für einen Hochschulposten werden müsse.

Im Rahmen der SS-Ermittlungen gegen Heisenberg wurden Spione in seine Kurse geschleust und sein Haus verwanzt. Außerdem wühlte man in Heisenbergs Vergangenheit, um Belege für seine Homosexualität zu finden – unter den Nazis ein Verbrechen, das einen ins Konzentrationslager bringen konnte. Es hatte Gerüchte gegeben, er habe nur deshalb so überstürzt geheiratet, um seine Neigung zu verbergen. Die Suche verlief ergebnislos.[12] Im November 1937 schrieb er seiner Mutter, »im Grunde vergiftet so ein Kampf doch das ganze Denken, und der Hass gegen die im Grunde wohl kranken Menschen, die einen quälen, frisst sich etwas in die Seele ein«.[13] Während der Untersuchung wurde Heisenberg im Winter 1937/38 im Keller des SS-Hauptquartiers in Berlin von Ermittlern verhört, die eine akademische Ausbildung in Physik und Mathematik hatten.

Es ist anzunehmen, dass sich das Regime Anfang 1938 entschied, seinen Namen reinzuwaschen, denn er erhielt die Genehmigung, im März eine Vorlesung in England zu halten. Am 21. Juli 1938 schickte Himmler Heisenberg auch noch ein offizielles Schreiben, in dem klargestellt wurde, dass er als Reichsführer-SS die Attacke in *Das Schwarze Korps* nicht gutheiße und jede weitere derartige Kritik untersagt habe. Himmler lud Heisenberg nach Berlin ein, um sich »mündlich von Mann zu Mann« über die Angelegenheit auszusprechen, riet dem Physiker aber auch, seine menschliche und politische Meinung über gewisse Kollegen aus seiner wissenschaftlichen Arbeit herauszuhalten: ein eindeutiger Bezug auf den Fall Einstein. Am selben Tag schrieb er Reinhard Heydrich, seinem Geheimdienstchef, und bat ihn, Heisenberg künftig in Ruhe seine Arbeit tun zu lassen, da »ich ebenfalls glaube, dass Heisenberg anständig ist, und wir es uns nicht leisten können, diesen Mann, der verhältnismäßig jung ist und Nachwuchs heranbringen kann, zu verlieren oder totzumachen«.[14]

Die Ergebnisse von Himmlers Untersuchung gehen aus einem Memorandum hervor, das irgendwann im Jahr 1939 an das Reichserziehungsministerium geschickt wurde: Heisenberg sei ein harmloser, apolitischer Gelehrter, für den »die Theorie lediglich die Arbeitshypothese« ist, »mit welcher der Experimentator die Natur in geeigneten Versuchen befragt«. Er sei ein Mann von anständigem Charakter, der den Nationalsozialismus zunehmend unterstützt habe und ihm positiv gegenüberstehe. Heisenbergs Biograf David Cassidy meint dazu: »Inwieweit diese Aussage stimmt, sei dahingestellt; sie blieb bis zum Ende des Nazi-Regimes die offizielle Einschätzung Werner Heisenbergs.«[15]

Also war Heisenbergs Pakt mit dem Regime ein implizites Einvernehmen, die Wissenschaft vom Wissenschaftler zu trennen: die theoretische Physik von Einsteins jüdischem Wesen. Das war ein beschämendes Stillhalteabkommen, aber es kam unter großem Druck in einer Zeit zustande, da Himmler und sein Spießgeselle Heydrich mit Terrorkampagnen, Vertreibungen und der Inhaftierung von Juden von sich reden machten.

Im November 1938 sollte die berüchtigte Reichspogromnacht das ganze Ausmaß der nationalsozialistischen Angriffe auf die Juden offenbaren. Aber war Heisenbergs Entschlossenheit, auch um einen derart hohen moralischen Preis in Deutschland zu bleiben, ein Beleg seiner Identifizierung mit der Aufgabe, die deutsche Wissenschaft am Leben zu halten, bis wieder bessere Zeiten anbrachen? Seine prekäre Lage war durch eine Kombination von starken Zwängen geprägt, die damals in Deutschland so vielleicht nur ein Naturwissenschaftler von Weltklasse erlebte. Heisenberg scheint sein persönliches Überleben und das Überleben der Physik in seinem Vaterland nahezu gleichgesetzt zu haben.

Heisenberg wurde letztendlich nicht zum Nachfolger Sommerfelds in München berufen, obwohl sich Himmler mehrfach für ihn einsetzte. Der Posten ging dann an den ungeeignetsten Kandidaten, Wilhelm Müller, den Autor eines Lehrbuchs über Maschinenbau, der für seine Unterstützung der arischen Physik bekannt war. In der Zwischenzeit wurde Heisenberg auch der Lehrstuhl für Physik in

Wien, der ebenfalls im Gespräch gewesen war, verwehrt; einflussreiche Befürworter der Nazi-Wissenschaft hatten seine Berufung zu verhindern gewusst. Während die Verfolgung der Juden, »unerwünschten Elemente« und »Staatsfeinde« voranschritt, wurde er zwar in Ruhe gelassen, aber seine Rehabilitation entpuppte sich als seltsam zwiespältiger Sieg, und zur Protektion und Bewahrung der theoretischen Physik in Deutschland konnte er nicht mehr viel beitragen.

## Der Fall Pascual Jordan

Nicht alle theoretischen Physiker in den frühen Tagen der Hitler-Herrschaft waren apolitisch, und nicht alle Nazi-Physiker folgten dem Weg von Lenard und Stark. Aus der Mitte der Physikergemeinschaft tauchte ein ungewöhnliches Phänomen auf: ein einzelner theoretischer Physiker, der vom Scheitel bis zur Sohle Nazi war und doch der arischen Physik eine komplette Absage erteilte, indem er eine Parallele zwischen dem Nationalsozialismus und der von Lenard und Stark so beharrlich als »jüdisch« verunglimpften theoretischen Physik zog. Er war der Erste, aber bei weitem nicht der Letzte, der eine »Quantentheorie« der Gesellschaft aufstellte.

Pascual Jordan, der fanatische Hitler-Anhänger, Bewunderer des Freud'schen Konzepts vom Unbewussten und brillante Naturwissenschaftler, wurde eine Zeit lang mit demselben Unflat überschüttet wie Heisenberg, aber er setzte sich leidenschaftlicher und energischer zur Wehr. Einer seiner härtesten nationalsozialistischen Kritiker beschuldigte ihn, die »logische Klarheit« und große arische Tradition sorgfältiger Wissenschaft »mit pseudoreligiösen Phantasien« sabotieren zu wollen.[16]

Um uns ein Bild von Jordans monomanischen Tendenzen und seiner Persönlichkeit zu machen, kehren wir zu der Raketenfabrik in Peenemünde zurück, wo er an den mathematischen Problemen der Turbulenz arbeiten sollte. Ein junger Kollege, Peter Wegener, der sich ein Büro mit ihm teilte, erinnert sich, wie Jordan die ihm gestellte Aufgabe ignorierte und seine Tage damit zubrachte, ein Algebra-Lehrbuch zusammenzustellen, ohne dabei jemals Notizen heranzuziehen. Jordan litt an einer auffälligen sprachlichen Behinderung: Er war nicht imstande, in zusammenhängenden Sätzen zu reden. »Ich entdeckte bald, dass man ihm den Rücken zuwenden musste, wenn er mit den Füßen auf dem Tisch und einer Hand auf der Stirn auf seinem Stuhl saß und mit dem Daumen an seiner Nase herumdrückte. In diesen Augenblicken sprach er dann ziemlich flüssig.«[17]

Er hatte in den 1920er-Jahren in Göttingen zusammen mit Wolfgang Pauli und Friedrich Hund zu Max Borns Gruppe junger Quantenphysiker gezählt, die Heisenbergs frühe Ideen rasch aufgegriffen und gezeigt hatten, wie man aus ihnen eine systematische Theorie des Atomverhaltens ableiten konnte. Er war auch von Zeit zu Zeit nach Kopenhagen eingeladen worden, um mit Niels Bohr zusammenzuarbeiten.

Jordan sah eine Verbindung zwischen der Ideologie des Nationalsozialismus und der seltsamen, der Intuition zuwiderlaufenden Dynamik der Kopenhagener Deutung der Quantenphysik. Genau wie die neue Physik eine epochale Enthüllung der wahren in der Natur waltenden Kräfte war, war der Nationalsozialismus in seinen Augen keine reine Ideologie, politische Plattform oder vergängliche parteipolitische Erscheinung, sondern eine veritable Naturgewalt: Der Nazismus war für ihn in demselben Sinne wahr, wie das zweite Gesetz der Thermodynamik wahr ist.

Jordan sah die Revolution in der Physik außerdem als ein »Spiegelbild der revolutionären Umgestaltung unserer Welt«.[18] In seiner Beschreibung der Entstehung des Quantenkonzepts vermittelt er einen Eindruck von der intellektuellen Aufbruchstimmung, die damals herrschte:

»Alle waren erfüllt von fast atemberaubender Spannung. Das Eis war gebrochen… Immer deutlicher trat zutage, dass man hier auf eine ganz unerahnte tiefere Schicht der Naturgeheimnisse gestoßen war, dass ganz neue, über alle physikalischen Vorstellungen hinausgehende Gedankengänge erforderlich wurden, wenn man die sich hier zuspitzenden Widersprüche (die erst später als scheinbare Widersprüche erkannt wurden) auflösen wollte.«[19]

Der Nationalsozialismus hatte die Macht, seine intellektuellen Widersacher zu vernichten, genau wie nationalsozialistische Waffen, die auf neuen, von deutschen Naturwissenschaftlern entwickelten Technologien basierten, Panzer, Flugzeuge und Armeen vernichten konnten. Bereits 1935 prophezeite Jordan: »Eine nicht mehr allzu ferne Zukunft dürfte also über technische Energiequellen verfügen, gegenüber welchen ein Niagara-Kraftwerk unbedeutend erscheint; und über Explosivstoffe, denen gegenüber alle heutigen harmloses Spielzeug sind.«[20]

Die Quantenphysik offenbarte nach seiner Ansicht eine tiefer liegende, allumfassende Vision der Wirklichkeit, in der die konventionellen Ursache-Wirkung-Zusammenhänge aufgehoben sind und die alten Unterscheidungen zwischen Objekt und Subjekt, zwischen Individuum und Gesellschaft keine Gültigkeit mehr haben. Der Nationalsozialismus würde, im Licht der neuen Physik betrachtet, dem moralisch verheerenden Einfluss der Aufklärung mit ihrer Überbetonung des Einzelnen und ihrem Streben nach einer Profanation der Natur im Sinne eines rein mechanischen Determinismus den Todesstoß versetzen. In der Quantenphysik erblickte er eine direkte Entsprechung zu und ein Vorbild für den Nationalsozialismus, im Verhalten der Moleküle und subatomaren Teilchen eine Parallele zum Führerprinzip: Man wisse ja, dass es im Körper eines Bakteriums unter den unzähligen Molekülen, aus denen dieses Geschöpf bestehe, eine kleine Gruppe spezieller Moleküle gebe, die mit diktatorischer Autorität über den ganzen Organismus ausgestattet seien. Diese bildeten die Steuerzentrale der lebenden Zelle.[21]

Biologie, Psychologie, Bewusstsein, Telepathie, Hellsehen, Spiritualität, alles konnte nun im Licht der neuen Quantenerkenntnisse erklärt, beschrieben und gezielt eingesetzt werden. Vor allem konnte man auch politische Umwälzungen, einschließlich der Verschiebung von Landesgrenzen und des Drangs zu vereinigten Kontinenten, vor dem Hintergrund der neuen Physik begreifen. »Die politische Umformung, die bereits in so vielen europäischen Staaten vollzogen ist, in Gestalt einer Ersetzung der alten parlamentarischen Regierungsformen durch autoritative und diktatorische Methoden«, schrieb er, »bedeutet ja keineswegs bloß eine technische Modernisierung des Regierungsapparates, sondern ist der Ausdruck einer allmählich alle Lebens- und Kulturgebiete erfassenden revolutionären Umbildung unseres gesamten Denkens, Wertens und Handelns.«[22] Konzepte wie das Unbewusste in der Psychologie oder der Holismus in der Spiritualität müssten nun nicht länger das Schattendasein führen, zu dem sie die Aufklärung verdammt habe; diese bislang als zu vage abgetanen Denkweisen könnten nun dank der Quantenmechanik präzise wissenschaftlich untermauert werden. Jordan räumte ein, dass seine Vorstellungen für das gemeine Volk schwer nachvollziehbar seien, und er sah eine weite Kluft zwischen dem Geist »von einigen wenigen überragenden Männern«,[23] dem Fassungsvermögen naturwissenschaftlicher Denker und dem Verstand gewöhnlicher Leute. Aber er bemühte sich beharrlich, visualisierbare Erklärungen zu entwickeln, sodass seine Ideen zumindest für eine Elite nachvollziehbar würden.

Jordan wurde nicht nur von Lenard, Stark und Dingler attackiert, sondern auch von weiteren Nazi-Intellektuellen wie dem Eugeniker und idealistischen Philosophen Kurt Hildebrandt, weil er genau jene abstrakten und relativistischen Vorstellungen verbreite, die im deutschen Volk ohnehin schon viel Schaden angerichtet hätten. Jordan reagierte mit einem Gegenangriff und warf Hildebrandt vor, die internationale Natur der wissenschaftlichen Erkenntnisse auszublenden, auf die das Reich bauen müsse, um die technischen Möglichkeiten zu entwickeln, sich zu verteidigen und auszudehnen: Die Effektivität eines Maschinengewehrs, so erklärte er, mache nicht an rassischen oder nationalen Grenzen Halt. Seine internationalistische Argumentation tat seinem Antisemitismus übrigens keinen Abbruch. In seinem 1941 veröffentlichten Werk *Physik und das Geheimnis des organischen Lebens* bestritt er jeden Zusammenhang zwischen Einstein und der Relativitätstheorie: Wenn nicht Einstein, so hätte eben irgendein anderer dieses Konzept entwickelt. Er behauptete sogar, der Kerngehalt der Speziellen Relativitätstheorie sei von dem französischen Physiker Henri Poincaré vorweggenommen worden.

Während Deutschland unaufhaltsam seine Nachbarn überrollte, verkündete Jordan den Triumph der Technologie – nicht als Mittel plutokratischer Ausbeutung zugunsten individueller Kapitalisten, sondern als Dienst an der Gesamtheit des Lebens einer großen Gemeinschaft: Er und die Seinen seien nicht bereit, in der Verbindung von Naturwissenschaft und Militär etwas Schändliches zu sehen, da die Militärmacht nun doch ihre aufbauende Kraft bei der Erschaffung des neuen Europa unter Beweis gestellt habe.[24]

Jordans allgemeine Ideen, die in vielerlei Gestalt in allen möglichen Disziplinen auftauchten, brachten ihm keine einflussreiche Stellung im Dritten Reich ein. Das Interessante an seinem Fall ist die außerordentliche Plastizität der Naturwissenschaft, die selbst bei einem Forscher mit so beachtlichem Talent die bizarrsten Hybriden aus politischen und wissenschaftlichen Ammenmärchen hervorbringen kann. Jordan, so intelligent er auch war, setzte sein Verständnis der modernen Physik für die Ausgestaltung eines faschistischen Weltbildes ein, was zeigt, wie bereitwillig sich manche Persönlichkeiten in den Wissenschaften in den Dienst des Totalitarismus stellen – und dass eine große Begabung in der Physik keine notwendige und noch viel weniger eine hinreichende Bedingung für moralische und politische Integrität ist.

# 15. Himmlers Pseudowissenschaft

Im Herbst 1935 verfasste Heinrich Himmler, Hitlers gefürchteter Reichsführer-SS, einen Brief an Dr. Ernst Grawitz, den Reichsarzt-SS und -Polizei:

»Im Anschluss an unsere kurze Unterhaltung in Gmund über die Prüfung der Frage einer früheren Linkshändigkeit der Menschen lege ich Ihnen meine Gedanken noch einmal kurz schriftlich nieder und bitte Sie, Herrn Professor Janssen zu veranlassen, einige Doktorarbeiten mit diesen Themen zu stellen. Es sprechen viele Anzeichen dafür, dass die Menschheit in frühester Zeit linksarmig war. Ein großer Teil frühester Funde (Werkzeuge) kann als Beweismittel dafür angeführt werden. Wohl mit der Einführung des Schildes, der die linke Körperhälfte, nämlich die Herzseite, deckte, ist die Menschheit zur Rechtshändigkeit übergegangen, ohne allerdings den Gebrauch der linken Hand ganz zu vernachlässigen.«[1]

In einer tödlichen Mixtur aus Macht, Furcht, Grausamkeit und Dilettantismus konnte die Pseudowissenschaft in Hitlers Deutschland unter der SS nahezu ungebremst gedeihen. Der Autodidakt Himmler, dem Kriterien zur Beurteilung selbst der elementarsten Grundlagen wissenschaftlicher Forschung fehlten, fand die Zeit, sich in alle möglichen Forschungsgebiete einzuschalten, von scheinwissenschaftlichen Projekten über die Wurzeln der Arier in der Anfangszeit des Regimes bis hin schließlich zur mörderischen »medizinischen Forschung« in den Konzentrationslagern. Zwar waren diese Aktivitäten im Vergleich zum immensen Umfang der gesamten wissenschaftlichen und technischen Arbeit im Dritten Reich eine Randerscheinung, aber die Ausrichtung der SS-geförderten »Forschungen« brachte den Opfern entsetzliches Leid und vielfach den Tod und korrumpierte zugleich all jene, die an der Durchführung und Auswertung dieser Experimente beteiligt waren.

Der 1900 geborene Himmler war streng katholisch erzogen worden. Schon als Kind interessierte er sich für Tier- und Pflanzenzüchtung. Als Junge pflegte er einen Kräutergarten, ein Vorgeschmack auf seine Obsession für die alternative Medizin und homöopathische Erzeugnisse, die er gegenüber regulären pharmazeutischen Produkten bevorzugte. (In späteren Jahren sollte er anordnen, dass in den Konzentrationslagern Heilkräuter angebaut wurden.) Der Vegetarier und Antialkoholiker studierte nach der Schule in München Landwirtschaft und machte mit 22 Jahren seinen Abschluss. Kurz darauf sagte er sich vom Katholizismus los und wurde zum Anhänger Adolf Hitlers, dessen fanatischen Glauben an die Überlegenheit des deutschen Volkes und dessen Bedarf an Lebensraum er übernahm.

Zwei Jahre nach Hitlers Machtübernahme spielte Himmler bereits eine Schlüsselrolle beim Aufbau des »Ahnenerbes«, einer Forschungsgemeinschaft, die sich mit einem weiten Spektrum von Pseudowissenschaften befasste. Er wurde ihr Kurator, später ihr Präsident. Das Ahnenerbe beschäftigte sich in erster Linie mit historischer und ethnografischer Forschung, die die Ursprünge der arischen Überlegenheit aufklären sollte. Nach einer Weile nahm die Gemeinschaft auch für sich in Anspruch, echte Naturwissenschaft zu betreiben, und bemühte sich um die Anwerbung namhafter Naturwissenschaftler. Himmler charakterisierte das Unterfangen in einem Brief an Göring als wertvollste Grundlagenforschung, die dennoch von den etablierten Wissenschaften gänzlich oder teilweise ignoriert oder sogar verfolgt worden sei.[2] Abgesehen von dieser ständigen Paranoia und dem chronisch verletzten Ehrgefühl, sah das Ahnenerbe sich selbst als Einrichtung, die die Grenzen zwischen den Naturwissenschaften und der Kultur einriss und eine Art von »Ganzheitlichkeit« förderte, durch die sich die Naturwissenschaften der nationalsozialistischen Weltanschauung öffnen würden. Es befasste sich mit einem Mischmasch aus Genetik, Geopolitik, Philologie, Anthropologie, Geschichte und Archäologie verquirlt mit Astrologie, Mythologie und Okkultismus. Bei der Suche nach Belegen für die Ursprünge ließ es niemals locker. So bemühte man sich zum Beispiel ein Jahrzehnt lang, eine Frühfassung von Tacitus' *Germania* aus einer italienischen Privatbibliothek in die Hände zu bekommen, um die Hitler höchstpersönlich Mussolini 1936 vergebens gebeten hatte und die ein SS-Sonderkommando 1944 ebenso vergeblich zu rauben versuchte.[3]

Tacitus schildert die deutsche Landschaft als endlose Wildnis, als riesiges, unberührtes Land der Berge und Wälder, was die Ahnenerbe-Anhänger faszinierte, nicht zuletzt Richard Walter Darré, der die frösteln machende Wendung »Blut und Boden« prägte und sich begeistert für die nationalsozialistischen Naturschutzmaßnahmen stark machte. Andere erblickten in Tacitus' Beschreibung der germanischen Hymnen auf Tuisto, eine aus dem germanischen Boden entsprungene Göttin, Hinweise auf die Reinrassigkeit der Deutschen: Tuisto gebar den ersten Mann, der wiederum drei Söhne zeugte – die Urahnen des deutschen Volkes. Blut und Boden waren also ein und dasselbe. Der alte Römer hatte geschrieben, »dass die Völker Germaniens, durch keine Zwischenheiraten mit anderen Völkern verdorben, ein eigentümliches, unvermischtes und nur sich selbst ähnliches Volk sind. Daher ist auch die Form ihres Körpers – und dies doch bei einer so großen Zahl von Menschen! – bei allen dieselbe: wilde blaue Augen, rötliches Haar, große, allerdings nur zum Angriff tüchtige Leiber…« (*Germania*, Kapitel 4) – Musik in den Ohren der Rassenhygieniker.[4]

Himmler war auch davon überzeugt, dass die Führer des Dritten Reichs von den Wikingern abstammten, und plante eine Expedition nach Island, die dies belegen sollte. Was die noch fernere Vergangenheit anging, so glaubte er – wie wir noch sehen werden –, dass die Arier von lebenden Keimzellen abstammten, die in Eisblöcken durch den Weltraum gereist waren.[5]

Unter der besonderen Schutzherrschaft des Ahnenerbes und sogar im persönlichen Auftrag Himmlers leitete der Zoologe Ernst Schäfer 1938 eine Expedition nach Tibet. Seine Ziele waren eher ideologisch als wissenschaftlich. Er war überzeugt, dass »wir als Männer der Schutzstaffel mit offenem Visier viel weiter kämen und für das mangelnde Verständnis für das neue Deutschland weit mehr leisten könnten, als wenn wir, die wir ja ein reines Gewissen haben, unter dem Deckmantel einer obskuren, wenn auch neutralen wissenschaftlichen Akademie reisten«.[6]

Die Aufgabe der Expedition, der der Anthropologe Bruno Beger, der Geograf Karl Wienert und der Entomologe Ernst Krause angehörten, bestand im Sammeln von Material »über den Anteil, die Herkunft, Bedeutung und Entwicklung der nordischen Rasse in diesem Gebiet«. Derselbe Schäfer wurde zwei Jahre später Leiter einer Ahnenerbe-Abteilung für Innerasien-Forschung und -Expeditionen, die er zu einer großen Institution »für den Neuaufbau der deutschen Wissenschaft« zu entwickeln hoffte.

Prägend für die frühe Philosophie des Ahnenerbes war eine absonderliche theosophische Theorie namens »Welteislehre«, in der sich die nordischen »Heldensagen« über die apokalyptischen Kämpfe zwischen Feuer und Eis widerspiegeln. Diese phantastische Vorstellung war einem exzentrischen österreichischen Ingenieur namens Hanns Hörbiger im Traum gekommen und 1913 unter dem Titel *Hörbigers Glacial-Kosmogonie* veröffentlicht worden. Es handelte sich, wie es im Untertitel hieß, um »eine neue Entwickelungsgeschichte des Weltalls und des Sonnensystems auf Grund der Erkenntnis des Widerstreites eines kosmischen Neptunismus mit einem ebenso universellen Plutonismus, nach den neuesten Ergebnissen sämtlicher exakter Forschungszweige bearbeitet, mit eigenen Erfahrungen gestützt und herausgegeben von Ph. Fauth, mit 212 Figuren«.[7]

Alle Planeten und auch der Mond sind laut dieser Theorie mit Eis bedeckt. Unsere Milchstraße besteht aus Eiskristallen. Angezogen vom Gravitationsfeld der Sonne explodieren und verdampfen Stücke von kosmischem Eis. Sonnenprotuberanzen sind große Geysire, die explodierenden Dampf in den Raum hinausschießen, wo er zu Eiskristall-Meteoren gefriert. Eiskristalle sinken auf die Planeten und bilden Eiskrusten oder – im Fall der Erde – Regen. Wenn Meteore beim Eintritt in unsere äußere Atmosphäre explodieren, bilden sie Hagelschauer. Mit anderen Worten: Unser Wetter kommt aus dem Weltall, und Himmler war darauf aus, diese Theorie für langfristige Wettervorhersagen zu nutzen.

Hörbiger fährt mit der Beschreibung eines lichttragenden Äthers fort, im 19. Jahrhundert eine gängige Vorstellung. Äther bremst durch den Weltraum rasende Objekte ab, bevor sie dann eine Weile um Planeten kreisen, aber irgendwann ereilt alle Monde das Schicksal, sich auf einer Spiralbahn ihren Planeten zu nähern und schließlich auf ihnen zu zerschellen. Die Erde hatte einst einen zweiten Trabanten, der ins Meer gestürzt ist, die Sintflut ausgelöst hat und Atlantis entstehen ließ. Die Eiszeiten und das Verschwinden der Dinosaurier, die Bildung der Kohle und der Untergang von Atlantis sind allesamt dem Absturz des zweiten Erdmondes zuzuschreiben.

Die Welteislehre war eine Theorie für alles, die keine Frage offen ließ, von der Entstehung des Universums bis zur unausweichlichen Apokalypse. Wenn ihre Zeit abgelaufen ist, wird die Erde selbst auf die Sonne zukreisen und schließlich in einer Explosion vernichtet werden. Diese Theorie postulierte im All völlig andere Kräfte, als die klassische Physik sie kennt. Sie lieferte ein »geschlossenes, hinreißend großartiges Weltbild als wissenschaftliche Grundlage zu einer echt nordischen Weltanschauung«,[8] sie bot sich als Antwort auf Einsteins »furchtbare Irrlehre« und ihre »furchtbare Sintflutwelle geistiger Vernichtung« an.[9]

Himmler lag viel daran, reguläre Wissenschaftler an sein Institut zu holen, die sich mit der Welteislehre befassen sollten. Unter dem Deckmantel einer »Pflegestätte für Wetterkunde« versammelte er Astronomen, Geologen und Meteorologen, um die Richtigkeit der Theorie zu beweisen. Aber das Einzige, was das Ahnenerbe in dieser Sache erntete, war vernichtender Spott, vor allem vonseiten des Nazi-Physikers und Nobelpreisträgers Philipp Lenard, der den Herausgeber des *Illustrierten Beobachters*, einer nationalsozialistischen Zeitschrift, öffentlich herunterputzte, nachdem dieser eine längere Artikelserie über die Welteislehre angekündigt hatte. Die Serie wurde gekippt, und die Forschung in Sachen Eis-Kosmogonie wurde fortan diskreter durchgeführt.

Himmler aber verteidigte die Theorie weiterhin energisch. Im Juni 1937 traf sein Groll den Minister für Wissenschaft, Erziehung und Volksbildung, Otto Wacker, der ihm ein Memorandum von Paul Guthnik von der Sternwarte in Neubabelsberg hatte zukommen lassen. Der Wissenschaftler hatte die Glacial-Kosmogonie für Unsinn erklärt. Himmler schrieb dem Minister:

»Ich erkläre klar und eindeutig: Ich trete für die freie Forschung in jeder Form ein, daher auch für die freie Forschung der Welteislehre. Ich beabsichtige sogar, diese freie Forschung aufs Wärmste zu unterstützen, und befinde mich hier in bester Gesellschaft, da auch der Führer und Kanzler des Deutschen Reiches, Adolf Hitler, seit langen Jahren ein überzeugter Anhänger dieser von den Handwerksgesellen der Wissenschaft verpönten Lehre ist.«[10]

Im darauf folgenden Monat machte Himmler den Schuldigen ausfindig, der das Memorandum über die Glacial-Kosmogonie in Auftrag gegeben hatte, und entzog ihm seinen Posten, seine Uniform und sein Parteiabzeichen. In einem Schreiben an Heydrich fügte Himmler hinzu, dass der Mann »dauernd gegen die Welteislehre schießt« und zu diesem Phänomen »eine absolut unsachliche Stellung einnimmt«.[11]

Himmler erteilte einer Ermittlergruppe des Sicherheitsdienstes (SD) auch einen Sonderauftrag zur Untersuchung der Hexenverfolgung in Deutschland während des 17. Jahrhunderts. Er wollte anhand der Prozessakten belegen, dass die Hexenverfolgung in Wahrheit ein gemeinsamer Angriff der katholischen Kirche und der Juden gegen das gesunde Germanentum gewesen war. Seine aus ungefähr 260 Archiven und Bibliotheken zusammengetragene »Hexenkartothek« umfasste am Ende etwa 33 000 Blatt.[12]

Wie Hitler hatte Himmler einen Gesundheitstick. Fanatisch wollte er alle künstlichen Zutaten in Nahrungsmitteln verbieten; die kommerziellen Lebensmittelfirmen beschuldigte er, die natürliche Ernährungsweise des deutschen Volkes zu unterminieren:

»Die Stadtbevölkerung, die sich während des Winters aus Büchsen ernähren müsse, sei bereits in ihrer Hand, nun erlägen auch noch die Menschen auf dem Land dem Diktat des Künstlichen. Der Krieg habe diese Entwicklung fürs Erste gestoppt, nach dem Krieg müsse man energisch dagegen vorgehen, dass die Nahrungsmittelindustrie die Gesundheit der Menschen ruiniere.«[13]

Zu seinen vielfältigen Aktivitäten auf dem Gebiet der Rassenhygiene und der Erforschung des archaischen Erbguts gehörte auch die selbst im Krieg noch gültige Anweisung, dass SS-Mitglieder ihre Familienstammbäume bis zum Ende des Dreißigjährigen Krieges rekonstruieren mussten. Wenn irgendwann nach diesem Datum ein Jude im Stammbaum eines Mannes auftauchte, musste er die SS verlassen. Später schrieb er an SS-Funktionäre:

»In dem Buch *Norwegische Königsgeschichten I*, Novellenartige Erzählungen, v. Felix Niedner, las ich auf Seite 257, dass ein Mann seinem König als besonderes Geschenk ein Paar Zuchtpferde, und zwar rote Pferde mit weißen Mähnen schenkt. Nun sah ich kürzlich bei der SS-Reiterstandarte in Polen ein braunrotes Pferd mit einer weißen Mähne... Ich beauftrage SS-Standartenführer Fegelein, den Stammbaum dieses Pferdes nachzuforschen.«[14]

All ihren absurden Aspekten zum Trotz sollte die Arbeit des Ahnenerbes im Lauf des Krieges tödliche Wirkung entfalten, als Himmler die Macht und die Möglichkeiten hatte, seine unfundierten rassistischen Theorien mit praktischen »Experimenten« zu kombinieren. Ebenfalls im weiteren Verlauf des Krieges sollte Himmler, wie wir später in diesem Buch noch sehen werden, wissenschaftliche Institute in eine Reihe von unbedachten Forschungsvorhaben hineinziehen, mit denen er seinen Traum von den deutschen »Wunderwaffen« verwirklichen wollte.

Das Phänomen der Himmler'schen Pseudowissenschaft zeigt, dass die SS-finanzierte natur- und technikwissenschaftliche Forschung von Amateurhaftigkeit, Dilettantismus und später auch von Sadismus und Massenmord geprägt war. Himmlers Versuche, eine spezifisch nationalsozialistische Wissenschaft zu erschaffen, die sich um die Herkunft der Rassen und um den Genozid zu kümmern hatte, lässt uns erahnen, welches Schicksal der Wissenschaft geblüht hätte, wäre die Führerschaft irgendwann von Hitler auf Himmler übergegangen.

# 16. Deutsche Mathematik

Die Entlassungsmaßnahmen führten zur Emigration vieler ausgezeichneter Mathematiker nach Großbritannien und in die Vereinigten Staaten. 1934 fragte der Erziehungsminister Bernhard Rust den altgedienten Mathematiker David Hilbert, wie sehr Göttingen, einstmals eine der wichtigsten mathematischen Stätten der Welt, unter der Beseitigung der jüdischen Kollegen gelitten habe. Hilbert erwiderte: »Jelitten? Dat hat nich jelitten, Herr Minister. Dat jibt es doch janich mehr!«[1]

Während manche Disziplinen wie die Geografie, Medizin und Anthropologie sich ohne weiteres nazifizieren ließen, ja sogar enthusiastische Beiträge zur nationalsozialistischen Ideologie leisteten, weckte die Mathematik kaum Hoffnungen auf direkte Verwendbarkeit oder Zusammenarbeit. Es gab jedoch einen namhaften Mathematiker in Deutschland, Ludwig Bieberbach, der sein Bestes tat, um sein Fach auf die nationalsozialistische Linie festzulegen. Wir sind Bieberbach, einem mageren, adretten Herrn, bereits begegnet, als er als Dekan der Philosophischen Fakultät an der Berliner Universität die studentischen Übergriffe auf Köhlers Psychologisches Institut unterstützt und der Fakultät und ihren Studenten die Nazi-Ideologie aufzuprägen versucht hatte. Sein Handeln offenbart das Ausmaß, in dem ein ernst zu nehmender und origineller Kopf versuchen konnte, sich an die herrschende Ideologie anzupassen, ohne dass daraus für sein Fach irgendein spürbarer Vorteil erwachsen wäre.

Bieberbach war ein hervorragender Mathematiker, an den man sich heute noch in Zusammenhang mit einem schwierigen Problem erinnert, das als Bieberbach'sche Vermutung bekannt wurde. Diese

1916 von ihm geäußerte Mutmaßung, deren Richtigkeit erst 1985 durch Louis de Branges bewiesen werden konnte, dreht sich darum, wie sich zum Beispiel Winkel in einem Gebiet der komplexen Ebene zu denen in ganz anderen Raumgebieten verhalten; sie ist in der Astronomie hilfreich. Der 1886 geborene Bieberbach leistete wichtige Beiträge zur Funktionstheorie und stand in dem Ruf, ein charismatischer, aber zerstreuter Lehrer zu sein.

Im Frühjahr 1933 mutierte Bieberbach recht abrupt zum begeisterten Nazi, als Hitler im neuen Reich vollends an die Macht gelangt war und an den Universitäten seine rassistischen Maßnahmen durchführte. Der Mathematiker scheint ohne guten Grund zu den Nazis übergelaufen zu sein (außer vielleicht aus einem Verlangen nach Glanz, wie Max Born mutmaßte). Bieberbachs gewundener Versuch, die Mathematik in die Zwangsjacke des Nazismus zu stecken, lässt vermuten, dass er unter irgendeinem starken persönlichen Anpassungsdruck stand. Das fiel auch dem britischen Mathematiker Godfrey Harold Hardy auf. Als er sich 1934 in *Nature* über Bieberbachs Vorstellungen äußerte, machte Hardy eine einfühlsame Anmerkung, in der er den Druck anerkannte, der in jenen Krisenzeiten auf Naturwissenschaftlern und Mathematikern lastete, doch zugleich ließ er bei Bieberbach keineswegs die Unschuldsvermutung gelten:

»Es gibt viele unter uns, viele Engländer und viele Deutsche, die während des Krieges Dinge sagten, die nicht wirklich ihrer Meinung entsprachen und an die sie heute ungern erinnert werden. Furcht um die berufliche Stellung, die Sorge, hinter dem anwachsenden Aufmarsch der Torheiten zurückzufallen, die Entschlossenheit, dabei um jeden Preis mitzuhalten, dürften nahe liegende, wenn auch nicht gerade heroische Motive sein. Professor Bieberbachs Reputation schließt solche Erklärungen für seine Äußerungen aber aus, und ich sehe mich zu dem weniger gnädigen Schluss gezwungen, dass er wirklich glaubt, sie seien wahr.«[2]

Bieberbach trat der SA im April 1933 bei und wurde zugleich zum Dekan der Berliner Philosophischen Fakultät befördert, zu der auch die Naturwissenschaften und die Mathematik gehörten. Im November sah man ihn an der Universität in Uniform. Im nächsten Jahr schrieb Bieberbach nach der Entlassung des Göttinger Mathematikers Edmund Landau, der Jude war, dass dessen Abgang eine wichtige Lehre enthalte, nämlich »dass die Vertreter allzu verschiedener Rassen nicht als Lehrer und Schüler zusammenpassen«.[3] Zweifellos unter seinem Einfluss sagte ein Studentenführer in Bieberbachs Kreis an der Berliner Universität, es sei seines Erachtens besser, zehn Semester lang keine Zahlentheorie zu lehren, als sie durch einen Juden lehren zu lassen.[4]

Bieberbachs Vorstellungen von einer Deutschen Mathematik basierten auf einer Theorie des Anthropologen Erich Rudolf Jaensch, in der Zusammenhänge zwischen Psychologie und Rassentypen hergestellt wurden. Bieberbach glaubte, dass jüdische und französische Mathematiker eher Abstraktionen zuneigten als der Wahrheit über harte empirische Fakten und der nordischen Intuition. Nazi-Mathematiker riefen nach Fassbarkeit, nach klaren Anschauungsmöglichkeiten selbst in der reinen Mathematik. In einem säuerlichen Aufsatz über die »Wirklichkeit der Deutschen Mathematik« schrieb der ebenfalls nationalsozialistische Mathematiker Professor Erhard Tornier:

»Jede Theorie der reinen Mathematik hat Lebensrecht, die wirklich imstande ist, konkrete Fragen, die sich auf reale Objekte wie ganze Zahlen oder geometrische Gebilde beziehen, zu beantworten… Anderenfalls ist sie…ein Dokument jüdisch-liberalistischer Vernebelung, entsprungen dem Intellekt wurzelloser Artisten, die durch Jonglieren mit objektfremden Definitionen sich und ihrem gedankenlosen Stammpublikum mathematische Schöpferkraft vorgaukeln, einem Stammpublikum, das froh ist, langsam einige Tricks abzulernen, um vor noch Bescheideneren damit zu glänzen als Rastellis dritter Güte.«[5]

Obwohl Bieberbach ständig auf dem Thema des rassischen Ausdrucks in der Mathematik herumritt, war er offenbar nicht imstande, klar und deutlich zu definieren, was er damit meinte. »Mag die Mathematik aus ewigen Wahrheiten bestehen«, wusste Bieberbach 1934 bei einem Treffen der Preußischen Akademie der Wissenschaften mitzuteilen, »die Art, wie sie dargestellt, behandelt oder abgeleitet werden, entspringt der menschlichen Eigenart.« Auf derselben Veranstaltung erklärte er, »dass sich im mathematischen Schaffen völkische Eigenart kraftvoll offenbart. Vielleicht liegt das nicht so sichtbar auf der Hand wie bei den Stilarten der Kunst, weil man die Werke mathematischen Schaffens nicht so bequem mit einem Blick übersieht wie die Werke der Kunst.«[6]

## Der Einfluss der Nazi-Mathematik

Der Versuch, die Mathematik zu beeinflussen, erstreckte sich bis in die Schulen hinein. Der Erzieher Claus Heinrich Tietjen schrieb in einem Aufsatz über Mathematik und den »nordischen Menschen«:

»Der wissenschaftliche Unterricht setzt den Schüler also zu zwei großen, für das Volksleben entscheidenden Wirklichkeiten in enge Beziehung: zum großen Kriege und zur Arbeitsfrage. Das aber sind die Wirklichkeiten, aus denen einmal die nationalsozialistische Bewegung geboren ist und um die sie andererseits zu kämpfen hat. Diese grundlegenden Bezogenheiten haben allerdings in den Rechenbüchern für Volksschulen wenig Berücksichtigung gefunden, und in den Lehrbüchern für höhere Schulen sind sie nicht genügend herausgearbeitet. Sie sind voll gefüllt mit Wirtschaftsaufgaben, mit Weltwirtschaftsfragen, die weniger nationalen Geist atmen. Da ist eine Befreiung von mancherlei Ballast, der doch nicht behalten wird und zum Teil für die Aufgabe auch wertlos ist, möglich und nötig.«[7]

Die Befürworter der Deutschen Mathematik wollten ihre Disziplin unbedingt in die Front der anderen nationalsozialistischen Wissenschaften wie der Deutschen Physik und der Rassenhygiene eingegliedert sehen: Sie fürchteten, die Mathematik könne zurückfallen, da sie als international und wertneutral galt. Der Nazi-Ideologie zufolge hatten nur jene Fächer, die dem Staatswesen unmittelbar nützlich waren, eine Daseinsberechtigung, und Philipp Lenard selbst hatte die Mathematik als die »Wissenschaft vom Zählen«[8] abgekanzelt und sie zu den Geisteswissenschaften gestellt. In ihrem Eifer, an der nationalsozialistischen Revolution teilzuhaben, ergingen sich die nationalsozialistischen Mathematiker in zahlreichen Aufsätzen über den Zusammenhang zwischen Mathematik und Nationalsozialismus, wobei sie typischerweise bei beiden gemeinsame Hingabe an eine Sache, den Wunsch zu dienen, die Bedeutsamkeit des Antimaterialismus und des Ordnungsstrebens sowie den Kampf gegen das Chaos ins Feld führten.

## Die Verfolgung jüdischer und regimekritischer Mathematiker

Das Schicksal der jüdischen und regimekritischen Mathematiker nach 1933 glich im Wesentlichen dem ihrer Kollegen aus anderen Fachrichtungen. Ludwig Berwald wurde von der Gestapo nach Lodz deportiert, wo er 1942 starb, genauso wie Walter Froehlich; Otto Blumenthal wurde nach Theresienstadt verbracht, in jenes Vorzeigelager, das in der Nazi-Propaganda als überaus humane Häftlingsgemeinde geschildert wurde, und starb dort 1944. Paul Epstein von der Frankfurter Universität beging Selbstmord, nachdem ihn die Gestapo im August 1939 vorgeladen hatte; Felix Hausdorff aus Bonn nahm sich 1942 das Leben, als er keine Chance mehr sah, dem Gang ins Konzentrationslager zu entrinnen. Robert Remak wurde in der Reichspogromnacht (9./10. November 1938) festgenommen und zeitweilig im Konzentrationslager Sachsenhausen festgehalten. 1942 wurde er in Holland erneut festgenommen und nach Auschwitz deportiert, wo er starb. Stanislaw Saks und Juliusz Pawel Schauder wurden 1942 beziehungsweise 1943 von der Gestapo umgebracht. John von Neumann war bereits 1930 in die Vereinigten Staaten ausgewandert und hatte sich in Princeton niedergelassen; Richard Courant überquerte ebenfalls den Atlantik, während Max Born nach Edinburgh ging. Einen weiteren Verlust erfuhr Hilberts Mathematikergemeinschaft in Göttingen durch den Weggang Emmy Noethers, die wohl Deutschlands bekannteste Mathematikerin war und mit B. L. van der Waerden und anderen die moderne Algebra begründet hatte. Sie verließ Deutschland 1933, um in Bryn Mawr in den Vereinigten Staaten eine Stelle anzutreten. Im Frühjahr 1935 verstarb sie tragischerweise an den Folgen einer Operation. Die *New York Times* brachte nur eine kurze Notiz über ihren Tod, was Einstein zu einem emotionalen Brief veranlasste, in dem er erklärte: »Nach Einschätzung der meisten kompetenten zeitgenössischen Mathematiker war Fräulein Noether das bedeutendste kreative mathematische Genie, das das weibliche Geschlecht seit der Einführung seiner höheren Erziehung hervorgebracht hat.«[9]

Zu Beginn des Krieges gelang es den Mathematikern Max Dehn und Kurt Gödel, mit der Transsibirischen Eisenbahn aus Deutschland zu entkommen – zwei Ausnahmen von der Regel. Der 1878 geborene Dehn hatte bei Hilbert studiert und später Ludwig Bieberbachs frühere Stelle in Frankfurt übernommen. Er wurde 1935 von diesem Posten entlassen, zwei Jahre später als die meisten seiner jüdischen Kollegen, weil er im Krieg gedient hatte. In der Reichspogromnacht wurde er von den Nazis festgenommen, aber einen Tag später wegen Überfüllung der Haftanstalt wieder auf freien Fuß gesetzt, woraufhin er nach Dänemark und dann weiter nach Norwegen floh. Als die Nazis im März 1940 in Norwegen einmarschierten, erkannte Dehn, dass er nach Osten ausweichen musste, da alle Wege nach Westen versperrt waren.

Kurt Gödel war im mährischen Brünn zur Welt gekommen und hatte in Wien studiert, wo er die österreichische Staatsbürgerschaft annahm. 1930 gab er bei einer Mathematikerkonferenz in Königsberg erste Hinweise auf seinen berühmten Beweis, der zeigte, dass jedes formale System Voraussetzungen enthält, die mit den Mitteln dieses Systems weder bewiesen noch widerlegt werden können, anders als Hilbert es lange behauptet hatte. Gödel verbrachte 1933/34 das Wintersemester am neu gegründeten Institute for Advanced Study in Princeton, kehrte aber anschließend nach Österreich zurück, wo er in Depressionen verfiel. Schließlich verließen Gödel und seine Frau Österreich wieder mit dem Ziel Amerika, wozu sie Mitte Januar 1940 mit der Transsibirischen Eisenbahn Russland durchquerten. Dehn und seine Frau hatten diese Reise bereits Ende Oktober des vorangegangenen Jahres gemacht. Gödel brauchte zwei Monate, um über Yokohama nach San Francisco zu gelangen; Familie Dehn reiste über Wladiwostok und Japan nach San Francisco und brauchte dafür ebenso lange.

# Teil IV
# Die Wissenschaft der Vernichtung und Verteidigung (1939–1943)

# 17. Kernspaltungstaumel

Die Wissenschaft, die zu den ersten Nuklearwaffen führte, nahm ihren Anfang als aufregendes, oft hektisches Drama in der Grundlagenforschung. Manche der Mitwirkenden scheinen sich der Implikationen ihrer Arbeit überhaupt nicht bewusst gewesen zu sein. Anderen war offenbar von Anfang an schmerzlich klar, welche Gefahren ihre Arbeit barg – gerade vor dem Hintergrund des Hitler-Regimes.

Die Geschichte der Entdeckung der Kernspaltung und ihrer unmittelbaren Folgen ist eine zentrale Episode in der Chronik der erfolgreichen angloamerikanischen Erschaffung der ersten großen Massenvernichtungswaffe und des deutschen Versagens beim Griff nach demselben Ziel. Sie verdeutlicht, welchen Zwängen sich die beteiligten Wissenschaftler ausgesetzt sahen oder selbst unterwarfen: Größenwahn und Konkurrenzdenken, Streben nach Priorität, ein Widerwille, die Anerkennung zu teilen, und Flucht aus der Verantwortung.

Im Frühjahr 1933, als Hunderte von Wissenschaftlern aus ihren Stellen an deutschen Universitäten und wissenschaftlichen Instituten entlassen wurden, war Otto Hahn – Lise Meitners Kollege am Kaiser-Wilhelm-Institut für Chemie – in den Vereinigten Staaten, um an der Cornell University Vorträge zu halten und sich mit Fachkollegen auszutauschen. In den ersten Monaten von Hitlers Herrschaft trug Meitner daher als stellvertretende Direktorin des Instituts die Verantwortung für mehr als 25 Wissenschaftler. Sie beobachtete die zunehmende Zahl der braunen Hemden in den Fluren und deutete Hahn ein paar Tage nach der Wahl vom 5. März in einem Brief vorsichtig an, was neuerdings vor sich ging: »Heute kam der Auftrag, die Maße unserer Reichsflagge anzugeben, weil sie durch eine schwarz-weiß-rote ersetzt werden soll, deren Kosten die KWG trägt.«[1] Zwei Wochen später schrieb sie erneut: »Hier stehen natürlich alles und alle unter dem Eindruck der politischen Umwälzung. Wir hatten schon vorige Woche von der KWG die Anweisung bekommen, neben Schwarz-Weiß-Rot die Hakenkreuzfahne zu heben… Dass Haber die Hakenkreuzfahne hisste, wird ihm wohl schwer gefallen sein.«[2]

Trotz schlafloser Nächte hielt sie sich mit viel Kaffee und Zigaretten weiter auf den Beinen. Zu denen, die Deutschland verließen, gehörte ihr Neffe Otto Frisch, ihr ehemaliger Partner am Klavier, den man aus seiner Forschungsstelle an der Universität von Hamburg entlassen hatte. Er wollte nach Kopenhagen gehen, dort an Niels Bohrs Institut arbeiten und dann ins britische Birmingham übersiedeln.

Ein weiterer ihrer jungen Kollegen, Leo Szilard, der ungarisch-jüdischer Abstammung und damals 35 Jahre alt war, ging aus freien Stücken, obwohl man keinerlei Druck auf ihn ausgeübt hatte. Er sagte eine geplante Vortragsreihe ab, die er mit Meitner halten sollte, und reiste – sein ganzes Erspartes in den Schuhen versteckt – nach Österreich, von wo aus er nach England und schließlich weiter in die Vereinigten Staaten ging. Später schrieb er:

»Ich verließ Deutschland ein paar Tage nach dem Reichstagsbrand… An einem der Tage um den 1. April herum nahm ich den Zug von Berlin nach Wien. Der Zug war leer. Am nächsten Tag war er überfüllt und wurde an der Grenze angehalten. Die Leute mussten aussteigen, und alle wurden von den Nazis verhört.«[3]

Aus diesem Geschehnis zog er den Schluss: »Das zeigt mal wieder, dass man, um in dieser Welt Erfolg zu haben, nicht viel klüger sein muss als die anderen, sondern nur einen Tag schneller als die meisten.«[4]

Szilard, ein Mann von beachtlicher Begabung und politischem Scharfsinn, sollte nun einige Jahre aus dem Koffer leben. Er machte sich sofort daran, jüdischen Emigranten zu helfen, indem er mit dem Briten William Beveridge in London den »Akademischen Unterstützungsrat« aufbaute, der später in »Gesellschaft zum Schutz der Wissenschaft und Bildung« umbenannt wurde. Im Herbst 1933 hatte Szilard, als er nahe dem British Museum an einer Straßenkreuzung stand, eine außerordentliche wissenschaftliche Eingebung, in der ihm das Potenzial der Energiefreisetzung aus dem Atom aufging. Seine Erkenntnis antizipierte eine Technologie, die die Welt für immer verändern würde und der Menschheit die Macht verlieh, sich selbst auszurotten.

Ernest Rutherford, der polterige Neuseeländer, der nach Manchester und Montreal schließlich in Cambridge heimisch geworden war, hatte ein Atommodell entwickelt, das aus einem dicht gepackten Kern und um ihn kreisenden Elektronen bestand. Während Forscher in Europa und den Vereinigten Staaten sein Modell immer weiter verfeinerten, beharrte Rutherford weiterhin auf seiner Meinung, man werde die im Atom eingeschlossene Energie niemals freisetzen können. Dennoch war er der erste Wissenschaftler, dem durch Beschuss von Stickstoff mit Alphapartikeln (oder -wellen) aus Radium die Umwandlung eines Elements gelang. Die Radiumquelle hatte er in Wien von österreichischen Freunden »geborgt« und während des Ersten Weltkrieges behalten. Rutherford stellte fest, dass die Stickstoffatome, wenn er sie beschoss, sich in schwerere Sauerstoffatome und leichtere Wasserstoffatome verwandelten. Die positiv geladenen Alphapartikel konnten allerdings nur in leichtgewichtige Atome eindringen und sie transformieren, da deren Kerne nur schwach positiv geladen waren; schwere Kerne mit vielen Protonen – Uran zum Beispiel – stießen die Partikel ab.

Im Jahr vor Hitlers Machtergreifung leistete dann der englische Physiker James Chadwick an Rutherfords Laboratorium in Cambridge einen entscheidenden Beitrag zur Kernphysik. 1932 entdeckte er das Neutron, ein Elementarteilchen, das aufgrund seiner Ladungsneutralität den elektrischen Schutzwall des Atomkerns überwinden konnte. Im selben Jahr erklärte Fritz Houtermans in einer Rede an der Technischen Akademie in Berlin unter Berufung auf Chadwicks Fund, das Neutron werde eines Tages die gigantischen Kräfte freisetzen, die in der Materie eingeschlossen seien. Aber im folgenden Jahr teilte Rutherford den Mitgliedern der British Association mit, dass Forscher, die eine solche Energiefreisetzung erwarteten, Traumtänzer seien. Einer der Leser dieser Beteuerung Rutherfords war Leo Szilard, der sich sofort herausgefordert fühlte. An jenem Tag, dem 12. September 1933, hielt sich Szilard im Imperial Hotel in Bloomsbury auf, in der Nähe des British Museum. Er erinnerte sich an den 1914 erschienenen Roman *The World Set Free (Befreite Welt)*, in dem H. G. Wells die Atomenergie und die Atombombe vorwegnimmt. »Das brachte mich irgendwie ins Grübeln, während ich durch Londons Straßen lief«, schrieb Szilard. »Und ich erinnere mich, dass ich an einer Kreuzung der Southampton Row an einer Ampel anhielt... Ich fragte mich, ob Lord Rutherford nicht vielleicht widerlegt werden könne.« In diesem Augenblick kam er auf die Möglichkeit einer Neutronen-Kettenreaktion, die die Energie aus dem Inneren der Atome freisetzen würde.

Szilard drückte es so aus: »Plötzlich ging mir auf: Wenn wir ein Element finden könnten, das von Neutronen gespalten wird und nach Absorption *eines* Neutrons *zwei* Neutronen emittiert, dann könnte dieses Element, sobald es in einer ausreichend großen Masse vorläge, eine nukleare Kettenreaktion in Gang halten.«[5]

Mit »Kettenreaktion« meinte er, dass sich die beiden Spaltprodukte eines Atoms nach seiner Spaltung vermutlich stabilisierten und dass bei diesem Vorgang zwei oder mehr sekundäre Neutronen freigesetzt werden können. Die beiden sekundären Neutronen könnte man dann dazu bringen, zwei weitere Atome zu spalten, die ihrerseits vier zusätzliche Sekundärneutronen freisetzen würden, die dann weitere vier Atome spalten könnten, die daraufhin acht neue sekundäre Neutronen freisetzen, die acht Atome spalten, die 16 Neutronen freisetzen, die 16 Atome spalten, die 32 Neutronen freisetzen... – der Prozess breitet sich in einem Sekundenbruchteil in Milliarden von Atomen im spaltfähigen Material aus: eine menschengemachte Explosion von nie da gewesener Sprengkraft.

Szilard sprach mit britischen Physikern, aber niemand ging auf ihn ein. Schließlich beantragte er ein Patent auf die Idee, das ihm in Großbritannien am 12. März 1934 gewährt wurde. Angesichts des Potenzials für eine ungeheure Massenvernichtungswaffe überschrieb er das Patent unter der Bedingung, dass es geheim gehalten werde, auf die britische Admiralität.

Szilard war jedoch nicht der Einzige, der über die Möglichkeit einer Atombombe nachsann. Zwei Jahre später warnte der französische Physiker Frédéric Joliot-Curie, als er in Stockholm seinen Nobelpreis in Empfang nahm, vor dem Potenzial der Kernphysik zur Herstellung von Massenvernichtungswaffen: »Wir dürfen mit Recht an die Möglichkeit denken, dass die Forscher, die nach ihrem Gutdünken Elemente aufbauen und zerschlagen können, auch Kernumwandlungen von explosivem Charakter verwirklichen werden.«[6] Ironischerweise sollte sich Joliot-Curie sechs Jahre später, wie wir noch sehen werden, in seinem wissenschaftlichen Narzissmus dazu hinreißen lassen, ein erstes wichtiges experimentelles Ergebnis zu veröffentlichen, welches die Gefahr, dass Hitler eine Atombombe in die Hand bekam, deutlich erhöhte.

Aber es waren noch weitere Entwicklungen im Gang, die zu experimentellen Vorarbeiten für eine Energie freisetzende Kettenreaktion führen sollten. Während der 1930er-Jahre hatte der italienische Physiker Enrico Fermi in Rom die Eigenschaften des Neutrons systematisch erforscht. Fermi war erst 32 Jahre alt, als Hitler an die Macht kam, aber er hatte sich im vorangegangenen Jahrzehnt bereits einen Namen gemacht, als er eine statistische Methode zur Analyse von subatomaren Partikeln entwickelt hatte. Daraufhin erhielt er den Spitznamen »Papst der Physik«, und sein Labor wurde für Physiker weltweit zu einem Brennpunkt des Interesses. Der junge Hans Bethe bemerkte gegenüber seinem Mentor Arnold Sommerfeld, dass Fermis Labor in der Ewigen Stadt von größerer Bedeutung sei als das Kolosseum.

Mit einem Glasfläschchen voll Beryllium-Pulver und Radon als Neutronenquelle machte sich Fermi daran, nach und nach alle chemischen Elemente des Periodensystems zu bestrahlen, um sie in radioaktive Isotopen umzuwandeln. Seine Experimente, die er in dem Goldfischteich vor seinem Labor durchführte, ergaben, dass die Radioaktivität eines Metalls, das mit Neutronen beschossen wurde, hundertmal stärker ausfiel, wenn die Neutronen durch Wasser oder Paraffin abgebremst worden waren. Er entdeckte auch, dass der Beschuss von Uran, dem schwersten aller Elemente, ein Gemisch neuer radioaktiver Elemente erbrachte, die er »künstliche transuranische Elemente« oder kurz »Transurane« nannte. Tatsächlich hatte er, ohne es zu wissen, das Uranatom gespalten.

Meitner war Szilard nicht ins Ausland gefolgt. Als österreichische Staatsbürgerin sah sie sich nicht genötigt, ihre Stelle in Berlin aufzugeben, und sie fühlte sich auch nicht verpflichtet, aus Protest gegen die Verfolgung ihrer jüdischen Kollegen zu kündigen. Später, nach dem Krieg, bereute sie diese Entscheidung: »... heute weiß ich, dass es nicht nur dumm, sondern ein großes Unrecht war, dass ich nicht sofort weggegangen bin«, sollte sie 1945 schreiben.[7]

Seit Szilards Abreise hatte sich Meitner mit einer verwirrenden Versuchsreihe beschäftigt. Fermis Behauptungen über Transurane hatten sie, Otto Hahn und ihren Assistenten Fritz Straßmann dazu angeregt, seine Befunde in Berlin zu reproduzieren (Straßmann sollte später unter Gefahr für das eigene Leben einen Flüchtling vor dem Nazi-Regime verbergen). Zur selben Zeit hatten zwei andere Physiker, das Ehepaar Ida und Walter Noddack, in Freiburg im Breisgau eine überraschende Neuinterpretation der Transmutationen vorgelegt. In einem Artikel in dem deutschen Fachorgan *Zeitschrift für Angewandte Chemie* schlug Ida Noddack 1934 vor, die Ergebnisse des Beschusses eines schweren Kerns mit Neutronen als Zerfall in mehrere große Stücke zu deuten. Sie war, mit anderen Worten, der Meinung, ein Neutron mit einer Energie von weniger als einem Elektronenvolt könne einen Atomkern zerschlagen, der sonst Bombardements von Millionen Elektronenvolt unbeschadet überstand. Fermi hielt diese Überlegung für Unsinn; Otto Hahn und Lise Meitner neigten dazu, ihm zuzustimmen. Die Skepsis beider Seiten zeigt, wie fest die potenziellen Atomspalter davon überzeugt waren, man benötige für diese Aufgabe unbedingt Spezialapparaturen wie ein Zyklotron. Das Zyklotron war ein Gerät zur Beschleunigung geladener Teilchen mithilfe der hohen Spannungsdifferenz in einem extrem starken Magnetfeld. Die Van-de-Graaff-Generatoren und Zyklotrone waren imstande, Teilchen mit Energien bis zu neun Millionen Elektronenvolt auf ihr Ziel abzufeuern, aber die hohe elektrische Ladung des Kerns hatte selbst diese hoch geladenen Geschosse abprallen lassen. Ida Noddacks Vorschlag klang wie die Behauptung, man könne mit einem Pusterohr eine Festung zum Einsturz bringen, die einem Granatenbombardement standgehalten hatte. Einige Jahre später berichtete sie, dass sie Otto Hahn zu überzeugen versuchte, in seinen Vorträgen und Veröffentlichungen zumindest hier und da auf ihre Kritik an Fermis Experimenten und auf ihre Mutmaßung hinzuweisen, dass seine Neutronen das Atom gespalten hatten. Hahn erwiderte offenbar, er wolle sie davor bewahren, sich lächerlich zu machen.[8]

Unterdessen hatte das Hahn-Meitner-Straßmann-Team in Berlin bei seiner geduldigen und systematischen Analyse der Fermi'schen transuranischen Elemente viele seltsame, aus dem Uran hervorgegangene Produkte entdeckt. Ihre Befunde wurden im Verlauf der folgenden drei Jahre in mehreren Fachzeitschriften veröffentlicht. Im Frühjahr 1935 wussten sie zum Beispiel von Substanzen mit drei unterschiedlichen Halbwertzeiten zu berichten, wofür sie keine einleuchtende Erklärung anzubieten hatten. Sie stocherten im Nebel herum.

Während dieser ganzen Zeit wurden, wie Meitner sehr gut wusste, die Juden in Deutschland zunehmend verfolgt. Aber die Trennwand, die sie in ihrem Inneren errichtet hatte, hielt noch: Überlegungen bezüglich ihrer eigenen Sicherheit und ihrer Berliner Berufslaufbahn standen gegenüber der Wahrnehmung der Schande und Erniedrigung, die das Regime der Wissenschaft antat, im Vordergrund. Tatsächlich war sie der Meinung, unter dem persönlichen Schutz Otto Hahns könne ihr nichts zustoßen. Offenbar lenkte sie sich ab, indem sie sich in ihre tägliche Arbeit vergrub.

1936 wurden Hahn und sie aufgrund ihrer Arbeiten für den Nobelpreis für Chemie nominiert. Später schlug Planck Meitner allein – erfolglos – für den Nobelpreis vor. Es scheint, als wäre Heisenberg, Planck und von Laue bewusst gewesen, dass diese Auszeichnung ihr – neben ihrer österreichischen Staatsangehörigkeit – zusätzlichen Schutz verliehen hätte. Die Nominierung war Plancks letzter Unterstützungsversuch. Als er 1937 im Alter von 79 Jahren das Amt des Präsidenten der Kaiser-Wilhelm-Gesellschaft niederlegte, wurde er durch Carl Bosch ersetzt, Fritz Habers ehemaligen Mitarbeiter bei der Stickstofffixierung.

## Lise Meitner flieht

Am 12. März 1938 drang die deutsche Armee in Österreich ein, erzwang den Anschluss und machte so alle Österreicher zu Bürgern des Dritten Reichs, womit sie auch unter die nationalsozialistischen deutschen Rassegesetze fielen. Ihre österreichische Nationalität bot Meitner nun keinen Schutz mehr. Die Geschichte ihrer späten Ausreise aus Deutschland vermittelt einen guten Eindruck von dem bedrohlichen Klima, das im nationalsozialistischen Polizeistaat mittlerweile herrschte.

Etliche ausländische Kollegen hatten sie eingeladen, bei ihnen zu arbeiten, aber sie hatte die Entscheidung hinausgezögert und sich trotz der drohenden Gefahren weiterhin in ihre Arbeit im Institut gestürzt. Aber jetzt war ihr österreichischer Pass ungültig geworden, einen deutschen würde man ihr nicht geben, und ein neues Gesetz verbot ihr als technischer Spezialistin, das Reich zu verlassen. Kurt Hess, der im Institut für die Betreuung von Gastwissenschaftlern zuständig war, drohte unverzüglich jedem, der sich für Meitner einzusetzen versuchte. Sogar Hahn wagte kaum noch, sie zu verteidigen;[9] er teilte ihr mit, dass sie dem Institut nicht länger angehören, ihre Arbeit aber inoffiziell fortsetzen könne. Meitner sollte Hahn seine Kleinmütigkeit nie ganz vergeben.

Carl Bosch kam ihr schließlich zu Hilfe, indem er die Genehmigung einer Auslandsreise beantragte. Sie hatte Einladungen aus Holland erhalten, von Bohrs Kopenhagener Institut, aus Liverpool und aus Cambridge. In Boschs Antrag vom 22. Mai heißt es: »Frau Meitner ist Nichtarierin, wurde aber mit Zustimmung der amtlichen Stellen (Kultusministerium) auf ihrem Posten belassen, da sie über große wissenschaftliche Erfahrungen verfügt, und zwar insbesondere als Physikerin als Kapazität gilt.«[10] Boschs Antrag wurde mit vernichtenden Worten abgeschmettert. Meitner kopierte den kafkaesken Wortlaut der Ablehnung auf das Briefpapier des Hotels Adlon, in das sie aus Sicherheitsgründen umgezogen war:

»Im Auftrag des Herrn Reichsministers Dr. Fr[ick] darf ich Ihnen auf Ihr Schreiben vom 20. vorigen Monats ergebenst mitteilen, dass politische Bedenken gegen die Ausstellung eines Auslandspasses für Frau Prof. M[eitner] bestehen. Es wird für unerwünscht gehalten, dass namhafte *Juden* aus Deutschland ins Ausland reisen, um dort als Vertreter der deutschen Wissenschaft oder gar mit ihrem Namen und ihrer Erfahrung entsprechend ihrer inneren Einstellung gegen Deutschland zu wirken.«[11]

Sie durfte sich in Deutschland nicht mehr als Wissenschaftlerin betätigen, und zugleich durfte sie Deutschland nicht verlassen, *weil* sie Wissenschaftlerin war.

Nachdem auch der Versuch fehlgeschlagen war, Mittel für einen dauerhaften Aufenthalt Meitners in Holland zu sichern, »rettete« der niederländische Physiker Dirk Coster aus Groningen sie am 13. Juli, indem er sie mit dem Versprechen nach Holland holte, sie erhalte eine mindestens einjährige Anstellung an seiner Universität. Noch am Tag ihrer Abreise arbeitete sie ganz normal, um keinen Verdacht zu erwecken. Sie packte ihre wichtigste Habe in zwei kleine Koffer und verbrachte in Otto Hahns Haus eine schlaflose Nacht. Deutsche, die ins Ausland reisten, durften nicht mehr als zehn Mark über die Grenze mitnehmen, daher schenkte ihr Hahn für Notfälle einen Diamantring, den er von seiner Mutter geerbt hatte.

Zwar wartete Coster am Berliner Bahnhof auf sie, aber aus Furcht, die Aufmerksamkeit der wachsamen Gestapo-Agenten auf sich zu ziehen, wagte er es nicht, mit ihr in Kontakt zu treten. Der Zug brauchte sieben Stunden bis zur niederländischen Grenze. Tage zuvor war Coster an der Grenze gewesen und hatte mit den Immigrationsbeamten gesprochen, ihnen Meitners offizielle Einreisegenehmigung gezeigt und sie gebeten, ihre deutschen Kollegen »freundlich zu stimmen«, damit sie die Frau passieren ließen. So gelang es ihr, über die Grenze zu kommen. Als der Zug schließlich Groningen erreichte, trafen Meitner und Coster zusammen, und er brachte sie zu seinem Auto. Coster schickte – wie vereinbart – ein Telegramm an Hahn, in dem stand, dass das »Kind« angekommen sei.

Coster fand jedoch keine angemessene Stelle für sie, sodass sie nach Stockholm weiterreiste, wo man ihr Arbeit in Manne Siegbahns neuem Laboratorium zugesagt hatte, nicht weit also von Niels Bohrs Wirkungsstätte im benachbarten Dänemark. Diese Entscheidung rettete ihr wahrscheinlich das Leben, denn 1942 wurden die meisten Juden aus den Niederlanden in Vernichtungslager deportiert.

## Die Entdeckung der Kernspaltung

Vor Meitners Abreise aus Berlin hatten Hahn, Straßmann und sie über ein vermeintlich neues radioaktives Element nachgegrübelt, das im Pariser Labor von Irène Curie (Maries Tochter) und Pavlo Savitch bei der Neutronenbestrahlung von Uran entstanden war. Einige Wochen darauf hatten Curie und Savitch einen Artikel veröffentlicht, in dem sie behaupteten, das Element verhalte sich wie ein radioaktives Isotop von Lanthan, das etwa das halbe Atomgewicht von Uran hat, was vermuten ließ, dass das Uran durch die Bestrahlung gespalten worden sei.

Als Meitner in Schweden angekommen war, versuchten Hahn und Straßmann gerade, die Experimente von Curie und Savitch zu wiederholen. Sie bestrahlten eine Uranprobe mit Neutronen und entdeckten Spuren von Radioaktivität, die von einem Element auszugehen schien, das chemisch dem Radium ähnelte, aber mit einer dreistündigen Halbwertzeit zerfiel. Sie lösten das bestrahlte Uran dann in Säure auf und fügten ein Salz des Bariums hinzu, eines nicht radioaktiven Elements, das leichter als Radium ist. Sie beobachteten, dass die entstandene Radioaktivität mit dem Barium ausgefällt wurde, während das restliche Uran in der Lösung verblieb. Das bedeutete, dass das Uranatom gespalten worden und eines der Spaltprodukte ein radioaktives Bariumisotop war. Hahn und Straßmann mochten nicht glauben, was ihnen offensichtlich gelungen war, und fuhren fort, ihr Ergebnis weiteren Überprüfungen zu unterziehen.

Hahn informierte Meitner in einem Brief vom 19. Dezember, der mit »Montag Abend, im Labor« datiert war, über das seltsame Ergebnis, das sie erzielt hatten: »Es ist nämlich etwas bei den ›Radiumisotopen‹, was so merkwürdig ist, dass wir es vorerst nur dir sagen.« Er regte sie an, eine Erklärung dafür zu entwickeln und vielleicht zu veröffentlichen.[12] Das war seine Art, einerseits ihre Teilhabe an der bedeutsamen Entdeckung anzuerkennen, die ihnen gerade ins Gesicht starrte, und ihr andererseits klar zu machen, dass eine gemeinsame Publikation mit einer jüdischen Wissenschaftlerin nicht infrage kam.

Zwei Tage später schrieb er noch einmal an Meitner und bat sie, eine Interpretation zu liefern, denn »wir können unsere Ergebnisse nicht totschweigen, auch wenn sie physikalisch vielleicht absurd sind«.[13] Am selben Tag schrieb Meitner an Hahn, sie könne sich ein so weitgehendes Zerplatzen des Urankerns zwar nicht recht vorstellen, »aber wir haben in der Kernphysik so viele Überraschungen erlebt, dass man auch nicht ohne weiteres sagen kann: Es ist unmöglich«.[14]

Hahn hatte für die Zeitschrift *Die Naturwissenschaften* einen Artikel über seine Versuche fertig gestellt, in dem es hieß: »Als Chemiker müssten wir aus den kurz dargelegten Versuchen das oben gebrachte Schema eigentlich umbenennen und statt Ra, Ac, Th die Symbole Ba, La, Ce einsetzen. Als der Physik in gewisser Weise nahe stehende ›Kernphysiker‹ können wir uns zu diesem, allen bisherigen Erfahrungen der Kernphysik widersprechenden Sprung noch nicht entschließen.«[15]

Als Meitner Hahns zweiten Brief erhalten hatte, besuchte sie ihren Neffen Otto Frisch, der mit dem befreundeten Ehepaar von Bahr-Bergius die Weihnachtsferien in Kungälv an der schwedischen Küste verbrachte. Während sie von Stockholm dorthin reiste, konnte sie, wie sie später gestand, an nichts anderes denken als an die schockierende Möglichkeit, dass Fermis Transuran-Theorie und damit auch vier Jahre intensiver Arbeit, die sie mit Hahn und Straßmann dieser Theorie gewidmet hatte, hinfällig waren.

In seinen Memoiren erinnert sich Frisch, wie er aus dem Hotel trat und seine Tante Lise vorfand, die einen Brief von Hahn las und dabei offensichtlich beunruhigt wirkte. Frisch brannte darauf, ihr von seinen eigenen wissenschaftlichen Projekten zu erzählen, aber sie wollte nicht zuhören. Sie bestand darauf, dass Frisch den Brief auf der Stelle lese, und er gehorchte. »Dessen Inhalt war tatsächlich so erstaunlich«, erinnert er sich, »dass ich zuerst zur Skepsis neigte.« Frischs Schilderung macht einen der großen Augenblicke der Erkenntnis in den Naturwissenschaften des 20. Jahrhunderts lebendig:

»War dies einfach ein Fehler? Nein, sagte Lise Meitner; Hahn war ein viel zu guter Chemiker, um solche Fehler zu machen. Doch nie zuvor waren Fragmente, die größer waren als Protonen und Heliumkerne (Alphateilchen), von Kernen abgespaltet worden; um eine große Zahl davon abzuspalten, war einfach nicht genug Energie verfügbar. Es war aber auch nicht möglich, dass der Urankern direkt in zwei Teile gespalten wurde. Ein Kern ist kein brüchiger Körper, der gespalten oder zerbrochen werden kann. George Gamow hatte schon früh vorgeschlagen, und Bohr hatte gute Gründe dafür aufgeführt, dass sich ein Kern viel eher wie ein Flüssigkeitstropfen verhält. Vielleicht konnte sich ein Tropfen auch stufenweise in zwei kleinere Tröpfchen teilen, indem er zuerst länglich wurde, sich dann einschnürte und schließlich eher zerrissen als zerbrochen wurde. Wir wussten, dass es starke Kräfte gab, die sich einem solchen Vorgang entgegenstellten, ganz wie die Oberflächenspannung eines gewöhnlichen Flüssigkeitströpfchens dessen Spaltung in zwei Teile verhindert. Doch die Kerne unterscheiden sich von gewöhnlichen Tropfen in einer wichtigen Hinsicht: Sie sind elektrisch geladen, und es war bekannt, dass dies der Oberflächenspannung entgegenwirkt.«[16]

Meitner beharrte darauf, die Folgerungen aus Hahns Brief mit ihm durchzusprechen, während sie durch die verschneiten Wälder spazierten. Frisch wollte nicht auf seinen Skilanglauf verzichten, und so zogen sie gemeinsam los: er auf hölzernen Skiern, sie zu Fuß zügig nebenher. Einmal setzten sie sich auf einen schneebedeckten Baumstamm, und Meitner zog ein paar Notizblätter hervor und stürzte sich in Berechnungen. Frisch erinnert sich:

»Dann begannen wir auf kleinen Zettelchen zu rechnen und fanden, dass die Ladung des Urankerns tatsächlich genügte, um die Oberflächenspannung fast vollständig zu überwinden. Der Urankern glich also tatsächlich einem wackelnden, unstabilen Tropfen, der bei der geringsten Provokation, wie zum Beispiel beim Aufprall eines einzigen Neutrons, in zwei Teile zerfallen konnte. Doch es stellte sich ein weiteres Problem. Nach der Spaltung wurden die zwei Tröpfchen durch ihre gegenseitige Abstoßung voneinander getrennt und auf eine hohe Geschwindigkeit, das heißt ein hohes Energieniveau von rund 200 MeV gebracht; woher konnte diese Energie kommen?«[17]

Meitner wusste alles, was für die Lösung vonnöten war. Sie rief sich die Formel zur Berechnung der Kernmassen ins Gedächtnis und arbeitete heraus, dass zwei Kerne, die durch die Spaltung eines Urankerns entstanden, zusammen um etwa ein Fünftel einer Protonenmasse leichter waren als das ursprüngliche Uranatom. Wann immer Masse verschwindet, wird dafür Energie freigesetzt, und ein Fünftel der Masse eines Protons entsprach genau dem richtigen Energiebetrag. »Hier war also die Energiequelle«, schreibt Frisch in seinen Memoiren. »Alles stimmte!« Um die Energiemenge zu bestimmen, die dem Verlust der Masse eines Fünftels eines Protons pro Uranatom entspricht, wandte Meitner Einsteins berühmte Gleichung $E = mc^2$ an – und staunte über das Ergebnis: 200 Millionen Elektronenvolt! Das hieß, dass die Spaltung von einem Gramm Uran ebenso viel Energie freisetzen würde wie die Verbrennung von zweieinhalb Tonnen Kohle. Wie hatte das in den Experimenten Fermis, Hahns und Straßmanns und des Pariser Teams – Curie und Savitch – unbemerkt bleiben können? Offenbar war bei diesen Versuchen nur ein winziger Bruchteil des Urans gespalten worden, sodass die freigesetzte Energie der Aufmerksamkeit der Forscher entgangen war.

Nach seiner Rückkehr nach Kopenhagen führte Frisch ein Experiment durch, um die Kraft der Bruchstücke zu messen, die der Beschuss des Urans mit Neutronen erzeugte, und sie mit dem von Meitner rechnerisch ermittelten Wert zu vergleichen. In einem Kommentar zu dem Messergebnis argumentiert Max Perutz, es habe in seinen Augen Karl Poppers Vorstellungen von der wissenschaftlichen Methodik bestätigt. »Das Ungestüm der Reaktion«, schrieb Perutz in einem Essay über die Spaltung des Atoms, »war unbemerkt geblieben, solange es keine Hypothese gab, die es vorhersagte, und Frisch entdeckte es schließlich durch ein Experiment, das zur Widerlegung dieser Hypothese ausgelegt war.«[18]

Meitner und Frisch schrieben nun zwei Briefe an *Nature*. Der erste, den beide gemeinsam unterzeichneten, lieferte eine theoretische Interpretation der Resultate von Hahn und Straßmann.[19] Der zweite, den Frisch allein verfasst hatte, erschien eine Woche später und beschrieb sein Experiment.[20] Die Briefe postulierten, dass die von Fermi beschriebenen und dann von Hahn, Meitner und Straßmann untersuchten Transurane tatsächlich Spaltprodukte des Urans waren, auch wenn sie den Vorgang »Teilung« und nicht »Spaltung« nannten. Sie enthielten sich jeder Mutmaßung über den möglichen Nutzen der gewaltigen Energie, deren Freisetzung sie entdeckt hatten, ebenso schwiegen sie über deren waffentechnische Verwertbarkeit.

## Bohr geht nach Amerika

Am 3. Januar 1939 besuchte Otto Frisch Bohr in dessen Haus in Stockholm und überbrachte ihm die Nachricht von der Spaltung des Urans. Das Gespräch dauerte nur fünf Minuten; Bohr war konsterniert, dass ihm diese Möglichkeit nicht früher in den Sinn gekommen war. Er räumte bereitwillig ein, dass der Zerfall eines schweren Kerns in zwei größere Stücke ein geradezu klassischer Vorgang war, der unterhalb einer gewissen Energieschwelle nie, oberhalb aber umso einfacher abläuft. Am 7. Januar brachen Bohr und Leon Rosenfeld, ein 33-jähriger Physikprofessor von der Lütticher Universität, zu einem fünfmonatigen Aufenthalt am Princeton Institute for Advanced Study in die Vereinigten Staaten auf. Bohr hatte in seiner Schiffskabine eine Tafel anbringen lassen, sodass er die Reise zur Ausarbeitung der Folgerungen nutzen konnte, die Frisch und Meitner in ihrem gemeinsamen Brief an *Nature* angedeutet hatten. Rosenfeld sollte später schreiben:

»Auf der ganzen Überfahrt war schlechtes Wetter, und Bohr fühlte sich elend, immer dabei, seekrank zu werden. Trotzdem arbeiteten wir regelmäßig, und bevor die amerikanische Küste in Sicht kam, hatte Bohr den neuen Prozess voll erfasst und seine Implikationen verstanden.«[21]

Dank Bohr und Rosenfeld verbreitete sich die Nachricht von der Uranspaltung rasch. Die Geschichte ihrer Aktivitäten und der sich daraus ergebenden Konsequenzen sagt viel darüber aus, wie sich Wissenschaftler verhalten: über ihr Konkurrenzdenken, den Druck, der oftmals mit ihren eigenen Idealvorstellungen kollidiert, und die Notwendigkeit, in internationalen Krisen die persönliche Eitelkeit im Zaum zu halten.

Rosenfeld preschte zu Bohrs großem Verdruss vor und erzählte von Hahns Befund bei einem Clubtreffen des Physikalischen Instituts von Princeton. Aber da die Entdeckung nun ohnehin offen diskutiert wurde, sprachen sich Bohr und Fermi (der jetzt an der Columbia University in New York arbeitete) ab und informierten daraufhin am 26. Januar die Teilnehmer der fünften Washingtoner Konferenz über Theoretische Physik: Die Gruppe von Hahn und Straßmann in Berlin habe tatsächlich radiochemische Belege gefunden, die bestätigten, dass beim Neutronenbeschuss von Uran Barium entsteht. Frisch und Meitner seien nun zu dem Schluss gekommen, diese Ergebnisse seien durch eine »Kernspaltung« zu erklären, bei der eine immense Energie freigesetzt werde. Zu den ungefähr 50 Teilnehmern der Veranstaltung zählten Gamow, Teller und Bethe. Noch bevor Rosenfeld seine Darstellung beendet hatte, eilten Physiker aus dem Raum: manche, um Kollegen telefonisch über die Sensation zu informieren, andere, um in ihren Laboren sofort Replikationsversuche zu starten.

Kurz darauf sprach Fermi im Radio über Kernspaltung, ohne Frisch zu erwähnen. Bohr war außer sich. Rosenfeld berichtete: »Es war das einzige Mal, dass ich Bohr wirklich wütend und ziemlich aufgewühlt erlebt habe, so empört war er.« Bohr stattete Fermi in Rosenfelds Begleitung einen Besuch ab, um die Sache zu klären. »Ich war nicht dabei, als er ihn ins Gebet nahm«, erinnerte sich Rosenfeld. »Ich sah nur ihre Gesichter, als sie nach einer ziemlich langen Zeit herauskamen: Beide waren blass, abgespannt und ziemlich erschöpft.«[22] Bohr, ein Mann von legendärer Integrität, tat nichts anderes, als sich für eine Ethik der korrekten Zuschreibung von Leistungen einzusetzen, ein Prinzip, das unter den wissenschaftlichen Benimmregeln von besonderer Bedeutung ist.

Zumindest ein Wissenschaftler erkannte die militärischen und damit politischen Implikationen der Entdeckung und war bis ins Mark erschüttert. Leo Szilard hörte ein paar Tage später von den Spaltungsexperimenten, als er den Physiker Eugene Wigner in Princeton besuchte. Uran war eindeutig das Element, das ihm vorgeschwebt hatte, seit er sechs Jahre zuvor in London an jener Verkehrsampel stehen geblieben war. »Als ich davon hörte«, schrieb er später, »sah ich sofort, dass die Bruchstücke, da sie schwerer sind, als es ihrer Ladung entspricht, ihrerseits Neutronen emittieren mussten, und wenn bei diesem Spaltungsprozess genügend Neutronen freigesetzt wurden, dann sollte es natürlich möglich sein, eine Kettenreaktion in Gang zu halten. All das, was H. G. Wells vorhergesagt hatte, erschien mir plötzlich real.«[23]

Er hielt es für unbedingt geboten, alle weiteren Ergebnisse solcher und ähnlicher Versuche geheim zu halten, da die Welt kurz vor einem Krieg stand. Er schrieb der britischen Admiralität und zog seinen vor Weihnachten gestellten Antrag zur Aufhebung der Geheimhaltung seines Patents auf eine Kettenreaktionsbombe zurück. Am 25. Januar schrieb er dann an Lewis L. Strauss, einen Wall-Street-Geschäftsmann, nach seiner Einschätzung sei die Kernspaltung der Vorbote der Kernenergienutzung sowie gefährlicherer »potenzieller Möglichkeiten«, die zu »Atombomben« führen würden.

In der folgenden Woche reiste Bohr nach Princeton, wo er vorübergehend in Einsteins Büro unterkam. Während eines Frühstücksgesprächs am 5. Februar erkannte Bohr, dass die beobachtete Spaltung im Uran größtenteils auf das seltene Isotop U-235 zurückging, von dem im natürlichen Uran nur je ein Teil auf 139 Teile U-238 kommt. Zwei Tage später, am 7. Februar, schickte er einen Brief an die *Physical Review*, in dem er auf diesen Umstand hinwies. Bohr erläuterte in diesem und einem weiteren, im August zusammen mit John Wheeler veröffentlichten Artikel, dass U-238 als Energiequelle vermutlich unbrauchbar sei, nicht aber U-235, das sich durch langsame Neutronen leicht spalten ließe. (Diese Annahme führte dazu, dass sich die Physiker zunächst auf langsame Neutronen im U-235 konzentrierten; den schnellen Neutronen widmeten sie sich erst später.) Bohr nahm im selben Monat an einer Diskussion in Princeton teil, in der er über die Schwierigkeiten sprach, U-235 aus dem natürlichen Uran anzureichern. Eine Bombe zu bauen würde seines Erachtens die gesamte Leistungsfähigkeit eines Landes binden.[24]

Die aufregenden Neuigkeiten von der Kernspaltung übten dennoch auf viele Personen, die zum Gebiet der Quantenphysik und der frühen nuklearphysikalischen Forschung beigetragen hatten, eine starke Wirkung aus. Nur eine Woche nach der offiziellen Entdeckung und Veröffentlichung hatte J. Robert Oppenheimer, das New Yorker Multitalent, das bei Max Born studiert und sich in

Göttingen mit Paul Dirac eine Unterkunft geteilt hatte, auf der Tafel in seinem Büro bereits »eine Zeichnung« zusammengekritzelt, wie der amerikanische Physiker Philip Morrison schrieb, »eine sehr schlechte, eine scheußliche Skizze von einer Bombe«. Und George Uhlenbeck hörte Enrico Fermi, der vom Physik-Hochhaus der Columbia University auf Manhattan blickte, sagen: »Eine Bombe von dieser Größe« – er formte mit den Händen eine kleine Schüssel –, »und das alles würde verschwinden.«

## Geheimhaltung, Veröffentlichung und Finanzierung

Szilard hatte begriffen, dass der entscheidende nächste Schritt in der Forschung die Bestimmung der Anzahl Neutronen war, die bei der Spaltung emittiert werden, um herauszufinden, ob sie für eine Kettenreaktion und damit für eine Massenvernichtungswaffe ausreichte. Er wusste, dass zwei Gruppen experimenteller Physiker an diesem Problem arbeiteten: Enrico Fermi und er selbst an der Columbia University in New York City und ein französisches Team unter dem Physiker Frédéric Joliot-Curie in Paris. Angesichts der amorphen, oft unvorhersagbaren Entwicklungen in der Atomphysik und der Tatsache, dass Deutschlands unbarmherziger Diktator im Begriff war, die Welt in einen Krieg zu stürzen, glaubte Szilard, dass mit jeder weiteren Entdeckung in der Atomphysik künftige Risiken einhergingen. Wenn die Entdeckung der Freisetzung sekundärer Neutronen eine notwendige Voraussetzung zum Bau einer Atombombe war, dann musste diese Erkenntnis in seinen Augen geheim gehalten werden. Schließlich konnten deutsche Wissenschaftler die britischen und amerikanischen Fachzeitschriften ebenso gut lesen wie ihre Kollegen aus anderen Ländern. Zwar gab es keinen Weg herauszufinden, ob sich Deutschlands Naturwissenschaftler bereits mit sekundären Neutronen oder Kettenreaktionen befassten oder sogar schon an eine mögliche Atomwaffe gedacht hatten, aber er kam zu dem Urteil, dass die Wissenschaftler der demokratischen Welt nichts publizieren sollten, was Hitlers möglichen nuklearen Ambitionen entgegenkommen könnte.

Die folgenden Ereignisse veranschaulichen den Konflikt zwischen dem wissenschaftlichen Publikationsdruck und dem ethischen Gebot, einem Tyrannen keine Mittel in die Hände zu spielen, mit denen er seine Feinde erpressen kann. Inwieweit ist ein Wissenschaftler für den Missbrauch seines Wissens durch Dritte verantwortlich? Wer bezweifelt, dass die Grundlagenforschung wertfrei, moralisch und politisch neutral ist, dem werden die Fragen, ob Szilards Befürchtungen über die Folgen einer Veröffentlichung gerechtfertigt waren und ob die beteiligten Wissenschaftler aus Integrität oder aus anderen Motiven gehandelt haben, viel zu denken geben.

Leo Szilard flehte sowohl Fermi – von Angesicht zu Angesicht – als auch Joliot-Curie – schriftlich – an, ihre Ergebnisse nicht zu veröffentlichen, falls sie die sekundären Neutronen fänden, nach denen sie suchten. »Offensichtlich wäre, wenn mehr als ein Neutron freigesetzt würde, eine Art Kettenreaktion möglich«, führte er in seinem Brief an Joliot-Curie aus. »Unter bestimmten Umständen könnte dies zur Konstruktion von Bomben führen, die äußerst gefährlich wären – erst recht in den Händen gewisser Regierungen.« Er beendete sein Schreiben mit einer Zeile, die er anschließend wieder durchstrich: »Ich verbleibe in der Hoffnung, dass das Uran nicht genügend Neutronen emittieren wird …«[25] Fermi, der mit Szilard zusammenarbeitete, willigte in die Nichtveröffentlichung ein. Aber Joliot-Curie und seine Gruppe wollten sich nicht festlegen.

Mitte März 1939 beobachteten dann Fermi, Szilard und ihr promovierter Mitarbeiter Walter Zinn gleichzeitig mit Joliot-Curies Pariser Gruppe die zusätzlichen Neutronen und bestätigten somit Szilards Theorie der Kettenreaktion. Ihre Ergebnisse belegten, dass außer den schweren Isotopen, die bei dem Prozess als Spaltprodukte anfielen, im Mittel für jedes bei der Spaltung absorbierte Neutron mehr als zwei Neutronen (nämlich 2,42 bei U-235) emittiert wurden. Eine Kettenreaktion war daher möglich, und obwohl es noch eine Menge Probleme zu überwinden galt, war die Atombombe nun kein reines Phantasiegebilde mehr. Szilards Appellen zum Trotz veröffentlichte Joliot-Curie seine Beobachtung am 18. März in *Nature*. (Jahre später behauptete er, nach einem verstümmelten Telegramm Szilards habe er eine weitere Nachricht von diesem erwartet, aber Szilards erster, oben zitierter Brief erscheint in seiner Intention deutlich genug.)

Welche Konsequenzen Joliot-Curies *Nature*-Artikel in Deutschland hatte, ließ sich erst nach dem Krieg klären, aber die Abfolge der Ereignisse rechtfertigte zumindest den Grundsatz, an den Szilard appelliert hatte: dass es Zeiten gibt, in denen der persönliche wissenschaftliche Ehrgeiz durch übergeordnete politische, außerwissenschaftliche Erwägungen gebremst werden sollte.[26]

Und so geschah es, dass an der Hamburger Universität ein 37-jähriger physikalischer Chemiker österreichischer Herkunft namens Paul Harteck auf den Artikel aufmerksam wurde. Hartecks Forschungsvorhaben – er war so etwas wie ein Neutronenfachmann – waren durch Geldmangel ins Stocken geraten. Er hatte 1932 ein Jahr in Cambridge verbracht, wo er mit Ernest Rutherford und Marcus (Mark) Oliphant an der Kernfusion arbeitete, bei der leichte Atomkerne verschmelzen sollen. Nach der Lektüre des am 19. März 1939 erschienenen *Nature*-Artikels erkannte Harteck sofort die ungewöhnliche Chance, die sich ihm und seiner Forschung hier bot. Er entschied sich, an die Forschungsabteilung des Heereswaffenamtes in Berlin heranzutreten, um die Möglichkeit der Herstellung einer Massenvernichtungswaffe auf Uranspaltungsbasis darzustellen und sich so Gelder zu sichern, die er in ein Projekt stecken wollte, das diesem Ziel diente.

Am 24. April schrieben Harteck und sein Assistent Wilhelm Groth einen Brief an Erich Schumann, den Leiter der Forschungsabteilung des Heereswaffenamtes, in dem sie erklärten, dass die neuesten Entwicklungen auf dem Gebiet der Kernphysik es wahrscheinlich ermöglichen würden, einen Sprengstoff herzustellen, der um viele Größenordnungen stärker wäre als die konventionellen: »Das Land, das als Erstes Gebrauch davon macht, besitzt den anderen gegenüber eine nicht einzuholende Überlegenheit.«[27]

Was mag einen physikalischen Chemiker, einen Österreicher, der behauptete, ein apolitischer Mensch und kein NSDAP-Mitglied gewesen zu sein und nicht das geringste Interesse an Waffentechnik gehabt zu haben (obwohl er dem Heereswaffenamt irgendwann einmal als Berater für chemische Sprengstoffe gedient zu haben scheint), dazu bewegt haben, die Führung von Hitlers Waffenschmiede auf die Idee zu bringen, eine Atombombe zu bauen? Nach dem Krieg behauptete Harteck, sein einziges Motiv sei die opportunistische Jagd nach den knappen Finanzmitteln gewesen. Er habe sich nicht aus Patriotismus an die Wehrmacht gewandt oder weil er die Nazis habe unterstützen wollen, sondern weil die Wehrmacht reichlich Geld hatte. »In jenen Tagen wurde die Grundlagenforschung in Deutschland nicht gefördert… Also mussten wir uns an Einrichtungen wenden, die Gelder zu vergeben hatten. Ich war in solchen Dingen stets realistisch. Das Heereswaffenamt hatte Geld, also wandten wir uns dorthin.«[28]

Wie sich zeigte, brauchte das Heereswaffenamt einige Zeit, bis es auf Harteck zurückkam, aber es bleibt die Tatsache, dass das Verhalten einzelner Wissenschaftler manchmal das Schicksal ganzer Länder oder sogar Kontinente beeinflussen kann. Es gab einen direkten Zusammenhang zwischen Joliot-Curies *Nature*-Artikel und Paul Hartecks Entschlossenheit, sich Gelder zu sichern, gleich, aus welcher Quelle und um welchen Preis. Dass dieser Zusammenhang Hitler gegenüber Amerika keinen Vorsprung beim Bau der ersten Atombombe verschafft hat, schwächt oder entwertet Szilards Argumente keineswegs. Wie sich zeigte, sollten andere Faktoren den Wettlauf um die Bombe entscheiden.

## Szilard, Einstein und Roosevelt

Während in den Vereinigten Staaten weiter nach der besten Methode zur Etablierung einer Kettenreaktion geforscht wurde, ließen Leo Szilards Sorgen nicht nach. Unter all den Wissenschaftlern, die später, nach Pearl Harbor, zum Lager der Alliierten gehören sollten, sah einzig Szilard voraus, was es hieße, wenn man zulassen würde, dass Hitler allein eine Atombombe besäße. Da schon die Wissenschaftler ihre Zungen und Stifte nicht im Zaum halten konnten, dürfte es ihn nicht überrascht haben, dass die amerikanischen Massenmedien die Nachrichten über Spaltungen, Neutronen und Kettenreaktionen gehörig ausschlachteten. Am 30. April 1939 brachte die *New York Times*, alle Warnungen in den Wind schlagend, einen Lagebericht über die Bedeutung der Fortschritte der Atomforschung und über die Uneinigkeit, die zwischen den Wissenschaftlern herrschte:

»Sichtlich erhitzte Gemüter und erhöhte Temperaturen gab es heute bei den Mitgliedern der American Physical Society, die ihren Frühjahrskongress mit einer Debatte darüber beschloss, wie wahrscheinlich es sei, dass einer ihrer Kollegen mit einem winzigen Stück Uran – dem Element, aus dem das Radium entsteht – einen beträchtlichen Teil der Erde in die Luft jagen könnte.

Dr. Niels Bohr aus Kopenhagen, ein Kollege von Dr. Albert Einstein am Institute for Advanced Study in Princeton, N. J., erklärte, die Beschießung einer geringen Menge des reinen Uranisotops U-235 mit langsamen Neutronen … würde eine ›Kettenreaktion‹ oder atomare Explosion in Gang setzen, die stark genug wäre, das Laboratorium und die Umgebung im Umkreis von vielen Meilen zu verwüsten.

Viele Physiker erklärten allerdings, es werde schwierig, wenn nicht unmöglich sein, das Isotop 235 von dem häufigeren Isotop 238 zu trennen. Das Isotop 235 stellt nur einen Anteil von 1% an dem Element Uran.

Dr. L. Onsager von der Yale University beschrieb freilich eine neue Apparatur, mit der sich seinen Berechnungen zufolge die Isotope von Elementen, wenn sie gasförmig vorliegen, trennen lassen, und zwar mithilfe von Röhren, die an einer Seite gekühlt und an der anderen auf hohe Temperaturen erhitzt werden.

Andere Physiker gaben zu bedenken, dass ein solches Verfahren fast unerschwinglich teuer und die Ausbeute an Isotop 235 vernachlässigbar klein sein werde. Gleichwohl räumten sie ein, dass es, wenn Dr. Onsagers Separierverfahren funktionieren sollte, vergleichsweise einfach wäre, eine nukleare Explosion herbeizuführen, die eine Fläche von der Größe von New York City verwüsten könnte. Ein einziges Neutronenteilchen, das den Kern eines Uranatoms träfe, würde, so erklärten sie, ausreichen, eine Kettenreaktion auszulösen, die Millionen weiterer Atome erfassen würde.«[29]

Da sich einige der besten Physiker, darunter Heisenberg, von Weizsäcker und Otto Hahn, in Deutschland aufhielten und ständig Informationen über die jüngsten Durchbrüche in die Öffentlichkeit drangen, stellte sich die Frage, was man tun sollte, um die Interessen der demokratischen Welt zu wahren.

Noch während Szilard mit aller Kraft um Finanzmittel für weitere Versuche zur Etablierung einer Kettenreaktion warb, beschloss er, auch in der politischen und internationalen Sphäre die Initiative zu ergreifen. Da er fürchtete, Hitler werde die belgischen Uranvorräte beschlagnahmen, die aus den Uranminen in Belgisch-Kongo stammten, entwickelte er die Idee, Einstein dafür zu gewinnen, die belgische Königin Elisabeth zu warnen. Aber die Angelegenheit kam enervierend langsam voran.

Erst Mitte Juli erhielten Szilard und Wigner eine Einladung in Einsteins Sommerhaus auf Long Island, wo sie ihn über die jüngsten wissenschaftlichen Entwicklungen informierten. Nach ihrer Ankunft beschrieb Szilard Einstein sofort seine letzten Experimente an der Columbia University und legte ihm seine Berechnungen bezüglich einer Kettenreaktion in Uran und Grafit vor. An dieser Stelle verlieh Einstein laut Szilard seiner Verwunderung Ausdruck, da ihm die Möglichkeit einer Kettenreaktion nie zu Ohren oder in den Sinn gekommen war. Er sagte: »Daran habe ich gar nicht gedacht!«[30] Aber rasch begriff er die Implikationen und erklärte sich bereit, die warnenden Appelle zu unterstützen, selbst wenn sich die Gefahr einer Massenvernichtungswaffe später als falscher Alarm erweisen sollte. Die drei Naturwissenschaftler setzten einen Brief an den belgischen Botschafter in Washington auf und dann ein Begleitschreiben an das Außenministerium mit der Bitte, den Belgiern das Schriftstück weiterzuleiten.

In den nächsten drei Tagen und noch bevor sie den Brief auf den Weg schickten, holte Szilard den Rat des Biologen, Nationalökonomen und Geschäftsmanns Alexander Sachs ein. Sachs beharrte darauf, »dass es sich hier um Dinge handle, die zuerst und vor allem das Weiße Haus angingen, und dass es, auch unter praktischen Gesichtspunkten, das Beste sei, Roosevelt zu informieren«.[31] Der berühmte Brief zum Thema Atombombe, den Einstein am 2. August an Roosevelt schrieb, beginnt mit den Worten:

»Sir,

gewisse neue Arbeiten von E. Fermi und L. Szilard, die mir durch ein Manuskript bekannt geworden sind, führen mich zu der

Annahme, dass das Element Uran in der unmittelbaren Zukunft als neue und wichtige Energiequelle erschlossen werden kann. Bestimmte Aspekte der Situation scheinen eine große Wachsamkeit und gegebenenfalls rasches Eingreifen seitens der Regierung erforderlich zu machen. Ich halte es daher für meine Pflicht, Sie auf die folgenden Tatsachen und Empfehlungen aufmerksam zu machen.«

Einsteins Appell kam Roosevelt – über Alexander Sachs – aber erst am 11. Oktober zu Ohren, fast sechs Wochen nach Hitlers Einfall in Polen und Großbritanniens und Frankreichs Kriegserklärung vom 3. September. An der darauf folgenden Besprechung nahm Roosevelts Berater General Edwin M. Watson teil, der »Pa« genannt wurde, und mehrere seiner Vertrauten, seine Chefsekretärin und sein Adjutant. Roosevelt empfing Sachs mit den Worten: »Was ist los, Alex?«

Sachs brachte zunächst die Geschichte eines jungen amerikanischen Erfinders vor, Robert Fulton, der Napoleon brieflich eine Flotte segelloser Schiffe angeboten hatte, damit er England unabhängig von der Wetterlage jederzeit angreifen könne. Napoleon hatte die Vorstellung allerdings verworfen: »Bah! Zum Teufel mit diesen Visionären!« Lord Acton, der englische Historiker des 19. Jahrhunderts, pflegte diese Episode als Beispiel für französische Kurzsichtigkeit anzuführen, die zu Großbritanniens Vorteil geworden sei. Hätte Napoleon ein bisschen visionärer gedacht, so wäre die Geschichte Europas womöglich völlig anders verlaufen.

Daraufhin schickte Roosevelt nach einer Flasche Napoleon-Cognac und schenkte seinem Gast und sich selbst ein Glas ein. Sachs hatte eine Akte vorbereitet, die Einsteins Brief und ein Memorandum von Szilard enthielt. Dann entschied er sich aber, lieber seine eigene 800-Wörter-Zusammenfassung vorzutragen, in der er die Chancen der Kernenergie und radioaktiver Substanzen in der Medizin skizzierte und schließlich auf »Bomben von bisher nie da gewesener Sprengkraft und Reichweite« kam. Er empfahl dem Präsidenten, Maßnahmen zur Sicherung der belgischen Uranvorräte und entsprechende Forschungsvorhaben in die Wege zu leiten, die von der Industrie und von privaten Stiftungen finanziert werden sollten. Um die Wissenschaftler und die Regierung zusammenzubringen, sollte ein Komitee gegründet werden.

Abschließend zitierte er aus Francis Astons Vortrag von 1936, »Vierzig Jahre Atomtheorie«:

»Ich persönlich hege keinen Zweifel daran, dass subatomare Energie überall um uns herum vorhanden ist und dass der Mensch ihre fast unerschöpflichen Kräfte eines Tages freisetzen und kontrollieren wird. Wir können ihn nicht daran hindern, das zu tun, und können nur hoffen, dass er sie nicht ausschließlich dazu benutzen wird, seinen Nachbarn in die Luft zu sprengen.«[32]

»Alex«, fasste Roosevelt zusammen, »worum es dir geht, ist, dafür zu sorgen, dass die Nazis uns nicht in die Luft sprengen.«

»Genau das«, sagte Sachs.

Woraufhin sich der Präsident kurz und bündig an Watson wandte: »Pa, das hier bedeutet: Wir müssen handeln!«[33]

Es sollte dann noch drei Jahre dauern, bevor tatsächlich gehandelt wurde.

# 18. Der Zweite Weltkrieg

Der Weg zum Zweiten Weltkrieg wurde bereits 1935 eingeschlagen, als Hitler mit dem Beginn der Wiederaufrüstung gegen den Versailler Vertrag verstieß; anschließend marschierten die Deutschen ungehindert in das »entmilitarisierte Rheinland« ein. 1938 hatte Hitler den ebenfalls in Versailles verbotenen Anschluss Österreichs an Deutschland erzwungen und im Herbst unter dem Vorwand, verlorenes Terrain und deutsche Bevölkerungsteile zurückzugewinnen, einen Teil der Tschechoslowakei annektiert. In der Hoffnung, Hitler lasse sich damit besänftigen, stimmte Großbritannien der Aufteilung der Tschechoslowakei zu, aber seine Forderungen wurden nur noch maßloser. Im März 1939 besetzte er den Rest der Tschechoslowakei, und im Sommer traf er mit der Sowjetunion ein Abkommen über die Aufteilung Polens. Die Brutalität des Einmarsches nach Polen am 1. September 1939 kostete viele Zivilisten das Leben. Frankreich und Großbritannien erklärten Deutschland am 3. September den Krieg, aber die Kampfhandlungen begannen erst im folgenden Frühjahr, als Deutschland als Reaktion auf die Blockade der skandinavischen Gewässer durch die Royal Navy Norwegen und Dänemark angriff. Den britischen Truppen gelang es nicht, die Invasion zu verhindern. Im nächsten Monat überwältigten die motorisierten deutschen Divisionen die französische Verteidigung und starteten einen machtvollen, raschen und gut organisierten Vormarsch durch die Niederlande und weiter durch Frankreich. Großbritanniens auf dem Rückzug befindliche Divisionen entgingen bei ihrer Evakuierung aus Dünkirchen nur knapp der Vernichtung. Am 22. Juni 1940 wurde das französisch-deutsche Waffenstillstandsabkommen unterzeichnet. Hitler beherrschte nun

Europa von den Pyrenäen bis zum Nordkap. Großbritannien war in einer gefährlichen Notlage, und schon bald sollte überdeutlich werden, dass das Schicksal des Landes eher durch Technologie entschieden werden würde als durch eine an Waffen und Männern überlegene Streitmacht.

In Deutschland wurden Wissenschaftler beim Kriegsausbruch jedoch nicht systematisch in kriegsbezogene Projekte eingebunden. Vielmehr wurden Studenten der Naturwissenschaften sowie promovierte und auch erfahrene Forscher aller Fächer zusammen mit Ingenieuren und technischen Fachleuten zum Dienst an der Waffe eingezogen, ohne dass man über die Auswirkungen nachgedacht hätte, die das auf einen technologisch anspruchsvollen Krieg haben musste. Es gab jedoch ein paar Ausnahmen, insbesondere Heisenberg, der die Sommermonate in den Vereinigten Staaten verbracht hatte. Man verlangte, dass er sich dem deutschen Uranforschungsprojekt anschlösse, das seit dem Frühjahr 1939 vorbereitet worden war.

## Heisenbergs Mobilmachung

In den Wochen, die dem Kriegsausbruch vorangingen, war Heisenberg von seiner regulären Vortrags- und Seminar-Reiseroute durch Amerika nicht abgewichen und hatte so klar gemacht, dass er trotz Hitlers Herrschaft wie geplant nach Deutschland zurückzukehren gedachte. Er besuchte in diesem Jahr New York, Chicago, Ann Arbor und Indianapolis und stand dabei in regem wissenschaftlichen Austausch mit seinen Fachkollegen. Die Ironie des Schicksals führte dabei auch die beiden künftigen Leiter der weltweit ersten Atombombenprojekte in einer Auseinandersetzung zusammen: Heisenberg stritt sich an der Universität von Chicago mit J. Robert Oppenheimer über ein technisches Detail bezüglich der Elektronen.

Heisenberg hat sich widersprüchlich über seine Motive geäußert, alle Einladungen, in den Staaten zu bleiben, auszuschlagen. Dem Physiker I. I. Rabi zufolge hatte er alles andere als noble Gründe. Heisenberg soll Rabi gegenüber erklärt haben, er befürchte, im Fall seiner Emigration in die Vereinigten Staaten seinen Platz in der Hackordnung der deutschen Wissenschaftler einzubüßen.[1] Bei einer anderen Gelegenheit rechtfertigte er sich damit, dass Deutschland ihn nach dem Ende von Hitlers Herrschaft brauchen werde. In Ann Arbor erzählte er – wie er sich später erinnerte – Enrico Fermi, dass er in Deutschland eine Gruppe junger Physiker um sich geschart habe:

»Ich hätte das Gefühl, Verrat zu begehen, wenn ich diese jungen Menschen jetzt im Stich ließe… Ich glaube, dass man in seinen Entscheidungen konsistent sein sollte… Die Menschen müssen also lernen, die Katastrophen so weit wie möglich zu verhindern, aber nicht einfach vor ihnen zu fliehen. Fast möchte man sogar umgekehrt verlangen, dass jeder die Katastrophen im eigenen Lande auf sich nehmen müsse.«[2]

Offenbar hat Heisenberg in jenem Sommer 1939 auch über die Möglichkeit einer Atombombe und die Rolle des Wissenschaftlers im Krieg gesprochen. In seinen Nachkriegsmemoiren erinnert er sich, damals beobachtet zu haben, dass die jeweiligen Regierungen in Kriegszeiten von den Wissenschaftlern erwarteten, all ihre Energie für die Entwicklung neuer Waffen aufzuwenden. Aber er war 1939 überzeugt, dass der Krieg vorüber sein würde, lange bevor man die erste Atombombe bauen könne. Das spiegelt eindeutig seinen damaligen Kenntnisstand von den technischen Schwierigkeiten eines solchen Vorhabens wider. Einigen alten Freunden zufolge ging Heisenberg davon aus, dass Deutschland aus einem möglicherweise bevorstehenden Krieg mit Sicherheit als Sieger hervorgehen würde.[3] In der letzten Juliwoche kehrte Heisenberg dem heißen und schwülen New York den Rücken und fuhr nach Deutschland zurück. Im darauf folgenden Monat eröffnete das Dritte Reich den Krieg.

Im ganzen Sommer des Jahres 1939 hatten Deutschlands Militärwissenschaftler, während sich die Gewitterwolken des Krieges zusammenbrauten, die Neuigkeiten über die Entdeckung der Kernspaltung und die anschließende Medieneuphorie in den Vereinigten Staaten aufmerksam verfolgt. Am 30. April 1939 brachte die *New York Times* jenen Bericht, in dem sie der Welt verkündete, dass der Beschuss »einer geringen Menge des reinen Uranisotops U-235« mit langsamen Neutronen eine Explosion auslösen würde, die ausreichte, um »die Umgebung im Umkreis von vielen Meilen zu verwüsten«.

Einen Tag zuvor hatte in Berlin auf Veranlassung des Physikers Abraham Esau, eines Wissenschaftsbürokraten aus Bernhard Rusts Reichserziehungsministerium, ein Treffen zur Gründung des »Uranvereins« stattgefunden. Esau war von Physikern der Universität Göttingen zu diesem Schritt gedrängt worden, denen aufgegangen war, welches Potenzial in der Kernkraft des Urans steckte; aber das Ministerium war nicht die einzige Berliner Institution, die sich für Fragen der Kernspaltung und des Potenzials von Uran interessierte.[4] Wie wir gesehen haben, hatte Paul Harteck am 24. April ein Finanzierungsgesuch an die Forschungsstelle des Heereswaffenamtes gerichtet. Das Heer war nicht untätig geblieben; zudem hatte sich auch ein gewisser Nikolaus Riehl, der die Forschungsabteilung der Firma Auer leitete, an das Amt gewandt und die Möglichkeit dargelegt, Uran als Sprengstoff einzusetzen. (Die Firma Auer arbeitete mit der Frankfurter Degussa bei der Beschaffung von Uran zusammen; die Degussa existiert noch heute und hat bis vor kurzem den Irak mit demselben Material beliefert.)[5] In der Folge sollte das Heer die Verantwortung für die erste Phase der Kernspaltungsforschung an sich ziehen und Esaus geplanten Uranverein kontrollieren: ein, wie Mark Walker findet, »deutlicher Beweis für die wissenschaftspolitische Hierarchie im nationalsozialistischen Deutschland«.[6]

Am ersten Treffen des frisch aus der Taufe gehobenen Uranvereins, das am 16. September 1939 in Berlin stattfand, nahmen mit Kurt Diebner und Erich Bagge zwei Atomphysikexperten des Heereswaffenamts teil. Zehn Tage später kam es im Heereswaffenamt in der Berliner Hardenbergstraße zu einer zweiten, bedeutenderen Zusammenkunft, an der Werner Heisenberg, Otto Hahn, Hans Geiger, Carl Friedrich Freiherr von Weizsäcker (ein Protegé Heisenbergs), Paul Harteck und eine Auswahl weiterer Nuklearphysiker, Militärs und Wissenschaftsbürokraten teilnahmen. Heisenberg, der noch jung genug war, um Dienst an der Waffe zu verrichten, war mit einem Einberufungsbefehl nach Berlin beordert worden.

Die Wissenschaftler diskutierten die Nutzbarkeit von Uran sowohl für die Energiegewinnung als auch zum Waffenbau und kamen zu dem Schluss, dass weitere theoretische und praktische Forschungen nötig waren, bevor man sich feste Ziele stecken konnte. Unterdessen hatte das Heereswaffenamt den Generalsekretär der Kaiser-Wilhelm-Gesellschaft darüber informiert, dass das Institut für Physik in Berlin (dessen Direktor Peter Debye, ein Niederländer, zum Verzicht auf seinen Posten genötigt wurde) für Kriegszwecke requiriert werden sollte. Die Projekte und Mitarbeiter sollten sich unter dem Titel »Arbeitsgemeinschaft für Kernphysik« auf die Nuklearforschung konzentrieren. Die Unabhängigkeit des Instituts wurde also vom Beginn des Krieges an den Kriegszielen des Nazi-Staates geopfert (ein Vorgang, der an die Funktionalisierung von Fritz Habers Institut für Physikalische Chemie im Ersten Weltkrieg erinnert). Wie Mark Walker feststellt, knüpfte die Kaiser-Wilhelm-Gesellschaft im Geist der neuen Zeit und unter neuer Führung auch Kontakte zur Industrie und exerzierte so im Kleinen ein klassisches Beispiel für den militärisch-industriellen Komplex vor. Der IG-Farben-Mitarbeiter Carl Bosch (der durch das Haber-Bosch-Verfahren berühmt geworden war) trat Plancks Nachfolge als Präsident der Kaiser-Wilhelm-Gesellschaft an, wurde aber bald durch Albert Vögler ersetzt, den Leiter einer der größten Stahlfirmen Deutschlands.[7] Der Uranverein blieb dennoch Stückwerk, seine Ziele wurden nie klar definiert oder verfolgt. Diebner genoss unter den zivilen Wissenschaftlern keinen guten Ruf, und während des ganzen Kriegsverlaufs gehörten dem Uran-Team nie mehr als 100 Forscher an. Paul Harteck war offenbar der einzige Wissenschaftler, der sich bewusst war, welch immense industrielle Mittel nötig gewesen wären, um solch ein Projekt erfolgreich zum Abschluss zu bringen.[8]

Diebner wurde zum Verwaltungsdirektor des KWI für Physik ernannt und war damit auch für das Projekt verantwortlich. Einige der Wissenschaftler, darunter von Weizsäcker, wurden zu Arbeiten im Berliner Institut beziehungsweise in einem Heereslabor bei Gottow herangezogen. Andere sollten ihre Beiträge von ihren Stützpunkten an acht deutschen Standorten aus leisten – Paul Harteck zum Beispiel in Hamburg, Walter Bothe in Heidelberg und Heisenberg in Leipzig, wo er weiterhin einen Lehrstuhl für Physik innehatte. Wenn Heisenberg von Leipzig nach Berlin zitiert wurde, brauchte er für jede Strecke zwei Stunden. Neben der räumlichen Distanz des Personals, das viele Stunden auf Reisen verbrachte, gibt es Hinweise darauf, dass die Mitglieder der einzelnen Gruppen einander – von Ausnahmen abgesehen – nicht sonderlich schätzten.[9]

Auf dem Grundstück des Kaiser-Wilhelm-Instituts für Biologie, unweit des Instituts für Physik, wurde für einen radioaktiven zylindrischen Versuchsreaktor ein isolierter Verschlag errichtet, den man – um Neugierige abzuschrecken – als Virenlabor tarnte. In Heisenbergs Leipziger Institut wurde währenddessen ein zweiter Versuchsreaktor vorbereitet.

Die deutschen Wissenschaftler kannten zweifellos alle seit Hahns und Straßmanns Entdeckung der Kernspaltung auf beiden Seiten des Atlantiks veröffentlichten Daten und Theorien der Kernforschung. Seit der Besetzung der Tschechoslowakei erfreute sich das Dritte Reich auch der weltweit größten Uranreserven in den Joachimsthal-Minen. Der Nazi-Staat war weltweit der erste, der unter direkter militärischer Aufsicht ein Kernforschungsprogramm aufgestellt hatte, und Heisenberg nahm darin eine Schlüsselrolle ein. Die Hauptziele offenbarten jedoch ein bedeutsames Defizit. Das Kernforschungsprogramm konzentrierte sich auf zwei Gebiete: die Isotopentrennung und den Bau eines Reaktors. Zur selben Zeit verfolgte Walter Bothe, einer der besten experimentellen Physiker Deutschlands, die Absicht, die Eigenschaften von Kernreaktionen zu messen, wozu er ein Zyklotron benötigte. Als er sich einen Überblick über die Teilchenbeschleuniger in aller Welt verschaffte, musste er feststellen, dass es in den Vereinigten Staaten neun betriebsbereite und 27 im Bau befindliche Anlagen gab, in Deutschland hingegen keine einzige. Er sollte erst 1944 über ein deutsches Zyklotron verfügen.

## Das Positionspapier

Heisenberg machte sich eifrig daran, ein Positionspapier über die Theorie und die Anwendungen der Kernspaltung zu schreiben. Drei Monate nach der September-Besprechung in Berlin, am

6. Dezember 1939, lieferte er den ersten Teil seines zweiteiligen, streng geheimen Berichts über »Die Möglichkeit der technischen Energiegewinnung aus der Uranspaltung« ab. Darin bestätigte er die Machbarkeit eines Reaktors für eine kontrollierte Kernspaltung, »Uranmaschine« genannt, und behauptete darüber hinaus, wenn man eine ausreichende Menge eines hinlänglich angereicherten Uranisotops gewinnen könne, so hätte man damit eine Bombe von bis dato unerreichbarer Sprengkraft in der Hand.[10] Er fasste den aktuellen Wissensstand zusammen: Natürliche Uranvorkommen bestehen aus zwei Isotopen oder unterschiedlich schweren Kernen: dem Hauptisotop Uran-238 (U-238) sowie dem viel selteneren, im natürlichen Uran nicht einmal ein Prozent erreichenden U-235. U-235 ist aber leichter spaltbar, seine Atome zerfallen bei Neutronenbeschuss also leichter als die des U-238. Daher war eine »Anreicherung« des U-235-Gehalts im natürlichen Uran durch seine Trennung vom häufigeren U-238 eine notwendige Voraussetzung zur Kernspaltung und Etablierung einer Kettenreaktion, durch die enorme Energiemengen freigesetzt werden konnten.

Ein weiterer maßgeblicher Aspekt des Prozesses würde der Einsatz eines »Moderators« sein, der die Geschwindigkeit der Neutronen reduzieren sollte, um die Rate ihrer Absorption durch das U-238 zu reduzieren und damit die Wahrscheinlichkeit der Spaltung von U-235-Kernen zu erhöhen. Heisenberg schlug zwei Typen von Moderatoren vor, die theoretisch die Neutronen abbremsen und die Spaltung sowie die Kettenreaktion fördern müssten: Kohlenstoff und schweres Wasser. In seinem ersten Entwurf sah er den Einsatz beider Substanzen in einem zylindrischen Meiler vor. Gleichzeitig dachte er über die Möglichkeit nach, angereichertes U-235 in kleinen, mobilen Reaktoren einzusetzen, die sowohl Panzerfahrzeuge und U-Boote antreiben als auch in Bomben verwendet werden könnten, »die die Explosionskraft der bisher stärksten Explosionsstoffe um mehrere Zehnerpotenzen übertreffen«.[11]

Der zweite Teil von Heisenbergs Bericht, den das Heereswaffenamt im Februar 1940 erhielt, war zurückhaltender formuliert. Von einer Bombe war darin nicht die Rede, der Schwerpunkt lag vielmehr auf den maschinenbaulichen Schwierigkeiten bei der Realisierung eines Reaktors zur Energiegewinnung.

Ganz ähnlich wie die technische Umsetzung der Fixierung des Luftstickstoffs, 40 Jahre zuvor, schien die Identifikation und Trennung von Uranisotopen Anfang 1940 unüberwindbare Probleme aufzuwerfen, und zwar nicht nur bei den Deutschen. Es gab jedoch einen Ansatzpunkt für eine Lösung, denn Gustav Hertz, der aufgrund seiner jüdischen Abstammung seinen Posten als Leiter der Physikalischen Abteilung der Berliner Technischen Hochschule – vis-à-vis den Büros des Heereswaffenamts – eingebüßt hatte, hatte an einer Auftrennung durch Gasdiffusion gearbeitet. Dieses Projekt war mit seiner Entlassung zum Erliegen gekommen, aber genau dieser Ansatz sollte später beim Manhattan-Projekt der Alliierten zur bevorzugten Anreicherungsmethode werden.

Während die erste Phase des deutschen Forschungsvorhabens in Gang kam, bat Heisenberg Diebner um ausreichende Mengen Uranoxid. Er beharrte darauf, dass er zu experimentellen Zwecken dringend eine ganze Tonne benötige, empfahl auch den Bau einer Anlage zur Produktion von schwerem Wasser und drängte auf die Konstruktion eines Zyklotrons. In der Zwischenzeit versuchte Heisenbergs Forschungsgruppe herauszufinden, ob Paraffin und normales Wasser ebenfalls zur Moderation taugten.

## Plutonium

Die Fortschritte von Hitlers Blitzkrieg eröffneten jedoch andere Lösungen für einige von Heisenbergs dringenden Wünschen. Nach der Invasion in Norwegen eroberte die Wehrmacht Vermork, wo die weltweit einzige Produktionsanlage für schweres Wasser stand. Nach dem Fall von Paris im Juli reisten Bothe und Diebner ans dortige Collège de France, wo Joliot-Curie gerade ein Zyklotron errichtete, das nahezu einsatzbereit war.

Ein ganzes Jahr, 1940 bis 1941, verbrachte Heisenberg mit fehlgeschlagenen Reaktorexperimenten in Leipzig und Berlin, und auch die Versuche, nennenswerte Mengen von U-235 zu produzieren, scheiterten. Im Juli 1940 hatten jedoch von Weizsäcker und seine Mitarbeiter, die sich dem Bau einer Uranmaschine von der theoretischen Seite näherten, dem Heereswaffenamt einen Fachartikel mit dem Titel »Eine Möglichkeit der Energiegewinnung aus U-238« präsentiert, in dem sie mutmaßten, dass das nächste Element jenseits des Urans, ein Produkt des radioaktiven Zerfalls in einem mit U-238 betriebenen Reaktor, ein potenzieller atomarer Sprengstoff sein müsste (sie nannten ihn »Eka-Rhenium« oder »Neptunium«). Das würde den Weg zur Herstellung von Atombomben eröffnen, da man so um das schwierige Geschäft der U-235-Anreicherung herumkäme – auch wenn es noch genügend technische Probleme zu lösen gab: Wie wichtig es war, schnelle Neutronen einzusetzen, hatte man immer noch nicht erkannt.[12] Heisenberg erhielt eine Kopie des Artikels.

Im folgenden Sommer, im August 1941, bestätigte der brillante Physiker Fritz Houtermans in Berlin theoretisch die Möglichkeit, mit Plutonium – dem Nebenprodukt eines mit natürlichem Uran betriebenen Reaktors – eine Kettenreaktion in Gang zu setzen.

Das Auftauchen von Fritz Houtermans in der deutschen Atomforscherszene bedarf einer Erklärung. Dieser Physiker war in Göttingen ausgebildet worden und hatte ursprünglich eine Neigung zum Sowjet-Sozialismus gehabt. 1940 war er mit einer höchst ungewöhnlichen Geschichte aus der Sowjetunion nach Berlin gekommen. Gegen alle Ratschläge hatte er 1935 inmitten der stalinistischen Säuberungen einen Posten am Physikalisch-Technischen Institut in Charkow angenommen. Im Dezember 1937 war er in Moskau festgenommen worden, nachdem er bei einer Feier eine unziemliche Bemerkung über Stalin gemacht hatte. Unter Folter gestand er fälschlich, ein Nazi-Spion zu sein. Nach zweieinhalb Jahren in Sowjet-Gefängnissen wies ihn die sowjetische Obrigkeit im Sommer 1940 nach Deutschland aus, eine Folge des kurzen Tauwetters während des Hitler-Stalin-Pakts. Die Nazis sperrten ihn gleich wieder ein, da sie ihn immer noch für einen Sowjet-Sympathisanten hielten, aber dank der Fürsprache Max von Laues kam er bald auf freien Fuß. Laue beschaffte ihm auch eine Forschungsstelle im Labor einer weiteren schillernden Persönlichkeit: Manfred von Ardenne.

Von Ardenne beschäftigte sich mit einem Vorhaben, das angesichts der Geheimhaltungs- und Monopolversessenheit des Heeres in Sachen Atomphysik ganz und gar unglaubwürdig klingt. Er war ein unternehmungslustiger Wissenschaftler und Erfinder mit einem breit gefächerten Interesse an neuen Technologien. Nachdem 1938 das Elektronenmikroskop erfunden worden war, hatte er sich selbst einen solchen Apparat gebaut. Zuvor hatte er sich mit Fernsehtechnik befasst, wodurch er die Aufmerksamkeit der Deutschen Reichspost (einer Behörde, die sich naturgemäß für alle neuen Formen des Rundfunks und der Kommunikation interessierte) und sogar des Führers auf sich zog. Als von Ardenne Interesse an Atomenergie signalisierte, stattete die Reichspost ihn mit einem Etat zur Erforschung der Kernspaltung und elektromagnetischer Massenseparatoren zur Isotopenauftrennung aus, um womöglich das Problem der U-235-Anreicherung zu lösen. Von Ardenne setzte Houtermans auf die Kettenreaktionen an, und im August trug dieser auf der Basis des berühmten Bohr-Wheeler-Artikels vom September 1939 und Joliot-Curies *Nature*-Bericht vom April 1939 die Schlussfolgerung vor, dass ein Reaktor das 94. Element, Plutonium, produzieren könne. War sich Houtermans des Potenzials von Plutonium für den Einsatz in Nuklearwaffen bewusst? Offenbar wohl, obwohl es unwahrscheinlich ist, dass er mehr wusste, als die Amerikaner in diesem frühen Stadium über die technischen Schwierigkeiten beim Bau einer Plutoniumbombe bereits herausgefunden hatten.

Die Deutschen kamen gar nicht so weit, die Probleme zu entdecken, die Plutonium als Bombenmaterial mit sich bringt, da sie nie einen Reaktor in Gang bekamen. Fritz Houtermans war offenbar entsetzt über seine Plutoniumentdeckung und die Möglichkeiten, die sie eröffnete. Er, der sowohl von den Nazis als auch von den Sowjets verfolgt worden war, war sich seiner politischen Verantwortung als Wissenschaftler vollauf bewusst und handelte entsprechend. Da er nicht wissen konnte, wie weit die angloamerikanische Atomforschung gediehen war, gab er einem Flüchtling, der in die Vereinigten Staaten ausreiste, eine Nachricht an die dortigen Fachkollegen mit auf den Weg: Sie sollten sich beeilen. Außerdem stand in dieser Botschaft, Heisenberg versuche, aus Angst vor der Atombombe die Forschung daran zu verzögern.

Diese Information, die Heisenberg als Helden hinstellt, ließ seine Persönlichkeit noch rätselhafter erscheinen und trug mit zu den lange anhaltenden Debatten darüber bei, welche Rolle er im deutschen Nuklearprogramm spielte.

## Der britische Durchbruch

Während die Wissenschaftler sowohl des demokratischen als auch des nationalsozialistischen Lagers ihre Versuche und Mutmaßungen über Atomenergie und Atomwaffen fortsetzten, entpuppte sich die für eine explosive Kettenreaktion benötigte Menge an Uran als Hindernis ersten Ranges.

Am 9. Juni 1939 hatte der Physiker Siegfried Flügge, ein Kollege Heisenbergs am Berliner Kaiser-Wilhelm-Institut für Physik, in der führenden deutschen Fachzeitschrift *Die Naturwissenschaften* einen Artikel veröffentlicht, dem zufolge ein Kubikmeter Uranoxid genügend Energie enthielt, um einen Kubikkilometer Wasser 27 Kilometer weit hochzuschleudern.[13] 1939 und 1940 setzten die Wissenschaftler der wichtigsten Industrienationen der Welt – einschließlich der Vereinigten Staaten, Großbritanniens und Deutschlands – die Menge an U-235, die für eine Uranbombe als notwendig erachtet wurde, so hoch an, dass die Herstellung einer solchen Waffe höchst unwahrscheinlich erschien. Edward Teller, der aus Ungarn in die Vereinigten Staaten emigrierte Wissenschaftler, sprach 1940 von 30 Tonnen, während James Chadwick in Großbritannien und der französische Theoretiker Francis Perrin von 40 Tonnen ausgingen.[14] Der Italiener Fermi schätzte die Menge, zweifellos nicht ganz ernsthaft, auf die Masse eines kleinen Sterns! Wie sollte eine derartige Bombe ihr Ziel erreichen? Sicherlich nicht in einem Flugzeug. Vielleicht in einem Schiff, aber wäre ein solches Unterfangen nicht mit einer ganzen Reihe großer Risiken behaftet?

Am Durchbruch in der Frage der »kritischen Masse« war, wieder einmal, Lise Meitners Neffe beteiligt: der Ausnahmephysiker Otto Frisch. Im Sommer 1939 war Frisch mit zwei kleinen Koffern aus Dänemark ausgereist, Ziel war die Universität von Birmingham. Im dortigen Physikalischen Institut ergatterte er unter dem Australier Mark Oliphant, der unter strenger Geheimhaltung an der Radartechnologie arbeitete, eine Stellung als »Hilfsdozent«. Frisch befasste sich jedoch weiterhin mit der Kernspaltung. Während der bitteren Entbehrungen des ersten britischen Kriegswinters verfasste er für die British Chemical Society einen Bericht über die Fortschritte in der experimentellen Atomphysik. »Ich brachte es fertig, den Artikel in meinem Zimmer zu schreiben, wo das Gas den ganzen Tag im Kamin brannte und die Temperatur 42 Grad Fahrenheit nicht erreichte (etwa sechs Grad Celsius). In der Nacht gefror das Wasser im Glas neben meinem Bett.« In seinen Mantel gehüllt, die Schreibmaschine auf dem Schoß, schloss er seinen Artikel ab.[15] Diese Arbeit behandelte auch die Unmöglichkeit einer auf einer Kettenreaktion basierenden Explosion, wie sie Leo Szilard sechs Jahre zuvor in den Raum gestellt hatte. Frisch hielt wie viele andere die dafür benötigte Uranmenge für so riesig, dass die Realisierung einer solchen Bombe in weite Ferne rückte.

Diese Schlussfolgerung war, so schrieb er, beruhigend. Später erinnerte er sich: »Ich bin oft gefragt worden, ob dies eine bewusste Täuschung war. Ich kann aber versichern, dass das nicht der Fall war. Als ich den Artikel schrieb, glaubte ich wirklich, dass eine Atombombe unmöglich sei.«[16]

In Birmingham freundete sich Frisch mit einem weiteren Flüchtling aus Deutschland an, dem mathematischen Physiker Rudolph Peierls, der dank eines Rockefeller-Stipendiums seit 1933 in England hatte arbeiten können, die meiste Zeit in Cambridge. Ihre Zusammenarbeit brachte nun den entscheidenden Durchbruch. Otto Frisch beschreibt in seinen Memoiren *Woran ich mich erinnere*, wie er auf der Grundlage einer von Francis Perrin entwickelten und von Peierls verfeinerten Formel entdeckte, dass die für eine Kettenreaktion benötigte Menge U-235 »zu meiner Verblüffung viel geringer« war, als er »erwartet hatte: Es ging nicht um Tonnen, sondern um etwa ein bis zwei Pfund«.[17] Frisch schreibt, dass Peierls und er sich anstarrten, »und es wurde uns bewusst, dass sich eine Atombombe vielleicht doch bauen ließ«. Das U-235 musste jedoch auf jeden Fall eine »kritische Größe« oder »kritische Masse« erreichen, damit die Neutronen, die aus einer Spaltung hervorgingen, die Chance hatten, einen zweiten Atomkern zu treffen, bevor sie aus der Masse entkamen. Sie vermuteten, dass fünf Kilogramm U-235 eine Explosionskraft entfalten würden, die einigen 1000 Tonnen Dynamit entspräche. Diese Schätzung kam der Kraft der Atombomben, die man später auf Japan abwarf, außerordentlich nahe.

Diese historische Berechnung eröffnete eine neue Sicht auf das Problem der Separation des U-235 vom U-238 aus dem natürlichen

Uran. Die angenommenen Schwierigkeiten dieser Auftrennung waren so groß, dass niemand es für nötig gehalten hatte, die »kritische Masse« für eine U-235-Explosion zu berechnen. Um es noch einmal zu wiederholen: Diese Masse ist nötig, um eine Kettenreaktion in Gang zu halten; geringere Mengen des Materials sind insofern stabil, als die Neutronen aus der Masse entweichen und keine Kettenreaktion zustande kommt.

Frisch ging das Problem der Separation oder Anreicherung an, indem er sich eine Technik vorstellte, die der deutsche physikalische Chemiker Klaus Clusius entwickelt hatte. Der Versuchsaufbau war simpel. Man musste eine Röhre, durch deren Mitte ein erhitzter Stab verlief, mit einem Gas der aufzutrennenden Substanz befüllen; wenn dann die Röhrenwandung mit Wasser gekühlt würde, sollte das angereicherte leichtere Isotop aufsteigen, während das schwerere zu Boden sinken würde. Frisch kam zu dem Schluss, dass sich mit Clusius' Trenntechnik »mit etwa 100 000 solcher Rohre innerhalb kurzer Zeit, nämlich einigen Wochen, ein Pfund von genügend reinem Uran 235 herstellen ließ«.[18]

Es ist auffällig, wie oft emigrierte Wissenschaftler wie Frisch und Peierls an der vordersten Front der Atomforschung standen, während sich die einheimischen Physiker mit Radarsystemen und Kriegselektronik beschäftigten. Frisch berichtete, dass er in den folgenden Jahren angesichts der entsetzlichen Eigenschaften der Bombe immer wieder gefragt wurde, warum er das Projekt damals nicht auf der Stelle fallen gelassen hatte, ohne irgendjemanden über seinen Durchbruch in Kenntnis zu setzen. »Die Antwort«, schrieb er, »ist sehr einfach. Es war Krieg, und die Idee lag ziemlich nah, sehr wahrscheinlich waren auch irgendwelche deutsche Wissenschaftler darauf gekommen und schon an der Arbeit.« Also brachten Peierls und er ihre Ergebnisse zu Papier und schickten ihren Bericht an Henry Tizard, den britischen Regierungsberater für wissenschaftliche Probleme und Kriegführung. In diesem Frisch-Peierls-Memorandum wurde erstmals nachweislich behauptet, dass Atomwaffen machbar waren, und es führte zur Gründung des MAUD-Komitees, des britischen Untersuchungsgremiums zur Entwicklung einer Atombombe. (Der Name MAUD war kein Akronym; er geht auf ein Telegramm von Bohr an einen Freund in

England zurück, in dem es um die in Kent lebende Gouvernante ging, die Bohrs Kindern Englisch beigebracht hatte: »Maud Ray Kent«. Ein Mitglied des Komitees hielt den geheimnisvollen Titel für geeignet, weil er so irreführend war.) Großbritanniens Bemühungen um die Auftrennung der Uranisotope wurden nun in einer Abteilung des Ministeriums für wissenschaftliche und industrielle Forschung zusammengeführt, die mit dem merkwürdigen Namen »Tube Alloys« (Röhrenlegierungen) bezeichnet wurde.

Das MAUD-Komitee sollte Teil jener streng geheimen wissenschaftlichen Zusammenarbeit zwischen Briten und Amerikanern werden, die sich schon bei der Radarentwicklung bewährt hatte (s. S. 302ff.). Im folgenden Sommer stellte das Komitee in einem ausführlichen Bericht über eine U-235-Bombe fest: »Wir sind inzwischen zu dem Schluss gelangt, dass es möglich ist, eine effektive Uranbombe herzustellen, ... die im Krieg wahrscheinlich entscheidende Folgen zeitigen wird.«[19]

Dieses Dokument veranlasste Vannevar Bush, den Schöpfer des US-amerikanischen National Research Committee, das amerikanische Bombenvorhaben anzuschieben. Bewaffnet mit der Endfassung des MAUD-Berichts setzte Bush Präsident Roosevelt im Oktober 1941 über dessen Inhalt in Kenntnis.

Roosevelt begriff sofort die Notwendigkeit, gemeinsam mit den Alliierten eine Atombombe zu entwickeln, und akzeptierte, dass dafür »eine ganze Menge Geld benötigt würde«. Er wies Vannevar Bush an, »die Arbeit auf jede erdenkliche Weise voranzutreiben«.[20] Dennoch sollte es August 1942 werden, bis die Amerikaner die wichtigsten praktischen Entscheidungen für das Projekt getroffen hatten. Von Anfang an wurde die Kontrolle über das Atomforschungsprogramm auf einen militärstrategischen Ausschuss übertragen, dem neben Vannevar Bush selbst auch James Conant angehörte. In der US-Armee wurde ein Büro für Beschaffungen und Produktionsstätten eingerichtet, dessen Hauptquartier zunächst in New York City lag – daher der Codename »Manhattan Engineering District« oder »Manhattan Project«. Die britischen Atombomben-initiativen wurden in das Manhattan-Projekt eingegliedert. Im September wurde Colonel (später General) Leslie Groves, Spitzname »Greasy«, zum befehlshabenden Offizier des Bombenprojekts bestellt. Dieser Mann, der von einem Kollegen einmal als »der größte Scheißkerl« charakterisiert wurde, »dem ich je im Leben begegnet bin«, war zum Zeitpunkt seiner Ernennung 64 Jahre alt und hatte sich durch die Errichtung von Kasernen einen Namen gemacht; er war auch für den Bau des Pentagon – der militärischen Kommandozentrale am Rande von Washington, D. C. – zuständig gewesen. Seine Bauerfahrung erwies sich als nützlich, denn nun erhielt er Order, in kürzester Zeit eine Einrichtung von der Größe dreier Kleinstädte aus dem Boden zu stampfen.

# 19. Kriegsmaschinen

Während der Uranverein und von Ardennes Labor weiterhin an der Nutzbarmachung der Kernenergie in Reaktoren und »Reaktorbomben« arbeiteten, litten die Waffenentwicklung und -produktion bereits unter den seltsam chaotischen Zuständen, die im Dritten Reich herrschten. Der Sozialwissenschaftler Franz Neumann beschrieb zu Beginn des Krieges die Machtstrukturen des Dritten Reichs und ihre Auswirkungen auf Wissenschaft und Technologie; das Bild, das er entwarf, ist bemerkenswert:[1] Neumann sah das nationalsozialistische Deutschland nicht etwa als ein Regime, dessen Exekutivgewalt fest in den Händen seines Diktators – des Führers – lag, sondern als Kartell von Machtblöcken, als »Behemoth« (ein riesenhaftes alttestamentarisches Ungeheuer) oder »Unstaat«: eine »polykratische« Koalition des Militärs, der Großindustrie, des Beamtentums und der Partei.

Die Mitglieder des Kartells kooperierten manchmal, lagen aber meist im Streit. Letztlich übten diese Lobbys ihre Macht nur von Hitlers Gnaden aus, sie waren »wie die Speichen um die Nabe eines Rads«.[2] Jeder dieser Machtmakler war gezwungen, Hitlers Gedanken zu lesen und diese Interpretation von ihm und seinem engsten Kreis absegnen zu lassen. Entgegen dem Mythos vom faschistischen Führerprinzip führte das dazu, dass Hitler periodisch eingriff, aber die Richtung der Forschung, Entwicklung und Produktion im Dritten Reich kaum wirklich steuerte. Die Historiker haben Neumanns Kartellliste ausgeweitet und auch die Marine, die Luftwaffe, die SS, die Hitlerjugend, den Vierjahresplan, die Organisation Todt und das Ministerium für Bewaffnung und Munition einbezogen. Sie haben auch darauf hingewiesen, dass das Bild von den scheinbar klar gegeneinander abgegrenzten Radspeichen um die Nabe Hitler der Wirklichkeit, in der es verschwenderische Doppelarbeit und mörderische Konkurrenz gab, nicht gerecht wird.

Sowohl die Interessenüberschneidungen als auch die gelegentliche Kooperation werden deutlich, wenn man sich jene Funktionäre ansieht, die innerhalb unterschiedlicher Lobbys des Kartells gleich eine ganze Reihe von Aufgaben auf sich vereinigen konnten. Ein Beispiel aus dem Bereich Wissenschaft und Technologie ist der Fall des SS-Brigadegenerals und Ministerialdirigenten Professor Doktor Rudolf Mentzel, Gründungsmitglied der Partei und Ehrenmitglied der SS, der wichtige Ämter im Erziehungsministerium, im Reichsforschungsrat und in der Deutschen Forschungsgemeinschaft innehatte, den wichtigsten Gremien für die Vergabe von Forschungsmitteln. Zugleich waren Einzelne in der Lage, in den unterschiedlichen Lobbys widersprüchliche ideologische Einflüsse auszuüben, zum Beispiel mal primär antisemitisch, mal vor allem antisozialistisch und antikommunistisch, dann wieder nationalistisch oder technokratisch aufzutreten. Während die Machtmagnaten des Regimes ihre Muskeln spielen ließen und auf das reagierten, was sie für den Willen des Führers oder seiner Vertrauten in den Schaltzentralen der Macht hielten, wurden manche Aspekte der Wissenschaft und Technik gefördert, andere unterdrückt, und wieder andere Zweige gediehen, ohne dass sie jemand besonders förderte. Die Zukunft der deutschen Kriegstechnologie und -produktion hing also von einem Regime ab, dem eine zentralisierte Exekutive fehlte, die imstande gewesen wäre, unter den konkurrierenden Nachfragen nach Arbeitskräften und Material Prioritäten zu setzen. Göring war dem Namen nach der Wirtschaftszar des Landes, und seine leitende Funktion beim 1936 erlassenen Vierjahresplan verteidigte er mit allen Mitteln, aber die Vielzahl seiner sonstigen Verpflichtungen, beispielsweise als Oberbefehlshaber der Luftwaffe, hinderte ihn daran, die bedrängte Wirtschaft sicher durch die Kriegsjahre zu lenken. Unterdessen erwies sich Walter Funk, der als Wirtschaftsminister für die Binnenwirtschaft zuständig war, als Partei-Apparatschik unter Görings Fuchtel, und General Georg Thomas, der die Militärproduktion steuern sollte, charakterisierte die chaotische Ressourcenmobilisierung als »Kampf aller gegen alle«.[3]

## Konventionelle Technologie

Im Verlauf des Zweiten Weltkrieges wurden in einigen neuen Technologien, die sich als die wahren Kriegsgewinner erweisen sollten, wichtige Durchbrüche erzielt, so beim Radar, dem computergestützten Dechiffrieren und der Atombombe, die Japan zur Kapitulation zwingen sollte. Im deutschen Raketenprojekt, das der Konkurrenz weit voraus war, wurde bis in die Spätphase des Krieges weitergeforscht, da die Entwicklung der Lenksysteme und Nutzlasten hinter jener der Antriebssysteme herhinkte. Abgesehen von diesen Neuerungen wurde aber ein Großteil der Kampfhandlungen an allen Kriegsschauplätzen mit konventioneller Technologie ausgefochten, die aus den 1930er-Jahren stammte und deren Effizienz sich bald nicht mehr steigern ließ.

Deutschlands Strategen hatten in den Vorkriegsjahren das Konzept des koordinierten Einsatzes von Flugzeugen, Panzern, Artillerie und motorisierten Truppentransporten entwickelt, den Blitzkrieg, bei dem alle Anstrengungen darauf gerichtet sein sollten, Löcher in die Verteidigungslinien des Feindes zu reißen und seine Armee zu umfassen. Entscheidend für diesen Blitzkrieg-Effekt waren die Funkverbindungen zwischen den Boden- und Luftstreitkräften.[4] Zwar waren die automatischen Schusswaffen verbessert worden, insbesondere die Ladestreifen und Magazine der Schnellfeuergewehre, aber wie der Historiker Gerhard Weinberg anmerkt: »Jeder Veteran aus dem Ersten Weltkrieg hätte jedoch die schweren Infanteriewaffen von 1945 problemlos wiedererkannt.«[5] Auf einem Gebiet der deutschen Waffentechnik tendierten die Maschinenbauer zur Gigantomanie, die in einer Kanone namens »Dora« gipfelte, deren Kaliber 800 Millimeter betrug. Sie war auf eine Eisenbahn montiert, und ihr Einsatz erforderte insgesamt 4400 Mann. Tatsächlich feuerte sie lediglich bei der Belagerung von Sewastopol 48 Granaten ab, bevor sie wieder in der Versenkung verschwand. Eine weitere deutsche Kanone, die mehr als 100 Meter lange V3, sollte ihre Granaten dank einer Abfolge von Explosionen entlang des Geschützlaufs von der Kanalküste bis nach London befördern. Letztlich kam sie aber nur gegen Luxemburg zum Einsatz.

Eine von beiden Kriegsparteien eingeführte, von den Alliierten aber effektiver genutzte Neuerung in der Granatentechnologie war der Abstandszünder, durch den die Granate nicht beim Aufschlag, sondern bereits in der Nähe des Ziels explodierte. Der Mechanismus beruhte darauf, dass ein Funksignal vom Ziel zur Granate zurückgeworfen wurde. Sobald das Signal die richtige Stärke erreichte, brachte es die Granate zur Detonation.

Beide Seiten des europäischen Konflikts hatten die ungeschlachten Panzer des Ersten Weltkrieges während der Dreißigerjahre erheblich verbessert. Die Deutschen hatten sich auf die Produktion der Panzertypen III und IV konzentriert und diese in Form von großen Verbänden oder »Panzerarmeen« vor allem in Polen und Frankreich effizient eingesetzt, ebenso zu Beginn des Russlandfeldzugs: Auf dem offenen, verhältnismäßig ebenen Gelände Nordeuropas und in der russischen Steppe kamen sie am besten voran. Dank ihrer überlegenen Taktik wäre es der deutschen Wehrmacht in der Frühphase der Invasion in Russland beinahe gelungen, die Rote Armee zu bezwingen: 3500 deutsche Panzer schlugen ungefähr 15000 russische Fahrzeuge zurück. Die frühen deutschen Erfolge verschleierten die Tatsache, dass Hitler nur vergleichsweise wenige motorisierte Verbände zur Verfügung standen, während die Masse des Heeres noch auf die Transportmittel des 19. Jahrhunderts angewiesen war: Pferde, insgesamt 700000, und Eisenbahnen.

Die weitgehende Zerstörung der ersten sowjetischen gepanzerten Verbände zwang die Russen zur Entwicklung einer neuen Generation von Panzern und zur Übernahme und Perfektionierung der taktischen Formationen ihres Gegners. Die Stärke des T34 lag in seiner Geschwindigkeit, die des KV-I (der später durch den »Stalin« noch übertroffen wurde) in seiner Feuerkraft. Von 1943 an waren sie mit Funksprechgeräten ausgestattet. Robust, zuverlässig, relativ einfach gebaut und in höchstem Maß standardisiert, ging der russische T34 bald in die Massenproduktion. Die sowjetischen Panzerarmeen wurden außerdem von versierten und gut ausgerüsteten motorisierten Wartungsteams begleitet. Als Reaktion darauf bauten die Deutschen den »Panther«, der dem T34 gewachsen war, und dann den berüchtigten »Tiger«, der ihn angeblich noch übertraf. Die neuen Panzer wurden in der zweiten Jahreshälfte 1942 übereilt in Betrieb genommen und erwiesen sich als schwerfällig, technisch unausgereift und kaum in den benötigten Stückzahlen herzustellen und zu warten. Zugleich hatte Hitler, der seine Armee möglichst rasch vergrößern wollte, aus allen Teilen Europas einen gewaltigen Fahrzeugpark zusammengezogen. Laut dem Historiker Richard Overy waren am Überfall auf Russland 2000 Fahrzeugtypen beteiligt: »Allein die Heeresgruppe Mitte musste über eine Million Ersatzteile mit sich führen. Eine der Panzerdivisionen trat den Feldzug mit 96 verschiedenen Truppentransportern, 111 Lastwagentypen und 37 Kraftradmodellen an.«[6] Angesichts der riesigen Entfernungen, des Einsatzes von minderwertigem Treibstoff und Gummi, der schlechten Straßen, der Herbststürme, die das Terrain in ein Meer aus Schlamm verwandelten, und schließlich des grausamen russischen Winters ist es kein Wunder, dass es in diesem Maschinenpark-Sammelsurium dauernd zu Pannen und Ausfällen kam.

Dank der Ausbildung und verbesserten Taktik erwies sich der T34 in den Schlachten um Kursk und Stalingrad bald als den deutschen Panzern ebenbürtig. In der Frühphase der Operation Barbarossa hatten die sowjetischen Panzerverbände für jeden deutschen Panzer sechs bis sieben eigene eingebüßt, aber im Herbst 1944 lag das Verhältnis bei eins zu eins.[7] Da die Russen aufgrund ihrer Produktionskapazitäten 1943 dreimal so viele Fahrzeuge herstellen konnten wie die Deutschen, bedeutete dieses Zahlenverhältnis für Hitlers Armeen den Untergang. Sowohl die Amerikaner als auch die Briten waren 1944 auf den Sherman angewiesen, dem die Panther und Tiger leicht überlegen waren, aber die Alliierten waren stückzahlenmäßig klar im Vorteil.

Wie in den anderen Formen der motorisierten Kriegführung auch war in der konventionellen Luftfahrttechnologie bei allen Kriegsparteien rasch der Zenit der Forschung und Entwicklung erreicht, sodass es vor allem auf die produzierten Stückzahlen ankam. Deutsche wie Briten entwickelten außerdem Düsenantriebe, die wir später besprechen werden; ähnlich wie bei der Raketenforschung führte der unbedingte Wille, eine neue Technologie durchzusetzen, die ständig weiterentwickelt werden musste und spezielle Werkstoffe und große Forschungsanstrengungen erforderte, zu einem

Ausbluten der Ressourcen, die für die Produktion großer Mengen standardisierter, konventioneller Jagdflugzeuge und Bomber nötig waren.

Die primäre technische Herausforderung in der konventionellen Luftfahrt bestand in der Herstellung einmotoriger Eindecker, die schneller und weiter fliegen, schwerere Lasten tragen und größere Feuerkraft entfalten konnten als die Modelle des Feindes. Die zweitwichtigste Aufgabe war die Produktion von Bombern mit noch größerer Reichweite und Bombenlast. Zugleich mussten die Entwicklungen mit dem Stand der Radar- und Funktechnik abgestimmt werden, um Luft-Luft-Ortung, Navigation und Zielerfassung ebenso zu ermöglichen wie die Kommunikation zwischen Bodenstationen und Flugzeugen.

In Sachen Geschwindigkeit führten die Deutschen ursprünglich, aber bald holten die Briten sie ein – dank des Rolls-Royce-Merlin-Motors, der der Royal Air Force (RAF) ab 1938 zur Verfügung stand. Die frühen Merlin-Motoren galten als unzuverlässig, aber der Hersteller startete ein Programm zur Qualitätskontrolle, bei dem Motoren nach dem Zufallsprinzip von den Laufbändern genommen wurden und so lange mit Vollgas liefen, bis sie versagten. So fanden die Ingenieure heraus, welche Teile am wenigsten belastbar waren. 1940 hatte sich der Merlin zu einem äußerst verlässlichen Flugmotor gemausert, der zunächst noch durch ein Verdunstungssystem gekühlt wurde, das mit Kondensatoren in den Tragflächen arbeitete, später aber auf Ethylenglykol umgestellt wurde, das effektiver war als Wasser. Schließlich konnte der Motor mit 100-Oktan-Treibstoff betrieben werden, der in den Vereinigten Staaten entwickelt worden war und die Fluggeschwindigkeit erhöhte; raffinierte Kompressoren ermöglichten den Maschinen ein noch höheres Tempo.

Die Luftwaffe verfügte nicht über Kraftstoffe mit derart hoher Oktanzahl und konnte nur versuchen, diesen Mangel durch die Produktion größerer Motoren zu kompensieren. Folglich hatten die deutschen Maschinen ein schlechteres Kraft-Gewicht-Verhältnis. Wenn die Flugzeuge der Luftwaffe dennoch teilweise im Vorteil waren, so lag dies an ihrem raffinierten Einspritzsystem. Aber es gelang den Deutschen nie, einen effektiven Bomber von großer oder mittlerer Reichweite zu bauen, ganz gleich ob schwer oder leicht.

Abgesehen von der Abhängigkeit von synthetischem Kraftstoff erklärt sich die Erfolglosigkeit der deutschen Luftfahrtentwicklungen weniger aus einem Mangel an technischem Können als vielmehr aus dem Chaos des polykratischen Systems und des allgemeinen Klimas der Zersetzung. In der kritischen Frühphase des Krieges lag die technische Verwaltung der Luftwaffe in den Händen eines inkompetenten Protegés von Hermann Göring. Mit der deutschen Luftfahrtforschung, -entwicklung und -produktion ging es bergab, sobald Göring Erhard Milch, einen ehemaligen Lufthansa-Direktor, 1936 durch Oberst Ernst Udet ersetzte. Der ehemalige Jagdflieger des Ersten Weltkrieges war charakterschwach und hatte keine Führungsqualitäten. Er war auf seine Aufgaben als Leiter des Technischen Amtes beim Luftfahrtministerium nicht vorbereitet und liebte das gute Leben, die Frauen und die Jagd. Das Chaos, das durch die unterschiedlichen, gegeneinander wirtschaftenden Machtbesessenen auf dem Feld der Luftfahrt entstanden war, verwaltete er lediglich. Krampfhaft hielt er an der Blitzkrieg-Taktik der Sturzflüge fest und befahl daher, um die Zielgenauigkeit bei diesen Manövern zu erhöhen, die in die Jahre gekommene, von technischen Problemen heimgesuchte einmotorige JU-87 durch einen zweimotorigen Stuka zu ersetzen, später sogar durch einen viermotorigen Bomber. Um eine viermotorige Maschine zu bauen, die ihre Ziele im Sturzflug erfasste, hatten die Ingenieure jedem Propeller zwei Motoren zugeordnet, was zu unüberwindlichen Betriebsproblemen führte. Viele der Maschinen fingen vor dem Abheben oder in der Luft Feuer, und nur selten brachten sie ihre Bomben im Sturzflug ans Ziel.

## Schlachtschiffe

Eine der frühen Überraschungen des Zweiten Weltkrieges war der dramatische Niedergang der teuersten und eindrucksvollsten Symbole der militärischen Schlagkraft der Großmächte: der Schlachtschiffe und Schlachtkreuzer. Den ersten Hinweis auf die enorme

Verwundbarkeit der Schlachtschiffe hatte die Versenkung der britischen *Royal Oak* durch ein einziges U-Boot geliefert, das in der Nacht des 13. Oktober 1939 in Scapa Flow zuschlug, dem »sicheren« Heimathafen der britischen Marine. Ungefähr 800 Matrosen ertranken, als das Schiff sank. Großbritannien war entsetzt, aber schon zwei Monate später erhielt die Royal Navy Genugtuung, als die britischen Kreuzer *Ajax* und *Achilles* das deutsche Panzerschiff *Graf Spee* vor Montevideo in die Enge trieben, woraufhin der Kommandant es unter den Blicken von 250 000 Uruguayern am 17. Dezember 1939 versenkte.

Zwischen 1940 und 1941 führten Deutschlands einsatzbereite Schlachtschiffe, die *Scheer*, die *Scharnhorst* und die *Gneisenau*, im Atlantik und im Indischen Ozean erfolgreiche Angriffe auf britische Schiffe aus. Aber die stolzesten Schiffe des Reichs waren zu Kriegsbeginn die Schwesterschlachtschiffe *Bismarck* und *Tirpitz*: die weltweit größten und technologisch fortschrittlichsten Exemplare dieses Typs. Bis heute ist die hochpräzise, radargestützte Geschützsteuerung dieser Schiffe nicht genau dokumentiert, aber die existierenden Fotografien lassen keinen Zweifel, dass ihre glänzende Technik auf dem neuesten Stand war. Sie wurden durch drei riesige Dieselturbinen angetrieben, die drei Schrauben bedienten und eine Höchstgeschwindigkeit von 29 Knoten ermöglichten. Außerdem waren sie mit acht 38-cm-Hauptgeschützen ausgestattet, die mit einer 36 cm dicken Panzerung versehen waren. Der Hangar auf Deck beherbergte vier Wasserflugzeuge vom Typ Arado 196, zwei weitere waren auf dem offenen Deck vertäut; die Flugzeuge konnten von Druckluftkatapulten gestartet und nach der Wasserung mit Spezialkränen wieder an Bord gehievt werden. So gesehen waren die Schiffe zugleich so etwas wie Flugzeugträger.[8] Der Rumpf der *Bismarck* mit ihren 41700 Tonnen war von der Werft Blohm & Voss in Hamburg erbaut worden und wurde am 14. Februar 1939 von Hitler höchstpersönlich vom Stapel gelassen. Wenn Hitler irgendwelche Zweifel an der Wirksamkeit des Schlachtschiffs hatte, so ließ er die versammelte Menge nichts davon merken, als er sie über die geistige Weltanschauung des Nationalsozialismus und seine organisatorischen und technischen Mittel belehrte, die die Feinde des Reichs ein für alle Mal auslöschen würden.[9] Tatsächlich war damals bereits eine Generation von riesigen Schlachtschiffen in der Planung, die mit über 100 000 Tonnen doppelt so schwer werden sollten wie die größten damals existierenden Kriegsschiffe.

Am 19. Mai 1941 brach die *Bismarck*, eskortiert vom Kreuzer *Prinz Eugen*, über Island zum Atlantik auf. Am 24. Mai um sechs Uhr begegnete die HMS *Hood*, die trotz ihres Alters (sie war 1920 vom Stapel gelaufen) der Stolz der Royal Navy und der größte seetüchtige britische Schlachtkreuzer war, den beiden deutschen Schiffen. Nach achtminütigem Gefecht traf die fünfte Salve der *Bismarck* die *Hood* und sprengte deren Magazine. Es dauerte nur Minuten, bis das großartige britische Schiff vom Meer verschluckt worden war. Der Kreuzer *Prince of Wales*, der die *Hood* begleitet hatte, war ebenfalls getroffen worden und ergriff die Flucht. Das britische Volk war erschüttert. Churchill gab den Befehl aus: »Erwischt die *Bismarck*, um jeden Preis.«

Zwei Tage lang durchkämmten 38 Schiffe der Royal Navy, darunter zwei Flugzeugträger, den Atlantik auf der Suche nach dem deutschen Schlachtschiff. Hier erwies sich die Bedeutung des im nächsten Kapitel behandelten Radars: Die *Bismarck* wurde von dem britischen Kreuzer HMS *Suffolk* mit einem Zielerfassungsradar verfolgt und schließlich von einem ebenfalls radarbewehrten Flugzeug auf ihrem Weg nach Brest entdeckt.[10] Am Abend des 26. Mai schoss ein Swordfish (ein Doppeldecker mit offenem Cockpit, liebevoll »Einkaufsnetz« genannt, der eine Spitzengeschwindigkeit von 220 km/h erreichte) einen Torpedo ab, der beide Steuerruder der *Bismarck* lahm legte, sodass das lädierte Schiff nur noch große Kreise ziehen konnte. Die Flugzeuge auf der *Bismarck* kamen gar nicht zum Einsatz, da das Katapult nicht mehr funktionierte. Am nächsten Tag näherten sich vier der Verfolgerschiffe der Royal Navy und gaben ihr den Rest. Von der über 2200 Mann starken Besatzung der *Bismarck* überlebten nur 115. Danach beorderte Hitler seine größten Schiffe in ihre Heimathäfen zurück, wo sie fortan blieben.

Später im selben Jahr, nach dem Angriff auf Pearl Harbor und Amerikas Kriegseintritt, verlor die Royal Navy zwei weitere große Schlachtkreuzer, die *Prince of Wales* und die *Repulse*. Auf dem Weg nach Westmalaysia, von wo japanische Truppenbewegungen gemeldet worden waren, wurden die britischen Schiffe von einer großen Formation japanischer Flugzeuge mit Bomben und Torpedos angegriffen. Beide sanken, 840 Mann ließen ihr Leben. Der Tag der Luftwaffeneinsätze auf See war gekommen, und die Tage der Schlachtschiffe waren gezählt.

## Düsenflugzeuge

In den frühen Stunden des 27. August 1939, vier Tage vor Hitlers Einmarsch in Polen, betrat Erich Warsitz, Testpilot des Firmengründers Professor Ernst Heinkel, den Flugplatz Marienehe in der Nähe der Hafenstadt Rostock und stieg in ein kleines, propellerloses Flugzeug, das der Pionier des Düsenantriebs Hans-Joachim Pabst von Ohain entworfen hatte. Eine Gruppe von Ingenieuren, darunter auch Ernst Heinkel, sah gebannt zu, wie Warsitz abhob. Er hat einen Bericht über diesen historischen Jungfernflug hinterlassen:

»Alle Ruder wirken fast ganz normal, und die Turbine singt gleichmäßig ihr lautes Lied. Es ist herrlich, so zu fliegen, kein Windchen rührt sich, und die Sonne steht ganz niedrig am Horizont… Nur die Landung muss jetzt noch klappen, und der erste Turbo-Strahlflug der Welt wäre gelungen… Das Slippen aber ist mit einer neuen Maschine nicht ungefährlich und dazu noch in Bodennähe. Aber selbst das lässt sich der Vogel auf Anhieb gefallen… Wir glaubten damals mit Recht, eine Welt erobert und eine neue Epoche eingeleitet zu haben.«[11]

Wenige Wochen später sollte Hitler selbst einen der frühen Flüge mit Düsenantrieb miterleben, aber er ließ sich davon nicht beeindrucken und fragte nur, welchen Sinn es haben solle, schneller als der Schall zu fliegen. In den nächsten sechs Jahren entstand auf den Reißbrettern von Hitlers Flugzeugkonstrukteuren eine erstaunliche Vielzahl von Entwürfen für Düsenflugzeuge. Doch Deutschlands Pioniere auf dem Gebiet des Düsenantriebs, so phantasievoll und begabt sie auch waren, waren in mancher Hinsicht benachteiligt, unter anderem durch den Druck, in unrealistisch kurzer Zeit eine neue Technologie zur Reife zu bringen, durch Versorgungsengpässe bei hochwertigen Metallen und anderen Rohstoffen und durch den Mangel an qualifizierten Arbeitskräften.

Das Wort »Turbine« leitet sich aus dem lateinischen *turbo* für ein rotierendes Objekt ab und bezeichnet in seiner frühesten Form den Antrieb eines Wasserrades durch einen Wasserstrom. Die ersten Dampfturbinen tauchten in den Vereinigten Staaten auf und wurden im Lauf des 20. Jahrhunderts in Europa und Nordamerika weiterentwickelt. Schon in den 1790er-Jahren war in Großbritannien eine »Gasturbine« erfunden worden: Verdichtete Luft reagiert in der Brennkammer mit einem Kraftstoff; die Verbrennungsgase werden durch eine Düse auf ein Turbinenrad gelenkt. Die frühen Modelle waren ziemlich ineffizient, aber das Prinzip nahm die modernen Gasturbinen des 20. Jahrhunderts vorweg. 1872 hatte sich F. Stolze in Deutschland eine leistungsfähigere Maschine patentieren lassen, die »Feuerturbine« genannt wurde; in den 1880er-Jahren entwarf der englische Maschinenbauer Charles Parsons eine Turbine, die Schiffe antreiben sollte, und zur Jahrhundertwende war ein französisches Modell realisiert worden. Die Turbine, die diese frühen Ansätze mit den Turbojets aus der Mitte des 20. Jahrhunderts verbindet, ist das Werk eines weiteren Deutschen, Hans Holzwarth, der 1905 ein Gasturbinen-Forschungsprogramm startete und es 30 Jahre lang fortführte. Zu Beginn der 1930er-Jahre war das Turbinenprinzip einsatzbereit; es fehlte nur der Ingenieur, der einen ausreichend leichten und kräftigen Turbinenmotor entwerfen konnte, um damit ein Flugzeug anzutreiben. Das Prinzip sah vor, dass Luft in die Maschine hineingesaugt, dort komprimiert und in einer Verbrennungskammer mit einem passenden Treibstoff vermischt wurde, sich anschließend durch die Turbine ausdehnte und dabei genügend Kraft zum Betrieb des Kompressors abwarf, bevor sie durch die Antriebsdüsen ausgestoßen wurde.

In den Zwanziger- und Dreißigerjahren wälzten in Frankreich Charles Guillaume, der 1921 einen frühen Prototyp patentieren ließ, und in Großbritannien A. A. Griffith Pläne für Turbinenstrahl-Kraftwerke. Frank Whittle, ein junger ehemaliger Kadett des RAF College in Cranwell, brachte schließlich das Talent und die nötige Entschlossenheit auf, in Großbritannien einen funktionsfähigen Turbinenmotor zu erschaffen. Die Dreißigerjahre stand Whittle ohne nennenswerte finanzielle Unterstützung und ohne militärische Förderung durch. Mit einigen Freunden gründete er eine GmbH, Power Jets, deren Startkapital gerade einmal 20 000 Pfund Sterling betrug, und sein Turbinenmotor erblickte in einer Werkstatt das Licht der Welt, die er in einem leer stehenden Schuppen in Rugby eingerichtet hatte. Im Juni 1939 war sein Motor so weit, dass er einen 20-minütigen Test aushielt. Da man inzwischen mit Deutschland im Krieg lag, verfolgte der Direktor für naturwissenschaftliche Forschung am britischen Luftfahrtministerium den Testlauf sehr aufmerksam. Die Folge war ein Vertrag zwischen dem Luftfahrtministerium und Whittle, in dem sich dieser verpflichtete, einen Turbinenmotor für ein Flugzeug zu konstruieren, das die Gloster Aircraft Company entwarf. Die Verwirklichung von Whittles Initiative sollte jedoch den Bemühungen der Deutschen hinterherhinken.

Deutschland verdankte seine frühe Führungsrolle bei den tatsächlich flugfähigen Düsenmaschinen vornehmlich einem jungen Physikstudenten, Hans-Joachim Pabst von Ohain, der Mitte der Dreißigerjahre seine Versuche, mit der Unterstützung des Werkstattmechanikers Max Hahn einen Düsenantrieb-Prototyp zu bauen, durch ein Glühbirnengeschäft in Berlin finanzierte. Ohains Glücksstern stieg, als er im Alter von 25 Jahren dem Flugzeughersteller Ernst Heinkel vorgestellt wurde, einem vom Hochgeschwindigkeitsfliegen besessenen Ingenieur. Am 17. März 1936 führte von Ohain Heinkel und einer Gruppe von dessen Maschinenbauern seinen Prototyp vor. Am 15. April 1936 unterzeichnete Heinkel einen Vertrag mit von Ohain und seinem Mechaniker, der den beiden Gelder und ein Team von Maschinenbauern verschaffte. Abgeschirmt vom Rest seiner Fabrik in Warnemünde ließ Heinkel ihnen eine Anlage errichten. Im Herbst 1937 testete von Ohain einen wasserstoffbetriebenen Motor und arbeitete an einem Flugzeug, das speziell für den Düsenantrieb geeignet sein sollte: an der He-178, in der Warsitz im August 1939 den Jungfernflug machte – zwei Jahre vor Whittles Prototyp (der Gloster Whittle E28/29). Zu dieser Zeit hatte Heinkels Modell jedoch einen ernst zu nehmenden Rivalen.

Die Luftwaffe hatte Ende der Dreißigerjahre die Vorteile des Düsenantriebs längst erkannt. Helmut Schlep, ein Luftfahrtingenieur an der Deutschen Luftfahrtforschungsanstalt, hatte vom Reichsluftfahrtministerium den Auftrag erhalten, für die Luftwaffe Düsentriebwerke zu entwickeln, was zu einem Vertrag über die Konstruktion eines zweimotorigen Düsenflugzeugs mit der Firma Messerschmitt führte, die sowohl Motoren als auch Flugzeugkörper herstellte. Das Messerschmitt-Projekt sollte zu der berühmten Me-262 führen, deren Jungfernflug im Juli 1942 stattfand. Von diesem ersten praxistauglichen Düsenflugzeug der Welt wurden bis Kriegsende fast 2000 Stück produziert, aber sie kamen zu spät und waren bei weitem nicht zahlreich genug, um den Kriegsausgang noch zu beeinflussen. Die amerikanischen und britischen Kampfflugzeuge kaprizierten sich darauf, die Me-262 anzugreifen, wenn diese am langsamsten flog: bei den Start- und Landemanövern. Die Piloten entdeckten auch rasch, dass die deutschen Düsenflugzeuge nicht so enge Kurven fliegen konnten wie Propellermaschinen. Beeinträchtigt durch das Fehlen einer klaren Linie und Hitlers Indifferenz – er verkannte das Potenzial der frühen Düsenflieger als Jagdflugzeuge und beharrte darauf, sie als Bomber einzusetzen –, reihten sich die Düsenjets des Reichs in das wachsende Heer der nutzlosen »Wunderwaffen« ein, die viel versprachen, wenig hielten und die Ressourcen eines zunehmend bedrängten Regimes auszehrten. Nach dem Krieg profitierten sowohl die Amerikaner als auch die Russen von der erbeuteten deutschen Düsenantriebstechnologie.

## U-Boote

Solange Großbritannien außerstande war, Hitlers U-Boot-Flottillen durch Radar oder geheimdienstliche Aufklärung auf See zu orten, war die deutsche Marine bei ihren Schlägen gegen britische Handelsschiffe auf dem Atlantik klar im Vorteil. Bevor die Alliierten Ende 1943 durch den Einsatz von Radar im Zentimeterbereich auf Schiffen und in land- wie wassergestützten Flugzeugen sowie durch das Knacken des Enigma-Codes technologisch aufholten und die Atlantik-Routen für deutsche U-Boot-Besatzungen geradezu Selbstmordkommandos wurden, hatte Deutschland seine U-Boot-Technologie bis zum Äußersten vorangetrieben.

Einige Jahre vor Kriegsbeginn hatte man sich nämlich von der Forschung eines brillanten deutschen Marineingenieurs, Helmut Walter, einen großen Sprung nach vorn versprochen. Walter hatte in den 1930er-Jahren ein System entwickelt, das aus Wasserstoffperoxid Sauerstoff freisetzte, wodurch man Dieselmotoren nun auch unter Wasser einsetzen konnte. Walter hatte die Idee gehabt, Wasserstoffperoxid mithilfe eines Permanganat-Katalysators zu zersetzen, um so Sauerstoff zu gewinnen. Wenn man Dieselkraftstoff in die Reaktionskammer einspeiste, reagierte der mit diesem Sauerstoff, und es entstanden Dampf und andere heiße Gase, die den Turbinenmotor antrieben. Die Abgase und der Dampf wurden aus dem Boot ausgestoßen. In seinen ersten Experimenten legte es Walter eher auf Tempo denn auf eine lange Verweildauer unter Wasser an. Ein früher Prototyp von 1940 erreichte Unterwasser-Geschwindigkeiten von 28 Knoten, während konventionelle U-Boote im Tauchgang weniger als zehn Knoten schafften. Hitler genehmigte zu Beginn des Krieges den Bau von zwei Walter-Prototypen, aber das Projekt wurde von langwierigen Schwierigkeiten verfolgt, unter denen der Mangel an Dringlichkeit durch den riesigen Erfolg der konventionellen U-Boote der Serien VII und IX nicht die geringste war. Darüber hinaus gab es ernste Engpässe bei der Beschaffung von Ressourcen wie Wasserstoffperoxid, das auch beim A4-Raketenprogramm benötigt wurde. Eine ganze Flotte neuer Walter-U-Boote hätte die Errichtung mehrerer Produktionsstätten erfordert, wofür sich niemand ausreichend stark machte.[12] Auch wurden Forschung und Entwicklung durch die Zerstörung von Walters erstem ozeantauglichen Testvehikel, dem U-791, bei einem Bombenangriff auf Kiel im März 1942 zurückgeworfen. Dazu gab es noch ein hartnäckiges technisches Problem. Wasserstoffperoxid ist ein nicht erneuerbarer Brennstoff (anders als Batterien, die man wieder aufladen kann). Der U-Boot-Historiker Clay Blair schreibt:

»Da in einem Walter-Boot nicht genügend Raum vorhanden war für eine große wiederaufladbare Batterie *und* für den Wasserstoffperoxidtankraum (und dieser Tankraum war natürlich ebenfalls begrenzt), war die Reichweite eines solchen Bootes unter Wasser eingeschränkt…, solange keine Möglichkeit geschaffen wurde, den exotischen Treibstoff auf See nachzufüllen…«[13]

Zur selben Zeit entwickelte Walter mithilfe von Windkanalversuchen und angewandter Mathematik ein neues, stromlinienförmiges Rumpfdesign, das die Geschwindigkeit des Schiffs erhöhte. Aber Deutschland lief die Zeit davon, und Dönitz' durch Hitler abgesegneter Bauauftrag für 700 ozeantaugliche U-Boote, die als »Elektro-Boote« bekannt werden sollten, konnte nicht zeitig genug ausgeführt werden, um den Kriegsverlauf noch entscheidend zu beeinflussen.

In der Zwischenzeit wurde Walters Fachwissen zur Ausstattung der existierenden U-Boot-Klassen mit einem verbesserten Diesel-luftkopfventil (von Seeleuten »Schnorchel« genannt) eingesetzt. Der Schnorchel bestand aus einer Doppelröhre, die wie ein Periskop hochgefahren werden konnte, wenn das U-Boot im Tauchgang war. Durch die eine Röhre wurde Luft für die Dieselmotoren eingesaugt, durch die andere entwichen die Abgase. Die Idee zu einem solchen Gerät war alles andere als neu: Seit Beginn des Jahrhunderts hatten die Maschinenbauer damit herumexperimentiert. Die deutsche Version (die auf einem niederländischen Entwurf aus den Dreißigerjahren basierte) machte große Probleme. Wenn der Schnorchel durch starken Wellengang verschlossen wurde, saugte er Luft aus dem Schiffsinneren an und blies die Abgase ebenfalls ins Innere. Die frühen Schnorchel erhöhten außerdem den Treibstoffverbrauch auf das Doppelte und erzeugten viel Lärm, wodurch das U-Boot leichter per Sonar zu orten war.

Walter erfand Ventil- und Schwimmkörpersysteme, die das Vakuum- und Abgasproblem lösen sollten, aber die Ergebnisse waren bei weitem nicht zufrieden stellend. Clay Blair merkt dazu an: »Der von einigen Historikern und Ingenieuren als weitere große technische Leistung gepriesene Schnorchel war schlichtweg eine erbärmliche Notlösung, welche die deutschen U-Boot-Fahrer von Herzen hassten.«[14] In seinen Memoiren über seine Dienstzeit in U-Booten, *Die eisernen Särge*, erinnert sich Herbert Werner an die Auswirkungen eines Vakuums, als der Schwimmer des Walter-Schnorchels einmal klemmte:

»Mit hervortretenden Augen rangen die Männer nach Sauerstoff. Der L. I. ließ das Boot auf größere Tiefe durchsacken in der Hoffnung, den Schwimmer lösen zu können. Vergeblich. Der gewaltige Unterdruck im Boot, der Mangel an Sauerstoff ließ unsere Kräfte schnell erlahmen. Der L. I., wild gestikulierend, gab seinen Leuten Zeichen, den Schnorchelmast niederzulegen... Das Seewasser im Luftmast lief gurgelnd in die Bilge – und endlich löste sich der Schwimmer mit einem dumpfen Schlag, und frische Seeluft rauschte wie ein Wirbelwind ins Boot. Die Trommelfelle knackten und rissen beim plötzlichen Druckausgleich. Die Männer gingen in die Knie, fielen auf die Flurplatten und wälzten sich vor Schmerzen.«[15]

## Flugkörper

Betrachtet man das Tempo des technologischen Fortschritts, die immensen organisatorischen Anstrengungen und die dafür bereitgestellten Ressourcen, so stellte Hitlers Ansinnen, ein Arsenal von raketenartigen Angriffswaffen aufzubauen, den kühnsten aller während des Zweiten Weltkrieges unternommenen Versuche dar, hoch technisierte Big Science für ein Waffensystem einzusetzen. Die Forschungs- und Entwicklungsanstalt für Raketen in Peenemünde, die Werkstätten, Labore, Abschussrampen, Verwaltungstrakte und Fabriken umfasste, war bereits zu Beginn des Jahres 1936 gegründet und von den Bautrupps der Luftwaffe in jenem neoklassischen Design hochgezogen worden, das die Nazis so schätzten. In größenwahnsinniger Konkurrenz versuchten Luftwaffe und Heer, einander bei der Finanzierung dieses Unterfangens und der Unterstützung der vorgesehenen Forschungsprojekte zu übertrumpfen. Hermann Göring tüftelte Pläne für ein von Raketen unterstütztes Flugzeug aus, während andere Konzepte sich zum Beispiel mit einem unbemannten Flugkörper, später als V1 oder Doodlebug bekannt geworden, und mit einer Boden-Luft-Rakete namens »Wasserfall« befassten. Das Heer andererseits trieb die Entwicklung der A4 voran, einer großen Überschallrakete, die später V2 genannt wurde.

Dornberger hatte vor Kriegsbeginn geplant, einen Flugkörper zu bauen, der eine Last von einer Tonne Sprengstoff mindestens 250 Kilometer weit tragen konnte, also über die doppelte Granatenreichweite des schweren Artilleriebeschusses von Paris im Ersten Weltkrieg. Das wirkte zunächst wie ein konventionelles Artillerieprojekt, aber die erforderliche Technologie erwies sich als erstaunlich innovativ. So ein Flugkörper musste mit nahezu fünffacher Schallgeschwindigkeit fliegen, und das zu einer Zeit, da noch keine einzige Raketenwaffe die Schallmauer durchbrochen hatte.

Wernher von Braun, zu Beginn des Krieges erst 27 Jahre alt, hatte sich als dynamischer Anführer der Ingenieure erwiesen. Wenn er gelegentlich Anlass zu Beschwerden gab, dann durch seinen unstillbaren Enthusiasmus, der ihn manchmal von den jeweils anstehenden Hauptaufgaben abschweifen ließ. Von Brauns erster und dringlichster Auftrag war der Start der A3, einer 750 Kilogramm schweren und etwa sieben Meter langen Rakete, deren Motoren eine Schubkraft von 1500 Kilogramm entwickelten. Die A3 war schon gut entwickelt und ausgetestet, als das Team nach Peenemünde umzog, aber von Braun war gleichzeitig mit dem gemeinsamen Raketenflugzeug-Projekt des Heeres und der Luftwaffe beschäftigt. Es war nicht vorgesehen, den geplanten Flüssigtreibstoff-Flieger zu bemannen, aber von Braun war begierig darauf, seinen Forschungsprototyp persönlich zu fliegen, und hatte deshalb einen Flugkurs der Luftwaffe absolviert. Aus Furcht um seine Sicherheit untersagten ihm seine Vorgesetzten jedoch, mit dem Prototyp aufzusteigen.

Die A3 war am 4. Dezember 1937 auf der Greifswalder Oie, einer einige Kilometer vor Peenemünde gelegenen Insel, mit einer etwa 120-köpfigen Betriebsmannschaft und in Anwesenheit etlicher hochrangiger Zuschauer getestet worden. Das Wetter war grässlich, und die Zelte für die Parteimitglieder sowie die Telefonkabel waren von Mäusen und Ratten in Mitleidenschaft gezogen worden. Die erste Rakete, »Deutschland« genannt, öffnete nach etwa drei Sekunden vorzeitig ihren Fallschirm, stürzte auf die Insel zurück und explodierte. Die zweite tat dasselbe. Die dritte erreichte eine Höhe von knapp 1000 Metern, bevor sie vom Kurs abkam und abstürzte, ebenso die vierte. Von Braun kam zu dem Schluss, dass mit dem Lenksystem etwas nicht stimmte.[16]

Was von Braun betraf, so lernte er aus dem Fehlschlag der A3 einiges dazu. Die Aussicht, sich nun der viel größeren Herausforderung der A4 zu stellen, schreckte ihn nicht, aber konnte er damit rechnen, die anspruchsvollen technischen Lösungen für einen solchen Flugkörper bewilligt zu bekommen? Von Braun hatte bereits alles darangesetzt, eine Vielzahl naturwissenschaftlicher und technischer Disziplinen in das Projekt einzubinden.

## Die Grundlagenforschung und die deutsche Rakete

Die Zusammenarbeit zwischen dem Raketenprogramm der Armee und den Universitäten ging auf die Mitte der Dreißigerjahre zurück, auf Dr. Rudolf Hermann, der als Assistent an der Technischen Hochschule in Aachen Windkanalversuche mit verkleinerten Raketenmodellen durchgeführt hatte. Hermann, ein leidenschaftlicher Nazi, wurde schließlich mit jenen Versprechungen nach Peenemünde gelockt, denen Wissenschaftler und Ingenieure im Allgemeinen nicht widerstehen können: Man forderte ihn auf, den größten und stärksten Windkanal der Welt zu errichten und zu betreiben. Die Anlage wurde im Herbst 1939 fertig, als Deutschland in den Krieg zog. Zu dieser Zeit arbeiteten bereits weitere technische Hochschulen, vor allem die in Dresden und in Darmstadt, an der anspruchsvollen Lenksystem-Technologie.

Das Windkanalprojekt war ein essenzieller Bestandteil des neuartigen Großforschungskonzepts von Peenemünde, bei dem die Direktoren alle Aspekte der Raketenforschung, -entwicklung und -produktion unter einem Dach zu vereinen versuchten. Dornberger räumte später ein, dass das Budget des Windkanalprojekts mit seinen 300 000 Mark ihm Sorge bereitet hatte. Im Lauf der Zeit sollte dieses Budget immer wieder überzogen werden. Letztlich wurden in Peenemünde zwei große Überschall-Windkanäle gebaut sowie ein kleinerer dritter, und das Personal wuchs von 60 Mann bei Kriegsbeginn auf 200 im Jahr 1943 an.

Der Zweck dieser Anlagen bestand in der Messung des Luftwiderstands, des Auftriebs, der Stabilität und der Steuerbarkeit von Flugzeugen und Flugkörpern, von denen man verkleinerte Modelle hohen Windgeschwindigkeiten aussetzte, um so die Bedingungen beim Überschallflug realistisch zu simulieren. Die Kanäle benötigten sehr starke Kompressoren, um die Luft kontinuierlich mit Überschallgeschwindigkeit durch die zylindrischen Testschächte zu blasen.

Aufgrund von Hermanns Arbeit konnte die Flügel- und Rumpfform der geplanten A4 verbessert werden, sodass mit ihr das erste flügelstabilisierte Überschallprojektil zur Verfügung stand. Dr. Walter Thiel gelang es, das Alkohol-Flüssigsauerstoff-Triebwerk der A3 so weit zu verbessern, dass die Brennkammer der A4 die erforderlichen 25 Tonnen Schubkraft erreichte.

Vor Kriegsbeginn hatte Peenemünde mit seinen neuartigen Technologien, obwohl vorerst keine Anwendung in Sicht war, dieselbe hohe Priorität genossen wie die U-Boot- und Flugzeugproduktion und hatte sich auf eine Ausweitung der Belegschaft von 5000 auf 9000 Mann eingestellt. Inzwischen war das Raketenflugzeugprojekt ad acta gelegt worden, und die viel gepriesene Zusammenarbeit zwischen Heer und Luftwaffe war zu einer Kooperation bei den Lenksystemen und bei einer angedachten raketengestützten Starthilfe für Bomber zusammengeschrumpft.

Die höchste Dringlichkeit hatten nun der Abschluss der technischen Entwicklung der A4 und der beschleunigte Bau einer Fabrik, um die Produktion zwei Jahre vor dem ursprünglichen Planungsziel anlaufen zu lassen. Dazu waren allerdings immense Stahlmengen erforderlich – in einer Zeit, in der wegen der Invasion in Polen ernster Nachschubmangel herrschte. Im Herbst 1939 griff Hitler ein, um die »Munitionskrise«[17] zu überwinden: Er verschob das Raketenprojekt auf den ursprünglichen Zeitplan zurück und beschnitt die Stahlzuweisung, die kurz zuvor auf 4000 Tonnen im Monat angehoben worden war, auf 2000 Tonnen im selben Zeitraum. Dornberger tat dennoch alles, damit die A4-Produktion bereits 1941 und nicht erst 1943 anlaufen konnte; er wollte mit nur 18 Raketen pro Monat anfangen und die Stückzahl bis Juli 1942 auf 90 pro Monat steigern.

Während das Schicksalsjahr 1940 anbrach, in dem sich der Krieg mit Sicherheit ausweiten würde, kämpfte Dornberger um den Status seines Projekts, wobei er jedes verfügbare Argument ins Feld führte, auch die Warnung, dass die Franzosen, Briten und Amerikaner versuchen würden, ihren Rückstand in der Raketenforschung wettzumachen. Unterdessen kam die Konstruktion wegen Rohstoffmangels, eines harten Winters, Stromausfällen und dem Fehlen tauglicher Arbeiterunterkünfte bestenfalls schleppend voran.

Ein weiterer Kapazitätsabbau konnte nur durch die rechtzeitige Intervention Albert Speers verhindert werden: Hitlers Architekt, der seit Anfang des vorangegangenen Jahres als Bauberater der Produktionsstätte fungierte, schrieb in seiner Autobiografie, dass die Arbeit der Ingenieure bei seinem Besuch im Januar 1940 auch auf ihn »seltsam faszinierend« wirkte; »es hatte etwas von der Planung eines Wunders. Diese Techniker mit ihren phantastischen Visionen, diese rechnenden Romantiker haben mich bei allen Peenemünder Besuchen immer wieder beeindruckt, und ganz spontan fühlte ich mich ihnen in irgendeiner Weise verwandt.«[18] Im Herbst 1940 hatte Speer die Kontrolle über den Bau der Produktionsstätte in Peenemünde ergattert und widmete nun sein beträchtliches Organisationstalent einem Projekt, das von Kürzungen und administrativem Durcheinander verfolgt war: von ökonomischer »Inkompetenz, Arroganz und Egoismus«, um mit Speer zu sprechen.

## Minister Todt

Zu Beginn des Jahres 1940 betrat der neue Minister für Bewaffnung und Munition die Szene, Fritz Todt, der die nötige Autorität besaß, sowohl das Flugkörperprogramm als auch die gesamte Waffenproduktion zu beeinflussen. Todt stammte wie Speer aus einer wohlhabenden Mittelstandsfamilie. Er war ausgebildeter Ingenieur und hatte im Ersten Weltkrieg als Offizier gedient. Hoch gewachsen und selbstbewusst, sagte man ihm ein kaiserliches Profil nach. Sein Ansehen verdankte er dem Bau der deutschen Autobahnen in den 30ern und seiner »Organisation Todt«, die für die Errichtung des Westwalls zuständig gewesen war, einer von den Alliierten »Siegfriedlinie« genannten, 500 Kilometer langen Verteidigungsanlage gegenüber der französischen Maginot-Linie, die von Basel bis nach Kleve verlief. Todts Organisation spannte dafür etwa eine halbe Million Leute ein und verbrauchte ein Drittel der jährlichen deutschen Zementproduktion. Sobald der Krieg ausgebrochen war, schwoll seine Arbeiterarmee sogar auf mehrere Millionen an.

Nach seiner Ernennung am 17. März gab er Anweisung, die Engpässe in der Waffenherstellung des Heeres zu beseitigen, aber das Dritte Reich war so durch und durch polykratisch angelegt, dass sich seine Autorität selbst jetzt, da es um den nationalen Überlebenskampf ging, nicht auf die Marine und die Luftwaffe erstreckte. Todt gab sofort Befehl, allen Projekten, die keine kurzfristigen Erfolge verhießen, die Mittel zu kürzen.

Auch der überraschende Selbstmord des Heereswaffenamt-Abteilungsleiters Karl Becker, eines langjährigen Unterstützers des Raketenprojekts, muss im Zusammenhang mit dem Kompetenzgerangel und dem Chaos in der Militärproduktion der Vierzigerjahre gesehen werden. Becker, der Todts Ernennung missbilligte, hatte Hitler am 8. April überredet, eine weitere Abteilung im Heereswaffenamt zu schaffen, die vom Militär – und nicht von Todts Ministerium – geleitet werden und die Waffenproduktion überwachen sollte. Aber ein Direktor der Rüstungsfirma Krupp konnte Hitler noch am selben Tag davon abbringen, indem er andeutete, dass es in Beckers Familie Schandflecken gab. Ausgelaugt durch die ständigen Intrigen gegen das Heereswaffenamt und die giftigen Gerüchte, die seiner Reputation geschadet hatten, erschoss sich Becker.

Todt war nun unangefochten der Mann der Stunde, und am Tag nach Beckers Tod statteten ihm Dornberger und von Braun einen Besuch ab und gewannen ihn als begeisterten Förderer des Raketenprogramms. Weitere Unterstützung erhielt das Peenemünde-Projekt nun auch von Beckers Nachfolger General Emil Leeb, der in der Artillerie Karriere gemacht hatte.

Es war auch Leeb, der in jenem Sommer nach dem Fall Frankreichs das Potenzial der A4 als Mittel zur Terrorisierung Großbritanniens und Erpressung eines Waffenstillstands erkannte. Er versuchte, Peenemünde den höchsten Prioritätsstatus unter den Rüstungsprogrammen zu verschaffen, aber seine Vorgesetzten durchkreuzten seine Pläne, weil sie nicht glaubten, dass Hitler dem zustimmen würde. Während Hitler im weiteren Verlauf des Jahres 1940 im Westen Siegesluft schnupperte und auch die Kapitulation

Großbritanniens erwartete, verschoben und widersprachen sich die Prioritäten der Marine, der Luftwaffe und des Heeres weiterhin, was zu Verwirrung und mangelndem Elan führte. Durch Görings Beförderung zum Reichsmarschall wurde die Sache nicht besser, denn dieser setzte nun, da er über den anderen Feldmarschällen stand, einen ineffektiven Plan zur Stahlzuteilung durch, der nur zwei Dringlichkeitsstufen vorsah.

Aber die Wechselfälle des Krieges sollten Görings Status beeinträchtigen und das Raketenprogramm wieder in das Zentrum des Interesses rücken. Als die Verluste in Görings Luftwaffe bei der Schlacht um Großbritannien 1940/41 ins Unerträgliche stiegen, wies Dornberger Feldmarschall von Brauchitsch in einem Memorandum darauf hin, dass die A4 – jene Rakete, die später V2 heißen sollte – als eine »starke Entlastung des Flugzeugeinsatzes gegen England und insbesondere gegen London und die Hafenstädte« betrachtet werden sollte.[19] Er strich die Vorteile dieses Flugkörpers heraus: seine Immunität gegen Abwehrmaßnahmen, seine Zielgenauigkeit und seine Einsetzbarkeit bei Tag und Nacht, unabhängig von der Witterung; kurz, diese Waffe würde ihm zufolge einen entscheidenden Beitrag zur »Niederwerfung Englands« leisten. Zwischen den Zeilen des Memorandums wurde zudem deutlich, dass die A4 als Terrorinstrument auch den Willen der Briten zur Fortsetzung des Krieges unterminieren würde.

Eine wichtige Rolle spielte bei dieser Strategie der außerordentliche Erfolg von Großbritanniens Radar, einer Technologie, die britische Wissenschaftler während der Dreißigerjahre als Teil eines geplanten Verteidigungssystems gegen Bombenangriffe entwickelt hatten. Auch in Deutschland hatte man zur selben Zeit Radarforschung betrieben, aber das Vorhaben war aufgrund des eher offensiven als defensiven Denkens nur halbherzig weiterverfolgt worden.

# 20. Radar

Das Akronym »Radar« steht für *radio detection and ranging*, also Funkermittlung und -entfernungsmessung, und wurde von einem US-Marineoffizier geschaffen; Großbritanniens Radar war ursprünglich als RDF bezeichnet worden: *radio detection finding*. In der Technikgeschichte gilt diese Erfindung als eine der wichtigsten Errungenschaften des 20. Jahrhunderts.[1] Durch seine Entwicklung und Nutzung in der Landesverteidigung schon zu Beginn des Krieges gelang es Großbritannien, die deutsche Lufthoheit zu unterlaufen und so bis zum amerikanischen Kriegseintritt nach Pearl Harbor im Dezember 1941 durchzuhalten. So gesehen bestimmte Radar in Europa über Sieg und Niederlage.

Am Anfang präsentierte sich Deutschland als ein ebenbürtiger, wenn nicht gar überlegener Gegner. Am 26. September 1935 versammelten sich eine Gruppe deutscher Marineoffiziere, darunter Admiral Raeder, Oberbefehlshaber der Kriegsmarine, und etliche Regierungsbeamte an einem etwa zwölf Meter hohen Gerüstturm in Pelzerhaken bei Neustadt in der Lübecker Bucht.[2] Sie waren gekommen, um ein Radargerät, in Deutschland »Funkmessgerät« genannt, in Aktion zu erleben. Die Apparatur, die aus Drehscheiben, Sendern, Empfängern, Bildschirmen und Stromgeneratoren bestand, sollte das »Funkecho« zweier Schiffe orten, die acht Kilometer entfernt in der Bucht lagen. Ein Sender sollte einen Funkpuls ausstrahlen, der von den Schiffen reflektiert und zu einem Empfänger zurückgeworfen würde, der wiederum ein Signal an einen Monitor schicken sollte, auf dem ein Bild der Objekte erscheinen würde. Nach einigem Nachjustieren der Antennen gelang das Experiment perfekt und konnte die Gäste überzeugen.

Diese frühe deutsche Vorführung war keineswegs der erste Versuch, Sender und Empfänger von Radiowellen zur Ortung ferner, unbewegter oder bewegter Objekte einzusetzen. Robert Morris Page hatte im Dezember 1934 nahe Washington, D. C., ein behelfsmäßiges System zusammengebastelt und war mit diesem Machbarkeitsbeweis Robert Watson-Watts britischem Radarexperiment vom Februar 1935 zuvorgekommen. Page konnte sich auch rühmen, schneller als die Deutschen gewesen zu sein, die erstmals im März 1935 mit einer primitiven Anlage auf einem Balkon ein deutsches Kriegsschiff lokalisiert hatten, das einen knappen Kilometer entfernt im Kieler Hafen lag. 1935 wurden auch in Italien, Frankreich, Russland und Japan erste unbeholfene »Radar«-Experimente durchgeführt.

Die vergleichsweise raffinierte Demonstration, die am Nachmittag des 26. September 1935 in Pelzerhaken stattfand, basierte vor allem auf der Forschung des Physikers Rudolf Kühnold, eines Marinewissenschaftlers in Kiel, und zweier Ingenieure einer kleinen, neuen Firma namens GEMA,[3] die sich auf Funksender und -empfänger spezialisiert hatte. Die GEMA hatte enge Verbindungen zur Marineforschung, stand aber theoretisch nicht unter der Schirmherrschaft des Militärs; ihre Belegschaft wuchs im Lauf des Krieges auf 6000 Leute an. Die bei der Vorführung anwesenden Amtspersonen erkannten das Potenzial für den Seekrieg auf Anhieb, hatten aber nicht vor, ihre Einsichten mit der Luftwaffe zu teilen. Später sollten andere zivile deutsche Unternehmen wie Siemens, Lorenz und Telefunken ebenfalls Forschungsprojekte zur Funkortung durchführen.

In der Frühphase der Radarentwicklung, vor Amerikas Kriegseintritt, lassen sich zwischen den britischen und den deutschen Ansätzen zur Entwicklung dieser kriegswichtigen neuen Technologie erhebliche Unterschiede ausmachen. In Großbritannien sollten der Charakter und die Erfindungsgabe eines einzelnen Mannes entscheidend werden.

Der britische Physiker Watson-Watt, der von James Watt abzustammen behauptete, war 52 Jahre alt und Leiter der Funkforschungsstation von Großbritanniens National Physical Laboratory, als er 1934 vom britischen Luftfahrtministerium gebeten wurde, die

Möglichkeiten zum Aussenden »schädlicher Strahlen« als Mittel der Luftraumverteidigung zu eruieren. Watson-Watt drängte stattdessen auf die Strategie, Funksignale zur Früherkennung feindlicher Flugzeuge einzusetzen, und erhielt Gelder, um einen entsprechenden Prototyp zu entwickeln. Am 26. Februar 1935, sieben Monate vor den Deutschen, improvisierten sein Kollege A. P. Rowe und er an der Kurzwellen-Radiostation der BBC bei Daventry in Northamptonshire den ersten Test eines Radargeräts. Es arbeitete mit einer Wellenlänge von etwa 50 Metern und enthielt einen Empfänger, der bereits als Detektor für Fernfunksignale in Gebrauch war.

Funksignale werden durch hochfrequente Wechselspannung erzeugt, und die Anzahl der Spannungswechsel pro Sekunde wird als »Frequenz« bezeichnet. Diese Radiowellen sind elektromagnetische Wellen, genau wie Licht, nur dass sie eine viel größere Wellenlänge haben – definiert als Abstand zwischen einem Wellenberg oder -tal und dem nächsten. Um mit Funksignalen ferne Objekte zu orten, wird ein Strahl ausgesandt; die eine oder andere Welle wird am Objekt gestreut und wie ein Echo zurückgeworfen, sodass ein Empfänger, der am selben Ort steht wie der Sender, sie auffangen kann. Radiowellen sind relativ lang – die Wellenlänge der beim Hörfunk ausgestrahlten Wellen liegt im Bereich etlicher Meter –, aber um die Details eines georteten Objekts zu erfassen, braucht man kurze Wellenabstände. Das Problem der frühen Radarforscher bestand in dem immensen Energieaufwand, um Wellen von weniger als zehn Zentimetern – so genannte »Mikrowellen« – über große Entfernungen auszustrahlen. (Da die Mindestgröße des Geräts in etwa der Wellenlänge entspricht, wäre ein Mikrowellenapparat klein genug gewesen, um in einem Flugzeug installiert zu werden.)

Bei Watson-Watts erstem bedeutenden Experiment kreuzte ein Bomber die Sendemasten der BBC-Station in Daventry, und beim zweiten Überflug sahen die Beobachter »Ausschläge von sehr guter Amplitude«, die gut zwei Minuten auf dem Bildschirm blieben. Beim dritten Anlauf wurden die Signale volle vier Minuten aufgezeichnet: Der Bomber war fast 13 Kilometer weit verfolgt worden.[4]

Sowohl die Deutschen als auch die Briten machten in der Frühphase der Radarentwicklung Fehler – die Deutschen vielleicht den gravierendsten, als sich ihre Techniker gegen die Weiterentwicklung eines elektronischen Geräts namens »Magnetron« entschieden, das die Forscher Mitte der 1930er-Jahre getestet und verworfen hatten. Die heute unter britischen Historikern vorherrschende Meinung, dass Großbritannien beim Radar die Nase vorn hatte, eröffnet interessante Perspektiven auf die unterschiedliche Situation von Wissenschaft und Technik unter dem Nationalsozialismus beziehungsweise in den demokratischen Staaten.

Bei der ersten öffentlichen Nachkriegstagung über Radar, die 1953 in Frankfurt stattfand, belehrte Watson-Watt seine deutschen Kollegen:

»Ich glaube, dass der [britische und amerikanische] Erfolg beim Radar grundlegend auf der profunden akademischen Freiheit fußte, die man mir und meinen Kollegen in Friedenszeiten gewährt hatte, und auf der Vertrautheit und dem uneingeschränkten Zutrauen, das zwischen dem Betreiber einerseits und dem wissenschaftlich-technischen Forscher andererseits herrschte. Wenn ich in meiner Zusammenfassung überheblich wirke, so deshalb, weil ich glaube, dass die wichtigste Lehre aus der Geschichte des Radars das intellektuelle und organisatorische Umfeld betrifft, aus – und in – dem es erwuchs.«[5]

Eine deutsche Analyse des Unterschieds zwischen den amerikanischen und britischen Radarerfolgen und den deutschen Bemühungen deckt sich weitestgehend mit Watson-Watts Befund.

»Einer der Aspekte, unter denen sich die deutschen Bemühungen offenbar von denen der Alliierten unterschieden«, schreibt der deutsche Radarhistoriker Harry von Kroge, »ist das Ausmaß, in dem die Konkurrenz zwischen den Firmen den Gang der Ereignisse beeinflusste. Die zahllosen Abmachungen über Lizenzen und Nachkriegsnutzungsrechte, die man treffen musste, um einen reibungslosen Produktionsablauf zu sichern, müssen auf amerikanische und englische Leser befremdlich wirken.« Kroge fährt fort: »Ein weiterer irritierender Aspekt der deutschen Radarforschung waren die geheimhaltungsbedingten Hemmnisse in der Kooperation mit vielen hervorragenden Universitäten und Technischen Hochschulen, die bis fast zum Kriegsende fortbestanden, während Amerika und Großbritannien solche Einrichtungen von Anfang an voll und ganz einbanden.«[6]

Behauptet wird, dass die amerikanische und britische Technologie größtenteils, aber nicht ausschließlich unter der Aufsicht des Militärs und der Regierung entwickelt wurde und dass universitäre Fachleute und zivile Ingenieure hinzugezogen wurden, wann immer ihre Kenntnisse vonnöten waren. Die erste deutsche Erfindung wurde mit Unterstützung einer Marineforschungseinrichtung von einer GmbH entwickelt. Aufgrund der Geheimhaltungszwänge konnte diese nicht in beliebigem Umfang akademischen Rat einholen.

Mit dem Kontrast zwischen der deutschen und britischen Organisation und Prioritätensetzung in Forschung und Entwicklung werden wir uns später in diesem Kapitel befassen, aber schon jetzt sollte klar sein, dass Watson-Watts und von Kroges Analyse nicht auf alle Technologien in Nazi-Deutschland verallgemeinerbar ist. Die Raketeningenieure zum Beispiel profitierten schon früh und ohne Einschränkungen von universitären Fachkenntnissen über Lenksysteme und Windkanäle. Norbert Wiener, der während des Krieges in den Vereinigten Staaten an Lenksystemen arbeitete, beschwerte sich außerdem 1947:

»Die Maßnahmen zur Beschneidung des freien Austauschs zwischen Wissenschaftlern über verwandte Projekte oder sogar ein und dasselbe Vorhaben, die unsere Militärbehörden während des Krieges ergriffen, gingen so weit, dass eines deutlich ist: Wenn dieses Prinzip in Friedenszeiten beibehalten werden sollte, so wird dies zur totalen Unmündigkeit des Wissenschaftlers und letztlich zum Tod der Wissenschaft führen.«[7]

Dennoch trifft es zu, dass die britischen und amerikanischen Ansätze zur Lösung spezifischer Probleme, insbesondere bei den auf Mikrowellen basierenden Radargeräten und auch bei der Urananreicherung, aus einer im Allgemeinen pluralistischen und trotz der kriegsbedingten Einschränkungen doch vielfältigen Forschungslandschaft erwuchsen. Dieser pluralistische Ansatz, der mehrere Wege zum Ziel und viel Freiraum für Versuch und Irrtum zuließ, wurde von akademischen, industriellen und militärischen Forschungseinrichtungen mitgetragen und mündete – trotz aller Schwierigkeiten, die dabei zugegebenermaßen auftraten – in eine gemeinsame Stoßrichtung der Forschung und schließlich in die Produktion.

In Deutschland gab es weniger echte Vielfalt, weniger produktiven Austausch und dafür mehr rivalisierende Monopole, die durch die Geheimniskrämerei zwischen den Teilen der Armee und, wie von Kroge meint, auch zwischen den um ihr geistiges Eigentum fürchtenden Unternehmen eher gehemmt als gestärkt wurden. Auch bildete sich, anders als in Großbritannien und später in den Vereinigten Staaten, keine unangefochtene höchste Kommandostruktur heraus, die nach Konsultation qualifizierter Untersuchungs- und Beratungsgremien klare Prioritäten setzte.

Ein weiterer entscheidender Aspekt der Nazi-Radartechnologie war nach Ansicht des Radarhistorikers Robert Buderi die »militaristische Geisteshaltung« der Deutschen. Hitler und seine Kriegsstrategen dachten, wie Buderi schreibt, »in den Kategorien des offensiven Blitzkriegs und versäumten es daher, die Entwicklung des eher defensiven Radars voranzutreiben«. Dieses »einspurige Denken hatte, im Verbund mit dem Fehlen ziviler Wissenschaftler vom Schlage eines Vannevar Bush oder Frederick Lindemann, verheerende Auswirkungen auf die deutschen Kriegsleistungen«.[8] Und schließlich waren die deutschen Truppen selbst vom Radarprinzip nicht sonderlich begeistert. General Ernst Udet, der inkompetente Technologiechef der Luftwaffe, war gegen Forschungen an bodenbasierten Radarsystemen, weil das Fliegen im Erfolgsfall kein Vergnügen mehr sei.

Der Wissenschaftshistoriker Professor David Zimmerman legt den Schwerpunkt auf eine andere, persönlichere Komponente des Erfolgs und Misserfolgs einer Technologie. »Ein Großteil der frühen Fortschritte in den ersten Jahren« in Großbritannien war, wie er schreibt, »eine direkte Folge des Elans, der Energie und des Voranpreschens von Watson-Watt«. Aber er fügt warnend hinzu: »Paradoxerweise sollten Watson-Watts sprunghaftes, beinahe manisches Verhalten und sein Mangel an Managementqualitäten auch eine Mitschuld daran tragen, dass dennoch kein effektives Nachtverteidigungssystem zur Verfügung stand, als der Blitzkrieg schließlich begann.«[9] Was die Geheimhaltung anging, so war ihre Wahrung in der frühen Entwicklungsphase äußerst gefährdet, da Winston Churchill 1936, als er ohne politisches Amt war, die britischen Radargeheimnisse im Parlament auszuplaudern drohte, um so die

Öffentlichkeit für die Gefahren der deutschen Wiederbewaffnung zu sensibilisieren.

## Todesstrahlen und der Oslo-Report

In den Defensivtechniken Radar und Dechiffrierung sollte Großbritannien im Zweiten Weltkrieg brillieren, aber diese Erfolge wurden vor einem Hintergrund aus Vorurteilen und politischer Dummheit errungen. Die Briten hatten, mit anderen Worten, einfach Glück. Bedenkt man, dass dieses Volk die Niederlage durch die Beherrschung von Kommunikationstechniken wie Radar und Dechiffrierung abwenden konnte, ist es erstaunlich, wie wenig britische Geheimdienstoffiziere über den Stand der deutschen Waffentechnologie in den Vorkriegsjahren wussten. Diese Unfähigkeit, die deutschen Pläne (vor allem auf dem Gebiet der Luft- und Seefahrt-Frühwarnsysteme) zu enthüllen, ist vor allem auf Überheblichkeit, auf die Selbstgerechtigkeit der Sieger des letzten Krieges zurückzuführen – und auch auf mangelnde Urteilskraft. Zwei Beispiele sollen die Misere der britischen Nachrichtendienste zu Kriegsbeginn illustrieren.

Am 19. September 1939, weniger als drei Wochen nach dem Einfall der Wehrmacht in Polen und der anschließenden Kriegserklärung durch Frankreich und Großbritannien, erwähnte Hitler im »befreiten« Danzig in einer Rede eine – wie es in der Übersetzung des britischen Außenministeriums hieß – »Geheimwaffe«, gegen die keinerlei Verteidigung möglich sei. Schon seit Jahren hatten die wissenschaftlichen Berater der britischen Regierung über die Existenz einer »Todesstrahlung« spekuliert. Bereits 1917 hatte sich ein Agent in der streng geheimen kryptografischen Abteilung der Admiralität, »Room 40«, an den damaligen Minister für Kriegsmaterial Winston Churchill gewandt, um ihn für seine Idee einer »Hitzestrahlung« zu interessieren, ein Begriff, den er offenbar in H. G. Wells' *Krieg der Welten* aufgeschnappt hatte. Die Sache erwies sich als unpraktikabel, wie so viele andere »Todesstrahlen«-Visionen im Lauf der Jahre, denen zufolge zum Beispiel die Bomben in angreifenden Flugzeugen durch Funkwellen zur Detonation gebracht werden, »Gasemissionen« Flugzeugmotoren beschädigen oder »Radiowellen« die Crews der Maschinen paralysieren sollten.

Die Feststellung, dass der Feind eine Waffe besitzen könnte, die auf einem unbekannten, geheimwissenschaftlichen Prinzip basierte, drohte das britische Kriegskabinett in Panik zu versetzen, noch bevor der erste Schuss gefallen war. Premierminister Neville Chamberlain verlangte von den britischen Nachrichtendiensten dringend mehr Informationen, und so befahl man dem Physiker Reginald Victor Jones, der in jenem Jahr im Alter von 28 Jahren als Großbritanniens erster naturwissenschaftlicher Geheimdienstoffizier angeworben worden war, alle verfügbaren Spionageberichte nach Hinweisen zu durchsuchen, die Licht in diese Angelegenheit bringen konnten. Da er nichts fand, wandte sich Jones schließlich wieder Hitlers Rede zu und musste entdecken, dass das Außenministerium lediglich eine Formulierung missverstanden hatte: Der Führer hatte sich nicht über eine *Wunder*waffe, sondern über die *Luft*waffe ausgelassen.

Nicht lange nach der »Todesstrahlen«-Panik erhielt der britische Geheimdienst vom britischen Konsulat im norwegischen Oslo ein Päckchen, das den Prototyp eines Annäherungszünders enthielt, der, wie wir gesehen haben, einen Flugkörper automatisch in der Nähe des Ziels explodieren lässt: eine Technik, die damals in Großbritannien unbekannt war. Außerdem lag ein Dokument bei, das später als »Oslo-Report« bekannt werden sollte. Auf sieben Schreibmaschinenseiten waren darin auf Deutsch streng geheime deutsche Waffeninnovationen aufgelistet. Darunter waren auch Informationen über die Raketenforschung in Peenemünde, zwei neue Torpedotypen (einer funkgesteuert, der andere mit einem Magnetzünder), die Entfernungsmessung mit Funkwellen, die Bomber an ihre Ziele führen sollte, und zwei Flugzeugfrühwarnsysteme, also Radar. Bis heute ist nicht sicher, wer dieses Material zur Verfügung gestellt hat, aber vieles spricht für eine Beteiligung von Paul Rosbaud (Deckname »Greif«), dem antifaschistischen Wissenschaftsverleger aus Berlin.[10] Also verdankte man die Informationen nicht einer gelungenen nachrichtendienstlichen Aktion, sondern dem Mut eines deutschen Widerständlers. Die britischen Geheimdienstler erklärten das Material sofort für zweifelhaft und versuchten es als Täuschungsmanöver der Nazis abzutun. Sie meinten, da alle diese technischen Neuerungen – mit Ausnahme des Radars – die Fähigkeiten der Briten überstiegen, könnten die Deutschen sie erst recht nicht beherrschen.

R. V. Jones war der Einzige, der dem Dokument Glauben schenkte. Besonders hatte es ihm die Behauptung angetan, dass ein Angriff der Royal Air Force auf Wilhelmshaven Anfang September bereits durch eine Kette von Stationen entdeckt worden war, die gepulste Funkwellen ausgesandt hatten, als die Maschinen noch 120 Kilometer von der Küste entfernt waren.

Tatsächlich war das Y-Gerät, Deutschlands offensives Radarsystem, mit dem Flugzeuge an ihr Ziel gelenkt werden sollten, 1939 bereits sechs Jahre in der Entwicklung. Das ursprünglich von Dr. Hans Plendl erfundene System arbeitete mit einander schneidenden Strahlen, die von Festlandstationen – Kleve an der deutsch-niederländischen und Schleswig-Holstein an der deutsch-dänischen Grenze – ausgesandt wurden und deutsche Bomber mit großer Genauigkeit an ein Ziel auf den Britischen Inseln lenken konnten. In der Gewissheit, dass Großbritannien dem Feind weit voraus war, hatte man keine Gedanken auf Abwehrmaßnahmen verwendet, die eines Tages den Unterschied zwischen Sieg und Niederlage ausmachen konnten. R. V. Jones, dessen Name geradezu mit der »Schlacht der Strahlen« synonym ist, machte sich nun daran, Mittel zur Bekämpfung der Richtfunktechnologie zu entwickeln, wobei er aber noch einige Widerstände zu überwinden hatte.

## Churchill und die Technik

Bevor sich Amerika mit seinen üppigen industriellen und wirtschaftlichen Ressourcen in den europäischen Krieg einschaltete, stand Großbritannien allein, und Winston Churchill begriff rasch, dass in dem Konflikt, in den sein Land verstrickt worden war, Wissenschaft und Technologie über den Sieg oder gar das Überleben entscheiden konnten. Die Organisationsform, die Churchill in die Lage versetzte, Forschungs- und Entwicklungsprojekte zu sichten und zu fördern, war ein Schlüsselelement in der britischen Verteidigungs- und Durchhaltestrategie. Der Erfolg des britischen Technologiemanagements war jedoch keineswegs eine Selbstverständlichkeit, sondern entstand nicht zuletzt aus Churchills Fähigkeit, sich an die Umstände anzupassen und aus seinen Fehlern zu lernen.

Churchill war wissenschaftlich ungebildet und nach eigenem Bekennen voller Vertrauen in die Unbesiegbarkeit der Royal Navy, und seine Vorstellungen von einem künftigen Krieg in Europa waren fast unweigerlich von den Erinnerungen an die Schrecknisse des Ersten Weltkrieges gefärbt. Er hatte jedoch glücklicherweise einen wissenschaftlichen Berater und außergewöhnlichen Freund zur Seite: Frederick Lindemann (Lord Cherwell), dem wir zuletzt als Sekretär der ersten Solvay-Konferenz begegnet sind. Churchill schrieb in seiner Geschichte des Zweiten Weltkrieges, dass er in den Jahren von 1931 bis 1934, als er keine politischen Ämter bekleidet und sich auf seinen Familiensitz Chartwell zurückgezogen hatte, häufig mit Lindemann zusammengetroffen war. Dieser gelernte Physiker, der stets »der Prof« genannt wurde, war ein Universalgelehrter und begabter Statistiker.

Selbst als der Krieg unmittelbar bevorstand und Churchill wieder Premierminister werden sollte, stellte er sich einen Bodenkrieg mit schlammigen Schützengräben und Stellungskämpfen vor. Er hatte sich in einen Entwurf verbissen, den er »Cultivator No. 6« nannte und als Methode beschrieb, »unseren Truppen ein Transportmittel zu verschaffen, mit dem sie sich ohne übermäßige Verluste auf die feindlichen Linien zu- und durch sie hindurchbewegen können«. Es handelte sich um eine Maschine, die mit einem Tempo von bis zu fünf Kilometern pro Stunde Gräben ausheben und im Niemandsland ausreichend breite und tiefe Hohlwege anlegen sollte, um der Infanterie und den Panzern ungehinderten Zugang zu den feindlichen Gräben zu ermöglichen. Im Februar 1940 hatten Kabinett und Finanzministerium die Konstruktion von 200 schmalen und 40 breiten derartigen Maschinen genehmigt. In ihrer endgültigen Fassung wogen die größeren mehr als 100 Tonnen; sie waren gut 23 Meter lang und fast zweieinhalb Meter hoch. Sie konnten einen anderthalb Meter tiefen und gut zwei Meter breiten Graben in Lehm etwa 800 Meter pro Stunde vorantreiben, wobei sie 8000

Tonnen Boden bewegten. 350 Firmen waren an der Herstellung und Montage ihrer Komponenten beteiligt. Sie sollten, wie Churchill es ausdrückte, als Teil eines großen offensiven Schlachtplans eingesetzt werden. Aber nach der deutschen Blitzkrieg-Invasion in Frankreich musste er eingestehen, dass hier eine ganz andere Form der Kriegführung über sie hereingebrochen war wie eine Lawine, die über alles hinwegfegte. In einer für ihn typischen Floskel beteuerte er nach dem Krieg mit Blick auf die immensen Mengen an Zeit, Geld und Energie, die an die »Kultivatoren« verschwendet worden waren: »Ich bin dafür verantwortlich, aber ich bereue nichts.«

Anders als im organisierten Chaos des Dritten Reichs, wo sich diverse Kriegsherren Kompetenzen streitig machten und um die Aufmerksamkeit und das Wohlwollen des wissenschaftlich desinteressierten Führers stritten, erlangte Churchill, sobald er Premier wurde, unmittelbaren und weit reichenden Einfluss auf die Kriegstechnologie, da er in diesem Amt zugleich Verteidigungsminister war. Die drei Minister der einzelnen Armeegattungen, »Freunde von mir, die ich zu diesen Ämtern ausersehen hatte, machten keine Umstände«, schrieb Churchill; »sie organisierten und verwalteten die beständig wachsenden Kräfte und trugen, auf die umgängliche, praktische englische Art, nach bestem Können zur Bewältigung der großen Aufgabe bei. Dadurch, dass sie Mitglieder des Verteidigungskomitees waren und ständig Zutritt zu mir hatten, waren sie über alles eingehend unterrichtet..., es gab eine Gesamtkriegführung, der sie sich loyal unterwarfen. Niemals kam es dazu, dass ihre Amtsbefugnisse gekürzt oder bestritten wurden, und jeder in diesem Kreise konnte jederzeit vollkommen offen reden... Trotz des Sturms der Geschehnisse und der zahlreichen Katastrophen, die wir zu erdulden hatten, funktionierte der Mechanismus fast automatisch, und man wirkte in einem Strom zusammenhängender Gedanken, die rasch in die Tat umgesetzt werden konnten.«[11]

In Hinblick auf die Gefahr einer deutschen Invasion, mit der Großbritannien im Sommer 1940 rechnen musste, erinnerte sich Churchill nach dem Krieg, wie er damals über die Notwendigkeit wissenschaftlicher und technischer Innovationen zur Bereitstellung von Abwehrmaßnahmen gedacht hatte. »In solchen Zeiten kann man die nötigen Maßnahmen nicht auf dem üblichen Wege treffen.«[12] Um sicherzustellen, dass eine Neuerung, »wenn es sich um eine gute Idee oder Erfindung handelte«, unter Umgehung der üblichen bürokratischen Mühlen sofort in die Tat umgesetzt werden konnte, hielt er engen Kontakt zu einem Laboratorium unter Major Jefferis in Whitchurch, einem Mann, der laut Churchill eine »vielseitige Begabung« hatte, die sich während des Krieges als »außerordentlich schöpferisch« erwies. Und Churchill bestellte Frederick Lindemann zu seinem persönlichen Assistenten und hielt engen Kontakt zu ihm. Lindemann versorgte Churchill fortwährend mit Statistiken über die einzelnen Kriegseinrichtungen und beriet ihn in zahllosen wissenschaftlichen Fragen.[13] Im Verlauf des Krieges verfasste Lindemann etwa 2000 Schriftstücke.

Neben den langfristigen Hightech-Entwicklungen, denen Erfolg beschieden sein sollte, wurden allerdings auch einige amateurhafte Kurzschlussideen verfolgt. In ihrer Furcht vor Hitlers Invasion fiel den Wissenschaftlern, wie Churchill schrieb, nichts Besseres ein als eine »Bombe, die, etwa aus einem Fenster, auf einen Panzerwagen geworfen werden konnte und daran haften blieb ... Wir stellten uns vor, dass opferbereite Soldaten oder Zivilisten auf einen Panzer zulaufen und die Bombe werfen würden, mochte die Explosion sie auch ihr Leben kosten.«[14]

Er dachte auch ernsthaft über den Einsatz von Giftgas gegen deutsche Soldaten nach, sollten sie an Großbritanniens Ufern anlanden.

Im Juni 1940 bat Winston Churchill um einen Bericht über die verfügbare Menge an Senfgas und anderen Giftgasen, die man in Granaten und Luftbomben einsetzen konnte, um einen deutschen Einmarsch schon an der Küste zu stoppen.[15] Der britische Inspektor für chemische Kriegführung schrieb:

»Tiefflug-Sprühangriffe auf einen Feind, der sich unseren Küsten in offenen Booten nähert oder bereits angelandet ist, dürften bei häufiger Wiederholung sehr effektiv sein und werden letzten Endes 100 Prozent der besprühten Männer ausschalten. Wenn die Gegner keinen Augenschutz tragen, wird ein beträchtlicher Anteil erblinden, sofern sie ihre Augen nicht bedecken. Sie können sich nicht gleichzeitig schützen und ihre Waffen bedienen. Niedrig geflogene Sprühattacken dürften daher das Risiko reduzieren, dass andere

Tiefflieger durch Bomben oder Maschinengewehrfeuer getroffen werden.«[16]

Unnötig zu sagen, dass Angehörige des Militärs und des Kabinetts Skrupel hatten, als Erste Giftgas-Waffen einzusetzen, zumal man die Giftgas-Vorräte des Reichs für fünfmal größer als die Großbritanniens hielt, aber Churchill beharrte darauf, sich die Option zum Einsatz dieser Waffen offen zu halten.

Im Herbst 1940 hatte Churchill die zutiefst wissenschaftlich-technische Natur des Krieges gegen Hitler endgültig verstanden. In »Die Rüstungssituation«, einem Memorandum, das er im September für das Kabinett verfasste, stellte er fest, dass der Krieg keiner sei, »in dem Massen von Männern einander mit Massen von Granaten bewerfen. Am besten werden wir der überlegenen Stärke des Gegners mit neu entwickelten Waffen begegnen können – und vor allem mit wissenschaftlichen Spitzenleistungen. Wenn zum Beispiel die verschiedenen, momentan in der Entwicklung befindlichen Gerätschaften zum sichtunabhängigen Aufspüren und Ausschalten feindlicher Flugzeuge sowohl aus der Luft als auch vom Boden aus das halten, was sie versprechen, wird das nicht nur die strategische Situation, sondern auch die Rüstungssituation grundlegend ändern… Wir müssen daher das ganze Feld des R. D. F. [Radars] mit seinen vielen Verästelungen und ungezählten Möglichkeiten als ebenso wichtig ansehen wie die Air Force; im Grunde ist es ja ein Bestandteil derselben. Der Ausbau des wissenschaftlichen Spitzenpersonals, die Ausbildung jener, die die neuen Waffen bedienen werden, sowie die dazu nötige Forschungsarbeit sollten die Speerspitze unseres Denkens und unserer Bemühungen darstellen.«

## Die Schlacht der Strahlen

Aufgrund der Informationen aus dem Oslo-Report fing R. V. Jones an, Hinweise auf die Funktionsweise der deutschen Richtstrahlen zu sammeln, wozu er auch abgestürzte Luftwaffenbomber, abgefangene und in der Entschlüsselungszentrale in Bletchley Park decodierte Nachrichten sowie Berichte deutscher Kriegsgefangener unter die Lupe nahm. Mitte Juni hatte Jones Dokumente in Händen, die die Existenz hochfrequenter Funksignale belegten, die vom Festland aus über die Britischen Inseln geschickt wurden. An diesem Punkt wurde er zu einer dramatischen und historischen Besprechung mit Churchill in die Downing Street 10 geladen. Als Jones in den Cabinet Room geführt worden war, sah er sich plötzlich Churchill gegenüber, der von Lindemann und Lord Beaverbrook, dem Minister für Luftrüstung, flankiert wurde; außerdem waren Tizard, Watson-Watt und der Stabschef der Luftwaffe, Sir Charles Portal, zugegen. Überraschenderweise diskutierten die Herren noch hitzig über die deutschen Funkstrahlen und ihre mögliche Funktion. Nach einer halben Stunde wagte Jones, der noch keine 30 Jahre war, die politischen und militärischen Granden mit einer höflichen Eröffnungsfrage zu unterbrechen: »Wäre es hilfreich, Sir, wenn ich Ihnen die Sache von Anfang an erklären würde?« Nach einer Sekunde der Verblüffung sagte Churchill: »Ja, das wäre nicht schlecht.«

Jones benötigte nur 20 Minuten, um Churchill von der Existenz des deutschen Zielradars zu überzeugen und ihm zuzusichern, dass man Gegenmaßnahmen entwickeln könne. Churchill frohlockte. Er schlug auf den Tisch und rief: »Vom Luftrüstungsministerium bekomme ich immer nur Akten, Akten, Akten!« Aber die anderen, die um den Tisch saßen, auch Lindemann, mochten immer noch nicht recht glauben, dass Funkstrahlen von der Art, wie man sie entdeckt hatte, der Krümmung der Erdoberfläche folgen und von Deutschland bis zu den Britischen Inseln gelangen konnten.

Im Herbst desselben Jahres hatte Jones jedoch definitiv herausgefunden, dass die Deutsche Luftwaffe nicht nur zwei, sondern sogar drei Funknavigationsnetzwerke zur Peilung einsetzte. Zwei Strahlen brachten den Piloten ans Ziel, und mit dem dritten wurde der genaue Ort des Bombenabwurfs ermittelt. Die Ingenieure der britischen Forschungseinrichtung für Telekommunikation, TRE, entwickelten daraufhin Blockiersignale, die die Frequenzen der Richtstrahlen störten. Als die Techniker genügend dazugelernt hatten, um raffiniertere Gegenmaßnahmen zu ergreifen, gelang es ihnen, manche der Strahlen so zu modifizieren, dass die Bomber in die Irre geschickt wurden. Der BBC-Fernsehsender im Alexandra

Palace, der während des Krieges den Betrieb eingestellt hatte, wurde zum Ausstrahlen von Störsignalen eingesetzt, die das Bombenabwurfsignal blockierten.

## Deutsche Frühwarnsysteme

Die Überzeugung, dass Deutschland über keine auf Radar fußende Frühwarntechnologie verfügte, leitete sich zum Teil aus dem Fehlen jener auffälligen hohen Funktürme ab, die an Großbritanniens Küste so verbreitet waren. Watson-Watt hatte 1937 sogar seine Sommerferien damit verbracht, in Deutschland nach den verräterischen Antennen Ausschau zu halten; da er keine fand, nahm er an, dass man in Nazi-Deutschland noch nicht hinter die Geheimnisse des Radars gekommen war. Nach Durchsicht des Oslo-Reports, in dem der Einsatz von Kurzwellen angesprochen wurde, für die keine großen Türme benötigt werden, war R. V. Jones anderer Meinung. Seine Vermutung bestätigte sich im Sommer 1940, als er die Information erhielt, dass ein deutsches System namens »Freya« britische Flugzeuge erfasst hatte. Dass die nordische Göttin Freya eine Halskette trug, die Tag und Nacht durch Heimdall beschützt wurde, einen Wächter, der in alle Richtungen sehr weit blicken konnte, gab Jones zu denken.

Im Herbst 1940 entdeckte dann ein Radarexperte am TRE im Ärmelkanal Funksignale mit einer Wellenlänge von 80 Zentimetern, und zwar immer dann, wenn dort britische Schiffe unter Beschuss gerieten. Er war über eine weitere streng geheime Radarinnovation der Deutschen gestolpert, den »Seetakt«: ein hoch entwickeltes System zur automatischen Steuerung von Artilleriebeschuss.

Jones erkannte, dass dieses Artillerie-Lenksystem nicht mit dem Freya-Frühwarnsystem identisch war, das vermutlich auf einer ganz anderen Technologie basierte. Der Durchbruch wurde schließlich im Februar 1941 erzielt, als man ihm gewisse »Eigentümlichkeiten« auf Aufklärungsfotos der Gegend um Den Haag zeigte: zwei runde Schüsseln von etwa sechs Meter Durchmesser am Rand eines Feldes. Eine nähere Untersuchung ergab, dass sie gedreht wurden. Es war tatsächlich ein Freya-Sender. Nun konnte man sich daran begeben, zum einen die Frequenzen zu ermitteln, mit denen sie betrieben wurden und mit denen man sie folglich auch blockieren konnte, und zum anderen die Standorte der übrigen Freya-Sender auf dem Festland ausfindig zu machen. Unterdessen konzentrierte sich Jones auf einen mit dem Freya-System zusammenhängenden Gerätetyp, der im Oslo-Report erwähnt worden war und gelegentlich in verschlüsselten deutschen Botschaften als »Würzburg« bezeichnet wurde.

Ihnen war zu entnehmen, dass diese Systeme nach Rumänien und Bulgarien gebracht wurden, von wo britische Funkempfänger daraufhin Übertragungen im 53-Zentimeter-Bereich auffingen (im Oslo-Report war von 50 Zentimeter Wellenlänge die Rede gewesen). Aufklärungsfotos ergaben bis November 1941 keinerlei Hinweise auf das Aussehen des Würzburg-Apparats, doch dann entdeckte man auf einem Foto des Freya-Senders bei Cap d'Antifer ein kleines Objekt. Weitere Fotografien zeigten, dass in der Nähe ein Parabolspiegel von etwa drei Meter Durchmesser stand. Nun erschloss sich Jones die ganze Komplexität des deutschen Frühwarnsystems, das aus den Freya-Sendern mit großer Reichweite und zwei Typen von gekoppelten Würzburg-Empfängern bestand, wobei die kleinere Version Suchscheinwerfer steuerte und das größere System, die Würzburg-Riesen, deutsche Nachtjäger zu angreifenden Maschinen der Royal Air Force lenkte. Er wollte unbedingt ein Exemplar einer Würzburg in die Finger bekommen, und so sprangen Anfang 1942 119 britische Fallschirmspringer über Cap d'Antifer ab und brachten mit der Unterstützung einer kleinen Marineeinheit den Großteil der dortigen Gerätschaften nach Großbritannien. Jetzt hatte die britische Aufklärung alle wichtigen Teile einer Würzburg beisammen und konnte das Wellenband ermitteln, um einen entsprechenden Störmechanismus zu bauen.

Die deutsche Aufklärung hatte keine derartige Weitsicht, Hartnäckigkeit und Raffinesse an den Tag gelegt, als Reichsmarschall Göring die Vernichtung der britischen Luftwaffe durch Tageslichtangriffe plante und umzusetzen versuchte, die einer Invasion vorangehen sollte. Als es im Juli 1940 ernst wurde mit der Schlacht um England, bestand das britische Frühwarn-Radarsystem aus 21 »Chain Home«-Sendern (manche der Türme ragten 100 Meter in den Himmel) und weiteren 30 »Chain Home Low«-Einheiten, die rechtzeitig vor Eindringlingen warnten, die sich den Britischen Inseln vom Kanal oder der Nordsee aus näherten. Landeinwärts ergänzten Einheiten des Royal Observer Corps das System; allerdings funktionierten diese optischen Sichtungen nur bei Tageslicht und wolkenfreiem Himmel.

Die deutsche Aufklärung hatte es versäumt, den Zweck der weithin sichtbaren Radartürme und Antennen Großbritanniens zu ergründen, obwohl diese Strukturen bereits zwei Jahre vor Kriegsausbruch bemerkt worden waren. Unter dem Vorwand, Wetterbeobachtungen für die Lufthansa durchzuführen, waren unbewaffnete deutsche Flugzeuge kreuz und quer über Großbritannien geflogen. 1939 flog ein Zeppelin mit der Bezeichnung LZ 130 unter dem Kommando der Fernmeldetruppe der Luftwaffe an der britischen Radarkette entlang, um Funksignale aufzufangen, aber das erbrachte keine Erkenntnisse.[17] Von Juli bis September versuchte die Luftwaffe vergebens, die Royal Air Force zu besiegen, was größtenteils an der Effizienz lag, mit der die britische Radarabwehr die Angreifer rechtzeitig ortete und ihnen Abfangjäger entgegenschickte. Zwar erriet Göring schließlich die Funktion der Radartürme, aber er unterschätzte ihre Bedeutung und unternahm keinen systematischen Versuch, sie lahm zu legen. Nach der Bombardierung Londons in der Nacht vom 24. August 1940 befahl Churchill, Bomben über Berlin abzuwerfen, und Hitler revanchierte sich durch ein allnächtliches, eine Woche andauerndes Bombardement Londons. Dieser Angriff auf London, so verheerend er war, verschaffte der RAF eine dringend benötigte Atempause. Als Göring zu seiner ursprünglichen Strategie zurückkehrte, war das britische Jägerkommando bereit zur Entscheidungsschlacht. Der Höhepunkt der Schlacht wird für gewöhnlich auf den 15. September datiert, als 79 Maschinen der Luftwaffe vom Himmel geholt und dafür nur 36 RAF-Jäger geopfert wurden. Danach ging Göring wieder zu nächtlichen Attacken auf London und die Industriezentren über, und Hitler verschob den Einmarsch in Großbritannien bis zum Sankt-Nimmerleins-Tag.

Während Großbritannien seine nächtlichen Luftangriffe auf Ziele in Deutschland und im besetzten Europa verstärkte, arbeiteten die Ingenieure des Reichs an der Verbesserung der Radarabwehr. Generalmajor Josef Kammhuber hatte das Festland 1941 in ein Gitter aus 43 Kilometer breiten und 38 Kilometer langen Rechtecken eingeteilt, die je eine Freya-Frühwarnschüssel und zwei Würzburg-Empfänger enthielten: erstere zur Ortung einzelner feindlicher Flugzeuge, letztere, um einen Luftwaffenjäger ans Ziel zu dirigieren; das Hauptquartier lag im niederländischen Zeist. Ende 1941 konnte das System angreifende Flieger bereits in 320 Kilometer Entfernung ausmachen, und ab 240 Kilometern konnte es auch die Flughöhe bestimmen.

## Das Magnetron

Was Großbritannien beim Radar jedoch seinen unschätzbaren technologischen Vorsprung verschaffte – einen Vorteil, in dessen Genuss auch Amerika ein Jahr vor dem Kriegseintritt kam –, war die Entwicklung eines kleinen Geräts etwa von der Größe einer Suppenschüssel: des Hohlraumresonator-Magnetrons. Die Geschichte seiner Entwicklung lehrt uns einiges darüber, wie Militärforschung und -technik den Alliierten einen kaum hoch genug zu bewertenden Vorteil verschafften, der für Deutschland verheerende Folgen hatte.

Es ging um die Entwicklung einer Form von Radar, die weniger Ausstattung erforderte und ihren Nutzern vielseitige und hochgradig genaue Informationen verschaffte. Gesucht wurde nach einem Radartyp, der klein genug war, um in einem Jagdflugzeug installiert zu werden, mit Wellenlängen von etwa zehn Zentimetern nächtliche Luftwaffen-Angreifer punktgenau orten konnte und zugleich ausreichend stark für die Langstreckenerfassung war. Die Hauptaufgabe dabei bestand in der Erzeugung eines sehr schmalen Radarstrahls, um das Ziel sehr genau zu lokalisieren. Die Strahlbreite wird durch das Verhältnis von Antennengröße zu Wellenlänge bestimmt; je kürzer die Wellenlänge, desto kleiner muss also – bei gleich bleibender Strahlbreite – die Antenne ausfallen.

Der deutsche Radarhistoriker von Kroge behauptet, dass deutsche Ingenieure im Dienst der GEMA im Sommer 1935 an einer rudimentären Form eines Magnetrons arbeiteten. Dieses Gerät, das um 1920 von Albert W. Hull, einem Mitarbeiter der amerikanischen Firma General Electric, erfunden worden war, besteht aus einer Vakuumröhre in einem Magnetfeld, durch das sich Elektronen beim Durchqueren der Röhre auf gekrümmten Bahnen bewegen. Den deutschen Wissenschaftlern erschien das Magnetron zu instabil, um zuverlässig die erwartete Ortungsentfernung von 20 Kilometern zu erzielen: »Nur mit dauernder Nachstimmung des Empfangskanals waren überhaupt respektable Entfernungswerte erreicht worden.«[18] Letztlich verwarfen sie diesen Ansatz zugunsten anderer Lösungen.

Der britische Weg zu einem brauchbaren Magnetron war 1939 mit Experimenten zur Erzeugung von Mikrowellen eingeschlagen worden; zu diesem Zweck baute man an der Universität von Birmingham ein »Hohlraum-Magnetron«, das sich grundlegend von Hulls Apparatur unterschied. Der Radarhistoriker Robert Buderi stellt fest, dass diese Erfindung »zufällig absichtlich« zustande kam: Die beiden Physiker John Randall und Henry Boot, die an der Universität von Birmingham unter Mark Oliphant tätig waren, versuchten die Vorzüge zweier Geräte zu vereinen: des traditionellen Magnetrons und eines Klystrons (vom griechischen *kluzo*, das das Brechen der Wellen an der Küste bezeichnet), einer amerikanischen Erfindung, die im Zusammenhang mit den Bemühungen um eine Mikrowellenquelle für die Blindlandung von Flugzeugen gemacht worden war.

Buderi erläutert: »Die Herausforderung bestand in der Zusammenführung der torusförmigen Klystron-Hohlräume mit dem Kathoden- und Wellenknoten-Prinzip des Magnetrons, das auf eine zylindrische Symmetrie angewiesen war.«[19] Wie der amerikanische Physiker I. I. Rabi ein Jahr später schrieb, als ein frühes Modell in die Vereinigten Staaten gelangte, war das Hohlraum-Magnetron eine Art Orgelpfeife, die mit elektrischen und magnetischen Feldern betrieben wurde. Buderi erklärt die Funktionsweise:

»Etwa so, wie Luft, die an der Öffnung eines Blasinstruments vorbeistreicht, einen Ton erzeugt, dessen Frequenz größtenteils von der Größe und Gestalt des Instruments abhängt, oszillierten die Elektronen mit einer spezifischen Funkfrequenz, die von den Maßen des Hohlraums bestimmt wurde.«[20]

Der erste Test des fertigen Geräts fand am 21. Februar 1940 statt, und drei Tage später konnten die Forscher bestätigen, dass es bei einer Wellenlänge von neuneinhalb Zentimetern operierte und eine Leistung von 400 Watt erbrachte. Bis zum Mai hatten sie die Leistung auf üppige 12 bis 15 Kilowatt gesteigert. Die Morgenröte des Mikrowellenradars brach an, aber um es weiterzuentwickeln und massenhaft herzustellen, brauchte das kriegsgebeutelte Großbritannien einen starken Verbündeten.

## Die angloamerikanische technologische Zusammenarbeit

Anfang August 1940 bat Churchill einen seiner wichtigsten Technologieberater, Henry Tizard, mit einem Korb voller streng geheimer Entdeckungen – darunter auch das Hohlraum-Magnetron – in die Vereinigten Staaten zu reisen. Das fertige Gerät sah aus wie eine Tontaube und war so klein, dass es in den Handteller passte. Tizard und sein Team führten die Funktionsweise des Hohlraum-Magnetrons am 19. September in Washington, D. C., einem erstaunten Publikum vor, das aus Mitgliedern des amerikanischen National Defence Research Committee bestand. Im Verlauf der Demonstration zeigte sich, dass dieses winzige Ding tausendmal mehr Leistung hervorbrachte als Amerikas stärkste derartige Geräte, und das bei einer Wellenlänge von unter zehn Zentimetern. Binnen eines Monats war der Entschluss gefasst, am MIT in Cambridge, Massachusetts, ein Strahlungslabor einzurichten, das später als »Rad Lab« (von *radiation laboratory*) bekannt wurde.

1943 setzten die Alliierten das auf dem Hohlraumresonator-Magnetron basierende Zentimeterradar nicht nur in der nächtlichen Flugabwehr ein, sondern auch – in modifizierter Form – zur »blinden« Lokalisierung von Bombenzielen in Deutschland. Es war nur eine Frage der Zeit, bis die Deutschen dank eines Flugzeugabsturzes hinter die Geheimnisse der Lenksysteme der Alliierten kamen. Am 2. Februar wurde nahe Rotterdam eine Maschine einer Pathfinder Force (die Bomber an ihre Ziele lenkten, indem sie vor den Bomberformationen Leuchtkugeln abwarfen) abgeschossen, und aus dem Wrack barg man ein beschädigtes Hohlraum-Magnetron. Die deutschen Ingenieure, die dieses »Rotterdam-Gerät« unter die Lupe nahmen, konnten schnell bestätigen, dass es sich um ein Zentimeterradargerät handelte, das sich sowohl zur Nachtjäger-Ortung als auch als Bomber-Leitsystem einsetzen ließ. Als er von dieser Apparatur erfuhr, erklärte Hermann Göring, man müsse klar anerkennen, dass die Amerikaner und Briten den Deutschen auf diesem Gebiet weit voraus seien. Er habe zwar erwartet, dass sie weiter wären als man selbst, aber die Größe ihres Vorsprungs habe ihn ehrlich überrascht. Bislang habe er gedacht, man liege zwar zurück, sei aber zumindest noch im Rennen.[21]

Professor Leo Brandt von der Firma Telefunken erhielt Order, das Gerät zu rekonstruieren, um es für das deutsche Radar zu nutzen, aber am 1. März wurde es bei einem Bombenangriff zerstört. In derselben Nacht fand man jedoch in einem über Holland abgeschossenen Flugzeug ein weiteres Magnetron, sodass Brandt seine Arbeit fortsetzen konnte.

Die deutschen Wissenschaftler versuchten Hohlraum-Magnetrone so schnell wie möglich in ihre Bomber-Zielsteuerungs-, Flugabwehr-, Artillerie- und Jagdflieger-Systeme zu integrieren, aber als die Geräte einsatzbereit waren, näherte sich der Krieg bereits dem Ende. Unterdessen hatten deutsche Forscher Mittel und Wege gefunden, den Vorzügen des Hohlraum-Magnetrons etwas entgegenzusetzen, vor allem »Naxos«, einen Empfänger, und ein weiteres Gerät namens »Korfu«, die Zehn-Zentimeter-Wellen auffingen. Naxos bewährte sich vor allem in U-Booten bei der Ortung von Aufklärungsflugzeugen, die mit Mikrowellen Periskope ausfindig zu machen versuchten. Aber ebenso schnell, wie die Ingenieure des Reichs Gegenmittel entwickelten, brachten die Alliierten Drei-Zentimeter-Radargeräte hervor, um ihre Jagdbeute ausfindig zu machen.

So wichtig es bei der Verteidigung der Britischen Inseln auch war: Radar war nicht die einzige Form der Informationsverarbeitung, die das Kriegsglück wenden half. Ebenso eindrucksvoll, was die Mühen, den Einfallsreichtum und den Effekt angeht, waren die britischen Erfolge bei der Dechiffrierung der raffinierten, streng geheimen deutschen Codes.

# 21. Verschlüsselung

Die Kunst der Kommunikation und Spionage in Kriegszeiten hat schon immer maßgeblich zum Ausgang des jeweiligen Konflikts beigetragen. Eine bemerkenswerte Eigenheit der deutschen Kryptografie im Zweiten Weltkrieg, zu der auch raffinierte mechanische Verschlüsselungsmethoden auf dem neusten Stand der Technik zählten, war die felsenfeste Überzeugung der entsprechenden Geheimdienstabteilungen des Reichs, dass ihre Codes nicht zu knacken waren – Anzeichen eines folgenschweren Mangels an Respekt vor den technischen Errungenschaften der Gegenseite. Zugleich steckte der deutsche Geheimdienst erhebliche intellektuelle Ressourcen in die Entschlüsselung der Nachrichten seiner Feinde und potenziellen Feinde.

Die Geschichte der überaus raffinierten deutschen Verschlüsselungstechniken im Zweiten Weltkrieg reicht bis 1923 zurück, als Winston Churchill *The World Crisis* veröffentlichte, seine Geschichte des Ersten Weltkrieges, in der er daran erinnerte, wie die Briten im September 1914 in den Besitz der geheimen deutschen Marinecodes gelangt waren. Eine solche Geschichte aller Welt bekannt zu machen – auch den Deutschen, die selbst fünf Jahre nach Kriegsende noch nichts von all dem ahnten – war unklug. Zweifellos beeinflusste dieser Schritt alle die Geheimcodes betreffenden Entscheidungen der deutschen Armee in den Zwanziger- und Dreißigerjahren.

Im September 1914 erlitt ein deutscher Kleiner Kreuzer, die *Magdeburg*, in der Ostsee Schiffbruch. Ein paar Stunden später – so lautet jedenfalls eine von mehreren Versionen dieser Geschichte – fischten die Russen einen ertrunkenen deutschen Seemann aus dem

Wasser; dank der in der eiskalten See rasch eingetretenen Leichenstarre presste er die Code- und Signalbücher der deutschen Marine noch immer an seine Brust. Am 6. September stattete der russische Marineattaché dem damaligen Ersten Lord der Admiralität, Winston Churchill, einen Besuch ab. Der Abgesandte war durch eine Nachricht aus Petrograd über den Vorfall informiert worden und wusste auch, dass die russische Admiralität mithilfe dieses Glücksfundes Teile einiger deutscher Marinecodes hatte entschlüsseln können. Die Russen waren der Ansicht, dass die britische Admiralität als die führende Seemacht diese Bücher kennen sollte. Wenn die Briten ein Schiff nach Alexandrow schickten, würden die zuständigen russischen Offiziere die Bücher nach Großbritannien bringen. Schließlich landeten die Bücher bei den britischen Entschlüsselungsexperten im berühmten »Room 40« von Whitehall, die nun mit dieser Hilfe regelmäßig deutsche Geheimbotschaften dechiffrierten. Als die Deutschen später ihre Version der Geschichte des Ersten Weltkrieges niederlegten, hielten sie fest, dass »die deutsche Flotte, deren Funkmeldungen von den Engländern abgehört und entschlüsselt wurden, sozusagen mit offenen Karten gegen das britische Oberkommando spielte«.[1]

Eine Konsequenz der Veröffentlichung des *Magdeburg*-Vorfalls (der – ebenfalls 1923 – auch in der offiziellen Geschichte der Royal Navy beschrieben wurde) war die Verbesserung der deutschen Geheimcodes in der Zwischenkriegszeit. Die Deutschen entwickelten ein kompliziertes mechanisches System, das die britischen und amerikanischen Dechiffrierer später an ihre Grenzen führen sollte und nur mit naturwissenschaftlichen, mathematischen, technischen und maschinenbaulichen Fähigkeiten zu knacken war, die weit über die vergleichsweise harmlosen Papier-und-Bleistift-Künste der Fachleute aus dem Ersten Weltkrieg hinausgingen. Um Deutschlands undurchdringlichste Codes zu knacken, sollte Großbritannien schließlich den Colossus bauen, den ersten Computer der Welt, und insgesamt 12 000 Leute einsetzen, darunter die besten Mathematiker des Landes. Nach dem Krieg achtete Churchill darauf, seinen Fehler von 1923 nicht zu wiederholen. Die Pläne des Colossus wurden vernichtet, und die britischen Codeknacker wurden verpflichtet, bis 1975 striktes Stillschweigen über ihre Aktivitäten zu wahren. Der genaue Algorithmus, der im Colossus implementiert war, ist bis heute unbekannt geblieben.

Nach Churchills Enthüllung von 1923 richteten die deutschen Militärbehörden ihre Hoffnungen auf eine Erfindung namens »Rotor-Chiffriermaschine«, die auf dem Prinzip der mechanischen Substitution basierte. Die Standardausführung, die wie eine Schreibmaschine von etwa 30 Zentimeter Kantenlänge und 15 Zentimeter Höhe aussah und weniger als 15 Kilogramm wog, war von dem deutschen Elektroingenieur Arthur Scherbius für den Einsatz in der Wirtschaft, der Diplomatie und potenziell auch beim Militär konstruiert worden. Er nannte sie »Enigma«: das griechische Wort für Rätsel. In einer Beschreibung der Maschine für die Kaiserliche Deutsche Marine hatte der damals 39-jährige, in Berlin ansässige Scherbius geprahlt, sie würde sich in ihren Buchstabenfolgen auch dann nicht wiederholen, wenn man denselben Buchstaben Millionen Male eingäbe. Auch wenn die Maschine in falsche Hände geriete, könnte kein Telegramm entschlüsselt werden, da man dazu ein vorab festgelegtes Schlüsselsystem benötige.[2]

Um mit einer Rotormaschine des Typs, aus dem sich die Enigma entwickelte, einen Code zu generieren, muss man die Schreibmaschinentasten drücken, die für die einzelnen Buchstaben des Klartextes stehen, und den so erzeugten Chiffretext, der buchstabenweise in einem Lampenfeld aufleuchtet, notieren. Der Code-Historiker David Kahn erläutert:

»Bei der Verschlüsselung jedes Buchstabens fließt elektrischer Strom durch eine flache Kontaktfläche an der Eingangsseite und dann durch den gegenüberliegenden Rotorkontakt in die Schlüsselwalze; er läuft durch die Walze und taucht an der anderen Seite an einer anderen Position wieder auf, wird durch den Ausgangskontakt geleitet und bringt ein Glühlämpchen unter einem Chiffretext-Buchstaben zum Leuchten.«[3]

Der Empfänger der verschlüsselten Nachricht muss seine Maschine mit denselben Einstellungen betreiben, um den ursprünglichen Klartext zu rekonstruieren.

Die von der deutschen Armee benutzte Standardform der Enigma enthielt fünf Rotoren, von denen bei jeder Einstellung der Maschine für einen bestimmten Zeitraum (normalerweise einen

Tag) drei ausgewählt wurden, sodass es insgesamt 60 Anordnungen der Räder gab. Jeder Rotor war mit einem beweglichen Ring versehen, auf dem die 26 Buchstaben des Alphabets standen. Daher gab es $26^3$ (also 17576) unterschiedliche Einstellungen für jede Ringanordnung, was gut eine Million unterschiedlicher Konfigurationen des »Zerhackers« im Herzen der Maschine ergab. Aber die Maschine war auch mit einem Steckfeld ausgestattet, das vor dem Eintritt des Stroms in den Zerhacker eine Substitution bewirkte – und zwischen dem Rotor und dem Lampenfeld noch einmal dieselbe Substitution. Da diese Substitution, genau wie jene im Zerhacker selbst, symmetrisch war und sowohl am Eingang als auch am Ausgang vorgenommen wurde, bewahrte sie die beiden entscheidenden Eigenschaften der Zerhackerkomponente der Enigma-Verschlüsselung: Kein Buchstabe wurde auf sich selbst abgebildet, und die gesamte Chiffrierung war reziprok, das heißt, wenn A zu P codiert wurde, dann wurde P zu A codiert. Der Einsatz von zehn Steckbrücken brachte einen weiteren Faktor von etwa 150 Millionen Millionen ($1{,}5 \times 10^{14}$) ins Spiel, sodass der gesamte Schlüsselraum der Enigma ungefähr 159 Milliarden Milliarden ($1{,}59 \times 10^{20}$) umfasste. Die für den Tag gültige Einstellung wurde allen Nutzern des jeweiligen Netzwerks mitgeteilt, normalerweise als monatlicher Schlüsselbogen.

Außerdem musste der Verfasser jeder einzelnen Nachricht eine Startposition festlegen und sie den Empfängern mitteilen, ohne sie dem Feind zu offenbaren. Diese Information wurde von den verschiedenen Nutzern in den jeweiligen Kriegsphasen auf unterschiedlichen Wegen übermittelt. Die meiste Zeit verwendeten das Heer und die Luftwaffe eine einfache Methode, nämlich die Verschlüsselung der Startposition (etwa DQX) auf einer Maschine mit einer Startposition (zum Beispiel RTG), die ebenfalls der Sender der Nachricht festlegte. Wenn DQX zu KLB verschlüsselt wurde, so schickte man der eigentlichen Botschaft die Buchstabenfolge RTG KLB voran. Der Empfänger musste seine Maschine nur noch auf die Position RTG einstellen und KLB eintippen, um die Startposition DQX zu rekonstruieren, mit der er die eigentliche Nachricht lesbar machen konnte. Wenn ein Feind also die Maschineneinstellung für den fraglichen Zeitraum gekannt hätte, hätte er auch jede damit verschickte Meldung dechiffrieren können.

Scherbius, der seine Maschine möglichst effektiv vermarkten wollte, hatte 1927 ein Konkurrenzsystem aufgekauft, das der Niederländer Hugo Alexander Koch entwickelt hatte. 1929, im Jahr seines Todes (er wurde von einem wild gewordenen Pferd getötet), verkaufte Scherbius seine Erfindung an das deutsche Heer und an die Luftwaffe, die unterschiedliche Versionen in Gebrauch nehmen sollten. Nach Hitlers Machtergreifung und seiner Missachtung der Rüstungsbeschränkungen des Versailler Vertrags explodierte der militärische Bedarf an Chiffriermaschinen. Letztendlich nutzten die Luftwaffe, die SS, die Abwehr und die Reichsbahn allesamt Enigma-Maschinen, und die Marine und das Heer koordinierten ihre Enigma-Systeme unter dem Aspekt der Sicherheitserhöhung.

Das deutsche Oberkommando führte ein zusätzliches Sicherungssystem auf der Grundlage eines Schlüsselworts ein. Selbst wenn es dem Feind gelingen sollte, eine Enigma zu erbeuten und die tägliche Schlüsselliste in die Finger zu bekommen, würden die Betreiber in den im Einsatz befindlichen U-Booten auf ein über Funk mitgeteiltes Stichwort hin einen versiegelten Umschlag öffnen, in dem ein Schlüsselwort verwahrt wurde. Sie würden dann nach einer komplizierten Prozedur Buchstaben des Schlüsselworts zu den spezifischen Einstellungen für den jeweiligen Tag hinzufügen.

## Polnische Codeknacker

Als die Deutschen 1926 anfingen, Enigma-Maschinen einzusetzen, stellten sie die britischen, französischen und amerikanischen Codeknacker vor ein unlösbares Rätsel. Das einzige Land, das sich weigerte, die neue Verschlüsselung als unknackbar zu akzeptieren, war Polen. Eingekeilt zwischen dem Riesen Russland und einem Deutschland, das sich um die nach dem Ersten Weltkrieg Polen zugeschlagenen Gebiete geprellt fühlte, beharrte die polnische Regierung darauf, dass sie sich keinerlei Unwissenheit über Deutschlands heimliche Absichten leisten konnte.

Der Leiter der polnischen Dechiffrierabteilung Biuro Szyfrów war Hauptmann Maksymilian Cieski. Er war mit der kommerziellen Enigma vertraut, was sich langfristig als nützlich erweisen sollte, aber in den vom deutschen Militär eingesetzten Maschinen waren die Zerhacker anders verdrahtet. Das Biuro erzielte jedoch einen Glückstreffer, als es vom Geheimdienst des Bündnispartners Frankreich Kopien von Codebüchern und Einstellungen erhielt, die ihm ein unzufriedener Deutscher, Hans-Thilo Schmidt, in die Hände gespielt hatte.[4] Schmidts Verrat versetzte die Polen in die Lage, eine Enigma-Maschine zu entwerfen, aber dazu mussten die Kryptologen ihre Einstellungen knacken. Dass diese Aufgabe als beinahe unlösbar galt, erzwang eine ungewöhnliche Rekrutierungsmaßnahme.

Ursprünglich hatte man geglaubt, für die Analyse von Geheimschriften und -sprachen wären Altphilologen und Linguisten am besten geeignet. Angesichts der mechanischen Komplexität der Enigma entschloss sich die polnische Dechiffrierabteilung, Mathematiker hinzuzuziehen, und zu ihren ersten Anwerbungen gehörte 1929 der 24-jährige Marian Rejewski. Der deutschsprachige Rejewski hatte sich in Göttingen für Mathematik eingeschrieben und dann an der Universität von Posen weiterstudiert, wo er sich auf Statistik und Kryptologie spezialisierte. Seine wahre Bestimmung fand er in dem Versuch, die Enigma-Maschine zu knacken, indem er sich auf die Muster des Nachrichtenschlüssels konzentrierte, der zu Beginn jeder Übermittlung zweimal wiederholt wurde. Im Anschluss an die Überprüfung jeder der 105456 Zerhackereinstellungen, die ein Jahr in Anspruch nahm, fand Rejewski schließlich einen Zugang zum Verständnis der Enigma-Chiffrierung. Der Code-Historiker Simon Singh stellt fest: »Rejewskis Angriff auf die Enigma ist eine der wahrhaft großen Leistungen der Kryptoanalyse.« Er fügt hinzu, dass der polnische Erfolg beim Knacken des Codes auf drei Faktoren zurückzuführen war: »Angst, Mathematik und Spionage«.[5] Die Polen waren daher während der 1930er-Jahre imstande, streng geheime deutsche Nachrichten zu entschlüsseln und ihre Suche nach der richtigen Zerhackereinstellung effizienter zu gestalten, indem sie sechs als *bombes* oder »Eisbomben« bezeichnete, parallel geschaltete mechanische Apparate einsetzten.

Während sich die Deutschen auf den Krieg vorbereiteten, sicherten ihre Chiffrierexperten jedoch das Enigma-System weiter ab, indem sie die Zahl der Steckfeldkabel von sechs auf zehn erhöhten, wie oben beschrieben: Nun wurden 20 Buchstaben vertauscht, bevor die Nachricht in den Zerhacker hineinging, wodurch sich der Schlüsselraum, wie dargestellt, auf zirka $1{,}6 \times 10^{20}$ erweiterte. Diese abrupte Erhöhung der Sicherheit war für die Polen ein herber Rückschlag, da Hitlers Blitzkrieg-Strategie von der Kommunikation zwischen Luftwaffe, Artillerie und Infanterie abhängig war. Wochen vor dem Kriegsausbruch arrangierte der französische Geheimdienst jedoch ein Treffen zwischen britischen Code-Analytikern und Rejewksi und seinem Team im polnischen Chiffrierbüro. Noch bevor am 1. September 1939 der Krieg ausbrach, hatten die Briten einen Enigma-Nachbau und Baupläne der *bombes* erhalten, mit denen die Codes über den größten Teil des Jahrzehnts hinweg erfolgreich geknackt worden waren.

Die Geschichte vom Knacken des Enigma-Codes im Zweiten Weltkrieg und den 12000 Menschen, die schließlich in der englischen Landidylle von Bletchley Park an Dechiffrierproblemen arbeiteten, ist in den letzten Jahren immer und immer wieder erzählt worden. Weniger bekannt sind die deutschen Bemühungen, die Geheimbotschaften der Alliierten zu entschlüsseln.

## Deutsche Codeknacker

Hitlers Fixierung auf einen raschen Angriffskrieg, die der Polykratie des Reichs inhärente Ressourcenvergeudung und das Kompetenzgerangel zwischen den rivalisierenden Institutionen führten dazu, dass viele Aspekte der Verteidigung vernachlässigt wurden, darunter auch die Funkaufklärung. Anders als in Großbritannien, wo die Organisation in Bletchley Park nach strikt zentralistischem Prinzip alle Fäden in der Hand hielt und ihr Beschützer Churchill einen Ressourcenengpass mit einer berühmten Mitteilung, dem Befehl »Handeln Sie augenblicklich!«, im Handumdrehen beseitigte, gab es in Hitlers Reich nicht weniger als sieben Dechiffrierabteilungen. Das Außenministerium hatte eine, die Marine, das Heer, die Luftwaffe und mehrere Geheimdienste auch. Alles in allem widmeten sich 6000 Leute der Untersuchung von Codes, aber verteilt auf all diese Bereiche. Sie waren sich der Arbeit ihrer Konkurrenten oft nicht bewusst und erfanden das Rad daher immer wieder neu.[6] 1942 schlug man Hitler vor, die Dechiffrierer in einer Einrichtung zusammenzufassen, die von dem ungarischen Spezialisten Major Bibo geleitet werden sollte, aber Hitler verweigerte seine Zustimmung.[7] Die effizienteste dieser Einrichtungen war der B- oder Beobachtungsdienst der Marine, der letztlich Admiral Dönitz unterstand. Der B-Dienst bestand tatsächlich aus drei Teilen, einem Horchdienst, einer Decodiergruppe und einer Auswertungsabteilung.[8] Noch vor Kriegsbeginn knackte der B-Dienst den relativ einfachen Verwaltungscode der Royal Navy, kurz Naval Code, den die Marinesoldaten verwendeten. Das erleichterte es dem B-Dienst, auch die Marinechiffre zu knacken, die britische Offiziere für streng geheime Mitteilungen einsetzten. Alle nicht mechanischen Marinesysteme basierten auf einem Codebuch und mehreren Zusätzen, welche die Deutschen nach und nach ohne große Schwierigkeiten rekonstruieren konnten. In der zweiten Jahreshälfte 1940 entschlüsselte der B-Dienst die Hälfte aller Funkbotschaften der Royal Navy.[9]

Die Briten und Amerikaner hatten aber ein mechanisches Verschlüsselungssystem entwickelt, das auf das Enigma-Prinzip zurückging. Die britische Maschine wurde »Typex«, manchmal auch »Type-X« genannt, die amerikanische Version hieß »Sigaba«. Beide Maschinen waren komplizierte Substitutions- und Addiersysteme mit einem Kern aus fünf Rotoren. Die Existenz dieser Geräte war kein Geheimnis. In einem Aufsatz, den der amerikanische Armee-Chiffrierexperte Abraham Sinkov in Rouse Balls *Mathematical Recreations and Essays* veröffentlichte, wurde offen auf sie Bezug genommen. Sinkov schrieb: »Was derzeitige kryptoanalytische Methoden anlangt, sind die von einigen dieser Maschinen stammenden Chiffriersysteme der praktischen Unlösbarkeit sehr nahe.«[10] Simon Singh weist darauf hin, dass die Deutschen keinen Versuch unternahmen, die britischen und amerikanischen mechanischen Systeme zu entschlüsseln, da sie sie als praktisch unangreifbar ansahen. Anders als die Enigma wurden die mechanischen Codiermaschinen der Alliierten und ihr Nachfolger, ein britisch-amerikanisches Gemeinschaftswerk namens Combined Cipher Machine, außerdem nur sparsam für den Funkverkehr der Oberbefehlshaber eingesetzt. Deutsche Dechiffrierer brüsteten sich nach dem Krieg allerdings damit, mithilfe von Hollerith-Maschinen der Firma IBM einen beträchtlichen Teil – manchen Angaben zufolge bis zu 50 Prozent – der manuellen Codes der Alliierten geknackt zu haben.

Die Hollerith-Maschine war von Herman Hollerith erfunden worden, einem Sohn deutscher Einwanderer, der in Amerika die Firma International Business Machines (IBM) gegründet hatte. Nachdem er 1879 seinen Abschluss als Ingenieur gemacht hatte, hatte Hollerith als Assistent am Amt für Bevölkerungsstatistik in Washington, D. C., gearbeitet. Angeregt durch die Mechanismen automatischer Klaviere entwarf Hollerith eine Maschine zur Auswertung von Daten auf Lochkarten, die mithilfe verstellbarer Federmechanismen und elektrischer Schleifkontakte »eingelesen« wurden, die auf die Löcher reagierten. Diese später als Hollerith-Maschinen bekannt gewordenen Apparate konnten Millionen von Datensätzen mit hoher Geschwindigkeit erfassen. Edwin Black, der Autor von *IBM und der Holocaust*, stellt dazu fest: »Die Lochkarten waren nichts anderes als der Strichcode des 19. Jahrhunderts für Menschen.«[11] Hollerith erkannte rasch, dass sein System Daten tausendmal schneller verarbeiten konnte als menschliche Auswerter. Dank seiner Maschine hatte die US-Regierung bei der Volkszählung fünf Millionen Dollar eingespart; jetzt stieg die Nachfrage auch auf anderen Gebieten wie Buchhaltung, Maschinenbau, Wissenschaft und Versicherungsmathematik. Die Hollerith-Maschine, ein IBM-Patent, sollte in Deutschland nicht nur bei der direkten Kriegführung (wie beim Codeknacken) eingesetzt werden, sondern auch bei der Aufgabe, Informationen über Juden und andere potenzielle Insassen von Konzentrationslagern zu erfassen.

Ende 1941, als Amerika in den Krieg eingetreten war, wurde ein neuer alliierter Code eingeführt, ein manueller oder Buchcode namens »Naval Code No. 3« (auch als »Anglo-US Cypher« oder »Convoy-Cypher« bekannt). Aber die Deutschen hatten ihn im März 1942 bereits so weit geknackt, dass sie 80 Prozent des Funkverkehrs verstehen konnten. Teile der Dechiffrierdienste waren mit den IBM-Codiertechniken so gut vertraut, dass zumindest ein

Experte, Leutnant Hans-Joachim Frowein vom B-Dienst, eine Methode zum Knacken der Enigma entdeckte, bei der 70000 IBM-Lochkarten zum Einsatz kamen.

Gegen Ende des Krieges setzte die Luftwaffe ein »Enigma-Uhr« genanntes Chiffriersystem ein. An eine Enigma angeschlossen, generierte der Apparat automatisch eine riesige Zahl zusätzlicher Permutationen des Verschlüsselungssystems, aber auch diese wurden rasch geknackt.[12]

Die Enigma-, Typex- und IBM-Technologie existierte in einer Art Zwischenreich, das nicht mehr zur alten Technik und noch nicht zur echten, binären Computertechnologie gehörte. Auch Binärsysteme wurden, wie wir sehen werden, schon während des Krieges erforscht und zunehmend eingesetzt, und zwar von den Code-Analytikern in Bletchley Park und von Ingenieuren in der Forschungsabteilung der britischen Post in Dollis Hill, London.

## Deutsche Computer

In Deutschland hatte zwar der Ingenieur Konrad Zuse mit seinen Binärrechnern Pionierarbeit geleistet, aber seine Erfindungen wurden nie für die Dechiffrierung eingesetzt. Noch als Student hatte Zuse, ausgehend von Babbages berühmter 19. Rechenmaschine, den logisch nächsten Schritt vollzogen. Von 1932 an, als er erst 22 Jahre war und allein vor sich hinwerkelte, hatte Zuse durch Löcher in Papierstreifen und später durch Steckstifte ein binäres Ein-aus- oder Null-eins-Zahlensystem verwendet.[13] Als Ingenieur in der Luftfahrtindustrie (eine Arbeit, die er zum Verdruss seiner Eltern aufgegeben hatte) war er sich der »immensen Menge monotoner Berechnungen« bewusst geworden, »die für Entwürfe statischer und aerodynamischer Konstruktionen nötig waren«. Daher entwarf und baute er nun Rechenmaschinen, die geeignet waren, solche Probleme automatisch zu lösen. Damals kannte, wie er schrieb, niemand »den Unterschied zwischen Hard- und Software«.[14]

1933 hatte ihm ein Fabrikant von Rechenmaschinen am Telefon erzählt, dass die »Rechner«-Technologie bereits ausgereizt sei und es da nichts Neues mehr zu leisten gebe. Dennoch besuchte der

Hersteller Zuses Werkstatt, wo der junge Mann ihm das Prinzip der digitalen oder binären Codierung vorführte.

Danach baute Zuse seine Z1 und Z2, Testmodelle einer elektromechanischen Relaismaschine. 1939 wurde Zuse zum Militärdienst einberufen, woraufhin der Fabrikant einen Brief an den für Zuse zuständigen Major schrieb, um ihn darüber in Kenntnis zu setzen, dass der junge Erfinder zurückgestellt werden sollte, um seine Arbeit zu vollenden, die für die Luftfahrtindustrie nützlich werden könne. Zuses Vorgesetzter las den Brief und sagte: »Ich verstehe das nicht. Die deutsche Luftfahrt ist die beste der Welt. Was gibt es da noch zu berechnen?«

Sechs Monate später wurde Zuse vom Militärdienst befreit, um als Ingenieur in der Luftfahrtindustrie zu arbeiten. Aber seine Computerentwürfe führte er in Teilzeit fort und schuf 1941 die Z3, die sowohl einen aus Relais aufgebauten elektromechanischen Speicher als auch eine elektromechanische arithmetische Einheit enthielt. Die Z3 kann auch als die erste funktionierende programmierbare Rechenmaschine bezeichnet werden. Die deutschen Flugzeughersteller setzten sie zur Lösung simultaner Gleichungen ein, die die Belastung von Metall beschrieben. Zuses Vorschlag, einen auf Röhren basierenden Computer zu bauen, wurde jedoch abgelehnt, weil man glaubte, der Krieg werde bald vorbei sein. Unterdessen nahm Zuse einen weiteren Rechner namens Z4 in Angriff, den er aus Furcht vor den alliierten Bombenangriffen von Ort zu Ort schaffte, sodass er den Krieg tatsächlich überstand. Zuse kann für sich in Anspruch nehmen, den ersten programmierbaren Computer-Prototyp geschaffen zu haben, aber in der Kriegstechnologie spielte dieser kaum eine Rolle.[15]

## Der Colossus gegen die Lorenz-Maschine

In Bletchley Park nahe Milton Keynes, nördlich von London, kann man noch heute einen historischen Beleg für die Überheblichkeit bewundern, mit der die Geheimdienste des Dritten Reichs die Fähigkeit der Briten bei der Entschlüsselung ihrer Codes unterschätzten. In einer Kriegsbaracke, die heute als Museum dient, steht ein summender, klickender, brummender Apparat. Die Maschine verströmt einen stechenden Geruch nach heißem Bakelit und Vakuumröhren und scheint aus überdimensionalen Baukastenteilen sowie einer Reihe von Überbleibseln einer Fernsprechvermittlungsanlage aus den 1930er-Jahren zusammengeschraubt zu sein. Sie besteht aus zwei Schränken voller Anzeigetafeln, Schaltern und Girlanden aus bunten Drähten, und das Ganze ist fast zweieinhalb Meter hoch, einen Meter tief und knapp fünf Meter lang. Ein Stahlgerüst mit schimmernden Spulen führt einen Telegrafenstreifen an einem photoelektrischen »Auge« vorbei, das die Informationen mit einer Geschwindigkeit von 5000 Buchstaben pro Sekunde einliest. In den Tiefen der Maschine flackern und klackern 1500 Röhren und Tausende von Steckern und Schaltkreisen, während sie die Informationen von den Bändern verarbeiten.

Dieses seltsame elektronische Monster sollte längst ausgestorben sein, aber man hat hier tatsächlich einen Colossus nachgebaut, Großbritanniens bestgehütetes Geheimnis des Zweiten Weltkrieges – und zweifellos der größte wissenschaftliche und technologische Kraftakt des Landes. Er war gebaut worden, um Deutschlands komplizierteste Geheimcodes zu knacken, wovon Wohl und Wehe der Nation abhingen, und er zeigt eindrucksvoll, wie sehr sich die britische Wissenschafts- und Technikverwaltung von jener unter Hitler unterschied.

Der Colossus sollte »Boole'sche Operationen« durchführen: eine Methode zur Lösung logischer Aufgaben durch Bearbeitung von Symbolen, bei der Begriffe wie »wahr«, »falsch«, »und« oder »oder« durch rein binäre Zeichenfolgen, also Einsen und Nullen oder ein und aus, repräsentiert werden. Die Inspiration zu dieser Maschine geht zu großen Teilen auf Alan Turing zurück, den Cambridge-Mathematiker, der die Vorstellung entwickelte, ein Computer sei zugleich ein »Gedankenexperiment« zur Lösung mathematischer Probleme mit mechanischen Mitteln. Der Colossus, dessen fachliche Bezeichnung »großer programmierbarer logischer Elektronenröhrenrechner« lautete, war gebaut worden, um Nachrichten aus der Lorenz-Maschine zu entschlüsseln, dem Nachfolger der Enigma, der zur Codierung von Mitteilungen des Nazi-Oberkommandos eingesetzt wurde, einschließlich der Hitler-Direktiven.

Deutschen Historikern zufolge hat der Informationsgewinn durch den Colossus den Krieg um mindestens zwei Jahre verkürzt. Der deutsche Militärschriftsteller Hans Meckel glaubt, dass der Colossus Deutschland davor bewahrte, wie Japan mit einer Atombombe in die Niederlage gebombt zu werden. Die Geschichte der deutschen Lorenz-Maschine und des britischen Colossus demonstriert die entscheidende Bedeutung von Geheimcodes im Krieg sowie Deutschlands Unfähigkeit einzusehen, dass das eigene System trotz aller Komplexität immer noch angreifbar war.

Die einzige noch existierende Lorenz-Maschine der Welt steht ebenfalls in Bletchley Park. Sie ist ein riesiges Präzisionsinstrument mit zwölf glitzernden Stahlrotoren in einem Gusseisenmantel; sie ist schwer und zerbrechlich und kann nur von mehreren Personen angehoben werden. Die nach ihrer Produktionsfirma benannte Apparatur verschickte ihre Nachrichten vor allem über eine Fernschreiber-Überlandleitung, konnte aber auch per Funk senden. Sie verwendete das internationale System der Fünf-Bit-Binärzeichen, deren Lochmuster auf den Papierstreifen die Buchstaben des Alphabets repräsentieren. Der Lorenz-Code arbeitete mit zwei Arten von verwirrenden Zusätzen. Jeder ursprünglich eingegebene Buchstabe wurde durch Hinzuzählen zweier Buchstabensätze verändert, die die Maschine intern generierte. So konnten die Deutschen jede eingetippte Nachricht in einem Schlüsselraum mit grob $10^{19}$ Möglichkeiten verstecken. Bei der Einstellung der Codierungsräder mussten winzige mechanische Stifte – insgesamt 501 – nach einem spezifischen, regelmäßig veränderten Muster bewegt werden, das die deutschen Chiffrierer vorgaben. Die Deutschen waren überzeugt, dass der Lorenz-Code nicht zu knacken war. Dieses blinde Vertrauen zeigt sich nicht nur darin, dass man sogar Hitlers direkte Anweisungen an seine Generäle über diese Maschine laufen ließ: Zweimal wurden die Chiffriereinstellungen für den nächsten Monat mit der Lorenz-Maschine selbst verschickt.

Um eine codierte Nachricht der Lorenz-Maschine zu entschlüsseln, musste der deutsche Empfänger den erhaltenen Lochstreifen durch eine baugleiche Lorenz-Maschine mit genau der Startposition der Räder schicken, die für diesen Tag angeordnet worden war. Diese Startposition legte die Konfiguration der zwölf Räder fest, die sich dann wie bei einem entsprechend manipulierten einarmigen Banditen vermeintlich rein zufällig, tatsächlich aber vorprogrammiert bewegten. Die Startpositionen wurden zunächst jeden Monat verändert, im weiteren Verlauf des Krieges wöchentlich und schließlich jeden Tag.

Der Colossus diente dazu, die an jedem einzelnen Tag verwendete Startposition der Räder in den Lorenz-Maschinen zu entdecken. Aber um die Nachrichten selbst zu entschlüsseln, mussten die britischen Codeknacker außerdem einen Apparat konstruieren, der auf dieselbe Weise funktionierte wie die Lorenz-Maschine. Dieser »Tunny« (Thunfisch; alle Fernschreiber-Chiffriermaschinen erhielten bei den Briten »fischige« Spitznamen) wurde von Ingenieuren gebaut, die das Lorenz-Codiersystem untersuchten, ohne je ein deutsches Original zu Gesicht bekommen zu haben. Dass die Briten es schafften, quasi aus dem Nichts heraus den ersten wirklich einsatztauglichen Computer der Welt und darüber hinaus die »Tunny«-Maschine zu erschaffen, verdankten sie zum Teil einem raren Zusammenspiel von mathematischem und maschinenbaulichem Genie – und einer großen Prise Glück.

Die Fernschreiber-Überlandleitungen in den von den Nazis besetzten Territorien waren nahezu abhörsicher, aber manchmal wurden dieselben Nachrichten zugleich per Funk gesendet, wobei hohe Töne für die Einsen und tiefe Töne für die Nullen des Binärcodes standen. Gegen Ende des Krieges sollten die Briten und die Amerikaner ebenso wie die Résistance systematisch Überlandleitungen und Relaisstationen ins Visier nehmen, um ein Ausweichen auf den leichter abzufangenden Funkverkehr zu erzwingen.

Der erste Durchbruch zum Verständnis des Lorenz-Codes wurde am 30. August 1941 erzielt, als ein deutscher Operator den Auftrag erhielt, eine 3900 Zeichen lange Botschaft per Funkverkehr zu übermitteln. Er stellte seine Lorenz-Maschine korrekt ein und tippte den Text. Dann signalisierte der Empfänger, dass die Nachricht nicht zu ihm durchgedrungen sei, und bat um erneute Zustellung. An diesem Punkt wurde ein fataler Fehler gemacht: Beide Operatoren stellten ihre Lorenz-Maschinen auf dieselbe Startposition der Räder ein, und die Botschaft wurde – gegen jede Vernunft und Regel – mit derselben Einstellung ein zweites Mal übermittelt.

Bei der Eingabe unterliefen dem Operator kleine Tippfehler: Hier und da fügte er Leerzeichen oder Zeilenumbrüche ein oder verkürzte ein Wort. Daher konnte man nun zwei Textversionen vergleichen, bei denen die Buchstabenübertragung nicht völlig synchron verlaufen war.

Eine derartige, bei derselben Startposition der Räder wiederholte Nachricht, von den Codeknackern *in a depth of two* (etwa: zwei Ebenen tief) genannt, war ein Geschenk des Himmels. Beide Zeichenfolgen waren von der Horchstation Knockholt in Kent abgefangen und nach Bletchley Park weitergereicht worden, wo ein exzellenter Entschlüsseler sie genau untersuchte und dabei ihre Bedeutung sofort erkannte. Nachdem er und sein Team mehr als zwei Monate lang über beiden Fassungen des Textes gebrütet hatten, war der *pure key stream* extrahiert, wie Codeknacker sagen, also das Zerhackungsmuster, das die Lorenz-Maschine generiert hatte. Dazu mussten sie in einem langwierigen Prozess alle möglichen Konfigurationen der mutmaßlichen Stifte auf den Rädern der Maschine vergleichen. So erhielten sie erste Hinweise darauf, wie die Maschine aussehen musste, die den Code generiert hatte. Nun bedurfte es der Fähigkeiten eines zweiten Spezialisten, eines jungen, zum Mathematiker gewandelten Cambridge-Chemikers namens Bill Tutte, um daraus die Struktur der Lorenz-Maschine abzuleiten.

Anfang 1942 durchschauten die Codeknacker die Lorenz-Maschine gut genug, um sie nachzubauen. Blieb das Problem, die Startposition der Räder zu entdecken, die die deutschen Operatoren jeden Tag vor der Nachrichtenübermittlung einstellten – eine wahrhaft beängstigende Aufgabe. Eine nur für eine einzige Nachricht von einigen tausend Wörtern verwendete Startkonfiguration manuell zu ermitteln, hätte 50 oder mehr Dechiffrierer wohl zwei bis drei Monate beschäftigt. Da kam dem Leiter dieser Spezialisten in Bletchley, Max Newman, der Gedanke, dass es möglich sein müsste, diesen Teil des Entschlüsselungsvorgangs zu automatisieren.

Man versicherte sich der Hilfe der Physiker vom Forschungszentrum der Post in Dollis Hill, und innerhalb weniger Monate erdachten diese eine Reihe klobiger, »Heath Robinsons« genannter Maschinen, die zwei synchron eingelesene Lochstreifen verwendeten, um die Informationen zu verarbeiten. Diese Apparate waren die Vorläufer des Colossus. Aber es gab ständig Probleme mit der Synchronizität der Streifen, und sie funktionierten nicht zügig und effizient genug. Tommy Flowers, ein leitender Ingenieur der Post, glaubte entgegen der damals vorherrschenden Überzeugung, dass elektronische Geräte mit Hunderten von Vakuumröhren ohne Ausfallzeiten kontinuierlich betrieben werden könnten. Dieser Glaube versetzte ihn in die Lage, das Problem mit der Konstruktion eines Apparats zu lösen, der im Prinzip den ersten modernen Computer darstellte. Um die Ein-aus- oder Null-eins-Binärzustände zu realisieren, benötigte er etwa 1500 Röhren und weitere elektronische Bauteile. Damit war das Lochstreifenproblem aus der Welt. Flowers und sein Team bauten die erste Colossus-Maschine in nur elf Monaten, und wenige Stunden nach ihrer Installation in Bletchley Park nahm sie bereits ihre Arbeit auf. Die Lockerheit, mit der die beiden Institutionen, die britische Post und die riesige Dechiffrierabteilung in Bletchley, kooperierten, steht wiederum im krassen Kontrast zu den verschwenderischen Rivalitäten im Dritten Reich.

Die Leitung von Bletchley sah sich nicht imstande, für die Kosten aufzukommen, aber der Forschungsdirektor der Post hatte so viel Vertrauen in Flowers und seine Leute, dass er das Projekt aus seinem eigenen Budget finanzierte. Man sollte sich hin und wieder ins Gedächtnis rufen, dass der erste einsatzfähige elektronische Rechner (in dem allerdings nur ein fest implementiertes Programm ablief) eine Aufgabe bewältigte, die in ihrer Wichtigkeit keineswegs hinter den Aufgaben all der Millionen von Computern zurücksteht, die seither in Gebrauch genommen wurden.

Der Colossus generierte die *key streams* – also die Symbolabfolge auf den Rädern der Lorenz-Maschine – intern in seinen Schaltkreisen. Er las den Streifen mit der abgefangenen Nachricht mit einer Geschwindigkeit von 5000 Zeichen pro Sekunde ein, verglich den verschlüsselten Text mit diesen intern dargestellten *key streams* und fand dann aufgrund einiger sehr komplizierter Kreuzkorrelationen die Startpositionen der Räder für die jeweilige codierte Nachricht.

Vom Colossus bearbeitete Informationen bestätigten den Alliierten, dass Hitler das aufwändige Täuschungsmanöver, das sie in den Monaten vor dem D-Day unternommen hatten, geschluckt hatte. Dazu gehörte der Einsatz von »Phantomdivisionen« an der Süd- und Ostküste Englands, die aus Papppanzern und Landungsbootattrappen bestanden und den Deutschen den Eindruck vermitteln sollten, die Alliierten wollten im Pas de Calais landen. Auf eine Invasion an der Küste der Normandie waren die Deutschen daher nicht gefasst.

Der Colossus entschlüsselte auch Nachrichten, in denen Generalfeldmarschall Gerd von Rundstedt seinen Generälen nach dem D-Day befahl, die Panzerdivisionen in Belgien in Reserve zu halten, anstatt sie nach Süden zu schicken, dem Feind entgegen. Das gab den Alliierten die nötige Ruhe, ihre Invasion zu konsolidieren, ohne zur Abwehr eines groß angelegten Panzerangriffs Truppen verlegen zu müssen.

# Teil V
# Die nationalsozialistische Atombombe (1941–1945)

# 22. Kopenhagen

Am 15. September 1941, einem Sonntag, reiste Werner Heisenberg von Berlin ins besetzte Dänemark. Offiziell sollte er an einem deutschen Propagandainstitut in Kopenhagen an einer Vortragsreihe über Astrophysik teilnehmen, aber er war offensichtlich darauf aus, seinen alten Mentor und Kollegen Niels Bohr zu treffen.

Der Krieg lief gut für Deutschland. Polen, Frankreich und die Niederlande waren besiegt, und die Wehrmacht legte Schneisen der Zerstörung durch die Truppen und Territorien Russlands. Es hatte den Anschein, als sei die deutsche Hegemonie in Europa ein Fait accompli. Nichts schien Hitlers Armeen in Russland aufhalten zu können, und die Vereinigten Staaten machten keine Anstalten, sich in den Krieg einzumischen. Großbritannien erwog möglicherweise sogar ein Abkommen mit Deutschland, wodurch der Konflikt in Europa im Handumdrehen beendet worden wäre.

Im September 1941 könnte Heisenberg durchaus davon ausgegangen sein, dass der Krieg nicht mehr lange dauern würde, dass Deutschland der Sieg sicher war und dass die deutsche Atomphysik mit den Entwicklungen in Großbritannien und Amerika zumindest gleichauf war, wenn man nicht sogar einen Vorsprung hatte. Angesichts der vielen ungelösten Schwierigkeiten und Unwägbarkeiten war Heisenberg womöglich davon überzeugt, dass jede zivile oder waffentechnische Nutzung der Atomkraft erst lange nach Kriegsende einsetzen würde. 1941 hatte sich in Deutschland noch kein Verfahren zur Trennung der Isotopen in natürlichem Uran praktisch bewährt, aber selbst wenn man in naher Zukunft einen Weg gefunden hätte, wäre man auch unter Einsatz immenser industrieller Ressourcen allenfalls in der Lage gewesen, nur winzige Mengen des U-235 zu produzieren. Tatsächlich hatte Niels Bohr selbst 1939 davon gesprochen, dass man die gesamten Vereinigten Staaten in eine Fabrik hätte umwandeln müssen, um genügend dieses spaltbaren »angereicherten Urans« zu erhalten.

Da Heisenberg keine klare Vorstellung von der kritischen Masse hatte (die Wissenschaftler gingen, soweit er wusste, noch immer von etlichen Tonnen aus), hielt er eine U-235-Bombe aufgrund des indiskutablen Ressourcen- und Geldaufwands zum Gewinn der erforderlichen Menge in der überblickbaren Zukunft für nicht machbar. Er wusste aber, dass man mit Plutonium, einem Reaktor-»Abfallprodukt«, womöglich eine Bombe bauen konnte, auch wenn es da noch viele gravierende technische Probleme zu lösen galt. Noch hatte niemand einen solchen Reaktor in Betrieb genommen, und es stand auch nirgends ein entsprechendes Bauprojekt kurz vor der Vollendung. Und selbst wenn Plutonium verfügbar gewesen wäre, hätten die deutschen Atomwissenschaftler nicht recht gewusst, wie man daraus eine Bombe macht.

Man muss Heisenbergs Wissensstand in Sachen Physik der Atombombe kennen, um wirklich nachvollziehen zu können, was er und sein Gesprächspartner Bohr in Kopenhagen sagten – oder zumindest angeblich sagten. Später sollten ihre unterschiedlichen Erinnerungen an diese Unterhaltungen für den Seelenfrieden zumindest eines der beiden Beteiligten – Niels Bohr – von entscheidender Bedeutung sein.

Wann und wo genau diese Gespräche über Atomphysik stattfanden, ist umstritten. Aber ein bis jetzt unveröffentlichter Brief Heisenbergs scheint etwas mehr Licht in die Sache zu bringen.[1]

Heisenberg schrieb während seines Aufenthalts in Kopenhagen in jener dritten Septemberwoche einen dreiteiligen Brief an seine Frau: Der erste Teil stammt vom Dienstag, der zweite vom Donnerstagabend und der letzte vom Samstag, vor seiner Abfahrt. Er teilte seiner Frau mit, dass er am Montag nach seiner Ankunft in Kopenhagen bei klarem und sternenreichem Nachthimmel zügig die Stadt durchquert habe, um vom Bahnhof zu Bohrs Haus zu gelangen.[2] Er schrieb, dass die Diskussion rasch auf menschliche Angelegenheiten und die unglücklichen Zeitumstände gekommen sei; später habe er lange nur mit Bohr zusammengesessen. Erst nach

Mitternacht habe Bohr ihn auf dem Weg zur Straßenbahn begleitet.

Zwei Tage später, am Mittwoch, besuchte er die Bohrs erneut zu Hause. Er berichtete seiner Frau, dass eine junge Engländerin zugegen war, die sich taktvoll zurückzog, als er sich gezwungen sah, »unser System« zu verteidigen. Es ist wahrscheinlich, dass die berühmte Diskussion, über die sie später uneins waren, am späteren Abend dieses Tages stattfand, als sie das Haus verließen, um erneut zur Straßenbahnhaltestelle oder zu Heisenbergs Hotel zu spazieren. Abgesehen von den Begegnungen in Niels Bohrs Institut gab es, wie wir dank des nun aufgetauchten Briefs wissen, am Samstag noch eine dritte Einladung, bei der zwischen den beiden Männern keine Unstimmigkeit zu herrschen schien. Bohr las etwas vor, und Heisenberg spielte Mozarts *Klaviersonate in A-Dur*, diejenige, die mit dem Türkischen Marsch endet. Ich werde später auf die Bedeutung dieses letzten, offenbar einvernehmlichen Treffens zurückkommen.

Heisenberg und sein jüngerer Kollege von Weizsäcker hatten diese Reise nach Kopenhagen unternommen, weil ein früherer Besuch von Weizsäckers im März 1941 nach Ansicht der Nazi-Propagandisten recht erfolgreich verlaufen war. Damals hatte von Weizsäcker vor der Dänischen Physikalischen und Astronomischen Gesellschaft einen Vortrag über ein Thema gehalten, das mit dem politischen Konflikt und dem Blutbad, das Hitler in Europa anrichtete, herzlich wenig zu tun hatte, nämlich über die Frage, ob das Weltall zeitlich und räumlich unendlich ist. Damit sollten offensichtlich bei den dänischen Intellektuellen und Naturwissenschaftlern, insbesondere bei den Forschern aus Niels Bohrs berühmtem Institut, Sympathien gewonnen werden. Im März hatte von Weizsäcker auch eine Einladung angenommen, über »Das Verhältnis der Quantenmechanik zur Philosophie Kants« zu sprechen. Nach einigem Hin und Her zwischen von Weizsäcker und dem Reichserziehungsminister erlaubte die Parteikanzlei auch Heisenberg, nach Kopenhagen zu reisen, vorausgesetzt, er verhalte sich unauffällig.[3]

Heisenberg wurde von den dänischen Wissenschaftlern kühl empfangen. Als er am Freitag kam, um seinen angekündigten Vortrag über kosmische Strahlung zu halten, erschienen nur einige wenige in Kopenhagen lebende Deutsche, die zudem erst in letzter Minute auftauchten. Die Wissenschaftler aus Bohrs Institut boykottierten die Veranstaltung. Einmal begleitete von Weizsäcker jedoch den Leiter des Deutschen Wissenschaftlichen Instituts in Bohrs Institut, wo er seinen Symposiumsvortrag über stellare Fusion wiederholen sollte. Bei dieser Gelegenheit versuchte er den dänischen Berichten zufolge, eine Begegnung zwischen dem Leiter des Deutschen Wissenschaftlichen Instituts und dem unwilligen Bohr zu erzwingen.[4] Bohr gab sich natürlich große Mühe, alles zu vermeiden, was als Verbrüderung mit den Deutschen hätte ausgelegt werden können.

Bohrs Assistent Stefan Rozental hat zu Protokoll gegeben, dass Heisenberg mehrmals in dieser Woche in Bohrs Institut zu Mittag aß und seine Gastgeber durch die Äußerung in Verlegenheit brachte, es sei wichtig, dass Deutschland den Krieg gewinne. Laut einigen dänischen Wissenschaftlern machte Heisenberg auch Anstoß erregende Bemerkungen, die darauf hinausliefen, dass der Krieg eine »biologische Notwendigkeit« sei. Bohr erinnerte sich in späteren Jahren, dass Heisenberg Hitlers Sieg als unausweichlich und jeden Zweifel daran als unklug bezeichnet hatte.[5] Bohr war offenbar erbost über Heisenbergs Kommentare, aber wie wir gesehen haben, traf er Heisenberg mehr als einmal privat, und zumindest bei ihren Spaziergängen hatten sie Gelegenheit, ganz offen miteinander zu reden. Keines ihrer Gespräche ist schriftlich festgehalten worden, aber es gibt einen anekdotischen Bericht ungewisser Herkunft und folglich zweifelhafter Verlässlichkeit, nach dem Heisenberg die Skizze eines Atomreaktors – oder vielleicht einer Atombombe – auf ein Stück Papier zeichnete, das er Bohr überließ.

Heisenberg beharrte später darauf, dass ihr entscheidendes Gespräch im Freien stattgefunden hatte;[6] Bohr glaubte, dass es in seinem Arbeitszimmer war.[7] Wie auch immer: Der Austausch nahm gleich einen unglücklichen Anfang, bei dem es um Deutschlands Überfall auf Polen ging. Bohr hielt die Invasion für unverzeihlich, während Heisenberg Deutschland den weniger zerstörerischen Einmarsch in Frankreich positiv anrechnen wollte. Heisenberg ergänzte, dass er Deutschlands bevorstehenden Sieg über Russland für eine gute Sache hielt. Dann wechselte er das Thema und schlug

Bohr vor, mit der deutschen Obrigkeit in Dänemark Kontakt aufzunehmen, um sich für den Fall, dass die Nazi-Besetzung Skandinaviens eine hässliche Wendung nehmen sollte, Protektion zu sichern: Bohr war zum Teil jüdischer Abstammung.

An diesem Punkt wechselte er seinem eigenen Bericht zufolge erneut das Thema und fragte Bohr, ob er es für akzeptabel hielte, wenn Wissenschaftler in Kriegszeiten Uranforschung betrieben. Darauf Bohr: »Ja, glaubst du, dass man die Uranspaltung zur Konstruktion von Waffen ausnützen kann?«[8]

Heisenbergs Erinnerungen an seine Antwort auf diese Frage variierten im Lauf der Jahre. Gleich bleibend meinte er, dass er Bohr von seinem Wissen über einen Zusammenhang zwischen der Urankernspaltung und einer Bombe erzählt hatte, was wirklich nichts Neues war, da alle Welt diese Mutmaßung zwei Jahre zuvor in der *New York Times* hatte nachlesen können. Später berichtete er, er habe Bohr darüber unterrichtet, dass er in der Kernwaffenforschung tätig war, aber 1957 schrieb er an Robert Jungk, den Autor von *Heller als tausend Sonnen*, er habe Bohr gesagt: »Ich weiß, dass dies im Prinzip möglich ist, aber es würde wohl ein ungeheuer großer technischer Aufwand dazu gehören, von dem man hoffen kann, dass er in diesem Kriege nicht mehr geleistet werden wird.«[9] Nichtsdestoweniger erinnert sich Heisenberg in seinen Memoiren *Der Teil und das Ganze*, dass Bohr »nach meinen ersten Andeutungen über die grundsätzliche Möglichkeit, Atombomben zu bauen, so erschrocken« war, »dass er den mir wichtigsten Teil meiner Information, dass nämlich dazu ein ganz enormer technischer Aufwand nötig sei, nicht mehr aufnahm«.[10] Heisenberg führt auch aus, dass ihm so sehr an diesem Punkt gelegen war, weil »diese tatsächliche Situation den Physikern bis zu einem gewissen Grad die Möglichkeit gab zu entscheiden, ob der Bau von Atombomben versucht werden solle oder nicht«. Es stand in der Macht der Wissenschaftler, so meint Heisenberg Bohr erläutert zu haben, ihren Regierungen gegenüber zu argumentieren, »dass die Atombomben wahrscheinlich im Lauf des Krieges nicht mehr ins Spiel kommen würden«, oder aber zu verdeutlichen, »dass es mithilfe ganz ungeheurer Anstrengungen vielleicht doch noch möglich sein werde, sie ins Spiel zu bringen«. Schließlich legte Heisenberg, seinem Brief an Jungk zufolge, die

Karten auf den Tisch: »Ich fragte dann Bohr noch einmal, ob es wegen der offensichtlichen moralischen Bedenken nicht möglich wäre, dass alle Physiker sich untereinander darauf verständigen, dass man die Arbeit an Atombomben nicht einmal ansatzweise versuchen sollte, die sowieso nur mit ungeheuren Kosten hergestellt werden könnten.«[11]

Bohr empörte sich laut Heisenberg über diese Anregung. Heisenberg interpretierte Bohrs Reaktion fast ein Vierteljahrhundert später in einem Interview mit David Irving, dem umstrittenen Historiker und Autor des Buches *Der Traum von der deutschen Atombombe.* Heisenberg erzählte Irving, dass die Vorstellung, die Physiker könnten sich untereinander absprechen, die Atombombe nicht zu bauen, Bohr eine »furchtbar unbillige« und »fast pro-hitlerische Formulierung« zu sein schien. Heisenberg sagte, er könne Bohrs Standpunkt nachvollziehen: »Hitler hat diese guten Leute nach Amerika vertrieben, und dann kann er sich nicht darüber wundern, dass die Atombomben machen.« Er fuhr jedoch fort, Irving zu erläutern, »wenn man Atombomben macht, richtet man ja eine fürchterliche Veränderung auf der Welt an. Wer weiß, was dann daraus passiert. Ich hatte einfach vor allem Angst, auch vor dieser Möglichkeit.«[12]

## Bohrs unveröffentlichte Briefe

Die Figur der Margarethe, Bohrs Frau in Michael Frayns Theaterstück *Kopenhagen*, fragt zu Beginn: »Warum ist er [Heisenberg] nach Kopenhagen gekommen?«[13] Der Historiker Paul Lawrence Rose, der strengste heutige Kritiker Heisenbergs, glaubt, dass Heisenberg nach Kopenhagen reiste, um seinen alten Mentor zur Teilnahme am Atomforschungsprogramm der Nazis zu überreden. 1941 deutete, wie oben erwähnt, alles auf Hitler als siegreichen Eroberer Europas und des Ostens hin. Daher regte sich Bohr nach Roses Überzeugung nicht etwa auf, weil er fürchtete, die deutsche Atombombe stehe kurz bevor, sondern es überwog »die Entrüstung darüber, dass Heisenberg schon auf eine Kernforschung in der bevorstehenden *Pax Nazica* hin plante«.[14] Thomas Powers andererseits, der

Autor von *Heisenbergs Krieg*, beharrt darauf, dass Heisenberg den Alliierten auf diese Weise laut und vernehmlich mitteilen wollte, dass die Deutschen an einer Bombe interessiert seien. In Powers' Augen hatte Heisenberg das einzig Erwähnenswerte über das deutsche Bombenprojekt verraten: dass es existierte. Heisenberg klärte Bohr und damit die Alliierten über die Ausrichtung der deutschen Forschung auf; so gesehen, wäre er so etwas wie ein Held gewesen.

Neue Indizien aus dem Niels-Bohr-Archiv in Kopenhagen deuten jedoch eher darauf hin, dass sich – zumindest nach Bohrs Überzeugung – zwischen den beiden etwas ganz anderes abgespielt hat, was ihm in späteren Jahren schwere Gewissensbisse verursachte.

Während und nach dem Krieg fühlten sich einige der führenden Atomwissenschaftler der alliierten Länder durch ihre Arbeit verunsichert und suchten nach einer Rechtfertigung für ihre Forschung. Wir haben gesehen, wie zum Beispiel Otto Frisch schrieb, er beruhige sein Gewissen mit der Überlegung, dass die Deutschen andernfalls womöglich als Erste eine Atombombe hätten. Wir wissen, dass der Pazifist Einstein Roosevelt riet, angemessene Schritte einzuleiten, da die Deutschen vermutlich ihre Physiker auf die Atomforschung ansetzen würden. Später werden wir noch sehen, dass der Physiker Joseph Rotblat seine Stelle im amerikanischen Bombenlaboratorium von Los Alamos sofort kündigte, als er erkannte, dass die Deutschen meilenweit vom Besitz dieser Waffe entfernt waren. Mit anderen Worten, eine nennenswerte Zahl von Wissenschaftlern, von Leo Szilard bis Joseph Rotblat, rechtfertigte die Bombe vor sich selbst durch die Überzeugung, dass die Deutschen durchaus schon weiter sein könnten. Sie bekämpften ihre moralischen Skrupel, indem sie sich ausmalten, was geschehen würde, wenn Hitler ihnen zuvorkäme und die Welt in die Kapitulation zwingen könnte.

Was haben diese Erwägungen mit Bohr zu tun? Bohr, dieser äußerst kultivierte, internationalistische Wissenschaftler, hoch empfindlich für politische und moralische Zwischentöne, war eindeutig tief betroffen. Aber erst die Freigabe einer Reihe von Dokumenten aus dem Niels-Bohr-Archiv im Jahr 2002 hat uns in die Lage versetzt, seine Gedanken genau nachzuvollziehen.

In der lange anhaltenden Auseinandersetzung über das Kopenhagener Treffen wurde oft auf den Entwurf eines nie abgeschickten

Briefs von Bohr an Heisenberg Bezug genommen, der Bohrs Standpunkt beleuchten könnte. Die freigegebenen Dokumente bestehen aus insgesamt elf Briefen, von denen keiner versandt wurde. Die interessantesten Stellen drehen sich um Bohrs erbitterte Einwände gegen den Brief, den Heisenberg an Jungk geschickt hatte und dessen Übersetzung 1957 in der englischen Ausgabe von *Heller als tausend Sonnen* veröffentlicht wurde. Von großem Interesse sind dabei Bohrs Wiederholungen sowie zunehmende Akzentuierungen und Auslassungen, die zeigen, wie sehr die Eindrücke, die er aus seinem Gespräch mit Heisenberg gewonnen hatte, und die späten Auswirkungen dieser Eindrücke auf seinem Gewissen lasteten.

Heisenberg hatte, seinem Brief an Jungk zufolge, zu Bohr gesagt: »... wäre [die Herstellung von Atombomben] aber leicht möglich gewesen, so hätten die Physiker sicher die Produktion nicht verhindern können. Die tatsächlich vorhandene Situation aber räumte den Physikern um diese Zeit einen entscheidenden Einfluss auf das weitere Geschehen ein, da sie ihren Regierungen gegenüber gut argumentieren konnten, dass die Atombomben wahrscheinlich im Laufe des Krieges nicht mehr ins Spiel kommen würden ...«

Er erklärte Jungk, er habe außerdem gesagt, dass die Konstruktion von Atomwaffen »im Prinzip möglich ist, aber es würde wohl ein ungeheuer großer technischer Aufwand dazu gehören, von dem man hoffen kann, dass er in diesem Kriege nicht mehr geleistet werden wird«.[15]

Aber in seinen nie abgeschickten Entwürfen einer Richtigstellung brachte Bohr mit kleinen, aber entscheidenden Unterschieden in der Schwerpunktsetzung immer wieder seine Überzeugung zum Ausdruck, dass Heisenberg ihm mit keinem Wort zu verstehen gegeben habe, dass Deutschlands Nuklearprogramm im Rückstand sei; vielmehr habe er es als mit voller Kraft voranspurtend beschrieben.

In seinem ersten Entwurf räumte Bohr jedoch ein, dass sich Heisenberg nur »vage« über dieses Thema geäußert habe. Der genaue Wortlaut:

»Ich erinnere mich auch recht deutlich ... In vagen Worten hast du dich so ausgedrückt, dass ich zu dem unbedingten Eindruck gelangen musste, dass in Deutschland unter deiner Leitung alles dafür getan wurde, atomare Waffen zu entwickeln, und dass du sagtest, es sei nicht notwendig, über die Details zu sprechen, da du mit ihnen vollständig vertraut wärst und die letzten beiden Jahre mehr oder weniger ausschließlich an solchen Vorbereitungen gearbeitet hättest.«[16]

Im nächsten Entwurf ist jedoch nicht mehr von einer »vagen« Ausdrucksweise Heisenbergs die Rede, und Bohr verschärft seinen »Eindruck« zu einer Gewissheit, sodass für Unbestimmtheiten oder auch nur Missverständnisse kein Raum bleibt:

»Ich erinnere mich ziemlich genau an den Verlauf dieser Gespräche…, als du mich ohne Vorbereitung plötzlich darüber informiert hast, dass der Krieg, wenn er nur lang genug andauern werde, deiner Überzeugung nach durch atomare Waffen entschieden würde, und ich spürte nicht den leisesten Hinweis darauf, dass deine und deiner Freunde Bemühungen in eine andere Richtung gingen.«[17]

In einem weiteren Entwurf, der mit »Mitteilung an Heisenberg« überschrieben ist, erwähnt er dann die Implikationen dieses starken Eindrucks. In Bezug auf seine Flucht nach Schweden und dann nach England im Herbst 1943 erklärt er:

»Die Frage, wie weit Deutschland gekommen war, war natürlich sowohl für Physiker als auch für Regierungsbehörden von höchster Bedeutung. Ich hatte Gelegenheit, diese Frage sowohl mit dem englischen Nachrichtendienst als auch mit Mitgliedern der englischen Regierung eingehend durchzusprechen, und ich berichtete ihnen natürlich von all unseren Erfahrungen, einschließlich des Eindrucks, den ich…während deines Besuchs in Kopenhagen gewonnen hatte…«[18]

Er erwähnt auch, dass er 1943 »zum ersten Mal von dem damals bereits weit fortgeschrittenen amerikanisch-englischen Atomprojekt« erfuhr.

In einem wieder anderen Entwurf wiederholt Bohr den »sehr starken Eindruck auf mich« und erklärt auch: »Du hast, vielleicht weil ich [am fortgeschrittenen Stadium der deutschen Atomwaffenforschung] zu zweifeln schien, hinzugefügt, ich müsse begreifen, dass du dich in den vergangenen Jahren fast ausschließlich mit dieser Frage beschäftigt hattest und keinen Zweifel hegtest, dass es vollbracht werden könne.«[19]

In einem noch späteren Entwurf erklärt er jedoch zum ersten Mal: »Wie auch immer, die Diskussionen [also das, was Bohr 1943 den Alliierten über den Stand der deutschen Atomphysik berichtete] hatten keinen entscheidenden Einfluss in die eine oder andere Richtung, da damals bereits ziemlich deutlich war, dass ein so großes Unterfangen in Deutschland unmöglich vor dem Ende des Krieges hätte ausgeführt werden können.«[20]

Hier betont er also erstmals, dass seine Auskunft über seinen starken Eindruck, das deutsche Atomprogramm sei weit fortgeschritten, die Pläne der Alliierten nicht spürbar beeinflussen konnte, da sie laut Bohr wussten, dass die Deutschen weit abgeschlagen waren.

Die Bedeutung von Bohrs Entwürfen liegt meines Erachtens in seiner Besorgnis, er könnte durch das, was er den Briten und Amerikanern 1943 über das deutsche Uranprojekt berichtete, dem alliierten Atombombenprogramm unnötig weiteren wissenschaftlichen und politischen Impetus verliehen haben. Zwischen den Zeilen liest man die Seelenqualen heraus, die ihm die (zweifellos in Heisenbergs Brief an Jungk enthaltene und so aller Welt bekannt gewordene) Unterstellung, Heisenbergs Worte missverstanden und dadurch womöglich die Alliierten angespornt zu haben, bereitet haben muss.

Das fragwürdigste Element in den letzten Entwürfen ist seine Behauptung, die alliierten Nachrichtendienste hätten im Herbst 1943 bereits gewusst, dass Deutschland bei der Erforschung und Entwicklung einer Atombombe keine Fortschritte erzielt habe und vor Kriegsende bestimmt keine bauen könne. Gewissheit über das Scheitern des deutschen Projekts erhielten die Alliierten erst im Dezember 1944, als das Sabotageteam Alsos (s. S. 381 ff.) in Straßburg eintraf. Und im Herbst 1943 konnte auch niemand wissen, wie lange der Krieg noch dauern würde.

Zusammenfassend besagen die Bohr-Entwürfe meines Erachtens, dass der dänische Wissenschaftler aufgrund von Heisenbergs »vagen« Worten den Eindruck gewonnen hatte, Deutschland arbeite an einer Atombombe. Wie wir gesehen haben, hat ihn diese Information damals, 1941, nicht sonderlich aufgeregt, sonst hätte er wohl kaum am Samstag einen letzten Nachmittag mit Heisenberg verbracht, dabei etwas vorgelesen und dem Klavierspiel des Kollegen gelauscht. Erst im Rückblick, nach dem Krieg, nach Hiroshima und Nagasaki, hatte er gute Gründe, über ethische und politische Fragen im Zusammenhang mit der Atombombe nachzugrübeln – umso mehr, da sich die deutsche Atombombe als Hirngespinst erwies. Die Wiederholungen und die sich häufenden Unschuldsbeteuerungen in den Entwürfen zeugen von schlechtem Gewissen. Zwischen den Zeilen scheint er sich gefragt zu haben, ob sein Eindruck von Heisenbergs Botschaft, den er 1943 den Alliierten übermittelt hatte, die Entschlossenheit bestärkt haben könnte, mit der die Alliierten ihr Atomwaffenforschungs- und -entwicklungsprogramm vorangetrieben hatten.

Heisenbergs Reise nach Kopenhagen und seine Gespräche mit Bohr haben kontroverse, langwierige Debatten darüber ausgelöst, ob Hitlers Wissenschaftler imstande und bereit waren, Atombomben zu bauen. Der Wissenschaftshistoriker Mark Walker schreibt:

»Auf solche ›Was-wäre-gewesen-wenn‹-Fragen gibt es naturgemäß keine zuverlässige Antwort, und vielleicht hat man deshalb einem einzigen Symbol für den Mythos der deutschen Bombe eine so ungewöhnlich große und nicht recht einleuchtende Bedeutung zugeschrieben: Heisenbergs legendärer Unterredung mit seinem dänischen Kollegen, Freund und Mentor Niels Bohr im Herbst 1941 in dem von den Deutschen besetzten Kopenhagen.«[21]

Walker hat im Großen und Ganzen Recht, meine ich, denn die Debatte dreht sich über weite Strecken um die unbekannten und grundsätzlich nicht aufzuklärenden Absichten und Gewissensnöte dieser beiden Männer. Andererseits liegt die tiefere Bedeutung solcher Auseinandersetzungen mindestens so sehr in Reflexionen darüber, auf welche Weise sich die alliierten und deutschen Wissenschaftler hätten verhalten *sollen*, wie in Feststellungen darüber, wie sie sich tatsächlich verhalten *haben*. Ich habe den Eindruck, dass man bei dem Kopenhagener Treffen dank der Bohr-Briefe künftig nicht mehr nur an das Gewissen Heisenbergs, sondern auch an die besorgten Überlegungen Bohrs denken wird, einem der anständigsten Wissenschaftler auf Erden, der uns – anders als Heisenberg – Hinweise auf seine innerste Gedankenwelt hinterlassen hat. (Diese Asymmetrie kann natürlich verschwinden, wenn und sobald die Heisenberg-Erben seine unveröffentlichte Korrespondenz freigeben.)

Das ständige Entwerfen und Umformulieren, welches so wirkt, als habe er jede Unsicherheit ausradieren wollen, zeigt, wie wenig Bohr anzunehmen bereit war, dass er Heisenberg missverstanden und dadurch die Erschaffung der Atombombe beschleunigt haben könnte.

Das lässt jedoch noch kein endgültiges Urteil über Heisenberg zu. Dänemark war nicht das einzige Land, das Heisenberg 1941 im besetzten Europa bereiste: Er war, wie wir sehen werden, auch in Holland und Polen, und sein dortiges Wirken weckt viele Zweifel an seinen Motiven und seiner moralischen Integrität.

Als der Krieg zu Ende ging, wurden Heisenberg und die wichtigsten deutschen Physiker, die am Nuklearforschungsprogramm der Nazis beteiligt gewesen waren, in England in einem Haus außerhalb von Cambridge festgehalten. Die Zimmer waren verwanzt, und ihre aufgezeichneten Gespräche sind inzwischen zur Untersuchung freigegeben. Im Licht der späteren Ereignisse werden wir die Frage nach Heisenbergs Charakter und Handeln erneut aufwerfen: die Frage, ob er ein Held, ein Verbrecher oder ein Mitläufer war.

# 23. Speer und Heisenberg

Im Dezember 1941, drei Monate nach Heisenbergs Rückkehr aus Kopenhagen, eröffnete der Leiter der Berliner Forschungsabteilung des Heereswaffenamts, Erich Schumann, den deutschen Uranwissenschaftlern, dass ihre Arbeit kontinuierlich unterstützt würde, »wenn Gewissheit besteht, in absehbarer Zeit eine Anwendung zu erreichen«.[1] Die Wissenschaftler verpflichteten sich, einen Bericht über den Stand und die Zukunftsperspektive ihrer Forschung zu schreiben, und für den Februar 1942 wurde ein Überprüfungstermin vereinbart.

In dem fertigen Bericht hieß es: »Auf jeden Fall sollte nach dem derzeitigen Stand schon die technische Ausgestaltung und Ausnutzung des Energieproblems vorbereitet werden. Die ungeheure Bedeutung, die sich für die Energiewirtschaft im Allgemeinen und für die Wehrmacht im Besonderen ergibt, rechtfertigt solche Vorausarbeiten umso mehr, als auch in den Feindstaaten – vor allem in Amerika – intensiv an dem Problem gearbeitet wird.«[2]

Voraussetzung für die Erschaffung einer deutschen Atombombe war diesem Dokument zufolge entweder eine Isotopentrennungstechnik oder die Plutoniumproduktion in einem funktionierenden Reaktor, die wiederum von der Beschaffung der nötigen Materialien abhing.

An dieser Stelle schlug das deutsche Programm einen völlig anderen Weg ein als das alliierte Atombombenprojekt. Der Durchbruch, den Frisch und Peierls in Großbritannien erzielt hatten, verdankte sich der Erkenntnis, dass es einen Zusammenhang zwischen den schnellen Neutronen und der Reaktionsgeschwindigkeit im U-235 gab: Erst durch diese Frisch-Peierls-Initiative beschleunigten die Amerikaner das Tempo, auch wenn die fertige Bombe immer noch vier Jahre und 500 Millionen Pfund oder zwei Milliarden Dollar entfernt war. In Deutschland hingegen kam einfach niemand hinter den Zusammenhang, den Frisch und Peierls entdeckt hatten.

Unbeeindruckt von den Fortschritten der Wissenschaftler, reagierte das Heereswaffenamt mit einer Beschneidung ihres Etats und der Entlassung des Kaiser-Wilhelm-Instituts für Physik in seinen früheren Status, sodass es wieder von der Muttergesellschaft finanziert wurde. Im April 1942 lag die Verwaltung des Uranprojekts wieder in den Händen von Abraham Esau, dem Leiter der Fachsparte Physik im Reichsforschungsrat des Erziehungsministeriums. Zuvor, zwischen dem 26. und dem 28. Februar 1942, hatten in Berlin zwei Besprechungen über die Nuklearforschung stattgefunden; bei einer der Sitzungen, an der auch der oberste Wissenschafts- und Erziehungsbeamte Bernhard Rust teilgenommen hatte, hatte Heisenberg eine Schrift mit dem Titel *Die theoretischen Grundlagen für die Energiegewinnung aus der Uranspaltung* eingereicht.

Heisenberg lieferte eine ziemlich leicht verständliche Beschreibung der Kernspaltung und eine positive Einschätzung ihres Waffenpotenzials ab. Nach David Irvings Darstellung erklärte er den Versammelten:

»Wenn man also nur eine so große Menge von Uran 235 anhäuft, dass der Neutronenverlust durch die Oberfläche kleiner bleibt gegen die Vermehrung im Innern, so wird sich die Neutronenzahl in kürzester Zeit ungeheuer vermehren, und die ganze Spaltungsenergie von 15 Billionen Kalorien pro Tonne wird in einem kleinen Bruchteil einer Sekunde frei. Das reine Uranisotop 235 stellt also zweifellos einen Sprengstoff von ganz unvorstellbarer Wirkung dar.«[3]

Er erwähnte auch die nötigen Schritte zur Entwicklung einer Plutoniumbombe. Er sagte, durch die Umwandlung des Urans im Meiler werde »ein neues Element geschaffen – Ordnungszahl 94 –, das aller Wahrscheinlichkeit nach ebenso explosiv sei wie reines Uran 235 und die gleiche gewaltige Kraft entwickle«.[4]

Angesichts der vielen Unwägbarkeiten, darunter die bereits angesprochene Frage der kritischen Masse, war das eine seltsame Einschätzung, die offenbar darauf abzielte, Interesse und hohe Erwartungen zu wecken. Wollte Heisenberg damit die nötigen Ressourcen für den Bau einer Bombe loseisen? Als Albert Speer im Juni desselben Jahres nahezu unbegrenzte Mittel in Aussicht stellte, wies Heisenberg das Angebot jedoch zurück. Womöglich versuchte er nur, sich lieb Kind zu machen, um eine Zentralgestalt der Atomphysik zu bleiben, aber das war eine riskante Taktik, da die deutsche Armee zu diesem Zeitpunkt in Russland schon ziemlich schlecht dastand und Amerika mit seiner überragenden Wirtschaftsmacht in den Krieg eingetreten war.

Während sich Heisenberg – erfolgreich – um größere Verantwortung für das Atomphysikprogramm bemühte, übernahm er zugleich eine Reihe fachfremder Verpflichtungen und Aktivitäten. Er konnte sich kaum auf die Aufgabe konzentrieren, die all seine Energie erfordert hätte.

Im Dezember 1941 war er 40 geworden, und im Lauf des Jahres 1942 scheint er sich immer weiter von der aufwändigen experimentellen Forschung ab- und philosophischen Spekulationen zugewandt zu haben. In diesem Jahr fand er die Zeit, eine Reihe von Vorträgen und Aufsätzen, in denen es um die Hilflosigkeit des Individuums angesichts nationaler und internationaler Verwicklungen und Kämpfe ging, zu einem langen Manuskript zusammenzufassen. »Der Einzelne kann nichts dazu tun«, schrieb er, »als sich innerlich bereitmachen für die Veränderungen, die ohne sein Zutun geschehen.«[5] Er plädierte dafür, anderen zu helfen, auch wenn er meinte, man könne kaum mehr erreichen, als sich mit seinem Schicksal auszusöhnen. Der Einzelne wird von der Verantwortung für äußere Ereignisse freigesprochen:

»Uns bleibt zunächst nichts als das Zurückwenden zum Einfachen: Wir wollen die Pflichten und Aufgaben, die uns das Leben selbst stellt, gewissenhaft erfüllen, ohne viel nach dem Woher und Wohin zu fragen; wir sollen das, was uns noch schön dünkt, an die nächste Generation weitergeben, Zerstörtes aufbauen und den anderen Menschen, über den Lärm und die Leidenschaften hinweg, Vertrauen schenken.«[6]

Am 7. Februar 1942, drei Wochen bevor Heisenberg seinen optimistischen Vortrag über die Möglichkeiten von Atomwaffen hielt, besuchte Albert Speer das östliche Führerhauptquartier Wolfsschanze, wo Hitler nun persönlich als Oberbefehlshaber den Krieg an der russischen Front lenkte.

Fritz Todt, der Minister für Bewaffnung und Munition, sprach bereits hinter verschlossenen Türen mit Hitler, als Speer eintraf. Man hörte Gebrüll aus dem Zimmer, und schließlich tauchte der Minister, wie Speer in seiner Autobiografie schreibt, »angestrengt und übermüdet aus einer langen und – wie es schien – schwierigen Besprechung« auf.[7] Seit Monaten hatte es Spannungen zwischen Hitler und Todt gegeben. Nach Todts Einschätzung der Wirtschaftslage, der Munitionsvorräte, der Truppenstärke und -ausrüstung war der Krieg nicht mehr zu gewinnen. Deutschlands einzige Chance bestand seiner Ansicht nach darin, eine politische Lösung anzustreben. Hitler hingegen glaubte weiterhin, der Sieg sei keine Frage der Waffen, sondern des Willens.[8]

Speer und Todt unterhielten sich eine Weile, und der Minister bot dem Architekten einen Platz in dem Flugzeug an, das ihn früh am nächsten Morgen nach Berlin bringen sollte. Speer nahm die Einladung an. Hitler ließ Speer erst um ein Uhr morgens zu sich rufen. Der Führer wirkte auf Speer müde und gedankenverloren. Er blieb niedergeschlagen, bis das Gespräch auf seine Lieblingsbauvorhaben kam. Bis drei Uhr saßen die beiden Männer zusammen und redeten über diese Architekturträume.

Aufgrund der späten Stunde änderte Speer seine Meinung: Er wollte ausschlafen, statt mit Todt zu fliegen. Todt, der einzige Passagier, starb bei der Explosion seiner Maschine während des Startmanövers. Die anschließende Untersuchung ergab zwar keine Hinweise auf Sabotage, aber die Umstände weckten, wie Speer schreibt, durchaus den Verdacht, dass Todt einem Anschlag zum Opfer gefallen war.[9]

Am selben Nachmittag übertrug Hitler Todts weit reichende Verpflichtungen auf Speer. »Ich jedoch glaubte, dass er sich ungenau ausgedrückt habe«, schreibt Speer, »und antwortete daher, dass ich mir Mühe geben werde, Dr. Todt in seinen Bauaufgaben zu ersetzen. ›Nein, in allen seinen Ämtern, auch als Munitionsminister … Ich habe das Zutrauen zu Ihnen, dass Sie es schaffen werden‹, schnitt Hitler mir die Rede ab.«[10] So wurde Speer, gerade 37 Jahre alt, auf einen Posten katapultiert, der ihn zum obersten Verantwortlichen für alle kriegswichtigen wissenschaftlichen und technischen Angelegenheiten im Dritten Reich machte. Gerade als er diese Verpflichtungen annehmen wollte, platzte Göring herein (Speer erwähnt, dass der Reichsmarschall im Eiltempo von seiner 100 Kilometer entfernten Jagdhütte zum Führerhauptquartier gefahren war), um Todts Amtsvollmachten im Rahmen des Vierjahresplans für sich selbst zu beanspruchen. Die Spannungen, die es zwischen Göring und Todt gegeben hatte, sind ein weiteres Beispiel für die verschwenderischen Rivalitäten und den Neid, die Hitler während seiner Gewaltherrschaft duldete, ja sogar förderte. Speer erläutert: »Dr. Todt konnte seinen von Hitler gegebenen Auftrag als Rüstungsminister nur durch direkte Befehle an die Industrie erfüllen; Göring dagegen fühlte sich als Beauftragter des Vierjahresplanes für die gesamte Kriegswirtschaft verantwortlich.«[11]

Speer brachte zu einer Zeit, da sich das Kriegsglück gegen Hitler wendete, Ordnung in die chaotische und überlastete Waffenproduktion. Zwar fehlte ihm Todts Erfahrung, aber er hatte viele Begabungen und eine starke technokratische Ader. Speers Vater war ein erfolgreicher freier Architekt in Mannheim gewesen, und sein Sohn Albert hatte eine privilegierte Kindheit genossen, zu der auch Privatunterricht durch eine französische Gouvernante gehört hatte. Speer behauptete, dass er sich schon in der Schule für Statistiken begeistert und als Kind eine Leidenschaft für Autos und Zeppeline entwickelt habe, erste »Empfindungen eines technischen Rausches in einer damals noch kaum technisierten Welt«.[12] Er war der beste Mathematikschüler seiner Schule und hatte vor, dieses Fach zu studieren, aber sein Vater »wandte sich mit einleuchtenden Gründen gegen diese Absicht«, schrieb Speer, »und ich wäre nicht ein mit der Logik vertrauter Mathematiker gewesen, wenn ich ihm nicht nachgegeben hätte«. Stattdessen ließ er sich an den technischen Hochschulen von Karlsruhe, München und Berlin-Charlottenburg zum Architekten ausbilden. Als Student in Berlin hörte Speer zum ersten Mal Hitler reden und geriet aufgrund einer Kombination aus vermeintlich »vernünftiger Bescheidenheit« und »suggestiver Überzeugungskraft« in seinen Bann. 1931 trat er der nationalsozialistischen Partei bei, und es war weniger die Nazi-Politik als vielmehr die Persönlichkeit Hitlers und die Möglichkeit, seine hochfliegenden architektonischen Pläne rasch zu verwirklichen, die ihn schrittweise immer mehr anzogen.

Als Minister für Bewaffnung und Munition sah sich Speer 1942, als die Amerikaner in den Krieg eingetreten waren und die Lage an der russischen Front immer verfahrener wurde, in der Rolle des Erneuerers, der die flaue und falsch ausgerichtete Produktion ankurbeln, Waren für den heimischen Markt rationieren, Frauen an die Förderbänder stellen und Techniker vom Frontdienst in die Forschungs- und Entwicklungsabteilungen zurückbeordern würde. In seinen Erinnerungen erklärte er, dass Druck und Zwang im Regime jede Spontaneität zerstört hätten. Er wollte das freie Unternehmertum und die Privatinitiative fördern. Das lief unausweichlich auf eine Abkehr vom Führerprinzip hinaus, auf dem das Dritte Reich angeblich basierte. Es gab seiner Beobachtung nach reichlich Kritik von oben, aber die notwendige Ergänzung durch Kritik von unten blieb meist aus.

Mit typischem Überschwang erinnerte sich Speer nach dem Krieg, dass die erfolgreiche Produktionssteigerung auf die Begeisterung Tausender von Techniker zurückging, die durch das neue Gefühl der Eigenverantwortlichkeit beflügelt waren, das er in der Kriegsindustrie etablieren konnte. Im Grunde habe er, so schrieb er, nur den Umstand ausgenutzt, dass Techniker oft von blinder Hingabe an ihren Auftrag erfüllt seien. Von seinem Nachkriegsstandpunkt aus reflektierte er über die zweifelhafte Ethik des »blinden« Enthusiasmus dieser Techniker. Was sich als moralische Neutralität der Technologie geriert habe, sei nämlich tatsächlich völlige Gewissenlosigkeit bezüglich des eigenen Handelns gewesen. Je technischer die Welt durch den Krieg geworden sei, desto gefährlicher sei zugleich diese Indifferenz der Techniker gegenüber den unmittelbaren Konsequenzen ihres anonymen Wirkens geworden. Damit könnte er durchaus Heisenberg gemeint haben. Was er jedoch nicht erwähnte, ist die mörderische Ausbeutung der Zwangsarbeiter –

zunächst vor allem aus Osteuropa –, die unter Todt in die deutsche Wirtschaft eingeführt wurde; unter seiner eigenen Ägide wuchs die Zahl dieser Arbeitssklaven auf Hunderttausende an.

Speers sanftes Äußeres kaschierte einen skrupellosen Machtwillen, der ihn dazu trieb, später auch das Wehrwirtschafts- und Rüstungsamt zu übernehmen (und dessen bisherigen Leiter, General Thomas, in den Ruhestand zu zwingen) und seinen Zuständigkeitsbereich auch auf die Marine auszudehnen. Die Luftfahrtproduktion übernahm er nie, aber er verstand sich ausgezeichnet mit Feldmarschall Erhard Milch, Görings Nummer zwei.

## Speer trifft Heisenberg

Speer berichtete in seiner Autobiografie von regelmäßigen Arbeitsessen mit General Friedrich Fromm in einem Hinterzimmer des Berliner Restaurants Horcher. Ende 1942 sagte Fromm dort, die beste Chance für Deutschland, den Krieg noch zu gewinnen, seien neue Waffen. Er erwähnte eine Gruppe von Wissenschaftlern, die an einer Bombe arbeiteten, deren Sprengkraft ganze Städte verwüsten und sogar Großbritannien in die Knie zwingen könne. Speer war bereits von Dr. Albert Vögler, dem Vorsitzenden eines der deutschen Stahlgiganten und Präsidenten der Kaiser-Wilhelm-Gesellschaft, auf die seines Erachtens unzureichende Finanzierung der Kernforschung durch das Erziehungs- und Wissenschaftsministerium angesprochen worden, das diese Aufgabe vom Heereswaffenamt übernommen hatte. In der Hoffnung, dass dann die Gelder für die Kernforschung wieder reichlicher flössen, schlug Speer vor, dass Göring die Leitung des Reichsforschungsrats übernehmen solle. Im Juni 1942 wurde Göring mit diesem Posten betraut.

Ungefähr zu dieser Zeit ließ Speer im Harnack-Haus, dem Berliner Sitz der Kaiser-Wilhelm-Gesellschaft, eine Konferenz abhalten, um sich mit den Nuklearwissenschaftlern zu beraten – unter ihnen Heisenberg. Dieser war inzwischen der oberste Verantwortliche für das Atomphysikprogramm und war – mit Wirkung ab Oktober – am Kaiser-Wilhelm-Institut für Physik vom Direktoriumsmitglied zum geschäftsführenden Direktor befördert worden.

Außerdem hatte er einen Lehrstuhl an der Berliner Universität inne. Auch hochrangige Repräsentanten der Waffenabteilungen des Heeres, der Marine und der Luftwaffe waren zugegen.

Heisenberg sprach über das Thema »Atomzertrümmerung und die Entwicklung der Uranmaschine und des Zyklotrons«. Laut Speer beschwerte sich Heisenberg dabei bitter über den Mangel an Geldern und Ausrüstung sowie die Einberufung von Wissenschaftlern und Technikern an die Front, während in den Vereinigten Staaten seiner Überzeugung nach enorme Forschungsanstrengungen unternommen wurden. Heisenberg erklärte Speer, dass Deutschland zwar vor ein paar Jahren in der Kernforschung führend gewesen war, die Amerikaner inzwischen aber wohl weiter seien. Zudem merkte er an, »Amerika würde daher voraussichtlich bereits jetzt einen Vorsprung haben, der bei den umwälzenden Möglichkeiten der Kernspaltung außerordentlich folgenreich werden könne«.[13]

Seiner eigenen Wiedergabe des Treffens zufolge wollte Speer wissen, ob man die Nuklearphysik zur Herstellung einer Atombombe nutzen könne. Die Antwort war, so Speer, »keineswegs ermutigend«. Heisenberg sagte offenbar, dass die wissenschaftlichen Probleme gelöst seien und dass es theoretisch keinen Hinderungsgrund für solch eine Bombe gebe. Aber die technischen Vorarbeiten seien, selbst bei maximaler Förderung des Projekts, so umfangreich, dass die Produktion frühestens in zwei Jahren anlaufen könne.

Feldmarschall Milch fragte, wie viel Nuklearsprengstoff nötig sei, um eine Stadt zu zerstören, und Heisenberg verglich »die erforderliche Menge« – je nach Überlieferung – »mit einer Ananas oder einem Fußball«.[14] Dies wurde sowohl von Heisenberg selbst als auch von anderen als Beleg dafür herangezogen, dass er die korrekte kritische Masse des U-235 – im Kilogramm-, nicht etwa im Tonnenbereich – damals schon kannte, was wiederum für die Streitfrage wichtig ist, ob Heisenberg im Prinzip wusste, wie man eine Atombombe bauen musste.

Als Speer ihn fragte, was er benötige, erwähnte Heisenberg offenbar das Zyklotron-Problem: Zwar stand in Paris ein Gerät, aber aus Sicherheitsgründen konnte man es nur eingeschränkt nutzen. Als Speer jedoch vorschlug, in seiner Funktion als Minister für Bewaffnung Zyklotrone zu ordern, die mindestens ebenso groß waren wie jene in den Vereinigten Staaten, hielt Heisenberg ihm entgegen, dass man erst an einem kleineren Gerät Erfahrungen sammeln müsse. Am Ende der Begegnung bat Speer Heisenberg um eine Liste mit allen Anschaffungen, die nötig seien, um die Kernforschung voranzutreiben. Speer erinnert sich an das Ergebnis: Ein paar Wochen später beantragten die Wissenschaftler einige hunderttausend Mark sowie kleinere Mengen von Stahl, Nickel und weiteren rationierten Metallen. Sie wollten ferner einen Bunker, einige Baracken sowie die Zusicherung, dass ihre Experimente die höchste Priorität genießen würden. Speer schreibt in seiner Autobiografie, dass er »über die Geringfügigkeit der Forderungen in einer so entscheidend wichtigen Angelegenheit« recht »befremdet« war. Er schlug ihnen vor, ein bis zwei Millionen Mark und entsprechend größere Materialmengen anzufordern, aber dieses Angebot lehnten sie ab, da mehr »augenscheinlich zunächst nicht verarbeitet werden« konnte. Wie um der Behauptung, Heisenberg habe sein eigenes Nuklearforschungsprogramm sabotiert, im Nachhinein Glaubwürdigkeit zu verleihen, brachte Speer eine außerordentlich interessante Einschätzung zu Papier, dass nämlich »die Atombombe für den voraussichtlichen Verlauf des Krieges nicht mehr von Bedeutung sein werde«.[15]

## Speer gibt die Atombombe auf

Am 23. Juni 1942 sprach Speer mit Hitler über das Nuklearforschungsprogramm. Der Minister hatte sich vorgenommen, seinen Bericht knapp zu halten, da er »Hitlers Neigung« kannte, »phantastische Projekte mit unsinnigen Forderungen vorwärts zu treiben«.[16] Aber Hitler, der oft auf Laien und auf Klatsch hörte, war bereits von seinem Fotografen Heinrich Hoffmann eine verworrene Einschätzung der Zukunft der Kernphysik zu Ohren gekommen. Hoffmann war mit dem Postminister Ohnesorge befreundet, der die Bemühungen von Manfred von Ardenne, dem Vorgesetzten von Houtermans, um die Nuklearforschung unterstützt hatte. Hitler hatte, wie Speer es darstellte, den Eindruck gewonnen, dass die Nuklearwissenschaftler die Erde in einen glühenden Stern verwandeln würden. In seiner kurzen Erörterung der Frage der Kontrollierbarkeit der Kettenreaktion merkt Speer an: »Tatsächlich war Professor Heisenberg mir auf meine Frage, ob eine erfolgreiche Kernspaltung mit absoluter Sicherheit unter Kontrolle gehalten werden oder sich als Kettenreaktion fortsetzen könne, die letzte Antwort schuldig geblieben.«[17] Auch Edward Teller thematisierte 1942 die Gefahr einer unkontrollierten Kettenreaktion und schrieb darüber mit zwei Kollegen einen Fachartikel. Am Tag vor dem ersten amerikanischen Atombombentest – dem Trinity-Test – sollte der Leiter des Projekts, General Groves, sein Missfallen über den italienischen Physiker Enrico Fermi äußern, denn der »schlug seinen Kollegen Wetten darüber vor, ob die Bombe die Atmosphäre in Brand setzen werde oder nicht, und wenn, ob sie dadurch nur New Mexico oder die ganze Welt vernichten würde«.[18]

Speer behauptet in seiner Autobiografie, dass »auf Vorschlag der Kernphysiker« das Atombombenprojekt im Herbst 1942 in der Versenkung verschwand, nachdem er sie erneut um eine Einschätzung des Zeitpunkts der Fertigstellung gebeten hatte und sie ihm erklärt hatten, dass man in den nächsten drei, vier Jahren noch nichts erwarten dürfe. Daher genehmigte er die Entwicklung eines »Energie erzeugenden Uranbrenners zum Betrieb von Maschinen«, an dem die Marine für ihre U-Boote Interesse zeigte. Später schrieb er, dass Walter Bothe bei der Inspektion des ersten deutschen Zyklotrons erklärt habe, die Maschine werde für die medizinische und biologische Forschung nützlich sein.

Im Sommer 1943 genehmigte Speer darüber hinaus den Einsatz von Uran für Hartkerngeschosse. Viele Jahre nach dem Krieg schrieb er: »Die Freigabe unserer Uranvorräte von etwa 1200 Tonnen zeigte, dass der Gedanke an eine Produktion von Atombomben im Sommer 1943 von meinen Mitarbeitern und mir aufgegeben worden war.«

In seiner Autobiografie stellt Speer Spekulationen darüber an, ob eine deutsche Atombombe möglich gewesen wäre, und meint – auf der Basis des später erworbenen Wissens über die Kosten des Manhattan-Projekts –, dass man womöglich bis 1945 eine Atombombe hätte bauen können, aber nur, wenn man allen anderen Projekten ihre Ressourcen entzogen hätte. Dass es nicht dazu kam, pflegte Speer dem Raketenprogramm anzulasten, »nicht nur unser größtes, sondern auch unser verfehltestes Projekt«, sowie der ideologischen Verbohrtheit Philipp Lenards, der die Nuklearphysik und die Relativitätstheorie abgelehnt hatte. Allerdings kam Speer letztlich zu dem Schluss, dass Deutschland selbst unter den günstigsten Umständen niemals jene überragende Produktionskapazität erreicht hätte, die es den Vereinigten Staaten ermöglichte, dieses gigantische Projekt zu realisieren. Deutschland hätte ihm zufolge frühestens 1947 eine Atombombe bauen können, aber der Verbrauch der letzten Reserven an Chromerz hätte eine Fortführung des Krieges über den 1. Januar 1946 hinaus ohnehin unmöglich gemacht.

Zwei Jahre nach Kriegsende schrieb Heisenberg in der Fachzeitschrift *Nature*, dass die deutschen Physiker »davor verschont« blieben, »entscheiden zu müssen, ob sie die Herstellung von Atombomben anstreben sollten oder nicht. Die Umstände, nach denen sich die weitere Planung im entscheidenden Jahr 1942 zu richten hatte, lenkten die Aufmerksamkeit der deutschen Forscher automatisch auf das Problem der Nutzung von Kernkraft für die Primärenergiegewinnung.«[19]

Aber während Speer nun Wernher von Brauns Raketenprogramm mit Mitteln überschüttete, weil man sich davon noch am ehesten eine Wunderwaffe erhoffen konnte, sorgten sich die Alliierten weiterhin, ob Deutschland imstande war, ihnen bei der Atombombe zuvorzukommen.

## Heisenbergs Reaktor

Am selben Tag, an dem Speer Hitler über die Fortschritte der deutschen Nuklearforschung informierte, am 23. Juni 1942, gab es in Heisenbergs Labor in Leipzig eine Explosion, bei der ein Techniker mit radioaktivem Uranpulver verseucht wurde. Als Heisenberg von dem Zwischenfall hörte, schaute er nur kurz vorbei und kehrte dann zu seinem Seminar zurück. Aber kurz darauf rief man ihn erneut, weil die beiden Halbkugeln seines Versuchsreaktors auseinander geflogen waren und dabei Hunderte von Bolzen zerrissen hatten. Eine Woche später verließ Heisenberg Leipzig, um sich künftig auf seine

Forschungsverpflichtungen am Berliner Kaiser-Wilhelm-Institut für Physik zu konzentrieren.

Heisenbergs Versuche, in der Uranmaschine eine sich selbst erhaltende Kettenreaktion zu erzielen, kamen aufgrund technischer Schwierigkeiten nur schleppend voran. Die Probleme, die jetzt auch noch von Luftangriffen verschärft wurden, sollten während des Jahres 1943 anhalten und weitere Experimente bis fast zum Jahresende verzögern. Paul Harteck, ein begnadeter Experimentator, brachte in einem Nachkriegsinterview seine Enttäuschung über Heisenbergs Projektleitung zum Ausdruck:

»Aber wie kann man in solchen technologischen Angelegenheiten den Leiter abgeben, wenn man im ganzen Leben noch kein Experiment durchgeführt hat? Das ist aberwitzig! Dafür gibt es keinerlei Entschuldigung! Heisenberg ist zwar einer der besten Theoretiker unserer Zeit, und Weizsäcker ist nicht nur ein sehr guter theoretischer Physiker und Philosoph, sondern kann seine Ansichten auch sehr gut darlegen, aber keiner der beiden war je zuvor an der Planung eines Großversuchs beteiligt gewesen. Wie konnten sie sich einbilden, die Entwicklung einer neuen Technologie leiten zu können? Das war eine beinahe unvorstellbare Fehleinschätzung.«[20]

Im ersten Jahr seiner Verpflichtungen in Berlin pendelte Heisenberg weiter zwischen Wohnort und Arbeitsplatz. Nach schweren Luftangriffen im Frühjahr 1943 zog seine Familie in eine kleine Berghütte im süddeutschen Urfeld, wodurch sie bis zum Kriegsende weitgehend von Heisenberg getrennt war.

Obwohl seine Reaktorforschung – und damit die Arbeit an der Nazi-Bombe – nur sporadisch vorankam, streute Heisenberg seine Energie, sein Interesse und seine Aufmerksamkeit nun noch breiter. Eifrig erfüllte er seine Pflichten als Professor in Berlin, er hielt Seminare und Vorlesungen ab, reiste als Gastredner durch das besetzte Europa, betreute Doktorarbeiten und verfolgte seine eigenen Forschungsinteressen auf den Gebieten der kosmischen Strahlung und der Grundlagen der Quantenmechanik. Auch beteiligte er sich aktiv in Berliner Akademiker- und Intellektuellenkreisen, einschließlich der berühmten Mittwochsgesellschaft, einer Elitegruppierung der preußischen Prominenz, die an die Aufbruchstimmung der wilhelminischen Ära anknüpfen wollte. Es ist interessant, diesen

Lebensstil mit der alles beherrschenden Arbeitswut seines Gegenspielers beim Atombombenprojekt der Alliierten zu vergleichen: J. Robert Oppenheimer, der nur einmal in drei Jahren die Zeit für einen mehrtägigen Ausflug fand.[21]

Trotz seines Lehrstuhls an der Berliner Universität und seiner kommissarischen Leitung des Kaiser-Wilhelm-Instituts für Physik schien Heisenberg unersättlich, was Ehrenbezeigungen und weitere Anerkennungen sowohl seiner Person als auch der theoretischen Physik anging. »Es war«, schreibt David Cassidy, »als ob er Anerkennung und Respekt, die er immer wieder gefordert hatte und die ihm so unerträglich lange vorenthalten worden waren, auch nachdem er sie endlich erlangt hatte, weiterhin für sehr zerbrechlich hielt. Noch so viele Ehrungen konnten ihn offenbar nicht entschädigen und ihm die Sicherheit geben, dass sich sein Status nicht abermals verschlechtern würde.«[22]

1943 gewann er den angesehenen Copernicus-Preis der Universität Königsberg. Im März desselben Jahres bat ihn die Nazi-Tageszeitung *Völkischer Beobachter*, einen Artikel zu Ehren von Max Plancks 85. Geburtstag zu verfassen. Im Oktober schlug ihn Göring für das Kriegsverdienstkreuz Erster Klasse vor. Das ganze Jahr über präsentierte Goebbels Heisenberg auf den vorderen Seiten seines Propagandablatts *Das Reich*. Und auch wenn er schon in früheren Jahren als Physiker viel unterwegs gewesen war, so nahmen seine Reisen jetzt, da er dem subtilen und weniger subtilen Druck des Regimes nachgab, einen Ruch von Werbemaßnahmen und Propaganda an. Während er in den späten 1930er-Jahren und den ersten beiden Kriegsjahren noch aus eigenem Antrieb reiste, wurde er nun mit speziellen »Einladungen« des Erziehungsministeriums oder des Dekans der Berliner Universität, des Nazi-Mathematikers Ludwig Bieberbach, beglückt. Cassidy zufolge sollten seine Besuche eindeutig die stockende Unterstützung für das Reich ankurbeln, aber Heisenberg schien sich in alle neuen Umstände zu fügen.

## Heisenberg in den Niederlanden

Heisenberg unternahm zwischen 1942 und 1944 eine Reihe von Reisen ins besetzte Europa, wo er vor allem die Flagge für Deutschlands Kultur schwang; allerdings dürfte er bei seiner Verteidigung »unseres Systems«, wie er es in dem Brief an seine Frau aus Kopenhagen im September 1941 ausgedrückt hatte, die Vorzüge des Nationalsozialismus nicht unerwähnt gelassen haben. Zu diesen Fahrten zählte 1943 auch ein Besuch der Niederlande. Die Niederländer hatten mit weit reichendem Widerstand, Streiks und Protesten auf die Besetzung reagiert, was mit brutaler Unterdrückung und mit der Deportation der Juden vergolten wurde. Diese Maßnahmen riefen wiederum neuen Widerstand hervor, vor allem unter den Studenten und Dozenten der niederländischen Universitäten. Cassidy zitiert den Historiker Werner Warmbrunn mit der Aussage, dass ein Drittel aller während der Nazi-Besetzung Hingerichteten Studenten waren. Nirgends war der Widerstand erbitterter als an der Universität Leiden, wo Studenten in Streik getreten waren und Hochschullehrer ihre Stellen aufgekündigt hatten, als im November 1940 die jüdischen Angehörigen der Fakultät entlassen worden waren. Was Heisenberg dazu bewegte, im Oktober 1943 durch die Niederlande zu reisen, dort Vorträge zu halten und sogar den berüchtigten österreichischen Nazi Dr. Arthur Seyß-Inquart zu treffen, darüber herrscht keine Klarheit. Cassidy meint: »Das Interesse der Niederländer an wissenschaftlicher Zusammenarbeit war durch den Besuch verstärkt worden... Gleichzeitig war der Hinweis auf die Möglichkeit einer wissenschaftlichen Zusammenarbeit ein gutes Argument dafür, Labore und Forschung in den Niederlanden nicht zu zerschlagen.«[23]

Nach dem Krieg erinnerten sich niederländische Wissenschaftler an verstörende Begegnungen mit Heisenberg. Hendrik Casimir erzählte einem Mitglied des wissenschaftlichen Aufklärungsdienstes der Alliierten, Heisenberg hätte zugegeben, von den Konzentrationslagern und Deutschlands Ausplünderung der besetzten Gebiete gewusst zu haben. Dennoch hätte er die persönliche Meinung vertreten, Deutschland solle siegen. Dem Informanten des Nachrichtendienstes zufolge hatte Heisenberg gesagt: »Die Demokratie kann nicht genügend Kraft entwickeln, um Europa zu beherrschen. Deshalb gibt es nur zwei Möglichkeiten: Deutschland und Russland. Und dann wäre vielleicht ein Europa unter deutscher Führung das kleinere Übel.«[24]

Casimir schrieb in seiner Autobiografie, dass Heisenberg und er auf einem Spaziergang über Deutschland als Bollwerk des Westens gegen die anbrandenden östlichen Horden sprachen. Weder Frankreich noch England, so habe Heisenberg gesagt, wären entschlossen und stark genug gewesen, um in diesem Kampf die Führungsrolle zu übernehmen. Casimir fährt fort:

»Natürlich entgegnete ich, dass die vielen Schandtaten des Nazi-Regimes und vor allem ihr wahnsinniger und grausamer Antisemitismus das inakzeptabel machten. Heisenberg versuchte diese Dinge nicht abzustreiten oder gar zu verteidigen; aber er sagte, er erwarte eine Wendung zum Besseren, sobald der Krieg einmal vorbei sei.«[25]

Die Unterhaltung bestätigt, dass Heisenberg der Zwei-Kriege-Vorstellung anhing: der Überzeugung, dass Deutschland in zwei unterschiedliche Kämpfe verstrickt war, einen gegen die westlichen Demokratien, den zweiten gegen Russland, die Heimat des Sowjetkommunismus und der östlichen Horden. Den ersten Krieg gelte es zu bereuen, der zweite sei zur Errettung Westeuropas unabdingbar.

Während seines Aufenthalts in den Niederlanden begegnete Heisenberg einem weiteren Wissenschaftler, der offenbar imstande war, Heisenbergs Physik und seine freundliche Art von seinen eindeutig prodeutschen politischen und nationalistischen Einstellungen zu trennen. Das war Hendrik Kramers, der in früheren Zeiten mit Heisenberg in Kopenhagen zusammengearbeitet hatte. Kramers erhoffte sich, wie Casimir, von einem Treffen mit Heisenberg gewisse Erleichterungen der wissenschaftlichen Arbeit unter den deutschen Besatzern. Heisenberg wurde diesen Hoffnungen offenbar gerecht, indem er einen Befehl der deutschen Behörden zum Abtransport niederländischer wissenschaftlicher Gerätschaften rückgängig machte, die Reiserestriktionen für die Forscher lockerte und das Physiklabor in Leiden wieder öffnete. Die freundschaftliche Beziehung zu Kramers verkompliziert den vielschichtigen Fall Heisenberg noch mehr, denn der Niederländer war ein integrer und mutiger Mann. Ein Bekannter Kramers' sagte einmal, dass dieser zu der Hand voll wahrhaft anständiger Persönlichkeiten gehöre, die Gott auf die Erde geschickt habe, um den Juden ihr elendes Schicksal ein wenig zu erleichtern. Kramers und Heisenberg sprachen über Physik und überlegten sogar, ob sie zusammen an einem Grundlagenproblem arbeiten könnten. Kramers schrieb Heisenberg später im selben Jahr einen Brief, »um Ihnen nochmals mitzuteilen, wie glücklich mich Ihr Besuch gemacht hat, der die alten Ideale noch einmal wachgerufen hat«. Aber schließlich lehnte er jede Form der wissenschaftlichen Zusammenarbeit doch ab, da augenblicklich, wie er Heisenberg mitteilte, »nicht die Zeit für gemeinsame Veröffentlichungen« sei.[26]

## Polen und Hans Frank

Während Heisenbergs Reise in die Niederlande voller Mehrdeutigkeiten steckt, kann bei einer anderen seiner Fahrten kaum bezweifelt werden, dass er gegen die Gräueltaten des Regimes, dem er sein wissenschaftliches Talent verschrieben hatte, moralisch völlig abgestumpft war. Im Dezember 1943, acht Monate nach der grauenhaften Niederschlagung des Warschauer Aufstands, reiste er in »kultureller« Mission nach Polen.[27]

Der Generalgouverneur des besetzten Polen, Hans Frank, war mit Werner Heisenberg und dessen älterem Bruder Erwin bekannt: Alle drei waren zur selben Zeit Schüler am Maximilian-Gymnasium in München gewesen. Heisenberg und Frank waren auch bei den Pfadfindern gewesen und hatten sich dann den Neupfadfindern angeschlossen, bei denen eine Mischung aus germanischem Mystizismus und Freiluftaktivitäten gepflegt wurde. Später hatte Hans Frank Jura studiert und in der Nazi-Partei Karriere gemacht; er hatte sich der SA angeschlossen und in den Zwanzigerjahren Parteimitglieder bei mehreren Verleumdungsklagen verteidigt.

Nach der Invasion in Polen hatte Hitler vorgehabt, das Land in eine deutsche Kolonie zu verwandeln, seine Kultur zu vernichten und seine Einwohner zu Sklaven zu degradieren. Ungefähr 150 Akademiker von der Krakauer Universität wurden in Konzentrationslager geschickt, wo etwa ein Drittel von ihnen, größtenteils Juden, liquidiert wurde. Die Universität blieb bis zum Kriegsende geschlossen.

Unter Franks Verwaltung wurden die Warschauer Juden in ein Ghetto in der Stadt getrieben. Im Dezember 1941 erklärte Frank seinem Kabinett: »Mit den Juden – das will ich Ihnen ganz offen sagen – muss so oder so Schluss gemacht werden.«[28] Zugleich befahl er die Gefangennahme und den Einsatz von Polen als Arbeitssklaven: Ungefähr 800 000 Polen wurden bis August 1942 als Zwangsarbeiter nach Deutschland geschickt. Der Abtransport der Juden nach Treblinka lief im Juni an, bis Oktober wurden etwa 300 000 von ihnen deportiert.

Unter den in Warschau verbliebenen Juden entstand eine Bewegung, die den Widerstand gegen die unausweichliche Liquidation des Ghettos organisierte. Am 19. April 1943 griffen etwa 3000 deutsche Soldaten das Ghetto an und töteten ungefähr 14 000 Juden. Die übrigen 7000 wurden nach Treblinka gebracht.

Im Dezember dieses Jahres brach Heisenberg nach Polen auf, um einen Vortrag zu halten und die Gastfreundschaft von Generalgouverneur Frank zu genießen. Wie viel wusste Heisenberg über Franks Gräueltaten in Polen? Den Erinnerungen *Das politische Leben eines Unpolitischen*, die Heisenbergs Frau nach dem Tod ihres Mannes geschrieben hat, können wir entnehmen, dass sie beide vor seinem Besuch in Polen von der Ausrottung der dortigen Juden gehört hatten. Sie kommt auf dieses Thema, als sie schildert, wie entrüstet ihr Vater war, dass die Leute so schlecht über die Deutschen dachten, dass sie ihnen etwas Derartiges zutrauten:

»Ich sehe noch meinen Vater vor mir, einen Mann alter rechtlicher Denkungsart, der geradezu außer sich geriet, als Heisenberg ihm einen Bericht weitergab, den er von einem Mitarbeiter des Instituts erhalten hatte. Dieser war Zeuge der ersten zynischen Massenerschießungen von Juden in Polen geworden. Mein Vater verlor alle Fassung und schrie uns an: ›So weit kommt es, dass ihr solche Dinge glaubt, wenn ihr ständig ausländische Sender hört! Solche Dinge können nicht von Deutschen getan werden, das ist unmöglich!‹ Er war kein Nazi; er hatte nach der nationalsozialistischen Machtergreifung frühzeitig sein Amt quittiert.«[29]

Die Einladung, in Kraukau einen Vortrag zu halten, stammte ursprünglich von Wilhelm Coblitz, dem Direktor des Instituts für deutsche Ostarbeit, das im Frühjahr 1940 von Frank gegründet worden war. Heisenberg hatte unbedingt kommen wollen, aber diesmal von den Behörden nicht die erforderlichen Genehmigungen erhalten. Im Mai 1943 lud Coblitz Heisenberg erneut ein; er schrieb ihm in Franks Namen und versicherte ihm, dass Frank den Vortrag besuchen werde. Gegen Ende September schickte »Herr Generaldirektor Dr. Frank« noch einmal eine Bestätigung, und er lud Heisenberg und seine Frau ein, seine Gäste zu sein. Frau Heisenberg konnte die Reise nicht antreten, aber ihr Mann fuhr schließlich irgendwann in der ersten Dezemberhälfte nach Krakau. Er wohnte in einem von Franks Schlössern, umgeben von Kunstwerken, die man den Polen entwendet hatte. Professor Bernstein, der mit einem polnischen Überlebenden jener Zeit gesprochen hat, berichtet, dass sich einige Polen Zutritt zu dem Vortrag verschaffen wollten, aber an der Tür abgewiesen wurden: Nur Deutsche waren willkommen. In einem Artikel in der deutschsprachigen *Krakauer Zeitung* vom 18. Dezember heißt es, der Physiker habe vor einer großen Zuhörerschaft über Quantenphysik gesprochen. Der Titel lautete »Die kleinsten Bausteine der Materie«.

Angesichts seiner Kenntnisse über das, was Frank, sein Bekannter von früher, in Polen angerichtet hatte, und der vielen Verpflichtungen, die ihn damals in Anspruch nahmen, belegt Heisenbergs Bereitschaft, nach Krakau zu kommen, dass er vor den dortigen Verhältnissen die Augen verschloss. Was Frank selbst angeht, so wurde er bei den Nürnberger Prozessen der Verbrechen gegen die Menschlichkeit für schuldig befunden und am 16. Oktober 1946 gehängt.

Im Januar 1944 reiste Heisenberg erneut ins Ausland, diesmal nach Kopenhagen, wo er über das Schicksal von Bohrs Physikalischem Institut entscheiden sollte. Bohr war, wie die meisten Juden Dänemarks, bereits außer Landes geflohen. Heisenberg war an der Rückgabe des Instituts und seines wertvollen Zyklotrons an die dänischen Wissenschaftler beteiligt. Die deutschen Besatzungsbehörden hatten die Transaktion an Bedingungen geknüpft, aber offenbar hatte von Weizsäcker seinen Vater im Außenamt dazu bewegt, diese am 3. Februar aufzuheben. Heisenberg kam zwei Monate später noch einmal nach Kopenhagen, um dort am Deutschen Wissenschaftlichen Institut einen Vortrag zu halten, und aß mit dem grausamen örtlichen Besatzungskommandanten, SS-Obersturmbannführer Dr. Best, zu Abend. In Dänemark wurde Heisenberg nach dem Krieg offiziell so beurteilt: »Heisenberg ist wohl kein Nazi, aber ein glühender Nationalist mit dem typischen Respekt vor der Obrigkeit.«[30]

# 24. Haigerloch und Los Alamos

Am 1. März 1943 starteten die RAF und die amerikanische Eighth Air Force einen massiven Luftangriff auf Berlin, während Heisenberg und seine Kollegen gerade im dortigen Luftfahrtministerium einem Vortrag über die Auswirkungen von Bombenexplosionen auf den menschlichen Körper lauschten. Die Zuhörer begaben sich in den Luftschutzkeller, wo sie unter den Erschütterungen zitterten, die die einstürzenden Ministeriumsbauten über ihnen auslösten.

Nach der Entwarnung trat Heisenberg ins Freie und unternahm einen 90-minütigen Fußmarsch in den Vorort Fichteburg zum Haus seiner Schwiegereltern, wo er während der Arbeit an seinem Institut in Dahlem wohnte. Überall war Schutt verstreut; in der Dunkelheit leuchteten brennende Phosphorlachen. Er wollte schnell zu seinen Zwillingen Wolfgang und Maria, die gerade bei seinen Schwiegereltern zu Besuch waren.

Die Erlebnisse dieses Abends werden in Heisenbergs Memoiren deshalb so ausführlich geschildert, weil er von seinem Wissenschaftskollegen Adolf Butenandt begleitet wurde und sich mit ihm unterhielt.[1] Während sie durch die verwüstete Stadt liefen, klagte Butenandt fortwährend über den Kollaps der deutschen Naturwissenschaft, die Zerstörung der Laboratorien, den Mangel an Nachwuchsforschern und die gefallenen Wissenschaftler. Heisenberg erzählt uns, dass er vor allem darauf bedacht war, seine Schuhe vor dem Phosphorfeuer zu retten, indem er sie in Pfützen tränkte und das brennbare Material abkratzte. Das Bild, das er entwirft, soll uns wohl vor Augen führen, dass ein hilfloser Wissenschaftler nicht viel mehr tun konnte, als sich um seine Schuhe zu kümmern, was schon schwierig genug war.

In den Wochen nach dem Luftangriff beschloss man, das Atomforschungsprogramm vom Institut in Dahlem an einen sicheren Ort im Süden zu verlegen. Die Notwendigkeit, nach Süddeutschland zu gehen, wurde noch durch die schweren RAF-Angriffe auf Leipzig unterstrichen, bei denen ein Großteil von Heisenbergs Institut für Physik, all seine Papiere und das Haus, in dem er 15 Jahre gewohnt hatte, zerstört wurden.

Heisenbergs Kollege Karl Wirtz bereitete in einem neuen Kellerlabor im Dahlemer Kaiser-Wilhelm-Institut für Physik einen Reaktorversuch vor, aber angesichts der häufigen Luftangriffe waren die Bedingungen alles andere als ideal. Währenddessen wurde der aufwändige Umzug des Instituts in das Städtchen Hechingen auf der Schwäbischen Alb vollzogen. Er wurde von Walther Gerlach geleitet, einem als patriotisch bekannten Physikprofessor, der dem Regime aber nicht wohlgesinnt war. Gerlach hatte kürzlich die Leitung der Fachsparte Kernphysik im Reichsforschungsrat übernommen.

Im Kesselhaus einer Hechinger Brauerei wurde ein Hochspannungsgenerator installiert, während die Büros und Werkstätten in einem Teil einer Weberei untergebracht wurden. Aber für den neuen Reaktor oder Uranbrenner musste Gerlach einen sicheren Ort finden, und er entschied sich schließlich für das ihm aus Vorkriegszeiten bekannte Dorf Haigerloch, das auf zwei Felsrücken über der Eyach liegt. Der Wirt des Gasthofs Schwan vermietete dem Institut einen Lagerraum in einer Höhle in den Steilfelsen unter Schloss Haigerloch. Der Kontrast zwischen Amerikas Bombenvorhaben mit seinen weitläufigen Fabriken und Produktionsstätten, seinen Städten in der Wüste sowie seinen vielen zehntausend Beschäftigten und den Verhältnissen in Haigerloch zeigt eindeutig und sehr anschaulich, wie sehr das deutsche Projekt schwächelte. Haigerloch erinnerte mehr an einen Schauplatz für einen Graf-Dracula-Film als an den Standort von Deutschlands modernstem Kraftwerk, und dennoch überwachten die Wissenschaftler viele Monate lang den äußerst mühsamen Transport ihrer Uranwürfel, des schweren Wassers und Grafits an diesen Ort.

Die Forscher radelten jeden Morgen von Hechingen hierher, eine Strecke von 15 Kilometern. Aber während der langen Vorbereitungsphasen gab es auch viele Mußestunden, in denen Heisenberg auf der Orgel der Schlosskapelle, weit über der Anlage, Bach-Fugen spielte.

Einer von Heisenbergs Assistenten erinnert sich: »Es waren die unwirklichsten Augenblicke meines Lebens. Nie habe ich so oft an *Faust* und den *Freischütz* denken müssen wie damals in dieser Kulisse.«[2] Durch den Mangel an Uran und anderen Materialien verzögerte sich die Inbetriebnahme des Reaktors.

## Attentat auf Heisenberg

Während dieser traumartigen Haigerloch-Periode, kurz vor Weihnachten 1944, als sich die Briten und Amerikaner durch Frankreich vorankämpften und die Rote Armee unaufhaltsam aus dem Osten vorrückte, wurde Heisenberg zur Zielscheibe eines bizarren Mordversuchs, den der Leiter des Manhattan-Projekts, General Groves, mithilfe des OSS (Office of Strategic Service, dem wichtigsten US-Geheimdienst) unternahm. Der Plan sah vor, einen Agenten namens Morris (»Moe«) Berg nach Zürich zu schicken, wo Heisenberg am 18. Dezember vor Spezialisten einen Physikvortrag halten sollte. Berg, der sich als Physiker ausgab (obwohl er in Wirklichkeit wenig Ahnung von diesem Fach hatte), sollte eine Pistole mitführen. Wenn Heisenberg im Lauf des Vortrags verriete, dass er an einer Atombombe arbeitete, sollte Berg – notfalls unter Einsatz des eigenen Lebens – den Wissenschaftler gleich im Vorlesungssaal erschießen.[3] Paul Scherer, ein örtlicher Zuarbeiter des US-Geheimdienstes, hatte den OSS über Heisenbergs Reise informiert und wusste über Bergs Ankunft Bescheid. Er sollte auch über Heisenbergs Schritte und Gespräche berichten, aber nichts deutet darauf hin, dass er wusste, dass Berg den Physiker womöglich erschießen würde. Den Äußerungen Heisenbergs, die Scherer dem OSS meldete, ist zu entnehmen, dass Heisenberg nie in irgendwelche Pläne zur Übernahme von Niels Bohrs Kopenhagener Physikinstitut eingeweiht worden war, sondern das Zentrum seiner Meinung nach durch sein umsichtiges Handeln vielmehr gerettet habe. Er erzählte Scherer auch, dass Walther Gerlach, der Leiter der Fachsparte für

Nuklearphysik im Forschungsrat, einen Nervenzusammenbruch erlitten hatte.

Das Seminar fand nachmittags um Viertel nach vier in den Räumlichkeiten der Universität Zürich in der Ramistraße statt. Es waren nicht mehr als 20 Leute anwesend, und im Saal war es bitterkalt. Berg saß, die Pistole in der Tasche, neben Leo Martinuzzi, einem weiteren OSS-Agenten.

Berg beschreibt Heisenbergs Aussehen als »irisch«, mit »finsteren Augen«. Der Vortrag drehte sich um die S-Matrix-Theorie, ein rein theoretisches Thema der Quantenmechanik, ohne jede Anwendbarkeit auf Atombomben. Heisenberg lief vor der Tafel auf und ab und warf hin und wieder einen Blick in seine Notizen. Als er fertig war, folgte eine lebhafte fachliche Diskussion, die etwa um 18.40 Uhr endete.

Nachdem sich die Versammlung aufgelöst hatte, sprach Berg unter vier Augen mit Scherer. Scherer erklärte ihm, dass Heisenberg an kosmischen Strahlen und nicht an einer Atombombe forsche und dass ein solches Waffenprojekt die Deutschen zwei bis zehn Jahre kosten würde. Sie diskutierten auch, ob man Heisenberg entführen oder irgendwie »samt Familie in die USA verpflanzen« könne.[4]

Später in dieser Woche, vor Heisenbergs Abreise aus der Schweiz, lud Scherer einige Leute zum Abendessen zu sich nach Hause ein, darunter auch Heisenberg und Berg. Bei dieser Abendgesellschaft drehten sich viele Gespräche, die von einigen der Anwesenden – darunter dem niederländischen Physiker Piet Gugelot – zu Protokoll gegeben wurden, um den Krieg. Gugelot hat vor einigen Jahren mit dem Autor Thomas Powers über dieses Ereignis korrespondiert[5] und dabei behauptet, das Abendessen sei zu »einer sehr ernsten Angelegenheit« geworden, da Heisenberg wegen der Nazi-Gräueltaten gegen die holländischen und französischen Juden angegriffen worden sei. Heisenberg habe jede Kenntnis derartiger Verbrechen von sich gewiesen, aber zur Verteidigung auf Deutschlands Isolation nach dem Ersten Weltkrieg verwiesen: »Wenn man Leute in den eigenen vier Wänden und ohne Fenster einsperrt, werden sie verrückt.« Als man ihm vorwarf, Hitlers Herrschaft zu befürworten, habe er erwidert, er sei kein Nazi, sondern Deutscher. Dann trug er jene Zwei-Kriege-Erklärung vor, die seine Einstellung auch während der kommenden Jahre prägen sollte. Laut Gugelot sagte Heisenberg, Russland sei das wahre Problem, und nur Deutschland tauge zum Bollwerk zwischen Russland und der europäischen Zivilisation. Das sprach offenbar die anwesenden Schweizer durchaus an. Gugelot verließ daraufhin empört die Runde, was dazu führte, dass ihm ein weiterer bedeutsamer Schlagabtausch entging, bei dem der Physiker Gregor Wentzel sagte: »Jetzt müssen Sie zugeben, dass der Krieg verloren ist.« Darauf erwiderte Heisenberg: »Ja, aber es wäre so schön gewesen, wenn wir gewonnen hätten.«[6]

Diese Bemerkung belegte in den Augen seiner Nachkriegskritiker seine Sympathien für die Nazis. Ironischerweise merkte sich auch Berg diese Aussage, und seine Vorgesetzten werteten sie als Indiz dafür, dass die Deutschen keine Atombombe besaßen, da sich Heisenberg offenbar damit abfand, dass die Deutschen den Krieg im Grunde schon verloren hatten.

Am Ende des Abends begleitete Berg, sein bis vor kurzem noch potenzieller Mörder, Heisenberg durch die verlassenen Straßen von Zürich bis zum Hotel des Physikers. Sie sprachen nicht über Physik, aber Heisenberg sollte sich daran erinnern, dass der junge Mann ihm bohrende Fragen nach seiner Einstellung zum Nazi-Regime stellte.

Heisenberg reiste aus Zürich zeitig genug ab, um am Weihnachtsabend in Urfeld einzutreffen, der provisorischen Bleibe seiner Familie in den bayerischen Alpen. Sein Sohn Martin, damals noch ein Kind, erinnert sich an dieses »letzte Weihnachtsfest im Krieg« in der abgelegenen Berghütte. Seine Mutter hatte Weihnachtsmusik und ein kleines Theaterstück vorbereitet, in dem die Kinder mitspielten. Es gab sehr wenig zu essen, aber sie hatte einige Zutaten für Kekse abzweigen können. Als sein Vater bei ihnen war, nahm er die Kinder »gelegentlich auf kleine Wanderungen mit, und manchmal war der Schnee so hoch, dass ich beim Gehen nicht erkennen konnte, wo ich hintrat«. An den Abenden, so schrieb Martin Heisenberg, spielte sein Vater Klavier, und seine Mutter sang dazu. Es gab einen »Weihnachtsbaum mit richtigen Kerzen«, und Heisenberg, immer vor Feuer auf der Hut, »stellte stets einen Eimer Wasser in eine Ecke des Wohnzimmers«.[7]

## Währenddessen in Amerika

Die Amerikaner verfolgten, wie wir gesehen haben, vor August 1942 keine ernsthaften Pläne zur Herstellung einer Atombombe. Erst im Juni des nächsten Jahres, 1943, wurde J. Robert Oppenheimer zum Direktor des Labors in Los Alamos ernannt, wo Hunderte von Wissenschaftlern arbeiten und wohnen sollten. Der Sohn nicht praktizierender Juden aus New York City hatte Europa ausgiebig bereist und 1927 bei Max Born in Göttingen studiert, wo er die aufregende Frühphase der Quantenmechanik miterlebte. Danach war er in Leiden und in Zürich gewesen und schließlich in die Vereinigten Staaten zurückgekehrt, um in Berkeley und am California Institute of Technology in Pasadena zu unterrichten. Er war ein hervorragender und charismatischer Dozent; seine Studenten ahmten in ihrer Verehrung seine Sprechweise und sogar die Art und Weise nach, wie er seine Zigaretten anzündete.

In seinem Buch *Mein Fall J. Robert Oppenheimer. Die Geschichte einer Freundschaft* beschrieb Haakon Chevalier, den Oppenheimer als möglichen Spion bei den amerikanischen Geheimdiensten anschwärzte, wie dieser Wissenschaftler 1937 auf ihn wirkte:

»Er war groß und wirkte nervös und energisch; er hatte einen seltsamen, etwas schleppenden Gang, wobei er Arme und Beine mächtig bewegte, den Kopf ein wenig auf eine Seite geneigt und die eine Schulter höher als die andere … Er sah aus wie ein junger Einstein und gleichzeitig wie ein zu groß gewachsener Chorknabe. Es lag in seinem Gesicht eine schwer deutbare Weisheit und zugleich eine tiefe Unschuld.«[8]

Die erste praktische Etappe auf dem Weg zur Bombe war ein kleiner, primitiver Reaktor, den Enrico Fermi und der Physiker Arthur Compton mit Leo Szilards Hilfe auf einem verlassenen Squash-Platz in Chicago bauten. Diese »Chicago Pile I« genannte Apparatur war, wie Richard Rhodes verdeutlicht hat, tatsächlich ein potenzielles »kleines Tschernobyl mitten in einer dicht besiedelten Großstadt«.[9] Der »Pile«, also Meiler, bestand aus Grafitblöcken, zwischen ihnen verteilt versiegelte Büchsen mit Uranoxidpulver und Würfel aus natürlichem Uran. Der Reaktor musste eine kritische Größe erreichen, damit nicht zu viele Neutronen entkamen, bevor sie von den Urankernen absorbiert werden konnten. Der Meiler wurde am 2. Dezember 1942 »kritisch«; damit war bewiesen, dass er die Energie- und Plutoniumproduktion in Gang halten konnte.

Eine Bombe zu bauen war etwas ganz anderes. Am Manhattan-Projekt zur Konstruktion der ersten Atombombe der Welt waren mehr als 30 Produktionsstätten in den ganzen Vereinigten Staaten beteiligt. Die wichtigste Forschungsstätte in Los Alamos (aus Geheimhaltungsgründen »Site Y« genannt) lag auf dem Grundstück einer Jungenschule in der Wüste nahe Santa Fe in New Mexico. Hier, unter Oppenheimer, sollten die meisten Wissenschaftler arbeiten. General Groves versuchte anfangs, die Forscher durch eine strikte Aufgliederung voneinander getrennt zu halten, um die Geheimhaltung zu gewährleisten. Oppenheimer war aber davon überzeugt, dass der Erfolg vom freien Gedankenaustausch zwischen den Wissenschaftlern abhing.

Zur Separation des U-235 vom U-238 durch Gasdiffusion und elektromagnetische Techniken wurde in Oak Ridge, Tennessee, eine riesige Fabrik errichtet, die angeblich damals das längste Gebäude der Welt war. In Hanford am Fluss Columbia entstand eine dritte Anlage, die Plutonium produzieren sollte. Unter dem britischen Wissenschaftler J. D. Cockroft wurde außerdem am Chalk River, Ottawa, eine anglokanadisch-französische Anlage zur Herstellung von schwerem Wasser hochgezogen.

All diese gigantischen Bauvorhaben und Betriebe, an denen 150 000 Arbeiter beteiligt waren, wurden vor der Welt geheim gehalten. Die deutschen Nachrichtendienste und Wissenschaftler hatten keine Ahnung, was die Amerikaner vorhatten, bis die erste Atombombe explodierte. Wie das Schicksal es wollte, sollten Deutschlands wichtigste Physiker allesamt in einem Zimmer in England versammelt sein, als am 6. August 1945 die Nachricht von der ersten Massenvernichtungswaffe um die Welt ging, die gezielt gegen eine Zivilbevölkerung – die von Hiroshima – eingesetzt wurde.

## Alsos

Die Alliierten wussten, dass es ein Nazi-Atomprogramm gab, aber ihre Nachrichtendienste konnten ihnen kaum Einzelheiten nennen. General Groves weist in seinen Memoiren darauf hin, dass die Experten der Alliierten sogar »mit der Möglichkeit rechnen mussten, dass die Deutschen radioaktives Material benutzen würden, um den Angriff der alliierten Streitkräfte über den Kanal zu blockieren«.[10] Die Briten, die zufällig durch den österreichischen Wissenschaftsverleger Paul Rosbaud auf die Existenz eines deutschen Atomprogramms aufmerksam gemacht worden waren, hatten guten Grund zu der Annahme, dass die deutsche Forschung deutlich hinter der amerikanischen herhinkte, aber die Amerikaner selbst wurden zunehmend nervös bei der Vorstellung, dass die Deutschen womöglich rascher vorangekommen waren, als die verfügbaren Geheimdienstinformationen nahe legten.

Bei der Vorbereitung der Invasion in Europa und des letztendlichen Sieges über Deutschland regten die Briten und Amerikaner, die das dafür notwendige Know-how, Personal und Gerät beschaffen sollten, eine besondere Mission an. Der Kopf dieser Mission wurde der niederländische Wissenschaftler Samuel Goudsmit, ein vielsprachiger Physiker, der 1927 in die Vereinigten Staaten ausgewandert war und Heisenberg persönlich kannte. Die Gruppe, die Goudsmit leitete, wurde »Alsos« genannt, griechisch für »Hain« (englisch: *grove*) – vielleicht ein Wortspiel, das sich von General Groves' Namen ableitet. Goudsmit, der wenig über die Einzelheiten der Bombenentwicklung wusste, hatte sich gerade deshalb als idealer Alsos-Leiter angeboten. »Wenn ich in die Hände der Deutschen gefallen wäre«, schrieb er in seinem Bericht über die Mission, »hätten sie mir keine großen Bombengeheimnisse entlocken können.«[11]

Goudsmits erstes Ziel in Europa nach der Invasion in der Normandie war Joliot-Curies Labor am Collège de France in Paris. Im Dezember 1944 kam das Team nach Straßburg, wo von Weizsäcker das Physikalische Institut der Universität übernommen hatte. Weizsäcker war bereits geflohen, aber Goudsmits Leute fanden eine Menge Dokumente, aus denen hervorging, dass die Deutschen in der Atombombenforschung weit abgeschlagen hinter den Alliierten lagen. Die Deutschen hatten es, wie er entdeckte, nicht einmal geschafft, einen kettenreaktionsfähigen Reaktor zu bauen. Groves' Befürchtung richtete sich nun auf die Russen, denen weder Informationen über Kernwaffen noch die entsprechenden Spezialisten in die Hände fallen sollten. Als er entdeckte, dass die Firma Auer in Ostdeutschland – in einem Gebiet, das zwangsläufig von den Russen erobert werden würde – Uranmetall herstellte, befahl er die Zerstörung der Fabrik durch Luftangriffe.

Unterdessen war es Goudsmit gelungen, zu seinem Elternhaus in Den Haag vorzudringen, das er jedoch verlassen vorfand. Seit ihn im März 1943 ein Brief aus einem Konzentrationslager erreicht hatte, war er ohne Nachricht von seiner Familie gewesen. Seine Memoiren legen ein ergreifendes Zeugnis von seinem Schmerz ab:

»Ich stieg in das kleine Zimmer hinauf, in dem ich so viele Stunden meines Lebens verbracht hatte, und fand ein paar verstreute Papiere, darunter meine Gymnasialzeugnisse, die meine Eltern all die Jahre so sorgfältig aufbewahrt hatten... Als ich in diesem Trümmerhaufen stand, der einst mein Zuhause gewesen war, ergriff mich jene erschütternde Emotion, die wohl jeder kennt, dessen Familie und Freunde durch die Hand der mörderischen Nazis gestorben sind: ein schreckliches Schuldgefühl. Vielleicht hätte ich sie retten können.«[12]

Als er später über die deutsche Begabung für systematisches Organisieren nachdachte, schrieb Goudsmit: »Aus diesem Grund bewahrten sie all die exakten Protokolle ihrer bösen Taten auf, die wir später in Deutschland in ihren gut sortierten Aktenschränken fanden.« Deshalb, so fuhr er fort, »kenne ich das genaue Datum, an dem mein Vater und meine blinde Mutter in der Gaskammer umgebracht wurden. Es war an Vaters 70. Geburtstag.«[13]

Im Januar 1945 hatten die deutschen Atomphysiker Walther Gerlach, Kurt Diebner und Karl Wirtz den Berliner Laboratorien den Rücken gekehrt und möglichst viel Uran und schweres Wasser mitgenommen. Sie wollten nach Süddeutschland, nach Hechingen, in die Nähe von Heisenbergs Reaktorblock in Haigerloch. (Offenbar gelang es Gerlach nicht, den ganzen Vorrat abzutransportieren, denn der Historiker Antony Beevor schreibt, dass der NKWD, der am 24. April 1945 mit der Roten Armee von Süden her nach Berlin vordrang, im Kaiser-Wilhelm-Institut für Physik »250 Kilogramm metallisches Uran, drei Tonnen Uraniumoxid und 20 Liter schweres Wasser« vorfand – wohl eine Beute, auf die Stalin und Berija, sein Geheimdienstchef, schon lange spekuliert hatten.)[14]

Im März kam Goudsmit im Gefolge der alliierten Truppen nach Heidelberg. Hier traf er auf Bothe, der sich beredt über die zivile Nutzung der Atomforschung äußerte, sich aber weigerte, über die deutsche Waffenentwicklung zu sprechen. Als das Alsos-Team schließlich in Hechingen und Haigerloch eintraf, war Heisenberg bereits weitergereist, ebenso wie von Weizsäcker, der zuvor noch die Dokumente des deutschen Nuklearforscherteams versteckt hatte, die man später in einem versiegelten Behälter fand – in eine Jauchegrube versenkt.

In beziehungsweise bei Hechingen nahm die Alsos-Gruppe von Laue und Otto Hahn in Gewahrsam. Sie waren nicht an der Nuklearforschung beteiligt gewesen, aber Goudsmit glaubte, sie könnten für den Wiederaufbau der deutschen Naturwissenschaft in der Nachkriegszeit wichtig werden. In der Umgebung stieß das Team auch auf Wirtz, Bagge und Horst Korsching. Gerlach wurde Anfang Mai in München aufgegriffen, Diebner ging einen Tag später ins Netz.

Unterdessen war Heisenberg auf einem Fahrrad durch das zerstörte Deutschland geradelt, um von Hechingen zu seinem 160 Kilometer entfernten Haus in Urfeld zu gelangen. Er wurde am 3. Mai von Alsos festgenommen und wie viele andere Wissenschaftler zum Hauptquartier der Alliierten nach Reims gebracht. Als Goudsmit zum ersten Mal mit ihm sprach, sagte Heisenberg, falls die amerikanischen Kollegen etwas über das Uranproblem erfahren wollten, werde er ihnen gerne die deutschen Forschungsergebnisse vorführen, wenn sie ihn in seinem Laboratorium besuchen würden.[15] Goudsmit fand das erbärmlich.

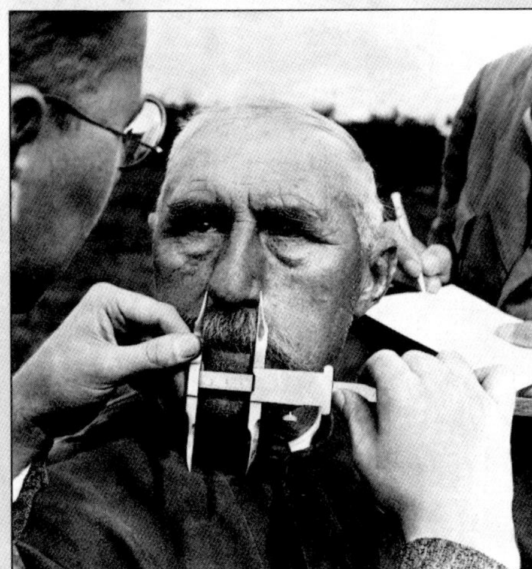

20 *(oben)* Nach dem ersten Erfolg der A4 bemühte sich Albert Speer, Reichsminister für Rüstung und Kriegsproduktion (rechts mit Armbinde), sehr um die Flugkörperproduktion. Zusammen mit Propagandaminister Joseph Goebbels (Mitte) verfolgt er am 17./18. August 1943 in Peenemünde einen V2-Start

21 *(unten links)* Albert Speer stellt Hitler am 7. Februar 1938 einige seiner Architekturpläne für das neue Berlin vor

22 *(unten rechts)* Vermessung der Gesichtszüge eines Deutschen

23 *(oben links)* Ein deutscher »Schwerer Panzerkampfwagen VI«, genannt Tiger, vor der britischen Front nahe Medjez-el-Bab am 27. April 1943

24 *(oben rechts)* Winston Churchill (Mitte) und sein wissenschaftlicher Berater Frederick Lindemann (Lord Cherwell, links)

25 *(rechts)* Deutsche Fernmelder setzen mit einer Enigma-Maschine eine verschlüsselte Nachricht ab

26 *(oben)* V1-Rakete über London, von einem Dach an der Fleet Street aus fotografiert. Die Bombe stürzte in eine Seitenstraße der Drury Lane und zerstörte mehrere Gebäude, darunter die Büros des *Daily Herald*

27 *(unten)* V2-Rakete, 15. August 1947. Großbritanniens streng geheime Raketenforschungsabteilung in Westcott, Buckinghamshire, war die zentrale Versuchseinrichtung für alle Anwendungen des Raketenantriebs. Zum Personal gehörten zwölf deutsche Wissenschaftler unter der Leitung von Dr. J. Schmidt, der zuvor in den Kieler Walter-Werken für die Raketenproduktion zuständig gewesen war

28 *(oben)* Das »Mittelwerk« bei Nordhausen in Thüringen, in dem Zwangsarbeiter die Vergeltungsraketen zusammenbauen mussten

29 *(unten)* Eine Messerschmitt Me-262, Deutschlands Düsenjäger und -bomber

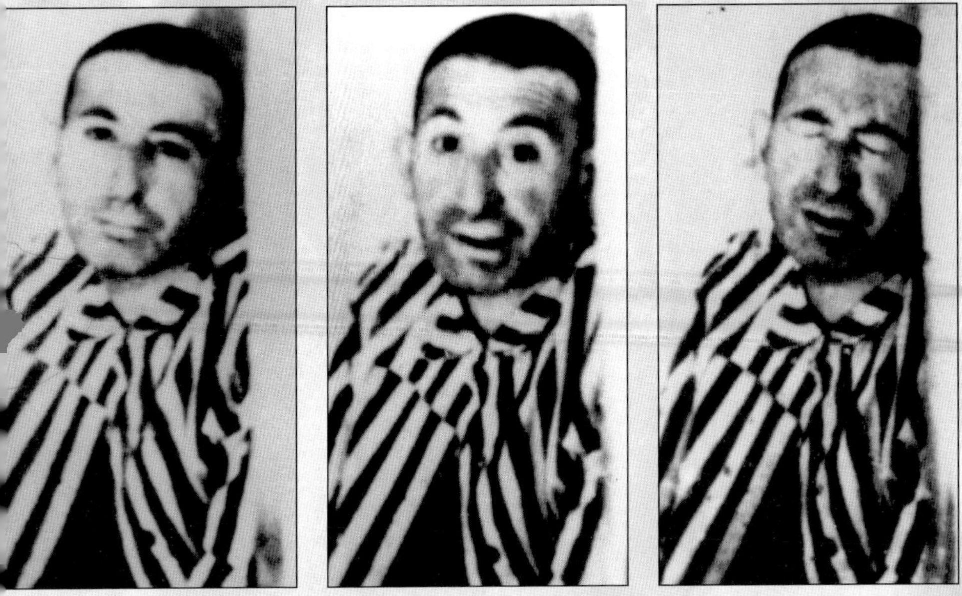

30 *(oben)* Menschenversuch an einem Gefangenen in Dachau

31 *(unten links)* Amerikanische Soldaten entdecken Heisenbergs Reaktor in Haigerloch

32 *(unten rechts)* Primo Levi, Schriftsteller und Chemiker, musste 1944 in den Labors der Buna-Werke für synthetische Produkte bei Auschwitz arbeiten

33 *(oben links)* Auf dem Landsitz Farm Hall nahe Cambridge wurden 1945 zehn deutsche Physiker gefangen gehalten

34 *(oben rechts)* Max von Laue blieb während des Krieges in Deutschland und leistete Widerstand gegen die Nazis

35 *(unten links)* Carl Friedrich von Weizsäcker, Heisenbergs jüngerer Kollege beim Nazi-Bombenprojekt

36 *(unten rechts)* Paul Harteck beantragte beim Heereswaffenamt Gelder für die Atombomben-forschung

37 *(oben)* Eine Atombombe vom Typ Fat Man, wie sie über Nagasaki abgeworfen wurde

38 *(links)* General Groves (rechts) und J. Robert Oppenheimer inspizieren das Testgelände der Trinity-Atombombe

39 *(oben)* Wernher von Braun (Mitte, mit eingegipstem Arm) stellt sich im Mai 1945 der US-Spionageabwehr

40 *(unten)* Der amerikanische Präsident John F. Kennedy (rechts) und Wernher von Braun (Mitte), November 1963

# Teil VI
# Wissenschaft in der Hölle (1942–1945)

# 25. Zwangsarbeit in Dora

Der Kriegsausbruch im September 1939 verschärfte in Deutschland sowohl in der Landwirtschaft als auch in der Industrie den Arbeitskräftemangel, vor allem aber im Bergbau an der Ruhr, wo 30 000 Arbeiter fehlten. Ein nahe liegendes Mittel zur Abhilfe war – wie in jedem Eroberungskrieg – der Einsatz von »Fremdarbeitern«. Die zur Landarbeit herangezogenen Polen wurden zunächst noch als »Retter in der Not« gepriesen. 1940 wurden sie bereits in der Rüstungsindustrie eingesetzt, auch in der Raketenfabrik in Peenemünde. Im Frühjahr 1941 kamen zu den etwa 600 polnischen Arbeitskräften noch 1000 Italiener und ungefähr 100 Franzosen. In diesen frühen Jahren wurde die Zahl der Ausländer aus Geheimhaltungs- und Sicherheitsgründen noch streng limitiert.

In den Jahren 1942 und 1943, als das A4-Raketenprojekt allmählich in die Produktionsphase kam, schnellte sowohl in Peenemünde als auch in den neuen Montage- und Zulieferbetrieben – der Zeppelin-Fabrik in Friedrichshafen und den Rax-Werken in Österreich – der Bedarf an ungelernten Arbeitern in die Höhe. Zur Schlüsselfigur wurde Arthur Rudolph, Peenemündes Chefingenieur, der ursprünglich den Einsatz von russischen Kriegsgefangenen vorbereitet hatte, die in steigender Zahl verfügbar wurden, während zugleich immer mehr Deutsche an der Ostfront eingesetzt werden mussten. (In der Frühphase hatte man die russischen Gefangenen größtenteils verhungern oder an Krankheiten zugrunde gehen lassen.) Im April 1943 wurde den Raketenmachern jedoch eine Alternative angeboten: der Einsatz von Häftlingen der Konzentrationslager.

Zu Anfang, als die Konzentrationslager noch in erster Linie mit vermeintlichen und tatsächlichen Regimegegnern gefüllt wurden, hatte die SS versucht, mit Produktionsstätten in den Lagern Profite zu erwirtschaften. 1942 dienten die polnischen Lager jedoch primär zur Ausrottung der Juden. Diese tödliche Zweckverschiebung fiel mit der Entscheidung Himmlers zusammen, eine neue Form der Sklavenarbeit zu erproben, bei der Privatunternehmen und staatliche Industriebetriebe von der SS zu »rentablen« Preisen Lagerinsassen mieten konnten. Das SS-Wirtschaftsverwaltungshauptamt verlangte für eine ungelernte Kraft normalerweise vier Mark pro Tag und für einen ausgebildeten Arbeiter sechs. Die SS sorgte für Unterkünfte, Minimalverpflegung und Sicherheit. Die Überfüllung, die Arbeitsbedingungen – vor allem im Winter –, die Hungerrationen, die unhygienischen Verhältnisse, die Brutalität und das Arbeitspensum sorgten dafür, dass die Sklavenarbeit zwangsläufig zum Tod führte.

Arthur Rudolph besuchte, bevor er seine Abmachung mit der SS traf, im April 1943 die Heinkel-Fabrik in Oranienburg, nördlich von Berlin. Dort bekam er 4000 Zwangsarbeiter zu sehen, größtenteils Russen, Polen und Franzosen, die auf engstem Raum hinter elektrischen Zäunen und Stacheldraht lebten. Rudolph hielt in seinem Memorandum über die Ausbeutung von Gefangenen fest, von Vorteil sei vor allem die »größere Sicherheit für die Geheimhaltung«.[1]

Für den Historiker Michael Neufeld belegt dieses Memorandum, dass sich der Chefingenieur bereits, »Monate bevor das berüchtigte unterirdische Mittelwerk bei Nordhausen in Thüringen eingerichtet wurde«, für Zwangsarbeit stark machte und sich um ihre Verwaltung kümmerte, was Dornberger und von Braun auch gewusst hätten. (Anderen, zum Beispiel von Brauns eigenen Darstellungen zufolge, war allein Himmler für die Zwangsarbeit in der Raketenproduktion verantwortlich zu machen.)[2]

Am 11. Juni 1943 gab Hitler dem Raketenprogramm Vorrang »vor allen anderen Rüstungsfertigungen«,[3] und am nächsten Tag wurde Dornberger zum Brigadegeneral befördert. Rudolph forderte 1400 KZ-Insassen für Peenemünde an. Wenige Wochen später trafen, in Begleitung von 60 SS-Wachmännern, die ersten Arbeitskräfte aus Buchenwald nahe Weimar ein. Laut Willy Steimel, einem Strafgefangenen, der in Buchenwald als Aufseher eingesetzt war, wurde in Elf-Stunden-Schichten gearbeitet; ein Tag pro Woche war frei. Nach vier Monaten waren drei Gefangene an Krankheiten und zwei an Verletzungen gestorben. Einer war bei der Flucht erschossen worden, und vier weitere Verzweifelte hatten Raketentreibstoff getrunken, um ihrem Leben ein Ende zu setzen.

Wohl um die Wichtigkeit der Vergeltungswaffe noch stärker hervorzuheben, lud Hitler Dornberger und von Braun ein, ihn am 7. Juli in der Wolfsschanze zu besuchen. Dort führten sie ihm noch einmal den Film mit der fliegenden A4 vor, der am 3. Oktober des vorherigen Jahres bei dem erfolgreichen Startversuch gedreht worden war. Hitler erklärte, dass die Rakete einen Zehn-Tonnen-Sprengkopf tragen sollte und jeden Monat 2000 Stück gefertigt werden müssten. Als Dornberger entgegnete, dass diese Zahlen unrealistisch seien, flackerte in Hitlers Augen »ein seltsames fanatisches Licht« auf. »Schon fürchtete ich einen seiner Wutausbrüche.« In dieser Situation äußerte Hitler seine wahnsinnige Beschwörungsformel: »Aber ich will vernichtende – vernichtende Wirkung!«[4] Noch während des Treffens zeichnete Hitler von Braun mit einer staatlichen Professur aus und unterschrieb umgehend die nötigen Dokumente.

Bei dieser Besprechung hatte Hitler darauf bestanden, aus Sicherheitsgründen keine Ausländer an dem Projekt zu beteiligen. Aber sein Befehl wurde umgehend missachtet. Anfang August gab Dornberger die Generalanweisung aus, dass die Produktion in allen Stätten durch Gefangene zu erfolgen habe. Peenemünde sollte 2500 KZ-Häftlinge erhalten, die anderen Anlagen zusammen 1500. In der dritten Augustwoche wurde die seit acht Jahren sorgsam verfolgte Planung durch einen unliebsamen Besuch von oben über den Haufen geworfen.

## Der Luftangriff auf Peenemünde

Im Verlauf des Jahres 1943 hatte der britische Nachrichtendienst Informationen über Peenemünde und andere geheime Waffenfabriken zusammengetragen und Aufklärungsflüge durchgeführt. Deren

Fotos sollten bei der alliierten Sabotage- und Bombardierungsoperation namens »Crossbow« (Armbrust) eine wichtige Rolle spielen.

Im Sommer 1943 waren alle Sicherheitsmaßnahmen in Peenemünde noch einmal verschärft worden; die Flak-Batterien um das Gelände wurden verstärkt, ebenso die Patrouillen der SS-Männer. Der Luftangriff auf Peenemünde in der Nacht vom 17. auf den 18. August kam nicht ganz unerwartet. Um ein Uhr morgens dröhnten 600 schwere RAF-Bomber am Nachthimmel und warfen anderthalb Millionen Kilogramm Sprengstoff auf die Fabrikanlagen ab.

Der Angriff zerstörte vor allem das Wohngebiet des östlichen Peenemünde-Geländes für die A4-Produktion, darunter die Ingenieurunterkünfte und die Baracken, in denen etwa 3000 Ausländer hinter Stacheldraht hausten. Der oberste Triebwerksingenieur Walter Thiel und seine Familie starben in ihrem Luftschutzraum. Die Entwicklungsabteilung wurde ebenso schwer beschädigt wie die Verwaltungsgebäude; von Braun kletterte zwischen den Ruinen herum, um Pläne und Dokumente zu retten.

Damals wohnten etwa 12000 Arbeiter in Peenemünde. Mehr als 700 starben, 500 von ihnen Zwangsarbeiter. Die Fabrikationshallen, in denen die Raketen zusammengebaut wurden, blieben nahezu unbeschädigt. Der Schaden sah übler aus, als er war, und die meisten zerstörten Gebäude baute man zur Tarnung nicht wieder auf, um die RAF von weiteren Luftangriffen abzuhalten. Sowohl deutsche als auch britische Historiker sind zu dem Schluss gekommen, dass der Luftangriff das Raketenprojekt um zwei Monate zurückwarf, was bedeutet, dass etwa 740 Flugkörper weniger abgeschossen wurden. Der Tod Thiels war jedoch ein bedeutender Verlust, und die Entwicklung der Flugabwehrrakete »Wasserfall« sowie einer Zwei-Stufen-Rakete, die bis tief ins britische Hinterland hätte fliegen können, verlor an Schwung. Martin Middlebrook, dessen Buch *The Peenemünde Raid* eine erschöpfende Chronik des Ereignisses bietet, fügt hinzu, dass auch der Effekt auf die deutsche Moral erheblich war.

Es gab viele bewegende Einzelschicksale, von der jungen Frau mit dem Pelzmantel über dem Nachthemd, die aus Peenemünde hinauslief und schrie, sie wolle nach Hause, bis zu dem Luftwaffengeneral, für den der Angriff auf Peenemünde »ein Schlag zu viel war und der sich das Leben nahm«.[5]

Peenemünde war entdeckt worden: Die »schlafende Schöne«, wie manche sie genannt hatten, war aufgeweckt worden, und der Vorfall führte zu einer schicksalhaften Entscheidung. Himmler sorgte rasch dafür, dass er nun, da die Verlagerung und Dezentralisierung des Raketenprogramms unabdingbar geworden waren, an der weiteren Planung maßgeblich beteiligt wurde. Eine Woche nach dem Luftangriff traf Himmler in der Wolfsschanze ein und überredete den Führer, die SS mit der Mitverwaltung der A4-Produktion, der Verlagerung der Fertigung unter die Erde und dem Einsatz von KZ-Insassen zu betrauen. Die weiteren Tests sollten an einem Ort in Polen stattfinden. Der Reichsführer-SS konnte Hitler offenbar davon überzeugen, dass der Luftangriff auf Spionage zurückging: Die Produktionsstätte unter der Erde zu verstecken würde sie sowohl vor der Aufklärung als auch vor weiteren Bombenangriffen schützen.

Für den Aufbau der neuen Anlagen würde SS-Brigadeführer Hans Kammler zuständig sein, ein Mensch von bemerkenswerter Skrupellosigkeit. Himmler war entschlossen, bei dem heftigen Machtgerangel um das A4-Projekt nicht außen vor zu stehen. Dennoch blieb Albert Speer, der sich rasch den Ruf angeeignet hatte, Wunder zu vollbringen, oberster Verantwortlicher des Programms.

Am 26. August, nur eine Woche nach Himmlers Gespräch mit Hitler, war ein passender Ort für die Untergrundfabrik gefunden: ein Tunnelsystem in den Kohnstein-Bergen nahe der Stadt Nordhausen im Harz, in dem Öl und chemische Waffen gelagert wurden – das künftige Mittelwerk. Als die Entscheidung fiel, gab es zwei Tunnel von etwa anderthalb Kilometer Länge, in die jeweils zwei parallele Schienenstränge hineinpassten; einer von ihnen führte durch den ganzen Berg hindurch. Am 28. August wurden KZ-Häftlinge herangeschafft, um auch den zweiten Tunnel bis zur gegenüberliegenden Bergflanke vorzutreiben und 20 Verbindungstunnel zwischen den beiden anzulegen.

Währenddessen wurden die Forschungs- und Entwicklungsabteilungen rings um den Bezirk Peenemünde und im Rest Deutschlands verteilt, bis hinunter nach Kochel in den bayerischen Alpen, wo die Windkanäle wieder aufgebaut werden sollten. Trotz der Kommunikationsschwierigkeiten zwischen den Stätten wurde die Weiterentwicklung der A4 binnen zweier Monate wieder aufgenommen, aber das Ausmaß der Zwangsarbeit und auch die Brutalität der Behandlung der KZ-Insassen nahmen bisher ungekannte Ausmaße an. Innerhalb von sechs Wochen wurden 6000 männliche Häftlinge in die Mittelwerk-Tunnel beordert, größtenteils Russen, Polen und Franzosen, aber damals noch keine Juden (diese sollten erst im Sommer 1944 eingesetzt werden). Im November waren es schon 8000. Kammler erklärte seinem Stab: »Kümmern Sie sich nicht um die menschlichen Opfer. Die Arbeit muss vonstatten gehen, und in möglichst kurzer Zeit.«[6] Die SS schuf dementsprechend eine Hölle auf Erden.

Ein französischer Widerstandskämpfer, Jean Michel, schildert das Mittelwerk, wie er selbst es Mitte Oktober 1943 erlebte:

»Kapos und SS treiben uns mit höllischer Geschwindigkeit an, Schreie schallen durch die Reihen, drohen mit der Erschießung; es sind Dämonen! Der Lärm bohrt sich in den Kopf hinein und legt die Nerven blank. Der wahnsinnige Rhythmus dauert 15 Stunden an. Ankunft in den Schlafstollen … wir versuchen nicht einmal, die Bettgestelle zu erreichen. Vollkommen erschöpft sinken wir auf die Felsen, auf den Boden nieder. Von hinten stoßen uns die Kapos weiter. Die Hinteren stolpern über die Körper ihrer Kameraden weiter. Bald liegen tausend verzweifelte Männer da, am Rand ihrer Kräfte angelangt und von Durst geplagt, und warten auf einen Schlaf, der nie kommt, schließlich sind das Schreien der Wachen, der Lärm der Maschinen, die Explosionen und das Läuten der Glocke (der Lokomotive) auch hier noch zu hören.«[7]

Die Gefangenen schufteten Tag und Nacht, und die Tunnel wurden häufig von Explosionen erschüttert, wenn der Fels mit Dynamit bearbeitet wurde; dann machte der Staub in der Luft das Atmen zur Qual. Toiletten oder Waschräume gab es nicht, sodass die Männer halbierte Ölfässer als Latrinen benutzten. Michel schreibt: »Manche Häftlinge sind zu schwach und brechen zusammen. Sie leiden an Ruhr. Sie beschmutzen ihre Hosen. Sie haben keine Kraft mehr, sich auf die Fässer zu setzen, ja nicht einmal, sich zu den Fässern hinzuschleppen.«[8] In den ersten sieben Monaten der Operation starben 6000 Häftlinge (einschließlich derer, die in die Konzentrationslager zurückgeschafft wurden).

Im Dezember 1943 besuchte Albert Speer das Mittelwerk und

schickte anschließend Kammler ein großes Lob für die Leistung, »die unterirdische Anlage in zwei Monaten in eine Fabrik verwandelt zu haben, die ›in Europa kein annäherndes Beispiel habe und selbst für amerikanische Begriffe unübertroffen‹ dastehe«.[9] Nach dem Krieg rechnete er sich selbst die Verbesserungen an dem als »Dora« bezeichneten Barackenlager an, das außerhalb der Tunnel für die Gefangenen errichtet wurde. Wie in anderen Zusammenhängen auch, sollte man sich auf seine eigennützigen Nachkriegsbeteuerungen tunlichst nicht verlassen.[10]

Speer war eindeutig für die Gräuel im Mittelwerk verantwortlich, gemeinsam mit Himmler und Kammler. Einiges deutet darauf hin, dass auch Dornberger und von Braun den Einsatz von Zwangsarbeitern zwecks Einhaltung der Produktionsvorgaben befürwortet haben.[11] Von Braun sollte jedoch bald einen seltsamen Zusammenstoß mit der SS haben, der ihn von Himmler und der SS abrücken ließ und ihm für die folgenden Jahrzehnte ein Alibi verschaffte, soweit es die Vorwürfe der Zwangsarbeiter-Ausbeutung anging.

Im Februar 1944 erhielt er, wie er nach dem Krieg in einem Artikel schilderte, einen Anruf: Er sollte in Himmlers Hauptquartier in Ostpreußen vorsprechen. Er war verängstigt, als er in das Büro des Reichsführers vorgelassen wurde. Himmler, der von Braun eher wie ein Lehrer als wie ein bluttriefendes Ungeheuer vorkam, hieß den jungen Raketenbauer höflich willkommen. Von Braun zufolge fragte Himmler ihn dann, warum er nicht zu »uns« überwechsle. Es handelte sich um einen platten Abwerbungsversuch: Von Braun sollte dem Heer die Loyalität aufkündigen und der SS zu Diensten sein. Er erwiderte, dass er in General Dornberger einen Vorgesetzten gefunden habe, wie man ihn sich besser nicht wünschen könne. Damit schien die Sache beendet zu sein.

Im nächsten Monat wurden von Braun und seine engen Mitarbeiter Klaus Riedel und Helmut Gröttup dann aber festgenommen. Man unterstellte ihnen, sie hätten behauptet, die Hauptaufgabe ihrer Forschung sei die Erschaffung eines Raumschiffs. Ihre Ankläger behaupteten auch, man habe sie sagen hören, der Krieg werde übel ausgehen und die A4 sei ein »Mordinstrument«. Darüber hinaus sollten sie – was noch schwerer wog – mit kommunistischen Zellen in Verbindung stehen.

Nur dank der energischen Intervention Dornbergers und – wie es scheint – des Engagements Speers, der direkt mit Hitler sprach, kam von Braun nach zwei Wochen wieder auf freien Fuß. Die anderen wurden kurz danach freigelassen. Auch wenn von Braun kurzfristig in Gefahr war, aufgrund der schweren Anschuldigungen hingerichtet zu werden, erwies sich der Zwischenfall langfristig als karriereförderlich, denn sonst hätte er in der Nachkriegszeit wohl kaum zum Leiter der US-amerikanischen Raumfahrtforschung aufsteigen können. Diese »Verfolgung« seitens der SS festigte sein Image als Wissenschaftler, der sich beharrlich gegen jede politische Vereinnahmung gewehrt hatte. Tatsächlich aber hatte Himmler die Sache eingefädelt, um das A4-Projekt unter seine Kontrolle zu bringen.

# 26. Menschenversuche und die »Wissenschaft« der Auslöschung

Die weit verbreitete Ideologie und Praxis der pseudowissenschaftlichen Rassenhygiene im Deutschland der 1920er-Jahre ging, wie wir gesehen haben, dem allmählichen Vordringen und der Akzeptanz der Zwangssterilisationen voraus, die schließlich, vor allem nach Ausbruch des Krieges, in die Euthanasie-Maßnahmen mündeten. Von da war es nur noch ein kleiner Schritt bis zur Ausrottung der Juden und anderer Gruppierungen aus nacktem Rassenhass.

Für eine Sterilisation kamen nach dem im Juni 1933 erlassenen Gesetz Menschen mit einer Reihe angeborener geistiger und körperlicher Behinderungen ebenso infrage wie solche mit erblich bedingter Blindheit oder Taubheit sowie Alkoholiker. Der schlechte Zustand der Psychiatrie nach dem Ersten Weltkrieg hatte dazu geführt, dass man nur die aussichtsreichen Fälle wirklich behandelte und die anderen Patienten lediglich notdürftig versorgte, während man all jene, die aus den Heimen entlassen werden mussten, am liebsten sterilisierte.

Regelmäßig besuchten Nazi-Gruppen die Anstalten, um sich vorführen zu lassen, dass die Insassen sinnlos dahinvegetierten; Schulkinder wurden indirekt auf die Euthanasie eingestimmt, indem man sie vor der ganzen Klasse befragte, wie viel Geld zum Erhalt unnützen Lebens aufgewendet werden solle. In der Propaganda jener Zeit sollte die Aussicht auf eine nationale Krise – zum Beispiel auf einen Krieg um den Fortbestand des Landes, bei dem den Gesunden enorme Opfer abverlangt würden – die Auslöschung derjenigen rechtfertigen, deren Dasein »nicht nur absolut sinnlos war, sondern negativ bewertet wurde«.[1]

Unterdessen hatten ausgerechnet die Reformer durch ihre Initiativen zur Beschäftigungstherapie und Erforschung der »Abnormität« in der Bevölkerung mit den Worten Michael Burleighs nicht etwa »Fragen über den Einfluss des sozioökonomischen Umfeldes« aufgeworfen, sondern Möglichkeiten zur »Kontrolle durch die Erfassung häufiger Devianz in primitiven Datenbanken« geschaffen.[2] Die weit verbreitete Praxis der Beschäftigungstherapie hatte bereits zur »Schaffung einer psychiatrisch definierten Untergruppierung innerhalb einer Schicht« beigetragen, die »ohnehin schon am Rande der Gesellschaft stand«.

Das Spektrum der vom medizinischen Berufsstand organisierten und verwalteten Sterilisationen weitete sich in den folgenden Jahren weiter aus: auf Verbrecher, Prostituierte und schließlich auch auf Waisenkinder, die vom Heimpersonal als unkooperativ eingestuft wurden. Irgendwann wurden auch soziale Probleme wie Armut der Vererbung zugeschrieben. Von 1941 an wurden die Maßnahmen auch auf Sinti, Roma und Juden angewandt. Komplikationen, teils mit Todesfolge, waren bei diesen Prozeduren keine Seltenheit. Zwischen 1934 und 1944 wurden im Großdeutschen Reich schätzungsweise 300 000 bis 400 000 Menschen zwangsweise sterilisiert.[3]

Es folgte die legale Tötung von Kindern mit geistigen und körperlichen Behinderungen. Diese Maßnahme lief 1938 an, als Hitler Karl Brandt, einen seiner Leibärzte, nach Leipzig beorderte, wo er einem Antrag von Eltern auf Gewährung des »Gnadentodes« für ihr Kind nachgehen sollte. Brandt wurde danach bevollmächtigt, ein Programm zu entwickeln, das auch die Ermordung behinderter Kinder in Krankenhäusern durch Giftspritzen beinhaltete. Diese Initiative war der Auftakt zu einer Ausweitung der Euthanasie auf eine große Zahl erwachsener Geisteskranker, die im Oktober 1939 durch einen Führererlass die Rückendeckung der Legislative erhielt. Der Erlass wurde auf den 1. September rückdatiert, als habe er etwas mit dem Kriegsbeginn zu tun gehabt, und verschaffte der Maßnahme so das Gewicht einer Krisenbewältigungsstrategie. Hitlers Dekret zur Genehmigung der Euthanasie übertrug Philipp Bouhler und Karl Brandt die Aufgabe, »die Befugnisse namentlich zu bestimmender Ärzte so zu erweitern, dass nach menschlichem

Ermessen unheilbar Kranken bei kritischster Beurteilung ihres Krankheitszustandes der Gnadentod gewährt werden kann«. Es entstand eine eigene Mordbürokratie, die Euthanasie-Behörde, auch T4 genannt. Diese Einrichtung, auf die wir später zurückkommen werden, ließ Patienten von Amtsärzten begutachten und in Vergasungszentren transportieren. Der Vorgang wurde zum Vorläufer der »Endlösung der Judenfrage«, die 1942 an Tempo gewann.

Typisch für die Synergie zwischen der Euthanasie-Behörde und der »akademischen« Wissenschaft waren die Aktivitäten des Kaiser-Wilhelm-Instituts für Hirnforschung in Berlin-Buch, das erhebliche Zuwendungen von der Rockefeller Foundation erhalten hatte. Als die Aktion T4 1939 in Gang gekommen war, sah Professor Julius Hallervorden an diesem Forschungszentrum die Möglichkeit, die neuropathologische Sammlung des Instituts um frisches Gehirnmaterial zu erweitern. Seine Hauptbezugsquelle war eine Euthanasie-Tötungseinrichtung in Brandenburg. Die Opfer, größtenteils aus der Landesanstalt Görden, einer örtlichen Nervenheilanstalt, wurden in einem Raum versammelt, der wie ein Duschraum wirkte, und dort mit Giftgas umgebracht. Hallervorden war bei einigen Morden zugegen; er ließ die Gehirne zügig entfernen und in einem Labor der Einrichtung für den Transport in das Kaiser-Wilhelm-Institut vorbereiten. (Die Präparate verblieben bis 1990 im Institut der nach dem Krieg in Max-Planck-Gesellschaft umbenannten Organisation.)

Die Aktion T4, die ihren Namen dem Hauptsitz der »Reichsarbeitsgemeinschaft Heil- und Pflegeanstalten« in der Tiergartenstraße 4 verdankte, umfasste spezielle Tötungseinrichtungen in ganz Deutschland. Diese wurden von Fachärzten geleitet, die die Opfer selektierten und in die als Duschräume getarnten Gaskammern schickten: eine Vorwegnahme der Ausrottungsmethode in den Konzentrationslagern. Den Auftakt zum Massenmord an den Juden und anderem »lebensunwerten Leben« bildete die »Sonderbehandlung 14 f 13« (auch als »Häftlingseuthanasie« bekannt), die nach dem Aktenzeichen der Akte benannt wurde, in der die bürokratischen Vorkehrungen zur Beseitigung »überschüssiger« Konzentrationslager-Insassen festgehalten wurden. Robert J. Lifton zufolge schuf die Aktion »14 f 13« zwei Brücken, eine ideologische und eine institutionelle, über die die frühen rassenhygienischen Maßnahmen in eine Medikalisierung des Tötens und schließlich in die »Endlösung« übergeführt wurden. Nazi-Ärzte trennten an den Rampen jene, die im Gas sterben sollten, von den Arbeitsfähigen, sorgten für einen reibungslosen Betrieb der Gaskammern und überwachten schließlich die Ermordung von Millionen von Opfern in den Todeslagern. Der Arzt verkörperte also am Ende die verwerflichen Vorstellungen der Nazis vom Massenmord als einer Art rassischer Therapie.

Am 20. Januar 1942 fand in der Villa Am Großen Wannsee Nr. 56/58 vor den Toren Berlins eine Konferenz statt.[4] Das Treffen, an dem 15 hochrangige Beamte teilnahmen, wurde von Reinhard Heydrich geleitet. Heydrich bat alle Anwesenden, bei der Durchführung der »Endlösung« zu kooperieren. Er trug eine von Eichmann vorbereitete Rede vor, in der er befahl, dass die Juden unter geeigneter Führung und in geeigneter Weise zur Zwangsarbeit nach Osten gebracht werden sollten. Nach Geschlechtern getrennt, sollten die Arbeitsfähigen in Arbeitskolonnen eingesetzt werden; man erwartete, dass dabei »zweifellos ein Großteil durch natürliche Verminderung ausfallen wird«. Nach den von Adolf Eichmann zusammengestellten Statistiken starben elf Millionen Juden. Die Deportationen liefen im März 1942 an und dauerten bis 1944. In den entlegeneren Teilen des ehemaligen Polen wurden Tötungslager errichtet und personell ausgestattet: Auschwitz-Birkenau, Treblinka, Belzec, Sobibor, Chelmno und Majdanek. Vorrangiges Problem waren die Transporte, die komplexe Fahr- und Rangierpläne, die Anmietung von Eisenbahnwaggons sowie ausreichende Bewachung erforderten. Eichmanns Abgesandte wurden zu diesen Zwecken nach Frankreich, Belgien, Holland, Luxemburg, Norwegen, Rumänien, Griechenland, Bulgarien, Ungarn, Polen und in die Tschechoslowakei geschickt.

## Die Technologie der Vernichtung und Beseitigung

In den letzten Jahren konnte rekonstruiert werden, wie die »normale« Krematoriumstechnik von 1942 an unter dem Druck der »Endlösungs«-Massenmorde zu bis dato ungekannter »Leistungsfähigkeit« weiterentwickelt wurde. Der Einsatz und die Effizienz der Verbrennungstechnik machten, so viel ist klar, die zügige Durchführung der Maßnahme erst möglich. Erst das Zusammenspiel von technischer Begabung und Geschicklichkeit, sorgfältiger Planung und Organisation sowie finanziellen Anreizen für Individuen wie auch für Institutionen sorgte für die erwünschte Tötungsrate.

Früher konnten Historiker, die sich mit den Krematorien in Auschwitz befassen wollten, lediglich auf Archive in Deutschland, Polen und Israel zurückgreifen. Dieses Material ist seither um Quellen aus Moskau ergänzt worden, die zu Beginn der 1990er-Jahre in der Folge des Falls der Berliner Mauer verfügbar wurden. Die Historiker Jean-Claude Pressac und Robert Jan van Pelt haben ihre Fachkenntnisse 1994 in einem bemerkenswerten Aufsatz zusammengeführt, *The Machinery of Mass Murder at Auschwitz*, einer Chronik des Krematoriumsbaus in Auschwitz-Birkenau, die uns vor Augen führt, welcher Art der technologische »Fortschritt« im Dritten Reich oft war.[5]

Anfang der 1930er-Jahre bestand eine moderne Kremationsanlage in Deutschland aus einem Brenner, einer komplizierten Einrichtung zur Hitzerückgewinnung aus den Verbrennungsabgasen und der »Muffel«: der Brennkammer, die den Sarg aufnahm. Die Schwachpunkte dieses Modells waren die hohen Betriebskosten und seine Größe: Die Röhren des Abwärmerückgewinners nahmen zwei Drittel des gesamten Ofenvolumens ein. Deutsche Ingenieure entwarfen ein neues Kremationssystem, bei dem kalte Pressluft den Brennstoffverbrauch erheblich senkte und den Verbrennungsprozess deutlich beschleunigte. Der Entwurf wurde 1928 patentiert. 1935 entwickelte Kurt Prüfer, ein Ingenieur der bekannten Ofenhersteller Topf und Söhne in Frankfurt, die Druckluftinnovation weiter.

Im Mai 1937 holte die SS Angebote für ein Krematorium im Konzentrationslager Dachau ein, da die Zahl der Toten die Kapazität der örtlichen Einäscherungsöfen zu sprengen drohte; außerdem sorgte die Anlieferung der KZ-Leichen dort für unwillkommenes Aufsehen. Die Firma von Walter Müller in Allach bemühte sich um den SS-Auftrag; ihr Ofen hatte zwar einen Kaltluftkompressor, aber nur eine Muffel, und er war im neugriechischen Stil mit Marmor verkleidet. Die SS nahm von diesem Angebot Abstand.

1939, als die Notwendigkeit eines lagereigenen Einäscherungsofens immer dringlicher wurde, startete das SS-Wirtschaftsverwaltungshauptamt erneut eine Ausschreibung. Diesmal bot Prüfer von Topf und Söhne ein robustes, ölbetriebenes, mobiles, funktionelles Modell mit einer Doppelmuffel an, das ebenfalls mit der Drucklufttechnologie arbeitete. Der Durchsatz hatte sich auf zwei Körper pro Stunde verdoppelt, und der Preis lag mit 9000 Reichsmark[6] (in heutiger Kaufkraft gut 32000 Euro) sogar noch etwas unter dem Betrag, den Müller für sein Modell mit nur einer Muffel verlangt hatte. Die SS bestellte ein Exemplar für Dachau und ein weiteres für Buchenwald, ein Lager in der Nähe der Ofenfabrik in Erfurt. Anfang des nächsten Jahres orderte die SS zwei weitere Krematorien, eines für Auschwitz, eine ehemalige Kaserne, in der 10000 polnische Häftlinge »unter Quarantäne« gehalten wurden, und das andere für das Konzentrationslager bei Flossenbürg.

Die Umgebung von Auschwitz, einer Kleinstadt mit etwa 12000 Einwohnern, war vom Dritten Reich ursprünglich für eine Modellkolonie der Ostbesiedlung ausgewählt worden, eine Siedlung mit »mittelalterlicher« Märchenarchitektur und idealen Freizeiteinrichtungen zum Tanzen, Musizieren und einer Reihe anderer künstlerischer Ausdrucksformen mit bäuerlichem Anklang. Die Arbeiter sollten in einem in sich geschlossenen Phantasiegebilde leben, das an die viktorianischen Arts-and-Crafts-Gemeinden erinnert. Dieser aus der Blut-und-Boden-Ideologie erwachsene Plan verwandelte sich innerhalb weniger Monate in eine Hölle auf Erden, mit Stacheldraht und Elektrozäunen, Hunger, Krankheiten, als medizinische Forschung verbrämter Folter und Genozid. Zu den architektonischen Besonderheiten des Lagers zählten die spärlichen Latrinen, die sich jeweils 150 Menschen teilen mussten, von denen viele die Ruhr hatten.

Prüfer war über die Bestellungen hocherfreut, da er eine zweiprozentige Kommission auf den Profit aller Öfen erhielt, aber er war sich auch der Konkurrenz durch die mit der SS verbandelte Firma Kori bewusst, die ein ähnlich günstiges und ebenfalls mobiles

Krematorium entworfen hatte, das bei Ölknappheit auch mit Koks befeuert werden konnte. Angeregt durch diese Rivalität änderte Prüfer den Entwurf des neuen Auschwitz-Krematoriums so, dass es ebenfalls mit Koks betrieben werden konnte, und erhöhte die Effizienz durch einen elektrischen Entlüfter, der 4000 Kubikmeter Rauch pro Stunde absaugen konnte, sowie einen weiteren elektrischen Ventilator, der die Kaltluftzufuhr der Brennkammer erhöhte. Seiner Schätzung nach sollte die Maschine 30 bis 36 Körper in zehn Stunden oder 70 in 24 Stunden einäschern können, und er sicherte zu, dass ihre tägliche Wartungszeit höchstens drei Stunden betrug. Das Auschwitz-Krematorium I arbeitete später tatsächlich tadellos und bescherte Prüfer den Auftrag, eine gleichartige Anlage für das Lager Mauthausen zu bauen, das bis dahin ein Kunde von Kori gewesen war.

Am 1. März 1941 besuchte Reichsführer-SS Heinrich Himmler Auschwitz und entschied an Ort und Stelle, dass das Lager ausgebaut werden sollte, sodass es umgehend 30000 Häftlinge aufnehmen konnte, und dass bei Birkenau ein weiteres Lager für 100000 Kriegsgefangene errichtet werden sollte. Aus diesem »Menschenmaterial« würde er schöpfen, um eine Fabrik der IG Farben mit 100000 Zwangsarbeitern für den Bau von Anlagen zur Produktion von synthetischem Treibstoff und Gummi zu versorgen. Karl Bischoff, ein ehemaliger Unteroffizier der Luftwaffe, der früher mit der Errichtung von Flugplätzen in Frankreich betraut gewesen war, sollte die Bauarbeiten in Auschwitz leiten. Bischoff berechnete den Bedarf an Einäscherungskapazität und ließ Prüfer kommen. Gemeinsam entwarfen sie ein Krematorium mit fünf Öfen und drei Muffeln pro Ofen; diese 15 Muffeln sollten 60 Leichen pro Stunde oder 1440 Leichen in 24 Stunden aufnehmen. Später im Jahr versicherte der zuversichtliche Prüfer der SS, dass auch eine Struktur mit vier Muffeln machbar wäre, sodass man bei fünf Öfen 20 Körper pro Stunde gleichzeitig verbrennen könnte, also einen Durchsatz von 1920 Leichen in 24 Stunden erreichen würde.

Unterdessen wurde das Pestizid Zyklon B – Blausäure oder Zyanwasserstoff – nicht wie vorgesehen zur Entlausung oder Vergiftung von Insekten, sondern zur Ermordung von 250 »unheilbaren« Lagerinsassen und 600 Kriegsgefangenen eingesetzt. Die Vergasung war nicht sonderlich effizient; laut einem Bericht lebten einige der Opfer noch nach zwei Tagen.[7] Aber in diesen Monaten gab es in Auschwitz aufgrund einer durch kontaminiertes Wasser ausgelösten Typhusepidemie auch viele »natürliche« Todesfälle. Im März 1942, vier Monate nach der Wannsee-Konferenz, wurde beschlossen, in Auschwitz-Birkenau ein neues Krematorium mit 15 Muffeln zu errichten.

Im Juni 1942 wurde Auschwitz-Birkenau zum wichtigsten Mordzentrum erkoren. Als die »Endlösung« richtig in Fahrt kam, schwoll auch die Verwaltungsarbeit an, und die Zahl der in Auftrag gegebenen Krematorien mit vorgelagerten, als Duschräume getarnten Gaskammern stieg in den nächsten Jahren von zwei auf drei, dann auf vier und schließlich auf fünf. Das Auftragsvolumen für den vierten und fünften Einäscherungsofen betrug nach heutigem Geldwert gut 320000 Euro. Aber die Korrespondenz zwischen der Firma Topf und der SS zeigt, dass der Auftraggeber gerne Rechnungen verlegte und ständig gemahnt werden musste.

Die noch existente Dokumentation und die Fülle von Bauplänen belegen außerdem, dass die Ingenieure ständig mit Fristen und Kapazitätsengpässen zu kämpfen hatten und in harte Auseinandersetzungen um Material, Entwurfsdetails und Qualitätsnormen, Lieferverzögerungen, Kostenberechnungen und Gewinnspannen verwickelt waren. Man gewinnt den Eindruck, dass es permanent Krisen und Streit gab: über Risse in den Kaminen, ineffiziente Lüftungs-, Isolations- und Gebläsesysteme ebenso wie über den ständig steigenden Einäscherungsbedarf, der die Leistungsgrenzen der Ingenieure immer wieder überstieg. Mit der Kapazität wuchs auch die Zahl der beteiligten Fachleute: Mit der Herstellung von Bauteilen und der Konstruktion der Krematorien III, IV und V waren nicht weniger als elf Maschinenbau-Subunternehmen befasst; viele der für die Öfen und Lüftungsanlagen zuständigen Ingenieure arbeiteten direkt vor Ort. Zivile Subunternehmen kümmerten sich um die Brandsicherheit, Entwässerung und Wasserdichtigkeit, deckten die Dächer, bauten Aufzüge und Blausäuredetektoren. Im Fall von Krematorium III holte die SS ein Gutachten ein, um zu klären, ob ein Ofen ausreiche, um 100 Duschen mit Warmwasser zu versorgen.

Allein in Auschwitz-Birkenau wurden schätzungsweise eine Million Menschen vergast und eingeäschert; unter anderem ermordete man in den Monaten Mai und Juni 1944 in den Krematorien II, III und V die ungarischen Juden. Den Aufzeichnungen zufolge wurde Krematorium V bald mit der schieren Menge nicht mehr fertig, sodass man die Leichen in Gruben verbrannte, die man außerhalb der Gaskammern ausgehoben hatte. Als gegen Ende des Sommers das Zyklon B ausging, warf man die Opfer lebend in die Verbrennungsgruben.

Während die Vernichtung der Juden Ungarns ihren Lauf nahm, stritt die Firma Topf mit der SS über die Rechnungen. Der ausufernden, gereizten Korrespondenz ist zu entnehmen, dass man selbst um Kleinigkeiten wie die Verwendung eines Sauerstoffzylinders und ein paar Liter »leihweise« überlassenes Maschinenöl kämpfte.

Im Oktober 1944, als die Rote Armee schon näher rückte, setzte das Häftlingssonderkommando, das Krematorium IV bediente, die Anlage in Brand; die SS schlug den Aufstand gewaltsam nieder und ließ das Gebäude abreißen. Ende November befahl Himmler, die Vergasungen einzustellen, und die Krematorien II und III wurden zerlegt. Das Lager wurde am 18. Januar 1945 evakuiert, und zwei Tage später sprengte die SS die verbliebenen Bauten. Krematorium V wurde am 22. Januar um ein Uhr morgens mit Dynamit gesprengt, sodass die Rote Armee am nächsten Tag nichts als schneebedeckten Schutt vorfand.

Prüfer wurde nach der deutschen Kapitulation am 8. Mai 1945 von den Amerikanern festgenommen. Sein Chef, Ludwig Topf, beging Ende des Monats Selbstmord. Prüfer wurde bald wieder auf freien Fuß gesetzt, und noch bevor er die Haftanstalt verließ, hatte er mit dem amerikanischen Militär einen Vertrag über einen Ofen abgeschlossen. Man hörte nie wieder etwas von ihm; wahrscheinlich haben ihn die Russen erneut gefangen genommen und in den Gulag geschickt.

J. B. S. Haldane, ein ausgezeichneter Physiologe und Genetiker, einer der enthusiastischsten Giftgas-Pioniere Großbritanniens, hat einem Journalisten in einem Interview erzählt, wie sein Vater (der Oxford-Physiologe John Scott Haldane) ihn, als er neun war, in den Schacht eines Kohlenbergwerks hinuntergeschickt hatte, um die Luftqualität zu testen. Ein andermal sperrte sein Vater ihn in einen luftdichten Behälter, der nur den Kopf frei ließ, um die Wirkung bestimmter Gasgemische auf den Körper festzustellen. Als er zwölf war, steckte ihn sein Vater in einen undichten Taucheranzug und ließ ihn zwölf Meter in die Tiefe eines eiskalten Sees hinab, wo er eine halbe Stunde bleiben musste und beinahe ertrunken wäre. »Das war gar keine angenehme Erfahrung«, erklärte Haldane seinem Interviewer. »Als ich hochgezogen wurde, war ich völlig durchnässt und fror bis auf die Knochen.«[8]

Vom Fall der Haldanes bis zu den Experimenten in den Nazi-Konzentrationslagern ist es ein weiter Weg, aber es erscheint mir wichtig, gleich zu Anfang dieses Themas darauf hinzuweisen, dass Versuche an lebenden Menschen (in diesem Fall sogar am eigenen Fleisch und Blut) in der medizinischen Wissenschaft eine sehr weit verbreitete Übung waren. Die Nazi-Wissenschaft war, wie wir im letzten Teil dieses Buches sehen werden, im Hinblick auf die Praxis der Menschenversuche keineswegs einzigartig. Der Drang dazu ist allgegenwärtig; es kommt darauf an, wo genau die Grenzen gezogen werden und ob die geltenden gesetzlichen Regelungen für solche Experimente eingehalten werden.

Medizinische Forscher lehnen den Einsatz von Menschen als Versuchskaninchen nicht grundsätzlich ab. Ohne die Erprobung am Menschen, sei es ein Selbstversuch des Forschers oder ein klinischer Test neuer Wirkstoffe an Freiwilligen (oft an Kollegen oder mutigen und armen Medizinstudenten) gäbe es keinen Fortschritt in der Behandlung. Und J. B. S. Haldane führte als Erwachsener einige der berühmtesten Selbstversuche in der Medizin durch. Aber Wissenschaft und Wissenschaftler operieren, wie ich schon mehrfach betont habe, nicht in einem sozialen und moralischen Vakuum. Den nach dem Nürnberger Ärzteprozess ausgearbeiteten Richtlinien zufolge sind die wesentlichen Voraussetzungen für jeden Versuch am Menschen die aussagekräftige Zustimmung des Betroffenen (und die »Zustimmung« eines minderjährigen Sohns zählt da wohl kaum), das Fehlen ungebührlicher Einflussnahme, menschliche Versuchsbedingungen, die Vermeidung unnötiger Schmerzen und eine ernsthafte wissenschaftliche Zielsetzung.

Die Nazi-Wissenschaftler, die KZ-Insassen als Versuchskaninchen missbrauchten, haben sich nicht nur eklatanter Verstöße gegen ethische Normen für medizinische Menschenversuche schuldig gemacht, sondern haben ihren Opfern auch allesamt ohne erkennbaren wissenschaftlichen Zweck sadistische Verletzungen zugefügt. Diese Aktivitäten, die 1939 anliefen und bis zum Kriegsende 1945 fortgesetzt wurden, hatten auch Verbindungen zur Rassenhygiene-Bewegung der Nazis, der Euthanasie, der Praxis der Zwangsarbeit und der »Endlösung« selbst. Sie müssen, um es noch einmal zu betonen, als Aspekt einer Weltsicht verstanden werden, in der gewissen ethnischen und »medizinischen« Gruppen der Lebenswert abgesprochen wurde: den Juden, Zigeunern, »Untermenschen«, den Behinderten, Homosexuellen und unheilbar Kranken.

Solche Leute waren entbehrlich und konnten im Interesse der »Reinheit« des Volkes oder der Gesundheit und der Sicherheit deutscher Soldaten geopfert werden. Es war zu erwarten, dass Angehörige der medizinischen Szene der Nazis mit dem Wohlwollen und der Unterstützung Himmlers und seiner SS Lagerinsassen zu »medizinischen« Forschungsprojekten heranziehen würden, ohne diese um Zustimmung zu bitten und ohne Rücksicht auf Leid und Leben der Opfer zu nehmen. Wenn das Wissenschaft war, so war es eine dunkle, verwerfliche, entstellte Spielart.

Die Täter waren keineswegs alle verschrobene Pseudowissenschaftler, die im Verborgenen arbeiteten, abgeschirmt im Innern der Todeslager. Ungefähr 350 ausgebildete Ärzte (darunter Universitätsprofessoren und -dozenten) waren an den KZ-Experimenten beteiligt, mithin je einer von 300 Angehörigen der medizinischen Zunft in Deutschland.[9] Professor Kurt Gutzeit, ein Gastroenterologe der Universität von Breslau, führte an jüdischen Kindern aus Auschwitz Hepatitisversuche durch. Professor Heinrich Berning von der Hamburger Hochschule ließ sowjetische Kriegsgefangene verhungern und notierte sorgfältig die dabei auftretenden Symptome. Professor Julius Hallervorden vom Kaiser-Wilhelm-Institut für Hirnforschung in Berlin-Buch bestellte, wie wir gesehen haben, hunderte Gehirne von Euthanasie-Opfern für seine neuropathologischen Forscher.[10] Professor Otmar von Verschuer vom Kaiser-Wilhelm-Institut für Anthropologie in Berlin ging eine intensive Zusammenarbeit mit Josef Mengele in Auschwitz ein.[11] Zwar versuchten sich die Lagerärzte nach dem Krieg damit herauszureden, dass sie nur Befehle ausgeführt hätten, aber tatsächlich spielten diese »Wissenschaftler« aus freien Stücken eine aktive, ja führende Rolle bei der Planung und Durchführung solcher »Forschungsvorhaben«. Auf diesem Gebiet arbeiteten die Täter keineswegs immer unter Druck von außen, von oben oder von Himmlers Ahnenerbe, sondern führten eifrig jene Programme aus, die sie selbst in die Wege geleitet hatten.[12] Da die Normen des Zivil- und Strafrechts in ganz Deutschland weitgehend außer Kraft gesetzt waren, konnten sich Ärzte, denen der Sinn nach solchen Aktivitäten stand, darauf verlassen, dass sie ungestraft davonkommen würden.

Die Tatsachen sind gut belegt und wurden im Lauf der letzten vier Jahrzehnte in einer Reihe von Standardwerken aufgearbeitet.[13] Manche der Forschungsvorhaben sollten dazu beitragen, die Überlebenschancen deutscher Frontkämpfer zu verbessern. Man tauchte Kriegsgefangene in Eiswasser, um abzuschätzen, wie lange ein Pilot oder Seemann diese Temperaturen nach einem Absturz oder Schiffbruch im winterlichen Meer überleben konnte. Man zwang Häftlinge, Meerwasser zu trinken, um herauszufinden, wie viel die menschliche Physiologie davon vertrug. Man sperrte Gefangene in Unterdruckkammern, um das Durchhaltevermögen in großer Höhe zu simulieren. Andere wurden mit Phosgen und Senfgas kontaminiert oder mit Krankheiten infiziert, die sich deutsche Soldaten in Afrika hätten zuziehen können. In Zusammenhang mit dem Generalplan Ost zur Wiederbesiedlung Osteuropas wurden gesunde Männer und Frauen kastriert beziehungsweise sterilisiert. Homosexuelle erhielten Hormoninjektionen, da man sie als Gefahr für die Gesundheit des deutschen Volkes ansah. Paradebeispiel für die experimentellen Gräueltaten der Nazis sind die Versuche, bei denen Männern, Frauen und Kindern Farbstoffe in die Augäpfel gespritzt wurden. In Dr. Josef Mengeles Labor im Lager Birkenau wurden Zwillinge, die er an der Rampe selektiert hatte, »genetisch« erforscht und mit Krankheitskeimen infiziert.

Bei einem Versuch in Buchenwald schoss man mit vergifteten Kugeln auf Häftlinge, um herauszufinden, wie schnell das Gift seine Wirkung entfaltete. Belege für die Tötungs- und Verstümmelungsabsichten – auch bei den Versuchen, die scheinbar der Überlebensforschung dienten – nehmen in den Akten des Nürnberger Ärzteprozesses viel Raum ein. Um diese Akte des Tötens um seiner selbst willen mit einem Wort auf den Punkt zu bringen, wählte Telford Taylor, der Chefankläger des am 9. Dezember 1946 eröffneten Verfahrens, den Begriff »Thanatologie«: Wissenschaft des Todes.[14]

Die folgenden Abschnitte sollen anhand von nur fünf Lagern einen Eindruck vom Spektrum der Versuche und ihrer vielfältigen Verbindungen mit der akademischen Forschung an den Universitäten, Krankenhäusern und sonstigen wissenschaftlichen Einrichtungen in Deutschland vermitteln.

## Dachau[15]

Im Konzentrationslager Dachau wurden 1942 unter der Leitung von Dr. Sigmund Rascher, einem Stabsarzt der Luftwaffe und SS-Offizier, Höhen- und Unterdruckexperimente durchgeführt. Zur Zeit des Nürnberger Prozesses war Rascher unauffindbar; er wurde für tot erklärt. Rascher hatte Himmler im Mai 1941 in einem Brief auf die Verwendbarkeit von Häftlingen für Experimente hingewiesen und beklagt, dass es kaum an »Menschenmaterial« gewonnene Daten gebe. Er bat darum, ihm Versuchspersonen zur Verfügung zu stellen, und wies pflichtschuldig darauf hin, dass sie dabei sterben könnten. Himmlers Adjutant Rudolf Brandt schrieb zurück und versprach ihm, der Bitte nachzukommen. Die Experimente, die den Effekt eines Sturzes aus großer Höhe ohne Fallschirm oder Sauerstoffmaske simulierten, wurden im Frühjahr und Sommer 1942 mit einer mobilen Druckkammer durchgeführt. In einem Bericht, der beim Ärzteprozess zitiert wurde, beschrieb Rascher drei erfolgreiche Versuche an einem 37-jährigen Juden, der »Stürze« aus zwölf

Kilometer Höhe ertragen musste. Nach dem dritten derartigen Sturz starb das Opfer unter sichtlichen Qualen. An anderer Stelle in seinem Bericht schilderte Rascher eine Autopsie, bei der er schwere Verletzungen des Herzens, des Herzbeutels, des Gehirns und der Leber festgestellt hatte.[16]

Zu den Opfern weiterer Versuche zählten Polen, Russen und Juden, die der Rassenschande bezichtigt worden waren, also vermutlich mit arischen Partnern (im Fall eines arischen Opfers entsprechend mit einem Nichtarier) liiert oder verheiratet gewesen waren. In anderen Berichten wird anschaulich geschildert, welche körperlichen und seelischen Todesqualen die Opfer in der Druckkammer durchlitten.

In Dachau wurden im Anschluss an die Höhenversuche auch Unterkühlungsexperimente durchgeführt, die bis zum Frühjahr 1943 andauerten. Die Opfer mussten im tiefsten Winter neun bis 14 Stunden lang nackt im Freien stehen oder liegen. Manche wurden bis zu drei Stunden – manchmal noch länger – in einen Tank mit Eiswasser getaucht. Den gestorbenen Opfern entnahm man Organe, die an das Pathologische Institut in München geschickt wurden. Man erprobte eine Reihe von Aufwärmmethoden, darunter auf Himmlers Betreiben eine, die auf anekdotische Überlieferungen in Fischergemeinden zurückging: Die Opfer wurden mit weiblichen Freiwilligen aus den Lagern, zumeist Zigeunerinnen, ins Bett gesteckt.

Bei diesen vom stellvertretenden Reichsärzteführer Kurt Blome genehmigten Experimenten starben gut 80 der etwa 300 Versuchspersonen.[17] Ein Häftlingskrankenpfleger namens Walter Neff lieferte folgenden Augenzeugenbericht:

»Es war der schlimmste Versuch, der je gemacht wurde. Es wurden vom Bunker zwei russische Offiziere gebracht. Es war uns verboten, mit ihnen zu sprechen. Sie kamen ungefähr nachmittags um vier Uhr. Rascher ließ sie entkleiden, und sie mussten nackt in das Bassin.

Es verrann Stunde um Stunde, und während sonst bei spätestens 60 Minuten die Kältenarkose eintrat, waren in diesem Fall die beiden noch nach 2½ Stunden voll ansprechbar. Alles Reden mit Rascher, ihnen eine Injektion als Narkose zu geben, war zwecklos.

Ungefähr in der dritten Stunde sagte der eine Russe zum anderen: ›Kamerad, sag doch dem Offizier, er möge uns erschießen.‹ Darauf sagte der andere, er erwarte von diesen Faschistenhunden kein Erbarmen. Daraufhin reichten sich beide die Hand mit einem ›Lebe wohl, Kamerad!‹ … Der Versuch dauerte mindestens fünf Stunden, bis der Tod eintrat. Die beiden Leichen wurden nach München ins Schwabinger Krankenhaus zur Sektion gebracht.«[18]

Die Daten der Unterkühlungsversuche sollten auch außerhalb der Nazi-Ärzteschaft Verbreitung finden. Ende Oktober 1942 wurde im Hotel Deutscher Hof in Nürnberg eine Tagung über Überlebensmethoden für Piloten abgehalten, zu deren 95 Teilnehmern auch hohe Offiziere der Luftwaffe gehörten. Ein Redner behandelte die Vorbeugung und Behandlung von Unterkühlungen, ein anderer sprach über die Wiederaufwärmung nach Abkühlung bis unter den Gefahrenpunkt. Aus den experimentellen Details ging klar hervor, dass die Versuchspersonen dabei gestorben waren. Proteste aus der Zuhörerschaft sind nicht bekannt.[19]

In Dachau wurden auch 1200 Insassen mit Malaria infiziert, teils durch Moskitostiche, teils durch Injektionen aus den Drüsen der Mücken. Den Opfern wurde ein Kästchen mit Moskitos auf die Hand gebunden, um sicherzustellen, dass sie gestochen wurden. Nach Ausbruch der Krankheit behandelte man sie mit einer Reihe starker Medikamente, darunter Chinin, Neosalvarsan, Pyramidon, Antipyrin und Kombinationen mehrerer dieser Wirkstoffe. Viele starben an Überdosen. Aus den beim Ärzteprozess vorgelegten Beweisen geht hervor, dass die Malaria selbst 30 Todesopfer forderte, während 300 bis 400 Versuchspersonen an Spätfolgen der Behandlung starben.

Diese Experimente fanden unter der Leitung von Dr. Klaus Schilling statt, einem emeritierten Professor für Parasitologie an der Medizinischen Fakultät der Berliner Universität, Direktor der Malaria-Kommission des Völkerbunds und Stipendiat der Rockefeller Foundation in New York sowie der Kahn-Stiftung in Paris. Er war bereits 73 Jahre alt, und seine Forschung steckte in einer Sackgasse, als er Himmler kontaktierte. Dieser schickte ihn nach Dachau, um die Möglichkeit einer Immunisierung gegen Malaria zu untersuchen, eine für die deutschen Soldaten in Afrika wichtige Fragestellung. Die aus Dachau geretteten Dokumente belegen, dass Schilling unmittelbar für den Tod von zehn Häftlingen verantwortlich war.[20]

Dachau war auch der Schauplatz der Versuche, Meerwasser trinkbar zu machen. Im Mai 1944 trafen Vertreter der Luftwaffe, der Marine und der IG Farben zusammen und beschlossen, Experimente an menschlichen Versuchskaninchen durchzuführen, von denen einige gezwungen werden sollten, Meerwasser zu trinken. Der Sanitätsinspekteur der Luftwaffe ging Himmler um geeignete Versuchsobjekte an, und der Reichsführer befahl, dem Projekt Zigeuner zuzuführen.[21]

Die Opfer dieses Versuchs, der von Wilhelm Beiglböck, einem Stabsarzt der Luftwaffe, entworfen und durchgeführt wurde, teilte man in vier Gruppen ein. Die erste erhielt gar kein Wasser, die zweite musste normales Meerwasser trinken, die dritte nach der Berka-Methode behandeltes Meerwasser, die zwar den Salzgeschmack, nicht aber den Salzgehalt reduzierte. Die vierte Gruppe trank Meerwasser, das durch den Einsatz einer Substanz namens »Wofatit« entsalzt worden war.

Die Versuche wurden im Herbst 1944 durchgeführt, und die Opfer durchlitten Höllenqualen. Ein Häftlingskrankenpfleger, der dabei war, sagte aus:

»Es kam des Öfteren vor, dass diese Patienten aus den Schmutzwassereimern des Pflegepersonals tranken sowie aus den am Gang aufgestellten Luftschutzeimern in unbewachten Augenblicken Wasser entnahmen. Ebenso während des Bodenaufwaschens saugten einige Patienten das am Boden ausgeschüttete Wasser auf. Ich musste die Versuchsteilnehmer auch täglich abwiegen und stellte dabei fest, dass der tägliche Körpergewichtsverlust bis zu einem Kilo betrug.«[22]

## Sachsenhausen und Natzweiler

Professor Karl Brandt, Adolf Hitlers Leibarzt und Reichskommissar für das Sanitäts- und Gesundheitswesen, startete 1943 in den Konzentrationslagern Sachsenhausen und Natzweiler eine Versuchsreihe zur Gelbsucht. Hepatitis war vor allem in Südrussland zu einem ernsten Problem für die Kampfverbände geworden. In manchen Kompanien hatten sich 60 Prozent der Soldaten diese Krankheit zugezogen. Insassen von Auschwitz (acht Juden aus der polnischen Widerstandsbewegung) wurden nach Sachsenhausen und Natzweiler gebracht, wo an ihnen Experimente durchgeführt wurden, die letztlich in Folter und Tod mündeten.

In denselben Lagern wurden Menschen Wunden beigebracht, auf die man dann Senfgas auftrug, jenes Giftgas, das im Ersten Weltkrieg häufig eingesetzt worden war. Andere mussten das Gas inhalieren oder in flüssiger Form trinken; einigen wurde die Substanz injiziert. Ziel der Untersuchung war die Entdeckung eines Gegenmittels. Himmler stellte dem Versuchsleiter Professor August Hirt von der Straßburger medizinischen Fakultät sein Ahnenerbe-Laboratorium in Natzweiler zur Verfügung. Ein ehemaliger Häftling bezeugte, welche Auswirkung die Behandlung der Arme mit dem Gas in seiner flüssigen Form hatte:

»Nach ungefähr zehn Stunden ... stellten sich die Brandwunden ein, und zwar am ganzen Körper. Da, wo die Ausdunstungen von diesem Gas hinkamen, war der Körper verbrannt. Blind wurden die Leute zum Teil. Das waren kolossale Schmerzen, sodass es kaum noch auszuhalten war, sich in der Nähe dieser Kranken aufzuhalten.«[23]

Natzweiler-Insassen wurden mit Typhus, Gelbfieber, Pocken, Paratyphus A und B, Cholera und Diphtherie infiziert. Hunderte starben. Dieses Forschungsprojekt wurde von Dr. Eugen Haagen durchgeführt, der ebenfalls Professor an der Universität Straßburg war. Im Fall des Anti-Typhus-Experiments wurde eine Gruppe »gesunder« Insassen ausgewählt, die eine gewisse Widerstandskraft gegen die Krankheit aufbrachten. Man spritzte ihnen einen Typhus-Impfstoff, dann wurden sie alle mit Typhus infiziert. Unterdessen steckte man auch andere, nicht geimpfte Insassen an, die so genannte »Kontrollgruppe«. Wieder andere Insassen wurden absichtlich angesteckt, nur um den Typhus-Virus am Leben und verfügbar zu erhalten.[24]

## Ravensbrück

Im Frauenlager Ravensbrück führte man Transplantationsexperimente mit Knochen, inneren Organen und Nerven durch. In einem Fall entnahm man einer Insassin ein Schulterblatt und transplantierte es einem Patienten im Krankenhaus Hohenlychen. Man brachte den Opfern Wunden bei und infizierte diese gezielt mit Gasbrand und anderen Erregern. Man ahmte Schusswunden und die für sie typischen Infektionen nach. Bei den Sulfonamid-Experimenten hatte Dr. Karl Gebhardt die Schlüsselrolle inne, der beratende Chirurg der Waffen-SS und Leibarzt Himmlers. Gebhardt wurde vorgeworfen, nicht genügend Sulfonamid eingesetzt zu haben, um Himmlers Stellvertreter Reinhard Heydrich das Leben zu retten, nachdem dieser am 27. Mai auf dem Weg nach Prag angegriffen worden war. Vier tschechische Patrioten hatten Granaten auf sein Auto geworfen, und Leder-, Pferdehaar- und Metallfragmente waren in seine Milz eingedrungen. Er bekam eine Bauchfellentzündung und starb am 4. Juni an dieser Infektion. Professor Karl Grawitz begann intensiv an diesem Problem zu forschen, und Gebhardt übernahm die Verantwortung für die Menschenversuche mit Sulfonamid in Ravensbrück.[25] Man fügte etwa 75 Lagerinsassen tiefe Verletzungen zu, die absichtlich mit Bakterien und Holzspänen infiziert wurden. Dann gab man einigen Sulfonamid und anderen nicht. Wie viele Patienten dabei starben, ist unbekannt.

Bei den Sterilisationsversuchen wurden Röntgenstrahlen eingesetzt, die den lebenswichtigen Organen der Opfer schwere Schäden zufügten. Aus einem Brief des Oberdienstleiters der Kanzlei des Führers Viktor Brack an Himmler vom Juni 1942 geht die Motivation für die Massensterilisationsvorhaben hervor:

»Bei etwa zehn Millionen europäischer Juden sind nach meinem Gefühl mindestens zwei bis drei Millionen sehr gut arbeitsfähige Männer und Frauen enthalten. Ich stehe ... auf dem Standpunkt, diese zwei bis drei Millionen auf jeden Fall herauszuziehen und zu erhalten. Allerdings geht das nur, wenn man sie gleichzeitig fortpflanzungsunfähig macht.«[26]

## Auschwitz und Mengele

In seinem Buch *Tödliche Wissenschaft. Die Aussonderung von Juden, Zigeunern und Geisteskranken 1933–1945* beschreibt der deutsche Genetikprofessor Benno Müller-Hill auf der Grundlage umfangreichen Archivmaterials knapp und bündig die Auslöschungsversuche und »wissenschaftlichen« Experimente, die in Auschwitz unter Josef Mengele und anderen durchgeführt wurden.

Auschwitz war als Arbeitslager für die IG Farben geplant gewesen und wurde 1943 zum Tötungslager umfunktioniert. Jeden Tag trafen mit den Zügen bis zu 10000 Häftlinge ein. Die Opfer wurden in versiegelten Gaskammern mit Zyklon B umgebracht, dem giftigen Zyanwasserstoff aus der Produktion der Firma Degesch, die fast zur Hälfte der IG Farben gehörte. Die Leichen wurden in Krematorien verbrannt, die am Ende etwa 5000 Körper am Tag einäschern konnten.

Die Existenz von Auschwitz mit seiner großen Zahl »lebensunwerter Leben« eröffnete Professor Otmar von Verschuer, seit 1942 Direktor des Kaiser-Wilhelm-Instituts für Anthropologie, menschliche Erblehre und Eugenik, große Möglichkeiten. Verschuer und sein Amtsvorgänger Eugen Fischer waren beide begeisterte Anhänger der Rassenhygiene-Bewegung. Verschuers besonderes Interesse galt der genetischen Analyse pathologischer wie normaler Eigenschaften beim Menschen, insbesondere an Zwillingen. Als der Krieg voranschritt, war es von Verschuer aber nicht mehr möglich, durch Deutschland zu reisen, um Zwillinge mit seltenen Erbkrankheiten zu untersuchen, die zum »Gnadentod« verdammt waren.

Josef Mengele wurde 1911 als zweiter Sohn einer gut situierten, tief katholischen Familie geboren. Er trat 1934 in die SA ein, studierte in München, Bonn und Wien Medizin, Anthropologie und Genetik und ging schließlich nach Frankfurt, wo er bei von Verschuer im Institut für Erbbiologie arbeitete. Nach seinem Militärdienst an der Ostfront wurde er Chefarzt des Lagers Auschwitz. Bei seiner Ankunft organisierte von Verschuer ihm die nötigen Gelder für seine Forschungsprojekte zur Erblichkeit.

Mengele und andere Ärzte und Anthropologen hatten reichlich Gelegenheit, an den Eisenbahnrampen die Neuankömmlinge zu selektieren. Hier wurden die nach Auschwitz geschafften Juden in zwei Hauptgruppen eingeteilt: Mütter mit Kindern und Alte wurden nach links geschickt, nach Birkenau, wo sie vergast wurden; die Arbeitsfähigen kamen nach rechts, nach Monowitz, um als Zwangsarbeiter in den Fabriken der IG Farben zu schuften. Mengele zweigte für sich einige hundert Zwillingspaare und ungefähr 100 Kleinwüchsigenfamilien und deformierte Gefangene ab.

Die Kleinwüchsigen und Behinderten wurden untersucht und durchliefen psychologische Tests; jenen, die nicht an Krankheiten starben, gab Mengele üblicherweise die Todesspritze; ihre Organe wurden dann konserviert und an die entsprechenden Laboratorien des Kaiser-Wilhelm-Instituts für Anthropologie geschickt.

Mengele verfolgte in Auschwitz in Zusammenarbeit mit von Verschuer und anderen verschiedene Forschungsvorhaben zu Zwillingen. Einige dieser Arbeiten lassen sich dank eines Berichts seines ungarisch-jüdischen Häftlingsassistenten Dr. Miklos Nyiszli sowie der Aussagen weiterer Insassen rekonstruieren. Bei den früheren Forschungen an Zigeunern war man auf zwei Familien mit Heterochromie gestoßen, einer erblichen Anomalie der Augen, bei der die linke Iris anders gefärbt ist als die rechte; Mengele verfolgte dieses Thema an den selektierten Zwillingen weiter. Nyiszli beschrieb, wie er die Augen von vier Zwillingspaaren präparierte, die Mengele mit Injektionen ins Herz ermordet hatte. Die Augen wurden an das Kaiser-Wilhelm-Institut für Anthropologie geschickt, wo ein Dr. Magnussen sie untersuchte und einen Artikel darüber verfasste.

1944 fing Mengele ein Zwillingsprojekt an, das für von Verschuer von größtem Interesse war: Gab es bei Infektionskrankheiten reproduzierbare, rassisch bestimmte Unterschiede in den Seren? Mengele infizierte ein- und zweieiige Zwillinge aus Juden- und Zigeunerfamilien mit Typhusbakterien, zapfte ihnen mehrmals Blut ab, das er in Berlin chemisch untersuchen ließ, und verfolgte den Krankheitsverlauf bis zum Tod.

# 27. Die Chemiker des Teufels

An einem eisigen polnischen Morgen des Jahres 1944 wurde Primo Levi, Chemiker, Schriftsteller und Auschwitz-Insasse, aus der mörderischen Routine der schweren körperlichen Arbeit gerissen, um eine mündliche Prüfung abzulegen. Es ging darum herauszufinden, ob er geeignet war, als Techniker in einem der Labore der Buna-Werke zu arbeiten, einer Fabrik für synthetisches Gummi, die zum chemischen Industriekonglomerat IG Farben gehörte. Der Prüfer war ein Dr. Pannwitz, »hoch gewachsen, mager und blond«, der »fürchterlich hinter einem wuchtigen Schreibtisch« thronte. Nach dem Krieg reflektierte Levi:

»Von Stund an habe ich oft und unter verschiedenen Aspekten an diesen Doktor Pannwitz denken müssen. Ich habe mich gefragt, was wohl im Innern dieses Menschen vorgegangen sein mag und womit er neben der Polymerisation und dem germanischen Bewusstsein seine Zeit ausfüllte; seit ich wieder ein freier Mensch bin, wünsche ich mir besonders, ihm noch einmal zu begegnen, nicht aus Rachsucht, sondern aus Neugierde auf die menschliche Seele.«[1]

Die Befragung verlief zufrieden stellend. Pannwitz wollte von Levi wissen, worüber er seine Abschlussarbeit geschrieben hatte. Levi hatte erhebliche Mühe, seinem Gedächtnis diese tief vergrabenen Dinge zu entlocken, fast als müsse er sich an Ereignisse aus einem vorherigen Leben erinnern. Zum Glück interessierte sich Pannwitz für eines von Levis Spezialgebieten, »Messungen dielektrischer Konstanten«.[2] Levi hatte damit den Test bestanden. Im Vorwort seines Buchs *Ist das ein Mensch?* schrieb er:

»Es war mein Glück, dass ich erst 1944 nach Auschwitz gebracht wurde, also nachdem die deutsche Regierung aufgrund des wachsenden Arbeitskräftemangels beschlossen hatte, die durchschnittliche Lebensfrist jener Häftlinge zu verlängern, die zur Vernichtung bestimmt waren; daraus ergaben sich deutliche Erleichterungen im Lageralltag, und für eine Weile wurde niemand mehr nach Gutdünken umgebracht.«[3]

In den nächsten neun Monaten musste Levi jedoch weiterhin körperliche Arbeit im Freien verrichten: Er schleppte Chemikaliensäcke. Deren Inhalt »drang unter die Kleidung, heftete sich an die schweißnassen Glieder, fraß an uns wie die Lepra; von unseren Gesichtern schälte sich die Haut in großen, verbrannten Fetzen«.[4]

Zwar lag Monowitz, Levis Lager, vergleichsweise nah an den Buna-Werken, aber vor und nach einem Acht- bis Zwölf-Stunden-Arbeitstag kamen ihm die sechs Kilometer, die er marschieren musste, doch lang vor. Mittags erhielt jeder Zwangsarbeiter einen Liter Suppe, die aus ein paar Brocken Kohl oder Steckrüben in heißem Wasser bestand. Am Abend gab es wieder Suppe, mit fauligen Kartoffelstückchen oder Kohlrüben und Kichererbsen. Das allmorgendlich ausgeteilte Brot, 350 Gramm pro Portion, war unter anderem mit Sägemehl gestreckt. Ein Gefangener in Monowitz nahm täglich kaum mehr als 1000 Kalorien zu sich; Proteine und Fett gab es selten.

Die geistige Widerstandskraft dieser so brutal behandelten Insassen war enorm: Levis Gefährte Jean Samuel gehörte einer Gruppe von Amateurmathematikern an, die Jacques Feldbau, ein brillanter französischer Mathematiker, ins Leben gerufen hatte. Auf den langen Märschen zur Arbeit und zurück ins Lager diskutierten sie mathematische Probleme, und sie tauschten ihr kostbares Brot gegen Bücher über logarithmische Gleichungen ein, die ihre Wärter für sie gekauft hatten.

Als Levi endlich in das chemische Labor beordert wurde, um in dieser polierten, makellos sauberen Umgebung zu arbeiten, war es wieder Winter geworden. Aber es gab nicht viel zu tun, und die Tage der Buna-Werke waren gezählt:

»Das zerschlagene Buna liegt unter dem ersten Schnee, regungslos und steif wie ein riesiger Leichnam. Täglich heulen die Sirenen Fliegeralarm; die Russen stehen 80 Kilometer entfernt. Die Elektrozentrale steht still, die Methanol-Destilliersäulen existieren nicht mehr, die Gasometer des Acetylens sind in die Luft geflogen.«[5]

Aber zumindest hatte Levi es nun ins Innere jener Labore geschafft. »Der Geruch, dieser leicht aromatische Geruch in den Laboren organischer Chemie«, traf ihn »wie ein Schlag«. Er fühlte sich in die Welt seiner Jugend in Turin zurückversetzt, in den »halbdunklen Universitätssaal«.

Wie sich zeigte, hatte Levi kaum etwas anderes zu tun, als Reagenzgläser und Geräte aufzubauen, sie dann bei Fliegeralarm wieder abzubauen, sie anschließend erneut aufzubauen, nur um sie gleich darauf erneut sicher zu verstauen, während alles auf die Ankunft der Russen wartete.

## Die IG Farben in Auschwitz

Die deutsche chemische Industrie hatte sich inmitten des gefrorenen Schlamms und der Ruinen der Buna-Werke für synthetische Produkte bei Auschwitz über und über mit schier unvorstellbarer Unmenschlichkeit befleckt. Die IG Farben, einst weltweit führend bei der Erschaffung synthetischer Substanzen, beutete nun in ihren Laboratorien Zwangsarbeiter aus. Wie hatte dieses große Industrieunternehmen, die größte Firma Europas (und viertgrößte der Welt nach General Motors, US Steel und Standard Oil), so tief sinken können? Was hatte dieses Konglomerat, das in der chemischen Verfahrenstechnik Weltstandards gesetzt hatte, im Herzen des Auschwitz-Komplexes verloren, warum degradierte es Männer wie Primo Levi zu viehgleichen Sklaven? Die Geschichte vom Aufstieg und Fall der IG Farben führt uns zu den Entwicklungen am Anfang des Jahrhunderts in Deutschland zurück, zu den großen deutschen Wissenschaftlern, denen ihr Erfindungsreichtum Nobelpreise eingebracht hatte.

Als Deutschland im 19. Jahrhundert industriell und militärisch aufstieg, konnte es sich auf schier unbegrenzte Vorräte an Kohle verlassen, die als Energiequelle für Dampfmaschinen und Heizungen eingesetzt wurde und als Rohstoff für synthetische Produkte diente. Mit dem Aufkommen der Benzin- und Dieselmotoren wurde Deutschland im ersten Jahrzehnt des 20. Jahrhunderts ökonomisch und strategisch verwundbar, da es keinerlei Ölvorkommen besaß. Doch wieder einmal kamen der Einfallsreichtum und die Erfahrung seiner Chemiker dem Land zugute. Genau wie der Mangel an Stickstoff und die Abhängigkeit vom Goodwill des Britischen Empire und seiner Flotte die Forschungen zur Stickstofffixierung stimuliert hatten, machten sich Deutschlands Naturwissenschaftler und Ingenieure nun daran, aus der Kohle und ihren Derivaten so etwas wie Petroleum zu synthetisieren.[6] Eine Methode war die Kohlenverflüssigung oder -hydrierung, bei der man verschiedene Kohlentypen unter hohem Druck bei großer Hitze mit Wasserstoff reagieren ließ. Bei diesem so genannten »Bergius-Verfahren« wurden die komplexen Kohlenstoffmoleküle aufgebrochen und unter extremem Druck mit Wasserstoffatomen gespickt, sodass sie sich in Ölmoleküle verwandelten. Der führende Pionier dieses Verfahrens, Friedrich Bergius, hatte die Hochdrucktechniken bei Fritz Haber in Karlsruhe und Walther Nernst in Berlin gelernt, bevor er in Hannover eine Fabrik aufbaute, in der er seine ersten Experimente zur Synthese von Treibstoffen aus künstlicher Kohle durchführte, die er aus Zellulose gewann.

1913 reichte Bergius ein Patent für die Synthese von Petroleum durch die Hydrierung von Braun- und Steinkohle ein, bei der er Konversionsraten von 85 Prozent erzielte. 1915 hatte er bereits den Bau einer weiteren Fabrik in Rheinau nahe Mannheim in Angriff genommen. Während des Ersten Weltkrieges war Deutschlands Bedarf an Petroleum enorm, aber Bergius' neues Verfahren lief schleppend an; doch die Eroberung der rumänischen Ölfelder behob den Engpass vorübergehend.

Unterdessen hatten 1914 zwei Chemiker, Franz Fischer und Hans Tropsch vom Kaiser-Wilhelm-Institut für Kohlenforschung in Mülheim an der Ruhr, einen anderen Reaktionsweg entdeckt, der später als »FT-Synthese« bekannt wurde und auf einer Idee basierte, die bei dem Chemiegiganten BASF entwickelt worden war. Bei diesem Verfahren wird Wassergas (eine Mischung aus Kohlenmonoxid und Wasserstoff, zu dessen Herstellung man Kohle mit Dampf behandelt) über einen heißen Katalysator geleitet, um so ein Gemisch verschiedener Kohlenwasserstoffe zu erzeugen. Dieses wurde »Kogasin« genannt und als Kraftstoff eingesetzt. Ein Jahr vor Ausbruch des Ersten Weltkrieges reichte die BASF ein Patent für die Kohlenmonoxid-Hydrierung zur Herstellung von Kohlenwasserstoffen ein. Im folgenden Jahr entwickelten Fischer und Tropsch ein Gemisch, bei dem – anders als beim BASF-Verfahren – je zwei Volumeneinheiten Wasserstoff auf eine Einheit Kohlenmonoxid kamen: das so genannte »Synthesegas«, das zur Ausgangssubstanz der weiteren Forschung an synthetischen Kraftstoffen wurde.

Ihren Erfolg verdankte die synthetische Kraftstoffindustrie Deutschlands aber vor allem den effizienten Katalysatoren, die Mitarbeiter der IG Farben in den 1920er-Jahren entdeckt hatten. Bei dieser Technologie wurden die Ringstrukturen von Kohle und Teer in der flüssigen Phase in kleinere Moleküle zerlegt, die dann dank der neuartigen Katalysatoren in der Gasphase hydriert wurden. Anschließend konnten die Kraftstoffe in Fraktionen mit unterschiedlichen Oktanzahlen destilliert werden.

Die größte Menge an synthetischem Kraftstoff wurde in Deutschland durch das Bergius-Verfahren gewonnen, bei dem riesige Kompressoren Drücke von mehr als 600 Atmosphären aufbauten. Mit der Bergius-Methode ließen sich Flugzeugtreibstoffe mit hoher Oktanzahl und hochwertiges Benzin produzieren, während die FT-Synthese eher für Dieselkraftstoffe, Schmiermittel und Wachse geeignet war.

Die Herstellung künstlicher Kraftstoffe, die zehnmal teurer war als die gewöhnliche Ölraffination, wurde in Deutschland vom Nazi-Regime bewusst gefördert. Nachdem Hitler 1936 den Vierjahresplan verkündet hatte, führten umfangreiche Regierungsordern und -subventionen unter Hermann Göring zu einem Branchenboom. Als der Krieg drohte, wurden in befestigten Tanks in ganz Deutschland große Mengen geeigneter Kraftstoffe für Panzer, LKWs und Flugzeuge gebunkert.

Unterdessen hatte sich die IG Farben entschieden, mit einem Verfahren, das wegen der Verwendung der Verbindung Butadien und des Elements Natrium »Buna« genannt wurde, synthetischen Kautschuk herzustellen. Das erste Buna-Gummi wurde 1937 in einer neuen Fabrik in Schkopau produziert und brachte den Deutschen bei der Weltausstellung in Paris eine Goldmedaille ein. Aber aufgrund des hohen Preises und der Verfügbarkeit von Naturkautschuk blieb der Absatz gering, bis der Kriegsausbruch im September 1939 alles veränderte. Hitler zog mit Gummivorräten für nur zwei Monate in den Krieg. Mit Großbritannien konnte man keinen Handel mehr treiben, und Deutschland drohte das Gummi auszugehen. Nun erhielt die Herstellung von Kunstkautschuk höchste Priorität, und die IG Farben hielt nach geeigneten Standorten für neue Fabriken Ausschau. Deutschland blickte nach Osten, und die IG Farben rechnete bereits mit den riesigen neuen Märkten zwischen Deutschland und Asien.

Während Himmler über die Eignung von Auschwitz als Ort für eine östliche Modellsiedlung nachsann, fiel die Wahl von Dr. Otto Ambros, einem Direktionsmitglied der IG Farben, der dort für Gummi und Kunststoffe zuständig war, unabhängig von diesen Plänen schicksalhaft auf dieselbe Region. Dabei dachte er vor allem an die mehr als 525000 Kubikmeter Wasser pro Stunde, die die neue Fabrik verbrauchen würde, und an eine gute Anbindung an das Eisenbahnnetz. Bei seiner Sichtung der verfügbaren Flächen im besetzten Polen hatte er sich Ende 1940 auf den Zusammenfluss dreier Flüsse festgelegt: der Sola, der unteren Weichsel und der Przemsza. Die nächstgelegene Kleinstadt war Auschwitz. Ambros schrieb an den dortigen Bürgermeister und erbat Informationen über die Region und die umliegenden Dörfer, die vorhandenen Schulen und die Einwohnerzahl. Der Bürgermeister lieferte ihm im Januar 1941 eine Fülle von Zahlen und Daten. Durch puren Zufall entwickelte sich nun zweierlei gleichzeitig: Himmler (der ein ehemaliger Mitschüler von Ambros war) wollte beim Aufbau seiner deutschen Kolonie im Osten große Mengen von Zwangsarbeitern einsetzen, die zu dieser Zeit verfügbar wurden. Und die Manager der IG Farben bekamen zwar zunächst Zweifel, ob das Städtchen Auschwitz ihren deutschen Arbeitern den nötigen Komfort bieten könne – »Die Stadt Auschwitz und die Dörfer machen einen sehr schmutzigen und verwahrlosten Eindruck«, klagte ein Kundschafter der Firma[7] –, doch dieses Problem ließ sich innerhalb weniger Wochen durch die Erneuerung einer symbiotischen Partnerschaft lösen: Die SS würde die Zwangsarbeiter stellen, die IG Farben die nötigen Investitionen tätigen und das Baumaterial heranschaffen.

Aufgrund des akuten Arbeitskräftemangels hatten die großen Industriefirmen in Deutschland das Prinzip der Ausbeutung von Ausländern und KZ-Häftlingen dankbar akzeptiert. Und Himmlers SS betrachtete die Industrie und die Zwangsarbeit als notwendige Komponenten ihrer Pläne zur Ansiedlung der Deutschen im Osten.

Die wechselseitige Interessenverknüpfung zwischen IG Farben und SS wuchs sich zu einer Symbiose der Grausamkeit und der Gewalt aus. Die nichtdeutschen Arbeitskräfte wurden mit aller Gewalt und unter Androhung des Todes zur möglichst schnellen Fertigstellung der Buna-Fabrik angetrieben. Der Arbeiter Rudolf Vrba, der im Juni 1942 nach Auschwitz deportiert wurde, beschreibt die Szenerie:

»Männer rannten und stürzten, wurden getreten und erschossen. Wild dreinblickende Kapos bahnten ihren blutbefleckten Weg durch Gefangenenpulks, während SS-Männer aus der Hüfte schossen, ... suchten sich Gruppen stiller Männer in untadeliger Zivilkleidung ihren Weg zwischen Leichen, die sie nicht sehen wollten, maßen Balken mit leuchtend gelben Zollstöcken und schrieben in Notizbücher mit schwarzem Ledereinband, ohne das Blutbad wahrzunehmen.«[8]

Sergeant Charles J. Conrad, der einer Arbeitergruppe aus 1200 britischen Kriegsgefangenen angehörte, bestätigt die aktive Beteiligung des IG-Farben-Personals an den Grausamkeiten:

»Einmal sah ich, wie mehrere zivile Angestellte der Farben-Firma sechs in der Fabrik arbeitende Häftlinge schlugen, während drei oder vier andere Zivilisten zusahen. Sie schlugen sie mit Eisen- und Holzstücken, weil sie ihre Arbeit nicht ordentlich verrichteten.«[9]

## Fall und Aufstieg der IG Farben

Der Anteil der Zwangs- und Sklavenarbeit in den IG-Farben-Fabriken zur Synthese von Kraftstoffen und Kautschuk in ganz Deutschland sollte von neun Prozent aller Arbeitskräfte im Jahr 1941 bis auf 30 Prozent bei Kriegsende ansteigen.[10] In der Gegend um Auschwitz sollten etwa 50 Teillager entstehen. Auschwitz III war das größte und versorgte die riesige Buna-Fabrik, die vor allem zur Produktion von synthetischem Kautschuk vorgesehen war. Primo Levi zufolge war die Fabrik so groß wie eine Stadt; sie nahm 30 Quadratkilometer ein.[11] 1944 waren ungefähr 300000 KZ-Insassen in die Zwangsarbeiterprogramme eingebunden, von denen etwa 30000 starben, obwohl die Anlagen nie auch nur einen Tropfen Kunstkautschuk oder andere synthetische Stoffe (außer Methanol) produzieren sollten.

Die immensen Anstrengungen Deutschlands zur Gewinnung synthetischer Kraftstoffe, Fasern, Kunststoffe etc. hatten zu einem Verbund voneinander abhängiger Fertigungsanlagen geführt, die äußerst anfällig für Bombenangriffe waren, sobald die Luftwaffe die Lufthoheit einmal eingebüßt hatte. Stickstoff, Methanol (mit dem sich viele Zwangsarbeiter vergifteten), Ammoniak und Calciumkarbid waren – neben vielen weiteren Substanzen – allesamt kriegswichtig. Salpetersäure, die aus Ammoniak hergestellt wurde, war für Spreng- und Treibstoffe notwendig. Calciumkarbid, das in elektrischen Öfen aus Kalk und Koks gewonnen wurde, war der Ausgangsstoff für Azetylen, das in Butadien umgewandelt wurde, mit dem man synthetisches Gummi produzierte. Für dieses Verfahren waren kleine Mengen Naturkautschuk nötig, die in U-Booten von Japan nach Deutschland geschafft wurden.

Die Produktion dieser Stoffe hing von der Verfügbarkeit von Kohle, Koks, Steinkohlenteer, elektrischem Strom und Transportmitteln ab. Es gab außer Auschwitz sechs große Anlagen, von denen zwei – Leuna und Ludwigshafen – neben synthetischen Kraftstoffen und Gummi riesige Mengen wichtiger chemischer Substanzen herstellten. Leuna produzierte nicht nur etwa 46 Prozent des deutschen Kunstkautschuks, sondern auch das schwere Wasser für das Atomprogramm der Nazis.

Nach dem Krieg erhoben die Vereinigten Staaten am 3. Mai 1947 Anklage gegen 24 Mitglieder des IG-Farben-Vorstands, darunter auch Otto Ambros. Man warf ihnen Vorbereitung eines Angriffskrieges und wirtschaftliche Ausplünderung der besetzten Länder vor, vor allem aber »Versklavung und Massenmord«.[12]

Wörtlich lautete der letztgenannte Anklagepunkt wie folgt: »In vollständiger Missachtung aller sittlichen und humanitären Überlegungen zwang die IG Farben ihre Zwangsarbeiter unter anderem zu übermäßig langen und anstrengenden Arbeitseinsätzen, ohne dabei auf ihre Gesundheit und physische Kondition zu achten. Einziges Kriterium für das Recht zu leben war die Effizienz besagter Zwangsarbeiter.«[13]

Der Prozess, der am 27. August 1947 im Nürnberger Justizpalast eröffnet wurde, war im Stil eines Kartellverfahrens aufgezogen; am Anfang wurde viele Stunden lang die Struktur der IG Farben dargelegt. Erst als es um die Sklavenarbeit und die Morde ging, hörte das Gericht Zeugenaussagen ehemaliger Insassen. Typisch für diese Aussagen war die von Rudolf Vitek, einem inhaftierten Arzt: »Die Häftlinge wurden von den Kapos sowie von den Vorarbeitern und Aufsehern der IG in unmenschlicher Art und Weise zur Arbeit angetrieben. Es gab keine Gnade. Prügel, Misshandlungen der schlimmsten Art und sogar direkte Tötungen waren an der Tagesordnung.«[14] Ein Zeuge nach dem anderen sprach von der Beteiligung der IG Farben an den Selektionen, die für die nicht für tauglich Befundenen den Tod bedeuteten, über die Anwesenheit von Firmenangehörigen bei der Erhängung von Häftlingen sowie über das Wissen der IG-Farben-Leute von der Vergasung und Einäscherung der Insassen in anderen Teilen von Auschwitz.

Am Ende war einer der Richter, Paul M. Hebert, der Ansicht, dass der Hochdruck, mit dem die IG Farben die Buna-Produktion zu starten versuchte, durch das mörderische Arbeitstempo den Tod der Arbeiter unmittelbar verursacht habe. Hebert erklärte:

»Es war das Drängen der IG Farben auf Tempo beim Bau von Auschwitz, das indirekt dazu führte, dass Tausende von Häftlingen durch die SS zur Vernichtung selektiert wurden, wenn sie nicht mehr arbeitsfähig waren. Es ist erwiesen, dass die Angst vor Vernichtung benutzt wurde, um die Häftlinge zu größeren Anstrengungen anzutreiben, und dass sie infolge dieser Angst Arbeiten auf sich nahmen, die ihre Körperkraft überstiegen.«[15]

Die Mehrheit der Richter war jedoch der Ansicht, die Grausamkeiten und Unmenschlichkeiten in den Buna-Werken sei nicht den Firmenangehörigen der IG Farben, sondern dem Regime des Dritten Reichs anzulasten, das die Vorschriften erlassen hatte, die diese Verbrechen ermöglichten.

Zwölf der IG-Farben-Angestellten wurden zu anderthalb bis (im Fall Otto Ambros) acht Jahren Haft verurteilt. Nur fünf der zwölf wurden wegen Sklaverei und Massenmords für schuldig befunden; sie erhielten sechs bis acht Jahre Gefängnis. Der Chefankläger, Josiah Du Bois, kommentierte, es hätte »ein Hühnerdieb damit zufrieden sein können«.[16] Er erklärte, ein Buch schreiben zu wollen, um die Welt über die Beweise in Kenntnis zu setzen, die der Prozess zutage gefördert habe. Vier Jahre später löste er sein Versprechen ein und veröffentlichte einen bitteren Bericht über die deutsche Industrie im Dritten Reich, *The Devil's Chemists*.

Richter Hebert merkte in seinem Kommentar über den Prozess an, dass es nicht nur wichtig sei, über die Schuld oder Unschuld der Angeklagten zu befinden, sondern auch darauf ankomme, einen genauen Bericht über die wichtigsten der Fakten zu verfassen, die in der Beweisführung zur Sprache gekommen seien.

Primo Levi, für den die Dokumentation der Geschehnisse so etwas wie ein Lebensinhalt wurde, schrieb nach dem Krieg, man könne »am Leben bleiben und muss deshalb auch den Willen dazu haben, schon um später zu berichten, Zeugnis abzulegen; und für unser Leben ist es wichtig, alles zu tun, um wenigstens das Gerippe, den Rohbau, die Form der Zivilisation zu bewahren«.[17]

General Eisenhower hatte nach dem Krieg die feste Absicht, die IG Farben zu zerschlagen, um den Weltfrieden sicherzustellen. Der alliierte Kontrollrat hatte entschieden, den gesamten Besitz der Firma zu beschlagnahmen und all ihre Geschäfte künftig selbst abzuwickeln. Diese Maßnahmen zielten letztlich darauf ab, der Firma ihre kriegerische Macht zu nehmen und sie in kleinere Unternehmen zu zersplittern. Bis der Kontrollrat im Juni 1949 durch das Hochkommissariat der Westalliierten ersetzt wurde, geschah jedoch nichts, und dann rückte man von dem Plan, das Konglomerat in seine 47 Abteilungen zu zerschlagen, gänzlich ab. Stattdessen wurde das Hauptgeschäft unter drei der großen alten Firmen aufgeteilt: Bayer, BASF und Hoechst. 1955 hielten die Nachfolger der großen IG Farben ihre erste Aktionärsversammlung ab, bei der beschlossen wurde, dass die Besitzer von Bayer-Aktien anonym bleiben durften. Die anderen beiden Unternehmen folgten bald nach. Im September 1955 wurde Friedrich Jähne, der in Nürnberg zu anderthalb Jahren Haft verurteilt worden war, in den Vorstand von Hoechst gewählt. Im Jahr darauf wurde Fritz ter Meer, der der Plünderung und Versklavung für schuldig befunden worden war, zum Aufsichtsratsvorsitzenden von Bayer gewählt.[18]

Die Buna-Werke bei Auschwitz haben den Krieg überstanden und sind bis heute in Betrieb. Primo Levi selbst konnte 1984 mit bitterer Ironie feststellen, dass der berüchtigte Karbidturm noch immer über dem Komplex aufragte und die ehemalige Buna-Anlage zur größten Kunstkautschuk-Fabrik Polens geworden war.

# 28. Wunderwaffen

Als Amerika in den Krieg eingetreten war und sich im Lauf des Jahres 1942 auch in Russland das Blatt wendete, hatte Hitler die totale Mobilmachung der Wissenschaft für den Krieg angeordnet.[1] Daraufhin stürzten sich die Wehrtechniker in eine Reihe unkoordinierter, hektischer und einander überschneidender Waffenentwicklungen, um das Kriegsglück noch einmal zu wenden.

Heute gibt es ein ganzes Genre von »Sach«-Büchern und Videos, die belegen wollen, dass die Nazis aufgrund ihrer überlegenen Technologie den Krieg ebenso gut hätten gewinnen können. Ich denke da an ein Buch, das auf seinem Umschlag eine bunte künstlerische Darstellung eines sechsmotorigen Flugzeugs im Sturzflug auf New York zeigt, auf dessen Deltaflügeln Nazi-Embleme prangen. Der Text dazu lautet:

»So hätte es geschehen können. Die Arado E555/1 war als Langstreckenbomber entworfen worden, der in mehr als 13000 Meter Höhe flog. Hätte sich der Krieg etwa bis 1950 hingezogen, dann wäre diese Szene, in der zwei dieser Bomber über Manhattan von einer P-80 Shooting Star verfolgt werden, womöglich Wirklichkeit geworden.«[2]

Aber selbst diese »Rekonstruktion« verblasst zu einer konventionellen Maschine, wenn man sie mit der futuristischen Technologie vergleicht, die Deutschland angeblich Anfang der 1940er-Jahre entwickelte und deren Details von der CIA bis heute streng unter Verschluss gehalten werden. Da gibt es zum Beispiel jene Klasse von Flugobjekten, die als »fliegende Untertassen« firmieren. Vorgebliche Experten wollen während des Krieges ein unklassifizierbares Fluggerät gesehen haben, das von »blauem Plasma« angetrieben wurde, welches ausgestoßen und zugleich entzündet worden sein soll. Es war, wie einer dieser Augenzeugen sagte, »eine leuchtende Scheibe, die sich um die eigene Achse drehte« und nachts »wie ein brennender Ballon aussah«.[3] Angeblich gab es auch eine »Antigravitationsmaschine« und ein Gerät, das die Elektronik von Flugzeugen außer Kraft setzen konnte (dazu später mehr).

Deutschland hatte in der Raketen- und Düsenantriebstechnologie ein hohes Niveau erreicht, was den Neid der Alliierten weckte, aber die Phantasien von einer futuristischen Wissenschaft und Technik, die das Dritte Reich bestimmt zum Sieg geführt hätten, wäre Hitler nicht ein so stümperhafter Führer gewesen und hätte man nur etwas mehr Zeit gehabt, gehören ins Reich der populären Geschichtsmythen. Neben dem Raketenprogramm und den zähen, zum Glück fehlgeschlagenen Bemühungen um eine Atombombe oder womöglich eine »schmutzige« Bombe mit radioaktivem Fallout gab es zwar eine Menge hektischer Forschungsaktivitäten, die bis in die letzten Kriegswochen fortgeführt wurden, aber das waren zumeist verschwenderische und wirklichkeitsferne Ablenkungsmanöver, die die unausweichliche Niederlage kaschieren sollten. Manche Entwürfe zielten mehr auf möglichst Furcht erregende Racheakte ab denn auf strategische Effizienz. Ob sie – abgesehen vom Einsatz von Zwangsarbeitern – etwas originär Nationalsozialistisches an sich hatten, darüber lässt sich streiten. Unstrittig ist hingegen, dass sie die Verzweiflung eines chaotischen Regimes belegen, das sich immer weiter von der Realität und jeder Vernunft entfernte.

Es gab zum Beispiel einen Superpanzer-Prototyp von Porsche, der 185 Tonnen wog und ein Geschütz mit einem Kaliber von sagenhaften 15 Zentimetern trug: ebenso groß wie die Geschütze auf dem Schlachtschiff *Bismarck*. In den letzten Tagen des Dritten Reichs wurde darüber hinaus ein 1000-Tonnen-Panzer mit dem Spitznamen »Ratte« entwickelt.

Auf dem Gebiet der Aeronautik gab es auf den Reißbrettern der Firma Heinkel Entwürfe für Senkrechtstarter, die »Wespe« und »Lerche« genannt wurden. In den Schmieden von Daimler-Benz und Mercedes verfolgte man den ausgefallenen Plan, einen interkontinentalen »Schnellstbomber« zu bauen, der einen Teil des Wegs von einem Trägerflugzeug mitgenommen werden und den Rest dann aus eigener Kraft bewältigen sollte; die Crew sollte vermutlich vor der amerikanischen Küste hinauskatapultiert und von einem wartenden U-Boot aus dem Meer gefischt werden. Unterdessen entwarf man bei BMW einen Düsenjäger, in dem der Pilot auf dem Bauch liegen sollte, um Kräfte bis 14 g auszuhalten (in normaler Sitzposition lief man ab 9 g Gefahr, ohnmächtig zu werden).

Als die Ressourcen immer knapper wurden, gab es eine Flut von Experimenten mit neuen Werkstoffen und dem Einsatz altbekannter Stoffe zu neuen Zwecken. Hermann Göring wollte zum Beispiel Lokomotiven aus Zement bauen lassen. Zu Himmlers Lieblingsprojekten zählte eine »neue« Substanz namens »Durofol«, ein nicht entflammbarer, vermeintlicher Wunderstoff, der Eisen und andere Metalle ersetzen sollte. Tatsächlich handelte es sich um komprimierte Holzfasern. Himmler gab einen Automobil-Prototyp aus Durofol in Auftrag und drängte auf den Einsatz in allen möglichen Fahrzeugen und Gebäuden. Der Werkstoff entpuppte sich aber als so biegsam, dass man bestenfalls Schalthebel, Kotflügel und Fensterrahmen daraus machen konnte.

Nach seiner Entlassung aus dem Spandauer Gefängnis stellte Albert Speer in seinem Buch *Der Sklavenstaat* eine Liste mit »Wunderwaffen« und anderen »innovativen« Technologien zusammen, die größtenteils von Himmler angestoßen oder gefördert worden waren. Himmlers weit reichende Projekte illustrieren das Chaos und die Überschneidungen und die – oft durch Hitler noch geschürte – Konkurrenz, die hochrangige Mitglieder des Regimes erzeugten, wenn sie ihre dilettantischen Phantasien umzusetzen versuchten.

Zu Himmlers Initiativen zählte ein Projekt zur Herstellung so genannter »Sauerstoffturbinen« für U-Boote, das von einem Mann geleitet wurde, der vom U-Boot-Bau nicht die geringste Ahnung hatte. Himmler gründete in Dachau auch eine Reichsstelle für Hochfrequenzforschung, in der KZ-»Wissenschaftler« Methoden erfinden sollten, Feindflugzeuge »elektronisch« zum Absturz zu bringen. Er setzte sich für eine »Wunder«-Pistole ein, die nie einen geraden Schuss abgab, für ein Schnellboot, das die Marine nicht haben wollte und das nie zu Wasser gelassen wurde, und für ein Flugboot namens »Zisch«, das sich nie in den Himmel erhob.

Nach dem Hitler-Attentat am 20. Juni 1944 wuchsen Himmlers Einfluss auf die Technologieentwicklung und sein Verlangen nach Neuerungen ins Unermessliche. Er war nicht nur Reichsführer-SS, Chef der Gestapo und der Polizei, sondern redete nun als Oberbefehlshaber des Ersatzheeres und der Heeresgruppen Oberrhein und Weichsel in alle Aspekte der Wehrmacht hinein.

Auch als der Krieg sich seinem unausweichlichen Ende zuneigte, wurden exzentrische Erfinder nicht müde, eine »Wunderwaffe« nach der anderen anzupreisen. Für Himmler in seiner Ahnungslosigkeit und Begeisterungsfähigkeit war praktisch keine Idee zu absurd, um sie nicht ernsthaft zu prüfen. Ein Plan sah eine Maschine zur »Fernbeeinflussung« der Atmosphäre vor, die elektronische Geräte ausschalten sollte.[4] Der »Isolierstoff Atmosphäre« bildete angeblich »die isolatorische Grundlage der gesamten Elektrotechnik«, und wenn man diesen Isolationseffekt aufhob, sollte der Betrieb aller elektrischen Geräte »bekannter Konstruktion und Ausführung unmöglich« werden. Himmler nahm diese bizarre Vorstellung eines Amateurs ernst – und folglich auch seine Untergebenen, die wussten, dass jedes Abblocken dieses »Forschungsvorhabens« sie den Kopf kosten konnte.

Noch im Januar 1945, als das Dritte Reich zerfiel, investierte Himmler Zeit und Mühe in ein Projekt zur Umwandlung von Tannenwurzeln in Benzin und andere Kraftstoffe. Und das war keineswegs nur eine endzeitliche Panikattacke eines verrückt gewordenen Anführers auf verlorenem Posten; vielmehr passt es gut zu einer früheren Vorstellung Himmlers, man müsste aus den Abgasen in Bäckerei-Schornsteinen doch irgendwie Alkohol »rückgewinnen« können. Im Mai 1943 hatte er eine dahingehende Direktive an Oswald Pohl, den Leiter des SS-Wirtschaftsverwaltungshauptamts, geschickt: »Bäckereien wie unsere Bäckerei in Dachau müssten täglich 100 bis 120 Liter Alkohol auf diese Art liefern. Kümmern Sie sich doch bitte einmal um diese Frage, und sehen Sie zu, dass wir das auch bei unseren Bäckereien machen.«[5]

Als einer seiner untergeordneten Wissenschaftsbeamten, SS-Hauptsturmführer Niemann, diese Vorstellung zurückwies, landete sofort eine Anweisung Himmlers auf Pohls Schreibtisch: »Setzen Sie für diese Versuche einen anderen SS-Führer ein… Niemann scheint mir zu der ganzen Frage absolut negativ eingestellt zu sein. Der Bericht gefällt mir in seiner ganzen Tendenz nicht. Ich bin der Ansicht, dass im Kriege auch die Gewinnung kleiner Alkoholmengen von Bedeutung ist.«[6]

Sechs Monate später hatte sich Himmler auf die lächerliche Idee kapriziert, man könne aus Geranien wertvollen Treibstoff gewinnen, mit dem sich die Kriegsmaschinerie der Nazis am Laufen halten ließe. Er befahl die Pflanzung von Geranienfeldern, um das Potenzial der Idee zu testen, und verlangte ausdrücklich eine systematische Untersuchung.

## Der Volksjäger

Gegen Ende des Krieges ging die Entwicklung neuer Waffen, die die unausweichliche Niederlage hinauszögern sollten, eher in Richtung Low- als Hightech und zeugte zum Teil von geradezu selbstmörderischer Stümperhaftigkeit. Der Teutonenstolz war technischer Schlamperei gewichen, und das Leben eines Piloten zählte offenbar nicht mehr viel. Als die Alliierten ihre Bombardements verstärkten, wurden Deutschlands führende Flugzeugkonstrukteure im September 1944 aufgefordert, Angebote für die Entwicklung eines neuen einmotorigen Düsenjägers einzureichen, der billig, leicht zu fliegen und schnell zu Zehntausenden zu produzieren sein sollte; die Frist betrug nur zwölf Tage. Dahinter stand die Idee, in einem letzten Verteidigungsversuch die Flieger-Hitlerjugend zu verheizen, schlecht ausgebildete Jungen von oft nur 16 Jahren, die diese Minijets fliegen sollten. Reichsmarschall Göring war angeblich hingerissen von der Vorstellung, Tausende tapferer junger Piloten könnten in ihren Volksjägern von den Autobahnen abheben und sich den Bomberformationen der Alliierten entgegenwerfen.[7] Wie hektisch es bei dieser Entwicklung zuging, zeigt schon der Umstand, dass die Firma Heinkel nur eine Woche nach Abgabe des Angebots einen Auftrag über die Massenproduktion ihres »erfolgreichen« Volksjäger-Entwurfs erhielt. Der Prototyp, He-162 Salamander, hob am 6. Dezember 1944 erstmals ab; ein weiterer Testflug am 10. Dezember endete für den Piloten tödlich: Aufgrund des schlechten Klebstoffs fiel eine der hölzernen Tragflächen ab. Der Rumpf, an dem das Triebwerk befestigt war, bestand aus Metall, die Querruder aus Sperrholz. Der Produktionsplan sah vor, dass bei Heinkel am 1. Januar 1945 mit der Herstellung von 1000 Flugzeugen begonnen wurde, während Junkers in mehreren unterirdischen Fabriken weitere 1000 Maschinen fertigen sollte, und das ebenfalls unterirdische Mittelwerk, in dem die V1 und V2 produziert wurden, sollte nebenbei noch einmal 2000 Stück zusammenmontieren. Man stellte sich vor, dass diese Produktionsstätten später Monat für Monat solche Stückzahlen bewältigen würden. Die Herstellung der Einzelteile wurde auf eine Vielzahl von oftmals unterirdischen Fabriken und Werkstätten verteilt. Die Bauteile wurden zumeist mit LKWs in die Montagebetriebe transportiert, manche aber auch in den Rucksäcken von Kurieren. Die üblichen Tests und Kontrollen fielen aus Zeitgründen aus; im Vertrag war festgehalten: »Es besteht ferner dahingehend Klarheit, dass bei der Methode, aus dem ersten Entwurf heraus bereits die Serienfertigung zu beschließen, das bis jetzt noch nicht zu übersehende Risiko eines etwaigen Fehlschlages in Kauf genommen werden muss«.[8] Die Konstruktionsteams wurden mit 10 000 Zigaretten und 500 Flaschen Wermut dafür belohnt, dass sie an ihren absurden Zielen festhielten.

In seiner technischen Würdigung des Jägers schreibt der Historiker Ulrich Albrecht: »Die tatsächliche Erfahrung lehrte, dass der Volksjäger alles andere als ein wirklich funktionstüchtiges Kampfflugzeug war. Wenn das Maschinengewehr abgefeuert wurde, riss der Mündungsdruck Teile der Aluminiumverkleidung ab. Das Fahrgestell zeigte Schwächen. Die Rippen am Rand der Landeklappen waren unterdimensioniert. Die seitliche Stabilität ließ zu wünschen übrig. Bei Manövern wie dem Abrutschen gab es Schwierigkeiten.«[9]

Viele Piloten kamen beim Landeanflug ums Leben: Oft geriet das Seitenruder in den Düsenstrahl, was zum Absturz führte. Der Plan war fehlgeschlagen, noch bevor die weiteren Ereignisse ihn zu Makulatur machten.

## Selbstopferungsflugzeuge

Die ultimative Verzweiflungstat in Sachen Luftkampf war schließlich der Entwurf eines Flugzeugs, mit dem der Pilot gezielt in den Tod fliegen sollte. Die Idee der Selbstopferungseinsätze war ursprünglich aufgekommen, als sich einige Freiwillige angesichts der drohenden Invasion bereit erklärt hatten, sich mit ihren Maschinen vor den Küsten des besetzten Europa auf die Landungsboote der Alliierten zu stürzen. Eine der eifrigsten Befürworterinnen war die Testpilotin Hanna Reitsch, die an Hitler appellierte, diesen Plan abzusegnen. Der Führer war bereit, den Vorschlag weiter auszuarbeiten, gab aber vorerst kein grünes Licht. Reitsch wurde für ihre wagemutigen Taten berühmt, darunter ein Testflug (einschließlich Bruchlandung) mit der Pulsstrahltriebwerk-Flugbombe V1, jenem eigentlich unbemannten Marschflugkörper, der für einen weiteren »Blitz« gegen Großbritannien entwickelt worden war. Wernher von Braun war ebenfalls mit dem Plan befasst; er hatte schon in der Frühphase des Krieges ein Raketenflugzeug für Suizidpiloten entworfen. Ein anderes Vorhaben ging von einem Raketenflugzeug aus, das starten sollte, sobald angreifende Flieger der Alliierten in Sicht kamen. Diese so genannte »Natter« sollte eine ganze Reihe von Raketen mitführen und abfeuern; unglücklicherweise war das Flugzeug nach Abschuss seiner Waffen instabil und nicht mehr flugfähig. Der Pilot sollte sich dann per Fallschirm retten. Beim Jungfernflug eines Prototyps brach sich der Testpilot bereits beim Startmanöver das Genick. Die Versuche wurden dennoch bis zum Kriegsende fortgesetzt.

Als Deutschland in den letzten Monaten und Wochen der Sprit ausging, wollte das Regime Kampfgleiter einsetzen, die einen angreifenden Bomber entweder rammen oder aus nächster Nähe beschießen sollten. Wie auch immer, der Tod des Piloten gehörte zum Plan. Er sollte seine starke Sprengladung möglichst nahe an den gegnerischen Verband heranbringen, sie dann zünden und zugleich abspringen. »Da das Abspringen im Anflug zwar theoretisch möglich, aber praktisch wahrscheinlich ausgeschlossen war, konnte man dies als eine ›Selbstmordbombe‹ bezeichnen.«[10] Ein weiterer Gleiter-Prototyp aus Holz, ein Modell von Messerschmitt, sollte über die Bomberformation geschleppt und dann ausgeklinkt werden, um im Gleitflug anzugreifen. Er war schlecht manövrierbar und kam nie zum Kampfeinsatz. Es gab auch eine Selbstmordvariante auf der Basis der Schleppflugzeug-Idee: eine »fliegende Panzerfaust«, die zwei ungelenkte Raketen mitführte, die unmittelbar vor einem Bomber abgefeuert werden sollten, bevor der Pilot das Weite suchte.

## Schmutzige Bomben

Boris Rajewsky, Direktor des Instituts für Physikalische Grundlagen der Medizin, befasste sich mit Gesundheits- und Sicherheitsstandards in Deutschlands Bergwerken und beantragte im Februar 1943 Gelder für die Erforschung der »biologische(n) Wirkungen korpuskularer Strahlungen incl. Neutronen unter Berücksichtigung der Möglichkeit von deren Verwendung als Kampfmittel, vor allem aber die Klärung der biologischen Grundlagen des Strahlenschutzes«.[11] Offenbar wurden die Fördermittel nicht bewilligt, aber der Antrag hat der Vorstellung Glaubwürdigkeit verliehen, dass die Nazi-Wehrwissenschaftler an einer »schmutzigen« Bombe arbeiteten, die gegen die Zivilbevölkerung Großbritanniens und letztlich auch der Vereinigten Staaten hätte eingesetzt werden können.

Manche Historiker haben die Vermutung geäußert, dass der Sprengkopf einer (in Peenemünde zumindest bis ins Planzeichnungsstadium gekommenen) Riesenrakete (A9/10) eine Atombombe hätte sein können. Als klar geworden sei, dass dieses Modell erst in ferner Zukunft einsatzfähig sein würde, hätten die Ingenieure darüber nachgedacht, ob man diese Bombe durch kleinere Raketen ans Ziel bringen könnte, die von U-Booten abgefeuert würden.

Hinweise auf einen Plan, radioaktive Bomben zu bauen und einzusetzen, sind rar und größtenteils indirekt, aber angesichts des breiten Spektrums absonderlicher und mörderischer Projekte ist die Vorstellung nicht per se absurd.[12] In der zweiten Kriegshälfte ist gelegentlich von einer »Uraniumbombe« die Rede gewesen, zum Beispiel bei Hitlers Stenografen Dr. Henry Picker, der von einem

Prototyp der deutschen Uranbombe schrieb, die von höchster Geheimhaltung umgeben sei.[13] Hitlers Adjutant Julius Schaub zufolge war Hitler durch SS-Offiziere, die im Mittelwerk arbeiteten, über eine solche Bombe aufgeklärt worden: darüber, dass sie die Größe eines kleinen Kürbisses habe und aus mehreren kleinen Uranbomben bestehe, die um einen konventionellen Sprengsatz angeordnet seien.[14]

Wenn etwas daran sein sollte, dass Hitler eine solche Bombe besaß, dann läge der Fall ähnlich wie beim Giftgas und den Nervengasen, die während des Krieges beiden Seiten zur Verfügung standen. Hitler hätte sich einen Erstschlag – ebenso wie bei den Chemiewaffen – sicher gut überlegt, denn die Vergeltung wäre rasch und gründlich erfolgt. Die einzigen Menschen, die solchen schmutzigen Bomben mit Sicherheit zum Opfer gefallen wären, wären die Sklavenarbeiter gewesen, die man aus den Konzentrationslagern herangezogen hätte, um sie herzustellen.

## Hitlers Giftgas

Die Geschichte der Giftgas-Entwicklung und -Bevorratung im nationalsozialistischen Deutschland begann im Dezember 1936, als Dr. Gerhard Schrader, ein Chemiker in der IG-Farben-Forschung, der sich mit Insektiziden befasste, eine äußerst tödliche Substanz entdeckte, die das menschliche Nervensystem angreift. Sie gehört zu den organischen Phosphorverbindungen und sollte als »Tabun« bekannt werden.[15] Tabun blockiert den Neurotransmitter Cholinesterase, einen im menschlichen Körper vorkommenden Botenstoff, dessen Reaktion mit dem Neurotransmitter Acetylcholin die Muskelbewegung ermöglicht. Wenn sich Acetylcholin im Nervensystem ungehemmt akkumuliert, verursacht es schwere Krämpfe und Muskelstarre, vor allem im Atmungssystem: Das Opfer erstickt.

Schrader wurde zum Oberkommando des Heeres nach Berlin beordert, wo er die Stärke des neuen Wirkstoffs an Hunden und Affen demonstrierte, die innerhalb von 20 Minuten nach Einatmen des Gases starben. Es wurde zur streng geheimen potenziellen Waffe erklärt. Die Leitung der Giftgas-Entwicklung erhielt Oberst

Rudriger; er beauftragte Schrader mit der weiteren Erforschung und Verbesserung seiner Entdeckung in einer Fabrik in Elberfeld an der Ruhr und ließ Pläne für eine spezielle Giftgas-Fabrik in Spandau ausarbeiten.

Im folgenden Jahr meldete Schrader jedoch eine neue Entdeckung: Fluorphosphonsäuremethylisopropylester entpuppte sich im Tierversuch als noch wirksamer als Tabun. Die Verbindung wurde als »Sarin« bekannt. Im September 1939 entschied sich die IG Farben für den Bau einer Fabrik im schlesischen Dyhernfurth, in der Tabun und Sarin hergestellt werden sollten. Finanziert wurde sie zwar vom Heer, aber geleitet wurde das Projekt von Otto Ambros von der IG Farben. Dyhernfurth sollte sich zu einer weitläufigen Produktionsstätte von zweieinhalb Kilometer Breite und 800 Meter Länge auswachsen, deren Anlagen teils unter der Erde lagen und in der unter strengsten Geheimhaltungs- und Sicherheitsmaßnahmen 3000 Menschen arbeiteten. Die Arbeit war psychisch belastend, weil die Fabrik sehr abgelegen und der Umgang mit den toxischen Substanzen äußerst gefährlich war. Trotz Schutzkleidung erkrankten immer wieder Arbeiter, und mindestens zehn starben nach Unfällen an ihren Vergiftungen.

Währenddessen wurden in verschiedenen Fabriken in ganz Deutschland andere Formen von Gaswaffen weiterentwickelt, die im Ersten Weltkrieg eingesetzt worden waren, darunter Phosgen, Chlor- und Senfgas. Bei diesen Experimenten wurden viele Tiere benutzt, aber auch – wie wir gesehen haben – menschliche Versuchspersonen aus Konzentrationslagern. Baron Georg von Schnitzler, ein Aufsichtsratsmitglied der IG Farben, sagte nach dem Krieg aus, dass Ambros über diese Menschenversuche Bescheid gewusst habe.[16]

Neben vielen zehntausend Tonnen eingelagertem Senfgas, Chlor und Phosgen wurden nach dem Krieg schätzungsweise 12000 Tonnen Tabun entdeckt. Man hatte eine ganze Reihe von Anwendungsformen entwickelt, darunter Tretminen, Handgranaten, Handsprays und Gasmunition für Maschinengewehre.

## Vergeltungswaffen: V1 und V2

Die fortgeschrittene Flugkörpertechnologie, die die Ingenieure in Peenemünde und die Sklavenarbeiter in den Tunneln des Mittelwerks hervorgebracht hatten, fand in einer verschwenderischen Vergeltungsstrategie ihre ultimative Anwendung. Die so genannte Vergeltungswaffe 1, kurz V1, wurde von den Briten »Doodlebug« getauft. Es handelte sich im Grunde um einen unbemannten Eindecker aus dünnem Pressstahl und Sperrholz. Mit einem Dampfkolben von einer Rampe in die Luft katapultiert oder von einem Flugzeug abgefeuert, erreichte der Flugkörper rasch eine Geschwindigkeit von 500 Kilometern pro Stunde; die Flughöhe lag irgendwo zwischen 1200 Metern und den Baumwipfeln. Das Pulsstrahltriebwerk wurde mit Benzin (der Tank fasste knapp 700 Liter) und Pressluft betrieben. Das Lenksystem bestand aus einer Gyroskop-Automatik und einem vorab einzustellenden Kompass. Ein Flügelrad an der Nase blockierte, sobald die vorgegebene Flugdistanz erreicht war, und bewirkte, dass die Höhenruder herunterklappten, worauf die Rakete mit ihrer explosiven Fracht zu Boden ging.

Die erste V1 stürzte am 13. Juni 1944 auf London; am Ende des Monats waren bereits 2452 abgefeuert. Ein Drittel wurde noch vor der Küste zerstört oder stürzte über dem Meer ab, ein weiteres Drittel fiel ungeplant in offenes Gelände, aber die übrigen etwa 800 landeten im Großraum London oder in der Gegend von Southampton. Die schlimmsten Verwüstungen richtete eine Flugbombe am 18. Juni an, die während eines Gottesdienstes auf der Kapelle der Wellington-Kaserne in London explodierte und 121 Menschen in den Tod riss, darunter 63 Soldaten.

Im Herbst 1944 wurden auch zahlreiche V1-Flugkörper auf Antwerpen abgefeuert, um die Versorgung der alliierten Invasionsarmee zu behindern. Alles in allem wurden 10000 V1 gegen Großbritannien eingesetzt. Etwa 2500 gingen auf London nieder, mehr als 6000 Menschen starben dabei, 18000 wurden verletzt.[17]

Wie wir bereits erfahren haben, wurde die V2 ab Mai 1944 im unterirdischen Mittelwerk im Harz produziert, wobei Zwangsarbeiter eingesetzt wurden. Der Überschallflugkörper, gegen den keine Flugabwehr ankam, war im September 1944 einsatzbereit, als die Flugbombenangriffe kurzfristig ausgesetzt worden waren. Die ersten beiden Raketen wurden nahe Den Haag in Holland gestartet und erreichten ohne Vorwarnung am Abend des 8. September nahezu gleichzeitig Chiswick im Westen Londons beziehungsweise Parndon Wood nahe Epping, östlich von London. Jede führte eine Tonne Sprengstoff mit. In Chiswick wurden drei Menschen getötet und 17 verletzt. Zwischen diesem Tag und dem 27. März 1945 gingen 1054 dieser Raketen auf London nieder (im Schnitt fünf pro Tag) und töteten 2700 Einwohner. Mehr als 900 wurden während der letzten drei Monate des Jahres 1944 auf Antwerpen abgefeuert.

Wenn Hitler gehofft hatte, die Briten mit diesen Höllenmaschinen in die Knie zu zwingen, hatte er sich geirrt. Aus deutscher Sicht muss der immense Aufwand, der für die Entwicklung und den Einsatz insbesondere der V2 betrieben wurde, als irrational bezeichnet werden. Als man ihn nach dem Krieg verhörte, sagte Feldmarschall Erhard Milch, Görings Generalinspekteur der Luftwaffe, die Produktion der V-Waffen habe vor allem deshalb so viele Arbeitskräfte binden können, weil man den Leuten immer wieder irgendwelche Wunderwaffen versprochen hatte; diese Versprechungen sollten nun um jeden Preis eingelöst werden.[18]

Dass dies wirklich das Motiv war, bestätigte sich in einem weiteren Verhör: Dr. Karl Frydag, ein Flugzeugproduktionsleiter, sagte aus, das in seinen Augen törichte V2-Projekt sei wegen des Propaganda-Effekts forciert worden. Minister Speer habe gesagt, die V-Waffen dienten dazu, den britischen Nachtangriffen etwas Vergleichbares entgegenzusetzen, ohne dabei teure Bomber zu opfern oder nennenswerte Verluste zu riskieren. Der Hauptgrund sei also psychologischer Natur gewesen; man habe das deutsche Volk aufbauen wollen.[19]

Die Kampagne, die der Flugzeugproduktion in diesen letzten Kriegsmonaten Ressourcen entzog und dafür sehr wenig Wirkung zeitigte, diente aber vermutlich eher der Kampfmoral Hitlers als der seines Volkes.

# Teil VII
# In Hitlers Schatten

# 29. Farm Hall

Am 30. April 1945 begingen Hitler und Eva Braun in seinem Berliner Bunker Selbstmord. Er war 56 Jahre alt und zwölf Jahre und drei Monate an der Macht gewesen. Eine Woche später kapitulierte das Dritte Reich offiziell, und der Krieg in Europa war vorbei. Deutschland lag in Trümmern, das Fernmeldewesen war zerstört, Millionen Deutsche waren obdachlos, hungernde Flüchtlinge durchstreiften das Land.

Zwei Monate später, am 3. Juli 1945, während Tausende Brandbomben auf die Städte Japans herabregneten, das immer noch Krieg führte, trafen zehn führende deutsche Physiker, von denen die meisten während des Krieges am Nuklearforschungsprogramm der Nazis beteiligt gewesen waren, in einer Villa nahe dem englischen Fluss Ouse ein, gut 15 Kilometer westlich von Cambridge. Einer von ihnen, der physikalische Chemiker Paul Harteck, erkannte beim Landeanflug der Dakota auf eine Militärbasis nahe Huntington die Kathedrale von Ely.

Farm Hall, ein georgianisches Backsteinhaus am Rande des Dorfs Godmanchester, war von einem privaten Park und einer hohen Mauer umgeben. Es sieht heute noch fast genauso aus wie damals, liegt allerdings an der viel befahrenen A 14, die die Midlands mit East Anglia verbindet. Während der 1940er-Jahre gehörte es dem britischen Außenministerium und wurde vom Auslandsgeheimdienst MI6 als »sicheres Haus« für Mitglieder von Widerstandsgruppen benutzt, die darauf warteten, mit dem Fallschirm über geheimen Absprunggebieten abgesetzt zu werden.

Die Zimmer des Hauses waren vor der Ankunft der Wissenschaftler mit versteckten Mikrofonen präpariert worden. Diese waren mit Schellack-Phonographen verbunden, deren Aufzeichnungen ein Team von Armeedolmetschern auswerten sollte. Transkripte der Aufnahmen sollten nach London und dann weiter an General Groves geschickt werden, den Leiter des Manhattan-Projekts. Diese Lauschaktion wurde »Operation Epsilon« getauft.

Groves' Interesse an diesen Wissenschaftlern galt nun, nach dem Ende des Krieges in Europa, weniger der Frage, wie viel die deutschen Wissenschaftler über den Bau einer Atombombe wussten, denn das war bereits bekannt, als vielmehr ihrer Einstellung gegenüber den Russen. Würden sie, wenn sich die Gelegenheit ergab, zu den Russen überlaufen und an einer sowjetischen Atombombe mitbauen? Die Transkripte der Aufnahmen, die 50 Jahre lang geheim gehalten wurden, stellen eine ungewöhnliche historische Quelle dar: Deutschlands Spitzenphysiker, gefangen in einem Schwebezustand zwischen dem Ende einer Ära und dem Anfang einer anderen, diskutierten untereinander ihre Ansichten und Ziele, ihre Erfolge und Misserfolge, ohne zu ahnen, dass sie abgehört wurden.[1]

Zwei der Hauptpersonen waren Veteranen: Otto Hahn, der bedeutende Radiochemiker, der die Kernspaltung entdeckt hatte, und der sanftmütige Max von Laue, der für seine Arbeiten über die Röntgenstrahlung den Nobelpreis erhalten hatte und dem es gelungen war, sich vom Regime fern zu halten. Keiner der beiden war während des Krieges maßgeblich an der deutschen Nuklearforschung beteiligt gewesen, aber Goudsmit wollte, wie wir schon hörten, diese hervorragenden, erfahrenen Wissenschaftler in den Händen der Amerikaner und Briten wissen, da er ihnen beim Wiederaufbau Deutschlands wichtige Rollen zugedacht hatte.

Der Brillenträger Erich Bagge war mit 33 Jahren der Jüngste in der Gruppe; er hatte an der Isotopentrennung gearbeitet. (Als er Farm Hall in den Achtzigerjahren noch einmal besuchte, prahlte er vor den neuen Besitzern damit, dass er damals ein paarmal über die Mauer geklettert sei, um sich mit einheimischen Mädchen zu treffen.)[2] Der Rest der Gruppe bestand aus Kurt Diebner vom Heereswaffenamt, der von seinen Geiselnehmern als »eine unangenehme Persönlichkeit« beschrieben wurde, dem weißhaarigen und militärisch-aufrechten Walther Gerlach, der im deutschen Atomforschungsprogramm eine Schlüsselrolle innegehabt und Kontakte zur Gestapo gepflegt hatte, Paul Harteck, der jenen ersten Brief an das Heereswaffenamt verfasst hatte, nachdem er Joliot-Curies *Nature*-Artikel über sekundäre Neutronen gelesen hatte, Karl Wirtz, einem Experten für schweres Wasser, dem düsteren, filmreif gut aussehenden Horst Korsching, den seine Entführer als »völliges Rätsel« bezeichneten, und schließlich aus Carl Friedrich von Weizsäcker und Werner Heisenberg.

Sechs Monate lang sollten die Wissenschaftler von der Außenwelt abgeschirmt bleiben, wobei ihnen vor allem der Kontakt mit ihren Familien daheim in Deutschland fehlte. Ihr Alltag war durch Studienzeiten und Fitnessübungen strukturiert. Sie lasen Tageszeitungen, und abends hörten sie zur Entspannung Radio oder lauschten Heisenbergs Klavierdarbietungen, bevor sie bis Mitternacht Karten spielten. Als Hauspersonal wurden deutsche Kriegsgefangene eingesetzt.

Noch in der ersten Woche nach ihrer Ankunft sagte Diebner zu Heisenberg: »Ich frage mich, ob hier Mikrofone eingebaut sind.« Heisenberg lachte. »Mikrofone eingebaut? O nein, so gerissen sind die nicht. Ich glaube nicht, dass sie die richtigen Gestapo-Methoden kennen; in dieser Hinsicht sind sie ein bisschen altmodisch.«[3]

Die Farm-Hall-Aufnahmen, deren von Professor Jeremy Bernstein herausgegebene Abschriften ich im Folgenden zitiere, enthüllen, dass die Männer nicht unter schlechtem Gewissen litten und sich nur zu gern von jeder offiziellen Verbundenheit mit dem Regime freisprachen. Sie sahen sich selbst keineswegs als Nazi-Wissenschaftler. Erich Bagge und Kurt Diebner waren NSDAP-Mitglieder gewesen; Otto Hahn, Max von Laue und Werner Heisenberg waren die einzigen Internierten, die keiner einzigen nationalsozialistischen Vereinigung angehört hatten. Diebner behauptete, er habe unter den Nazis gelitten und sei der Partei nur beigetreten, um sich für die Nachkriegszeit eine anständige Arbeitsstelle zu sichern. Er hatte seine Parteizugehörigkeit angeblich dazu genutzt, die Festnahme eines norwegischen Kollegen zu verhindern. Erich Bagge behauptete, er sei durch ein Versehen Parteimitglied geworden: Seine Mutter habe den Antrag in seinem Namen gestellt, da sie geglaubt habe, das sei gut für ihn. Heisenberg bemerkte gegenüber einem britischen Wissenschaftler, der ihn besuchte, Professor Patrick Blackett, Bagge sei in mancher Hinsicht ein proletarischer Typ, was bei seinem Parteibeitritt sicher eine Rolle gespielt habe, aber ein fanatischer Nazi im eigentlichen Sinn sei er nie gewesen.[4]

Gerlach beharrte darauf, dass niemand gegen seinen Willen in die Partei aufgenommen worden sei. Bagge erwiderte ihm, Gerlach sei durch seine persönliche Bekanntschaft mit Göring und durch die SS-Mitgliedschaft seines Bruders geschützt gewesen; darüber hinaus behauptete er, die Nazi-Exzesse, einschließlich der Konzentrationslager, seien eine Folge der Kriegszwänge gewesen.

## Hiroshima

Am 6. August 1945 traf eine Nachricht in diesem ländlich-luxuriösen Gefängnis ein, die die ruhige Routine der zehn deutschen Physiker gründlich erschüttern sollte. In diesem Moment erstarben alle Diskussionen über Verbindungen zu den Nazis. Kurz vor dem Abendessen erzählte der britische wachhabende Offizier Otto Hahn, in den Nachrichten sei von einem amerikanisch-britischen Atombombenabwurf über Japan die Rede gewesen. Der Offizier wusste offenbar einige Einzelheiten zu berichten: dass Hunderttausende gestorben seien, dass an der Erschaffung der Bombe Tausende von Arbeitern beteiligt gewesen seien, dass sie 500 Millionen Pfund Sterling gekostet habe und dass die Explosion die Sprengkraft von 20000 Tonnen TNT gehabt habe.

Hahn trafen die Neuigkeiten – dem Bericht des britischen Offiziers zufolge – wie ein Schlag, da er davon überzeugt war, seine ursprüngliche Entdeckung habe die Bombe erst möglich gemacht. Er sagte, er habe damals an Selbstmord gedacht, als ihm das schreckliche Potenzial dieser Entdeckung bewusst geworden sei, und nun habe er das Gefühl, es sei seine Schuld, dass dieses Gefahrenpotenzial sich verwirklicht habe. Die britischen Lauscher berichteten ihren Vorgesetzten, dass sich Hahn später »mithilfe einer nicht unbeträchtlichen Menge Alkohol« beruhigt habe.

Als Hahn den anderen Wissenschaftlern, die sich zum Abendbrot versammelt hatten, die Neuigkeit mitteilte, schwankten die Reaktionen zwischen Ratlosigkeit und Unglaube. Dann stellte Hahn fest: »Wenn die Amerikaner eine Uranbombe haben, dann sind Sie alle zweitklassig. Armer Heisenberg!«

Laue flüchtete sich in Spott: »Der Ahnungslose!«

Heisenberg fragte: »Haben sie im Zusammenhang mit dieser Atombombe das Wort Uran gebraucht?«[5]

Seine Gefährten antworteten unisono: »Nein!«

»Dann hat sie nichts mit Atomen zu tun«, fuhr Heisenberg fort, »aber das Äquivalent von 20000 Tonnen hochexplosivem Sprengstoff ist ungeheuer.«

Als Gerlach mutmaßte, die Alliierten hätten womöglich eine »Neptuniumbombe« geschaffen – so nannte er das Plutonium, das in Reaktoren (»Uranmaschinen«, wie die Deutschen sagten) aus U-238 entsteht, wenn dieses freie Neutronen absorbiert –, meldete Heisenberg massive Zweifel an: »Ich kann mir nur denken, dass irgendein Dilettant in Amerika, der sehr wenig davon versteht, ihnen eingeredet hat: ›Wenn ihr die abwerft, hat sie das Äquivalent von 20000 Tonnen hochexplosivem Sprengstoff‹, und in Wirklichkeit funktioniert sie überhaupt nicht.«

Während die Wissenschaftler weiter über die Bauart der Bombe spekulierten, berührten sie auch die Frage der wissenschaftlichen Verantwortung.

Wirtz sagte: »Ich bin froh, dass wir sie nicht hatten.«

Weizsäcker fuhr ihn an: »Das ist eine andere Sache.«

Ein paar Augenblicke später sagte von Weizsäcker: »Ich meine, es ist schrecklich von den Amerikanern, das getan zu haben. Ich meine, es ist Wahnsinn.«

»Das kann man nicht sagen«, wandte Heisenberg ein. »Ebenso gut könnte man sagen: Es ist der schnellste Weg, den Krieg zu beenden.« Dieser Gedanke deckte sich exakt mit der Rationalisierung, die die angloamerikanischen Verteidiger des Atombombenabwurfs auf Japan in den folgenden Jahrzehnten immer wieder vorbringen würden.

»Das ist es, was mich tröstet«, meinte Hahn.

Man diskutierte auch die Frage nach der Menge an reinem U-235, die für eine Bombe nötig war, und über die Möglichkeiten, diese Masse zu erreichen. An einer Stelle fragte Hahn Heisenberg: »Warum haben Sie mir eigentlich immer erzählt, dass man 50 Kilogramm 235 braucht, um etwas zu machen? Jetzt sagen Sie, man benötigt zwei Tonnen.« Heisenberg wollte sich in diesem Moment noch nicht festlegen, aber Hahns Frage war bedeutsam, weil sie belegte, dass die Deutschen durchaus über den Bau einer Bombe nachgedacht hatten – eine Tatsache, die sie später öffentlich bestritten.

Wieder wandten sie sich den moralischen Implikationen der Bombe zu. Hahn sagte: »Einmal wollte ich sogar den Vorschlag machen, das gesamte Uran auf den Grund des Meeres zu versenken. Ich habe immer geglaubt, man könne nur eine Bombe von solcher Größe machen, dass eine ganze Provinz in die Luft fliegen würde.«

Der Wortwechsel wogte hin und her. Hatten die Amerikaner dank einer Entdeckung oder Erfindung einen Durchbruch erzielt? Und warum hatten sie selbst, die Deutschen, versagt? Selbstzweifel und Selbstvorwürfe lagen in der Luft.

Um neun Uhr versammelten sich die Internierten um das Radio und lauschten den BBC-Nachrichten, die folgendermaßen begannen: »Hier sind die Nachrichten. Sie werden heute von einem überragenden Erfolg alliierter Wissenschaftler beherrscht: der Herstellung der Atombombe. Eine dieser Bomben ist bereits auf eine japanische Militärbasis abgeworfen worden. Sie allein enthielt so viel Sprengkraft wie 2000 von unseren großen Zehntonnern.«

Nach weiteren Kurznachrichten, in denen die Stellungnahmen von Präsident Truman, Winston Churchill und General Eisenhower zitiert wurden, endete der Sprecher mit einem vollendeten Antiklimax: »An einem Bank Holiday mit Sonne und Gewittern verfolgte in [dem Kricket-Stadion] Lord's eine Rekordmenschenmenge, wie Australien 273 Runs bei fünf Wickets machte.«[6]

Anschließend verlas der Sprecher Einzelheiten des Bombenabwurfs. Etwa 125000 Menschen hatten die Bombenfabriken gebaut, und 65000 hatten in ihnen gearbeitet. Alles war unter höchster Geheimhaltung abgelaufen: Man »hat riesige Materialmengen darin verschwinden sehen, aber nichts herauskommen, denn die Sprengladung ist sehr klein«. Für den Bau der Bombe sei Uran eingesetzt worden, und Wissenschaftler seien überzeugt, dass die Bombe »noch weiterentwickelt« werden könne. Den Umstand, dass man nun Atomenergie in großem Umfang freisetzen könne, werde man »letztlich auch in der zivilen Industrie ausnutzen«.

Die Nachrichtensendung endete mit dem Verlesen einer Erklärung Winston Churchills, der gerade bei den ersten allgemeinen Wahlen im Nachkriegseuropa gegen die Labour Party verloren hatte. Er ließ sich über den langen Weg bis zur Bombe aus und über den ersten Durchbruch, der in Großbritannien erzielt worden sei, über die Zusammenarbeit mit den Amerikanern und den Bau der Bombe in den Vereinigten Staaten, wo man bei der Forschung und Entwicklung vor deutschen Luftangriffen sicher gewesen sei. Dann erlaubte er sich einen Anflug von Stolz über die britisch-amerikanischen Leistungen, die im starken Kontrast zum Versagen der deutschen Wissenschaft stünden:

»Dank Gottes Gnade hat die britische und amerikanische Wissenschaft alle deutschen Bemühungen hinter sich gelassen. Trotz beträchtlicher Anstrengungen lagen die Deutschen weit zurück. Wären sie zu irgendeinem Zeitpunkt in den Besitz dieser Macht gelangt, so hätte das den Kriegsausgang verändern können, und diejenigen, die Bescheid wussten, waren darüber zutiefst besorgt.«

Er endete ernst und nachdenklich: »Wir müssen in der Tat darauf hoffen, dass diese Ehrfurcht gebietenden Kräfte zur Erhaltung des Friedens zwischen den Völkern eingesetzt werden und dass sie, statt den ganzen Erdball unvorstellbar zu verwüsten, zur unerschöpflichen Quelle des weltweiten Wohlstands werden.«

Nach der Sendung ging die Debatte unter den Internierten weiter. Harteck mutmaßte: »Sie haben es entweder mit Massenspektrografen in großem Maßstab geschafft, oder es ist ihnen mit einem fotochemischen Verfahren gelungen.« Das sei durchaus möglich, meinte Heisenberg, »und sie scheinen ja tatsächlich in diesem Maßstab gearbeitet zu haben. 180 000 Leute haben daran gearbeitet.«

»Was hundertmal mehr ist, als wir hatten.«

»Das beweist jedenfalls, dass die Amerikaner zu wirklicher Zusammenarbeit in ungeheurem Ausmaß fähig sind«, sagte Korsching. »In Deutschland wäre das unmöglich gewesen. Jeder behauptete, der andere sei inkompetent.«

»Wie viele Leute«, fragte von Weizsäcker, »haben an der V1 und V2 gearbeitet?«

»Tausende haben daran gearbeitet«, sagte Diebner.

Daraufhin meinte Heisenberg: »Wir hätten gar nicht den moralischen Mut aufgebracht, im Frühjahr 1942 der Regierung zu empfehlen, 120 000 Mann einzustellen, nur um die Sache aufzubauen.« Was er offenbar sagen wollte, war, dass er sich nicht getraut hätte, dem Regime Versprechungen zu machen, die sich nicht halten ließen.

Dann kam es zu jener Aussage, auf der der gesamte »Mythos« des deutschen Nuklearwaffenprojekts aufbauen sollte – ein Entlastungsmythos, der sich nicht nur in den Äußerungen der Nazi-Bombenforscher findet, die sich selbst von jeder Schuld freisprachen, sondern sich auch durch Robert Jungks *Heller als tausend Sonnen* und Tom Powers *Heisenbergs Krieg* zieht und sogar in Teilen von Michael Frayns *Kopenhagen* noch spürbar ist. Jeremy Bernstein hat ihn so zusammengefasst: »Wir hätten es tun können, wir wussten, wie es ging, aber wir haben es aus Prinzip nicht getan.«

Der Mythos hatte seinen dramatischen ersten öffentlichen Auftritt in dem Buch von Jungk: »Es scheint paradox, dass die in einer säbelrasselnden Diktatur lebenden deutschen Kernphysiker, der Stimme ihres Gewissens folgend, den Bau von Atombomben verhindern wollten, während ihre Berufskollegen in den Demokratien, die keinen Zwang zu befürchten hatten, mit ganz wenigen Ausnahmen sich mit aller Energie für die neue Waffe einsetzten.«[7]

Drei Jahre nach der Veröffentlichung von Jungks Buch sollte von Laue in einem Briefwechsel mit Paul Rosbaud erklären, dass der Versuch, diesen Mythos – von Laue nannte ihn »die Lesart« – zu installieren, auf von Weizsäcker zurückging. »All diese Diskussionen wurden von Weizsäcker geleitet«, schrieb er. »Ich habe nicht gehört, dass auch nur ein einziges ethisches Argument gefallen wäre. Heisenberg war meistens still.«[8]

Am Abend nach der Nachrichtensendung sagte von Weizsäcker in Farm Hall: »Ich glaube, es ist uns nicht gelungen, weil alle Physiker im Grunde gar nicht wollten, dass es gelang. Wenn wir alle gewollt hätten, dass Deutschland den Krieg gewinnt, hätte es uns gelingen können.«

Hahn, der Älteste unter den Wissenschaftlern, den das Gefühl quälte, für die Bombe verantwortlich zu sein, erwiderte schlicht:

»Das glaube ich nicht, aber ich bin dankbar, dass es uns nicht gelungen ist.« Es ist bedeutsam, dass ihm niemand widersprach – zumindest nicht zu diesem Zeitpunkt.

Die Diskussion kehrte nun zu der Frage zurück, ob die Wissenschaftler eine Bombe hatten bauen wollen oder nicht. Weizsäcker sagte: »Es geht nicht darum, dass wir fast so weit wie sie waren, vielmehr ist es eine Tatsache, dass wir alle davon überzeugt waren, dass die Sache während des Krieges nicht zu Ende gebracht werden konnte.«

»Nun, das stimmt nicht ganz«, hielt Heisenberg dagegen. »Ich würde sagen, ich war absolut von der Möglichkeit überzeugt, dass wir eine Uranmaschine machen, aber ich habe nie gedacht, dass wir eine Bombe machen würden, und im Grunde meines Herzens war ich wirklich froh, dass es eine Maschine sein sollte und nicht eine Bombe. Das muss ich zugeben.«

Im Verlauf dieser Auseinandersetzung verließ Hahn das Zimmer, und von Weizsäcker setzte seine Reinwaschung fort: »Ich meine, wir sollten uns jetzt nicht in Rechtfertigungen ergehen, weil es uns nicht gelungen ist, vielmehr müssen wir zugeben, dass wir gar nicht wollten, dass die Sache gelingt. Auch wenn wir die gleiche Energie hineingesteckt hätten wie die Amerikaner und es wirklich gewollt hätten wie sie, wäre es uns mit Sicherheit nicht gelungen, weil sie unsere Fabriken in Trümmer gelegt hätten.«

Schließlich sagte Heisenberg: »Ich meine, wir sollten vermeiden, uns über eine verlorene Sache zu streiten. Außerdem dürfen wir Hahn die Dinge nicht so schwer machen.«

Dann verglich Wirtz den deutschen Einfallsreichtum mit der amerikanischen Forschheit, indem er einwarf: »Ich halte es für typisch, dass die Deutschen die Entdeckung gemacht und sie nicht eingesetzt haben, während die Amerikaner sie zum Einsatz brachten. Ich muss sagen, ich dachte nicht, dass die Amerikaner es wagen würden, sie einzusetzen.«

Als Hahn und von Laue das Ereignis als ungeheure Leistung bezeichneten, die in der Weltgeschichte einzig dastehe, verließ Gerlach, der – wie wir sahen – mit Speers Unterstützung die Verantwortung für das Nuklearprogramm getragen hatte, die Runde und ging auf sein Zimmer, wo die Lauscher und auch seine Gefährten ihn laut schluchzen hörten. Harteck und von Laue gingen schließlich zu ihm, um ihn zu trösten. Gerlach sagte: »Keinen Augenblick dachte ich an eine Bombe, aber ich habe mir gesagt: ›Wenn Hahn diese Entdeckung gemacht hat, dann wollen wir wenigstens die Ersten sein, die von ihr Gebrauch machen.‹ Wenn wir nach Deutschland zurückkommen, wird es uns schlimm ergehen. Man wird uns als diejenigen ansehen, die alles sabotiert haben. Wir werden dort nicht lange am Leben bleiben.«

Später kam auch Hahn in sein Zimmer und fragte Gerlach: »Sind Sie außer sich, weil wir die Uranbombe nicht gebaut haben? Ich danke Gott auf den Knien, dass wir keine Uranbombe gebaut haben. Oder sind Sie deprimiert, weil die Amerikaner besser waren?«

»Ja.«

»Sie sind doch«, fragte Hahn, »mit Sicherheit nicht für eine so unmenschliche Waffe wie die Uranbombe?«

Worauf Gerlach entgegnete: »Nein. Wir haben nie an der Bombe gearbeitet. Ich habe nicht geglaubt, dass es so schnell gehen würde. Aber ich war allerdings der Meinung, dass wir alles unternehmen sollten, um die Energiequellen verfügbar zu machen und deren Möglichkeiten für die Zukunft zu nutzen.«

Kann Gerlach hier wirklich aufrichtig gewesen sein? Es ist genau genommen nicht wahr, dass die Deutschen im Verlauf der Atomforschungsplanung während des Krieges nie an eine Bombe gedacht hatten. Hahn sagte dennoch: »Ich bin dankbar, dass wir nicht die Ersten waren, die die Uranbombe abwarfen.«[9]

Und in dieser Art setzten sich die Streitgespräche fort: von den verheerenden Konflikten und Fehlentscheidungen der letzten Jahre, zum Beispiel Heisenbergs Vernachlässigung der Experimente gegenüber der Theorie, bis zu technischen Einzelheiten, die immer wieder angesprochen wurden.

Noch später am Abend sprachen Hahn und Heisenberg unter vier Augen miteinander. Sie redeten über Gerlach, dessen Probleme Heisenberg darauf zurückführte, dass er die Niederlage Deutschlands nicht verwinden konnte, auch wenn er die Nazi-Verbrechen verabscheute. Hahn antwortete, dass er selbst – gerade wegen seiner Liebe zu Deutschland – auf diese Niederlage gehofft habe. Beide

Männer beteuerten den Mitschriften der Lauscher zufolge, dass sie nie an einer Bombe hatten arbeiten wollen und die Entscheidung, sich auf den Bau eines Reaktors zu konzentrieren, mit Erleichterung aufgenommen hatten.

In den letzten Notizen ihres Tagesberichts hielten die heimlichen Zuhörer fest: »Obwohl die Gäste gegen 1.30 Uhr zu Bett gingen, verbrachten die meisten von ihnen anscheinend eine recht unruhige Nacht, nach den tiefen Seufzern und den gelegentlichen Rufen zu urteilen, die im Lauf der Nacht zu hören waren. Auch war auf den Korridoren ein beträchtliches Kommen und Gehen zu vernehmen.«[10]

Früher am Abend hatte der britische befehlshabende Offizier von Laue zu sich gerufen und darum gebeten, die Wissenschaftler möchten Hahn im Auge behalten, damit er sich nichts antue. Laue hatte erwidert, er sorge sich viel mehr um Gerlach, der offenbar einen regelrechten Nervenzusammenbruch erlitten habe und viele Tränen vergieße.

## Moralische Überlegenheit

Am nächsten Tag brach sich der Wunsch, moralisch Boden unter die Füße zu bekommen, erneut Bahn, als Hahn meinte: »Falls allerdings Niels Bohr mitgeholfen hat, dann, muss ich sagen, ist er in meiner Achtung gesunken.«

Im weiteren Verlauf postulierte von Weizsäcker vollmundig die eigene moralische Überlegenheit. Er behauptete: »Die Geschichte wird festhalten, dass die Amerikaner und die Engländer eine Bombe bauten und dass zur selben Zeit die Deutschen unter dem Hitler-Regime eine funktionsfähige Maschine herstellten. Mit anderen Worten, die friedliche Entwicklung der Uranmaschine fand in Deutschland unter dem Hitler-Regime statt, während die Amerikaner und die Engländer diese grässliche Kriegswaffe entwickelten.«[11]

Viele Jahre später kommentierte von Laue das so: »Während der Tischgespräche kristallisierte sich die Lesart heraus, dass die deutschen Atomphysiker die Atombombe nicht gewollt hätten – sei es nun, weil man sie während der erwarteten Restkriegsdauer nicht hätte fertig stellen können oder weil man sie grundsätzlich nicht wollte.«[12]

An diesem Tag kamen die Internierten – manche allerdings zögerlich – überein, ein Memorandum aufzusetzen, in dem sie das Wesen ihres Kernforschungsprojekts darstellen wollten. Die vom 8. August datierte Schilderung[13] setzt 1938 mit der Entdeckung der Spaltung des Uranatomkerns durch Hahn und Straßmann in Berlin ein und endet 1945 mit der geplanten »Aufstellung einer Energie liefernden Apparatur« in Haigerloch. Die Wissenschaftler hielten fest, dass die Kernspaltung eine »Frucht rein wissenschaftlicher Untersuchungen« war, »die mit praktischen Zielen nichts zu tun hatten«.

Weiter heißt es in dem Dokument: »Erst beim Beginn des Krieges wurde in Deutschland eine Gruppe von Forschern zusammengerufen, deren Aufgabe es war, die Frage der praktischen Nutzbarkeit der Atomenergie im Anschluss an die Hahn'sche Entdeckung zu untersuchen.« Ihre Arbeit habe 1941 zu dem Ergebnis geführt, »dass es möglich sein wird, die Kernenergien zum Betreiben von Maschinen auszunutzen«. Zu dieser Zeit sei ihnen »die Herstellung einer Bombe im Rahmen der technischen Möglichkeiten, die Deutschland zur Verfügung standen«, nicht möglich erschienen. Für ihre Forschung hätten sie nicht nur Uran, sondern auch schweres Wasser benötigt, aber dessen Produktion in der Anlage der Norsk Hydro sei durch alliierte Angriffe zum Erliegen gebracht worden. Am Ende des Krieges habe man versucht, den Einsatz von schwerem Wasser durch die Anreicherung des seltenen Isotops U-235 obsolet zu machen.

Ganz abgesehen davon, dass Lise Meitners Anteil an der Entdeckung der Spaltung verschwiegen wurde, stellt dieses Dokument den frühesten Versuch einer für den öffentlichen Gebrauch bestimmten Selbstrechtfertigung der deutschen Physiker dar. Zwar wurde der Text dann doch nicht veröffentlicht, aber er gab den Ton der Kampagne vor, die einige der Unterzeichner in den folgenden Jahren führten. Es ist eine Ironie des Schicksals, dass nur ihre Inhaftierung ihnen Gelegenheit gab, sich auf eine Geschichte zu einigen, die sie ihren Landsleuten und der ganzen Welt präsentieren konnten. Nicht zur Sprache kam in dem Text außerdem Paul Hartecks Versuch, Bernhard Rust Gelder zur Intensivierung der Uranforschung mit dem Ziel der Erschaffung von Massenvernichtungswaffen zu entlocken. Es fehlt auch jeder Hinweis auf von Weizsäckers Bericht von 1940, in dem von einer möglichen Neptuniumbombe die Rede war, sowie auf Houtermans Plutoniumspekulationen. Ebenso wenig ist von den theoretischen Arbeiten über Grafit als Moderator die Rede.

## Heisenbergs Vortrag

Zwischen dem 8. und dem 22. August richtete sich die Diskussion der Häftlinge mehr und mehr auf die Frage, ob sie bereit wären, mit den Alliierten zusammenzuarbeiten – ein für ihre Bewacher höchst bedeutsames Thema. Bedeutsam ist es auch, weil es zeigt, wie sich diese Wissenschaftler ihre künftige Forschungsarbeit und deren politische Rahmenbedingungen vorstellten.

Sie waren sich einig, dass Briten und Amerikaner, die sie oft kollektiv als »Angelsachsen« bezeichneten, alles daransetzen würden, sie von den Russen fern zu halten. Weizsäcker brachte weiterhin seine Abneigung gegen die Bombe zum Ausdruck, und obwohl er angeblich »eine Menge mit den Angelsachsen gemein« hatte, verachtete er doch ihre Regierungen. Heisenberg meinte, »jeder von uns muss darauf achten, dass er an die richtige Stelle kommt«. Weizsäcker erklärte Heisenberg: »Wenn du in Deutschland bist, wird ein Großteil der Verantwortung für den Fortbestand der Physik in Deutschland auf dir lasten.« Diese Bemerkung scheint einen Rückfall in die Geisteshaltung der Wissenschaftler einer vergangenen Epoche zu enthüllen, als der Herr Professor für das ganze Fachgebiet verantwortlich war: ein System, das sich überlebt hatte.

Nach einigen Tagen voller Diskussionen über technische Aspekte der Konstruktion einer Atombombe baten die Kollegen Heisenberg schließlich, einen Vortrag über dieses Thema zu halten, was er am 14. August dann auch tat.[14] Aber obwohl er eine Woche lang Zeitungen gelesen, Radio gehört und über das Problem nachgedacht hatte, war sich Heisenberg über den zentralen Unterschied zwischen einem Reaktor und einer Bombe offenbar noch nicht im Klaren. »Fast alles, was Heisenberg in diesem Vortrag sagt«, schreibt Jeremy Bernstein, ein auf diese Zeit spezialisierter Historiker, der früher selbst als Physiker auf dem Gebiet der Atomphysik tätig war, »geht am Wesentlichen vorbei, und die Kommentare seiner Kollegen sind noch schlimmer.«[15]

Bernsteins Einschätzung ist vor dem Hintergrund der Farm-Hall-Transkripte wichtig, da andere Leute das Gegenteil behauptet haben: die Betroffenen selbst und Robert Jungk in *Heller als tausend Sonnen*, interessanterweise aber auch Thomas Powers in seinem Buch *Heisenbergs Krieg*. Powers schreibt in seiner Heisenberg-Biografie: »Die allgemeine Diskussion, die Heisenbergs Vortrag vom 14. August ausgelöst hatte, macht klar, dass nur einige der Wissenschaftler – Heisenberg, Harteck, Weizsäcker und Wirtz – die Physik der Atombombe wirklich verstanden, während die anderen vieles erfuhren, was ihnen gänzlich neu war.«[16] Bernstein lehnt die Implikationen dieser Behauptung – dass Heisenberg wusste, wie man eine Bombe baut, aber Hitler dieses Wissen vorenthielt – vehement ab. Er steht für das eine Extrem in dieser langjährigen Debatte und bildet so ein Gegengewicht zu dem Standpunkt, Heisenberg habe die deutsche Bombe verhindert.[17]

Darin liegt die Bedeutung der Veröffentlichung von Heisenbergs Farm-Hall-Vortrag: Wir sollten jetzt imstande sein einzuschätzen, wie gut Heisenberg die Prinzipien und praktischen Probleme bei der Herstellung einer Atombombe damals verstanden hatte. Das ist, wie Bernstein betont, weniger eine Frage des historischen als vielmehr des physikalischen Sachverstands. Und Bernsteins Urteil über den physikalischen Kenntnisstand Heisenbergs zur Zeit seines Vortrags in Bezug auf eine Atombombe fällt vernichtend aus:

»Die Behauptung, dieser Vortrag belege, dass die vier genannten Wissenschaftler ›die Physik der Atombombe wirklich verstanden‹ hatten, ist so lächerlich, dass man sich fragt, ob Powers auch nur die geringste Ahnung von der Physik hat, um die es im Vortrag und bei den Zwischenbemerkungen ging. Und die Vorstellung, Heisenberg hätte gewusst, wie man die Bombe baut, ›das Geheimnis‹ aber für sich behalten, ist ebenso absurd. Mit diesem Vortrag wollten die

›Professoren‹ sich selbst beweisen, dass sie herausfinden konnten, wie eine Bombe gemacht werden konnte. Er ist sozusagen die Hochwassermarke ihres Kenntnisstandes.«[18]

So sehr ich die akribischen Recherchen und das Erzähltalent von Thomas Powers bewundere: Ich neige dazu, mich Bernsteins physikalisch fundierterem Urteil anzuschließen.

# 30. Helden, Schurken und Trittbrettfahrer

Die Farm-Hall-Transkripte lesen sich wie ein seltsames Wissenschafts-Psychodrama vom Ende des Krieges: ein goldener Käfig voller psychischer Belastungen, zwischenmenschlicher Spannungen und wachsender Feindseligkeiten, der an Sartres *Bei geschlossenen Türen* erinnert. Die Gefangenen passten zwar von ihrer Herkunft und ihren Persönlichkeiten her schlecht zusammen, waren jedoch durch den Umstand geeint, dass sie allesamt (wenn auch unterschiedlich begabte) Wissenschaftler im Dienst des Hitler-Regimes gewesen waren. Sie passten auch in ihrer Unfähigkeit zusammen, die moralische Verantwortung für ihre Kollaboration mit den Nazis anzuerkennen. Außer bei Hahn und von Laue war unter den deutschen Physikern von Gewissensprüfung wenig zu spüren, nur von Selbstrechtfertigung und Sorgen, wie sie im Nachkriegsdeutschland überleben und wieder Fuß fassen sollten. Ganz selten wurde ausgesprochen, dass der Nationalsozialismus verwerflich gewesen war, so in Wirtz' Bemerkung, die Deutschen hätten Dinge getan, »die einzig auf der Welt sind«.[1]

Manche der Farm-Hall-Häftlinge reagierten schockiert auf die Hiroshima-Bombe, aber zunächst erkannte nur von Laue an, dass Furcht und Abscheu vor dem Hitler-Regime zur Bombe geführt hatten: »Der leidenschaftliche Hass der beiden Emigranten [Peierls und Simon] gegen Hitler war es also, der alles in Bewegung setzte«, schrieb er in einem Brief an seinen Sohn.[2] Wie wir gesehen haben, schaffte es sogar Bagge, einer der beiden ausgewiesenen Nazis in der Runde, sich um die Verantwortung für seine Parteimitgliedschaft zu drücken, indem er seiner Mutter die Schuld gab.

Wenn sie über die Zukunft nachdachten, über ihre wissenschaftlichen Aussichten in der Nachkriegsära, neigten die Wissenschaftler dazu, jeden moralischen Unterschied zwischen der angloamerikanischen Demokratie und der Sowjetunion beiseite zu wischen und einander zu versichern, es komme nicht darauf an, welcher der beiden Machtblöcke für eine freie und gute Gesellschaft stehe, in deren Integrität ihre wissenschaftlichen Aktivitäten wieder aufblühen könnten, sondern einzig darauf, welche der Mächte gute Stellungen und Gelder für ihre Forschungsvorhaben bieten würde. »Wenn wir jedoch nach einem Jahr oder nach sechs Monaten feststellen, dass wir uns unter den Angelsachsen bestenfalls recht und schlecht durchschlagen können, während die Russen uns einen mit, sagen wir mal, 50000 Rubel dotierten Job anbieten, was dann?«, fragte von Weizsäcker rhetorisch.[3] Heisenberg dachte – ebenso rhetorisch – darüber nach, ob man von ihnen erwarten könne, die 50000 Rubel auszuschlagen und zufrieden und dankbar darüber zu sein, dass man ihnen erlaube, auf der englischen Seite zu bleiben.[4]

Später sagte Heisenberg zu Hahn: »Ich will keine Bagatellphysik betreiben … Falls die endgültige Entscheidung lautet, dass ich keine richtige Physik machen darf, und ich wieder nach Deutschland gehe, werden auch sie einsehen müssen, dass ich mir dann überlege, ob ich nicht doch zu den Russen gehe.«[5]

## Heisenberg: das abschliessende Urteil

Zu welchem Schluss können wir nun kommen, was Heisenberg betrifft? War er der brillante Held, der Hitler die Bombe vorenthielt? Oder war er ein inkompetenter Physiker, der durchaus eine Atombombe gebaut hätte, wenn er nur gewusst hätte wie? Oder wird er auf ewig die Rätselgestalt aus Michael Frayns *Kopenhagen* bleiben? Es lohnt sich zu rekapitulieren, was wir über ihn wissen.

Er war kein Nazi; selbst als es so aussah, als könne Deutschland den Krieg gewinnen, sträubte er sich gegen einen Parteibeitritt. Er hatte viele Gründe, die Nazis abzulehnen, nicht zuletzt die gegen ihn gerichtete Kampagne von Stark und Lenard und seine Überprüfung durch die SS; seiner Frau gegenüber brachte er mehrmals seinen Abscheu vor den Nazis und ihrem Regime zum Ausdruck.

Andererseits war er ein Patriot, ein Nationalist, der die deutsche Kultur, Landschaft und Musik sehr liebte. Seine Zuneigung zu Deutschland war weder platte Bukolik, noch beruhte sie auf der Geschichtsklitterung der Germanentümler. Er liebte sein Fach, die Physik, und sein Wunsch, diese Disziplin zu beschützen und für die Zeit nach dem Abtreten der Nazis eine neue Generation von Physikern heranzuziehen, wirkt aufrichtig.

Nichts deutet darauf hin, dass er Antisemit war. Er hatte unter Max Born in Göttingen studiert und scheint ihn sehr verehrt zu haben. Als er 1932 den Nobelpreis für Physik erhielt, von dem er fand, Born hätte ihn ebenso sehr verdient, schickte er Born einen Brief, in dem er sein Bedauern darüber ausdrückte, dass man sie nicht gemeinsam geehrt hatte. Zu seinen engen Mitarbeitern und Freunden zählten Einstein, Wolfgang Pauli, Rudolph Peierls und vor allem Niels Bohr, die allesamt jüdischer Abstammung waren.

Er war ein großer Physiker, einer der besten theoretischen Physiker des 20. Jahrhunderts. Wenn seine Wissenschaft einen Makel hatte, dann war es, wie wir gesehen haben, seine mangelnde Begabung fürs Experimentelle, und manchmal war er mathematisch nachlässig. Er war eindeutig nicht der richtige Mann, um das Nazi-Atombombenprogramm zu leiten, und seine halbherzige, unregelmäßige und fahrige Erfüllung dieser Pflicht war sicher einer der Hauptgründe dafür, dass es nicht voranging. Aber nichts deutet darauf hin, dass er sich um diese Führungsrolle bemüht hatte, um Hitler die Atombombe vorzuenthalten. Wie so viele hatte er gemeint, dass der Krieg nicht lange dauern würde, und hatte sogar den Schneid besessen, ausgerechnet Albert Speer diese Meinung unter die Nase zu reiben.

Wir wissen aber auch bestimmt, dass er Hitlers Kriegsziele unterstützte. Zu seinen Gunsten könnte eingewandt werden, dass er nur den Krieg gegen Russland guthieß und nicht den gegen den Westen, aber die Illegalität und Brutalität des *ganzen* Krieges gestand er sich nicht ein. Wir haben auch gesehen, dass er sich nicht scheute, in Dänemark, in den Niederlanden und Polen die Nazi-Flagge zu schwenken, obwohl er bestimmt wusste, welche Grausamkeiten in diesen Ländern verübt wurden.

In Farm Hall schließlich machte er sich von Weizsäckers »Lesart« zu Eigen, der zufolge sie ihre Führungsrollen in der Physik unter Hitler nicht nur apolitisch, sondern geradezu edelmütig ausgefüllt hatten. Er versuchte sich nicht als Held hinzustellen, aber er bereute auch nie öffentlich, für Hitler gearbeitet und den Kampfgeist der Nazis gestärkt zu haben.

Das Schlimmste, was man über Heisenberg sagen kann, ist meines Erachtens, dass er moralisch und politisch indifferent war. Er war in einer akademischen Tradition aufgewachsen, in der der große Professor in einem Ambiente von »verantwortungsloser Reinheit« existierte, und er besaß jene »doppelgeleisige und unerlaubt kombinatorische Art des Denkens«, wie Thomas Mann es in *Doktor Faustus* ausdrückt. Den größten Schaden richtete dieser Mitläufer dadurch an, dass er Hitlers Regime in den Augen der Zaungäste und Unentschlossenen, vor allem der Jugend, Ansehen und Glaubwürdigkeit verlieh. Nichts deutet darauf hin, dass Heisenberg die Rolle, die er im Krieg gespielt hatte, je bereute – vieles hingegen darauf, dass er seine Erinnerungen daran geschönt hat.

Solche Erinnerungsverfälschungen in der Nachkriegszeit haben die Historiker, vor allem in Nordamerika, dazu gebracht, die Bedeutung der Wissenschaft unter Hitler immer wieder zu erforschen und zu thematisieren. Die deutsche Wissenschaftsszene und die meisten ihrer Angehörigen sind, wie Mark Walker es ausgedrückt hat, einen »faustischen Pakt mit dem Nationalsozialismus eingegangen, bei dem sie für finanzielle und materielle Unterstützung, öffentliche Anerkennung und die Illusion beruflicher Unabhängigkeit bewusst oder unbewusst die nationalsozialistische Politik guthießen, bis hin zum Krieg, der Vergewaltigung Europas und dem Genozid«.[6] Zu ergänzen wäre, dass kaum ein Bereich der Wissenschaft im Dritten Reich von der Schuld, die mit der Ausbeutung von Zwangsarbeit einherging, frei geblieben ist.

Walkers Perspektive geht von einer Einteilung der Wissenschaftler in zwei Gruppen aus: jene, die den Nationalsozialismus begeistert annahmen wie Lenard und Stark, und die anderen, die einfach in Deutschland blieben, weiterhin Wissenschaft betrieben, sich – oberflächlich betrachtet – moralisch wie politisch vom Nazismus fern hielten und beteuerten, dass Wissenschaft ein apolitisches, neutrales Unterfangen sei. Diese Unterscheidung haben Historiker und Journalisten in einer Zeit, in der es darum ging, die eindeutigen Schurken und Helden ausfindig zu machen, mit einer gewissen Berechtigung immer wieder vorgenommen; die Übrigen, die Mitläufer, verblieben dabei in einer Art Unberührbaren- oder Tabustatus. Vor diesem Hintergrund war es dann auch ein Leichtes, Männer wie Heisenberg und Hahn nicht bloß als Unbeteiligte, sondern als Helden zu feiern. Zwar waren Heisenberg und Hahn gewiss keine solchen Schurken wie Lenard und Stark, aber die Behauptung, sie hätten durch ihre »Sabotage« des Bombenprojekts Widerstand gegen Hitler geleistet, ist ein besonders hartnäckiger und schädlicher Fall von Mythenbildung. Die Farm-Hall-Mitschnitte belegen eindeutig, von wem diese Mythisierung ursprünglich ausging, denn wenn man die Gespräche genau untersucht, zeigt sich, dass die Beteiligten sich nicht nur bereitwillig in falsche Rechtfertigungen flüchteten, sondern sich sogar zu einer vermeintlichen moralischen Überlegenheit gegenüber den (oftmals aus Deutschland vertriebenen) Nuklearwissenschaftlern in den Vereinigten Staaten aufschwangen.

Eine ganz besondere Note gewinnt der Mitläufer-Status der deutschen Forscher im Nationalsozialismus noch durch die angebliche Wertfreiheit der Wissenschaft. Nach dieser Ansicht kann man unter jedem Auftraggeber, Mäzen, Regime oder Verwalter gute Wissenschaft betreiben. Und doch ist es genau dieser angeblich apolitische, wertneutrale, unberührbare »Tabu«-Status des Mitläufers, der ihn, wie Professor Walker es ausdrückt, »oft viel gefährlicher macht als sowohl Hitlers wahre Anhänger als auch seine erbitterten Gegner«.

Es waren ganz vereinzelte Ausnahmefälle, die wahren Mut und Integrität bewiesen. Man denke zum Beispiel an Hermann Weyl, den Mathematiker, der von Göttingen in die Vereinigten Staaten ging. »Ich ertrug es nicht«, schrieb er, »unter der Herrschaft dieses Dämons zu leben, der den Namen Deutschlands entehrt hatte, und auch wenn der Trennungsschmerz hart und der Kummer so groß war, dass ich einen ernsten Zusammenbruch erlitt, schüttelte ich den Staub des Vaterlandes von meinen Schuhen.«

Aber war es möglich, als aktiver Wissenschaftler in Deutschland zu bleiben und in Opposition zum Regime seine Integrität zu bewahren, ohne verhaftet zu werden? Das überragende Beispiel ist Max von Laue, dessen stiller, passiver Widerstand 1933 mit seiner Rede in Würzburg begann, wo er scheinbar über den Fall Galilei, tatsächlich aber über die Unterdrückung Einsteins sprach. Wie sich sein Leben 1933 veränderte, das beschrieb er so:

»Oftmals fragte ich mich, wenn mir beim Aufwachen die Schrecknisse des letzten Tages einfielen, ob ich sie nur geträumt habe. Leider waren sie Wirklichkeit... So weit mir möglich, half ich unmittelbar Betroffenen, zum Beispiel durch rechtzeitige Warnung... Einmal habe ich auch einen, der sich verfolgt glaubte, mit meinem Auto ins tschechische Gebiet geschafft... Dies alles musste so heimlich als eben möglich geschehen. Aber zu meiner Gesinnung bekannte ich mich öffentlich.«[7]

Gerda Freise hat außerdem das bewegende Beispiel von Professor Heinrich Wieland geschildert, dessen Courage vielleicht weniger bekannt ist. Wieland hatte 1928 für seine Arbeit in der organischen Chemie den Nobelpreis erhalten und war in München auf den Lehrstuhl für Chemie berufen worden, den zuvor von Liebig, von Baeyer und Willstätter innegehabt hatten.[8] Wieland organisierte seine Abteilung so, dass er viele halbjüdische Studenten als Vorführer beschäftigen konnte, und sorgte dafür, dass sie ihre Studien inoffiziell abschließen konnten, als man ihnen ihre Stipendien und Studienplätze wegnahm. Sein Labor erhielt den Spitznamen »Ghettosaal«.

Er weigerte sich, den Hitlergruß – »Heil Hitler« – zu entbieten, und verwarnte Nazi-Studenten, die eine Kommilitonin zu denunzieren drohten, weil sie mit einem halbjüdischen Studenten namens Hans Konrad Leipelt befreundet war. 1943 wurde Leipelt zusammen mit sechs weiteren Studentinnen und Studenten festgenommen, weil sie Spenden für bedürftige jüdische Studenten gesammelt hatten und landesverräterische Schriften sowie ein illegales Radio besaßen. Wieland versuchte den Inhaftierten zu helfen, er besuchte ihre Familien und stellte Verteidiger. Im Herbst 1944 wurde Leipelt der Prozess gemacht, und Wieland trat als Entlastungszeuge auf. Leipelt wurde dennoch für schuldig befunden und am 29. Januar 1945 hingerichtet.

Freise, die bei Wieland studiert hat, räumt ein, dass die meisten Naturwissenschaftler, die die Nazis nicht unterstützten, eine Doppelstrategie der »Autonomie« und der »Anpassung« verfolgten, die es ihnen ermöglichte, dem Gesetz treu zu bleiben und sich ganz auf die Reinheit und Objektivität ihrer Forschung zu konzentrieren, die ihnen als höheres Gut erschien. Folglich haben sie aber die politischen Entwicklungen stillschweigend geduldet.[9] Wieland, so schreibt sie, gehörte zu denen, die sich weigerten, ihre Forschung als eine Tätigkeit aufzufassen, die außerhalb und jenseits der politischen Umstände angesiedelt war, unter denen sie zu arbeiten und zu leben gezwungen waren. Seine Auffassung von »Autonomie« schloss den sozialen Kontext seiner Arbeit nicht aus, und seine Loyalität gegenüber der akademischen Institution war nicht grenzenlos. Wieland war ein Widerständler, der das Glück hatte, trotz öffentlicher Nichtkooperation ungestraft davonzukommen. Sein Nobelpreis dürfte ihm geholfen haben, aber es war dennoch sehr gefährlich, und er ist auch insofern eine Ausnahmeerscheinung, als er ungeschoren davonkam.

## Lise Meitners Brief

Es gab einen weiteren wichtigen Ausnahmetypus: den Wissenschaftler, der dem Hitler-Regime zunächst diente und das später bereute und Selbstkritik übte. Eine der eloquentesten Kritiken am Wissenschaftler als Trittbrettfahrer des Dritten Reichs stammt aus der Feder von Lise Meitner, deren Argumente umso treffsicherer sind, als sie sich selbst aus ihrer vehementen Verurteilung jener, die für Hitler arbeiteten, nicht ausnimmt.

Im Juni 1945, dem Monat, in dem die Wahrheit über die Konzentrationslager in Großbritannien öffentlich gemacht und im Radio verbreitet wurde, schüttete Meitner in einem Brief an ihren ehemaligen Mitarbeiter Hahn ihr Herz aus. Der Brief erreichte ihn nicht, aber in ihrer weiteren Korrespondenz kam sie sinngemäß nochmals darauf zurück. Gegen Ende dieses langen und kraftvollen Briefes schrieb sie, was sie »in diesen Tagen von den unfassbaren Gräueln in den Konzentrationslagern gehört« habe, übersteige alles, »wovor man sich gefürchtet hatte«.[10] Nachdem sie in der BBC »einen sehr sachlichen Bericht der Engländer und Amerikaner über Belsen und Buchenwald« gehört hatte, »fing ich laut an zu heulen und konnte die ganze Nacht nicht schlafen«. Sie rief sich den Anblick der Menschen ins Gedächtnis, die in erbärmlichem Zustand aus den Lagern heimgekehrt waren, und schrieb: »Man sollte einen Mann wie Heisenberg und viele Millionen mit ihm zwingen, sich diese Lager und die gemarterten Menschen anzusehen. Sein Auftreten in Dänemark 1941 ist unvergesslich.«

Der Brief ist es wert, in längeren Auszügen zitiert zu werden, da er eine erschütternde Abrechnung mit Hitlers Mitläufern darstellt – und zwar aus der Sicht einer Forscherin, die selbst einst zu diesen Kreisen gezählt hatte:

»Ihr habt auch alle für Nazi-Deutschland gearbeitet und habt auch nie nur einen passiven Widerstand zu machen versucht. Gewiss, um euer Gewissen loszukaufen, habt ihr hier und da einem bedrängten Menschen geholfen, aber Millionen unschuldiger Menschen hinmorden lassen, und keinerlei Protest wurde laut.

Ich muss dir das schreiben, denn es hängt so viel für euch und Deutschland davon ab, dass ihr einseht, was ihr habt geschehen lassen… Ich und viele andere mit mir meinen, ein Weg für euch wäre es, eine offene Erklärung abzugeben, dass ihr euch bewusst seid, durch eure Passivität eine Mitverantwortung für das Geschehen auf euch genommen zu haben… Aber viele meinen, es sei zu spät dafür. Diese sagen, ihr hättet erst euere Freunde verraten, dann euere Männer und Kinder, indem ihr sie in einem verbrecherischen Krieg ihr Leben habt einsetzen lassen, und schließlich hättet ihr auch Deutschland selbst verraten, weil ihr, als der Krieg schon ganz hoffnungslos war, euch nicht einmal gegen die sinnlose Zerstörung Deutschlands gewehrt habt. Das klingt erbarmungslos, und doch glaube mir, es ist ehrlichste Freundschaft, warum ich dir das alles schreibe.«

Sie endet mit einem Eingeständnis ihrer eigenen Schuld, die sie darin sah, dass sie bis 1938 in Deutschland geblieben war und nicht aufgrund einer politischen oder moralischen Entscheidung gegangen war, sondern aufgrund eines äußeren Zwangs. »Du wirst dich vielleicht erinnern«, schrieb sie, »dass ich, als ich noch in Deutschland war (und heute weiß ich, dass es nicht nur dumm, sondern ein großes Unrecht war, dass ich nicht sofort weggegangen bin), dir oft sagte: Solange nur wir die schlaflosen Nächte haben und nicht ihr, so lange wird es in Deutschland nicht besser werden. Aber ihr hattet keine schlaflosen Nächte. Ihr habt nicht sehen wollen, es war zu unbequem. Ich könnte es dir an vielen, großen und kleinen, Beispielen beweisen. Ich bitte dich, mir zu glauben, dass alles das, was ich hier schreibe, ein Versuch ist, euch zu helfen.«[11]

Drei Jahre später kam Meitner auf die Frage ihrer Mitschuld durch den Verbleib in Deutschland zurück: »... heute ist mir sehr klar, dass ich ein großes moralisches Unrecht begangen habe, dass ich nicht 33 weggegangen bin; denn letzten Endes habe ich durch mein Bleiben doch den Hitlerismus unterstützt.«[12] Diese Einsicht steht in einem beträchtlichen Kontrast zu den Selbstrechtfertigungen und moralischen Ausflüchten der zehn Farm-Hall-Gefangenen.

## Das Nachkriegsschicksal von Hitlers Wissenschaftlern

Trotz Lise Meitners heftiger Kritik zeigten Hitlers Forscher wenig Reue, als die Wissenschaft in Westdeutschland sich auf die neue Situation in einem geteilten Land einstellte.

Professor Mark Walker behauptet, dass die Leitung der Kaiser-Wilhelm-Gesellschaft und ihrer Nachfolgeorganisation, der Max-Planck-Gesellschaft, »ihre durchgängige Kollaboration mit dem Nationalsozialismus seit dem Ende des Krieges systematisch ignoriert, heruntergespielt und falsch dargestellt hat«.[13] Die Gesellschaft und ihre Institute wurden zum Spielball der Siegermächte. Die Sowjets versuchten sie für Ostdeutschland zu gewinnen und bestellten einen Kommunisten zu ihrem Leiter. Die Franzosen versuchten wertvolle Teile nach Frankreich herüberzuziehen. Die Amerikaner erachteten die ganze Organisation als überflüssig, waren aber willens, einzelne Institute als eigenständige Einrichtungen anzuerkennen. Die Briten hingegen förderten die Gesellschaft, indem sie ihren Hauptsitz in ihrer Besatzungszone ansiedelten. Sie bestanden jedoch auf einem Namenswechsel. 1948 wurde die Kaiser-Wilhelm-Gesellschaft in Max-Planck-Gesellschaft umgetauft. Hahn, der erste Nachkriegspräsident der Gesellschaft, kämpfte um den Erhalt des alten Namens. Er drohte damit, zurückzutreten oder den Sowjets die Gesellschaft in die Hände zu spielen. Am Ende gab er nach.

In ihrem Bemühen, geläutert und entnazifiziert zu erscheinen, löste die Gesellschaft ihre Verbindungen zur deutschen Industrie und erklärte, ab sofort nur noch Grundlagenforschung zu betreiben. Die neue Bundesregierung finanzierte die Gesellschaft zu 100 Prozent, aber die Gelder waren knapp, und so erschien wieder die alte, nach dem Ersten Weltkrieg gegründete Notgemeinschaft der Deutschen Wissenschaft auf der Bühne. Diesen Umstand wertet Mark Walker als einen »Versuch, die Uhr auf die Weimarer Zeit zurückzudrehen und das Dritte Reich als kurze Verirrung abzutun, eine Einstellung, die in Deutschland nach dem Zweiten Weltkrieg weit verbreitet war«.[14] Hahn hatte versucht, eine zentrale Zulassungsstelle für Forschungsprojekte und -gelder einzurichten, den »Deutschen Forschungsrat«, aber dieser wurde faschistischer Züge verdächtigt und musste einem dezentralisierten System der Wissenschaftsverwaltung weichen.

Im Jahr 1946, als er mit der Leitung der Kaiser-Wilhelm-Gesellschaft die angesehenste Funktion übernahm, die ein Wissenschaftler in Deutschland erreichen konnte, erhielt er in Stockholm auch den Nobelpreis des Jahres 1944 für die Entdeckung der Kernspaltung. Meitner, die so viel zur Vorbereitung und richtigen Deutung von Hahns und Straßmanns Versuch beigetragen hatte, wurde nicht mit geehrt.

In den 1950er-Jahren hatte sich Hahn als eine führende deutsche Autorität für Wissenschaftsethik und -politik etabliert. Anfang 1954 schrieb er zum Beispiel einen Artikel über die Ausbeutung der Kernenergie, der in Deutschland und der ganzen Welt große Verbreitung fand. Drei Jahre später geriet er in den Fokus einer internationalen Auseinandersetzung, als er mit 17 Kollegen in der so genannten »Göttinger Erklärung« Bundeskanzler Adenauers Regierung für ihre Pläne kritisierte, die Bundeswehr in Abstimmung mit der NATO mit taktischen Atomwaffen aufzurüsten. Die Gruppe warnte vor den Risiken solcher Waffen und betonte, dass

Deutschland, wenn sie gegen Länder des Warschauer Pakts eingesetzt würden, unter der ganzen Wucht des radioaktiven Fall-outs zu leiden hätte. Zu den Unterzeichnern dieses anprangernden Manifests, das in den drei größten deutschen Tageszeitungen veröffentlicht wurde, zählten Max Born, Walther Gerlach, Werner Heisenberg, Max von Laue, Josef Mattach, Fritz Straßmann, Carl Friedrich von Weizsäcker und Karl Wirtz – viele von ihnen waren seinerzeit auf Farm Hall interniert gewesen. Der Vorstoß dieser Gruppe alternder Wissenschaftler war, wie sich zeigte, nicht erfolgreich, aber es ist doch bemerkenswert, dass ehemalige Forscher des Dritten Reichs hier den Schulterschluss mit einer noblen Gestalt wie Max Born vollzogen – und dass er seinerseits bereit war, dabei mitzumachen.[15]

Es ist eine Ironie der Geschichte, dass Adenauer ausgerechnet Pascual Jordan, jenen Physiker, der die Quantenphysik mit dem Nationalsozialismus gleichgesetzt hatte, dazu auserkor, die christdemokratische Unterstützung der NATO-Pläne zur Erweiterung der atomaren Bewaffnung in Europa gegen diesen Angriff zu verteidigen. Hahns »Göttinger 18« waren, wie er behauptete, noch weniger kompetent, grundlegende politische Fragen zu beurteilen, »als der durchschnittliche demokratische Staatsbürger«.[16] Dieser Angriff veranlasste Max Born zu einer harschen Reaktion, in der er Jordan an seine Vergangenheit erinnerte, die nach falschen Kompromissen und Selbstbetrug stinke. Borns Wut war nicht verwunderlich. Jordan war so schamlos gewesen, Born 1948 um ein Empfehlungsschreiben anzugehen und damit eine sich selbst entlastende Rechtfertigung für sein Verhalten unter Hitler zu verknüpfen. In seinem Schreiben prahlte er damit, alles in seiner Macht Stehende getan zu haben, um die Quantenphysik vor den Angriffen Lenards und Starks zu schützen, und lobte sich selbst dafür, nie an der Atombombe oder an Raketen mitgearbeitet zu haben (was, wie Peter Wegener bezeugen konnte, gelogen war). Born schickte ihm als Antwort einfach eine Liste seiner Freunde und Angehörigen, die unter dem Nazi-Regime gestorben waren. Heisenberg hingegen war bereit, Jordans Verteidigung zu akzeptieren.

In seinen letzten Lebensjahren agierte Hahn weiter als Doyen der deutschen Wissenschaft. Am Ende söhnte sich auch Meitner mit ihm aus, was in der Benennung des 1959 eröffneten Hahn-Meitner-Instituts für Atomforschung seinen symbolischen Niederschlag fand. Hahn starb hoch geehrt im Juli 1968 in Göttingen.

Auch Werner Heisenberg, der Pascual Jordan bereitwillig bei seiner Rehabilitation unterstützte, fasste in der westdeutschen Nachkriegswissenschaft zügig wieder Fuß. Ein Jahr nach seiner Entlassung aus Farm Hall wurde er zum Direktor des (bald darauf nach Max Planck umbenannten) Kaiser-Wilhelm-Instituts für Physik und Astrophysik in Göttingen ernannt. Im letzten Viertel seines Lebens (er starb 1971 im Alter von 70 Jahren) galt er im In- und Ausland wieder als angesehenes Mitglied der wissenschaftlichen Gemeinschaft. Er wurde zum Fellow der Royal Society in London ernannt und erhielt zahlreiche Auszeichnungen, wissenschaftliche Preise und Ehrendoktorwürden. Er reiste zu wissenschaftlichen Tagungen in aller Welt und wurde dort im Allgemeinen freundlich aufgenommen.

Niels Bohr und Heisenberg, die einst eine der berühmtesten Freundschaften in der Physik verbunden hatte, schlossen nie richtig Frieden. Bohr weigerte sich hartnäckig, über das zu reden, was im Krieg zwischen ihnen vorgefallen war. Wenn sie sich begegneten, gingen sie höflich miteinander um, aber Freunde wurden sie nie wieder. Heisenberg blieb für den Rest seines Lebens ein einsamer Mensch. Als der Physiker John Wheeler einmal in Kopenhagen mit seiner Frau in einem Restaurant am Hafen zu Abend aß, betrat ein Mann den Raum und setzte sich allein an einen Tisch. Wheeler wandte sich an seine Frau und sagte: »Das ist Heisenberg.«[17]

Die Spannung zwischen Bohr und Heisenberg kam erneut zum Ausbruch, als 1956 Robert Jungks Buch *Heller als tausend Sonnen* erschien, in dem Heisenberg als moralische Lichtgestalt geschildert wird. Bohr scheint geglaubt zu haben, Jungk habe sich diese Darstellung quasi von Heisenberg diktieren lassen. Bohr entwarf daraufhin, wie wir gesehen haben, eine Reihe von Briefen an Heisenberg, schickte aber keine Fassung ab. Bohr starb 1963, ohne das berühmte Treffen im besetzten Dänemark je mit Heisenberg aufgearbeitet zu haben. Auch Jahre später gab es noch Leute, die Heisenberg schnitten und sich weigerten, ihm die Hand zu geben. Er vertrat Deutschland als Delegierter bei den UNESCO-Konferenzen zur Gründung des Europäischen Kernforschungszentrums CERN und wurde 1955 eingeladen, an der Universität von St Andrews in Schottland die angesehene Gifford-Vorlesung über Philosophie und Naturwissenschaften zu halten.

Heisenbergs Kollege Carl Friedrich von Weizsäcker, der Schöpfer der »Lesart« von der moralischen Überlegenheit der Nazi-Bombenphysiker, wurde 1946 Leiter der theoretischen Abteilung in Heisenbergs Kaiser-Wilhelm-Institut in Göttingen. 1957 erhielt er eine Philosophie-Professur an der Hamburger Universität, 1970 wurde er mit 58 Jahren zum Direktor am Starnberger Max-Planck-Institut zur Erforschung der Lebensbedingungen der wissenschaftlich-technischen Welt ernannt. In seinen Interviews und Texten verbreitete er weiterhin eine gesäuberte Version der Geschichte des Nazi-Bombenprojekts. Er bestreitet immer noch, dass Wissenschaftler unter Hitler je vorhatten, eine Bombe zu bauen. In einem Interview in Deutschland sagte er 1996, dass die Amerikaner tausendmal mehr in ihre Atombombe investiert hätten als die Deutschen. Deutschland, so erklärte er, hätte niemals so viel Geld für eine Sache von so ungewissem Wert ausgegeben.[18]

Die Vertreter der Deutschen Physik hingegen verbrachten den Rest ihres Lebens in Ungnade. Johannes Stark wurde nach Kriegsende als Nazi angeklagt; Heisenberg sagte gegen ihn aus. Im Juli 1947 wurde er als Haupttäter zu vier Jahren Arbeitslager verurteilt, aber die Strafe wurde später ausgesetzt. Er starb 1957 auf seinem Gut in Bayern. Philipp Lenard andererseits war bei Kriegsende 83 Jahre alt und hatte sich schon lange von allen Nazi-Aktivitäten zurückgezogen. Die Behörden wollten ihn für die Nazi-Verbrechen zur Verantwortung ziehen, aber dank eines Gesuchs des stellvertretenden Rektors der Heidelberger Universität kam er ungestraft davon. Er starb 1947.

Erich Bagge, der jüngste der Farm-Hall-Häftlinge, ging zu Heisenberg nach Göttingen und erhielt dann in Hamburg einen Lehrstuhl für Physik. Mitte der 1950er-Jahre war er technisch-wissenschaftlicher Leiter einer Arbeitsgruppe zur Förderung der Nuklearenergie im Seebau in Hamburg-Geesthacht und half bei der Entwicklung des ersten deutschen Nuklearschiffes, der *Otto Hahn*. Er starb 1966.

Walther Gerlach, den die Nachricht von der Hiroshima-Bombe in Farm Hall in eine Depression geworfen hatte, kehrte nach Deutschland zurück und lehrte zunächst in Bonn Physik. 1948 wechselte er als Rektor an die Ludwig-Maximilian-Universität in München, wo er einst einen Physik-Lehrstuhl innegehabt hatte. Er starb 1979. Paul Harteck, der physikalische Chemiker, der das Heereswaffenamt nach der Lektüre von Joliot-Curies *Nature*-Artikel auf die Möglichkeit einer Nuklearwaffe aufmerksam gemacht hatte, verlegte sich nach dem Krieg in Hamburg auf Biophysik. 1951 wanderte er in die Vereinigten Staaten aus, wo er bis zu seiner Pensionierung 1974 Professor am Polytechnischen Institut in Troy, New York, war. Er starb 1985.

Max von Laue engagierte sich beim Wiederaufbau der Deutschen Physikalischen Gesellschaft und trug als Zeitzeuge einer Ära, in der Deutschland als Wissenschaftsmekka der Welt angesehen worden war, auch in seinem langen Ruhestand noch viel zur Normalisierung der deutschen Kultur bei. Er starb 1960 bei einem Verkehrsunfall.

Max Planck war am Ende des Krieges ein gebrochener alter Mann. Nachdem ihn schon der Tod seines ältesten Sohns in den Schützengräben des Ersten Weltkrieges und der seiner Zwillingstöchter bei ihrer Geburt stark mitgenommen hatte, ermordeten die Nazis 1945 seinen jüngeren Sohn Erwin, weil er angeblich an einer Verschwörung gegen Hitler beteiligt gewesen war. Kurz vor Kriegsende wurde er selbst bei einem Bombenangriff auf Kassel verschüttet und steckte stundenlang in einem Luftschutzraum fest. Schließlich zerstörte ein alliierter Luftangriff auf Berlin auch noch sein Haus und seine Bibliothek. Er floh vor den Russen und versteckte sich in Wäldern, bis die Amerikaner ihn retteten. Die beiden letzten Jahre seines Lebens verbrachte er bei seiner Großnichte in Göttingen, wo er 1947 starb. Sein dortiges Grab schmückt ein schlichter, rechteckiger Stein, auf dem die Gleichung mit jener Naturkonstante festgehalten ist, die seinen Namen trägt.

Von den Naturwissenschaftlern aus anderen Disziplinen musste zum Beispiel Konrad Lorenz wegen seiner Arbeit während des Krieges keine Nachteile in Kauf nehmen. Er wurde von den Russen gefangen genommen und praktizierte während seiner vierjährigen

Gefangenschaft als Arzt. 1949 kehrte er nach Österreich zurück, wo er in Altenberg das Institut für vergleichende Verhaltensforschung gründete. 1961 wurde er zum Direktor am Max-Planck-Institut für Physiologie in Seewiesen nahe Starnberg bestellt, und 1973 erhielt er für seine Forschungen über menschliches und tierisches Verhalten den Nobelpreis für Medizin beziehungsweise Physiologie. 1982 wurde er mit 79 Jahren zum Leiter der Forschungsstelle für Ethologie am späteren Konrad-Lorenz-Institut der Österreichischen Akademie der Wissenschaften ernannt. Er schrieb zahlreiche Bücher, darunter *Das sogenannte Böse*, worin er Gewalt als naturgegeben darstellt, und *Die acht Todsünden der zivilisierten Menschheit*, eine Kampfschrift gegen das ungehemmte Bevölkerungswachstum und die Umweltverschmutzung. Er starb 1989 im Alter von 85 Jahren.

Otmar von Verschuer, der von den Todeslager-Experimenten profitiert hatte, wurde als »Mitläufer« eingestuft, durchlief die Entnazifizierung und wurde ebenfalls voll rehabilitiert. 1951 war er Professor und Direktor des Instituts für Humangenetik an der Universität Münster. Zehn Jahre später sprach er als Ehrengast der Zweiten Internationalen Konferenz über Humangenetik in Rom. Er starb 1969 an den Folgen eines Autounfalls.

Josef Mengele wurde am Ende des Krieges in München inhaftiert, aber da die Behörden nicht wussten, wer er war und was er getan hatte, ließ man ihn bald wieder laufen. Er floh 1949 über Rom nach Buenos Aires und reiste dann in Lateinamerika umher. 1959 wurde er in Paraguay eingebürgert, wo er unerkannt lebte, bis er 1979 beim Schwimmen im Meer einem Schlaganfall erlag.

# 31. Wissenschaftliche Leichenfledderei

Der britische Luftfahrtingenieur Austyn Mair, der später in Cambridge ein hervorragender Professor werden sollte, schildert in einem Interview, wie er als junger Offizier der Royal Air Force im Frühsommer 1945 nach Deutschland flog, um die Windkanaltechnologie des Dritten Reichs zu inspizieren. Als er mit einem deutschen Raketeningenieur am Ufer eines südbayrischen Flusses saß, kam das Gespräch auf den A4-Flugkörper. Der deutsche Ingenieur wollte wissen, wie das gewesen war, wenn eine V2 in einer Stadt wie London einschlug. Mair erzählt, der Mann sei bei dieser Frage geradezu vor Stolz aufgebläht gewesen. »Ich starrte ihn einfach an und sagte nichts«, fuhr Mair fort. »Seine Gefühllosigkeit versetzte mich in Erstaunen.« Dem jungen britischen Offizier versinnbildlichte dieser Vorfall den Unterschied zwischen den deutschen und den alliierten Wissenschaftlern und Ingenieuren.[1]

In den Laboren, Werkstätten, Gießereien und Testanlagen von Hitlers Waffenschmieden stießen die alliierten Truppen auf Belege für das finstere Grauen von Sklaverei und Sadismus, aber auch auf Disziplin, Hochtechnologie, gute Organisation und Fleiß. Die Produkte, Erfindungen und Entdeckungen der Nazi-Wissenschaft und -Technologie waren über zahlreiche Forschungs- und Entwicklungsprogramme und Produktionsstätten verteilt. Viele der Konstruktionen waren vergraben oder zerstört worden, um ihre Konfiszierung zu verhindern; Fabriken und Rohstofflager waren gesprengt, verlassen oder getarnt worden; das Personal war geflohen oder untergetaucht. Oft zeigten sich die wissenschaftlichen Kundschafterteams der Amerikaner und Briten von dem, was sie entdeckten, tief beeindruckt, vor allem auf dem Gebiet der Luftfahrtproduktion; manchmal mokierten sie sich über den Rückstand der Nazis, so beim Nuklearprogramm. Wie auch immer, wenn die alliierten Wissenschaftsexperten das in ihren Ländern gebetsmühlenartig wiederholte Credo über den Zusammenhang von Demokratie und Wissenschaft – nur gute Gesellschaften bringen gute Wissenschaft hervor – wirklich verinnerlicht hätten, so hätten sie an der Überlegenheit der alliierten Wissenschaft und Technologie keinerlei Zweifel haben dürfen.

In den frühen Vierzigerjahren, nach dem Fall Polens, der Niederlande und Frankreichs, hatten zwei hervorragende Autoren, der Biochemiker und Wissenschaftshistoriker Joseph Needham in Großbritannien und der Soziologe Robert Merton in den Vereinigten Staaten, die Behauptung aufgestellt, es gebe eine Verbindung zwischen guter Wissenschaft und Technologie und den Vorteilen einer liberalen Demokratie. Sie meinten, die wissenschaftliche Kreativität könne nur in einem Umfeld aufblühen, das rational, frei, objektiv, prinzipiell skeptisch und universalistisch sei. Im Licht der damaligen Ereignisse erschienen diese Überlegungen nachvollziehbar. Die Autoren reagierten so auf Hitlers Angriff auf die Kulturen des europäischen Festlands. Zugleich erklärten sie die Leistungen der Wissenschaft und Technik in den Demokratien per definitionem zu einer gerechten, ethisch einwandfreien Sache. Diese Vorstellung war eindeutig eine Reaktion auf den faustischen Pakt, der hinter der Nazi-Wissenschaft zu stehen schien – einen Pakt mit dem Teufel Hitler, der protzige, auf den ersten Blick beeindruckende Technologie hervorbrachte, die irrationalen Zwecken diente: schlechte Wissenschaft im Dienst einer schlechten Sache.

Dass dieser Needham-Merton-Mythos der komplexen Wirklichkeit nicht immer gerecht wurde, zeigte sich jedoch schon bald, nämlich als die britischen und amerikanischen Wissenschaftsverwalter (die Franzosen und Russen hatten ähnliche Programme) im Rahmen des so genannten »Project Overcast« versuchten, jedes technologische Verfahren und Produkt, jeden brauchbaren Ingenieur und Naturwissenschaftler, den sie in den Ruinen des Dritten Reichs aufspüren konnten, an sich zu reißen, wie korrumpiert und schuldbeladen er auch sein mochte.

Das Ziel dieses Wettlaufs um die wissenschaftliche Kriegsbeute war in Großbritannien erstmals unmittelbar vor dem D-Day verkündet worden, am 5. Juni 1944, als Lieutenant-General Sir Ronald Weeks, der stellvertretende Leiter des Empire-Generalstabs, erklärte: »Die deutsche Ausrüstung ist genauso gut wie unsere, wenn nicht besser.« Er glaubte fest, die Plünderung der deutschen Forschungs-, Konstruktions- und Entwicklungsprogramme sei »eines der entscheidendsten und wichtigsten Ziele unmittelbar nach dem Krieg… Vielleicht werden dies die einzigen Reparationsleistungen sein, die wir aus Deutschland herausholen können. Also müssen wir alles tun, um dies sicherzustellen.«[2] 1945 formulierte der amerikanische Handelsminister, Henry A. Wallace, einen ganz ähnlichen Plan zur Ausschlachtung der Nazi-Kriegsmaschinerie: »Der Transfer der hervorragenden deutschen Wissenschaftler in unser Land zur Förderung unserer Wissenschaft und Industrie erscheint«, wie er Präsident Truman erläuterte, »ratsam und logisch. Wir wissen genau, dass es derzeit in den von den USA kontrollierten Gebieten bedeutende Wissenschaftler gibt, deren Leistungen im Verbund mit denen unserer eigenen Leute den Stand der wissenschaftlichen Erkenntnis zum Wohle der Nation vorantreiben würden.«[3] Die Russen, und in geringerem Ausmaß auch die Franzosen, führten ganz ähnliche Argumente ins Feld und versuchten mit ähnlichen geheimdienstlichen Methoden, aus ihren Besatzungszonen Reparationen in Form von Technologie herauszuziehen. Manchmal drangen diese Teams sogar in die Zonen ihrer Verbündeten ein, wo sie sich wie Gangster aufführten. Sobald es etwas Wertvolles zu ergattern galt, schreckten sie sogar vor Drohungen, Erpressung und Entführungen nicht zurück.

Die Russen bauten ganze Fabriken ab und verfrachteten sie mitsamt der Arbeiter nach Russland. Mithilfe der Briten überführten die Amerikaner unter Colonel Holger Toftoy (dem Leiter der Raketenabteilung des US-Waffenamts) V1- und V2-Raketen mitsamt aller Ersatzteile, die sie finden konnten, in die Vereinigten Staaten. Die Amerikaner nahmen auch einen ganzen Überschall-Windkanal aus Bayern mit, ein U-Boot mit einem fortschrittlichen Antriebssystem sowie verschiedene Flugzeugtypen, darunter auch Jet-Prototypen und Raketenflugzeuge. Die Beute wurde einschließlich mehrerer Tonnen Planungsunterlagen zum

Air Document Research Center in Wright Field in den Vereinigten Staaten geschafft.

Wenn die Amerikaner sich schon an dem Nazi-Ruch all dieser Sachen wenig störten, so hatten sie noch weniger Skrupel, mit deutschen Wissenschaftlern gemeinsame Sache zu machen, die der Ausbeutung von Sklavenarbeit und anderer Verbrechen schuldig waren. Nur wenige Wochen nach ihrer Festnahme, vor allem in Bayern, wurden 120 von Wernher von Braun handverlesene Forscher nach Fort Bliss nahe El Paso in Texas gebracht, um dort an Lenkflugkörpern zu arbeiten.

Anfangs wurden die Deutschen in einer Kasernensiedlung untergebracht. Sie bekamen reichlich Verpflegung und Gehalt, genossen einige Privilegien und begrenzte Freiheiten, zum Beispiel einen wöchentlichen Busausflug ins Kino. Beim einheimischen Personal der US-Luftwaffe sorgte die Ankunft der Deutschen für einige Entrüstung. Ein Luftfahrtingenieur namens Hans Amtmann, der mit seiner Familie ursprünglich in Wright Field einquartiert worden war, erinnert sich zum Beispiel, wie er und eine Gruppe Landsleute mit viel harter Arbeit und Findigkeit eine Tennisanlage instand setzten. Als sie dann darauf spielen wollten, wurden sie von amerikanischen Offizieren vertrieben, denen offenbar missfiel, dass die Deutschen Spaß haben wollten. Aber bereits 1948 – er arbeitete immer noch in der amerikanischen Luftfahrtindustrie – war Amtmann stolzer Besitzer eines Studebaker Champion und hatte im Umland von Dayton ein Haus gekauft, wo er mit Frau und Kindern heimisch werden konnte.

Schließlich wurde von Brauns deutsches Kernteam nach Redstone Arsenal in Huntsville, Alabama, verlegt, wo es den Auftrag erhielt, vorrangig am Redstone-Flugkörper zu arbeiten, einer weiterentwickelten A4, und dann an den Jupiter- und Pershing-Raketen. 1960 wurden diejenigen der ursprünglichen deutschen Gruppe, die noch berufstätig waren, noch einmal versetzt, und zwar ans Marshall Space Flight Center der NASA, wo das Saturn-Programm entwickelt wurde.

Michael J. Neufeld hat angemerkt, dass diese Rekonstruktion eines ganzen technologischen Systems eines besiegten Landes im Land der Sieger vermutlich ein einmaliger Vorgang war. Trotz der amerikanischen Skepsis gegenüber Staatsbetrieben hat das System der Waffenentwicklung und -produktion durch das Waffenamt in den Staaten eine lange Tradition. In Redstone realisierte von Braun erneut sein »Alles-unter-einem-Dach«-Prinzip der Flugkörperforschung und -entwicklung, bei dem die Verpflichtung von Privatunternehmen strikt auf Subsysteme und Massenfertigung beschränkt war. Was fehlte, waren die Arbeiter aus den Konzentrationslagern – für die nötige Arbeitskraft war hier bereits gesorgt.

Im März 1946 löste das »Project Paperclip« das »Project Overcast« ab. Es stellte die langfristige Ausbeutung der Wissenschaftler und Ingenieure des ehemaligen Feindes auf eine solidere gesetzliche Basis und lockerte Präsident Harry Trumans ursprüngliche Regeln zum Umgang mit Nazi-Kriegsverbrechern, nach denen diese ausdrücklich nicht als echte Immigranten in die Vereinigten Staaten behandelt werden durften.[4] Als die US-Strafverfolger eine Suche nach Beweisen und Zeugen für die Gräueltaten im Mittelwerk beziehungsweise in Dora starteten (jener unterirdischen Fabrikanlage, in der die A4 hergestellt worden war), beschützte Toftoy sein deutsches Team vor dieser Überprüfung. Die Peenemünde-Wissenschaftler in den Vereinigten Staaten hatten sich selbst von jeder Mitverantwortung an der grässlichen Behandlung der Sklaven von Dora freigesprochen und schoben die ganze Schuld auf die SS. Ihre amerikanischen Vorgesetzten akzeptierten diese Rechtfertigung bereitwillig. Als sich der Kalte Krieg seinem Höhepunkt näherte, fragte kaum noch jemand nach den Gründen für diesen Gedächtnisschwund in Sachen Nazi-Vergangenheit. Peenemünde wurde in Huntsville wiedergeboren, einer zentralen Forschungseinrichtung der US-Armee für Flugabwehrraketen und interkontinentale ballistische Flugkörper; manche der Deutschen (die Zahl der ehemaligen Nazi-Ingenieure war mittlerweile auf 500 angestiegen) bezeichneten Huntsville scherzhaft als »Peenemünde Süd«. Zwar wäre es unsinnig gewesen, all dieses technische Know-how *nicht* zur Verteidigung des Westens einzusetzen, aber es war und ist wichtig, dass wir, die wir so großen Wert auf die Aufarbeitung der Verbrechen der Nazi-Wissenschaft legen, uns des Bluts der Sklavenarbeiter bewusst bleiben, das immer noch an den Flugkörpern klebt, die den Westen schützen. Wie lebendig diese Erinnerung bei manchen seinerzeit noch war, zeigte sich am Abend des Apollo-Mondflugs, als ein Journalist Wernher von Braun fragte, ob er garantieren könne, dass die Rakete nicht auf London stürzen werde, woraufhin dieser die Pressekonferenz abrupt verließ.

## Sowjetische Plünderung

Die Sowjetunion verhielt sich nicht besser und in mancher Hinsicht noch schlimmer. Der – erzwungene wie freiwillige – Nachkriegs-»Technologietransfer« in die Sowjetunion ist immer noch von Rätseln umgeben. Die Schätzungen, wie viele deutsche Wissenschaftler, Techniker und Ingenieure in der Sowjetunion landeten, schwanken zwischen 6000 und 100000. Zu denen, die zwischen Mai und August 1945 verschwanden, gehörten auch Raketen- und Nuklearforscher. In der Nacht vom 21. auf den 22. Oktober 1946 wurden zahlreiche Fachleute für alle Waffengattungen aus ihren Betten gerissen und deportiert.[5]

Helmut Gröttrup, in Peenemünde eine Schlüsselfigur, lief zu den Russen über, vielleicht weil andere Peenemünder ihn beschuldigten, das Versteck der Nazi-Raketendokumente verraten zu haben. Die Russen machten ihn zum Leiter eines Raketenforschungsinstituts in der Nähe des Mittelwerks und schickten ihn später nach Moskau. Dann zwangen die Russen eine Reihe von deutschen Spezialisten mit Waffengewalt, mit nach Russland zu kommen. Gröttrup lebte weiterhin halbwegs komfortabel, aber viele seiner Landsleute wurden eingesperrt.

Die Aussage von Werner Albring, während des Dritten Reichs einer der führenden deutschen Experten für Aerodynamik, veranschaulicht, wie die Russen bei Kriegsende Nazi-Wissenschaftler »anwarben« und wie sie sie behandelten.[6] Bei seiner Entscheidung, mit den Russen zu gehen, spielte das Versprechen, dass die Familie zusammenbleiben werde, eine große Rolle. (Auch die Wissenschaftler, die nach Amerika gingen, durften später ihre Frauen und Kinder nachholen.) Die Russen erzählten den Forschern, wenn sie zu ihnen überliefen, dürften sie auf deutschem Boden bleiben, aber das war gelogen.

Nach einer kurzen Periode in Ostdeutschland wurde Albring auf die Insel Gorodomlia im Seligersee gebracht, der auf halber Strecke zwischen Moskau und Leningrad liegt. 150 deutsche Wissenschaftler bildeten dort mit ihren Angehörigen eine etwa 500-köpfige Gemeinde. Sie wohnten in einem der typischen Sowjetlager für zwangsverpflichtete Wissenschaftler in Holzhütten mitten im Wald. Es gab eine Schule, eine kleine Gaststätte und eine allgemeinärztliche Praxis. Die ganze Insel war mit Stacheldraht eingezäunt. Albrings Gefangenschaft währte sechs Jahre. Die Wissenschaftler mussten 48 Stunden pro Woche arbeiten. Wer morgens zu spät kam, wurde bestraft. Zur Entspannung spielten sie Handball und Tennis; manche verlegten sich auf Gartenarbeit oder Malerei. Die Mädchen gründeten einen Chor, und es gab ein Kammerorchester. Man versuchte auch einen Debattierclub zu gründen, aber der wurde sofort verboten.

Als er 1957 anfing, sein Buch zu schreiben (das dann erst 1987 fertig wurde), war sich Albring sicher, dass die deutschen Wissenschaftler in Russland in der Raketenforschung eine viel geringere Rolle gespielt hatten als in den Vereinigten Staaten. Er war davon überzeugt, dass die Verpflichtung der Deutschen eher von »höchster Stelle« befohlen denn aus echter Notwendigkeit geboren war: dass man vor allem ihre Anwerbung durch die Westmächte hatte verhindern wollen. Die Arbeits- und Forschungsbedingungen waren extrem primitiv. Man stattete sie mit nichts als Stiften und Papier aus. Die Wissenschaftlergruppe auf der Insel gehörte zum 88. Moskauer Wissenschaftsinstitut, das von einem Sowjetgeneral geleitet wurde. Gröttrup, der mit weiteren deutschen Wissenschaftlern in Moskau stationiert war, erbat größere Freiheiten für seine Landsleute, aber nichts geschah. Die Deutschen blieben von ihren russischen Kollegen isoliert und sahen nie die Früchte ihrer Arbeit, irgendwelche Anwendungen oder Tests. Sie arbeiteten weit entfernt von allen richtigen aerodynamischen oder thermodynamischen Forschungseinrichtungen, Windkanälen oder Testgeländen und kannten die aktuelle Literatur nicht. Sie wurden von ihren Aufpassern ständig ausgefragt und Kreuzverhören unterzogen; dennoch war Albring überzeugt, dass die Sowjets alles, was die Deutschen taten, auch selbst gekonnt hätten: dass sie selbst über genügend talentierte Forscher verfügten.[7] Er behauptete, die Deutschen hätten wenig bis gar nichts zum Erfolg des Sputnik beigetragen, glaubte aber, dass seine und seiner Kollegen Leistung in die Flugabwehrraketen eingeflossen ist, die bei hohen Geschwindigkeiten enge Kurven fliegen müssen. 1952 erlaubte man ihm schließlich, nach Deutschland zurückzukehren, aber er weigerte sich, in der DDR weiter an Waffentechniken zu arbeiten.

# Teil VIII
# Vom Kalten Krieg bis zum Krieg gegen den Terror

# 32. Nukleare Drohgebärden

Zum Abschluss eines akademischen Kolloquiums über Michael Frayns Theaterstück *Kopenhagen*, das im November 2002 in Cambridge stattfand, unternahm eine Gruppe von Konferenzrednern an einem Sonntagmorgen einen Ausflug nach Farm Hall, in das ehemalige Gefängnis der deutschen Physiker. Wir waren überrascht, dass die Vorderseite des Hauses direkt an einer stark befahrenen Straße liegt, die das Dorf Godmanchester mit den Kleinstädten St Ives und Huntington verbindet. Die meisten veröffentlichten Bilder des Gebäudes zeigen dessen Rückseite und vermitteln einen Eindruck von Abgeschiedenheit. Das tatsächliche Umfeld des Hauses hat für mich den Zauber der Isolation, der seine Geschichte umgibt, gebrochen und Farm Hall, das auch nicht weit von zwei amerikanischen Luftstützpunkten entfernt liegt, in die Gegenwart befördert.

Ich war in Begleitung von Mark Walker, dem Wissenschaftshistoriker, Paul Rose, dem Autor einer Heisenberg-Biografie, dem Nuklearphysiker und Autor Jeremy Bernstein, dem Biochemiker Walter Gratzer, der das Buch *The Undergrowth of Science* geschrieben hat, dem Dramatiker Michael Frayn und seiner Frau, der Schriftstellerin Claire Tomalin. Auch die gegenwärtigen Besitzer von Farm Hall gesellten sich zu uns: Professor Marcial Echenique, der an der Cambridge University Kunst und Architektur lehrt, und seine Frau.

Zu neunt – nur einer weniger als damals die zehn Wissenschaftler – saßen wir in jenem holzverkleideten Zimmer mit tiefen georgianischen Fenstern, in dem sie am 6. August 1945 den Nachrichten über die Hiroshima-Bombe gelauscht haben. Gut möglich, dass die

Physiker sich hier 1945 beengt oder auch eingesperrt gefühlt haben, denn anders als die Empfangsräume im ersten Stock hat das Wohnzimmer im Erdgeschoss eine niedrige Decke und geht nach Norden. Zwar wirkte der Blick auf die sonnenbeschienene Ouse und Englands weitläufigste öffentliche Parklandschaft durchaus einladend, aber der Raum selbst lag im Schatten. Die Erinnerung an die Ereignisse von 1945 weckte durchwachsene Gefühle.

Das Kolloquium am Vortag war kontrovers verlaufen und von emotionalen Ausbrüchen geprägt gewesen. Professor Rose war ausgebuht worden, als er auf einem Overheadprojektor ein Foto von Werner Heisenberg gezeigt und sein Aussehen als »irgendwie brutal« bezeichnet hatte. Michael Frayn hatte auf den Vorwurf, mit den Nazi-Wissenschaftlern zu sympathisieren, englisch-unterkühlt reagiert; er war, wie einer der Teilnehmer anmerkte, »so höflich wie eine Rasierklinge« gewesen.

Als wir unsere Empfindungen über das Haus und unsere Kenntnisse über die Umstände der Gefangenschaft austauschten, machten sich wieder Spannungen zwischen den Akademikern bemerkbar. Es war schwierig, den Augenblick heraufzubeschwören, an dem die Neuigkeit vom Atombombenabwurf auf Japan hier die Runde gemacht hatte, ohne zugleich all die seit Jahrzehnten virulenten Gewissensfragen zu berühren. Die Aufgabe, die Geschichte der Nazi-Wissenschaft und ihrer Schuld zu erzählen, war von Überlegungen zur Ethik und Politik der britischen und amerikanischen Wissenschaft während und nach der Kriegszeit einfach nicht zu trennen. Das unterschwellige Thema der Konferenz mit ihren häufigen Gefühlsausbrüchen war wieder einmal der angloamerikanische Bau der ersten nuklearen Massenvernichtungswaffe und deren Einsatz gegen die Japaner gewesen.

Das beliebteste Argument jener, die den Abwurf von Nuklearwaffen auf Hiroshima und Nagasaki gerechtfertigt haben – und immer noch rechtfertigen –, besagt, dass diese Entscheidung den Krieg verkürzt und zahllosen Amerikanern das Leben gerettet hat. Einem weiteren, schwer von der Hand zu weisenden Argument zufolge, das zum Beispiel der Kriegshistoriker John Keegan vorbringt, hat die Atombombe den Diktatoren klar gemacht, dass man ihnen ihre Gewalttaten nicht mehr – wie in der Vergangenheit – durchgehen lassen wird. Andere Verteidiger der Tat stellen einfach Opferzahlen gegeneinander: Die Atombomben haben 300 000 Japaner getötet, während im gesamten Zweiten Weltkrieg konventionelle Waffen, Not, Arbeitslager und Vertreibung etwa 50 Millionen Menschen das Leben kosteten.

Aber es gibt ebenso einleuchtende Argumente gegen die Legitimität des Einsatzes: dass die Japaner ohnehin kurz vor der Kapitulation standen, dass die Amerikaner die Japaner als Untermenschen ansahen und dass Truman entschlossen war, die Bombe einzusetzen, um Stalin zu beeindrucken. Auf amerikanischer Seite gab es hohe Militärs, die den Gebrauch der Bombe ablehnten. General Eisenhower und General MacArthur, die Luftwaffengeneräle Arnold und Le May, die Admirale Leahy und King waren alle gegen einen Erstschlag.[1] Aus der Distanz von 50 Jahren hat John Rawls, der inzwischen verstorbene Autor von *Theory of Justice*, 1995 außerdem dargelegt, dass es Truman nur aufgrund der eklatanten Mängel seiner Staatskunst nicht gelungen sei, den Krieg ohne Nuklearwaffen zu beenden.[2]

Das machtvollste Argument gegen die Bomben dreht sich aber um die These, durch den Einsatz von Nuklearwaffen sei eine Grenze überschritten worden, jenseits derer man künftig den Gebrauch von tausendmal stärkeren Waffen nicht mehr ausschließen könne. In einer Bittschrift, die Leo Szilard drei Wochen vor dem Abwurf der Hiroshima-Bombe an Präsident Truman richtete, stellte er genau diese gewichtige Überlegung an:

»Die Entwicklung der Atomenergie wird den Nationen neue Vernichtungsmittel an die Hand geben. Die Atombomben, die uns derzeit zur Verfügung stehen, stellen lediglich den ersten Schritt in diese Richtung dar, und der Vernichtungskraft, die ihre zukünftige Entwicklung verfügbar machen wird, sind fast keine Grenzen gesetzt. Ein Land, das den Präzedenzfall schafft, diese neue, freigesetzte Naturgewalt zu Vernichtungszwecken einzusetzen, muss vielleicht die Verantwortung dafür übernehmen, einem Zeitalter der Vernichtung von unvorstellbarem Ausmaß Tür und Tor geöffnet zu haben.«[3]

Szilards Furcht vor einer immer größeren Zerstörungskraft und einer immer weiteren Verbreitung von Atomwaffen war nicht unbegründet.

## Die Wasserstoffbombe

Der Physiker Freeman Dyson erinnert sich, wie er 1947 nach seiner Ankunft an der Cornell University, wo er bei Hans Bethe arbeiten sollte, beim Mittagessen alle in Verlegenheit brachte, als er in aller Unschuld bemerkte: »Es ist ein Glück, dass Eddington bewiesen hat, dass es unmöglich ist, aus Wasserstoff eine Bombe zu machen.«[4] Daraufhin brach peinliches Schweigen aus, und man wechselte das Thema. Ein Kollege nahm ihn später zur Seite und klärte ihn darüber auf, dass hart an einer Wasserstoffbombe gearbeitet werde und er das Thema nie wieder erwähnen dürfe.

Dyson berichtet, dass die Los-Alamos-Veteranen in jenen Tagen, nur zwei Jahre nach Hiroshima und Nagasaki, sich politisch dafür stark machten, die gesamte Nuklearwissenschaft unter strikte Aufsicht durch eine internationale Behörde zu stellen. Bethe, dem diese Fragen keine Ruhe ließen, diskutierte mit Dyson oft über die Sittlichkeit von Atomwaffen. Im Oktober 1949 versuchte Edward Teller, Bethe dafür zu gewinnen, sich dem Team anzuschließen, das die Wasserstoffbombe bauen sollte, und Bethe war offenbar außerstande, sich zu entscheiden. Teller erinnert sich, wie Bethe sich nach einem Treffen an ihn wandte: »Sie können zufrieden sein. Ich werde nach Los Alamos kommen.« Als Teller kaum eine Woche später erneut mit ihm sprach, hatte er seine Meinung wieder geändert. »Er bot mir dafür keine Erklärung an«, entsinnt sich Teller.[5] Es war nicht das letzte Mal, dass Bethe seinen Entschluss revidierte.

Im Jahr zuvor hatte J. Robert Oppenheimer, dem Hiroshima und Nagasaki nach wie vor Gewissensqualen bereiteten, in einer Februar-Ausgabe des *Time Magazine* sein berühmtes Geständnis veröffentlicht: »In einem ursprünglichen Sinn, den keine Herabwürdigung, kein Scherz und keine Übertreibung ganz auslöschen können, haben die Physiker die Sünde kennen gelernt; und das ist eine Erkenntnis, mit der sie von nun an leben müssen.«[6]

Viele der Wissenschaftler in Los Alamos gaben als Motiv für ihre Arbeit an, verhindern zu wollen, dass Hitler als Erster eine Nuklearwaffe hätte. Als man im Dezember 1944 entdeckte, dass Hitler keine Bombe hatte, zog sich nur ein Einziger – Joseph Rotblat – aus dem Projekt zurück. Er war der Überzeugung, dass man eine solche

Waffe einzig zum Zweck der Abschreckung bauen dürfe und das Vorhaben jetzt folglich aufgegeben werden müsse. Die Behörden zwangen ihn, seinen Kollegen die Gründe für sein Ausscheiden zu verschweigen.

Rotblat, ein außergewöhnlich couragierter und prinzipientreuer Mensch, war bereit, gegen den Strom zu schwimmen und dem Druck der vorherrschenden Meinung standzuhalten. Später wurde er Mitbegründer von Pugwash, einer Organisation zur Wahrung des Weltfriedens und Abschaffung aller Atomwaffen, und erhielt den Friedensnobelpreis. Nachdem Amerika die Atombomben auf Japan abgeworfen hatte, machten sich Wissenschaftler wie Rotblat, Leo Szilard und Niels Bohr dafür stark, alle nukleartechnologischen Kenntnisse mit der Sowjetunion zu teilen, aber weder Truman noch Churchill (oder auch Clement Attlee, Großbritanniens Labour-Premier nach dem Krieg) waren dazu bereit. Die Angst vor Hitler war der Angst vor Stalin gewichen, und der Kalte Krieg setzte ein neues Wettrüsten um noch tödlichere Waffen in Gang. Laut Rotblat, der von dieser Äußerung erst im Nachhinein erfuhr, hatte General Leslie Groves, der Leiter des Manhattan-Projekts, einst vertraulich geäußert: »Ihnen ist hoffentlich klar, dass das Projekt hauptsächlich dazu dient, die Russen kleinzukriegen.«[7]

Schon 1949, sechs Jahre früher, als die Amerikaner erwartet hatten, testeten die Russen ihre erste Atombombe. Die Vereinigten Staaten hatten, wie Dyson 1947 feststellen musste, unter der Leitung von Edward Teller bereits die Arbeit an einer Wasserstoffbombe aufgenommen und führten schließlich am 1. November 1952 einen ersten Test durch, bei dem eine Zwölf-Megatonnen-Bombe, tausendmal stärker als die Hiroshima-Bombe, die Pazifikinsel Elugelab verdampfte. Neun Monate später, im August 1953, zogen die Russen gleich. Man glaubte damals, die Russen hätten eine leichtere Bombe gebaut, die von einer interkontinentalen ballistischen Rakete getragen werden konnte; das heizte das Wettrüsten noch weiter an. Anderen Berichten zufolge wollten die Amerikaner durch Radioaktivitätsmessungen festgestellt haben, dass die Explosion gar nicht durch eine thermonukleare Fusion, sondern durch Kernspaltung zustande gekommen war.[8] Beide Seiten machten weiter; die Russen strebten – allen Umweltgefahren zum Trotz – unter Chruschtschow sogar eine 100-Megatonnen-Wasserstoffbombe an.

Angesichts der unbarmherzigen Politik des Kalten Krieges und der festen Überzeugung beider Seiten, die jeweils andere habe Aggressionsabsichten, gab es wenig, was einzelne Wissenschaftler tun konnten, um ihre Führer zurückzuhalten; die Technologie für eine Wasserstoffbombe war bereits länger theoretisch bekannt, und es gab genügend Wissenschaftler, die nur darauf warteten, die Plätze derer einzunehmen, die sich sperrten. Das heißt nicht, dass es im Leben und Wirken der H-Bomben-Forscher – wie einige Ethiker behauptet haben – keinen Platz für moralische und politische Gewissensentscheidungen gab.

Wie weit der Einfluss der Wissenschaftler auf die Entwicklung der H-Bombe reichte, lässt sich an den sehr unterschiedlichen Werdegängen von Edward Teller in den Vereinigten Staaten und Andrej Sacharow in der Sowjetunion demonstrieren, die beide als »Väter der Wasserstoffbombe« bezeichnet wurden.[9]

Sacharow, der 24 Jahre alt war, als der Zweite Weltkrieg zu Ende ging, war ein glänzender theoretischer Physiker, der während des Krieges die meiste Zeit in einer Munitionsfabrik gearbeitet hatte und sich anschließend auf reine Grundlagenforschung beschränken wollte. Er weigerte sich, der Kommunistischen Partei beizutreten, und lehnte zwei Aufforderungen ab, sich an der Nuklearwaffenforschung zu beteiligen. 1949 jedoch befahl ihm der Geheimdienstchef Berija, das russische Gegenstück zu Los Alamos zu leiten, das so genannte »Objekt«.[10] Es war an einem geheimen Ort im Ural von Zwangsarbeitern errichtet worden. Eine Weigerung hätte eine schwere Bestrafung zur Folge gehabt. In seinen Memoiren behauptet Sacharow allerdings, trotz des entsetzlichen Wesens dieser Massenvernichtungswaffe und der Brutalität des Regimes, unter dem er lebte und arbeitete, habe er seine Beteiligung für notwendig gehalten, um das Kräftegleichgewicht zwischen den Vereinigten Staaten und der Sowjetunion wiederherzustellen und so den Frieden zu sichern. Er wurde in die Sowjetische Akademie der Wissenschaften gewählt und zum »Helden der Sozialistischen Arbeit« ernannt, aber schon bald tat sich zwischen ihm und der Obrigkeit eine Kluft auf.

Sacharows Sorge galt den Auswirkungen des radioaktiven Fallouts, der sich bei atmosphärischen Bombentests über den ganzen Planeten verteilen würde, und er legte sich deshalb mit Chruschtschow an, der mindestens ebenso viele Tests durchführen lassen wollte wie die Vereinigten Staaten. Bei einem öffentlichen Bankett rügte Chruschtschow den Wissenschaftler scharf für seine Einmischung in die Politik: »Sacharow, bemühen Sie sich nicht, uns Politikern zu diktieren, was wir zu tun und zu lassen haben.«[11] Aber genau das beschloss Sacharow nun zu versuchen:

»Der Augenblick der Explosion, die Druckwelle, die über das Feld rollt, das Gras zermalmt und sich in den Boden wühlt … All das ruft eine irrationale und doch sehr starke emotionale Wirkung hervor. Wie sollte man an diesem Punkt *nicht* über die eigene Verantwortung ins Grübeln kommen?«[12]

Sacharow warnte weiter vor den Gefahren des radioaktiven Fallouts; er bat um Gnade für entlassene und in den Gulags verschwundene Kollegen; er setzte sich für politische Gefangene ein und rief Menschenrechtskampagnen ins Leben. Seine Initiativen waren umso bemerkenswerter, als er sich selbst dadurch ständig in Gefahr brachte. Die Obrigkeit scheute sich, ihn ins Gefängnis zu werfen, und kürzte stattdessen hinterrücks sein Gehalt, entzog ihm Privilegien, ließ ihm die Autoreifen aufschlitzen und stellte ihn unter ständige Beobachtung. Als er 1975 den Friedensnobelpreis erhielt, durfte er nicht zur Verleihung nach Norwegen reisen; seine zweite Frau Elena Bonner nahm den Preis für ihn in Empfang und hielt seine Dankesrede. Der Nobelpreis verschaffte ihm und seinen Menschenrechtskampagnen einen noch größeren Bekanntheitsgrad, was den Kreml erzürnte. Als er 1979 lautstark gegen die sowjetische Invasion in Afghanistan protestierte, wurde er für sieben Jahre nach Gorki verbannt, eine für Ausländer gesperrte Stadt. Da man ihn seines Telefons beraubt hatte, führte er seinen Kampf gegen die Obrigkeit mit einem Hungerstreik fort; mehrfach ließen ihn seine Aufpasser zwangsernähren. Nachdem Michail Gorbatschow 1985 Generalsekretär geworden war, konnte Sacharow aus Gorki nach Moskau zurückkehren, wo er ins Parlament gewählt wurde und sich bis zu seinem Tod im Alter von 69 Jahren unermüdlich für eine pluralistische Gesellschaft und für die Menschenrechte einsetzte.

Edward Teller, ein Ungar jüdischer Abstammung, hatte während der ersten Phase des Manhattan-Projekts mit Stanislaw Ulam die Entwicklung einer »Super« genannten Wasserstoffbombe in Angriff genommen. Ulam, ein brillanter Mathematiker, stellte die meisten Berechnungen an, für die Teller die Ideen lieferte. Ulam hielt Tellers Bombenentwurf anfangs mathematisch für undurchführbar, aber Teller blieb bei seinem Konzept auch dann noch, als Präsident Truman Ende 1950 angeordnet hatte, dass das H-Bomben-Programm unverzüglich vorangetrieben werden sollte.

Richard Rhodes zufolge war es Stanislaw Ulam, der schließlich einen realisierbaren Entwurf vorlegte.[13] Teller hat laut Rhodes weitere Verbesserungen eingefügt und den Plan akzeptiert. In seinen kürzlich erschienenen Memoiren, die er mit 92 Jahren vollendet hat, weist Teller Rhodes' Darstellung jedoch zurück und nimmt die Erfindung der Wasserstoffbombe für sich allein in Anspruch. Tellers Kritik an Ulam zeigt, wie stark der Druck und die persönlichen Rivalitäten und Konflikte in wissenschaftlichen Gemeinschaften sein können, selbst wenn es um die zweifelhafte Ehre geht, wer die größte Massenvernichtungswaffe der Welt erschaffen hat. In einer Fußnote seiner Erinnerungen merkt Teller säuerlich an: »Stan [Ulam] war alles andere als ein Freund großer Anstrengungen, eine so ausgeprägte Eigenart, dass dauernd darüber gescherzt wurde… Ich hätte gerne gewusst, wie Stan aussieht, wenn er arbeitet. Niemand hat ihn je dabei erwischt.«[14]

Tellers Begeisterung für die Herstellung einer Wasserstoffbombe steht im Kontrast zu J. Robert Oppenheimers Zaudern seit den späten 1940er-Jahren. Teller wertete dieses Widerstreben als Zeichen mangelnder Loyalität zu den Vereinigten Staaten. Er erinnert sich, dass Oppenheimer während des Krieges sagte: »Uns stehen echte Schwierigkeiten bevor. Ganz gleich, was Groves jetzt verlangt, wir müssen kooperieren. Aber es wird eine Zeit kommen, da wir anders handeln und uns dem Militär verweigern müssen.«[15] Welchen Maßstab man auch anlegt: Oppenheimers Kommentar war ganz normal für einen Wissenschaftler, der sich auf den Tag freute, an dem er als Forscher wieder von militärischen Vorgaben und Zwängen frei sein würde. Teller hingegen war angeblich »schockiert«. In seinen Memoiren schreibt er: »Die Vorstellung, unseren

Militärbehörden Widerstand zu leisten, kam mir falsch vor.« Später beschuldigte Teller Oppenheimer einer Verschwörung zur Verhinderung der H-Bombe.

Zwar trifft es zu, dass Oppenheimer das Projekt moralisch ablehnte, aber er tat nichts, was auch nur in die Richtung von Verrat oder Subversion ging. Bei einer Anhörung, die im Frühjahr 1954 in Washington, D. C., stattfand, trug Tellers Aussage dazu bei, dass Oppenheimers Unbedenklichkeitsbescheinigung zurückgezogen wurde. Er kritisierte, dass sich sein ehemaliger Vorgesetzter über die »übertriebene Sicherheit im Zusammenhang mit der A-Bombe« beschwert hatte, und berichtete, Oppenheimer habe gesagt, wenn er das Thermonuklearwaffen-Projekt leiten solle, so »sollte es offener durchgeführt werden«.[16]

Bei der Regierungsanhörung wurde Teller gefragt: »Halten Sie Dr. Oppenheimer für ein Sicherheitsrisiko, ja oder nein?« Teller antwortete mit überaus gewundenen Worten, die Oppenheimers Reputation als Patriot und vertrauenswürdige Person erheblich beschädigen sollten:

»In vielen Situationen habe ich Dr. Oppenheimer auf eine Weise handeln sehen – oder habe ich gehört, dass Dr. Oppenheimer auf eine Weise handelte –, die ich immer weniger nachvollziehen konnte. In zahlreichen Angelegenheiten war ich völlig anderer Meinung als er, und seine Handlungen erschienen mir einfach konfus und umständlich. In diesem Sinne habe ich das Gefühl, dass ich die vitalen Interessen dieses Landes lieber von jemandem gewahrt sähe, den ich besser verstehe und dem ich folglich mehr vertrauen kann.«[17]

Viele Kollegen entschieden sich daraufhin, künftig nichts mehr mit Oppenheimer zu tun haben zu wollen. Tellers Ansehen und Verpflichtungen wuchsen unaufhaltsam; mehrere Präsidenten ließen sich von ihm beraten. Er sprach sich für die Ausweitung der Nuklearwaffenentwicklung aus und war der Initiator von SDI, dem als »Star Wars« bekannt gewordenen Programm zur strategischen Verteidigung.

1988 begegneten sich Teller und Sacharow im Ethics and Public Policy Center in Washington, D. C. Sacharow nutzte die Gelegenheit, um Teller zweimal wegen des Star-Wars-Programms anzugehen, welches das nukleare Gleichgewicht aus dem Lot bringe und dadurch eine große Gefahr für Frieden und Sicherheit darstelle. Teller verteidigte seinen Eifer bei der Entwicklung der Wasserstoffbombe und des SDI auch danach weiter mit dem Argument, die Unterlassung dieser Arbeiten hätte Wissen unterdrückt.

Joseph Rotblat sagt zu dieser Begründung: »Die dem zugrunde liegende Annahme, die Aussicht auf Erkenntnisgewinn setze alle anderen Erwägungen außer Kraft, ist nicht haltbar. Josef Mengele hat seine ›Experimente‹ in Auschwitz auch damit gerechtfertigt, dass sie neue Erkenntnisse brächten.«[18] Rotblat fährt fort: »Es gibt andere, höher stehende Prinzipien, humanitäre Prinzipien. Wissenschaftler müssen sich immer daran erinnern, dass sie in erster Linie Menschen und erst danach Wissenschaftler sind. Die Befolgung ethischer Grundsätze kann der Jagd nach Wissen manchmal Grenzen setzen.«

Sacharow setzte sich vehement gegen atmosphärische Nukleartests zur Wehr, weil er sich sicher war, dass sie viele tausend Menschen schädigen würden. Teller hingegen sprach sich für solche Tests aus, weil sie Erkenntnisse erbrächten und die Sicherheit der Vereinigten Staaten unterstützten. Er rechtfertigte seinen Standpunkt damit, dass kleine Strahlendosen ungefährlich seien, »eine Behauptung«, wie Joseph Rotblat klarstellt, »die den allgemein akzeptierten Normen über Strahlenbelastung zuwiderläuft«.[19]

Teller ist von seinen Fachkollegen aus dem östlichen wie dem westlichen Lager des Kalten Krieges scharf verurteilt worden, bis hin zu dem Verdikt, er sei der Wissenschaftler, der als »der wahre Dr. Seltsam« in die Geschichte eingehen werde.

Freeman Dyson erinnert sich in seiner Autobiografie, wie er eines Tages nach Hause kam und hörte, dass jemand Bachs *Preludium Nr. 8 in Es-Dur* auf dem Klavier spielte.

»Wer immer da spielte, legte sein ganzes Herz und Gemüt hinein. Die Töne schwebten zu uns heraus wie Trauergesang aus der Tiefe, als ob die Geister der Unterwelt in einer langsamen Pavane dahintanzten … Am Flügel saß Edward Teller.«

Dysons Urteil: »Ich fand, dass ich keine Ursache hatte, in diesem Manne meinen Feind zu sehen.«[20] Bei all seiner Kultiviertheit repräsentiert Edward Teller in seinem beharrlichen Drängen auf immer größere thermonukleare Bomben und ballistische Verteidigungssysteme die Apotheose der dunklen Antriebe, die die Deutschen dazu gebracht hatten, ihre Raketenprogramme voranzutreiben, und die Amerikaner dazu, die Atombombe herzustellen. Das Vermächtnis von Peenemünde und der Sklavenarbeit in den Tunneln des Harzes sind jene ballistischen Flugkörper, die trotz des Falls der Berliner Mauer immer noch das Leben auf der Erde bedrohen. Und die atomaren und thermonuklearen Sprengköpfe, die diese Raketen tragen, sind das Vermächtnis des Manhattan-Projekts.

## Taktische Nuklearwaffen

Bereits Ende der 1940er-Jahre, als die Doktrin der massiven nuklearen Abschreckung durch thermonukleare Bomben von immer größerer Sprengkraft das Denken beider Seiten, Ost wie West, dominierte, drängten amerikanische Wissenschaftler das Militär, ihre Neuentwicklungen zur Kenntnis zu nehmen: Sie beherrschten das Größenproblem mittlerweile so gut, dass sie Nuklearsprengköpfe anbieten konnten, die leicht genug waren, um in Artilleriegranaten und noch kleinere Geschosse zu passen. Als 1955 deutlich wurde, dass die NATO ihr Ziel, der Sowjetarmee 100 Divisionen entgegenzusetzen, nicht würde einhalten können, nahm der Plan Gestalt an, taktische Nuklearwaffen zur Abschreckung auf dem Schlachtfeld zu entwickeln.

Der Gedanke wurde von NATO-Generälen begeistert aufgegriffen, vor allem da man glaubte, die amerikanischen Wissenschaftler seien den Sowjets weit voraus. Die Überlegenheit war von kurzer Dauer. Als das Jahrzehnt zu Ende ging, hatte auch die Sowjetunion taktische Flugkörper zur Verfügung, und der Vorsprung war dahin. Die Antwort der NATO bestand in einer Erhöhung der Zahl der taktischen Nuklearwaffen, was die Sowjets mit gleicher Münze heimzahlten, wodurch das System der Abschreckung immer komplexer und unfallträchtiger wurde. Die Amerikaner stellten daraufhin immer kleinkalibrigere Schusswaffen her, die sowohl konventionelle als auch nukleare Munition abfeuern konnten, aber auch dabei zogen die Sowjets bald gleich.

Das gleiche Spiel bei den Marschflugkörpern: Sowohl in der Sowjetunion als auch in den Vereinigten Staaten wurden Nachfolgemodelle der in Peenemünde gebauten A4 entwickelt, die als taktische nukleare Mittelstreckenraketen angelegt waren. Die US-Armee baute die A4 exakt nach und nannte sie »Hermes«. 1958 folgte das Modell »Redstone«, das einen Sprengkopf von ein bis zwei Megatonnen beförderte. Es wurde 1962 durch die Pershing abgelöst, die einen 60-, 200- oder 400-Kilotonnen-Sprengkopf 740 Kilometer weit tragen konnte. Die Sowjetversion der A4 hieß SS-1A; aus ihr wurde schließlich die SS-12 entwickelt, die mit einem 500-Kilotonnen-Nuklearsprengkopf ausgestattet wurde.[21]

Die strategische Doktrin der Amerikaner für einen Krieg gegen den Warschauer Pakt in Europa beruhte auf der Idee, konventionelle Streitkräfte durch Nuklearwaffen zu ersetzen. Das implizierte natürlich die Bereitschaft der NATO zu einer Erstschlagstrategie. Während der Präsidentschaft Kennedys entwickelte das Pentagon die Doktrin der »flexiblen Reaktion«, die mehr oder weniger bedeutete, dass die NATO die Sowjets im Dunkeln tappen ließ; Kennedy hatte aber außerdem entschieden, dass der Westen künftig versuchen sollte, der Sowjetunion eine angemessene konventionelle Streitmacht entgegenzusetzen. Hätten bei einem europäischen Konflikt beide Seiten ihre taktischen »Westentaschen«-Nuklearwaffen zum Einsatz gebracht, so wäre der ganze Kontinent verwüstet worden.

1974 erhöhte die Sowjetunion ihr Arsenal an nuklearen Mittelstreckenraketen vom Typ SS-20 – offenbar ein Versuch, einen Vorsprung zu erzielen. Die SS-20 war sehr mobil und besaß drei MIRV-Sprengköpfe. Trotz großer Protestdemonstrationen in Europa reagierte die NATO darauf, indem sie ihre Pershings durch ein über ganz Westeuropa verteiltes System von bodengestützten Marschflugkörpern ersetzte. Ein neues Wettrüsten war im Gang, eine gefährliche Anhäufung von Waffen der neuen Bauart, die erst endete, als Michail Gorbatschow an die Macht kam und Einschnitte vornahm, die letztlich im Zusammenbruch des Sowjetsystems endeten.

In all den Jahren stimmten Wissenschaftler immer wieder in den Chor der Historiker, Politiker und Militärstrategen ein, dem zufolge gerade die Gefahr der gegenseitigen Auslöschung die Welt befähigt hat, eine Wiederholung der beiden Weltkriege zu verhindern. Sogar Niels Bohr, ein Mann von höchstem moralischen Bewusstsein, fragte bei seiner Ankunft in den Vereinigten Staaten, ob die Atombombe groß genug sein würde, um den Krieg zu beenden. Richard Rhodes schreibt zu diesem Thema: »Wenn man die Bombe brutal findet und die Wissenschaftler kriminell, weil sie ihr zur Geburt verholfen haben, sollte man bedenken: Hätte etwas weniger Absolutes jene Institutionen, die in der Lage waren, den Ersten und den Zweiten Weltkrieg zu führen und mit Waffengewalt und gefühlloser Ausbeutung 100 Millionen Menschenleben zu vernichten, bewegen können, damit aufzuhören?«[22] Für Rhodes' Argument spricht der Umstand, dass die Welt tatsächlich bis jetzt einen dritten Weltkrieg vermeiden konnte. Und doch: Es war knapp. Die Kuba-Krise, die von den Medien und Historikern anlässlich ihres 40. Jahrestags im Oktober 2002 ausführlich thematisiert wurde, hat bei vielen den Eindruck hinterlassen, dass wir einem nuklearen Holocaust damals eher durch Glück entgangen sind als durch Vernunft angesichts der drohenden gegenseitigen Auslöschung. John Lewis Gaddis bringt es in seinem Buch *Now We Know* auf den Punkt: »Glücklicherweise lauerte am anderen Ende kein schwarzes Loch, obwohl neue Belege bestätigen, wie leicht es so hätte sein können.«[23] Zu den neuen Belegen zählt der Umstand, dass der sowjetische Befehlshaber auf Kuba grünes Licht erhalten hatte, nach eigenem Ermessen ohne vorherige Rücksprache mit Moskau taktische Nuklearflugkörper gegen eine amerikanische Invasionstruppe einzusetzen; und auch die sowjetischen U-Boot-Kommandanten im Atlantik hatten für den Fall, dass sie nicht mit ihren Vorgesetzten in Verbindung treten konnten, freie Hand für den Abschuss nuklearer Waffen.

Eine noch brisantere Lage entstand Ende des Jahres 1983, nachdem ein versehentlich in den sowjetischen Luftraum eingedrungener koreanischer Jumbojet abgeschossen worden war, wobei 269

Passagiere starben, darunter 60 Amerikaner. Im November berichteten sowjetische Botschaften aus mehreren NATO-Ländern, dass US-Stützpunkte in Alarmbereitschaft versetzt worden seien: Sie hatten eine NATO-Übung mit dem Codenamen »Able Archer« fälschlich für den Ernstfall gehalten. Durch den kumulativen Effekt des Star-Wars-Projekts, des Scheiterns der Abrüstungsgespräche und der allgemeinen Stoßrichtung von Reagans »Reich des Bösen«-Rhetorik wuchs in der Sowjetunion in den folgenden Wochen die Befürchtung, die Amerikaner planten einen Überraschungsangriff – und entsprechend wuchs auch die Bereitschaft, dem zuvorzukommen. Das Risiko eines ungeplanten Atomkrieges ist auch heute nicht gebannt, in einer Zeit, in der das russische Abschreckungsarsenal – das immer noch 6000 nukleare Sprengköpfe umfasst – aufgrund von Geldmangel und Missmanagement allmählich verrottet und in der solche Waffen sowie neuere Modelle außerdem immer mehr Mächten zur Verfügung stehen.

Am 1. Juni 1997 brachte die *Washington Post* einen Bericht, laut dem die US-Regierung eine vielseitig verwendbare, neuartige Nuklearbombe anschaffen wolle, die in die Erde eindringen und unterirdische Anlagen zerstören könne. Diese Neuentwicklung war der Zeitung zufolge die erste nukleare Ergänzung des US-Arsenals seit 1989, als der Kalte Krieg zu Ende gegangen war. Sie wurde als »eine schlanke, dreieinhalb Meter lange Waffe« beschrieben, »die als Gravitationsbombe vom Typ B61-11 bezeichnet wird«. Sie wurde entwickelt und produziert, ohne dass die Öffentlichkeit oder der Kongress darüber hätte diskutieren können, und stand im Widerspruch zu den offiziellen Zusicherungen, dass keine weiteren Nuklearwaffen in der Entwicklung seien. Die Regierung behauptete laut *Washington Post*, die B61-11 sei »lediglich eine Modifikation der Gravitationsbombe B61-7«.

Greg Mello, der Leiter der Los-Alamos-Arbeitsgemeinschaft, einer Abrüstungslobby-Gruppe in New Mexico, bezeichnet die neue Bombe vor allem deshalb als gefährlich, weil ihr angeblich geringer radioaktiver Fall-out die Hemmschwelle für ihren Einsatz senkt. Die US-Regierung hat offenbar Libyen damit gedroht, mit einer solchen Bombe gegen den Bau einer mutmaßlichen unterirdischen Chemiewaffenfabrik vorzugehen. Die größte Gefahr war jedoch der Verstoß gegen den Geist des »mühsam geschmiedeten internationalen Verbots von Atomtests«: Diese Neuentwicklung lief dem Bekenntnis der USA zur nuklearen Abrüstung zuwider, die im Internationalen Vertrag über die Nichtweiterverbreitung von Atomwaffen (dem so genannten »Atomwaffensperrvertrag«) festgeschrieben war.

Im Februar 2003, sechs Jahre nach diesem frühen Warnhinweis, veröffentlichte der Nuklearwaffen-Aktivist Ian Hofman, der ebenfalls der Los-Alamos-Arbeitsgemeinschaft angehört, in zwei Zeitungen brisante Informationen.[24] Demnach hat die US-Regierung beschlossen, Nukleartests mit einer neuen Klasse von Miniatombomben durchzuführen. Dem Protokoll eines Treffens zwischen leitenden Angestellten des US-Verteidigungsministeriums und Waffenforschern, das am 10. Januar 2003 im Pentagon stattfand, lässt sich entnehmen, dass derzeit Vorarbeiten im Gang sind, um die Nuklearwaffentechnologie auf den neuesten Stand zu bringen.

Hofman schreibt, die Befürworter einer neuen Generation leichter Nuklearwaffen argumentierten damit, dass das gegenwärtige US-Arsenal größtenteils aus überdimensionierten Waffen bestehe, die für den Kalten Krieg konzipiert worden seien und für den Einsatz gegen kleine »Schurkenstaaten« nicht taugten. Er zitiert Waffenphysiker aus dem Lawrence Livermore Laboratory und den Werkstätten von Los Alamos, die stolz berichteten, sie würden Waffen entwickeln, die sie informell als *dial-a-yield* bezeichneten, was bedeute, dass man bei ihnen vorab zwischen unterschiedlichen Strahlungsstärken wählen könne.

Haben sich die Wissenschaftler angesichts dieser Vorgänge zu bloßen Zuschauern ohne Mitspracherecht degradieren lassen? Wenigstens ein Physiker von Weltrang, Steven Weinberg, bezieht mutig Stellung. In der *New York Review of Books* schrieb er am 18. Juli 2002:

»Als die bei den konventionellen Waffen führende Weltmacht haben wir ein starkes Interesse daran, dass das seit 1945 eingehaltene Tabu, das Nuklearwaffeneinsätze verbietet, nicht gebrochen wird … Wir können nicht abschätzen, welche Länder sich aufgrund der neuen US-Waffenprogramme oder der wieder aufgenommenen Atomtests berechtigt fühlen, selbst Nuklearwaffen zu entwickeln.«

Weinberg erinnert dann besorgt an ein historisches Ereignis: an Großbritanniens Entscheidung im Jahr 1905, eine neue Generation von Schlachtschiffen, die Dreadnoughts, zu bauen, was seine vorhandene Flotte obsolet machte und seine Gegner in die Lage versetzte, gleichzuziehen. »Andere Länder«, schreibt Weinberg, »konnten nun mit Großbritannien mithalten, indem sie ebenfalls Dreadnoughts bauten, und zwischen Großbritannien und Deutschland setzte ein Marine-Wettrüsten ein.« Weinberg kommt zu dem Schluss, dass Nuklearwaffen, analog zu den Dreadnoughts, »starke Nationen wie die USA mit ihrer großen wirtschaftlichen und konventionellen militärischen Macht mit schwächeren Ländern oder sogar Terroristenorganisationen auf eine Ebene stellen können. Mittlerweile sollte klar sein, dass der nationalen Sicherheit nicht immer durch den Bau der besten Waffen am meisten gedient ist.«

Und die Weiterverbreitung von Atomwaffen hat – was Weinbergs Argument noch unterstreicht – mit der Ausbreitung der zivilen Nutzung der Atomkraft Schritt gehalten.

## Atome für den Frieden

Die Planer und Forscher, die die Atomkraft für zivile Zwecke nutzbar machten, glaubten, dafür eine Friedensdividende in Form sauberer, unerschöpflicher Energie einstreichen zu können. Die Sowjetunion baute 1954 in Ominsk unweit Moskaus das erste Atomkraftwerk. Zwei Jahre später zog Großbritannien mit dem Kraftwerk Windscale in Cumberland gleich. 1957 schließlich ging in Pennsylvania der Shippingport-Reaktor ans Netz. Die Atomwirtschaft war unauflöslich mit der Herstellung von waffenfähigem Plutonium verbunden; in der Anlage Shippingport wurden darüber hinaus Versuche zur Machbarkeit von atombetriebenen U-Booten durchgeführt. Die Ausbeutung der Atomkraft wurde – und wird noch heute – von der Regierung subventioniert, da die Kosten enorm und die Erträge ungewiss sind.

Mitte der 1970er-Jahre waren weltweit 514 Atomkraftwerke in Betrieb oder im Bau, aber ihre weitere Zunahme drohte ins Stocken zu geraten. Die Umweltbewegung der Siebzigerjahre stellte die

Sicherheit von Nuklearanlagen infrage und machte auf die Entsorgungsprobleme aufmerksam. In den frühen Tagen der Atomkraft hatte es zwei Unfälle gegeben. Im September 1957 ereignete sich im Atommülllager Kyshtym in der Sowjetunion eine Explosion, die 70 Tonnen radioaktives Material freisetzte und 1000 Quadratkilometer landwirtschaftliche Nutzfläche auf Jahre hinaus kontaminierte. Im Monat darauf führte ein Feuer in Windscale zur Emission von radioaktivem Gas, und die Anlage wurde geschlossen.

All die Befürchtungen über die potenziellen Gefahren von Atomkraftwerken nahmen schreckliche Realität an, als am 28. März 1979 in einem Reaktor auf Three Mile Island nahe Harrisburg, Pennsylvania, ein Leck auftrat. Viel folgenschwerer aber war dann die Explosion des Atomkraftwerks Tschernobyl in der Ukraine am 26. April 1986. Der Fall-out breitete sich über die Ukraine, Weißrussland, Polen und Skandinavien aus. Sehr viele Menschen in Osteuropa nahmen in der Folge über die Nahrungskette radioaktive Substanzen auf. Vermutlich werden wir das ganze Ausmaß des Schadens erst in einem Jahrzehnt kennen. Man schätzt, dass der Unfall die Sowjetunion allein bis Ende 1988 etwa 18 Millionen Euro gekostet hat. Als Hauptgründe für den Vorfall gelten menschliches Versagen und mangelnde Sicherheitsvorkehrungen.

Der Tschernobyl-Unfall hat die Welt daran erinnert, dass Atomkraft mit radioaktivem Fall-out und dem Abfallprodukt Plutonium verbunden ist, das zur Waffenherstellung genutzt werden kann. 1974 hat Indien seinen ersten Nuklearwaffentest mit Plutonium aus einem Reaktor durchgeführt, der mithilfe Kanadas und der Vereinigten Staaten gebaut worden war. Seither haben sich etliche Länder in die Schlange zur Aufnahme in den Club der Atommächte eingereiht. Durch die Verbreitung der Atomkraft konnten sich bereits 1980 etwa 40 Länder potenziell atomar bewaffnen. Unter ihnen waren die »Schwellenländer« (so genannt, weil sie den Atomwaffensperrvertrag nicht unterzeichnet hatten) Brasilien, Indien, Pakistan, Israel und Irak. Von besonderer Brisanz waren dabei Israel und Irak. Israel hatte offenbar bereits in den frühen 1970er-Jahren das Know-how für Atomwaffen, erklärte aber, die Komponenten so lange nicht zusammenzubauen, bis ein weiterer Nahostkonflikt es dazu zwänge. Die Franzosen, die sich dabei eher von der kommerziellen Versuchung als von politischen Erwägungen leiten ließen, ermöglichten Saddam Hussein den Einstieg in ein Atomkraftprogramm, das die Israelis im März 1981 zu einem Präventivschlag auf den irakischen Reaktor bei Tammuz veranlasste. Nordkorea erhielt seinen ersten Nuklearreaktor, der bei Yongbyon steht, von der Sowjetunion. Das Land baute 1987 dort auch eine Aufbereitungsanlage für Plutonium.

Die Nuklearphysiker in aller Welt haben reichlich Anlass gehabt, darüber nachzudenken, welche Konsequenzen es langfristig haben kann, wenn sie ihren Regierungen die Herstellung von Nuklearwaffen ermöglichen. Ein Wissenschaftler müsste schon einen recht eingeschränkten Horizont haben, um den Standpunkt zu vertreten, dass die Forscher für diese Folgen nicht verantwortlich seien.

# 33. Typisch Nazis?

Haben sich Wissenschaft und Wissenschaftler seit dem Fall des Dritten Reichs gebessert? Die Historiker streiten noch darüber, was das Spezifische an der Naturwissenschaft, Medizin und Technologie unter Hitler war – ob es klare Grenzen gibt, an denen Nazi-Wissenschaft beginnt oder endet.

Eine Eigenheit der Wissenschaft unter Hitler war der Versuch von Ärzten und Anthropologen, die mörderische Rassenhygiene auf ein wissenschaftliches Fundament zu stellen. Echte wissenschaftliche Beweise für die rassische Überlegenheit der Arier wurden nie gefunden, aber das Regime etablierte und förderte eine pseudowissenschaftliche, rassistische Biologie, die zu den Todeslagern führte und dadurch der ganzen Nazi-Wissenschaft ihre Sonderstellung verschaffte.

Menschenversuche ohne Einwilligung waren nie verderbter und grausamer als unter den Nazis, aber Experimente an unfreiwilligen oder nicht einwilligungsfähigen Personen und Personengruppen hat es vor, während und nach dem Dritten Reich gegeben. Während des Krieges unterhielten die Japaner in den besetzten Ländern in Fernost ein Netzwerk von Lagern, in denen Forscherteams (vor allem die berüchtigte Einheit 731) an Tausenden von menschlichen Versuchskaninchen unter anderem tödliche pathogene und chemische Gifte erprobten.

Sklavenarbeit war charakteristisch für die Nazi-Technologie und -Industrie und wurde während des Krieges sogar an deutschen Universitätsinstituten eingesetzt.[1] Aber mörderische Zwangsarbeit gab es vor, während und nach dem Zweiten Weltkrieg auch in der Sowjetunion. Der Bau des Kanals zwischen dem Weißen Meer und der Ostsee hat bis zu 150 000 zwangsverpflichtete Kulaken das Leben gekostet. Kontinuitäten gab es auch im Nachkriegsdeutschland. Deutsche Firmen wie Daimler-Benz, die unter den Nationalsozialisten Zwangsarbeiter eingesetzt hatten, fingen schon wenige Wochen nach Kriegsende wieder an, Automobile für den zivilen Markt herzustellen, da viele Maschinen in den einzelnen Werkstätten noch funktionsfähig waren. Der nahtlose Übergang von der Kooperation mit den rassistischen Barbaren des Dritten Reichs und den an den Opfern des Regimes verübten Grausamkeiten zu einer profitablen Friedensproduktion führt den Mythos vom deutschen Wirtschaftswunder, das angeblich von einer postnationalsozialistischen »Stunde null« ausging, ad absurdum.[2]

Sogar die Taktik der Selbstmordmissionen in den letzten Monaten der Nazi-Herrschaft hat sich als nicht originär nationalsozialistisch erwiesen. Und die »Bauchlage« der Piloten in den späten Prototypen der deutschen Jagdflugzeuge, die manchen Historikern als nazi-spezifisch galt, wurde nach dem Krieg von den Amerikanern im Entwurf einer modifizierten Lockheed F-80E kopiert.[3]

Michael J. Neufeld kommt bei seinen Überlegungen, was außer der Sklavenarbeit im Nazi-Raketenprogramm »spezifisch nationalsozialistisch« war, zu dem Schluss, auf den ersten Blick sei da »nicht sehr viel«.[4] Die Entstehung eines militärisch-industriellen Komplexes hatte viel mit dem Manhattan-Projekt gemein, unter anderem die Geheimhaltung, üppige Staatsgelder, das rasche Anwachsen von bescheidenen Werkstätten zu riesigen Anlagen und Belegschaften. Doch was in seinen Augen oftmals außer Acht gelassen wird, ist das historisch einzigartige politische Umfeld im Dritten Reich. Ohne die Misere der konkurrierenden nationalsozialistischen Machtzentren, im Verbund mit dem Dilettantismus der Wissenschaftsbanausen Hitler und Göring, hätten sich die bescheidenen Bemühungen von Brauns und seiner Kollegen mangels industrieller Unterstützung nie zu so etwas Monströsem wie dem Peenemünde-Projekt auswachsen können. »Das führte dazu«, schreibt Neufeld, »dass das Raketenprogramm eine Einrichtung und eine Waffe hervorbrachte, die angesichts der beschränkten Forschungsressourcen und Fertigungskapazitäten des Reichs nicht sehr zweckdienlich waren: ein perfektes Symbol für die

Eigenart des Nazi-Regimes, mit rationalen, technokratischen Mitteln irrationale Ziele zu verfolgen.«[5]

Dieser Blick auf den einmaligen historischen Kontext, in dem sich die Korrumpierung der Wissenschaft unter Hitler abspielte, sollte uns für den rasanten Wandel der sozialen, ökonomischen und politischen Umstände sensibilisieren, unter denen seit 1945 Wissenschaft betrieben wird.

## Wissenschaft im Kalten Krieg

Wenn man darüber nachdenkt, was an der Wissenschaft im Dritten Reich nun spezifisch nationalsozialistisch war, landet man unweigerlich bei Fragen der Wissenschaftsethik und -politik, die weit über Deutschland hinausgehen: Wie haben sich die Wissenschaftler in den westlichen Demokratien und der Sowjetunion während des Kalten Krieges gegenüber ihren Disziplinen, ihren Gesellschaften und der Natur selbst verhalten?

Der Zweite Weltkrieg führte vielerorts zu strukturellen Neuerungen in Wissenschaft und Technik, die in der Nachkriegsära beibehalten wurden. Alle Kriegsparteien schränkten die Standards der Freiheit der Forschung und den Austausch von Erkenntnissen ein. Seit den 1940er-Jahren ist die Big Science unter staatlicher, industrieller und militärischer Aufsicht beharrlich angewachsen und hat dabei viele Wissenschaftler zu gesichtslosen Teamarbeitern degradiert.

Die spektakulärsten Veränderungen gab es im Westen. Das amerikanische Büro für wissenschaftliche Forschung und Entwicklung (Office of Scientific Research and Development) gab während des Zweiten Weltkrieges unter dem obersten Wissenschaftsverwalter der Regierung, Vannevar Bush, mehr als 2000 Forschungsprogramme in Auftrag. Diese Aufträge gingen teils an industrielle Forschungs- und Entwicklungsabteilungen von Firmen wie Du Pont und General Electric, in denen Zehntausende von Wissenschaftlern und Technikern beschäftigt waren, und teils an große universitäre Laboratorien wie das MIT und Caltech. Bush plante jedoch, die Wissenschaft nach dem Krieg in großem Stil staatlich zu fördern und den Wissenschaftlern zugleich bei der Ausrichtung ihrer Grundlagenforschung die volle Freiheit zu lassen.

Gegen Ende 1944 forderte Präsident Roosevelt Vannevar Bush auf, ein Strategiepapier über die Zukunft der Wissenschaft und Technologie zu schreiben. Roosevelt starb vor der Fertigstellung, sodass Bush sein visionäres Traktat mit dem Titel *Science, the Endless Frontier* (Wissenschaft, das unendliche Neuland) im Juli 1945 Präsident Truman überreichte. Er schlug eine völlige Neuregelung der staatlichen Wissenschaftsfinanzierung vor, die durch eine Stiftung erfolgen sollte: die so genannte National Research Foundation (NRF). Die NRF sollte natürlich für die Wahrung der militärischen Stärke der USA Sorge tragen, aber auch für Wohlstand und die intellektuelle und kulturelle Entwicklung der ganzen Nation. Seine Vorstellung, man könne irgendwo eine Barriere errichten, um trotz staatlicher und militärischer Finanzierung jede Beeinflussung der Ausrichtung der zivilen Grundlagenforschung zu verhindern, erwies sich jedoch als Illusion.

Jede Selbstgefälligkeit bezüglich der Freiheit der Forschung im Westen nach dem Krieg verbietet sich eigentlich angesichts der überwältigenden vereinten Kraft der Industrie und des Militärs in den Vereinigten Staaten, einer gemeinsamen Hegemonie in der Wissenschaft, die in den 1950er-Jahren kaum je in Zweifel gezogen wurde. Das Wachstum der Big Science war auch in kleineren Ländern wie Großbritannien und Frankreich nicht zu übersehen. In Großbritannien beispielsweise stieg der Anteil der Staatsgelder an den gesamten Ausgaben für Forschung und Entwicklung von 44 Prozent in den 1930er- auf 57 Prozent in den 1960er-Jahren.[6]

Während dieser Zeit waren zwischen den Zwängen, denen die Wissenschaft in den Vereinigten Staaten unterworfen war, und der staatlichen Kontrolle über die Wissenschaft unter einem autoritären Regime kaum noch Unterschiede auszumachen. Die Wissenschaft stand unter Beobachtung, ganz besonders während der antikommunistischen Hexenjagd der McCarthy-Ära, die viele große Persönlichkeiten ihrer Forschungsgelder beraubte und ins Exil trieb.

1961 hielt der scheidende Präsident Dwight D. Eisenhower seine berühmte Rede über den militärisch-industriellen Komplex, in der er warnend sagte:

»Diese Verbindung eines gigantischen Militärapparats und einer großen Waffenindustrie ist für Amerika eine neue Erfahrung. Der geballte Einfluss – ökonomisch, politisch, sogar geistig – ist in jeder Stadt zu spüren, in den Parlamenten aller Bundesstaaten, in jedem Büro der Unionsregierung ... Wir dürfen die schwerwiegenden Folgen nicht unterschätzen.« Andere Kritiker weiteten den neuen Schlüsselbegriff noch zu einem »akademisch-militärisch-industriellen Komplex« aus.

Die Auswirkungen der im Krieg zustande gekommenen Synergie zwischen Militär und Wissenschaft waren keineswegs immer schädlich. Teilchenphysik, Astrophysik und Raumforschung hatten von der Forschung in Los Alamos profitiert, und die Raketenforschung trat das reiche Erbe von Peenemünde an. Zahlreiche Stimmen wenden dennoch ein, dass die riesigen Summen, die für die Raumfahrt und die Großforschungsanlagen der Physik ausgegeben wurden, an anderer Stelle mehr erbracht hätten.

Die Molekularbiologie in den Vereinigten Staaten und Großbritannien profitierte von den Fortschritten der Biophysik und blühte dank der im Krieg gewonnenen Erkenntnisse und Erfahrungen auf. Arbeiten auf den Gebieten Radioaktivität, Funk, Radar, Elektronenmikroskopie, Überschall und Vakuumtechniken, Elektronik und Chemotherapie trugen zum Wachstum des Fachgebiets medizinische Biologie bei.

Doch nicht jede Errungenschaft auf dem Gebiet der medizinischen Biologie wurde mit untadeligen Mitteln erzielt, trotz aller Empörung über die medizinischen Verbrechen der Nazis. In den Vereinigten Staaten kam in mehreren Aufsehen erregenden Fällen ans Licht, wie oft die anlässlich des Nürnberger Ärzteprozesses entwickelten ethischen Standards von Anfang an durch Bürger desselben Landes unterlaufen wurden, aus dem die Verfasser des Codex stammten. Beim Tuskegee-Syphilis-Experiment hatte man zwischen 1932 und 1972 400 an Syphilis leidende Afroamerikaner bewusst nicht behandelt, um den Verlauf der Krankheit zu studieren.[7] Zwischen 1950 und 1969 ließ die US-Regierung an ahnungslosen Zivilisten oder Personen mit sehr schwacher politischer Lobby – Soldaten, Gefangenen, Insassen von Nervenkliniken – eine Reihe von Tests mit chemischen und biologischen Wirkstoffen, radioaktiven Substanzen und Drogen durchführen.[8] Weitere Skandale drehten sich um die Bestrahlungsexperimente an Menschen.[9] In den 1960er-Jahren hatten Wissenschaftler der Hanford Nuclear Reservation im Staat Washington ein Gebiet von über 50 000 Quadratkilometern durch die Freisetzung radioaktiver Substanzen in die Atmosphäre kontaminiert, um dem Militär zu helfen, die Kontamination durch sowjetische Plutoniumfabriken einzuschätzen.[10] Bei einer Reihe von Nukleartests, die Großbritannien in den 1950er-Jahren auf australischen Inseln und dem australischen Festland durchführte, wurden Militärangehörige bewusst den Druckwellen der Detonationen ausgesetzt, um die Strahlungsfolgen zu erforschen. In der Sowjetunion wurden deutsche, italienische und spanische Kriegsgefangene zusammen mit Offizieren der Wlassow-Armee auf der Wrangel-Insel festgehalten, wo man an ihnen bis 1962 die Auswirkungen von Strahlung auf den menschlichen Körper erforschte. Bei weiteren Experimenten wurden unter anderem »die Folgen von anhaltendem Tauchen in großen Tiefen« untersucht.[11] 1975 berichtete Amnesty International, dass politische Gefangene, die für unbestimmte Zeit in sowjetischen psychiatrischen Anstalten eingesperrt waren, bei der »Behandlung« gefoltert würden.[12]

Auch im Verhalten verschiedener westlicher Industriezweige bezüglich der Aufklärung der Öffentlichkeit, der Mitarbeiter und der Konsumenten über die Gefährlichkeit etlicher Substanzen und Produkte lassen sich Parallelen zu gefährlichen Versuchen an unfreiwilligen oder nicht zustimmungsfähigen Teilnehmern feststellen. Rachel Carson hat in ihrem Buch *Stummer Frühling* 1962 auf das Pestizidproblem aufmerksam gemacht, und Ralph Nader hat die Vernachlässigung der Sicherheit zugunsten des Profits in der Autoindustrie aufgedeckt. Die Schriftsteller Gerald Markowitz und David Rosner zeigen in ihrem Buch *Deceit and Denial: The Deadly Politics of Industrial Pollution* (2002) auf, wie die Blei- und die Vinylindustrie nicht nur Informationen zurückgehalten oder Kritik unterdrückt haben, sondern die Öffentlichkeit sogar mit Besänftigungspropaganda in die Irre führten, in der manipulierte wissenschaftliche Studien gefährliche Produkte vorteilhaft erscheinen ließen.

Weniger als ein Jahr nach der deutschen Wiedervereinigung kam ans Licht, dass ostdeutsche Wissenschaftler und Ärzte Männer, Frauen und Kinder in staatlich geförderten Forschungsvorhaben als Versuchskaninchen missbraucht hatten, um jene Hormonpräparate zu vervollkommnen, mit denen ostdeutsche Sportler gedopt wurden.[13] Offenbar wurde dabei an Kindern experimentiert, die dem ebenso wenig zugestimmt hatten wie ihre Eltern, und Athleten trugen Dauerschäden davon.

## Die Informationsrevolution

Unterdessen hat sich das Rad der Wissenschaft und Technik weitergedreht, und die Wissenschaftler werden neuen Formen ethischen und politischen Drucks ausgesetzt. Die Innovationen in der Telekommunikations- und Computertechnologie seit den Sechzigerjahren haben sowohl für die Anbieter als auch für die Nutzer unausweichliche und weit reichende Folgen.

Die Deregulierung des Rundfunk-, TV- und Telefonmarkts hat vor dem Hintergrund der Satelliten- und der Koaxial- sowie Glasfaserkabeltechnologie zu einer starken Konkurrenz zwischen den staatlichen Sendern und den Privatsendern geführt. Das Militär hat in der Satellitentechnologie den Weg bereitet, aber die zivilen Anwendungen folgten bald nach. Die neue Technologie hat die Welt zu einem globalen Dorf schrumpfen lassen. Zugleich haben die steigende Leistungsfähigkeit, Speicherkapazität und Geschwindigkeit moderner Computer einen wachsenden Bedarf an Informationsübertragung geweckt, der durch billige und immer weiter verbesserte Kommunikationssysteme befriedigt wird.

Die Ausbreitung der Mikroprozessor-Chiptechnologie ging mit einer Schwerpunktverlagerung von einer militärisch dominierten Branche zu einem explodierenden Markt ziviler Konsumenten einher.

Der Übergang zum Massenmarkt wurde durch die Entscheidung von IBM gefördert, in diesen Sektor einzusteigen. Im Rahmen dieses Projekts gliederte IBM die Entwicklung des Betriebssystems an eine kleine Softwareschmiede namens Microsoft aus, die Bill Gates und Paul Allen in Seattle gegründet hatten. 1978 beliefen sich die Computer-Verkaufseinnahmen auf zehn Milliarden Dollar,

1984 waren es bereits 22 Milliarden, wovon mehr als die Hälfte von Kleinunternehmen und Privatleuten stammten.[14]

Die Informationsrevolution war in vollem Gang. Ihr nächster Quantensprung war die Vernetzung, die von einem Projekt zur Verknüpfung der über ganz Nordamerika verteilten Rechner der Advanced Research Projects Agency (ARPA) des Pentagon ausging. Lawrence G. Roberts erfand ein »Paketaustauschsystem«, bei dem die zu übertragenden Nachrichten in kleine Einheiten zerlegt wurden, die über die jeweils besten gerade verfügbaren Routen verschickt und beim Empfänger wieder zusammengesetzt wurden. Dieses System der Computervernetzung breitete sich in Regierungsinstitutionen, Universitäten und Unternehmen aus, und 1983 entwickelte ARPA ein System, mit dem man die einzelnen Netze miteinander verknüpfen konnte. Mit dem Markt für PCs wuchs auch das Netz, wie diese Form der interaktiven Informationsübertragung genannt wurde. Das Netz bescherte uns E-Mail, eine Kommunikationsmethode, die bald unzählige Menschen, Privathaushalte und Unternehmen miteinander verband. Das Netz ermöglichte später auch den Zugriff auf riesige, immer weiter anschwellende Informationsmengen über alles und jeden: unüberwacht, ungeregelt und größtenteils kostenlos. Um dieser Datenmassen Herr zu werden, wurde das World Wide Web geschaffen, eine Weiterentwicklung eines Systems, das Tim Berners-Lee für die internationale physikalische Großforschungseinrichtung CERN in Genf entworfen hatte.

Wissenschaftler und Ingenieure aller Fachrichtungen hatten die Computer von Anfang an dazu genutzt, immer komplexere Modelle zu entwickeln, Berechnungen zu automatisieren und ihre Daten immer schneller zu analysieren. Von der Modellierung von Rezeptoren in Zellen über die Konzeption von Systemen mit künstlicher Intelligenz bis zur Vorhersage des Verhaltens schwarzer Löcher und des ganzen Universums: das Aufkommen kleiner, leistungsstarker und relativ billiger Computer beschleunigte das Tempo von Erkenntnissen und Entdeckungen. Über E-Mail bildeten die Wissenschaftler Forschungsgruppen, die an keiner ideologischen, nationalen oder geografischen Grenze mehr Halt machten.

## IT, Publikationen und Biotechnologie

Während die Computertechnologie die Zusammenarbeit und den Austausch von Informationen zwischen Wissenschaftlern erleichterte, unterwarf die wirtschaftliche und politische Entwicklung im Westen die akademische Welt zugleich den Kriterien des Marktes. Die Naturwissenschaften und auch andere universitäre Fächer mussten sich in eine Kultur der Rechenschaftspflicht und Evaluation der »Produktivität«, gemessen an der Länge der Publikationsliste, fügen. Die Erhöhung des Fachartikelausstoßes ist der Qualität der Veröffentlichungen oft abträglich und führt zu einer kaum noch zu bewältigenden Informationsflut. Zugleich geraten die Fachverlage, die früher stark subventioniert wurden, zunehmend unter Druck, entweder profitabel zu wirtschaften oder einzugehen. Viele der großen akademischen Verlagshäuser in den Vereinigten Staaten, Großbritannien, Frankreich und Deutschland bringen mittlerweile keine naturwissenschaftlichen Fachbücher mehr heraus, sondern beschränken sich auf Sachbücher, die sich besser verkaufen. Auch die Herausgeber vieler Fachzeitschriften gehen immer kaufmännischer vor, reduzieren den Vertrieb der Print-Ausgaben und bieten den Universitätsbibliotheken zu exorbitanten Preisen Online-Abonnements an. Die schrumpfenden Abonnentenzahlen haben wiederum zur Einstellung von Zeitschriften geführt, wodurch es für die Wissenschaftler schwerer wird, genügend Artikel zu platzieren, um ihre Etats, Vertragsverlängerungen und Aufstiegschancen zu sichern.

Die Globalisierung, die während der 1990er-Jahre durch die weltweite Vernetzung und die Informationstechnologie vorangetrieben wurde, hat sowohl Optimisten als auch Untergangspropheten auf den Plan gerufen, die beide gute Argumente auf ihrer Seite haben. Die grenzenlose Ökonomie, in der Geld, Technologie, Arbeitskraft und Waren ungehemmt hin und her fließen, verheißt eine Zukunft, in der jeder Haushalt – in Alvin Tofflers Worten – zu einem *electronic cottage* wird. Aber die Globalisierung bringt auch Verlierer hervor, wirtschaftliche Habenichtse, die durch digitalisierte Unterhaltung sediert werden oder aber einen Hass entwickeln könnten, der eventuell zu Gewalttaten führt.

Eine unheilvolle Folge der IT-Revolution für die Gelehrten, insbesondere für die Naturwissenschaftler, ist jene, die der Philosoph Jean-François Lyotard in seinem (im Original 1979 erschienenen) Essay *Das postmoderne Wissen. Ein Bericht* vorhergesagt hat und die mittlerweile zum Teil eingetreten ist. Lyotard sah voraus, dass die alles dominierende und durchdringende IT ein Reich der globalisierten Informationen hervorbringen würde, in dem nur solche Arten von Wissen überleben können, die übersetzbar sind (wobei er die Übersetzbarkeit sowohl in andere natürliche Sprachen als auch in die Maschinensprache meinte). Lyotards Vision lässt sich am besten verstehen, wenn man sich eine Welt vorstellt, in der alle Beiträge zur Forschung und Lehre denselben Kriterien genügen müssten wie beim *Reader's Digest*: Es kämen nur solche Artikel zur Veröffentlichung, die – übersetzt und redaktionell bearbeitet – für den Abdruck in all den unterschiedlichen Landesausgaben des Blattes geeignet wären. Das Ergebnis ist ein hochgradig fades Erzeugnis mit einem enormen Produktionsvorteil durch Höchstauflagen.

Lyotards Überlegungen zu den Folgen der IT sind Teil seiner Theorie über den Kollaps der großen Ideale der Moderne: das französische Streben nach Gleichheit und Brüderlichkeit, das deutsche Projekt der Aufklärung, des für alle frei zugänglichen Wissens. Informationstechnologie ist in Lyotards Augen nun nicht mehr von Warenkapitalismus zu trennen, wissenschaftliche Forschung ist von Investitionen abhängig, von Leistungssteigerungen, die wiederum vom technologischen Fortschritt abhängig sind. In der Konsequenz strebt die Wissenschaft nicht mehr nach Wahrheit und der Verbreitung freien Wissens, sondern behandelt Erkenntnisse wie Waren, die Gewinn bringend verkauft werden. Lyotards düstere Vision der Zukunft der Wissenschaft scheint in der Biotechnologie bereits Wirklichkeit zu werden.

Die Zeit der Zurückstufung militärischer Prioritäten, die 1989 nach dem Fall der Berliner Mauer begann und in der Medizin, der Landwirtschaft und dem Umweltschutz erhebliche Friedensdividenden in Form umverteilter Forschungsgelder versprach, brachte den Wissenschaftlern keineswegs eine Lockerung der politischen und ethischen Zwänge ein: Der Druck, unter dem sie stehen, hat sich eher noch erhöht.

In den Vereinigten Staaten werden Forschung und Entwicklung der medizinischen Wissenschaften, einschließlich der Molekularbiologie, Genetik, Neurowissenschaften und Biochemie, von den National Institutes of Health (NIH) in Bethesda nahe Washington, D. C., dominiert, deren Etat im Jahr 2000 bei üppigen 18 Milliarden Dollar lag und die eindeutig anwendungsorientiert sind: In enger Zusammenarbeit mit der amerikanischen Pharmaindustrie und ihren Abnehmern werden Heil- und Schmerzmittel entwickelt. Diese Synergie wirft viele Fragen über die Beziehung zwischen medizinischer Wissenschaft und Kommerz auf.

Im Rahmen des Humangenom-Projekts, das drei Milliarden Dollar gekostet hat, sollten bis zur Jahrhundertwende die schätzungsweise 100000 (heute weiß man: nur zirka 35000) menschlichen Gene sequenziert werden. Manche zogen Parallelen zur Big Science mit ihren enormen Budgets und Auswirkungen und nannten dies »die biologische Antwort auf das Apollo-Raumfahrtprogramm«. Die Kartierung des menschlichen Genoms verhieß nicht nur ein besseres Verständnis unserer biologischen Funktionsweise, sondern auch die Möglichkeit, den Menschen – zum Besseren oder zum Schlechteren – zu verändern. Die Befürworter stellten die Heilung von etwa 4000 Krankheiten in Aussicht, darunter Alzheimer, multiple Sklerose, viele Formen von Krebs und zystische Fibrose. Aber auf den Gewinner des Wettlaufs um die kommerzielle Ausbeutung des neuen Wissens wartete auch ein beträchtlicher finanzieller Gewinn.

Die Architekten des Projekts waren sich der Notwendigkeit von Kontrollmechanismen durchaus bewusst. Der Leiter, Nobelpreisträger James Watson, hatte dafür Sorge getragen, dass 90 Millionen Dollar für die bioethische Begleitforschung eingeplant wurden. Doch schon 1992, das Projekt lief gerade ein Jahr, gab es einen Vorgeschmack auf die künftigen ethischen und politischen Probleme. Watson konnte sich mit dem Entschluss der NIH, die Patentierung einer Reihe von Gehirngenen zu beantragen, nicht abfinden und trat von seinem Posten zurück.

Im April 1992 meldete Bernadine Healey, Direktorin der NIH, fast 3000 als cDNA (complementaryDNA) bezeichnete Genfragmente zum Patent an, genetische Information, die durch eine rasend schnelle Methode, eine Art »automatisches Sieben«, gewonnen worden waren. Diese Prozedur ermöglichte es den Forschern, rasch große Mengen potenziell nützlicher genetischer Fragmente zu isolieren, ohne dass deren Funktion bereits benannt werden konnte. Das Verfahren wurde von Dr. Craig Venter entwickelt und dann von einem staatlich geförderten Genlabor in Washington angewandt. Venters Methode fand bei vielen Wissenschaftlern Anklang, da sie die Entwicklung von Therapien gegen weit verbreitete Krankheiten zu beschleunigen versprach. Watson kritisierte Bernadine Healys Eintreten für diese Abkürzung durch Automatisierung als unbedacht und nannte ihren Vorstoß in Richtung eines Urheberrechts an nicht näher charakterisierten Genfragmenten einen »Wahnsinn«.[15]

Das Thema Patentierung führt uns mitten ins Zentrum der Auseinandersetzungen zwischen denen, die Wissenschaft als frei, objektiv und universalistisch ansehen, und jenen, die meinen, die Forschung könne nur gedeihen, wenn Entdeckungen patentiert oder urheberrechtlich geschützt und die so erzielten Gewinne reinvestiert werden können. Bernadine Healey begründete die Patentierung der cDNA mit einer Grundsatzentscheidung zwischen einer – wie sie es ausdrückte – »wettbewerbsfreundlichen« und einer »wettbewerbsfeindlichen« Wissenschaftsauffassung.[16] Sie selbst war selbstverständlich »wettbewerbsfreundlich«.[17]

Watsons Missbehagen an dieser Affäre um die Gehirngene und die Haltung der NIH ging nicht nur auf die Patentierung von unveränderten Bestandteilen der Natur zurück, sondern erwuchs auch aus seiner Überzeugung, dass man in solche Entscheidungen nicht nur Politiker, Bürokraten und Geschäftsleute einbeziehen, sondern auch auf die Meinung von Wissenschaftlern hören sollte. Forscher, die die Wissenschaft als apolitisch, wertfrei und moralisch neutral ansehen, werden ihm da vermutlich nicht zustimmen.

In der universitären wie kommerziellen Wissenschaftsszene, in der Erkenntnisse zunehmend unter dem Aspekt der »Rechte am geistigen Eigentum« betrachtet werden, die im Interesse der Effizienz und des Profits gewahrt werden müssen, schreitet die Aushöhlung der Forschungsfreiheit immer weiter voran. Am 4. Oktober 2001 berichtete die Wissenschaftszeitschrift *Nature* über einen

Aufstand, der sich in ganz Europa regte, als die amerikanische Firma Myriad Genetics ihr Patent auf ein Brustkrebsgen auszunutzen versuchte. In einer von vielen Genetikern als bis dato einmalig bezeichneten Situation versuchte Myriad nicht nur, ihre Eigentumsrechte an diesen genetischen Informationen geltend zu machen, sondern auch, ein Monopol auf eine mit diesem Gen zusammenhängende Diagnosemethode zu erringen. Myriad hatte verlangt, dass alle Proben für diese Diagnose an ihre Labore in Salt Lake City eingeschickt werden müssten, aber zahllose Genetiker in Dutzenden von Diagnoselabors führten die so genannten BRCA1-Tests weiterhin selbst durch.[18]

## Die Ethik des Klonens

Das Humangenom-Projekt steht nicht nur im Mittelpunkt der anhaltenden Kontroverse um die Patentierung und Rechte an geistigem Eigentum: Es hat auch einen Streit über die Beziehung zwischen Genetik, Diagnostik und dem Klonen ausgelöst.

Haben wir das Recht, die Geburt geklonter Tiere oder Menschen aktiv zu fördern, die mit hoher Wahrscheinlichkeit an einer durch die Reproduktionstechnologie verursachten Abnormität leiden werden? James Watson brachte sich in den späten 1990er-Jahren in Deutschland in Schwierigkeiten, als er sich öffentlich für die Früherkennung von genetisch bedingten Krankheiten wie dem Fragile-X- oder dem Tay-Sachs-Syndrom aussprach, um der Mutter die Möglichkeit zu einer Abtreibung zu geben. Man warf ihm vor, mit den Nazi-Wissenschaftlern in einer Reihe zu stehen, die »lebensunwertes Leben« durch Euthanasie ausgelöscht hatten. Die deutschen Kritiker, die sich der Tatsache bewusst waren, dass Tay-Sachs in der jüdischen Bevölkerung besonders häufig auftritt, hatten nicht ganz Unrecht: Wer sollte schließlich entscheiden, welches Leben »lebensunwert« ist? Das Klonen gibt dieser Frage allerdings eine neue Ausrichtung.

Die Klonexperimente von Ian Wilmut und seinen Mitarbeitern, die Anfang 1997 veröffentlicht wurden,[19] zeigten, dass unreife Eizellen von Schafen (Oozyten) die Kerne ausdifferenzierter Körperzellen so umprogrammieren können, dass sich diese in einen anderen Zelltyp verwandeln lassen. Das eröffnet der Medizin ganz neue Optionen, nicht zuletzt die Auslöschung bestimmter Erbkrankheiten und neue Entwicklungen in der Stammzellenforschung an menschlichen Embryonen. Was die Klonierung ganzer Menschen – und nicht nur spezieller Gewebetypen zu therapeutischen Zwecken – angeht, so haben Ethiker die Frage aufgeworfen, ob ein solches menschliches Wesen nicht womöglich seine Einzigartigkeit einbüßen würde.

Die Biologen sehen die Gefahr weniger in der Erzeugung mehrerer »identischer Persönlichkeiten«: Das Gehirn und das Zentralnervensystem entwickeln sich zu guten Teilen epigenetisch (das heißt nicht nur auf der Basis der Gene) und bilden daher sowohl bei geklonten Tieren als auch bei eineiigen Zwillingen Unterschiede aus. Das wahre Problem sehen viele Experten, die zur Vorsicht raten, in der Möglichkeit von Missbildungen. Richard Lewontin erklärt:

»[Beim Klonierungsvorgang] wird der Kern mit den Chromosomen aus der Eizelle entfernt, und diese wird mit einer Zelle verschmolzen, die einen Kern des Spenders mit einem kompletten Doppelsatz an Chromosomen enthält. Diese Chromosomen befinden sich nicht zwingend im Ruhezustand und können sich asynchron zur Embryozelle teilen. Die Folge sind dann überzählige oder fehlende Chromosomen und somit ein abnormer Embryo, der oft, aber eben nicht immer, abstirbt.«[20]

Aus diesem Grund erhielten Wilmut und seine Mitarbeiter bei 277 Versuchen nur ein einziges lebensfähiges Tier, das Schaf Dolly. Der Klonvorgang ist, mit anderen Worten, nicht sicher. Im dabei erzeugten Embryo können die Telomere, die Endstücke der Spender-Chromosomen, die irgendwie mit dem Alterungsprozess der DNA zusammenhängen, in einem so schlechten Zustand sein, dass es früh zu Anomalien kommt. Noch weniger weiß man über die Auswirkungen auf die Keimbahn und somit auf den Nachwuchs geklonter Tiere oder Menschen. Die Natur hat Jahrmillionen gebraucht, bis der Reproduktionsprozess halbwegs sicher war, und wir wissen nicht so recht, was alles geschehen kann, wenn wir in die Keimbahn eingreifen. Wenn die Erzeugung menschlicher Klone irgendwann eine bessere Erfolgsrate haben sollte als Wilmuts Versuche an Schafen, wie viele dadurch bedingte Abnormitäten wären wir bereit hinzunehmen?

Die neuen und immer weiter voranschreitenden Entwicklungen in der Biotechnologie haben uns außergewöhnliche Einsichten in die Beziehung zwischen der Evolution, den Bausteinen des Lebens und den Aussichten auf medizinischen Fortschritt ermöglicht. Der Erkenntnisgewinn hat den Wissenschaftlern neue Dilemmata beschert, die unsere ethischen Standards und Traditionen zu sprengen drohen. Aber ebenso wie bei Hitlers Aufstieg zur Macht verändert sich außerdem das gesellschaftliche und politische Umfeld, wodurch die Wissenschaftler wohl auf neue und unvorhersehbare Weise auf die Probe gestellt werden.

## 34. Die Wissenschaft zieht wieder in den Krieg

Am 11. September 2001 wurden die Vereinigten Staaten von einem Massenmordanschlag durch eine Terroristengruppe erschüttert, die die Macht der Wissenschaft und Technologie gegen unschuldige Zivilisten lenkte und sie aus ihrem Alltag in den Tod riss. Innerhalb weniger Stunden war der Westen ein verletzlicherer, zerbrechlicherer und gefährlicherer Teil der Welt geworden. Im anschließend ausgerufenen Krieg gegen den Terror hatte sich nahezu jede wissenschaftliche Erfindung in den Augen der amerikanischen Regierung in eine potenzielle Waffe verwandelt.

Im Verbund mit den kurz darauf einsetzenden Anthrax-Terrorakten weckten die Attentate die Furcht vor biologischen Waffen und schmutzigen Bomben, die von Selbstmordpiloten ans Ziel gelenkt werden könnten, und bewirkten so grundlegende Veränderungen des staatlichen Wissenschafts- und Technikmanagements in den USA und anderen westlichen Ländern. Die Wissenschaftler werden die Auswirkungen der Anschläge wohl noch jahrzehntelang spüren.

Der 11. September setzte den Friedensdividenden, die sich die Wissenschaft vom Fall der Berliner Mauer erhofft hatte, ein jähes Ende. Präsident George W. Bush hat dafür gesorgt, dass sich die Prioritäten wieder auf die Geheimdienste, Verteidigungssysteme und eine erneuerte Präventivschlag-Doktrin verlagern, zu der auch die neue Generation von »Mini-Nukes« mit geringer Sprengkraft gehört. Die Beziehung zwischen der amerikanischen Regierung und der wissenschaftlichen Forschung, die durch den Multimilliarden-Dollar-Plan des Präsidenten zur Errichtung eines Schutzschildes aus ballistischen Flugkörpern sowie durch seine Weigerung, das internationale Kyoto-Protokoll zum Schutz der Umwelt zu ratifizieren, ohnehin schon strapaziert war, wurde noch angespannter. Die National Institutes of Health in Bethesda, ehemals eine offene Institution mit College-Atmosphäre, wurden mit einem Wall von Sicherheitsanlagen umgeben. Die National Research Foundation, die eigentlich Grundlagenforschung unterstützen sollte, ist nun gehalten, die Relevanz der von ihr geförderten Vorhaben zu überprüfen. Einen Monat nach den Anschlägen wurden Gelder für Projekte in Aussicht gestellt, die die »menschlichen, gesellschaftlichen Reaktionen« auf den Terrorismus analysieren; sogar ihre viel gepriesene Kampagne zur Aufstockung der Fördermittel für die Mathematik ist nun auf Stipendienanträge für Vorhaben zurechtgestutzt worden, die geheimdienstlich verwertbar sind.[1]

Eine ganze Reihe von pathogenen Substanzen erscheint plötzlich zweifach einsetzbar: zum Segen der Medizin und als Terror-Teufelszeug. Biologen werden von ihren Regierungen ermahnt, stets daran zu denken, dass ihre Arbeit zur Entwicklung von Massenvernichtungswaffen missbraucht werden kann. Biologische Waffen sind, wie man uns warnt, eine ernste, wachsende Gefahr, durchaus vergleichbar der nuklearen Proliferation. Nach einer Berechnung des Büros für Technikfolgenabschätzung des US-Kongresses könnten 100 Kilogramm Anthrax-Sporen, vom Wind effektiv über Washington, D. C., verteilt, bis zu drei Millionen Menschen töten. George Poste, der Vorsitzende einer Bioterrorismus-Projektgruppe des britischen Verteidigungsministeriums, hat bei einem Kongress der pharmazeutischen Industrie in London am 6. November 2001 erklärt, die Biologie müsse »ihre Unschuld ablegen«, sich mit der impliziten Gefährlichkeit bestimmter biologischer Daten sogar im Rahmen legitimer Projekte auseinander setzen und die Notwendigkeit zur strikteren Informationsreglementierung anerkennen. Zu den Projekten, an die Poste dabei dachte, gehört die Herstellung von so genannten »Stealth«- oder Tarnkappen-Viren, die vom Immunsystem nicht erkannt werden. Einen Monat später blockierten die Vereinigten Staaten einen neuen Vorstoß, mit einem Zusatzprotokoll die 1972 verabschiedete Biowaffen-Konvention verbindlich zu machen. Im Dezember 2001 wurde eine internationale Konferenz, auf der ein solches Zusatzprotokoll ausgehandelt werden sollte, ohne Einigung abgebrochen.

Seither hat sich bestätigt, dass Präsident Bush unbedingt eine neue Generation von Atomwaffen will, und vieles deutet darauf hin, dass diese Waffen nicht mehr der Abschreckung dienen sollen, sondern zu Präventivschlägen gegen Nuklear- und Nichtnuklearmächte gleichermaßen eingesetzt werden sollen. Wir sind in eine Ära eingetreten, in der die einsame Supermacht USA die Rolle des Weltpolizisten übernommen hat: ein Umstand, den Leo Szilard für entweder die Vereinigten Staaten oder Russland prophezeit hatte, für den Gewinner des Dritten Weltkrieges nämlich.

Washington ist überzeugt, dass künftige Konflikte mit überlegener amerikanischer Wissenschaft und Technologie gelöst werden: Überwachung, Feindaufklärung, intelligente Bomben, intelligente Elektronik. Dank computergenerierter Bilder werden Angriffe aus sicherem Abstand gestartet werden: virtuelle Kriegführung mit nur allzu realen Auswirkungen auf die Ziele. Die amerikanischen Interventionen in Afghanistan und im Irak dürften die Überzeugung des Pentagon bekräftigt haben, es könne ohne nennenswerte Verluste in den eigenen Reihen Kriege gewinnen. Das kann die Amerikaner nur in ihrem Glauben bestärken, sie könnten und müssten potenzielle Bedrohungen ausschalten, sobald sie aufkommen. Aber was werden sie alles als Bedrohung wahrnehmen? Wird nun im Krieg gegen den Terror jede wissenschaftliche, technologische und medizinische Errungenschaft als entweder für oder gegen Amerika eingestuft werden? Wie können Wissenschaftler vor diesem Hintergrund ihre Integrität wahren?

Gute Wissenschaft ist in dem Jahrhundert, das dieses Buch abdeckt, immer und überall auf der Grundlage vertrauter, altbewährter ethischer Prinzipien betrieben worden. Forscher, die Ergebnisse fälschen, Statistiken manipulieren und die Entdeckungen oder Ideen anderer Leute an sich reißen, kann man weder im fachlichen noch im menschlichen Sinn als »gute Wissenschaftler« bezeichnen, und ihre Resultate werden auch nur selten zu etwas Gutem führen.

Die Ereignisse des Zweiten Weltkrieges, die weit verbreitete Militarisierung und Industrialisierung von Wissenschaft und Technik, der Aufstieg der Großforschungsanlagen, die Einschränkung der Informationsfreiheit, die Geheimhaltungsregeln und die Entwicklung von Massenvernichtungswaffen haben ein für alle Mal

Schluss gemacht mit der Vorstellung, Grundlagenforschung werde von individuellen Talenten betrieben, die weder über die Konsequenzen ihrer Arbeit nachdenken müssten noch von der Gesellschaft oder der Politik beeinflusst würden. Während des Kalten Krieges sind Industrie, Handel, Militär, Regierungsvorhaben und Auseinandersetzungen um geistiges Eigentum sowie Fördergelder in die Wissenschaft eingedrungen, haben die Grenze zwischen Grundlagen- und Anwendungsforschung verschwimmen lassen, die Individualität der Wissenschaftler reduziert und sie einer Reihe von moralischen und politischen Konflikten ausgesetzt. Wissenschaftler haben die Neigung, ihre Skrupel zu ignorieren und sich – wie Hitlers Wissenschaftler – in einen Kokon der »verantwortungslosen Reinheit« einzuspinnen. In der Ära nach dem 11. September sind die Zwänge noch stärker geworden, und die Versuchung der politischen und moralischen Enthaltsamkeit ist größer denn je.

Wer heute gute Wissenschaft betreiben will, muss prinzipiell die Konsequenzen im Auge behalten, muss sich stets die Auswirkungen einer wissenschaftlichen Entdeckung auf die Gesellschaft, die Umwelt, die Natur bewusst machen. Ein guter Wissenschaftler wird gefährliches Wissen niemals in die Hände zweifelhafter Figuren geraten lassen. Ein guter Wissenschaftler wird alles daran setzen, die sozialen und ökologischen Konsequenzen einer potenziell gefährlichen Erkenntnis öffentlich zu machen.

Ein guter Wissenschaftler lehnt außerdem die Funktionalisierung von Menschen zu Werkzeugen, zu Mitteln zum Zweck ab. Dieses Prinzip lässt sich zunehmend schwerer einhalten, wie wir anhand der expandierenden Felder der Biotechnologie und Genetik gesehen haben, wo die Verbreitung von Wissen und Verfahrensweisen mit schwierigen ethischen Entscheidungen verbunden ist. In einer Zeit permanenter Fortschritte in der Reproduktionstechnologie und wachsender Möglichkeiten genetischer Eingriffe wird es immer schwieriger und zugleich wichtiger zu bestimmen, wo die Grenze zwischen Personen und Dingen verläuft.

Um die moralischen Dilemmata in der Wissenschaft zu lösen, bedarf es aber nicht nur isolierter Entscheidungen, sondern eines stimmigen Verhaltensmusters, einer nachhaltigen Kompromittierungsresistenz, aus der Selbstachtung erwächst – Integrität.[2]

Die größten Belastungen für diese Integrität kommen an der Schnittfläche zwischen den professionellen Interessen der Wissenschaftler und den Erwartungen der Förderer auf, die das Geld verteilen. In jedem Abschnitt dieser Geschichte – von Fritz Habers Entscheidung, sich für Giftgas-Einsätze stark zu machen, über Max Plancks Entschluss, seinen Arm zum Nazi-Gruß zu heben, und Paul Hartecks Willigkeit, den Lehrstuhl eines geschassten Juden zu übernehmen, oder Heisenbergs Bereitschaft, in Krakau Hans Franks Gastfreundschaft in Anspruch zu nehmen, bis zu Wernher von Brauns Rückgriff auf Sklavenarbeit – haben wir gesehen, welch kompromittierende Wirkung Hochmut, falsche Loyalität, Konkurrenzdruck und Abhängigkeit haben können. In letzter Analyse waren sie alle bereit, einen Pakt mit dem Teufel einzugehen, um ihre Forschungsarbeit fortsetzen zu können.

Diese faustische Versuchung lauert in jedem normalen Fördermittelantrag, im Veröffentlichungsdruck, um die eigene Stelle und die Gelder des Instituts zu retten, in der Behandlung von Wissen als Ware, die man besitzen, kaufen und verkaufen kann. Um heute ein guter Wissenschaftler zu sein, muss man sich auch in diesen Sachzwängen bewähren.

Können die Schirmherrschaft einer mehr oder weniger demokratischen Regierung und eine entsprechende Verfassung solche Zwänge mildern oder aufheben? Wie wir gesehen haben, haben der britische Biochemiker und Historiker Joseph Needham und Robert Merton in den frühen 1940er-Jahren die Ansicht vertreten, dass in der Wissenschaft dieselben Werte zählen wie in der westlichen liberalen Demokratie: Rationalität, Objektivität, Freiheit, Internationalität, systematischer Skeptizismus – Werte, die damals von totalitären Regimes in Europa bedroht wurden. Es gab interessante Variationen dieser Meinung. So stimmte J. D. Bernal zwar weitgehend mit ihr überein, klammerte Stalin aber aus, so als seien manche Diktatoren akzeptabler als andere. Und während der Physiker Samuel Goudsmit nur glaubte, Demokratie fördere gute Wissenschaft, meinte Merton darüber hinaus, gute Wissenschaft fördere auch die Demokratie.

Auf den ersten Blick stellt die Symbiose zwischen Wissenschaft und Demokratie eine machtvolle Alternative zu der Vorstellung von der verantwortungsfreien Reinheit der Wissenschaft dar, der nicht nur die deutschen Wissenschaftler in den 1920er-Jahren und im Dritten Reich anhingen, sondern seit dem Ende des Zweiten Weltkrieges sehr viele Forscher weltweit. Es besteht jedoch die Gefahr, dass Wissenschaftler in mehr oder weniger demokratischen Ländern ihre Verantwortung vernachlässigen, weil sie glauben, ihre demokratisch gewählte Regierung wisse es stets am besten. Diese Annahme ist extrem naiv. Die ersten beiden Opfer eines Krieges oder einer kriegsähnlichen Krise, sei es nun der Kalte Krieg oder der Krieg gegen den Terror, sind stets die Wahrheit in den Medien und die Informationsfreiheit beziehungsweise der freie Zugriff auf wissenschaftliche und technologische Kenntnisse. Soll ein Wissenschaftler in einer Demokratie auf Befehl schweigen, soll er Informationen zurückhalten – in der Hoffnung, seine Regierung werde schon wissen, was sie tut?

Wissenschaftler haben zwar meist keine politische Macht, aber sie agieren, wie ich in dieser Geschichte zu zeigen versucht habe, auch nicht in einem moralischen, sozialen oder politischen Vakuum. Wissenschaftler haben die Macht der Erkenntnis und des Sachverstands, den sie wahlweise verwenden, verbreiten oder verheimlichen können. Niemand kann sie zwingen, unter der Aufsicht von Menschen zu arbeiten, denen sie misstrauen, oder ihr Wissen mit jemandem zu teilen, den sie für moralisch fragwürdig halten.

Norbert Wiener liefert uns ein vielsagendes Beispiel. 1947 trat ein amerikanisches Luftfahrtunternehmen an ihn heran und bat um einen technischen Bericht über seine Steuerungssystemforschung. Wiener weigerte sich, die Informationen preiszugeben, und berief sich dabei auf grundlegende Prinzipien der wissenschaftlichen Verantwortlichkeit in der Waffenherstellung. »Die Maßnahmen, die die Regierung selbst in und nach dem Krieg ergriffen hat«, so begann er, »zum Beispiel mit der Bombardierung von Hiroshima und Nagasaki, haben deutlich gemacht, dass die Weitergabe wissenschaftlicher Information nicht notwendig ein unschuldiger Akt ist und schwerste Konsequenzen haben kann.«[3] Unter diesen Umständen, so fährt er fort, bedarf die Tradition des freien Austauschs wissenschaftlicher Information sorgfältiger Überprüfung, »wenn der

Wissenschaftler zum Schiedsrichter über Leben und Tod wird«. Und weiter:

»Die Erfahrung der Wissenschaftler, die an der Atombombe gearbeitet haben, hat gezeigt, dass der Forscher bei jeder derartigen Unternehmung früher oder später grenzenlose Macht in die Hände von Leuten legt, denen er ihre verantwortungsvolle Anwendung am wenigsten zutraut. Es ist auch völlig klar, dass jede Verbreitung von Informationen über eine Waffe beim gegenwärtigen Zustand unserer Zivilisation mit ziemlicher Gewissheit dazu führt, dass jemand diese Waffe einsetzen wird. In dieser Hinsicht stellt die Lenkrakete eine noch unvollkommene Ergänzung der Atombombe und der bakteriellen Kriegführung dar.«

Darüber hinaus entwickelt Wiener einen Gedanken von geradezu beängstigender Aktualität – ein halbes Jahrhundert nach seiner Ausformulierung: »Der praktische Nutzen von Lenkflugkörpern kann nur in der wahllosen Auslöschung von Zivilisten in einem fremden Land liegen, für die es dort keinerlei Entkommen gibt. Ich kann mir keine Situation vorstellen, in der solche Waffen eine andere Wirkung haben können als die Ausweitung der Kamikaze-Kampftaktik auf ganze Nationen.«

Wissenschaftler zeichnen sich durch Expertenwissen über die »Gesetze der Natur« und über Fachtechniken aus und auch durch ihre Kenntnisse über die Folgen dieser Techniken. Wissenschaftler können gesellschaftliche und politische Entscheidungen beeinflussen, indem sie ihr Wissen entweder bewusst nicht weitergeben oder weiterentwickeln – oder aber, ganz im Gegenteil, dafür sorgen, dass es möglichst allen zur Verfügung steht. Man denke nur an Dr. Jeffrey Wigand, jenen Tabak-Manager, der sich trotz schwerer Konsequenzen für ihn selbst entschloss, die Öffentlichkeit darüber aufzuklären, wie die Tabakindustrie die Gesundheitsgefährdung durch das Rauchen verharmlost hatte. Wigand sagte: »Ich hatte das Gefühl, dass die Industrie als Ganze das amerikanische Volk betrogen hatte. Und es gab Dinge, die meines Erachtens einfach gesagt werden mussten.«[4]

Wigands Geschichte straft die Behauptung Lügen, Wissenschaftler hätten keine Stimme, da sie alle nur kleine Rädchen im Getriebe der Unternehmen seien. In der Informationsgesellschaft trifft das nicht mehr zu. Als der einsame Held Rotblat sich 1945 aus dem Manhattan-Projekt verabschiedete, blieb seine Geste folgenlos. Unter Androhung einer Gefängnisstrafe verbot man ihm, seinen Kollegen in Los Alamos oder gar den Medien die Gründe für sein Ausscheiden mitzuteilen. Heute haben Wissenschaftler die Möglichkeit, sich an gleich gesinnte, verantwortungsbewusste Praktiker zu wenden und die neuen Informationstechnologien und Medien für ihre Sache einzuspannen.

Können Wissenschaftler angesichts der ungeheuren Macht derer, die den Großteil der Wissenschaft und Technik besitzen und verwalten, überhaupt größere politische und ethische Verantwortung übernehmen? Wissenschaft wird heute bereits von Bürgerinitiativen wissenschaftlicher Laien beeinflusst, die außerhalb der Regierungsgremien und Wirtschaftsorganisationen stehen.[5] Diese Bewegung kann ausgeweitet und vertieft werden, um die öffentliche Meinung zu einer Reihe gesellschaftlicher Themen zu beeinflussen: Gesundheit, Armut, Erziehung, Justizgerechtigkeit, Menschenrechte, Umwelt und Ernährung.

Das Verschwimmen der Grenzen zwischen den Märkten und Industrien sowie der akademischen Welt und den Regierungsinstitutionen und auch die bessere Medienverfügbarkeit durch das Internet eröffnen multidisziplinären, nicht hierarchischen Gruppen Möglichkeiten, sich Gehör zu verschaffen. So können Wissenschaftler und Nichtwissenschaftler gemeinsam die Auswirkungen neuer Entwicklungen in Wissenschaft, Medizin und Technik thematisieren, von genetisch manipulierten Lebensmitteln bis zu Serotonin-Wiederaufnahmehemmern, von der Forschung an embryonalen Stammzellen bis zu Vorstößen zum Klonieren von Menschen, vom Einsatz von Organophosphaten in der Landwirtschaft bis zur Patentierungspraxis, die neue Therapien in der Medizin eher behindert als fördert. Das wichtigste Thema bleibt jedoch die Aufrüstung mit neuen Massenvernichtungswaffen.

Fast 60 Jahre nach Vannevar Bushs Traum von einer zivil verwalteten Finanzierungsstiftung wird die Grundlagenforschung in den Vereinigten Staaten, der letzten Supermacht, immer noch größtenteils durch die Schirmherrschaft der Regierung und des Militärs geprägt. Die National Science Foundation (NSF) verteilt etwa vier Milliarden Dollar, von denen schätzungsweise nur zweieinhalb Milliarden in die Grundlagenwissenschaft gehen, während das Forschungs- und Entwicklungsbudget der Regierung insgesamt zirka 75 Milliarden beträgt, wovon die Hälfte vom Pentagon verwaltet wird.[6] Dennoch stehen auch die Ergebnisse der von der NSF finanzierten Forschungsvorhaben dem Pentagon zur Verfügung. Eine derartig geballte, unkontrollierte Macht über die Wissenschaft und Technologie ist äußerst gefährlich, und es erscheint dringend geboten, dass die Wissenschaftler selbst die Ausrichtung und die Auswahlkriterien der Geldgeber und ihre Vorliebe für neue Waffen vernehmlicher kritisieren.

Werden die Wissenschaftler heute – in einer zunehmend krisengeschüttelten Welt, in der sie ihrer Berufung oft nur noch folgen können, wenn sie ihren Zahlmeistern genehm sind – sich wie die Mitläufer unter Hitler verhalten: wie lauter Heisenbergs, von Weizsäckers und von Brauns, die von der Regierung und dem Militär profitieren und zugleich behaupten, freie Individuen zu sein, die sich von der Gesellschaft und der Politik fern halten? Werden sie sich darauf berufen, sie seien in keiner Weise für den Gebrauch verantwortlich, den andere von ihren Kenntnissen und Entdeckungen machen? Oder werden sie sich daran beteiligen, die Sichtschranken niederzureißen, die bislang die Verteidigungsforschung vor öffentlicher Neugier, Kritik und Einflussnahme schützen?

Heute werden dringend Wissenschaftler benötigt, die sich nicht nur in ihrem Fachgebiet auskennen, sondern auch etwas von Politik und Ethik verstehen und bereit sind, Trends in der militärisch dominierten Wissenschaft zu hinterfragen, zu untersuchen, aufzudecken und zu kritisieren. Unter Hitler drohten abweichlerischen Wissenschaftlern Gefängnis und Tod, aber in den ersten Jahren des Regimes konnte man zumindest noch emigrieren und hoffen, seine Arbeit unter günstigeren politischen Umständen fortzuführen. Heute drohen dem Dissidenten weder Haft noch Hinrichtung, aber in der globalisierten Wissenschaftswelt gibt es auch keine Oasen der verantwortungsfreien Reinheit mehr, in die sich ein Forscher zurückziehen könnte. Die beste Verteidigung gegen die Prostitution und den Missbrauch der Wissenschaft ist die Gründung von kleinen und großen formlosen Zusammenschlüssen, von Gemeinschaften, in denen sich all jene austauschen können, die mit Joseph Rotblats Worten »in erster Linie Menschen und erst danach Wissenschaftler« sind. Diese Kreise könnten pluralistische Kontrollinstanzen und Gegengewichte darstellen, die die Öffentlichkeit alarmieren, sobald wissenschaftliche Erkenntnisse in unverantwortliche Anwendungen umgemünzt werden, die nicht nur das amerikanische »Vaterland« gefährden, sondern auch Gesellschaften und Völker in aller Welt, die Umwelt, den Frieden, die Menschenrechte und die Natur als solche.

# Anhang

# Anmerkungen

## Einführung: Die Deutschen verstehen

1 Siehe Ulrich Schwarz in *Der Spiegel*, 20.1.2003, S. 82–88, Jörg Friedrich (2002), *Der Brand*, sowie die Essays von W. G. Sebald (1999), *Luftkrieg und Literatur*.
2 Stockholm International Peace Research Institute [SIPRI] (1980), *Warfare in a Fragile World*, S. 87.
3 Joseph Haberer (1969), *Politics and the Community of Science*.
4 Geoffrey Cocks (1985), *Psychotherapy in the Third Reich*, S. 19.
5 Siehe Michael Wildt (2002), *Generation des Unbedingten*.
6 Siehe FIAT Review of German Science (1947), *Naturforschung und Medizin in Deutschland 1939–1946*.
7 Arthur Miller, *Alle meine Söhne*. In: *Dramen I, 1947–1955, Frankfurt/Main: S. Fischer* 1966, S. 101.
8 Robert Jungk (1964), *Heller als tausend Sonnen*, S. 102.
9 Thomas Powers (1993), *Heisenbergs Krieg*.
10 Lewis Wolpert (1992), *The Unnatural Nature of Science*, S. 170.
11 Auf Französisch zit. in Jean-Jacques Salomon (2001), *Le scientifique et le guerrier*, S. 127.

## 1. Hitler als Wissenschaftler

1 Walter Dornberger (1952), *V2 – Der Schuß ins Weltall*, S. 73.
2 Zit. in Michael J. Neufeld (1997), *Die Rakete und das Reich*, S. 143.
3 Dornberger (1952), S. 76f.
4 Erklärung vor dem Gerichtshof, Samstag, 31.8.1946. Der Prozess gegen die Hauptkriegsverbrecher vor dem Internationalen Gerichtshof Nürnberg 14.11.1945 bis 1.10.1946. Amtlicher Wortlaut in deutscher Sprache. Nürnberg 1947.
5 Paul Weindling (1993), *Health, Race and German Politics Between National Unification and Nazism 1870–1945*, S. 492.
6 Michael H. Kater (2000), *Ärzte als Hitlers Helfer*, S. 292.
7 Ebd.
8 Kater (2000), S. 293.
9 Ebd.
10 Ebd.
11 Ebd.
12 Zit. nach Ella Lingens-Reiner (1948), *Prisoners of Fear*.
13 Albert Speer (1981), *Der Sklavenstaat*, S. 131.
14 Albert Speer (1996), *Erinnerungen*, S. 241.
15 Ebd.
16 Siehe z.B. Geoffrey Brooks (1992), *Hitler's Nuclear Weapons*.
17 Speer (1996), S. 241.

18 Dornberger (1952), S. 114.
19 Adolf Hitler (1925/1927), *Mein Kampf*, S. 8.
20 Henry Picker (1976), *Hitlers Tischgespräche im Führerhauptquartier*, S. 73.
21 Brian McGuinness (1992), *Wittgensteins frühe Jahre*, S. 95.
22 Picker (1976), S. 382.
23 Zit. in Wolfgang Wagner (1989), *Die ersten Strahlflugzeuge der Welt*, S. 121.
24 Siehe Weindling (1993), S. 492.
25 Zit. in Robert N. Proctor (2002), *Blitzkrieg gegen den Krebs*, S. 157.
26 Speer (1996), S. 467.
27 Hitler (1925/1927), S. 463.
28 Ebd., S. 464.
29 Ebd., S. 469.
30 Ebd., S. 473.
31 Adolf Hitler (1980), *Monologe im Führerhauptquartier 1941–1944*, S. 411.
32 Ebd., S. 286.
33 Siehe Brigitte Nagel (1994), »Die Welteislehre. Ihre Geschichte und ihre Bedeutung im ›Dritten Reich‹«. In: Christopher Meinel/Peter Voswinckel (Hrsg.), *Medizin, Naturwissenschaft, Technik und Nationalsozialismus*, S. 166–172.
34 Siehe Klaus Hentschel (1992), *Der Einstein-Turm*, S. 143 ff.
35 Hitler (1980), S. 180 f.
36 Ebd., S. 38.
37 Ebd., S. 180.
38 Ebd., S. 105.
39 Picker (1976), S. 34.
40 Ebd., S. 83.
41 Ebd., S. 73.
42 Hitler (1980), S. 104.
43 Ebd., S. 275.
44 Ebd., S. 274.

## 2. Deutschland – das Mekka der Wissenschaften

1 Siehe Diana Kormos Barkan (1999), *Walther Nernst and the Transition to Modern Physical Science*, S. 104 ff.
2 Ebd., S. 105.
3 Zit. ebd., S. 106.
4 Ebd., S. 107.
5 Constance Reid (1996), *Hilbert*, S. 73.
6 David Hilbert (1900), »Mathematische Probleme«. In: *Göttinger Nachrichten*, S. 253–297.
7 Zu Perkins Geschichte siehe Simon Garfield (2002), *Lila. Wie eine Farbe die Welt veränderte*.
8 Walter Wetzel (1991), *Naturwissenschaften und chemische Industrie in Deutschland*.
9 Siehe Jeffrey Allen Johnson (2000), »The Academic-Industrial Symbiosis in German Chemical Research«. In: John E. Lesch (Hrsg.), *The German Chemical Industry in the Twentieth Century*, S. 15 ff.
10 Roy Porter (2001), *Die Kunst des Heilens*, S. 328.
11 Thomas Mann (1980), *Doktor Faustus*, S. 30.

## 3. Fritz Haber

1 Siehe Fritz Sterns Essay »Together and Apart: Fritz Haber and Albert Einstein«. In: Fritz Stern (2000), *Einstein's German World*, S. 59–164.
2 Die besten Biografien über Haber sind die von Dietrich Stoltzenberg (1998), *Fritz Haber*, und von Margit Szöllösi-Janze (1998), *Fritz Haber 1868–1934*.
3 Stoltzenberg (1998), S. 28, Szöllösi-Janze (1998), S. 44.
4 Zit. in Stoltzenberg (1998), S. 352 f.
5 Zur Gründung der Kaiser-Wilhelm-Gesellschaft und ihrer Institute siehe Kristie Macrakis (1993), *Surviving the Swastika*, S. 12 ff.
6 Adolf von Harnack (1909), »Denkschrift an den Kaiser vom 21. November 1909«. In: *50 Jahre Kaiser-Wilhelm-Gesellschaft und Max-Planck-Gesellschaft zur Förderung der Wissenschaften. 1911–1961.*

Beiträge und Dokumente, Göttingen 1961, S. 80–94. Eine kritische Würdigung findet sich bei Macrakis (1993), S. 15 ff.
7 Fritz Haber (1995), *Briefe an Richard Willstätter, 1910–1934, S.* 10.
8 Siehe Vaclav Smil (1999), »Millennium Essay«. In: *Nature*, 29. 7. 1999, S. 415.
9 Stern (2000), S. 119.
10 Jonathan Steinberg (1965), *Yesterday's Deterrent*, S. 18.
11 Das Richards-Zitat verdanke ich Steven Weinberg (2000), »The Growing Nuclear Danger«. In: *New York Review of Books*, 18. 7. 2000, S. 20. Weinberg zieht eine interessante Parallele zwischen dem Dreadnought-Wettrüsten und der nuklearen Rüstungsspirale: »Als Wissenschaftler sehe ich von der Konstruktion der Dreadnought bis zu den heutigen nuklearen Muskelspielen ein und dieselbe Art von technologischer Rastlosigkeit am Werk.«
12 Einzelheiten über das britische Schlachtschiffprogramm findet man bei Roger D. Thomas (1998), *Dreadnoughts in Camera.*
13 Siehe J. T. Sumida (1979), »British Capital Ship and Fire Control into the Dreadnought Era«. In: *Journal of Modern History*, 51, S. 205–230; Peter Padfield (1972), *The Battleship Era.*
14 Zit. in Walter Gratzer (2000), *The Undergrowth of Science*, S. 171. Zum Thema Chauvinismus und Bigotterie in der Wissenschaft verweist Gratzer sinnvollerweise auf Pierre Duhem (1991), *German Science*, La Salle, IL: Open Court, sowie auf Harry W. Paul (1972), *The Sorcerer's Apprentice: The French Scientist's Image of German Science 1840–1919*, Gainsville, FA: University Press of Florida.
15 Fölsing (1993), S. 392.
16 Gratzer (2000), S. 162.
17 Zit. ebd., S. 162.
18 Ebd., S. 163.
19 Ebd., S. 167.
20 Zit. ebd., S. 170.
21 Zit. in Helge Kragh (1999), *Quantum Generations*, S. 145.
22 Zit. in Gratzer (2000), S. 174.

## 4. Die Giftgas-Wissenschaftler

1 Siehe Christoph Gradmann (1996), »›Vornehmlich beängstigend‹ – Medizin, Gesundheit und chemische Kriegsführung im deutschen Heer 1914–1918«. In: Wolfgang U. Eckart/Christoph Gradmann (Hrsg.), *Die Medizin und der Erste Weltkrieg*, S. 131 f.
2 Zit. in Malcolm Brown (2001), *The Imperial War Museum Book of the Western Front*, S. 77.
3 Ebd.
4 Siehe SIPRI (1971), *The Problems of Chemical and Biological Warfare*, Bd. 1: *The Rise of CB Weapons*, S. 30 ff.
5 Otto Hahn (1986), *Mein Leben*, S. 120.
6 Brown (2001), S. 248.
7 Zit. in G. B. Carter (2000), *Chemical and Biological Defence at Porton Down 1916–2000*, S. 2.
8 Erich Maria Remarque (2002), *Im Westen nichts Neues*, S. 95.
9 Edward M. Spiers (1986), *Chemical Warfare*, S. 22.
10 Zit. in Adolf Wild von Hohenborn (1986), *Briefe und Tagebuchaufzeichnungen des preußischen Generals als Kriegsminister und Truppenführer im Ersten Weltkrieg*, S. 167, Fußnote 2.
11 Zit. in Dieter Martinetz (1996), *Der Gaskrieg 1914/18*, S. 304 f.
12 Siehe Stoltzenberg (1998), S. 356.
13 Hahn (1986), S. 122.
14 Ebd.
15 Ebd., S. 130.
16 Ebd.
17 Ebd.
18 Ruth Lewin Sime (2001), *Lise Meitner*, S. 82 f.

19 Hahn (1986), S. 13.
20 Zit. in Szöllösi-Janze (1998), S. 480.
21 Ebd., S. 449.
22 Ebd., S. 450.
23 Zit. ebd., S. 451.
24 Zit. in Stoltzenberg (1998), S. 317.
25 Stern (2000), S. 124.
26 Zit. in Lewis S. Feuer (1974), *Einstein and the Generations of Science*, S. 49.
27 Zit. in Stoltzenberg (1998), S. 431.
28 Zit. in ebd., S. 575.

## 5. Die »Wissenschaft« der Rassenhygiene

1 Eine Diskussion des Krupp-Preises findet sich bei Weindling (1993), S. 112 bis 118.
2 Der Ausschreibungstext »Was lernen wir aus den Prinzipien der Descendenztheorie in Beziehung auf die innerpolitische Entwickelung und Gesetzgebung der Staaten?« wird zit. in J.-Ch. Kaiser/K. Nowak/M. Schwartz (1992), *Eugenik, Sterilisation, »Euthanasie«*, S. 5 f.
3 Weindling (1993), S. 86.
4 Siehe Anthony Pagden (1982), *The Fall of Natural Man*, S. 104.
5 Robert N. Proctor (1988), *Racial Hygiene*, S. 13.
6 Ernst Haeckel (o. J.), *Die Welträthsel*, Kap. 15.
7 Alfred Ploetz (1895), *Die Tüchtigkeit unserer Rasse und der Schutz der Schwachen*.
8 Alfred Ploetz (1904), in: *Archiv für Rassen- und Gesellschaftsbiologie*, 1, S. IV.
9 Proctor (1988), S. 25.
10 Zit. in Proctor (1988), S. 25.
11 Zit. ebd., S. 23 f.
12 Alfred Ploetz (1935), »Rassenhygiene und Krieg«. In: *Archiv für Rassen- und Gesellschaftsbiologie*, 29, S. 365.
13 Zit. in Proctor (1988), S. 29.
14 Niels C. Lösch (1997), *Rasse als Konstrukt*, S. 37 f.
15 Ludwig von Bertalanffy (1941), »Die organismische Auffassung und ihre Auswirkungen«. In: *Der Biologe*, S. 247–258 und 337–345.
16 Ernst Lehmann (1933), *Biologie im Leben der Gegenwart*, S. 220 f.
17 Ute Deichmann (1992), *Biologen unter Hitler*, S. 289 ff.
18 Proctor (1988), S. 36.

## 6. Eugenik und Psychiatrie

1 Zit. in Stefan Kühl (2001), »The Relationship between Eugenics and the so-called ›Euthanasia Action‹ in Nazi Germany: A Eugenically Motivated Peace Policy and the Killing of the Mentally Handicapped during the Second World War«. In: Margit Szöllösi-Janze (Hrsg.), *Science in the Third Reich*, S. 188.
2 Ebd., S. 189.
3 Zit. in Stefan Kühl (1997), *Die Internationale der Rassisten*, S. 46.
4 Zit. ebd., S. 160.
5 Zit. in Gratzer (2000), S. 292.
6 Michael Burleigh (1997), *Ethics and Extermination*, S. 114.
7 Eine kritische Diskussion und Zitate aus Bindings und Hoches Traktat findet man bei Rolf Winau (1993), »Die Freigabe der Vernichtung ›lebensunwerten Lebens‹«. In: Johanna Bleker/Norbert Jachertz (Hrsg.), *Medizin im »Dritten Reich«*, S. 162–174.

## 7. Physik nach dem Ersten Weltkrieg

1 Den Beitrag der klassischen Physik zum Ersten Weltkrieg behandelt Kragh (1999), S. 130 ff.
2 Zit. in Jungk (1964), S. 11.
3 Russell McCormmach (1982), *Night Thoughts of a Classical Physicist*, S. 70.

4 Eric J. Hobsbawm (1995), *Das imperiale Zeitalter 1875–1914*, S. 305.
5 Kurt Mendelssohn (1976), *Walther Nernst und seine Zeit*, S. 158.
6 Zit. in Barkan (1999), S. 192.
7 Zit. ebd., S. 200.
8 Michael White/John Gribbin (1993), *Einstein*, S. 33.
9 Ebd.
10 Ebd., S. 105.
11 *The Times*, 7. 11. 1919.
12 Zit. in Kragh (1999), S. 102.
13 Zit. ebd., S. 99.
14 Zit. ebd., S. 101.
15 Alan D. Beyerchen (1982), *Wissenschaftler unter Hitler*, S. 120.
16 »Meine Antwort. Über die antirelativitätstheoretische G.m.b.H.«. In: *Berliner Tageblatt*, 27. 8. 1920, Morgenausgabe.
17 Mark Walker (1995), *Nazi Science*, S. 9.
18 Beyerchen (1982), S. 174.
19 Ebd., S. 144.
20 Ebd., S. 147.
21 Walker (1995), S. 6.
22 Ebd., S. 12.
23 Klaus Hentschel/Ann M. Hentschel (Hrsg./1996), *Physics and National Socialism*, S. 7.
24 Ebd., S. 8.
25 Zit. in J. Stark (1936), »Philipp Lenard als deutscher Naturforscher«. In: *Nationalsozialistische Monatshefte*, Feb. 1936, S. 106–111.

## 8. Die deutsche Wissenschaft überlebt

1 Kragh (1999), S. 146.
2 Ebd., S. 140.
3 Ebd., S. 140 f.
4 Siehe Helmut Werner (1957), *From the Aratus Globe to the Zeiss Planetarium*. Ich danke Dr. Paul Murdin für seinen Hinweis auf die Zeiss-Initiative.
5 Zit. in Richard Willstätter (1958), *Aus meinem Leben*, S. 235.
6 Ebd., S. 340.
7 Ebd.
8 Zit. in Abraham Pais (1991), *Niels Bohr's Times*, S. 4.
9 Ebd., S. 11.
10 Otto Robert Frisch (1981), *Woran ich mich erinnere*, S. 38.
11 Helmut Rechenberg/Gerald Wiemers (Hrsg./2001), *Werner Heisenberg (1901–1976)*, S. 25.
12 David C. Cassidy (2001), *Werner Heisenberg*, S. 186.
13 Werner Heisenberg (1977), *Tradition in der Wissenschaft*, S. 44.
14 Jungk (1964), S. 15.
15 Frisch (1981), S. 46.
16 John Polkinghorne (1986), *The Quantum World*, S. 14.
17 Victor F. Weisskopf (1991), *Mein Leben*, S. 42.
18 Ebd., S. 44.
19 Ebd.
20 Frisch (1981), S. 49–61.
21 Ebd., S. 57 f.
22 Zit. in Richard Rhodes (1988), *Die Atombombe oder die Geschichte des 8. Schöpfungstages*, S. 317.
23 Frisch (1981), S. 55.

## 9. Die Entlassungen

1 Ute Deichmann (2001), *Flüchten, Mitmachen, Vergessen*, S. 70.
2 Zit. in Wilfried van der Will (1995), »Culture and the Organization of National Socialist Ideology 1933 to 1945«. In: Rob Burns (Hrsg.), *German Cultural Studies*, S. 111.
3 William L. Shirer (1961), *Aufstieg und Fall des Dritten Reiches*, S. 242.
4 Zit. in Donald A. Prater (1995), *Thomas Mann*, S. 277.
5 Zit. in Sime (2001), S. 177.
6 Zit. ebd., S. 178.

7 Zit. ebd., S. 180.
8 Albert Einstein/Max Born (1972), *Briefwechsel 1916–1955*, S. 121: Einstein an Born 30. 5. 1933.
9 Hans Krebs (mit Anne Martin/1981), *Reminiscences and Reflections*, S. 61.
10 Ebd.
11 Zit. in Will (1995), S. 113.
12 Zit. in Nicholas Boyle (1998), *Who Are We Now?*, S. 200.
13 Zit. in Sime (2001), S. 184.
14 Deichmann (2001), S. 74.
15 Ebd.
16 Gratzer (2000), S. 277.
17 Ebd.
18 Hentschel/Hentschel (Hrsg./1996), S. xliii.
19 Frisch (1981), S. 145.
20 Beyerchen (1982), S. 19.
21 Helmuth Albrecht (1993), »Max Planck, ›Mein Besuch bei Adolf Hitler‹: Anmerkungen zum Wert einer historischen Quelle«. In: Helmuth Albrecht (Hrsg.), *Naturwissenschaft und Technik in der Geschichte*, S. 49.
22 Jane Caplan (1988), *Government without Administration*, S. 324.
23 Plancks Bericht über den Besuch wird zur Gänze zit. in Albrecht (Hrsg./1993), S. 41 f.
24 Ebd., S. 42.
25 Zit. in Stern (2000), S. 157.
26 Stoltzenberg (1998), S. 399.
27 Zit. in Stoltzenberg (1998), S. 400.
28 Abgedruckt in Léon Poliakov/Josef Wulf (Hrsg./1959), *Das Dritte Reich und seine Denker*, S. 306 f.
29 Stern (2000), S. 163.
30 Zum Exodus siehe Kragh (1999), S. 230 ff., und Beyerchen (1982).
31 Hentschel/Hentschel (Hrsg./1996), S. 145.

## 10. Ingenieure und Raketenforscher

1 Holger H. Herwig (1998), »Innovation Ignored: The Submarine Problem – Germany, Britain, and the United States, 1919–1939«. In: Williamson Murray/Allan R. Millett (Hrsg.), *Military Innovation in the Interwar Period*, S. 232.
2 Allison W. Sakville (1963), *The Development of the German U-Boat Arm 1919–1935*, unveröffentlichte Doktorarbeit, University of Washington, S. 173 f., zit. in Herwig (1998), S. 233.
3 Williamson Murray (1998), »Strategic Bombing: The British, American, and German Experiences«. In: Murray/Millett (Hrsg.), S. 110. Wortlaut nach: http://hometown.aol.de/_ht_a/vowe99/Segelflug.htm
4 Ulrich Albrecht (1994), »Military Technology and National Socialist Ideology«. In: Monika Renneberg/Mark Walker (Hrsg.), *Science, Technology and National Socialism*, S. 92.
5 Zit. in Andreas Heinemann-Grüder (1994), »›Keinerlei Untergang‹. German Armaments Engineers During the Second World War and in the Science of the Victorious Powers«. In: Renneberg/Walker (Hrsg.), S. 32; Rosenberg (1933), S. 142.
6 Rosenberg (1933), S. 143.
7 Siehe dazu Heinemann-Grüder (1994), in Renneberg/Walker (Hrsg.), S. 30–50.
8 Ulrich Albrecht/Andreas Heinemann-Grüder/Arend Wellmann (1992), *Die Spezialisten*, S. 19 f.
9 Fritz Todt (1936), »Aufgaben der deutschen Technik. Ihre Organisation. Rede zur Sondertagung des Amts für Technik auf dem Reichsparteitag Nürnberg 1936«. In: *Deutsche Technik* 4, Okt. 1936.
10 Peter P. Wegener (1996), *The Peenemünde Wind Tunnels*, S. 22.
11 Zit. in Freeman Dyson (1981), *Innenansichten*. [Eine Variante hierzu in Willy Ley (1949), *Vorstoß ins Weltall*, S. 178.]

12 Ebd., S. 118.
13 Zit. in Neufeld (1997), S. 37.
14 Zit. in Michael J. Neufeld (1994), »The Guided Missile and the Third Reich: Peenemünde and the Forging of a Technological Revolution«. In: Renneberg/Walker (Hrsg.), S. 57.

## 11. Medizin unter Hitler

1 Kater (2000), S. 107 und 111.
2 Ebd., S. 108.
3 Klaus-Dieter Thormann (1993), »Dienst am Deutschtum: Der medizinische Verlag J. F. Lehmanns und der Nationalsozialismus«. In: Bleker/Jachertz (Hrsg.), S. 65.
4 Kater (2000), S. 60f.
5 Michael Hubentorf (1993), »Von der ›freien Auswahl‹ zur Reichsärzteordnung. Ärztliche Standespolitik zwischen Liberalismus und Nationalsozialismus«. In: Bleker/Jachertz (Hrsg.), S. 45.
6 Zit. in Hendrik van den Bussche (1993), »Ärztliche Ausbildung und medizinische Studienreform im Nationalsozialismus«. In: Bleker/Jachertz (Hrsg.), S. 119.
7 Kater (2000), S. 300.
8 Werner Friedrich Kummel (1992), »Antisemitismus und Medizin im 19./20. Jahrhundert«. In: Jürgen Peiffer (Hrsg.), *Menschenverachtung und Opportunismus*, S. 44.
9 Kater (2000), S. 304.
10 Ebd., S. 308.
11 Hertha Nathorff (1987), *Das Tagebuch*. Die folgende Darstellung von Nathorffs Erfahrungen geht zur Gänze auf dieses Buch zurück.
12 Ebd., S. 44.
13 Ronald W. Clark (1981), *Sigmund Freud*, S. 546.
14 Albert Einstein/Sigmund Freud, *Warum Krieg?* In: Sigmund Freud (1960), *Ges. Werke in 18 Bde.*, Frankfurt/Main: S. Fischer, Bd. 16, S. 23.
15 Clark (1981), S. 550.
16 Ebd., S. 551.
17 Ebd.
18 C. G. Jung (1934), »Zur gegenwärtigen Lage der Psychotherapie«. In: *Zentralblatt für Psychotherapie*, Jan. 1934. Zit. in Clark (1981), S. 554f.
19 Clark (1981), S. 555.
20 Zit. in Käthe Dräger (1994), »Bemerkungen zu den Zeitumständen und zum Schicksal der Psychoanalyse und der Psychotherapie in Deutschland zwischen 1933 und 1949«. In: Hans-Martin Lohmann (Hrsg.), *Psychoanalyse und Nationalsozialismus*, S. 49.
21 Nathan G. Hale (1995), *The Rise and Crisis of Psychoanalysis in the United States*, S. 125.
22 Ebd.
23 Zit. in Clark (1981), S. 575.
24 Mitchell G. Ash (1998), *Gestalt Psychology in German Culture 1890–1967*, S. 332.
25 Zit. ebd., S. 334.
26 Ebd., S. 335.
27 Ebd., S. 340.

## 12. Der Feldzug gegen den Krebs

1 Zur Biologie im Dritten Reich siehe insbesondere Deichmann (1992).
2 Proctor (2002), S. 13.
3 Ebd., S. 32.
4 Ebd., S. 39–46.
5 Ebd., S. 132.
6 Ebd., S. 58f.
7 Ebd., S. 146.
8 Ebd., S. 165.
9 Ebd., S. 199.
10 Ebd., S. 223.
11 Franz Herrmann Müller (1939), »Tabakmissbrauch und Lungencarcinom«. In: *Zeitschrift für Krebsforschung*, 49, S. 57–85, zit. in Proctor (2002), S. 224f.
12 Proctor (2002), S. 280.

## 13. Geopolitik und Lebensraum

1 G. Kearns (1985), »Halford Mackinder«. In: *Geographers: Biobibliographical Studies*, 9, S. 71–86.
2 Siehe Henning Heske (1986), »German Geographical Research in the Nazi Period«. In: *Political Geography Quarterly*, 5, S. 267–281.
3 Hitler (1927), Kap. 14 »Ostorientierung oder Ostpolitik«, S. 732.
4 Karl Haushofer/Erich Obst/Hermann Lautensach/Otto Maull (1928), *Bausteine zur Geopolitik*, S. 27.
5 Geoffrey Parker (1998), *Geopolitics*, S. 30.
6 Zit. ebd.
7 Siehe Mechtild Rössler (2001), »Geography and Area Planning under National Socialism«. In: Szöllösi-Janze (Hrsg.), S. 62.
8 Zit. in David Thomas Murphy (1997), *The Heroic Earth*, S. 242.

## 14. Nazi-Physik

1 Zit. in Cassidy (2001), S. 423.
2 Philipp Lenard (1933), »Ein großer Tag für die Naturforschung«. In: *Völkischer Beobachter*, 13. 5. 1933.
3 D. Hoffmann (1980), »Albert Einstein und die Physikalisch-Technische Reichsanstalt«. In: *itw-kolloquien*, 21, S. 90–102.
4 Cassidy (2001), S. 413.
5 Ebd., S. 406.
6 Ebd., S. 430.
7 Powers (1993), S. 67.
8 Cassidy (2001), S. 465.
9 Ebd., S. 467.
10 Heisenberg an Sommerfeld, 14. 4. 1938, zit. in Cassidy (2001), S. 471.
11 Ebd., S. 473.
12 Ebd., S. 477.
13 Ebd., S. 478.
14 Ebd., S. 482.
15 Ebd., S. 480.
16 Hugo Dingler in seinen Rezensionen zu Pascual Jordans *Die Physik des 20. Jahrhunderts*. In: *Zeitschrift für die gesamte Naturwissenschaft*, 3, 1937/38, S. 321–335, und 4, 1938/39, S. 389–393.
17 Wegener (1996), S. 28.
18 Pascual Jordan (1935), *Physikalisches Denken in der neuen Zeit*, S. 7.
19 Jungk (1964), S. 16.
20 Jordan (1935), S. 49.
21 Zit. in M. Norton Wise (1994), »Pascual Jordan: Quantum Mechanics, Psychology, National Socialism«. In: Renneberg/Walker (Hrsg.), S. 226.
22 Jordan (1935), S. 42.
23 Ebd., S. 41.
24 Zit. in Wise (1994), S. 250.

## 15. Himmlers Pseudowissenschaft

1 Abgedruckt in Helmut Heiber (Hrsg./1968), *Reichsführer! … Briefe an und von Himmler*, S. 41.
2 Zit. in Szöllösi-Janze (Hrsg./2001), S. 1.
3 Auf den Zusammenhang zwischen Tacitus und dem Ahnenerbe stieß ich bei Simon Schama (1996), *Der Traum von der Wildnis*.
4 Zit. nach Tacitus, *Agricola, Germanica, Dialogus*, Wiesbaden: VMA-Verlag 2000.
5 Szöllösi-Janze (Hrsg./2001), S. 4.
6 Deichmann (1992), S. 200.
7 Abgedruckt in Nagel (1994), S. 15.
8 Rudolf Elmayer von Vestenbrugg (1937), *Rätsel des Weltgeschehens*, zit. in Nagel (1994), S. 62.
9 Max Valier (1924), *Der Sterne Bahn und Wesen*, zit. in Nagel (1994), S. 60.
10 Himmler an Wacker, 22. 6. 1938, abgedruckt in Nagel (1994), S. 161f.
11 Himmler an Heydrich, 14. 8. 1938, abgedruckt in Nagel (1994), S. 168.
12 Szöllösi-Janze (Hrsg./2001), S. 3.

13 Proctor (2002), S. 161.
14 Heiber (Hrsg./1968), S. 80.

## 16. Deutsche Mathematik

1 Zit. in Helmut Lindner (1980), »›Deutsche‹ und ›gegentypische‹ Mathematik. Zur Begründung einer ›arteigenen Mathematik‹ im ›Dritten Reich‹ durch Ludwig Bieberbach«. In: Herbert Mehrtens/Steffen Richter (Hrsg.), *Naturwissenschaft, Technik und NS-Ideologie*, S. 88.
2 Zit. ebd., S. 104.
3 Zit. ebd., S. 102.
4 Ash (1998), S. 335.
5 Erhard Tornier (1936), »Mathematiker oder Jongleur mit Definitionen?« In: *Deutsche Mathematik*, 1, S. 8 f. Zit. in Poliakov/Wulf (Hrsg./1959), S. 316.
6 Ebd., S. 312 f.
7 Ebd., S. 314 f.
8 Lindner (1980), S. 91.
9 Zit. in Reid (1996), S. 208.

## 17. Kernspaltungstaumel

1 Zit. in Sime (2001), S. 175.
2 Zit. ebd.
3 Leo Szilard (1978), *His Version of the Facts*, S. 14.
4 Ebd.
5 Ebd., S. 17.
6 Jungk (1964), S. 52.
7 Lise Meitner an Otto Hahn, 27. 6. 1945, zit. in Deichmann (1992), S. 316.
8 Jungk (1964), S. 64 f.
9 Siehe Patricia Rife (1990), *Lise Meitner*, S. 241.
10 Zit. ebd., S. 246.
11 Zit. in Sime (2001), S. 251.
12 Ebd., S. 296 ff.
13 Ebd., S. 299.
14 Ebd., S. 300.
15 »Über den Nachweis und das Verhalten der bei der Bestrahlung des Urans mittels Neutronen entstehenden Erdalkalimetalle«. In: *Die Naturwissenschaften*, 27:1, 1939, S. 15.
16 Frisch (1981), S. 148 f.
17 Ebd., S. 149.
18 Max Perutz (1997), »A Passion for Science«. In: *New York Review of Books*, 20. 2. 1997.
19 *Nature*, 11. 2. 1939.
20 *Nature*, 18. 2. 1939.
21 Zit. in Rife (1990), S. 276.
22 Zit. in Pais (1991), S. 454.
23 Zit. in William Lanouette/Bela Szilard (1992), *Genius in the Shadows*, S. 179.
24 J. A. Wheeler (1967), »The Discovery of Fission«. In: *Physics Today*, 20, S. 49–52.
25 Szilard (1978), S. 69 f. und Anm. 24.
26 Eine ausgezeichnete Darstellung dieser Ereignisse findet sich in Jeremy Bernstein (Hrsg./2001), *Hitler's Uranium Club*, S. 1 f. und 14.
27 Rhodes (1988), S. 293.
28 Harteck erläuterte seine Gedankengänge in einem Interview in Joseph J. Ermenc (1967), *Atomic Bomb Scientists*, S. 97; siehe auch Bernstein (Hrsg./2001), S. 1 f. Bernstein meint dazu: »Seine Motive scheinen sich von denen Willie Suttons nicht allzu sehr unterschieden zu haben, der mit dem Ausspruch berühmt wurde, er überfalle Banken, weil da nun mal das Geld liege.«
29 Zit. in Rhodes (1988), S. 294.
30 Zit. ebd., S. 302.
31 Rhodes (1988), S. 303.
32 Zit. ebd., S. 312.
33 Jungk (1964), S. 107.

## 18. Der Zweite Weltkrieg

1 Siehe Bernstein (Hrsg./2001), S. 2.
2 Cassidy (2001), S. 506.
3 Ebd., S. 505.
4 Mark Walker (1992), *Die Uranmaschine*, S. 30.
5 Bernstein (Hrsg./2001), S. 26.

6 Walker (1992), S. 31.
7 Ebd., S. 33.
8 Siehe Michael Schaaf (1999), »Der Physikochemiker Paul Harteck (1902–1985)«. In: *CENSIS-REPORT-33-99*, S. 96.
9 Siehe Bernstein (Hrsg./2001), S. 127, und den Kommentar von Horst Kant (2001), *Werner Heisenberg and the German Uranium Project*, Vorabdruck des Max-Planck-Instituts für Wissenschaftsgeschichte, S. 6.
10 Cassidy (2001), S. 516.
11 Zit. ebd., S. 517 f.
12 Siehe Kant (2001), S. 7.
13 *Die Naturwissenschaften*, 27, 1939, S. 402–410.
14 Paul Lawrence Rose (2001), *Heisenberg und das Atombombenprojekt der Nazis*, S. 123 und 128.
15 Frisch (1981), S. 159.
16 Ebd., S. 160.
17 Ebd., S. 161.
18 Ebd.
19 Zit. in Pais (1991), S. 494.
20 Zit. ebd.

## 19. Kriegsmaschinen

1 Monika Renneberg/Mark Walker (1994), »Scientists, Engineers and National Socialism«. In: Renneberg/Walker (Hrsg.), S. 1 f.
2 Zit. ebd.
3 Zit. in Neufeld (1997), S. 146.
4 Siehe z. B. Richard Overy (2001), *Die Wurzeln des Sieges*, und Gerhard L. Weinberg (1995), *Eine Welt in Waffen*, S. 587 ff.
5 Weinberg (1995), S. 576.
6 Overy (2001), S. 279.
7 Ebd., S. 273.
8 Eine detaillierte Würdigung der *Bismarck* findet man in Ulrich Elfrath/Bodo Herzog (1975), *Schlachtschiff Bismarck*.
9 *Völkischer Beobachter*, 15. 2. 1939.
10 Siehe Alan D. Beyerchen (1998), »From Radio to Radar: Interwar Military Adaption to Technological Change in Germany, the Kingdom, and the United States«. In: Murray/Millett (Hrsg.), S. 295.
11 Zit. in Wagner (1989), S. 22.
12 Clay Blair (1998), *Der U-Boot-Krieg*, S. 41.
13 Ebd., S. 379.
14 Ebd., S. 381.
15 Zit. ebd., S. 382.
16 Neufeld (1997), S. 89.
17 Ebd., S. 150.
18 Zit. ebd., S. 153.
19 Zit. ebd., S. 164.

## 20. Radar

1 David Zimmerman (2001), *Britain's Shield*, S. xiii.
2 Eine zuverlässige Darstellung der frühen deutschen Radarentwicklung findet man bei Harry von Kroge (1998), *GEMA-Berlin*.
3 GEMA ist ein Akronym für »Gesellschaft für elektroakustische und mechanische Apparate«.
4 Zimmerman (2001), S. 57.
5 Robert Watson-Watt (1973), »Radar«. In: *Chambers Encyclopaedia*, Bd. XI, S. 423.
6 Zit. nach der englischen Ausgabe von 2000; Kroge (2000), S. 159 f.
7 Norbert Wiener in *Atlantic Monthly*, Jan. 1947.
8 Robert Buderi (1998), *The Invention that Changed the World*, S. 202.
9 Zimmerman (2001), S. xiii.
10 Zu Rosbaud siehe Arnold Kramish (1987), *The Griffin*.
11 Winston Churchill (1985), *Der Zweite Weltkrieg*, S. 275.
12 Ebd., S. 343.
13 Ebd., S. 195.
14 Ebd., S. 344.
15 Robert Harris/Jeremy Paxman (1985), *Eine höhere Form des Tötens*, S. 136.
16 Dieses Zitat aus der englischen Aus-

gabe des Buches von Harris/Paxman (*A Higher Form of Killing*, 1982) ist in der deutschen Ausgabe nicht enthalten.
17 Buderi (1998), S. 91.
18 Kroge (1998), S. 53.
19 Buderi (1998), S. 85.
20 Ebd., S. 86.
21 Ebd., S. 221.

## 21. Verschlüsselung

1 Zit. in Simon Singh (2001), *Geheime Botschaften*, S. 178.
2 Zit. in David Kahn (1991), *Seizing the Enigma*, S. 31.
3 Ebd., S. 32.
4 Die faszinierende Geschichte der polnischen Decodierer ist in mehreren Büchern erzählt worden. Siehe Singh (2001), S. 179 ff., sowie Rudolf Kippenhahn (1997), *Verschlüsselte Botschaften*, S. 172–180.
5 Singh (2001), S. 193.
6 Erich Hüttenhain (1979), »Erfolge und Mißerfolge der deutschen Chiffrierdienste im Zweiten Weltkrieg«. In: Jürgen Rohwer/Eberhard Jäckel (Hrsg.), *Die Funkaufklärung und ihre Rolle im Zweiten Weltkrieg*, S. 101 f.
7 Robert A. Haldane (1976), *The Hidden World*, S. 119.
8 Sehr gut dargestellt ist die Geschichte der deutschen Funkaufklärung in Heinz Bonatz (1970), *Die deutsche Marine-Funkaufklärung 1914–1945*.
9 Stephen Budiansky (2000), *Battle of Wits*, S. 286 ff.
10 Zit. in Andrew Hodges (1994), *Alan Turing, Enigma*, S. 193.
11 Edwin Black (2001), *IBM und der Holocaust*, S. 30.
12 Interview mit Dr. Derek Taunt, ehemaliger Code-Analytiker in Bletchley Park, am 12. 2. 2003.
13 Konrad Zuse (1980), »Some Remarks in the History of Computing in the Twentieth Century«. In: N. Metropolis/J. Howlett/Gian-Carlo Rota (Hrsg.), *A History of Computing in the Twentieth Century*, S. 611.
14 Ebd.
15 Friedrich L. Bauer (1980), »The Early Development of Digital Computing in Central Europe«. In: Metropolis/Howlett/Rota (Hrsg.), S. 518.

## 22. Kopenhagen

1 Auf diesen Brief, der sich in der Obhut von Prof. Helmut Rechenberg vom Max-Planck-Institut für Physik in München befindet, wies Michael Frayn beim »Kopenhagen-Symposium« des Jesus College am 22.–24. 11. 2002 hin.
2 Powers (1993) schreibt hingegen, ohne eine Quelle anzugeben, dass Heisenberg Berlin am Sonntag verlassen habe und am Montagabend um viertel nach sechs in Kopenhagen eingetroffen sei.
3 Walker (1995), S. 149 f.
4 Cassidy (2001), der sich auf einen bei Walker (1992), S. 265, wiedergegebenen Bericht Stefan Rozentals stützt, siedelt dieses Ereignis im März 1941 an, während Rose es auf den September 1941 datiert.
5 Walker (1995), S. 149 f.
6 Werner Heisenberg (1969), *Der Teil und das Ganze*, S. 247.
7 Pais (1991), S. 484.
8 Zit. in Cassidy (2001), S. 175.
9 Jungk (1964), S. 338.
10 Heisenberg (1969), S. 248.
11 Cassidy (2001), S. 176.
12 Ebd., S. 177.
13 Michael Frayn (2001), *Kopenhagen*, S. 5.
14 Rose (2001), S. 316.
15 Jungk (1964), S. 338.
16 Faksimiles, Transkripte und englische Übersetzungen der auf Dänisch verfassten Briefentwürfe findet man auf der Website des Niels-Bohr-Archivs, www.nbi.dk/NBA/webpage.html.
17 Ebd.

18 Ebd.
19 Ebd.
20 Ebd.
21 Walker (1992), S. 264.

## 23. Speer und Heisenberg

1 Cassidy (2001), S. 542.
2 Ebd.
3 David Irving (1967), *Der Traum von der deutschen Atombombe*, S. 113.
4 Ebd., S. 114.
5 Zit. in Cassidy (2001), S. 550.
6 Ebd.
7 Speer (1996), S. 207.
8 Joachim C. Fest (1973), *Hitler*, S. 906.
9 Speer (1996), S. 212.
10 Ebd., S. 210.
11 Ebd., S. 211.
12 Ebd., S. 22.
13 Ebd., S. 240.
14 Rose (2001), S. 208.
15 Speer (1996), S. 240.
16 Ebd., S. 240.
17 Ebd., S. 241.
18 Leslie R. Groves (1986), *Jetzt darf ich sprechen*, S. 297.
19 Zit. in Rhodes (1988), S. 408.
20 Ermenc (1967), S. 115.
21 Rhodes (1988), S. 576.
22 Cassidy (2001), S. 566f.
23 Ebd., S. 576.
24 Ebd., S. 577.
25 Hendrik Casimir (1983), *Haphazard Reality*, S. 208.
26 Max Dresden (1987), *H. A. Kramers*, S. 485.
27 Im Wesentlichen folgt meine Darstellung Jeremy Bernsteins unveröffentlichtem Manuskript *Heisenberg in Poland* (2003).
28 Christian Gerlach (1998), »Die Wannsee-Konferenz, das Schicksal der deutschen Juden und Hitlers politische Grundsatzentscheidung, alle Juden Europas zu ermorden«. In: Christian Gerlach, *Krieg, Ernährung, Völkermord*, S. 131.
29 Elisabeth Heisenberg (1980), *Das politische Leben eines Unpolitischen*, S. 64f.
30 Cassidy (2001), S. 573.

## 24. Haigerloch und Los Alamos

1 Heisenberg (1969), S. 251ff.
2 Zit. in Jungk (1964), S. 157.
3 Siehe Powers (1993), Anmerkungen zu Kap. 34, S. 535ff., wo OSS- und CIA-Dokumente zitiert werden, darunter auch Bergs Berichte. Siehe auch Louis Kaufman u. a. (1974), *Moe Berg*.
4 Zit. in Powers (1993), S. 543.
5 Ebd.
6 Zit. ebd., S. 546.
7 Brief von Martin Heisenberg an Powers (1993), zit. ebd., S. 548.
8 Haakon Chevalier (1965), *Mein Fall J. Robert Oppenheimer*, S. 26. Ich danke Jeremy Bernstein für den Hinweis auf diese Schilderung; Bernstein meint, sie stimme mit seinem Eindruck von Oppenheimer, zwanzig Jahre später, überein.
9 Rhodes (1988), S. 438.
10 Groves (1986), S. 200.
11 Samuel A. Goudsmit (1996), *Alsos*, S. 15.
12 Ebd., S. 47f.
13 Ebd., S. 48f.
14 Antony Beevor (2002), *Berlin 1945*, S. 354.
15 Goudsmit (1996), S. 113.

## 25. Zwangsarbeit in Dora

1 Neufeld (1997), S. 226.
2 Ebd.
3 Ebd., S. 232.
4 Ebd., S. 233.
5 Martin Middlebrook (2000), *The Peenemünde Raid 17–18 August 1943*, S. 223.
6 Neufeld (1997), S. 253.

7 Zit. in Neufeld (1997), S. 254.
8 Zit. ebd., S. 255.
9 Zit. ebd., S. 256.
10 Ebd.
11 Ebd., S. 250f., 256f.

## 26. Menschenversuche und die »Wissenschaft« der Auslöschung

1 Burleigh (1997), S. 117.
2 Ebd., S. 116.
3 Christiane Rothmaler (1993), »Zwangssterilisationen nach dem Gesetz zur Verhütung erbkranken Nachwuchses«. In: Bleker/Jachertz (Hrsg.), S. 137.
4 Eine Zusammenfassung des aktuellen Forschungsstands findet man bei Mark Roseman (2002), *Die Wannsee-Konferenz*.
5 Jean-Claude Pressac/Robert Jan van Pelt (1994), »The Machinery of Mass Murder at Auschwitz«. In: Yisrael Gutman/Michael Berenbaum (Hrsg.), *Anatomy of the Auschwitz Death Camp*, S. 183–245. Siehe auch Debórah Dwork/Robert Jan van Pelt (1998), *Auschwitz*, S. 195f., und Robert Jan van Pelt/Carroll William Westfall (1993), *Architectural Principles in the Age of Historicism*, S. 150f.
6 Dwork/Pelt (1998), S. 195.
7 Pressac/Pelt (1994), in Gutman/Berenbaum (Hrsg.), S. 209.
8 T. C. Bridges/H. Hessell Tiltman (1930), *Master Minds of Modern Science*, S. 104.
9 Alexander Mitscherlich/Fred Mielke (1995), *Medizin ohne Menschlichkeit*, S. 17.
10 Christian Pross (1992), »Nazi Doctors, German Medicine and Historical Truth«. In: George J. Annas/Michael A. Grodin (Hrsg.), *The Nazi Doctors and the Nuremberg Code*, S. 36.
11 Siehe Benno Müller-Hill (1984), *Tödliche Wissenschaft*, S. 23 passim.
12 Robert N. Proctor (1992), »Nazi Doctors, Racial Medicine, and Human Experimentation«. In: Annas/Grodin (Hrsg.), S. 18.
13 Siehe z. B. Robert Jay Lifton (1988), *Ärzte im Dritten Reich*; Kater (2000); van den Bussche (1993).
14 Klaus Dörner/Angelika Ebbinghaus/Karsten Linne (Hrsg./1999), *Der Nürnberger Ärzteprozeß 1946/47*, Fall 1: Vereinigte Staaten gg. Karl Brandt u. a., Oktober 1946 bis April 1949. Darin: Telford Taylor, »Opening Statement of the Prosecution«, 9. 12. 1946.
15 Ebd. detailliert dargestellt.
16 Mitscherlich/Mielke (1995), S. 37.
17 Ebd., S. 81.
18 Ebd., S. 87.
19 Ebd., S. 76.
20 Paul Hoedeman (1991), *Hitler or Hippocrates*, S. 23.
21 Mitscherlich/Mielke (1995), S. 102–105.
22 Ebd., S. 114.
23 Ebd., S. 219.
24 Ebd., S. 152.
25 Till Bastian (1995), *Furchtbare Ärzte*, S. 78f.
26 Zit. in Mitscherlich/Mielke (1995), S. 313f.

## 27. Die Chemiker des Teufels

1 Primo Levi (1991), *Ist das ein Mensch?*, S. 102.
2 Ebd., S. 104.
3 Übersetzung aus der englischen Originalausgabe dieses Buches, da Levi (1991) kein Vorwort enthält.
4 Levi (1991), S. 130.
5 Ebd., S. 132.
6 Erzählt nach Anthony N. Stranges (2000), »Germany's Synthetic Fuel Industry, 1930–1945«. In: Lesch (Hrsg.), S. 147ff.
7 Zit. in Dwork/Pelt (1998), S. 226.
8 Zit. ebd., S. 255.
9 Zit. ebd., S. 255f.

10 Stranges (2000), in Lesch (Hrsg.), S. 210.
11 Carole Angier (2002), *The Double Bond*, S. 303.
12 Joseph Borkin (1990), *Die unheilige Allianz der IG Farben*, S. 127.
13 Zit. ebd., S. 128.
14 Zit. ebd., S. 131.
15 Zit. in Dwork/Pelt (1998), S. 256.
16 http://hsozkult.geschichte.hu-berlin.de/REZENSIO/buecher/2000/eljo0100.htm
17 Levi (1991), S. 41.
18 Borkin (1990), S. 146.

## 28. Wunderwaffen

1 Siehe z. B. Friedrich Hansen (1993), *Biologische Kriegsführung im Dritten Reich*, S. 126 f.
2 Dieter Herwig/Heinz Rode (1998), *Strategische Bomber 1935–1945*, Bd. 2. Rückübersetzt nach der englischen Originalausgabe dieses Buches.
3 Geoffrey Brooks (2002), *Hitler's Terror Weapons.*
4 Speer (1981), S. 211.
5 Ebd., S. 213 f.
6 Ebd., S. 214.
7 Albrecht (1994), S. 107.
8 Zit. ebd., S. 111. (Dt. Wortlaut: http://www.uni-muenster.de/PeaCon/wuf/wf-89/8940801m.htm)
9 Ebd., S. 113.
10 Zit. ebd., S. 120.
11 Deichmann (1992), S. 168.
12 Siehe Brooks (1992), S. 121–126.
13 Zit. ebd., S. 121.
14 Zit. ebd.
15 Die Geschichte von Gerhard Schrader und der Tabun- sowie Sarin-Entwicklung findet sich in Harris/Paxman (1985), S. 73 ff.
16 Ebd., S. 83.
17 Die genauen Zahlen und eine Analyse der V1- und V2-Kampagne findet man bei Roy Irons (2002), *Hitler's Terror Weapons*, mit einem Vorwort von Richard Overy. Siehe auch Ken Wakefield u. a. (1990), *The Blitz*, Bd. 3.
18 Zit. in Irons (2002), S. 161.
19 Zit. ebd., S. 161 f.

## 29. Farm Hall

1 Die letztgültige Edition der Geheimaufnahmen ist Bernstein (Hrsg./2001). Siehe auch Dieter Hoffmann (Hrsg./1993), *Operation Epsilon.*
2 Unveröffentlichtes Interview mit Prof. Marcial Echenique, 24. 11. 2002.
3 Hoffmann (Hrsg./1993), S. 100.
4 Bernstein (Hrsg./2001), S. 229.
5 Hoffmann (Hrsg./1993), S. 146.
6 BBC Written Archives Centre, zit. in Bernstein (Hrsg./2001), S. 357.
7 Jungk (1964), S. 102.
8 Bernstein (Hrsg./2001), S. 122, Anm. 53.
9 Hoffmann (Hrsg./1993), S. 147–158.
10 Hoffmann (Hrsg./1993), S. 171.
11 Ebd., S. 172 f.
12 Bernstein (Hrsg./2001), S. 352 f.
13 Das Memorandum ist auf der Website des Deutschen Museums, München, unter www.deutsches-museum.de/bib/archiv/atom/atom7_2.htm wiedergegeben.
14 Der deutsche Text, eine englische Übersetzung und ein technischer Kommentar sind bei Bernstein (Hrsg./2001), S. 169 ff., zu finden.
15 Ebd., S. 185.
16 Powers (1993), S. 611.
17 Sime (2001), S. 412.
18 Bernstein (Hrsg./2001), S. 185.

## 30. Helden, Schurken und Trittbrettfahrer

1 Sime (2001), S. 413.
2 Zit. in Sime (2001), S. 414.
3 Hoffmann (Hrsg./1993), S. 213.

4 Zit. in Bernstein (Hrsg./2001), S. 214.
5 Hoffmann (Hrsg./1993), S. 225.
6 Walker (1995), S. 269.
7 Gerhard Hildebrandt (1987), »Max von Laue, der ›Ritter ohne Furcht und Tadel‹«. In: Wilhelm Treue/Gerhard Hildebrandt (Hrsg.), *Berlinische Lebensbilder*, S. 233.
8 Gerda Freise (1993), »Der Nobelpreisträger Professor Dr. Heinrich Wieland. Zivilcourage in der Zeit des Nationalsozialismus«. In: Rudolf Lill/Michael Kißener (Hrsg.), *Hochverrat? Die »Weiße Rose« und ihr Umfeld*, S. 135–157.
9 Ebd., S. 152 ff.
10 Zit. in Deichmann (1992), S. 317.
11 Zit. in Rife (1990), S. 315.
12 Zit. ebd., S. 328.
13 Mark Walker (1997), »Twentieth Century German Science«. In: John Krige/Dominique Pestre (Hrsg.), *Science in the Twentieth Century*, S. 809.
14 Ebd., S. 810.
15 Lawrence Badash (1983), »Otto Hahn, Science, and Social Responsibility«. In: William R. Shea (Hrsg.), *Otto Hahn and the Rise of Nuclear Physics*, S. 176.
16 Pascual Jordan (1957), *Wir müssen den Frieden retten!*, S. 15.
17 Powers (1993), S. 612.
18 Michael Schaaf (2001), *Heisenberg, Hitler und die Bombe*, S. 128.

## 31. Wissenschaftliche Leichenfledderei

1 Interview mit Prof. Austyn Mair, Cambridge, 28. 11. 2002.
2 Zit. in Tom Bower (1989), *Verschwörung Paperclip*, S. 87.
3 Zit. in Burghard Ciesla/Helmuth Trischler (2003), »Legitimation through Use: Rocket and Aeronautic Research in the Third Reich and the USA«. In: Mark Walker (Hrsg.), *Science and Ideology*, S. 157.
4 Bower (1989), passim, sowie Neufeld (1997), S. 322 ff.
5 Albrecht u. a. (1992), S. 12.
6 Werner Albring (1991), *Gorodomlia*.
7 Ebd., S. 126 f.

## 32. Nukleare Drohgebärden

1 Sean Dennis Cashman (1993), *America, Roosevelt, and World War II*, S. 368 f.
2 John Rawls (1999), »Fifty Years after Hiroshima«. In: John Rawls, *Collected Papers*, S. 565–572.
3 Zit. in Rhodes (1988), S. 753.
4 Dyson (1981), S. 62.
5 Edward Teller (mit Judith L. Shoolery/2001), *Memoirs*, S. 283.
6 Zit. nach http://www.uni-muenster.de/PeaCon/s-texte/Otte-Diskus.htm
7 Sir Joseph Rotblat, Vortrag am Royal United Services Institute for Defence Studies, Jan. 2003; siehe www.guardian.co.uk/nuclear.
8 Max Perutz (1998), *I Wish I'd Made You Angry Earlier*, S. 58.
9 Siehe Teller (mit Judith L. Shoolery/2001) sowie Richard Lourie (2002), *Sakharov*, und Andrej Sacharow (1991), *Mein Leben*.
10 Sacharow (1991), S. 132 ff.
11 Ebd., S. 250.
12 Zit. in David Holloway (1994), *Stalin and the Bomb*, S. 316 f.
13 Richard Rhodes (1996), *Dark Sun*.
14 Teller (mit Judith L. Shoolery/2001), S. 257, Anm. 40.
15 Zit. ebd., S. 163.
16 Ebd., S. 581.
17 Ebd., S. 572.
18 Rotblat (2002), »The Tale of Dr Strangelove vs. St Sakharov«. In: *Times Higher Education Supplement*, 26.7.2002.
19 Ebd.
20 Dyson (1981), S. 103.
21 Siehe David Miller (2001), *The Cold War*, S. 349 ff.

22 Rhodes (1988), S. 788.

23 John Lewis Gaddis (1997), *Now We Know*, S. 261.

24 »U. S. Arsenal Stocked with 1,700 Mininukes«. In: *Oakland Tribune*, 25. 2. 2003; »Development of New Nukes Receives OK«. In: *Trivalley Herald*, 25. 2. 2003.

## 33. Typisch Nazis?

1 *Nature*, 30. 11. 2000, S. 504.

2 Siehe z. B. Neil Gregor (1997), *Stern und Hakenkreuz.*

3 Hans H. Amtmann (1988), *The Vanishing Paperclips*, S. 94.

4 Neufeld (1994), in Renneberg/Walker (Hrsg.), S. 71.

5 Ebd.

6 David Reynolds (2000), *One World Divisible*, S. 497.

7 Quellen: *Encyclopaedia Britannica*, Centers for Disease Control and Prevention, The Associated Press.

8 William Blum (2002), *Rogue State.*

9 Robert N. Proctor (1991), *Value-free Science?*, S. 239.

10 John May (1989), *Das Greenpeace-Handbuch des Atomzeitalters.*

11 Willem A. Veenhoven u. a. (Hrsg./1975), *Case Studies on Human Rights and Fundamental Freedoms*, Bd. 1, S. 31.

12 Ebd., S. 30.

13 Annas/Grodin (Hrsg./1992), S. 5.

14 Reynolds (2000), S. 513.

15 Interview mit Sydney Brenner in John Cornwell: »Gene Spleen«. In: *Sunday Times Magazine*, 26. 7. 1992, S. 19.

16 Ebd., S. 20.

17 Zum »Skandal« um die monoklonalen Antikörper siehe Soraya de Chadarevian (2002), *Designs for Life*, S. 353 ff.

18 *Sunday Times*, 13. 10. 2002, S. 9.

19 *Nature*, Feb. 1997, S. 810.

20 Richard Lewontin (2000), *It Ain't Necessarily So.*

## 34. Die Wissenschaft zieht wieder in den Krieg

1 *Nature*, Nov. 2001, S. 386.

2 J. J. C. Smart/Bernard Williams (1998), *Utilitarianism*, S. 98 ff.

3 *Atlantic Monthly*, Jan. 1947.

4 Neben dem Disney-Film *Der Insider* gibt es reichlich Online-Material über Wigand. Dieses Zitat stammt von einer Website der Universität von Houston, Texas: www.uh.edu/admin/media/nr/102002/whistleblower102302.html.

5 Helga Nowotny/Peter Scott/Michael Gibbons (2001), *Re-Thinking Science.*

6 Daniel S. Greenberg (2001), *Science, Money, and Politics*, S. 50.

# Bibliografie


Adolf, Heinrich (1997): »Technikdiskurs und Technikideologie im Nationalsozialismus«. In: *Geschichte in Wissenschaft und Unterricht*, 48.

Albrecht, Helmuth (Hrsg./1993): *Naturwissenschaft und Technik in der Geschichte*. Stuttgart: GNT-Verlag.

Albrecht, Helmuth (1993): »Max Planck, ›Mein Besuch bei Adolf Hitler‹: Anmerkungen zum Wert einer historischen Quelle«. In: Helmuth Albrecht (Hrsg.): *Naturwissenschaft und Technik in der Geschichte*. Stuttgart: GNT-Verlag.

Albrecht, Ulrich (1994): »Military Technology and National Socialist Ideology«. In: Monika Renneberg/Mark Walker (Hrsg.): *Science, Technology and National Socialism*. Cambridge: Cambridge University Press.

Albrecht, Ulrich/Andreas Heinemann-Grüder/Arend Wellmann (1992): *Die Spezialisten: Deutsche Naturwissenschaftler und Techniker in der Sowjetunion nach 1945*. Berlin: Dietz.

Albring, Werner (1991): *Gorodomlia. Deutsche Raketenforscher in Rußland*. Hamburg: Luchterhand.

Amtmann, Hans H. (1988): *The Vanishing Paperclips: America's Aerospace Secret*. Boston: Monogram Publishing.

Angier, Carole (2002): *The Double Bond: Primo Levi, a Biography*. London: Penguin/Viking.

Annas, George J./Michael A. Grodin (Hrsg./1992): *The Nazi Doctors and the Nuremberg Code: Human Rights in Human Experimentation*. New York: Oxford University Press.

Ash, Mitchell G. (1998): *Gestalt Psychology in German Culture 1890–1967: Holism and the Quest for Objectivity*. Cambridge: Cambridge University Press.

Badash, Lawrence (1983): »Otto Hahn, Science, and Social Responsibility«. In: William R. Shea (Hrsg.): *Otto Hahn and the Rise of Nuclear Physics*. Dordrecht: D. Reidel.

Barkan, Diana Kormos (1999): *Walther Nernst and the Transition to Modern Physical Science*. Cambridge: Cambridge University Press.

Bastian, Till (1995): *Furchtbare Ärzte. Medizinische Verbrechen im Dritten Reich*. München: C. H. Beck.

Bauer, Friedrich L. (1980): »The Early Development of Digital Computing in Central Europe«. In: N. Metropolis/J. Howlett/Gian-Carlo Rota (Hrsg.): *A History of Computing in the Twentieth Century: A Collection of Essays*. New York: Academic Press.

Beevor, Antony (2002): *Berlin 1945. Das Ende*. München: C. Bertelsmann.

Bernstein, Jeremy (Hrsg./2001): *Hitler's Uranium Club: The Secret Recordings at*

*Farm Hall*. New York: Copernicus Books.
Bernstein, Jeremy (2003): *Heisenberg in Poland*. Unveröffentlichtes Manuskript.
Bertalanffy, Ludwig von (1941): »Die organismische Auffassung und ihre Auswirkungen«. In: *Der Biologe*, S. 247–258 und 337–345.
Beyerchen, Alan D. (1982): *Wissenschaftler unter Hitler. Physiker im Dritten Reich*. Frankfurt/Main: Ullstein.
Beyerchen, Alan D. (1998): »From Radio to Radar: Interwar Military Adaption to Technological Change in Germany, the Kingdom, and the United States«. In: Williamson Murray/Allan R. Millett (Hrsg.): *Military Innovation in the Interwar Period*. Cambridge: Cambridge University Press.
Black, Edwin (2001): *IBM und der Holocaust*. Berlin: Propyläen.
Blair, Clay (1998): *Der U-Boot-Krieg: Die Gejagten. 1942–1945*. München: Heyne.
Bleker, Johanna/Norbert Jachertz (Hrsg./1993): *Medizin im »Dritten Reich«*. Köln: Deutscher Ärzte-Verlag.
Blum, William (2002): *Rogue State: A Guide to the World's Only Superpower*. London: Zed Books.
Bonatz, Heinz (1970): *Die deutsche Marine-Funkaufklärung 1914–1945*. Darmstadt: Wehr und Wissen Verlagsgesellschaft.
Borkin, Joseph (1990): *Die unheilige Allianz der IG Farben. Eine Interessengemeinschaft im Dritten Reich*. Frankfurt/Main, New York: Campus.
Born, Max (1991): *Briefwechsel: 1916–1955*. München: Nymphenburger.
Bower, Tom (1989): *Verschwörung Paperclip. NS-Wissenschaftler im Dienst der Siegermächte*. München: List.
Boyle, Nicholas (1998): *Who Are We Now? Christian Humanism and the Global Market from Hegel to Heaney*. Edinburgh: T & T Clark.
Bridges, T. C./H. Hessell Tiltman (1930): *Master Minds of Modern Science*. London (Reprint 1945).
Brooks, Geoffrey (1992): *Hitler's Nuclear Weapons: The Development and Attempted Deployment of Radiological Armaments by Nazi Germany*. London: Leo Cooper.
Brooks, Geoffrey (2002): *Hitler's Terror Weapons: From V1 to Vimana*. Barnsley: Pen & Sword Books/Leo Cooper.
Brown, Malcolm (2001): *The Imperial War Museum Book of the Western Front*. London: Pan.
Buderi, Robert (1998): *The Invention that Changed the World: The Story of Radar from War to Peace*. London: Abacus.
Budiansky, Stephen (2000): *Battle of Wits: The Complete Story of Codebreaking in World War II*. London: Viking.
Bullock, Alan (1989): *Hitler. Eine Studie über Tyrannei*. Düsseldorf: Droste.
Bullock, Alan (1999): *Hitler und Stalin. Parallele Leben*. München: Goldmann.
Burleigh, Michael (1997): *Ethics and Extermination: Reflections on Nazi Genozide*. Cambridge: Cambridge University Press.
Burleigh, Michael (2000): *Die Zeit des Nationalsozialismus. Eine Gesamtdarstellung*. Frankfurt/Main: S. Fischer.
Burleigh, Michael (2002): *Tod und Erlösung. Euthanasie in Deutschland 1900–1945*. Zürich, München: Pendo.
Burleigh, Michael/Wolfgang Wippermann (1991): *The Racial State: Germany 1933–1945*. Cambridge: Cambridge University Press.
Burns, Rob (Hrsg./1995): *German Cultural Studies: An Introduction*. Oxford: Oxford University Press.
Bussche, Hendrik van den (Hrsg./1989): *Medizinische Wissenschaft im »Dritten Reich«: Kontinuität, Anpassung und Opposition an der Hamburger Medizinischen Fakultät*. Berlin: Dietrich Reimer.
Bussche, Hendrik van den (1993): »Ärztliche Ausbildung und medizinische

Studienreform im Nationalsozialismus«. In: Johanna Bleker/Norbert Jachertz (Hrsg.): *Medizin im »Dritten Reich«*. Köln: Deutscher Ärzte-Verlag.

Caplan, Jane (1988): *Government without Administration: State and Civil Service in Weimar and Nazi Germany*. Oxford: Clarendon Press.

Carter, G. B. (2000): *Chemical and Biological Defence at Porton Down 1916–2000*. London: The Stationary Office.

Cashman, Sean Dennis (1993): *America, Roosevelt, and World War II*. New York: New York University Press.

Casimir, Hendrik (1983): *Haphazard Reality: Half a Century of Science*. New York: Harper & Row.

Cassidy, David C. (2001): *Werner Heisenberg. Leben und Werk*. Heidelberg: Spektrum Akademischer Verlag.

Chadarevian, Soraya de (2002): *Designs for Life: Molecular Biology after World War II*. Cambridge: Cambridge University Press.

Chevalier, Haakon (1965): *Mein Fall J. Robert Oppenheimer. Die Geschichte einer Freundschaft*. München: Rütten & Loening.

Churchill, Winston S. (1985): *Der Zweite Weltkrieg*. München, Wien: Scherz.

Ciesla, Burghard/Helmuth Trischler (2003): »Legitimation through Use: Rocket and Aeronautic Research in the Third Reich and the USA«. In: Mark Walker (Hrsg.): *Science and Ideology: A Comparative History*. London: Routledge.

Clark, Ronald W. (1981): *Sigmund Freud*. Frankfurt/Main: S. Fischer.

Cocks, Geoffrey (1985): *Psychotherapy in the Third Reich: The Göring Institute*. New York: Oxford University Press.

Deichmann, Ute (1992): *Biologen unter Hitler. Vertreibung, Karrieren, Forschung*. Frankfurt/Main: Campus.

Deichmann, Ute (2001): *Flüchten, Mitmachen, Vergessen. Chemiker und Biochemiker in der NS-Zeit*. Weinheim: Wiley-VCH.

Delaforce, Patrick (1998): *Churchill's Secret Weapons: The Story of Hobart's Funnies*. London: Robert Hale.

Dingler, Hugo (1937/38 u. 1938/39): »Rezensionen zu Pascual Jordans *Die Physik des 20. Jahrhunderts*«. In: *Zeitschrift für die gesamte Naturwissenschaft*, 3, 1937/38, S. 321–335, und 4, 1938/39, S. 389–393.

Dornberger, Walter (1952): *V2* – Der Schuß ins Weltall. Geschichte einer großen Erfindung. Esslingen: Bechtle-Verlag.

Dörner, Klaus/Angelika Ebbinghaus/Karsten Linne (Hrsg./1999): *Der Nürnberger Ärzteprozeß 1946/47: Wortprotokolle, Anklage- und Verteidigungsmaterial, Quellen zum Umfeld*. München: K. G. Saur.

Dräger, Käthe (1994): »Bemerkungen zu den Zeitumständen und zum Schicksal der Psychoanalyse und der Psychotherapie in Deutschland zwischen 1933 und 1949«. In: Hans-Martin Lohmann (Hrsg.): *Psychoanalyse und Nationalsozialismus. Beiträge zur Bearbeitung eines unbewältigten Traumas*. Frankfurt/Main: S. Fischer.

Dresden, Max (1987): *H. A. Kramers: Between Tradition and Revolution*. New York: Springer.

Duhem, Pierre (1991): *German Science: Some Reflections on German Science, German Science and German Virtues*. La Salle, IL: Open Court.

Dwork, Debórah/Robert Jan van Pelt (1998): *Auschwitz. Von 1270 bis heute*. Zürich, München: Pendo.

Dyson, Freeman (1981): *Innenansichten. Erinnerungen an die Zukunft*. Basel: Birkhäuser.

Eckart, Wolfgang U./Christoph Gradmann (Hrsg./1996): *Die Medizin und der*

*Erste Weltkrieg*. Pfaffenweiler: Centaurus.

Einstein, Albert/Max Born (1972): *Briefwechsel 1916–1955*. Reinbek b. Hamburg: Rowohlt.

Einstein, Albert/Sigmund Freud (1996): *Warum Krieg? Ein Briefwechsel*. Zürich: Diogenes.

Elfrath, Ulrich/Bodo Herzog (1975): *Schlachtschiff Bismarck. Ein Bericht in Bildern und Dokumenten*. Friedberg: Podzun.

Elmayer von Vestenbrugg, Rudolf (1937): *Rätsel des Weltgeschehens*. München: Eher.

Ermenc, Joseph J. (1967): *Atomic Bomb Scientists: Memoirs 1939–1945*. Westport: Meckler.

Fest, Joachim C. (1973): *Hitler. Eine Biographie*. Berlin: Propyläen.

Fest, Joachim C. (1999): *Speer. Eine Biographie*. Berlin: Fest.

Feuer, Lewis S. (1974): *Einstein and the Generations of Science*. New York: Basic Books.

FIAT Review of German Science (1947): *Naturforschung und Medizin in Deutschland 1939–1946*, hrsg. v. Office of Military Government for Germany Field Agencies Technical. Wiesbaden: Dietrich.

Fischer, Ernst Peter (2001): *Werner Heisenberg. Das selbstvergessene Genie*. München: Piper.

Fischer, Hans (1990): *Völkerkunde im Nationalsozialismus. Aspekte der Anpassung, Affinität und Behauptung einer wissenschaftlichen Disziplin*. Berlin: Reimer.

Flechtner, Hans-Joachim (1960): *Carl Duisberg. Vom Chemiker zum Wirtschaftsführer*. Düsseldorf: Econ.

Fölsing, Albrecht (1993): *Albert Einstein. Eine Biographie*. Frankfurt/Main: Suhrkamp.

Frayn, Michael (2001): *Kopenhagen. Stück in zwei Akten*. Göttingen: Wallstein.

Freise, Gerda (1993): »Der Nobelpreisträger Professor Dr. Heinrich Wieland: Zivilcourage in der Zeit des Nationalsozialismus«. In: Rudolf Lill/Michael Kißener (Hrsg.): *Hochverrat? Die »Weiße Rose« und ihr Umfeld*. Konstanz: Universitätsverlag.

Freud, Sigmund (1960): *Ges. Werke in 18 Bde*. Frankfurt/Main: S. Fischer.

Friedrich, Jörg (2002): *Der Brand. Deutschland im Bombenkrieg 1940–1945*. München: Propyläen.

Frisch, Otto Robert (1981): *Woran ich mich erinnere. Physik und Physiker meiner Zeit*. Stuttgart: Wissenschaftliche Verlagsgesellschaft.

Gaddis, John Lewis (1997): *Now We Know: Rethinking Cold War History*. Oxford: Oxford University Press.

Garfield, Simon (2002): *Lila. Wie eine Farbe die Welt veränderte*. Berlin: Siedler.

Gerlach, Christian (1998): *Krieg, Ernährung, Völkermord*. Hamburg: Hamburger Edition. (Forschungen zur deutschen Vernichtungspolitik im Zweiten Weltkrieg.)

Gerlach, Christian (1998): »Die Wannsee-Konferenz, das Schicksal der deutschen Juden und Hitlers politische Grundsatzentscheidung, alle Juden Europas zu ermorden«. In: Christian Gerlach: *Krieg, Ernährung, Völkermord*. Hamburg: Hamburger Edition. (Forschungen zur deutschen Vernichtungspolitik im Zweiten Weltkrieg.)

Goudsmit, Samuel A. (1996): *Alsos*. New York: AIP Press.

Gradmann, Christoph (1996): »›Vornehmlich beängstigend‹ – Medizin, Gesundheit und chemische Kriegsführung im deutschen Heer 1914–1918«. In: Wolfgang U. Eckart/Christoph Gradmann (Hrsg.): *Die Medizin und der Erste Weltkrieg*. Pfaffenweiler: Centaurus, S. 131f.

Gratzer, Walter (2000): *The Undergrowth of Science: Delusion, Self-Deception and Human Frailty.* Oxford: Oxford University Press.

Greenberg, Daniel S. (2001): *Science, Money, and Politics: Political Triumph and Ethical Erosion.* Chicago: University of Chicago Press.

Greene, Brian R. (2002): *Das elegante Universum. Superstrings, verborgene Dimensionen und die Suche nach der Weltformel.* Berlin: Berliner Taschenbuch-Verlag.

Gregor, Neil (1997): *Stern und Hakenkreuz. Daimler-Benz im Dritten Reich.* Berlin: Propyläen.

Gröttrup, Irmgard (1959): *Die Besessenen und die Mächtigen. Im Schatten der roten Rakete. Chronik von 1947 bis 1953.* Hamburg: Deutsche Hausbücherei.

Groves, Leslie R. (1986): *Jetzt darf ich sprechen. Die Geschichte der ersten Atombombe.* Köln, Berlin: Kiepenheuer & Witsch.

Gutman, Yisrael/Michael Berenbaum (Hrsg./1994): *Anatomy of the Auschwitz Death Camp.* Bloomington: Indiana University Press.

Haber, Fritz (1995): *Briefe an Richard Willstätter, 1910–1934.* Hrsg. v. Petra Werner u. Angelika Irmscher. Berlin: Verlag für Wissenschafts- und Regionalgeschichte.

Haberer, Joseph (1969): *Politics and the Community of Science.* New York: Van Nostrand Reinhold.

Haeckel, Ernst (o. J.): *Die Welträthsel. Gemeinverständliche Studien über Monistische Philosophie. Mit einem Nachworte: Das Glaubensbekenntnis der Reinen Vernunft.* Leipzig: Kröner.

Hahn, Otto (1986): *Mein Leben.* München: Piper.

Haldane, Robert A. (1976): *The Hidden World.* London: Hale.

Hale, Nathan G. (1995): *The Rise and Crisis of Psychoanalysis in the United States: Freud and the Americans, 1917–1985.* Oxford: Oxford University Press.

Hansen, Friedrich (1993): *Biologische Kriegsführung im Dritten Reich.* Frankfurt/Main, New York: Campus.

Harnack, Adolf von (1909): »Denkschrift an den Kaiser vom 21. November 1909«. In: 50 Jahre Kaiser-Wilhelm-Gesellschaft und Max-Planck-Gesellschaft zur Förderung der Wissenschaften. 1911–1961. Beiträge und Dokumente. Göttingen: Max-Planck-Gesellschaft 1961, S. 80–94.

Harris, Robert/Jeremy Paxman (1985): *Eine höhere Form des Tötens. Die unbekannte Geschichte der B- und C-Waffen.* München: Deutscher Taschenbuch-Verlag.

Haushofer, Karl/Erich Obst/Hermann Lautensach/Otto Maull (1928): *Bausteine zur Geopolitik.* Berlin-Grunewald: Vowinckel.

Heiber, Helmut (Hrsg./1968): *Reichsführer! ... Briefe an und von Himmler.* Stuttgart: Deutsche Verlags-Anstalt.

Heinemann-Grüder, Andreas (1994): »›Keinerlei Untergang‹. German Armaments Engineers During the Second World War and in the Science of the Victorious Powers«. In: Monika Renneberg/Mark Walker (Hrsg.): *Science, Technology and National Socialism.* Cambridge: Cambridge University Press.

Heisenberg, Elisabeth (1980): *Das politische Leben eines Unpolitischen. Erinnerungen an Werner Heisenberg.* München: Piper.

Heisenberg, Werner (1969): *Der Teil und das Ganze. Gespräche im Umkreis der Atomphysik.* München: Piper.

Heisenberg, Werner (1977): *Tradition in der Wissenschaft. Reden und Aufsätze.* München: Piper.

Hentschel, Klaus (1992): *Der Einstein-Turm. Erwin F. Freundlich und die*

*Relativitätstheorie. Ansätze zu einer »dichten Beschreibung« von institutionellen, biographischen und theoriengeschichtlichen Aspekten*. Heidelberg, Berlin, New York: Spektrum Akademischer Verlag.

Hentschel, Klaus/Ann M. Hentschel (Hrsg./1996): *Physics and National Socialism: An Anthology of Primary Sources*. Basel: Birkhäuser.

Herwig, Dieter/Heinz Rode (1998): *Strategische Bomber 1935–1945. Geheimprojekte der Luftwaffe*, Bd. 2. Stuttgart: Motorbuch-Verlag.

Herwig, Holger H. (1998): »Innovation Ignored: The Submarine Problem – Germany, Britain, and the United States, 1919–1939«. In: Williamson Murray/Allan R. Millett (Hrsg.): *Military Innovation in the Interwar Period*. Cambridge: Cambridge University Press.

Heske, Henning (1986): »German Geographical Research in the Nazi Period«. In: *Political Geography Quarterly*, 5, S. 267–281.

Heske, Henning (1987): »Karl Haushofer: His Role in German Geopolitics and in Nazi Policies«. In: *Political Geography Quarterly*, 6, S. 135–144.

Hilbert, David (1900): »Mathematische Probleme«. In: *Göttinger Nachrichten*, S. 253–297.

Hildebrandt, Gerhard (1987): »Max von Laue, der ›Ritter ohne Furcht und Tadel‹«. In: Wilhelm Treue/Gerhard Hildebrandt (Hrsg.): *Berlinische Lebensbilder*, Bd. 1: *Naturwissenschaftler*. Berlin: Colloquium.

Hitler, Adolf (1925/1927): *Mein Kampf*. München: Zentralverlag der NSDAP.

Hitler, Adolf (1980): *Monologe im Führerhauptquartier 1941–1944. Die Aufzeichnungen Heinrich Heims*. Hrsg. v. Werner Jochmann. Hamburg: Albrecht Knaus. Frankfurt/Main: Ullstein.

Hobsbawm, Eric J. (1995): *Das imperiale Zeitalter 1875–1914*. Frankfurt/Main: S. Fischer.

Hodges, Andrew (1994): *Alan Turing, Enigma*. Wien, New York: Springer.

Hoedeman, Paul (1991): *Hitler or Hippocrates: Medical Experiments and Euthanasia in the Third Reich*. Lewes, Sussex: Book Guild.

Hoffmann, D. (1980): »Albert Einstein und die Physikalisch-Technische Reichsanstalt«. In: *itw-kolloquien*, 21, S. 90–102.

Hoffmann, Dieter (Hrsg./1993): *Operation Epsilon. Die Farm-Hall-Protokolle oder die Angst der Alliierten vor der deutschen Atombombe*. Berlin: Rowohlt.

Holloway, David (1994): *Stalin and the Bomb: The Soviet Union and Atomic Energy, 1939–1956*. New Haven: Yale University Press.

Hubentorf, Michael (1993): »Von der ›freien Auswahl‹ zur Reichsärzteordnung. Ärztliche Standespolitik zwischen Liberalismus und Nationalsozialismus«. In: Johanna Bleker/Norbert Jachertz (Hrsg.): *Medizin im »Dritten Reich«*. Köln: Deutscher Ärzte-Verlag.

Hüttenhain, Erich (1979): »Erfolge und Mißerfolge der deutschen Chiffrierdienste im Zweiten Weltkrieg«. In: Jürgen Rohwer/Eberhard Jäckel (Hrsg.): *Die Funkaufklärung und ihre Rolle im Zweiten Weltkrieg*. Stuttgart: Motorbuch-Verlag.

Irons, Roy (2002): *Hitler's Terror Weapons: The Price of Vengeance*. London: Collins.

Irving, David (1967): *Der Traum von der deutschen Atombombe*. Gütersloh: Mohn.

Johnson, Jeffrey Allen (2000): »The Academic-Industrial Symbiosis in German Chemical Research«. In: John E. Lesch (Hrsg.): *The German Chemical Industry in the Twentieth Century*. Dordrecht: Kluwer Academic Publishers, S. 15 ff.

Jordan, Pascual (1935): *Physikalisches Denken in der neuen Zeit*. Hamburg: Hanseatische Verlagsanstalt.

Jordan, Pascual (1936): *Die Physik des 20. Jahrhunderts. Einführung in den Gedankeninhalt der modernen Physik*. Braunschweig: Vieweg. (Die Wissenschaft in Einzeldarstellungen, Bd. 88.)

Jordan, Pascual (1957): *Wir müssen den Frieden retten!* Köln: Verlag Staat und Gesellschaft.

Jung, C[arl] G[ustav] (1934): »Zur gegenwärtigen Lage der Psychotherapie«. In: *Zentralblatt für Psychotherapie*, Jan. 1934.

Jungk, Robert (1964): *Heller als tausend Sonnen. Das Schicksal der Atomforscher*. Reinbek b. Hamburg: Rowohlt.

Kahn, David (1991): *Seizing the Enigma: The Race to Break the German U-Boat Codes, 1939–1943*. London: Arrow.

Kaiser, J.-Ch./K. Nowak/M. Schwartz (1992): *Eugenik, Sterilisation, »Euthanasie«. Politische Biologie in Deutschland 1895–1945*. Berlin: Buchverlag Union.

Kant, Horst (2001): *Werner Heisenberg and the German Uranium Project*. Preprint 203 des Max-Planck-Instituts für Wissenschaftsgeschichte, http://www.mpiwg-berlin.mpg.de/Preprints/P203.PDF.

Kater, Michael H. (2000): *Ärzte als Hitlers Helfer*. Hamburg, Wien: Europa.

Kater, Michael H. (2001): *Das »Ahnenerbe« der SS 1935–1945. Ein Beitrag zur Kulturpolitik des Dritten Reiches*. München: Oldenbourg.

Kaufman, Louis u. a. (1974): *Moe Berg: Athlete, Scholar, Spy*. Boston: Little, Brown.

Kearns, G. (1985): »Halford Mackinder«. In: *Geographers: Biobibliographical Studies*, 9, S. 71–86.

Kershaw, Ian (2002): *Hitler*. München: Deutscher Taschenbuch-Verlag.

Kippenhahn, Rudolf (1997): *Verschlüsselte Botschaften. Geheimschrift, Enigma und Chipkarte*. Reinbek b. Hamburg: Rowohlt.

Kragh, Helge (1999): *Quantum Generations: A History of Physics in the Twentieth Century*. Princeton: Princeton University Press.

Kramish, Arnold (1987): *The Griffin*. London: Macmillan.

Krebs, Hans (mit Anne Martin/1981): *Reminiscences and Reflections*. Oxford: Clarendon Press.

Krige, John/Dominique Pestre (Hrsg./1997): *Science in the Twentieth Century*. Amsterdam: Harwood.

Kroge, Harry von (1998): *GEMA-Berlin. Geburtsstätte der deutschen aktiven Wasserschall- und Funkortungstechnik*. Hamburg: Harry von Kroge.

Kroge, Harry von (2000): *GEMA: Birthplace of German Radar and Sonar*. Translated and edited by Louis Brown. Bristol: Institute of Physics Publishing.

Kühl, Stefan (1997): *Die Internationale der Rassisten. Aufstieg und Niedergang der internationalen Bewegung für Eugenik und Rassenhygiene im 20. Jahrhundert*. Frankfurt/Main: Campus.

Kühl, Stefan (2001): »The Relationship between Eugenics and the so-called ›Euthanasia Action‹ in Nazi Germany: A Eugenically Motivated Peace Policy and the Killing of the Mentally Handicapped during the Second World War«. In: Margit Szöllösi-Janze (Hrsg.): *Science in the Third Reich*. Oxford: Berg.

Kummel, Werner Friedrich (1992): »Antisemitismus und Medizin im 19./20. Jahrhundert«. In: Jürgen Peiffer (Hrsg.): *Menschenverachtung und Opportunismus. Zur Medizin im Dritten Reich*. Tübingen: Attempto.

Lanouette, William/Bela Szilard (1992): *Genius in the Shadows: A Biography of Leo Szilard*. Chicago: University of Chicago Press.

Lehmann, Ernst (1933): *Biologie im Leben der Gegenwart*. München: J. F. Lehmanns Verlag.

Leitner, Gerit von (1993): *Der Fall Clara Immerwahr. Leben für eine humane Wissenschaft*. München: C. H. Beck.

Lenard, Philipp (1933): »Ein großer Tag für die Naturforschung«. In: *Völkischer Beobachter*, 13. 5. 1933.

Lesch, John E. (Hrsg./2000): *The German Chemical Industry in the Twentieth Century*. Dordrecht: Kluwer Academic Publishers.

Levi, Primo (1994): *Ist das ein Mensch? Ein autobiographischer Bericht*. München: Hanser.

Lewontin, Richard (2000): *It Ain't Necessarily So: The Dream of the Human Genome and Other Illusions*. London: Granta.

Ley, Willy (1949): *Vorstoß ins Weltall. Rakete und Raumschiffahrt*. Wien: Universum.

Lifton, Robert Jay (1988): *Ärzte im Dritten Reich*. Stuttgart: Klett-Cotta.

Lill, Rudolf/Michael Kißener (Hrsg./1993): *Hochverrat? Die »Weiße Rose« und ihr Umfeld*. Konstanz: Universitätsverlag.

Lindner, Helmut (1980): »›Deutsche‹ und ›gegentypische‹ Mathematik. Zur Begründung einer ›arteigenen Mathematik‹ im ›Dritten Reich‹ durch Ludwig Bieberbach«. In: Herbert Mehrtens/Steffen Richter (Hrsg.): *Naturwissenschaft, Technik und NS-Ideologie. Beiträge zur Wissenschaftsgeschichte des Dritten Reiches*. Frankfurt/Main: Suhrkamp.

Lingens-Reiner, Ella (1948): *Prisoners of Fear*. London: Gollancz.

Lohmann, Hans-Martin (Hrsg./1994): *Psychoanalyse und Nationalsozialismus. Beiträge zur Bearbeitung eines unbewältigten Traumas*. Frankfurt/Main: S. Fischer.

Lösch, Niels C. (1997): *Rasse als Konstrukt. Leben und Werk Eugen Fischers*. Frankfurt/Main: Peter Lang.

Lourie, Richard (2002): *Sakharov: A Biography*. Brandeis: Brandeis University Press.

MacIntyre, Alasdair (1982): *After Virtue: A Study in Moral Theory*. London: Duckworth.

Macrakis, Kristie (1993): *Surviving the Swastika: Scientific Research in Nazi Germany*. New York: Oxford University Press.

Mann, Thomas (1980): *Doktor Faustus. Das Leben des deutschen Tonsetzers Adrian Leverkühn erzählt von einem Freunde*. Frankfurt/Main: S. Fischer.

Martinetz, Dieter (1996): *Der Gaskrieg 1914/18. Entwicklung, Herstellung und Einsatz chemischer Kampfstoffe*. Bonn: Bernard & Graefe.

May, John (1989): *Das Greenpeace-Handbuch des Atomzeitalters. Daten, Fakten, Katastrophen*. München: Droemer Knaur.

McCormmach, Russell (1982): *Night Thoughts of a Classical Physicist*. Cambridge, MA: Harvard University Press. (Dt. Ausgabe: Frankfurt/Main 1989.)

McGuinness, Brian (1992): *Wittgensteins frühe Jahre*. Frankfurt/Main: Suhrkamp.

Mehrtens, Herbert/Steffen Richter (Hrsg./1980): *Naturwissenschaft, Technik und NS-Ideologie. Beiträge zur Wissenschaftsgeschichte des Dritten Reiches*. Frankfurt/Main: Suhrkamp.

Meinel, Christopher/Peter Voswinckel (Hrsg./1994): *Medizin, Naturwissenschaft, Technik und Nationalsozialismus. Kontinuitäten und Diskontinuitäten*. Stuttgart: Verlag für Geschichte.

Mendelssohn, Kurt (1976): *Walther Nernst und seine Zeit. Aufstieg und Niedergang der deutschen Naturwissenschaft*. Weinheim: Physik-Verlag.

Metropolis, N./J. Howlett/Gian-Carlo Rota (Hrsg./1980): *A History of Computing in the Twentieth Century:*

*A Collection of Essays*. New York: Academic Press.
Middlebrook, Martin (2000): *The Peenemünde Raid 17–18 August 1943*. London: Cassell.
Miller, Arthur (1966): *Dramen I, 1947–1955*. Frankfurt/Main: S. Fischer.
Miller, David (2001): *The Cold War: A Military History*. London: Random House.
Mitscherlich, Alexander/Fred Mielke (1995): *Medizin ohne Menschlichkeit. Dokumente des Nürnberger Ärzteprozesses*. Frankfurt/Main: S. Fischer.
Müller, Franz Herrmann (1939): »Tabakmißbrauch und Lungencarcinom«. In: *Zeitschrift für Krebsforschung*, 49, S. 57–85.
Müller, Karl Valentin (1927): *Arbeiterbewegung und Bevölkerungsfrage*. Jena: Karl Zwing.
Müller-Hill, Benno (1984): *Tödliche Wissenschaft. Die Aussonderung von Juden, Zigeunern und Geisteskranken 1933–1945*. Reinbek b. Hamburg: Rowohlt.
Murphy, David Thomas (1997): *The Heroic Earth: Geopolitical Thoughts in Weimar Germany 1918–1933*. Kent, OH: Kent State University Press.
Murray, Williamson (1998): »Strategic Bombing: The British, American, and German Experiences«. In: Williamson Murray/Allan R. Millett (Hrsg.): *Military Innovation in the Interwar Period*. Cambridge: Cambridge University Press.
Murray, Williamson/Allan R. Millett (Hrsg./1998): *Military Innovation in the Interwar Period*. Cambridge: Cambridge University Press.

Nagel, Brigitte (1994): »Die Welteislehre. Ihre Geschichte und ihre Rolle im ›Dritten Reich‹«. In: Christopher Meinel/Peter Voswinckel (Hrsg.): *Medizin, Naturwissenschaft, Technik und Nationalsozialismus. Kontinuitäten und Diskontinuitäten*. Stuttgart: Verlag für Geschichte.
Nathorff, Hertha (1987): *Das Tagebuch. Berlin–New York, Aufzeichnungen 1933 bis 1945*. Hrsg. von Wolfgang Benz. München: Oldenbourg.
Neufeld, Michael J. (1994): »The Guided Missile and the Third Reich: Peenemünde and the Forging of a Technological Revolution«. In: Monika Renneberg/Mark Walker (Hrsg.): *Science, Technology and National Socialism*. Cambridge: Cambridge University Press.
Neufeld, Michael J. (1997): *Die Rakete und das Reich. Wernher von Braun, Peenemünde und der Beginn des Raketenzeitalters*. Berlin: Brandenburgisches Verlagshaus.
Nowarra, Heinz J. (1993): *Die deutsche Luftrüstung 1933–1945*. 4 Bde. Koblenz: Bernard & Graefe.
Nowotny, Helga/Peter Schott/Michael Gibbons (2001): *Re-Thinking Science: Knowledge and the Public in an Age of Uncertainty*. Cambridge: Polity Press.

Oppenheimer, Robert (1980): *Letters and Recollections*. Hrsg. v. Alice Kimball Smith u. Charles Weiner. Cambridge, MA: Harvard University Press.
Overy, Richard (2001): *Die Wurzeln des Sieges. Warum die Alliierten den Zweiten Weltkrieg gewannen*. Stuttgart: Deutsche Verlags-Anstalt.

Padfield, Peter (1972): *The Battleship Era*. London: Hart-Davis.
Pagden, Anthony (1982): *The Fall of Natural Man: The American Indian and the Origins of Comparative Ethnology*. Cambridge: Cambridge University Press.
Pais, Abraham (1991): *Niels Bohr's Times: In Physics, Philosophy and Polity*. Oxford: Clarendon Press.
Parker, Geoffrey (1998): *Geopolitics: Past, Present and Future*. London: Pinter.

Paul, Harry W. (1972): *The Sorcerer's Apprentice: The French Scientist's Image of German Science 1840–1919. Gainsville,* FA: University Press of Florida.

Pelt, Robert Jan van/Carroll William Westfall (1993): *Architectural Principles in the Age of Historicism*. New Haven: Yale University Press.

Perutz, Max (1997): »A Passion for Science«. In: *New York Review of Books*, 20. 2. 1997.

Perutz, Max (1998): *I Wish I'd made You Angry Earlier: Essays on Science, Scientists, and Humanity.* Oxford: Oxford University Press.

Peiffer, Jürgen (Hrsg./1992): *Menschenverachtung und Opportunismus. Zur Medizin im Dritten Reich*. Tübingen: Attempto.

Picker, Henry (1976): *Hitlers Tischgespräche im Führerhauptquartier.* 3., vollständig überarbeitete u. erweiterte Neuausgabe. Stuttgart: Seewald Verlag.

Ploetz, Alfred (1895): *Die Tüchtigkeit unserer Rasse und der Schutz der Schwachen*. Berlin: Fischer.

Ploetz, Alfred (1935): »Rassenhygiene und Krieg«. In: *Archiv für Rassen- und Gesellschaftsbiologie*, 29, S. 365.

Poliakov, Léon/Josef Wulf (Hrsg./1959): *Das Dritte Reich und seine Denker. Dokumente*. Berlin: Arani.

Polkinghorne, John (1986): *The Quantum World*. London: Penguin.

Porter, Roy (2001): *Die Kunst des Heilens. Eine medizinische Geschichte der Menschheit von der Antike bis heute*. Darmstadt: Wissenschaftliche Buchgesellschaft.

Powers, Thomas (1993): *Heisenbergs Krieg. Die Geheimgeschichte der deutschen Atombombe*. Hamburg: Hoffmann & Campe.

Prater, Donald (1995): *Thomas Mann. Deutscher und Weltbürger. Eine Biographie*. München: Hanser.

Pressac, Jean-Claude/Robert Jan van Pelt (1994): »The Machinery of Mass Murder at Auschwitz«. In: Yisrael Gutman/Michael Berenbaum (Hrsg.): *Anatomy of the Auschwitz Death Camp*. Bloomington: Indiana University Press, S. 183–245.

Proctor, Robert N. (1988): *Racial Hygiene: Medicine under the Nazis*. Cambridge, MA: Harvard University Press.

Proctor, Robert N. (1991): *Value-free Science? Purity and Power in Modern Knowledge*. Cambridge, MA: Harvard University Press.

Proctor, Robert N. (1992): »Nazi Doctors, Racial Medicine, and Human Experimentation«. In: George J. Annas/ Michael A. Grodin (Hrsg.): *The Nazi Doctors and the Nuremberg Code: Human Rights in Human Experimentation*. New York: Oxford University Press.

Proctor, Robert N. (2002): *Blitzkrieg gegen den Krebs. Gesundheit und Propaganda im Dritten Reich*. Stuttgart: Klett-Cotta.

Pross, Christian (1992): »Nazi Doctors, German Medicine and Historical Truth«. In: George J. Annas/Michael A. Grodin (Hrsg.): *The Nazi Doctors and the Nuremberg Code: Human Rights in Human Experimentation*. New York: Oxford University Press.

Rawls, John (1999): *Collected Papers*. Hrsg. v. Samuel Freeman. Cambridge, MA: Harvard University Press.

Rawls, John (1999): »Fifty Years after Hiroshima«. In: John Rawls, *Collected Papers*. Hrsg. v. Samuel Freeman. Cambridge, MA: Harvard University Press, S. 565–572.

Rechenberg, Helmut/Gerald Wiemers (Hrsg./2001): *Werner Heisenberg (1901–1976). Schritte in die neue Physik*. Beucha: Sax-Verlag.

Reid, Constance (1996): *Hilbert*. New York, Heidelberg, Berlin: Springer.

Remarque, Erich Maria (2002): *Im Westen nichts Neues*. Köln: Kiepenheuer & Witsch.

Renneberg, Monika/Mark Walker (Hrsg./1994): *Science, Technology and National Socialism.* Cambridge: Cambridge University Press.

Renneberg, Monika/Mark Walker (1994): »Scientists, Engineers and National Socialism«. In: Monika Renneberg/Mark Walker (Hrsg.): *Science, Technology and National Socialism.* Cambridge: Cambridge University Press.

Reynolds, David (2000): *One World Divisible: A Global History since 1945.* London: Penguin.

Rhodes, Richard (1988): *Die Atombombe oder die Geschichte des 8. Schöpfungstages.* Nördlingen: Greno.

Rhodes, Richard (1996): *Dark Sun: The Making of the Hydrogen Bomb.* New York: Touchstone.

Rife, Patricia (1990): *Lise Meitner. Ein Leben für die Wissenschaft.* Düsseldorf: Claassen.

Rohwer, Jürgen/Eberhard Jäckel (Hrsg./1979): *Die Funkaufklärung und ihre Rolle im Zweiten Weltkrieg.* Stuttgart: Motorbuch-Verlag.

Rose, Paul Lawrence (2001): *Heisenberg und das Atombombenprojekt der Nazis.* Zürich, München: Pendo.

Roseman, Mark (2002): *Die Wannsee-Konferenz. Wie die NS-Bürokratie den Holocaust organisierte.* München: Ullstein.

Rosenberg, Alfred (1933): *Der Mythus des 20. Jahrhunderts.* München: Hoheneichen-Verlag.

Rössler, Mechtild (2001): »Geography and Area Planning under National Socialism«. In: Margit Szöllösi-Janze (Hrsg.): *Science in the Third Reich.* Oxford: Berg.

Rothmaler, Christiane (1993): »Zwangssterilisationen nach dem Gesetz zur Verhütung erbkranken Nachwuchses«. In: Johanna Bleker/Norbert Jachertz (Hrsg.): *Medizin im »Dritten Reich«.* Köln: Deutscher Ärzte-Verlag.

Sacharow, Andrej (1991): *Mein Leben.* München, Zürich: Piper.

Sakville, Allison W. (1963): *The Development of the German U-Boat Arm 1919–1935.* Unveröffentlichte Doktorarbeit, University of Washington.

Salomon, Jean-Jacques (2001): *Le scientifique et le guerrier.* Paris: Belin.

Schaaf, Michael (1999): »Der Physikochemiker Paul Harteck (1902–1985)«. In: *CENSIS-REPORT-33-99*, Hamburg, S. 96.

Schaaf, Michael (2001): *Heisenberg, Hitler und die Bombe. Gespräche mit Zeitzeugen.* Berlin: GNT-Verlag.

Schama, Simon (1996): *Der Traum von der Wildnis. Natur als Imagination.* München: Kindler.

Sebald, W. G. (1999): *Luftkrieg und Literatur.* München: Hanser.

Shea, William R. (Hrsg./1983): *Otto Hahn and the Rise of Nuclear Physics.* Dordrecht: D. Reidel.

Shirer, William L. (1961): *Aufstieg und Fall des Dritten Reiches.* Frechen: Komet.

Sime, Ruth Lewin (2001): *Lise Meitner. Ein Leben für die Physik.* Leipzig: Insel.

Singh, Simon (2001): *Geheime Botschaften. Die Kunst der Verschlüsselung von der Antike bis in die Zeiten des Internet.* München: Deutscher Taschenbuch-Verlag.

SIPRI (1971): *The Problems of Chemical and Biological Warfare*, Bd. 1: *The Rise of CB Weapons.* Stockholm: Almquist & Wiksell.

SIPRI (1980): *Warfare in a Fragile World: Military Impact on the Human Environment.* London: Taylor & Francis.

Smart, J. J. C./Bernard Williams (1998): *Utilitarianism: For and Against.* Cambridge: Cambridge University Press.

Smil, Vaclav (1999): »Millennium Essay«. In: *Nature*, 29. 7. 1999.

Smil, Vaclav (2001): *Enriching the Earth: Fritz Haber, Carl Bosch and the Transformation of World Food Production.* Cambridge, MA: The MIT Press.

Smith, Michael/Ralph Erskine (2001): *Action this Day*. London: Bantam.

Speer, Albert (1981): *Der Sklavenstaat. Meine Auseinandersetzungen mit der SS*. Stuttgart: Deutsche Verlags-Anstalt.

Speer, Albert (1996): *Erinnerungen*. Frankfurt/Main, Berlin: Ullstein.

Spiers, Edward M. (1986): *Chemical Warfare*. Chicago: University of Illinois Press.

Stark, J. (1936): »Philipp Lenard als deutscher Naturforscher«. In: *Nationalsozialistische Monatshefte*, Feb. 1936, S. 106–111.

Steinberg, Jonathan (1965): *Yesterday's Deterrent: Tirpitz and the Birth of the German Battle Fleet*. London: MacDonald.

Stern, Fritz (2000): *Einstein's German World*. Princeton: Princeton University Press.

Stoltzenberg, Dietrich (1998): *Fritz Haber. Chemiker, Nobelpreisträger, Deutscher, Jude. Eine Biographie*. Weinheim: Wiley-VCH.

Stranges, Anthony N. (2000): »Germany's Synthetic Fuel Industry, 1930–1945«. In: John E. Lesch (Hrsg.): *The German Chemical Industry in the Twentieth Century*. Dordrecht: Kluwer Academic Publishers, S. 147ff.

Strausz-Hupé, Robert (1972): *Geopolitics: The Struggle for Peace and Power*. New York.

Sumida, J. T. (1979): »British Capital Ship and Fire Control into the Dreadnought Era«. In: *Journal of Modern History*, 51, S. 205–230.

Szilard, Leo (1978): *His Version of the Facts: Selected Recollections and Correspondence*. Hrsg. v. Spencer R. Weart u. Gertrud Weiss Szilard. Cambridge, MA: The MIT Press.

Szöllösi-Janze, Margit (1998): *Fritz Haber 1868–1934. Eine Biographie*. München: C. H. Beck.

Szöllösi-Janze, Margit (Hrsg./2001): *Science in the Third Reich*. Oxford: Berg.

Teller, Edward (mit Judith L. Shoolery/2001): *Memoirs: A Twentieth-Century Journey in Science and Politics*. Cambridge, MA: Perseus.

Thomas, Roger D. (1998): *Dreadnoughts in Camera: Building the Dreadnoughts, 1905–1920*. Stroud: Sutton.

Thormann, Klaus-Dieter (1993): »Dienst am Deutschtum: Der medizinische Verlag J. F. Lehmanns und der Nationalsozialismus«. In: Johanna Bleker/Norbert Jachertz (Hrsg.): *Medizin im »Dritten Reich«*. Köln: Deutscher Ärzte-Verlag.

Todt, Fritz (1936): »Aufgaben der deutschen Technik. Ihre Organisation. Rede zur Sondertagung des Amts für Technik auf dem Reichsparteitag Nürnberg 1936«. In: *Deutsche Technik* 4, Okt. 1936.

Tornier, Erhard (1936): »Mathematiker oder Jongleur mit Definitionen?« In: *Deutsche Mathematik*, 1, S. 8f.

Treue, Wilhelm/Gerhard Hildebrandt (Hrsg./1987): *Berlinische Lebensbilder*, Bd. 1: *Naturwissenschaftler*. Berlin: Colloquium.

Valier, Max (1924): *Der Sterne Bahn und Wesen. Gemeinverständliche Einführung in die Himmelskunde*. Leipzig: Voigtländer.

Veenhoven, Willem A. u. a. (Hrsg./1975): *Case Studies on Human Rights and Fundamental Freedoms: A World Survey*, Bd. 1. Den Haag: Marinus Nijhoff.

Wagner, Wolfgang (1989): *Die ersten Strahlflugzeuge der Welt*. Koblenz: Bernard & Graefe.

Wakefield, Ken u. a. (1990): *The Blitz: Then and Now*, Bd. 3. London: After the Battle.

Walker, Mark (1992): *Die Uranmaschine. Mythos und Wirklichkeit der deutschen Atombombe*. München: Goldmann.

Walker, Mark (1995): *Nazi Science: Myth, Truth and the German Atomic Bomb*. New York: Plenum.

Walker, Mark (1997): »Twentieth Century German Science«. In: John Krige/Dominique Pestre (Hrsg.): *Science in the Twentieth Century.* Amsterdam: Harwood.

Walker, Mark (Hrsg./2003): *Science and Ideology: A Comparative History.* London: Routledge.

Watson-Watt, Robert (1973): »Radar«. In: *Chambers Encyclopaedia*, Bd. XI, S. 423.

Wegener, Peter P. (1996): *The Peenemünde Wind Tunnels: A Memoir.* New Haven: Yale University Press.

Weigert, Hans W. (1942): *Generals and Geographers: The Twilight of Geopolitics.* New York: Oxford University Press.

Weinberg, Gerhard L. (1995): *Eine Welt in Waffen. Die globale Geschichte des Zweiten Weltkriegs.* Stuttgart: Deutsche Verlags-Anstalt.

Weinberg, Steven (2000): »The Growing Nuclear Danger«. In: *New York Review of Books*, 18. 7. 2000.

Weindling, Paul (1993): *Health, Race and German Politics Between National Unification and Nazism 1870–1945.* Cambridge: Cambridge University Press.

Weisskopf, Victor F. (1991): *Mein Leben. Ein Physiker, Zeitzeuge und Humanist erinnert sich an unser Jahrhundert.* Bern, München, Wien: Scherz.

Werner, Helmut (1957): *From the Aratus Globe to the Zeiss Planetarium.* Stuttgart: Gustav Fischer.

Wetzel, Walter (1991): *Naturwissenschaften und chemische Industrie in Deutschland. Voraussetzungen und Mechanismen ihres Aufstiegs im 19. Jahrhundert.* Stuttgart: Steiner.

Wheeler, J. A. (1967): »The Discovery of Fission«. In: *Physics Today*, 20, S. 49–52.

White, Michael/John Gribbin (1993): *Einstein: A Life in Science.* London: Simon & Schuster.

Wild von Hohenborn, Adolf (1986): *Briefe und Tagebuchaufzeichnungen des preußischen Generals als Kriegsminister und Truppenführer im Ersten Weltkrieg.* Hrsg. v. Helmut Reichold. Boppard/Rhein: Boldt.

Wildt, Michael (2002): *Generation des Unbedingten. Das Führungskorps des Reichssicherheitshauptamtes.* Hamburg: Hamburger Edition.

Will, Wilfried van der (1995): »Culture and the Organization of National Socialist Ideology 1933 to 1945«. In: Rob Burns (Hrsg.): *German Cultural Studies: An Introduction.* Oxford: Oxford University Press.

Willstätter, Richard (1958): *Aus meinem Leben. Von Arbeit, Muße und Freunden.* Weinheim: Verlag Chemie.

Wilson, Thomas (1995): *Churchill and the Prof.* London: Cassell.

Winau, Rolf (1993): »Die Freigabe der Vernichtung ›lebensunwerten Lebens‹«. In: Johanna Bleker/Norbert Jachertz (Hrsg.): *Medizin im »Dritten Reich«.* Köln: Deutscher Ärzte-Verlag, S. 162–174.

Wise, M. Norton (1994): »Pascual Jordan: Quantum Mechanics, Psychology, National Socialism«. In: Monika Renneberg/Mark Walker (Hrsg.): *Science, Technology and National Socialism.* Cambridge: Cambridge University Press.

Wolpert, Lewis (1992): *The Unnatural Nature of Science.* London: Faber & Faber.

Zimmerman, David (2001): *Britain's Shield: Radar and the Defeat of the Luftwaffe.* Stroud: Sutton.

Zuse, Konrad (1980): »Some Remarks in the History of Computing in the Twentieth Century«. In: N. Metropolis/J. Howlett/Gian-Carlo Rota (Hrsg.): *A History of Computing in the Twentieth Century: A Collection of Essays.* New York: Academic Press.

# Danksagung

Um eine Geschichte der Naturwissenschaften in Deutschland während der ersten Hälfte des 20. Jahrhunderts, insbesondere in der Zeit des Dritten Reichs, zu verfassen, muss man sich mit einem breiten Spektrum akademischer Arbeiten aus den letzten drei Jahrzehnten vertraut machen. Ich habe aus den Werken etlicher Historiker vieles gelernt, vor allem aber aus den Veröffentlichungen von Jeremy Bernstein, Alan Beyerchen, Michael Burleigh, David Cassidy, Ute Deichmann, Helge Kragh, Christie Macrakis, Benno Müller-Hill, Michael C. Neufeld, Thomas Powers, Robert Proctor, Monika Renneberg, Richard Rhodes, Paul Lawrence Rose, Ruth Sime, Mark Walker und Paul Weindling. Außerdem schulde ich den Teilnehmern des Kopenhagen-Symposiums am Jesus College, Cambridge (November 2002), und insbesondere Michael Frayn besonderen Dank.

Für Informationen und Einsichten möchte ich auch den folgenden Personen danken: Paul Alexander, John Barrow, Anthony Beevor, Herman Bondi, Tom Bower, Andrew Brown, Soraya de Chadarevian, Robin Donkin, Marcial und Marie-Louise Echenique, Peter Glazebrook, Walter Gratzer, Henning Grunwald, David Hanke, Stephen Heath, Jana Howlett, Tim Jenkins, Gerry Kearns, Jonathan Keeling, Peter Lipton, Austin Mair, Marta Mazzoro, Michael Minden, Juliet Mitchell, Veronique Motier, John Naughton, dem verstorbenen Max Perutz, Nicholas Ray, Davis Reynolds, Simon Schafer, Kirstin Shepherd-Barr, Brendan Simms, Derek Taunt, Adam Tooze und Lewis Wolpert.

Jeremy Bernstein, Ray Freeman und Walter Gratzer bin ich auch zu Dank verpflichtet, weil sie das Manuskript gelesen und mir zahlreiche nützliche Hinweise gegeben haben; für alle verbliebenen Fehler bin einzig ich verantwortlich. Außerdem ist es mir ein Vergnügen, William Saslaw dafür zu danken, dass er einen Laien durch die Welt der Physik geleitet hat, und Peter James Bowman für seine Unermüdlichkeit bei der Erschließung deutscher Quellen und bei zahllosen bibliografischen und sonstigen Recherchen.

Danken möchte ich auch den Bibliothekarinnen und Bibliothekaren des Imperial War Museum, der British Library, der Churchill College Library, der London Library, der Whipple Library des Instituts für Geschichte und Philosophie der Wissenschaften der Universität Cambridge, der Cambridge University Library, dem Niels-Bohr-Archiv in Kopenhagen und dem Archiv des Max-Planck-Instituts für Wissenschaftsgeschichte in Berlin. Für ihre Unterstützung bei der Bebilderung bin ich Kate Barker von Viking-Penguin in London zu Dank verpflichtet, für das Lektorat David Watson. Ich danke meinen Agenten Bob Lescher in New York und Clare Alexander in London und – wie immer – meinen Lektorinnen Wendy Wolf in New York und Juliet Annan in London. Schließlich möchte ich dem Master und den Fellows des Jesus College, Cambridge, und dem Institut für Geschichte und Philosophie der Wissenschaften an der Universität Cambridge danken, die für meine Recherchen und für die Niederschrift ein schützendes und anregendes, also ideales Umfeld dargestellt haben.

Crispin Rope verdanke ich nicht nur die ursprüngliche Anregung zu diesem Buch, sondern auch die ständigen Ermunterungen und den Enthusiasmus, die mich bei der Stange hielten.

Nr. 1, 21: Hulton Archive/Getty Images; Nr. 2, 3, 4, 5, 6, 8: Max-Planck-Archiv, Berlin-Dahlem; Nr. 9: Foto von A. B. Lagrelius & Westphal, mit freundlicher Genehmigung der AIP Emilio Segrè Visual Archives, Weber Collection; Nr. 10: Foto von F. D. Rasetti, mit freundlicher Genehmigung der AIP Emilio Segrè Visual Archives; Nr. 11: Niels-Bohr-Archiv, Kopenhagen; Nr. 12, 28: Smithonian Institution; Nr. 13, 14, 16: Christopher Hurndall; Nr. 15, 37: Bettman/CORBIS; Nr. 17: Time Pix/Getty Images; Nr. 18: Magnum; Nr. 19: UK Atomic Energy Authority; Nr. 20: Bundesarchiv Koblenz; Nr. 22: Hulton-Deutsch Collection/CORBIS; Nr. 30: KZ-Gedenkstätte Dachau; Nr. 31: AIP Emilio Segrè Visual Archives, Goudsmit Collection; Nr. 32: Gente; Nr. 39, 40: NASA.

Wir haben uns bemüht, alle Rechte-Inhaber ausfindig zu machen. Falls uns dabei Fehler oder Versäumnisse unterlaufen sind, bitten wir um Benachrichtigung, sodass wir diese in künftigen Auflagen korrigieren können.

# Register